（2016—2020年）

# 中国兔产业发展报告

中国畜牧业协会兔业分会
国家兔产业技术体系
编著

中国农业出版社
农村读物出版社
北京

　　家兔养殖在中国历史悠久，但兔产业的快速发展始于 20 世纪 90 年代，特别是 2002 年中国畜牧业协会兔业分会成立以后，在协会的努力下兔产业得到迅速发展。2009 年，在农业部和财政部等部委直接领导下，全国性、跨学科、产学研密切结合的国家兔产业技术体系启动建设。此后，在兔业分会和兔产业技术体系共同努力下，中国兔产业得到进一步的发展，取得更加可喜的成绩。

　　为了全面总结我国兔产业发展的经验，中国畜牧业协会兔业分会和国家兔产业技术体系决定联合编辑出版《中国兔产业发展报告》系列，在 2013 年出版《中国兔产业发展报告（1985—2010年）》、在 2018 年出版《中国兔产业发展报告（2011—2015 年）》，受到广大读者好评。

　　《中国兔产业发展报告（2016—2020 年）》是发展报告系列的第三辑，全书分上、中、下三篇，对"十三五"期间（2016—2020 年）我国兔产业发展进行了系统梳理。上篇为综合报告，包括兔产业生产概况、加工和流通、市场和价格、贸易和消费以及产业发展政策等；中篇为分省报告，介绍我国兔产业主要省份产业发展情况，包括四川、山东、江苏和重庆等 12 个省份；下篇为专题报告，收录了"十三五"期间国家兔产业技术体系产业经济岗位完成的部分报告，包括新冠感染疫情对兔产业的影响、中国兔产业品牌建设、中国兔产业竞争力分析、家兔养殖中技术经济需求、家兔规模高效饲养技术经济分析、兔产业扶贫和中国兔产业发展展望等内容。

本书还以附录的形式介绍了"十三五"期间兔产业界举办的主要活动，包括中国兔业发展大会、中国兔肉节、赛兔会等。附录中还介绍了部分优秀企业，这些企业在兔产业科研、标准化养殖、产业化经营等方面都发挥了表率作用。附录中，我们还在 2011—2015 年报告的基础上，更新和完善了相关统计和调研数据，为读者全面认识兔产业提供重要的数据支撑。

本报告的撰稿人全部为我国兔产业科研和生产实践一线人员，多数为国家兔产业技术体系岗位科学家或试验站站长，国家兔产业技术体系产业经济团队的十几位研究生付出了大量的时间和精力协助整理资料。在编写过程中我们严格坚持科学、严谨的原则，但由于本报告的内容涉及产业发展的方方面面，受时间和精力所限，书中一定还存在我们未注意到的问题，请大家谅解并批评指正。

在报告的撰写和数据整理过程中，我们参考了大量的文献资料，在此特表感谢。同时，本书的出版离不开分布在全国 13 个省份 30 个采集点的行情监测信息采集员的辛勤付出，离不开每年在 13 个省份进行成本收益调研和在 6 大城市进行兔产品消费调研的年度调研员，没有这些数据资料和相关信息的支撑，也没有相关的研究报告。在出版过程中，得到中国农业出版社赵刚先生的大力支持，在此我们对所有在本书编辑和出版过程中给予关心、支持和帮助的各位人士表示最衷心的感谢。

本研究报告所用数据资料的截止时间为 2020 年底。

　　"十三五"以来，我国兔产业受国内外经济下滑及灾害频发的影响，呈调整态势，但在国家现代农业产业技术体系和相关政策的扶持下，兔产业得到稳步发展。2016年我国兔出栏量为3.51亿只，2017年为3.20亿只，分别同比下降2.32%、8.85%，随后新冠感染疫情暴发，兔产业再次受到冲击。但随着我国政府对疫情强有力的控制，我国兔产业市场快速恢复，2020年我国兔产业的出栏量激增到3.32亿只，同比上涨6.09%。与兔出栏量不同，我国家兔存栏量波动幅度一直较大。2016—2017年我国家兔年末存栏量急速下降，从2015年的2.16亿只下降至2016年、2017年的1.32亿只和1.21亿只，同比下降幅度达38.78%、8.41%；2018—2019年，我国家兔年末存栏量较为稳定，年均1.21亿只；2020年受出栏量猛增影响，存栏量同比下降8.55%。

　　兔产业产值快速提高。国家兔产业技术体系产业经济岗位对我国兔业产值进行了估计，"十三五"期间，兔业产值由2016年的244.46亿元增加到2020年的278.22亿元，兔业产值在畜牧业产值中占比为0.92%。养殖的区域集中度较高。从地区结构来看，家兔养殖主要集中在西南、华东和西北三个地区，其中西南地区的四川、重庆在2020年合计出栏量占全国总量的57.63%，华东主要分布在山东和江苏，2020年合计出栏量占全国总量的12.64%，西北主要分布在新疆，2020年出栏量占全国总量的11.80%。兔养殖在逐步向西部转移，呈现"东兔西移""南兔北迁"的趋势，西北地区从2016年出栏量694.9万只、占比1.29%增长至2020年出栏量3 921.7万只、占比11.80%。2016—2020年，生产模式由过去的农户散养，逐步发展为集约化规模养殖、合作组织养殖和农户庭院养殖三种模式，兔场规模明显扩大，种兔场的年均存栏由 18 138 只增加到 32 526 只，为原先的 1.8 倍。

贸易格局在悄然发生变化。长期以来，我国主要进口优良种兔，出口兔肉和兔毛等产品，但受新冠感染疫情和国际市场动荡的影响，我国的兔肉出口不断下滑，国内需求则快速增长。很多地方特别是大中城市兔肉消费市场悄然崛起，兔肉开始出现在部分居民的餐桌上，在一些地方的农村每逢喜庆宴席都必须有兔肉。

家兔是草食动物，"不与人争粮、不与粮争地"，不但节粮而且还为广大消费者提供了高营养价值的兔肉和优质的兔皮和兔毛产品，因而兔产业具有较高的经济效益；家兔养殖规模可大可小，老年和妇女劳动力可以轻松胜任相关工作，因而在广大农村地区家兔养殖吸纳了大量老年和妇女劳动力，对于安排就业、脱贫致富、消除贫困发挥了重要作用，可见兔产业也具有重要的社会效益；与其他畜种相比，家兔体型小、饲料转化率高、粪污等排泄物少，发展兔产业有利于环境保护，因此兔产业还具有重要的环境效益。总之，兔产业的发展符合我国经济社会发展的方向，"十三五"期间进一步得到了各地政府政策的支持。

兔产业虽然在我国取得了较大发展，但依然存在产业化程度低、产业链条短、产品附加值不高、抵御市场风险能力弱等问题。因此，未来中国兔产业界仍然需要不懈努力，继续以市场为导向，深化兔产品精深加工，做大做强兔产品品牌；继续大力开拓国内消费市场；不断加强技术研发，提高现代化管理水平；进一步强化行业管理，推动产业升级，提升产业效益。我们有理由相信未来 5 年，在中央和各地政府相关政策的支持下，兔业发展环境会得到进一步改善，养殖和加工水平进一步提升，产业效率进一步提高。让我们共同努力，为我国兔产业的发展做出更大的贡献。

编 者

2022 年 11 月

# 目 录

MULU

# 附　　录

# 上篇 综合报告

◇ 中国兔产业生产概况

◇ 中国兔产品加工和流通

◇ 中国兔产品市场和价格

◇ 中国兔产品贸易

◇ 中国兔产品消费

◇ 中国兔产业发展政策

# 第一章　中国兔产业生产概况

## 第一节　2016—2020 年中国兔产业发展概况

### 一、中国家兔存栏量和出栏量

家兔养殖在我国历史悠久，但兔产业的快速发展主要在 20 世纪 90 年代。中国兔产业经历了四个大的发展阶段：第一阶段 1960—1985 年，此阶段为低水平稳步发展时期，兔出栏量从 1960 年的约 700 万只，增加到 1985 年的 3 740 万只，年均增长 6.39%，出栏量稳步慢速发展；第二阶段 1986—1990 年，此阶段为起飞前准备时期，兔出栏量从 1986 年的约 4 900 万只，增加到 1990 年的 6 400 万只，年均增长 13.00%，发展开始加速；第三阶段 1991—2007 年，此阶段为快速发展时期，兔出栏量从 1991 年的约 7 200 万只，增加到 2007 年的 4.37 亿只，年均增长 12.90%，发展加速；第四阶段 2008 年至今，此阶段为巩固调整时期，一直呈调整态势，年均增长 −2.00%。尤其是"十三五"以来，我国兔产业受国内外经济下滑及灾害频发的影响，一直呈调整态势（图 1-1）。

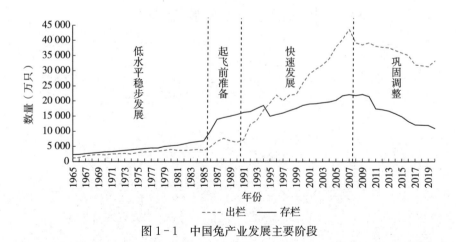

图 1-1　中国兔产业发展主要阶段

从图 1-1 中可明显看到，截至 2017 年，我国兔产业受供给侧结构性改革和兔业转型升级的影响，总体下滑较大。2016 年及 2017 年我国家兔出栏量分别为 3.50 亿只、3.20 亿只，同比下降 2.32％、8.85％。到 2018 年，市场需求拉动和产业调整逐步到位，特别是受 2018 年 8 月非洲猪瘟暴发的影响，兔肉需求增加，兔产业下滑趋势减缓，2018 年及 2019 年出栏量分别为 3.17 亿只、3.13 亿只，同比下降 0.89％、1.10％。到 2020 年初新冠感染疫情暴发，我国兔产业市场受到严重影响，但随着我国政府对疫情强有力的控制，兔产业市场快速恢复，加之欧美国家疫情暴发，我国兔产品需求猛增，导致 2020 年我国兔产业快速回暖。2020 年出栏量 3.32 亿只，同比上涨 6.09％（图 1 - 2）。

图 1 - 2　2011—2020 年我国家兔存栏量和出栏量变化趋势

与出栏量有所不同，我国家兔存栏量波动幅度一直较大。2016—2017 年我国家兔年末存栏量急速下降，从 2015 年的 2.16 亿只下降至 2016 年、2017 年的 1.32 亿只和 1.21 亿只，同比降幅达 38.78％、8.41％；2018—2019 年，我国家兔年末存栏量较为稳定，年均 1.21 亿只；2020 年受出栏量猛增影响，存栏量同比下降 8.55％。

从兔的出栏率来看，2016 年和 2020 年，我国兔的出栏率波动较大，分别为 265％和 304％，同比增加 59.56％和 16.01％；其余年份波动较小，年均波动率 0.91％。其中，2020 年的高出栏率反映了生产效率的大幅度提升（表 1 - 1）。

从养殖规模来看，我国兔产业养殖规模不断扩大，在"质"上不断提高。长期以来我国家兔一直是分散化小规模养殖，再加上上游小饲料厂和兽药店等零散服务，以及小商贩上门收购和小规模企业加工。自"十一五"以来国家兔产业技术体系在兔产业发展中的作用逐步发挥，技术的支撑为一些规模化的企业提供了重要保障，不断有规模化的养殖加工企业进入，使生产方式也逐步发生了变化。

表 1-1　2011—2020 年我国家兔存栏量和出栏量

| 年份 | 出栏量 | | 存栏量 | | 出栏率（%） |
|---|---|---|---|---|---|
| | 数量（万只） | 增速（%） | 数量（万只） | 增速（%） | |
| 2011 | 38 046 | −3.04 | 21 695 | 0.91 | 175 |
| 2012 | 37 775 | −0.71 | 22 158 | 2.13 | 170 |
| 2013 | 37 591 | −0.49 | 22 345 | 0.84 | 168 |
| 2014 | 36 700 | −2.37 | 22 275 | −0.31 | 165 |
| 2015 | 35 888 | −2.21 | 21 603 | −3.02 | 166 |
| 2016 | 35 057 | −2.32 | 13 226 | −38.78 | 265 |
| 2017 | 31 955 | −8.85 | 12 114 | −8.41 | 264 |
| 2018 | 31 671 | −0.89 | 12 034 | −0.66 | 263 |
| 2019 | 31 323 | −1.10 | 11 938 | −0.80 | 262 |
| 2020 | 33 231 | 6.09 | 10 917 | −8.55 | 304 |

数据来源：《中国畜牧兽医年鉴》，国家统计局根据第三次农业区普查修订的 2011—2016 年数据。

注：出栏率＝出栏量÷存栏量×100%。

目前，大量分散的小规模养殖户逐步退出家兔养殖，大中型养殖加工企业不断增加，我国兔场规模化比重稳步提高，生产结构呈现科学化调整；另外，随着大中型兔场的不断出现，我国兔业的科技含量和抗风险能力也在不断提高。根据国家兔产业体系 2020 年对全国 12 个省份的抽样调查，散养农户占养殖场的 4.29%，小规模养殖户占 11.16%，中规模养殖户占 37.34%，大规模养殖户占 47.21%[①]。总体来看，我国兔业的生产方式仍然是规模化兔场和分散式养殖并存，这取决于我国的国情。

从兔养殖品种结构来看，我国目前基本形成了"以肉兔为核心，獭兔逐步萎缩，毛兔不断支撑"的格局。根据国家兔产业体系 2020 年的调查，肉兔、獭兔和长毛兔养殖户所占的比例分别为 79.83%、2.58% 和 17.60%。其中，肉兔户平均年出栏量 20 860 只；獭兔户平均年出栏量 10 467 只；长毛兔户平均年底存栏量 658 只。根据兔体系产业经济岗位建立的兔产业价格指数同样可看出，肉兔、獭兔和毛兔分化明显，獭兔价格指数呈大幅度下降趋势，毛兔价格指数呈小幅度波动趋势，肉兔价格指数呈上涨趋势（表 1-2、图 1-3）。

---

① 目前还没有家兔养殖规模的权威分类标准，本部分借鉴国家发展改革委《中国主要农产品成本收益资料汇编》中对肉鸡和蛋鸡的分类数量标准进行划分，即以全年出栏量为计量基础，按散养、小规模、中规模、大规模进行划分。将全年出栏小于 300 只的界定为散养户，将 1 000 只以下的界定为小规模户，将 1 000 只和 10 000 只之间的界定为中规模户，将 10 000 只以上的界定为大规模户。

2011—2018 年，肉兔价格指数从 100.00 上升至 114.08，獭兔价格指数从
100.00 下降至 42.06，毛兔价格指数从 100.00 下降至 81.47。后受猪瘟影响，
獭兔价格指数和肉兔价格指数在 2019 年猛升，涨幅分别为 115.00%、
12.89%。

表 1－2　2011—2020 年兔产业发展水平指数

| 年份 | 兔产业价格指数 | 肉兔价格指数 | 獭兔价格指数 | 毛兔价格指数 |
| --- | --- | --- | --- | --- |
| 2011 | 100.00 | 100.00 | 100.00 | 100.00 |
| 2012 | 100.41 | 100.71 | 92.81 | 103.20 |
| 2013 | 100.95 | 104.34 | 84.47 | 102.72 |
| 2014 | 91.47 | 95.22 | 62.48 | 99.87 |
| 2015 | 83.70 | 91.52 | 51.70 | 84.11 |
| 2016 | 90.88 | 113.87 | 48.71 | 61.01 |
| 2017 | 87.47 | 107.48 | 50.35 | 61.75 |
| 2018 | 95.12 | 114.08 | 42.06 | 81.47 |
| 2019 | 117.21 | 128.79 | 90.43 | 70.51 |
| 2020 | 106.48 | 111.01 | 78.48 | 72.69 |

数据来源：兔体系产业经济岗位。

注：兔产业发展指数由兔体系产业经济岗位 2011 年建立。指数以 2011 年为基期，综合肉兔、獭
兔和毛兔，考虑玉米和豆粕行情，最后由兔产品价格指数、饲料价格指数和兔业专家指数综合而成。
指数每周发布，表中年度指数由每周指数汇总而得。总指数为按产值加权指数。

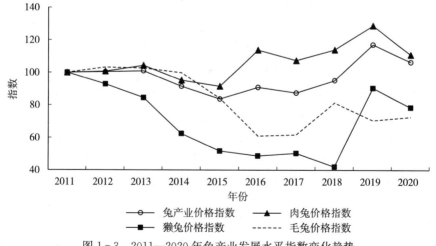

图 1－3　2011—2020 年兔产业发展水平指数变化趋势

数据来源：兔体系产业经济岗位。

## 二、兔肉、兔皮和兔毛产量

根据联合国粮食及农业组织（FAO）的统计，中国兔肉产量从 1961 年到改革开放前，基本维持较低水平的增长，产量由 1961 年的 1.05 万吨，增长到 1985 年的 5.60 万吨，增长速度较为平稳，总量水平较低，占全球总量的 7.41%。之后中国兔肉生产开始进入起飞前准备阶段，兔肉产量由 1986 年的 7.40 万吨增长至 1990 年的 9.60 万吨，占全球总量的 12.26%。此后进入快速发展的轨道，1991 年中国兔肉产量 10.80 万吨，到 2007 年达 64.60 万吨，增长近 5 倍，占全球总量的 53.36%。之后兔肉产量便呈现调整趋势，同时我国成为全球兔肉生产第一大国，到 2020 年中国兔肉产量占比为 51.10%（图 1-4）。

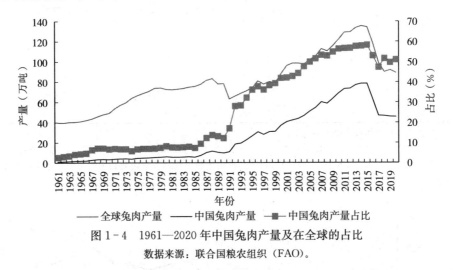

图 1-4　1961—2020 年中国兔肉产量及在全球的占比

数据来源：联合国粮农组织（FAO）。

近年来，我国兔肉产量受供给侧结构性改革影响一直呈调整趋势。2017 年前我国兔肉产量一直呈小幅下降趋势，年均下滑 1.78%，2017 年下滑较多，从 2016 年的 53.5 万吨下降至 46.9 万吨，同比下降 12.34%，后也呈小幅下降趋势。直至 2020 年，兔肉产量 48.8 万吨，同比上涨 6.55%（图 1-5）。

兔皮产量无官方统计资料，但兔皮产量与出栏量密切相关，并且由于在家兔养殖中宠物兔所占的比重很小，因此宠物兔皮的数量很少，在兔产业体系的调研中，其占比在 3% 以内。因此，总体来看，我国兔皮的产量可以由家兔出栏数来反映，2016 年约为 3.51 亿张，2020 年达到 3.32 亿张。

长毛兔养殖业具有投资少、见效快、效益高和生态环境污染小等特点，成为我国广大农民脱贫致富的重要产业，对推动农村经济发展、增加农民收入发

图 1-5 2011—2020 年中国兔肉产量及增速

数据来源:《中国畜牧兽医年鉴》。

挥十分重要的作用。根据国家兔产业体系 2020 年对全国 12 个省份的抽样调查结果,从单位总产值比较,毛兔最高,獭兔次之,肉兔最低,百只产值分别为 26 845.94 元、5 039.65 元和 4 225.37 元。由于毛兔存栏量和兔毛生产量未纳入国家统计范围,所以对全国毛兔存栏量和兔毛产量没有权威的统计数据。按照 2020 年毛兔存栏约 1 100 万只、每只年均产毛量 0.9 千克计算,那么兔毛年产量为 1 万吨左右。

## 三、兔业产值估计

兔业产值是兔产业创造价值的综合体现,它包括兔养殖业提供的主产品(如兔肉、兔皮和兔毛等)和副产品(如兔粪)的价值,它是畜牧业产值组成的一部分。在我国统计数据体系中,没有对兔业产值的统计。根据联合国粮农组织(FAO)的统计,2016 年前我国兔肉产值呈现出先升后降的特点(图 1-6),其中 2013 年达到顶峰,产值为 32.85 亿美元(约合 210 亿元人民币),之后兔肉产量迅速下降,兔肉产值也随之下降。2016 年后,得益于兔产业结构调整、规模化程度提高以及兔业科技的快速发展,兔产业的发展由量的增加转变为质的提升,兔肉产值下降幅度降低。其中联合国粮农组织(FAO)数据库中缺少 2018—2020 年数据,这部分数据由国家兔产业技术体系产业经济岗位补充。

国家兔产业技术体系产业经济岗位自 2011 年以来对我国兔业产值,分别从肉兔、獭兔和毛兔，以及兔肉、兔皮和兔毛等角度，采用多种方法进行核算（图 1-7），可看出 2018 年前产业波动与 FAO 统计呈现相似的趋势。自 2018 年起，我国兔业总产值稳步上升，年均增长率 9.64%。其中 2020 年兔业产值为 278.22 亿元，约占畜牧业产值的 0.92%。

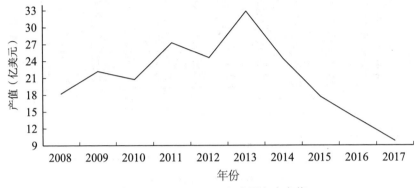

图 1-6　2008—2017 年中国兔肉产值

数据来源：联合国粮农组织（FAO），其中缺少 2018—2020 年数据。

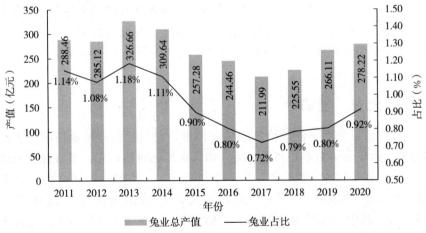

图 1-7　2011—2020 年中国兔业产值及其在畜牧业中的占比

数据来源：兔业产值为产业经济岗位计算，畜牧业产值来自《中国畜牧兽医年鉴》。

## 四、家兔养殖的地区分布

中国各地基本均饲养家兔，目前中国兔产业呈现传统主产区地位不断巩固、西北地区不断兴起、江浙和山东等地资本和技术密集型生产加强、内地仍然以相对粗放式发展为主的特点。

从地区结构来看，中国养兔主要集中在西南、华东和西北三个大区。其中，西南地区主要分布在四川、重庆，2020 年合计出栏量占全国总量的57.63%；华东主要分布在山东和江苏，2020 年合计出栏量占全国总量的12.64%；西北主要分布在新疆，2020 年出栏量占全国总量的 11.80%。分省来看，2020 年四川兔出栏 16 556.3 万只，占全国的 49.82%，新疆、山东、重庆、河南、江苏、福建兔生产也居全国前列，出栏量分别为 3 537.8 万只、2 594.0 万只、1 892.4 万只、1 805.5 万只、1 270.3 万只和 1 125.9 万只。

近年来由于对环境保护的重视，兔养殖在逐步向西部转移，呈现"东兔西移""南兔北迁"的趋势。华东地区从 2016 年出栏量 11 091.4 万只、占比20.66%降低至 2020 年出栏量 4 200.8 万只、占比 12.64%；西北地区从 2016年出栏量 694.9 万只、占比 1.29%增长至 2020 年出栏量 3 921.7 万只、占比11.80%（表 1-3）。

表 1-3　2016 年和 2020 年我国家兔分地区出栏量及占比

| 地区 | 2020 年 | | 2016 年 | |
| --- | --- | --- | --- | --- |
| | 出栏量（万只） | 占比（%） | 出栏量（万只） | 占比（%） |
| 西南 | 19 089.9 | 57.44 | 29 009.4 | 54.03 |
| 华东 | 4 200.8 | 12.64 | 11 091.4 | 20.66 |
| 西北 | 3 921.7 | 11.80 | 694.9 | 1.29 |
| 华中 | 3 080.5 | 9.27 | 5 189.2 | 9.67 |
| 华南 | 1 973.9 | 5.94 | 2 903.6 | 5.41 |
| 华北 | 666.9 | 2.01 | 4 089.1 | 7.62 |
| 东北 | 298.0 | 0.90 | 710.9 | 1.32 |

数据来源：《中国畜牧兽医年鉴》。

近年来新疆把兔产业作为打赢脱贫攻坚战、实现农牧民持续稳定增收的主导产业之一，家兔养殖业在不断兴起。新疆家兔出栏量从 2016 年的 120.1 万只，增长至 2020 年的 3 537.8 万只，增长 28.46 倍，在全国的占比从 0.34%增至 10.65%，成为全国第二的兔产业大省。江西家兔出栏量由 2016 年的244.0 万只增长至 2020 年的 599.0 万只，增长了 1.45 倍；贵州由 2016 年的162.7 万只增长至 2020 年的 567.8 万只，增长了 2.49 倍；黑龙江由 2016 年53.3 万只增长至 2020 年的 132.3 万只，增长了 1.48 倍（表 1-4）。

表 1 - 4　2016—2020 年我国家兔分省出栏量

单位：万只

| 地区 | 2020 年 | 2019 年 | 2018 年 | 2017 年 | 2016 年 | 变化率 |
|---|---|---|---|---|---|---|
| 四川 | 16 556.3 | 16 759.7 | 16 415.5 | 16 373.7 | 15 339.2 | 0.08 |
| 新疆 | 3 537.8 | 376.7 | 25.7 | 20.5 | 120.1 | 28.46 |
| 山东 | 2 594.0 | 3 133.5 | 3 162.4 | 3 402.0 | 4 422.2 | −0.41 |
| 重庆 | 1 892.4 | 2 269.2 | 2 375.6 | 2 706.1 | 3 358.1 | −0.44 |
| 河南 | 1 805.5 | 1 916.0 | 1 981.6 | 2 083.7 | 2 536.8 | −0.29 |
| 江苏 | 1 270.3 | 1 410.7 | 2 262.6 | 2 265.9 | 2 407.7 | −0.47 |
| 福建 | 1 125.9 | 1 066.9 | 937.8 | 850.0 | 1 258.7 | −0.11 |
| 江西 | 599.0 | 311.4 | 324.8 | 321.8 | 244.0 | 1.45 |
| 湖南 | 586.5 | 597.5 | 575.9 | 564.9 | 472.2 | 0.24 |
| 贵州 | 567.8 | 598.9 | 505.6 | 306.5 | 162.7 | 2.49 |
| 广西 | 517.0 | 570.4 | 577.8 | 578.3 | 420.0 | 0.23 |
| 广东 | 325.9 | 330.1 | 321.7 | 333.9 | 212.1 | 0.54 |
| 河北 | 252.0 | 293.5 | 348.4 | 346.1 | 2 073.7 | −0.88 |
| 内蒙古 | 237.0 | 335.4 | 322.5 | 331.4 | 384.3 | −0.38 |
| 浙江 | 224.9 | 271.5 | 271.6 | 286.0 | 285.8 | −0.21 |
| 陕西 | 178.0 | 166.8 | 138.8 | 115.5 | 147.2 | 0.21 |
| 山西 | 174.8 | 166.3 | 158.1 | 152.5 | 200.7 | −0.13 |
| 甘肃 | 151.6 | 69.3 | 60.4 | 54.7 | 129.2 | 0.17 |
| 吉林 | 141.4 | 139.3 | 406.0 | 387.7 | 398.1 | −0.64 |
| 黑龙江 | 132.3 | 59.3 | 50.7 | 34.2 | 53.3 | 1.48 |
| 安徽 | 108.3 | 160.8 | 168.3 | 161.2 | 123.5 | −0.12 |
| 湖北 | 89.5 | 168.6 | 168.1 | 175.6 | 135.5 | −0.34 |
| 云南 | 73.4 | 75.2 | 29.6 | 20.4 | 83.2 | −0.12 |
| 宁夏 | 37.9 | 22.6 | 14.5 | 22.0 | 26.4 | 0.44 |
| 辽宁 | 24.3 | 25.4 | 25.7 | 25.0 | 12.8 | 0.90 |
| 青海 | 16.4 | 15.1 | 17.6 | 6.9 | 30.9 | −0.47 |
| 海南 | 5.1 | 3.2 | 6.1 | 6.7 | 5.2 | −0.02 |
| 上海 | 3.3 | 4.7 | 4.6 | 6.9 | 3.5 | −0.05 |
| 天津 | 2.4 | 3.7 | 6.8 | 6.9 | 4.6 | −0.47 |
| 北京 | 0.7 | 1.5 | 6.1 | 10.1 | 7.0 | −0.90 |
| 西藏 | 0.0 | 0.0 | 0.0 | 0.0 | 0.0 | 0 |

数据来源：《中国畜牧兽医年鉴》。

注：国家统计局根据第三次农业区普查对 2007—2016 年的总出栏量数据进行了修订，但未更新分省数据。本部分对 2016 年分省数据进行了调整。

从分品种的地区分布来看，肉兔的养殖主要分布在四川、新疆、山东和重庆，其次为福建、江苏、河南等地。獭兔的养殖相对分散一些，主要分布在河南、河北和山东等地，其次为四川、东北和东南地区。毛兔的养殖一直比较集中，主要分布在山东、河南、江苏和安徽，其次为重庆和浙江等省市。

从种兔场来看（表1-5、图1-8），全国种兔场个数由2016年的264个，减少为2020年的76个，减少了71.21%。全国各地均呈现大幅度减少。尤其是十九大以后，我国农业更加重视绿色可持续发展，践行生态文明建设的理念，不少临近水源或保护区的兔场关停，因此2017年后种兔场数量和种兔存栏规模大幅下降，2017年底，我国种兔场仅有233个。四川种兔场数量由2016年的133个降低至2020年的14个，降低了89.47%；山东由2016年的22个降低至2020年的11个，降低了50.00%；福建由2016年的9个降低至2020年的5个，降低了44.44%；重庆由2016年的8个降低至2020年的5个，降低了37.50%；浙江由2016年的13个降低至2020年的4个，降低了69.23%；全国仅新疆种兔场个数增加，由2016年的0个增长至2020年的14个。尽管种兔场数量一直在减少，种兔存栏量却在上升，兔场规模明显扩大。种兔场的年均存栏由2016年的18 138只增加到2020年的32 526只，为原先的1.8倍。

表1-5  2016—2020年我国种兔场个数

单位：个

| 地区 | 2020年 | 2019年 | 2018年 | 2017年 | 2016年 | 变化率 |
|---|---|---|---|---|---|---|
| 全国 | 76 | 77 | 79 | 233 | 264 | −0.71 |
| 四川 | 14 | 13 | 12 | 127 | 133 | −0.89 |
| 新疆 | 14 | 14 | 0 | 0 | 0 | — |
| 山东 | 11 | 10 | 10 | 12 | 22 | −0.50 |
| 福建 | 5 | 4 | 6 | 7 | 9 | −0.44 |
| 重庆 | 5 | 4 | 5 | 5 | 8 | −0.38 |
| 浙江 | 4 | 5 | 8 | 17 | 13 | −0.69 |
| 湖南 | 4 | 4 | 3 | 5 | 5 | −0.20 |
| 陕西 | 3 | 3 | 4 | 7 | 5 | −0.40 |
| 安徽 | 2 | 1 | 3 | 10 | 12 | −0.83 |
| 河南 | 2 | 1 | 3 | 3 | 4 | −0.50 |
| 贵州 | 2 | 2 | 3 | 3 | 3 | −0.33 |
| 内蒙古 | 1 | 1 | 1 | 0 | 1 | 0 |

（续）

| 地区 | 2020 年 | 2019 年 | 2018 年 | 2017 年 | 2016 年 | 变化率 |
|---|---|---|---|---|---|---|
| 辽宁 | 1 | 1 | 3 | 3 | 4 | −0.75 |
| 吉林 | 1 | 1 | 2 | 3 | 2 | −0.50 |
| 上海 | 1 | 1 | 1 | 1 | 1 | 0 |
| 江苏 | 1 | 2 | 2 | 2 | 4 | −0.75 |
| 江西 | 1 | 1 | 1 | 3 | 4 | −0.75 |
| 湖北 | 1 | 2 | 2 | 6 | 4 | −0.75 |
| 广东 | 1 | 1 | 2 | 3 | 4 | −0.75 |
| 广西 | 1 | 0 | 0 | 3 | 4 | −0.75 |
| 云南 | 1 | 3 | 3 | 3 | 4 | −0.75 |
| 北京 | 0 | 0 | 0 | 0 | 0 | 0 |
| 天津 | 0 | 0 | 0 | 0 | 1 | −1.00 |
| 河北 | 0 | 0 | 1 | 1 | 4 | −1.00 |
| 山西 | 0 | 0 | 0 | 3 | 3 | −1.00 |
| 黑龙江 | 0 | 0 | 1 | 2 | 2 | −1.00 |
| 海南 | 0 | 0 | 0 | 0 | 0 | 0 |
| 西藏 | 0 | 0 | 0 | 0 | 0 | 0 |
| 甘肃 | 0 | 3 | 3 | 4 | 7 | −1.00 |
| 青海 | 0 | 0 | 0 | 0 | 1 | −1.00 |
| 宁夏 | 0 | 0 | 0 | 0 | 0 | 0 |

数据来源：《中国畜牧兽医年鉴》。

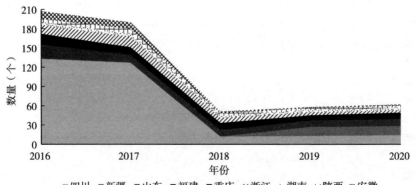

图 1-8   2016—2020 年我国部分省份种兔场数量

数据来源：《中国畜牧兽医年鉴》。

　　我国具有备案许可证的兔场较少，2016 年备案兔场数量 54 个，仅占全部种兔场的 20.45％，说明我国种兔场的管理还缺乏规范。并且对比最近几年的情况可以看出，我国具有备案许可证的种兔场的个数在逐渐减少，由 2016 年的 54 个骤减到 2020 年的 21 个，降低了 61.11％，即使在家兔主产地四川，其备案兔场的数量也存在较大幅度减少（表 1 - 6）。这一方面反映出我国对于种兔场的规范化和标准化要求日益提高，不符合标准的必然不会得到备案许可证。另一方面也反映了我国种兔场在由外延式发展向重视质量的内涵式发展转变，体现了种兔养殖的转型升级。

表 1 - 6　2016—2020 年我国备案的种兔场数

单位：个

| 地区 | 2016 年 | 2017 年 | 2018 年 | 2020 年 |
| --- | --- | --- | --- | --- |
| 全国 | 54 | 40 | 26 | 21 |
| 四川 | 10 | 7 | 6 | 3 |
| 山东 | 9 | 8 | 7 | 9 |
| 重庆 | 5 | 3 | 4 | 3 |
| 福建 | 5 | 5 | 0 | 0 |
| 辽宁 | 4 | 2 | 1 | 1 |
| 湖南 | 4 | 3 | 3 | 2 |
| 河南 | 4 | 3 | 0 | 1 |
| 云南 | 3 | 3 | 0 | 0 |
| 安徽 | 3 | 1 | 1 | 0 |
| 贵州 | 3 | 1 | 2 | 1 |
| 宁夏 | 1 | 1 | 0 | 1 |
| 江苏 | 1 | 1 | 1 | 0 |
| 河北 | 1 | 1 | 0 | 0 |
| 江西 | 0 | 1 | 1 | 0 |
| 山西 | 1 | 0 | 0 | 0 |
| 广西 | 0 | 0 | 0 | 0 |
| 湖北 | 0 | 0 | 0 | 0 |
| 广东 | 0 | 0 | 0 | 0 |

　　数据来源：国家种禽场备案情况，http：//www.chinazxq.cn/。

## 五、兔产业在畜牧业中的地位

与猪肉、牛肉、羊肉和禽肉等其他主要肉类品种相比，兔肉产量占肉类总产量的比重极低，不到 1%。2016—2020 年，兔肉产量占肉类总产量的比重一直维持平稳，年均为 0.58%（表 1 - 7、图 1 - 9）。

表 1 - 7    2016—2020 年我国肉类产量情况

单位：万吨

| 类别 | 2016 年 | 2017 年 | 2018 年 | 2019 年 | 2020 年 |
|---|---|---|---|---|---|
| 肉类总产量 | 8 628.3 | 8 654.4 | 8 624.6 | 7 758.8 | 7 748.4 |
| 牛肉 | 616.9 | 634.6 | 644.1 | 667.3 | 672.4 |
| 猪肉 | 5 425.5 | 5 451.8 | 5 403.7 | 4 255.3 | 4 113.3 |
| 羊肉 | 460.3 | 471.1 | 475.1 | 487.5 | 492.3 |
| 禽肉 | 2 001.7 | 1 981.7 | 1 993.7 | 2 238.6 | 2 361.1 |
| 兔肉 | 53.5 | 46.9 | 46.6 | 45.8 | 48.4 |
| 其他肉类 | 70.4 | 68.3 | 61.4 | 64.3 | 60.9 |
| 兔肉占比 | 0.62% | 0.54% | 0.54% | 0.59% | 0.62% |

数据来源：《中国畜牧兽医年鉴》。

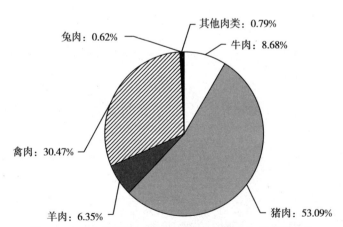

图 1 - 9    2020 年我国主要肉类产量占肉类总产量的比重

数据来源：《中国畜牧兽医年鉴》。

2016—2020 年，兔肉产量增长速度走势和肉类总体、猪肉、牛肉及羊肉增长速度走势不同，2017 年我国兔肉产量受供给侧结构性改革影响严重，产

生较大下滑，下降幅度达 12.34%。之后缓慢恢复，2018 年、2019 年增速为
−0.64% 和 −1.72%，与肉类总产量变动趋势基本一致。2019 年受非洲猪瘟
影响，猪肉产量下降 21.25%，禽类产量上涨 12.82%。

兔肉产量占肉类总产量的比重虽然很小，但对比兔产业和其他相关产业可
以看出，兔产业的发展前景远远好于猪、牛、羊、禽等其他产业。2020 年，
我国兔肉产量增速达 5.68%，高于禽肉产量 5.47% 的增速，远远高于肉类总
产量 −0.13% 及猪肉 −3.34% 的增速（表 1−8）。

**表 1−8　2016—2020 年我国主要肉类产量的增长速度变化（%）**

| 类别 | 2016 年 | 2017 年 | 2018 年 | 2019 年 | 2020 年 |
|---|---|---|---|---|---|
| 肉类总产量 | −1.39 | 0.30 | −0.34 | −10.04 | −0.13 |
| 牛肉 | 0.00 | 2.87 | 1.50 | 3.60 | 0.76 |
| 猪肉 | −3.90 | 0.48 | −0.88 | −21.25 | −3.34 |
| 羊肉 | 4.64 | 2.35 | 0.85 | 2.61 | 0.98 |
| 禽肉 | 4.28 | −1.00 | 0.61 | 12.28 | 5.47 |
| 兔肉 | −3.25 | −12.34 | −0.64 | −1.72 | 5.68 |
| 其他肉类 | −2.90 | −2.98 | −10.10 | 4.72 | −5.29 |

数据来源：《中国畜牧兽医年鉴》。

# 第二节　中国家兔养殖的主要投入及服务

## 一、种兔

高效良种是支撑现代农牧业的基础，法国、意大利、西班牙等养兔发达国
家采用专门化品系配套杂交生产"杂优"商品肉兔，每只繁殖母兔每年提供商
品肉兔近 60 只；我国饲养的肉兔多为早年从国外引进的老品种，品种退化混
杂，品质差、生产力低，生产水平为每只繁殖母兔每年提供商品肉兔 30 只，
与兔业发达国家差距悬殊，良种匮乏一直是制约我国兔业效益水平和发展的瓶
颈。对于优良种兔的推广和运用，技术供给是一个重要方面，但养殖户对优良
种兔的需求亦不容忽视。

本部分根据国家兔产业体系 2016—2020 年以来的养殖户调研数据，对养
殖户种兔使用情况、购买渠道、种兔品种需求以及种兔使用过程中存在的问题
进行了梳理，并分析了影响养殖户种兔需求的因素，以探讨我国养殖户种兔需

求现状及成因，并据此提出推广优良种兔的策略和措施。

## （一）养殖户种兔需求

总体来看，"十三五"期间被调查的养殖户平均每年引进种兔 2 291.54 只，母兔与种公兔的比例大概为 13.9：1。其中 62.7％的养殖户有引进新种兔的需求，37.30％的养殖户没有引进新种兔的需求。平均每年种兔价格为 171.78 元/只，平均每批种兔可使用 20.17 个月左右。

## （二）养殖户种兔购买渠道

为具体了解养殖户种兔的使用情况，对种兔购买渠道进行了调查（图 1-10）。种兔场是最主要的种兔购买渠道，平均有 50.61％的养殖户在种兔场购买种兔，45.71％的养殖户用自家繁育的种兔，与其他兔场置换种兔的养殖户占比为 17.96％，以"公司＋养殖户"模式购买种兔的仅占 2.04％。

进一步探究养殖户选择以上种兔购买渠道的原因，其中 72.31％的养殖户根据专家建议作出渠道决策，根据自己的养殖经验和邻里推荐作出决策的比例分别为 63.63％和 39.25％。媒体的宣传作用不大，仅有 3.31％的养殖户是根据媒体宣传来选择种兔购买渠道的。另外，调研发现政府的引导开始慢慢发挥作用。

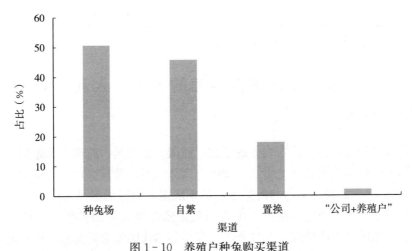

图 1-10　养殖户种兔购买渠道

数据来源：国家兔产业体系 2016—2020 年兔养殖户成本收益调研。

## （三）养殖户引进和选择种兔的主要考虑因素

调查中发现，养殖户购买种兔时最关注的是种兔的繁育能力，关注这点的养殖户比例达到 83.06％；其次是种兔的繁育质量，比例为 50.83％。可见种兔的繁育功能是养殖户最关注的，种兔的价格并不是养殖户购买种兔时最主要的考虑因素，只有 49.59％的养殖户主要考虑价格因素，15.70％的养殖户主要考虑购买种兔的方便程度（图 1-11）。

另外，也调查了养殖户在种兔引进和选择上哪些方面比较欠缺。其中最欠缺的是种兔繁育技术，养殖户占比达到 66.94％；其次是购买渠道和市场信息，占比分别为 38.43％和 30.58％；也有 6.34％的养殖户反映在品种辨识方面比较欠缺（图 1-12）。

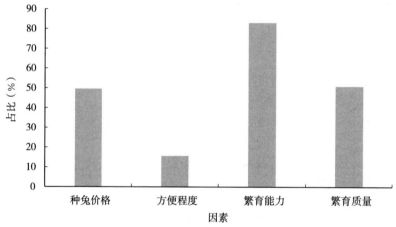

图 1-11 养殖户选择种兔时主要考虑的因素

数据来源：国家兔产业体系 2016—2020 年兔养殖户成本收益调研。

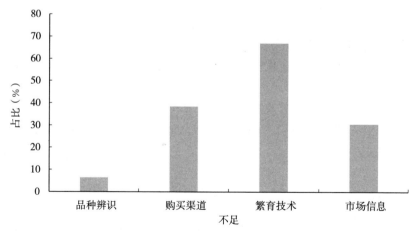

图 1-12 养殖户在种兔引进和选择方面的不足

数据来源：国家兔产业体系 2016—2020 年兔养殖户成本收益调研。

### （四）合作社、农业技术部门对养殖户种兔养殖或选择方面提供的服务

通过调查养兔合作社及农业技术部门在种兔养殖方面的服务发现，仅有10.74％的养殖户反映当地没有专门的养兔合作社或农业技术部门或有关机构不提供服务，其他养殖户对合作社、农业技术部门给予的种兔方面的支持作出了反映。从调查中可知，合作社、农业技术部门在种兔养殖或选择方面最重要的作用是推荐品种、提供繁育技术指导及种兔代购，占比分别为39.26％、51.24％和29.34％。另外，27.27％的养殖户认为合作社、农业技术部门对他们最大的帮助是提供种兔市场信息（图1-13）。

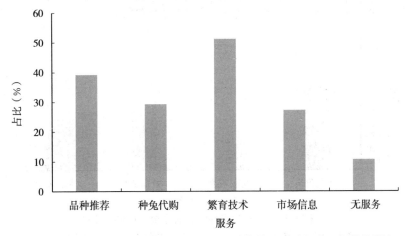

图1-13　合作社、农业技术部门对养殖户种兔养殖或选择方面提供的服务
数据来源：国家兔产业体系2016—2020年兔养殖户成本收益调研。

### （五）种兔需求的影响因素分析

结合调研数据和现有文献资料，本部分总结了种兔需求的影响因素，主要有以下两个方面：

一方面，兔场特征对养殖户的种兔需求具有显著影响。首先，兔场收入对养殖户的种兔需求具有重要影响，兔场收入越高，养殖户的种兔购买能力越强，对种兔的需求也相应有所提高；其次，兔场负责人的养殖年限对种兔需求也具有正向影响，负责人养殖时间越长，养殖经验越丰富，兔场经营也较为稳定，对种兔需求也越大；最后，兔场规模越大，每年种兔需求就越大，其引入的种兔数量也越多。

另一方面，合作社、农业技术部门对养殖户的帮助对养殖户引入种兔的数量也有一定影响，但具体影响方向因养殖户的信任程度不同而不同。合作社、

农业技术部门对养殖户进行种兔品种方面的指导，有助于养殖户接触更多种兔市场信息，科学选择种兔，提高需求，但同时，养殖户也可能对合作社、农业技术部门推荐的品种缺乏信任，对其种兔引入影响不明显。此外，不同地区的养殖户的种兔引入数量也存在一定的差异。

### （六）种兔需求方面的建议

一是加大政策扶持力度。总体来看，兔养殖业的发展需要规模化，且兔养殖户对规模化的需求正在逐步提升。很多养殖户反映，他们面临的最大困难是资金短缺限制了规模的扩大，因此需要政府出台更多有利政策填补养殖规模化的要素缺口，进一步降低门槛，例如在金融方面可考虑以贴现贷款或小额信贷等多种途径，解决发展资金的问题，用高效的投资机制来保障养兔业的发展。同时，考虑到养殖的风险问题和养殖户对保险需求的与日俱增，政府可以考虑像其他牲畜那样将养兔纳入保险范畴从而降低兔养殖户的经济损失。

二是鼓励发展兔产业专业技术服务合作社。近年来，各地政府对农民专业合作社出台了不同的优惠政策，促进了兔业合作社大量出现。从调查情况看，2018年大多数兔场都加入了养殖合作社。养兔合作社为社员在种兔引进、推广、代购，提供适合当地养殖用的饲料、疫苗以及行业信息交流等方面提供了便利。政府应引导鼓励发展兔产业技术服务合作社，挖掘合作社的潜力，充分发挥合作社的组织协调能力，为社员搭建资金和技术互助、信息和经验交流的平台，进而解决养殖户技术经济方面所面临的困难，保障养殖户的切身利益。

三是要对养殖户进行指导及示范推广新品种。由于养殖户对种兔的引进受到合作社和农业技术部门的影响，因此可以发挥合作社和农业技术部门的作用，对养殖户进行养殖方面的指导；另外，还可以通过这种方式将优良的品种进行示范推广，提高兔的养殖数量和质量。

## 二、兔饲料

饲料成本在畜牧养殖成本中占较大比重，因此养殖过程中对于饲料粮的需求也成为影响畜牧业发展的重要因素之一。受耕地逐年减少和人口增加的双重制约，粮食安全问题一直受到各界关注。那么，节约用粮、充分利用有限的粮食资源谋发展，就成为畜牧业发展的重要考量。养兔可以充分利用各地饲草资源、节约粮食，因此近年来得到了较快发展。

### （一）饲料资源利用现状及变化趋势

在我国，可利用饲料资源种类存在明显的地域差异，与当地种植的作物种类密切相关。如表1-9所示，在山东、河南等地区，玉米、花生等的种植较普遍，相应地，这些省份的兔饲料资源主要是花生秧、玉米及玉米秸秆；而在浙江、四川等地区，兔饲料资源以稻草糠、谷糠、茭白叶等为主；东北地区是大豆的主要产区，因此吉林、辽宁、黑龙江等地的兔饲料资源主要是玉米、大豆及大豆秸秆等。

表 1-9  不同省份可利用饲料资源情况

| 省份 | 饲料资源 |
| --- | --- |
| 河南 | 玉米秸秆、草粉 |
| 山东 | 花生秧、谷糠、玉米 |
| 黑龙江 | 玉米、大豆 |
| 山西 | 小米等 |
| 辽宁 | 玉米、大豆、黄豆、花生秧 |
| 陕西 | 玉米、菜籽粕、草粉 |
| 吉林 | 大豆秸秆、玉米、大豆、豆粕、花生壳粉、谷糠 |
| 江苏 | 豆饼、玉米、大蒜秸秆、玉米秸秆、花生秸秆、大豆秸秆、稻壳粉、麸皮、花生糠、青草、稻糠、豆皮、大豆 |
| 四川 | 玉米、谷壳、麸皮、统糠、谷糠 |
| 浙江 | 菜籽粕、花生蔓、玉米、棉籽饼、麸皮、豆粕、小麦、毛豆秸秆、花生秧、谷糠、稻草糠、秸秆、草粉、豆糠、茭白叶 |

数据来源：国家兔产业体系 2016—2020 年兔养殖户成本收益调研。

由于我国农作物种植数量多、分布广，因此秸秆资源也非常丰富。兔养殖中利用较多的有玉米秸秆、豆秸秆、花生秧、番薯等，但这些物质只是经过简单加工直接用作兔饲料，利用率较低。例如，吉林省作为我国的重要粮食产区，拥有丰富的农副产品资源，尤其是秸秆等粗饲料资源，并且秸秆中有70%是饲用价值较高的玉米秸秆，因此其饲料资源在全国具有得天独厚的优势。但是，这种资源优势并没有被有效地转化为畜牧业的优势，据了解，秸秆仅有 30% 左右用于饲料，而在饲料利用部分中，经过加工利用的仅占 20% 左右。

近年来养殖户的饲料来源发生了较大的变化。2016—2020 年对养殖户饲料来源的调查发现，养殖户越来越倾向于外购饲料，而不是自制饲料。如表 1-10 所示，2016 年兔饲料全部外购的养殖户占 69.03%，之后逐年上升，到 2020 年，大约有 83.06% 的养殖户养兔所用的饲料全部来源于外购。"十三五"期间,平均每年养殖中所用饲料全部外购的养殖户占比达78.74%。饲料部分外购和全部自有的养殖户年均占比分别为9.82%和11.44%。部分外购的养殖户从2016年的12.68%下降到2020年的8.68%。兔饲料全部来源于自有的养殖户在10%上下波动,但其中大部分为企业或合作社旗下的养殖场,本身就生产兔饲料。

表1-10　2016—2020年饲料来源占比(%)

| 年份 | 全部外购 | 部分外购 | 全部自有 |
|---|---|---|---|
| 2016 | 69.03 | 12.68 | 18.29 |
| 2017 | 80.71 | 9.14 | 10.15 |
| 2018 | 82.82 | 9.82 | 7.36 |
| 2019 | 78.07 | 8.77 | 13.16 |
| 2020 | 83.06 | 8.68 | 8.26 |
| 年平均 | 78.74 | 9.82 | 11.44 |

　　尽管各地可利用饲料资源非常丰富,但兔养殖户仍然选择外购饲料,主要原因可能有:第一,养殖户对饲料配方不了解。相对于饲料生产厂专门的技术人员而言,农户缺少饲料配方的相关知识,不能根据家兔生长的不同阶段的不同营养需要配制饲料。第二,农户没有加工饲料资源的技术及设备。很多当地的饲料资源尤其是玉米秸秆、花生秧、豆粕等粗饲料资源并不能被直接用作兔饲料,需要进行加工才可以被家兔吸收,但是农户并没有掌握相关的技术,加上购置加工生产设备的成本较高,因此可以利用的粗饲料资源并没有得到合理的利用。第三,兔饲料的产品化和市场化程度快速提升。对四川和山东等地饲料企业的调研发现,饲料加工工艺和技术发展很快,相较于自制饲料,外购饲料的质量和渠道都能得到一定的保障,兔饲料市场出现细分,逐渐成熟,养殖户外购饲料的趋势将得到进一步巩固和增强。

## (二)饲料资源利用中存在的问题

　　我国饲料资源丰富,然而多年来这种资源优势未能有效地转化为兔产业的发展优势,主要原因在于兔饲料资源开发利用中存在较大问题:

　　一是饲料配方不合理。很多养殖户使用的饲料并没有满足家兔不同生理阶段的需要,不合理的配方使得饲料转化率降低。有很多不规范的中小型养殖户并没有相对固定的饲料。

　　二是饲料原材料波动大。根据对饲料企业的调研,原材料供应的不稳定加剧了市场的波动。其中，既包括季节性波动问题，也包括部分原材料（如草粉、苜蓿草等）供应价格和质量不稳定的问题。

三是饲料成本上升。一方面，运输成本提高。近年来受运输能力和新冠感染疫情影响，运输成本大幅上升。另一方面，政府对饲料产业不鼓励不限制，但限制排放、环境监控、例行检查等，也间接影响了饲料企业，最终这部分成本还是转嫁到了养殖户头上。

### （三）合理开发兔饲料资源的建议

一是加强科技支撑与服务。针对现阶段饲草饲料资源开发利用技术落后的问题，须将技术推广服务体系建设完善，加大技术宣传推广力度，引导企业、农牧民等主体将现代先进的饲草饲料种植技术、加工技术等应用于生产加工实践中。要构建全过程指导模式，全面覆盖饲草饲料的产前、产中及产后环节，促使饲草饲料生产开发效率得到提高。

二是加大资金支持力度。资金问题对饲草饲料资源的开发利用造成了不利影响，因此，地方政府须结合饲草饲料产业的实际发展需求，进一步增大资金资源投入力度，制定完善的扶持政策体系。在具体实践中，要充分明确饲草饲料产业发展的重要性，综合考虑地区社会经济发展情况及饲草饲料产业发展重点，制定科学的资金投入计划，将长效投入扶持机制构建起来，切实满足饲草饲料产业发展的资金需求。

三是大力发展牧草业，加快产业化进程。牧草是重要的饲料资源，兔饲料开发利用中面临的问题之一就是牧草价格高，并且没有牧草等粗饲料的产业化，我国兔业的规模化发展就难以实现。面对这一情况，要大力完善土地流转制度，严格管控土地流转过程，促进饲草规模生产。在饲草饲料产业发展过程中，紧密融合生产、加工与销售环节，构建一体化产业体系，提高饲草利用率。

四是加大对粗饲料资源的开发利用。不断发展的养兔业对粗饲料资源的需求与日俱增。除了常见的农作物秸秆和秕壳类及牧草外，还有很多数量相当可观但没有得到开发利用的非常规粗饲料资源。因此，要深入开展调查研究工作，对地区退耕还草、秸秆等资源开发的情况进行全面了解，制定针对性的引导扶持政策，加快对粗粮饲料资源的开发利用。

## 三、兔场设备

随着养兔业的快速发展，其生产方式逐渐从一家一户的庭院分散养殖走向规模化、集约化养殖。但同时新的制约因素也不断出现，其中兔场养殖规模、养殖人员的养殖经验、疾病的预防、所处的环境、对新技术设备的应用等都关系到兔场盈利能力的持续提升。

## （一）兔场设备与环境控制现状

一是兔场环境设备。兔场环境条件（如温度、湿度、有害气体）是影响兔生产性能和健康水平的重要因素之一。对兔场环境因素进行人为调控，创造适合兔生长、繁殖的良好环境条件，是提高养兔经济效益的重要手段之一。其中兔场通风方式可分为自然通风和机械通风两种。据调查，71.49%的养殖户配有通风设备，主要通过排风扇通风；47.53%的养殖户拥有降温设备，主要使用空调、风扇或湿帘对兔场降温；14%左右的养殖户配有兔场保温设备，主要使用暖气、空调和塑料布等进行保温（图1-14）。

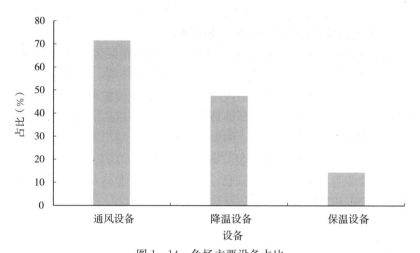

图1-14　兔场主要设备占比

数据来源：国家兔产业体系2016—2020年兔养殖户成本收益调研。

二是兔场环境消毒。兔场地面消毒，目前采用的方法是保持兔场干燥、清洁卫生或定期喷洒消毒药物。对于兔场的消毒，农户一般采用熏蒸消毒法，有条件的企业在兔场安置紫外线灯，因为紫外线有强烈的杀菌消毒作用，而且持续照射的消毒效果更好。此外，兔场环境消毒还包括笼具、水和产箱消毒。定期消毒可减少兔场内的病原微生物数量，防止疾病传播。针对兔群的消毒应根据兔场内的卫生和微生物的情况而定。但总体来看，兔场消毒还没有引起农户足够的重视。

三是兔场周围噪声控制。兔一般都胆小怕惊，突然出现的噪声易引起母兔流产、拒绝喂奶，或出现神经系统症状，碰撞致伤。因此，兔场应坐落于远离公路、工矿企业之处，饲料加工车间远离生产区域。据调查，有 4.96％的农户将兔舍安置在院内，兔舍离家在 2 300 米左右。

**（二）兔场设备与环境控制技术存在的问题**

一是消毒设施不健全。调查数据显示，有些兔场在养殖过程中不重视消毒设施的建设，未购买消毒设施，如在养殖场出口处没有设置相应的消毒池和消毒间，对进入养殖场内的车辆和工作人员也未能及时消毒，导致细菌和病毒进入养殖场。

二是养殖场选址不尽合理。受到经济利益的驱使，部分养殖户在选址和栏舍设计过程中没有咨询动物防疫部门，存在乱建养殖场现象，有些养殖户选择在地势低洼或居民密集地区建立圈舍，通风和采光条件不好，存在多种动物混合养殖现象，增加了疫病防控的难度。

**（三）兔场设备与环境控制技术发展前景**

一是兔粪资源化利用较快发展，种植、养殖和环保多重效益显著。多年来，兔粪是养殖户的重要负担之一，兔粪不仅污染环境，处理兔粪还费力费钱。近年来，大多数养殖户在笼舍内增加了雨污分流设施设备，在粪污处理方面增加了干湿分离装备和兔粪发酵处理设施。经过处理后的兔粪还可以出售还田，增加养殖收益。随着水果产业的发展，高档水果对生物有机肥的需求量逐日递增。科研人员和种植户的反复比较试验证明，发酵兔粪是生产高档猕猴桃、柑橘和葡萄等水果的优良有机肥。总之，兔粪资源化利用，可实现家兔养殖、果菜等种植和环境保护三重效益。

二是适度规模兔场成为主力，新技术和新设备优势显现。2018 年由于养殖成本增加，出栏价格偏低，技术含量低的小型养殖户收益不高甚至出现亏损，逐渐退出了肉兔养殖业；而具有一定技术且规模适度的养殖户均获得了较好的收益，对肉兔养殖的信心增加，多数选择进一步扩大养殖规模。适度规模化兔场的业主年龄大多在 30～45 岁，具有中学及以上文化程度，促进了现代养殖技术的推广使用。在繁殖技术方面，诱导发情、同期发情、人工授精等逐步开展应用，部分生产管理水平较高的规模化养兔场已经成熟应用这些技术，逐渐以其取代了之前广泛使用的自然交配或人工辅助交配模式。在养殖设备方面，金属兔笼、湿帘、机械刮粪设备等被逐步引入兔舍，传统家兔养殖业中绝大部分人工操作环节逐渐被机械代替，极大程度地降低了人力成本，同时提高了生产效率。

三是加大政策支持力度。近年来，在鼓励节约型畜牧业发展的大背景下，各地出台了不同的政策以积极扶持兔产业发展，包括：①提供免费技术培训与指导；②提供奖励与补贴，如大户奖补、兔笼补贴、引种补贴、兔场建设补贴等；③保护价收购；④建立兔业生产基地和科技示范户，以点带面；⑤设立兔业基金，保证在解决兔业发展中的问题时有相应的资金支持；⑥积极扶持组织化生产，提高农户的组织化程度和生产水平。这些政策将在一定程度上促使兔场环境控制技术再上一个新台阶。

## 四、疾病控制

兔病是发展养兔业的最大障碍，其种类很多，包括传染病、寄生虫病等。对兔病进行预防和控制可以有效减少由兔病所造成的经济损失。

### （一）兔场主要疾病及发生比例

就全国范围来说，兔场常发的疾病主要有球虫病、真菌病、大肠杆菌病、巴氏杆菌病、兔瘟、呼吸道疾病等，其中危害较重的疾病主要有兔瘟、大肠杆菌病、巴氏杆菌病、球虫病等。由表 1 - 11 可知，在全国范围内，兔场常发疾病或症状主要是腹泻、腹胀，调查的样本中分别有 56% 和 42% 的兔场出现这类症状，发生率显著高于其他常见疾病或症状；其次是大肠杆菌病，发病兔场比例为 31%；发生鼻炎的兔场比例达 30%；发生球虫病的兔场占比达 26%。而巴氏杆菌病、肺炎、兔螨病发生的比例也分别达到了 15%、19% 和 13%，另外，发生脱毛癣、乳房炎和兔瘟的兔场比例分别为 6%、9% 和 5%。

表 1 - 11　兔场常发疾病或症状及发病兔场所占比例（%）

| 疾病或症状 | 发病兔场比例 | 疾病或症状 | 发病兔场比例 |
|---|---|---|---|
| 腹泻 | 56 | 脱毛癣 | 6 |
| 腹胀 | 42 | 兔螨病 | 13 |
| 大肠杆菌病 | 31 | 兔瘟 | 5 |
| 巴氏杆菌病 | 15 | 乳房炎 | 9 |
| 球虫病 | 26 | 鼻炎 | 30 |
| 肺炎 | 19 | | |

注：2017—2020 年均无相关数据，故此表为 2016 年的统计情况。

不同地区发生的兔病存在差异性。从调研结果来看，腹胀、腹泻在大部分地区均常发，北方地区兔场的常发疾病以球虫病、肠炎、肺炎为主，个别的有真菌病、疥螨病。肠炎的发生与饲料和环境卫生有关。兔呼吸系统疾病与环境有很大关系，在我国北方尤为严重，也是相关机构今后需要研究的重点之一。

而在南方地区，由于高温高湿和梅雨期较长，空气湿度大、温度高，各种细菌、寄生虫滋生，南方地区的兔场普遍存在消化道疾病、呼吸道疾病和皮肤真菌病。

从季节性来看，由于不同季节的气候、温度、空气湿度等存在差异，因此不同的兔病发生时间表现出一定的季节性，如球虫病、腹泻在梅雨季节或者阴雨天发病较多，冬天呼吸道疾病多发，感冒容易在换季时发生等。

### （二）兔场死亡损失分析

疾病控制不当是导致兔场损失的主要因素。从兔的死亡率（由于数据口径的问题，这里特指成年兔的死亡率）来看，5 年内平均每年的死亡率为 12.14%。从不同规模兔场兔的死亡率来看（图 1-15），兔场规模和兔的死亡率呈现明显的反向关系。具体来说，基础母兔养殖规模在 0～500 只的兔场死亡率最高，达到了 4.52%。这种养殖规模的兔场一般基础条件和饲养技术比较落后，因此兔死亡率较高。其次是基础母兔养殖规模在 501～1 500 只的，兔的死亡率降低到了 3.71%。基础母兔养殖规模在 1 501～2 000 只的，兔的死亡率为 3.13%。基础母兔规模在 2 001～3 500 只的，兔的死亡率降到了 0.66%。以上四种规模养殖场兔的死亡率随养殖规模上升而呈递减趋势。基础母兔达到 2 000 只以上的兔场，兔的死亡率都比较低，在 2% 以内。当基础母

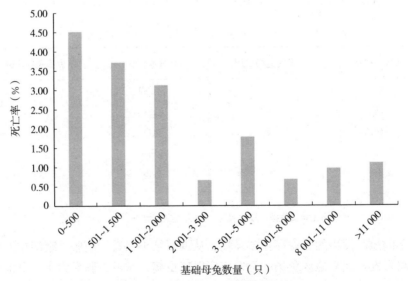

图 1-15 不同规模兔场兔的死亡率

数据来源：国家兔产业体系 2016—2020 年兔养殖户成本收益调研。

兔在 8 001～11 000 只时，饲养技术和条件都比较先进和成熟，兔的死亡率也较低，为 0.96%。

## （三）疾病防控存在的问题

（1）防疫效果受多种因素影响，防疫难度较大。调研发现，目前兔场普遍缺乏疾病预防和控制技术。在调研中，有 67.86% 的养殖户反映对兔子疾病缺乏有效的预防和治疗。随着畜牧业的不断发展，动物防疫机制不断创新与优化。但在现实中，养殖场的防疫工作具有特殊性，整体防疫质量会受到诸多外在因素的影响，如兔子生长环境、饲养管理、动物体质、分散化养殖等，防疫工作人员的整体工作难度较大，这会影响防疫工作的落实。若防疫机制未及时更新与优化，将导致防疫缺乏针对性，一旦出现新疫情，直接影响防疫工作成效和兔场的死亡率。

（2）缺乏配套的防疫设备。养殖场防疫工作的有序开展离不开充分的物资支持。基础配套设施在动物防疫工作中发挥着重要作用。一套健全完善的配套设施，可以保证养殖场防疫工作稳步推进，并有效确保养殖者的经济效益，以及顺利实现养殖业的社会效益。从调研情况来看，部分养殖场缺乏配套的防疫基础设施。有些兔场为了降低防疫成本，未及时引进先进的防疫设备，进而影响防疫工作质量与效率。

（3）养殖场人员的综合素养有待进一步提升。养殖人员的综合素养直接影响防疫工作成效。随着畜牧业的不断发展，养殖场防疫工作往往会面临新问题与新情况。或许动物防疫人员可以满足当下的防疫工作需要，但是新情况的出现又对防疫人员的综合素养提出了更高的要求。从调研情况来看，养殖场人员综合素养相对较低，对养殖场突发疫情的处理能力有限，阻碍防疫工作的高效开展。

## （四）对疾病防控措施的建议

一是加强饲养管理，抑制疾病传染。如坚持青饲料为主、精饲料为辅，提高能量饲料（如玉米）含量，保证蛋白质、复合维生素的摄入，以提高家兔的机体免疫力；定时定量饲喂，保证饲料品质，不给兔饲喂腐败变质的饲料及其他可能影响家兔机体功能正常发挥的饲料；保证饮水质量和水量充足，水质要符合人畜生活饮用水卫生标准，且保证场内人畜能自由取用，同时确保水源周边环境良好，无任何污染源。

二是进一步加强对养殖户的疾病防治技术培训。从目前来看，兔养殖过程中，疾病多发依然是困扰养殖户的头号难题，这将直接影响养兔的经济效益。养殖户集中反映疾病的早期预防远比后续治疗重要。养殖户早期对兔舍的消毒不到位，缺乏专业的知识技能观察兔病的早期症状，双重问题导致兔病发生率居高不下，而一旦发病兔子的死亡率非常高。当前养殖户最需要的是相关技术培训服务，提升一线养殖人员能力，使其能及时发现兔病苗头，减少损失。有关部门须加大对疫苗市场的监管力度，保证疫苗质量，同时加大研究力度，应对部分疫苗老化问题。

三是密切关注新型兔瘟，做好家兔疫病防控。面对新型兔瘟，除了提升疫病生物安全防范技术水平外，还应该加强对该病疫苗的研究，尽早取得新兽药证书，以有效控制该病的进一步蔓延，减少经济损失。同时，在饲料中取消抗生素添加剂后，对于家兔养殖中的其他疫病也要特别加强监测。针对兔球虫病防控常用的几种抗球虫药（如地克珠利、氯苯胍）要开展耐药性监测，提前进行技术储备以应对可能出现的球虫抗药性问题。

四是定期进行检疫，及时采取措施应对兔病的发生。兔舍要注意通风以降低疾病传染的概率，冬天做好保暖，夏天做好降温。当发生传染病时，要立即对所有的兔进行检查，根据不同情况将兔分群。当兔病比较严重时可以进行扑杀，以扑灭疫病；对疑似病兔进行隔离看管，并做好预防性治疗，出现症状后按病兔治疗处理。

# 第三节　中国家兔养殖的技术水平及其变化

## 一、家兔产业中的主要技术

### （一）种兔和良种繁育

"十三五"期间，我国畜禽养殖格局发生重大变化。为防止环境污染，2016年国务院印发《畜禽养殖禁养区划定技术指南》和《"十三五"生态环境保护规划》，依法划定禁止建设养殖场或禁止建设有污染物排放的养殖场的区域，并对各地禁养区内的养殖场关停和拆迁。在此背景下，"十三五"期间我国种兔场数量不断下降，特别是在2018年，一年时间内减少了154家。与此同时，虽然种兔场数量处于下降状态，但种兔年末存栏量却呈现出倒"U"形趋势，在2018年跌至767 636只的低点后开始反弹，存栏数量不断增加（表1-12）。此外，种兔年末存栏量均值上升明显，由2016年的18 138只/个提高到2020年的32 526只/个，这说明我国种兔场的规模在不断扩大，诸多中小型养兔场扩大经营规模或退出市场，种兔生产繁育向着更为集约高效的方向发展。

表 1 - 12　2016—2020 年我国种兔场数量和种兔年末存栏量

| 指标 | 2016 年 | 2017 年 | 2018 年 | 2019 年 | 2020 年 |
|---|---|---|---|---|---|
| 种兔场数量（个） | 264 | 233 | 79 | 77 | 76 |
| 种兔年末存栏量（只） | 4 788 511 | 1 374 730 | 767 636 | 1 792 100 | 2 471 980 |
| 种兔年末存栏量均值（只/个） | 18 138 | 5 900 | 9 717 | 23 274 | 32 526 |

数据来源：《中国畜牧兽医年鉴》。

就我国各省份的种兔场数量来看（表 1-5），四川下降最为明显，2016 年拥有 133 家种兔场，2018 年则仅剩余 12 家。此外，浙江、安徽、山东等省份也呈现出同样的减少趋势，而天津、河北、黑龙江、甘肃、青海等省份在 2017 年后陆续退出了种兔养殖行列。值得注意的是，新疆 2016—2018 年尚未建设种兔养殖场，而在 2019 年一年新增的种兔养殖场数量就达到 14 家，种兔场的区域迁移趋势较为突出，区域间的气候环境差异势必带来种兔和良种繁育技术的差别。为研发推广具有区域适应性的种兔和良种繁育技术，提高母兔平均年产仔存活率，新疆兔养殖企业与青岛、焦作、济源综合试验站，中国畜牧业协会、中国农业大学等科研院所和科技公司在肉兔杂交配套、种兔科研育种、兔胚胎生物提取等方面开展了密切的技术合作，在多方合力共同驱动下，母兔平均年产仔存活率高于全国平均水平。

### （二）饲料使用

目前，我国兔场普遍选择饲料部分或全部外购，在 2020 年对 242 个普通兔场的调研中发现，仅有 20 个兔场全部采用自有饲料。在饲料品牌上，康大饲料、六和饲料、金龙饲料等品牌受到兔场青睐较多。但无论是外购饲料还是自有饲料，抑或是不同品牌的饲料，在原料选择上一般都是玉米、大豆、花生秧等，并按照一定的比例进行混合调配。在 2020 年无抗养殖之前，家兔养殖场在饲料方面普遍关注质量、价格以及储藏时间等问题，但自 2020 年 7 月农业农村部禁止饲料生产企业生产含有促生长类药物饲料添加剂（中药类除外）的商品饲料后，养殖场普遍反映家兔患病率大幅上升，腹泻情况明显增多，成活率下降严重。

在无抗养殖方面，自 20 世纪 80 年代起，欧美发达国家就相继禁止在饲料中添加促生长抗生素，取得较好的效果。瑞典首先于 1986 年禁抗，丹麦于 2000 年禁抗，欧盟 2006 年 1 月 1 日正式禁抗，荷兰 2009 年禁抗，韩国 2011 年禁抗，美国 2014 年宣布用 3 年时间（到 2017 年）禁止在饲料中使用促生长抗生素。从这些率先禁抗的国家或地区看，禁抗初期会带来一定的损失，具体表现为：生长速度降低、死亡率有一定的增加、短期治疗性抗生素使用增加等，但随着管理制度的不断优化、技术措施的不断完善，无抗养殖的经济效益也较可观。从欧洲主要国家家兔无抗养殖水平看，平均每只母兔年提供商品肉兔 50 多只，商品兔 12 周龄左右出栏，出栏体重 2.5～2.9 千克，综合计算（折合种兔）料重比低于 4，最低 3.65，除此之外，仔兔断奶成活率为 90％～95％，育成成活率 95％～98％，基本不发生因传染病而造成的死亡，传染性鼻炎发病率 0.1％～0.3％，几乎不见腹泻病例。

但就我国而言，家庭饲料方面仍存在一定的技术问题。首先，家兔营养研究基础薄弱。营养配方是实现家兔无抗养殖的前提。我国养兔历史悠久，但养兔的现代化起步较晚，近几年快速发展，家兔养殖量居世界首位。目前，在国家层面，没有统一的家兔营养标准，家兔饲料营养价值表尚未形成，家兔的很多营养数据参考国外或借用猪的指标。尤其是关于禁抗条件下家兔的营养配方设计技术的研究不足，多数研究聚焦在单一的技术措施上，缺乏对综合配套技术和方案的研究，制约了实施效果的稳定性。其次，家兔饲料质量欠稳定。无抗养殖对饲料有更高的要求。虽然家兔产业在我国畜牧业中属于小产业，但家兔饲料产能远远大于需求，生产企业数量较多，多分布在山东、河南、河北等地区。由于大型饲料企业不能满负荷生产，家兔饲料市场竞争激烈，价格战猛烈，在一定程度上降低了饲料的营养水平，直接影响家兔饲养效果的稳定性。最后，家兔养殖环境、技术与工艺落后。无抗养殖对饲养管理技术也提出了严峻的挑战。我国家兔养殖以农民为主体，缺少资金投入，养兔设施设备比较落后，养殖环境控制困难；同时，养兔主体多为老年人和妇女，很少有人受过系统的、正规的培训，缺少现代化的养兔理论与技术知识。因此，从目前我国家兔养殖现状来看，从养殖技术到养殖工艺，均与现代养兔不相适应，养殖效果和效益与发达国家有较大差距。

### （三）疾病防控

注射疫苗是我国兔场防控疾病的重要手段。一般而言，我国兔场会在每年春季和秋季定期注射兔瘟灭活疫苗，无论是幼兔还是成兔，都在皮下或腿部肌肉注射 1 毫升疫苗，从而有效减少发病率和死亡率，通过注射疫苗预防兔瘟已成为兔场的普遍选择。但通过对兔场的调研发现，仍存在以下突出问题。首先，诸多兔场提出疫苗的质量得不到保障，防治效果差、注射疫苗后仍患病等情况突出；其次，疫苗不易保存且保质期短，特别是在运输和贮藏环节，疫苗极易损失；再次，疫苗难以选择，兔疫苗市场存在多种疫苗，而疫苗的品牌也多种多样，如何选择合适的疫苗成为许多兔场关心的问题；最后，部分兔场提出疫苗注射过于耗时，由于疫苗剂量较小而兔场规模在不断扩大，人工注射的方式仍是兔场的首选，因此在注射过程中势必耗费大量的时间。

在药品购置上，"十三五"期间网上购药已成为兔场购置药品的重要渠道，在2020年对242个兔场的调研中发现，由于网上购药价格相对低廉，购买也相对方便，已有60家兔场选择从网上购置药品。但与此同时，网上购药也给兔场带来了一些困扰。第一，网店数量众多，品牌、质量差异较大，选择合适的药物存在一定的困难；第二，药品缺乏统一的市场定价，网购时可能由于价格不透明购买到高价的药品；第三，药品效果不明显，按照药品描述使用药物也未能起到治疗效果。

## 二、家兔养殖中技术水平的综合衡量指标

### （一）出栏率及出肉率

从宏观的全国角度来看，兔养殖技术水平可以用出栏率（即兔的出栏量和存栏量之比）和出肉率（即平均每出栏一只兔的产肉量，为兔肉产量和兔出栏量之比）来反映。

由表1-13可以看出，"十三五"期间我国兔出栏率总体呈上升趋势，反映出兔产业整体技术水平的日益提高。具体来看，2016—2019年我国兔出栏率虽有一定下降但基本保持平稳，由2016年的265.06%下降至2019年的262.39%，降幅为2.67%，但2020年我国兔出栏率呈现陡增趋势，猛增42.01%。2020年出栏率的快速上升主要由出栏量的上升和存栏量的下降两方面因素决定。在出栏量方面，由于2016年我国对畜牧业绿色发展做出重要指示，划定了禁养区，全国的兔场进行了区域调整，因而出栏量在2016—2019年呈下降趋势，而随着调整的逐步到位和技术水平的不断提高，出栏量也得到有效恢复。在存栏量方面，"十三五"期间存栏量呈下降趋势。特别是2020年7月我国商品饲料禁抗后，由于短期内存在技术壁垒，兔场死亡率不断攀升，部分兔场为降低饲养风险，减少兔存栏量，进一步促使家兔存栏量下降。每只兔的产肉量（出肉率）也可以大致反映兔业的平均生产率水平[①]。可以看出，2016—2020年出肉率基本保持平稳。近年来，由于兔养殖的多元化，与增加出肉率相比，兔场对兔肉质量的要求更高，獭兔、毛兔和宠物兔等养殖比重也在不断增加，使肉兔所占的比例相对缩小，因而出肉率

---

① 严格来讲，出肉率应该用兔肉产量和肉兔出栏重量来比较，但由于缺乏科学完整的肉兔出栏重量数据，因此，用兔肉产量和总的兔出栏量之比间接反映兔生产率的变化趋势。

未出现明显上升的趋势。

表 1-13　2016—2020 年中国兔出栏率及出肉率

| 指标 | 2016 年 | 2017 年 | 2018 年 | 2019 年 | 2020 年 |
|---|---|---|---|---|---|
| 出栏量（万只） | 35 056.7 | 31 955.3 | 31 670.9 | 31 323.1 | 33 231.4 |
| 存栏量（万只） | 13 225.7 | 12 114 | 12 033.9 | 11 937.7 | 10 917.1 |
| 出栏率（%） | 265.06 | 263.79 | 263.18 | 262.39 | 304.40 |
| 肉产量（万吨） | 53.5 | 46.9 | 46.6 | 45.8 | 48.8 |
| 出肉率（千克/只） | 1.53 | 1.47 | 1.47 | 1.46 | 1.47 |

注：出栏率即出栏量和存栏量之比；出肉率即兔肉产量和兔出栏量之比。

### （二）全要素生产率

本研究采用柯布—道格拉斯（Cobb-Dauglas）生产函数进行分析。柯布—道格拉斯生产函数最初是美国数学家柯布（C. W. Cobb）和经济学家保罗·道格拉斯（Paul H. Douglas）共同探讨投入和产出的关系时创造的生产函数，又简称为 C-D 生产函数。其模型函数式为：

$$Y = AK^\alpha L^\beta \qquad (1-1)$$

其中，$A$ 代表综合要素生产率，即技术进步作用的系数；$\alpha$、$\beta$ 分别为资本投入和劳动投入的生产弹性；$Y$ 为总产出；$K$、$L$ 为资本和劳动的投入量。

利用 C-D 生产函数，可以估测各项投入要素和农业转换率对农业产出的影响程度，从而判定不同要素对产出的贡献程度。本研究采用 C-D 函数的扩展形式，主要包括 5 个自变量，具体函数式如下：

$$\ln Y_{it} = \alpha + \beta_1 \ln X_{1it} + \beta_2 \ln X_{2it} + \beta_3 \ln X_{3it} + \beta_4 \ln X_{4it} + \beta_5 \ln X_{5it} + \varepsilon_{it}$$

$$(1-2)$$

式中，$i$ 表示具体的兔场；$t$ 表示 2011—2015 年；$Y_{it}$ 表示第 $i$ 个兔场在 $t$ 时期的总产值，即主产值和副产值之和；自变量 $X_{it}$ 依次为饲料费用（$X_{1it}$）、水电及燃料动力费用（$X_{2it}$）、医疗及技术服务费用（$X_{3it}$）、固定资产折旧费用（$X_{4it}$）、劳动力费用（$X_{5it}$），其中，饲料费用为配合饲料、青粗饲料、饲料代加工费用以及其他支出之和，劳动力费用包括家庭劳动力折价和雇工费用；$\beta_i$ 表示每种投入要素所占份额；$\varepsilon_{it}$ 为残差，即全要素生产率（Total Factor Productivity，TFP），代表投入要素所不能解释的因素，如技术进步、环境、政策改变以及一些外部冲击等。

为了取得全要素生产率指数（或者全要素生产率增长率），需要对上述函数式进行左右求导，并进行全微分，得到如下函数式：

$$\frac{\partial \ln Y_{it}}{\partial t} = \sum_{k=1}^{5} \hat{\beta}_i \frac{\partial \ln X_{kit}}{\partial t} + \gamma_{it} \qquad (1-3)$$

上式中，$\dfrac{\partial \ln Y_{it}}{\partial t}$ 代表产出增长率，$\displaystyle\sum_{k=1}^{5} \hat{\beta}_i \dfrac{\partial \ln X_{kit}}{\partial t}$ 为投入要素增长率，$\gamma_{it}$ 表示全要素生产率增长率。

为了解家兔养殖户的产值增长指数、投入要素及技术进步对产出的贡献率，基于 2016—2020 年家兔的全部样本，采用最小二乘估计法对函数式（1-2）进行了估计，模型参数估计结果见表 1-14。

表 1-14　2016—2020 年家兔投入要素与技术进步对产出的贡献率 I（%）

| 年份 | 总产出增长指数 | 投入要素 | | | | | 技术进步 |
|---|---|---|---|---|---|---|---|
| | | 饲料 | 水电及燃料动力 | 医疗及技术服务 | 固定资产折旧 | 劳动力 | |
| 2016—2020 | 98.2 | 39.6 | 6.0 | 0.0 | 7.4 | 8.0 | 39.0 |
| 2016—2017 | 88.7 | 24.9 | 6.3 | 0.6 | 17.6 | 9.4 | 41.2 |
| 2017—2018 | 112.9 | 20.3 | 14.1 | 1.0 | 17.1 | 10.2 | 37.3 |
| 2018—2019 | 111.2 | 58.8 | 10.6 | −2.4 | 7.5 | 17.0 | 8.5 |
| 2019—2020 | 88.2 | 51.4 | 7.4 | 1.4 | 5.0 | 9.5 | 25.3 |

注：全部样本。

从表 1-14 中可以看出 2016—2020 年家兔的技术进步贡献率为 39.0%，2016—2020 年总产出增长指数为 98.2%。这表明"十三五"期间家兔养殖技术进步较为突出，技术进步的贡献率也相对较高。观察 2016—2020 年各年度的总产出增长指数可以看出，2016—2017 年总产出增长指数小于 1，造成这种现象的主要原因是我国养殖产业的大规模调整，即便国内市场对家兔的消费需求旺盛，刺激了兔场的家兔产品供给，但为实现畜牧产业的绿色可持续发展，部分不符合政府规划和难以转型的兔场被迫退出，从而造成总产出水平的下降。但随着产业调整的逐步到位，2017—2018 年和 2018—2019 年家兔总产出增长指数均超过 1，兔产业产出水平实现快速增长。但 2020 年新冠感染疫情的暴发，无疑给兔产业也带来了较大的冲击，总产出增长指数快速降低，由 2018—2019 年的 111.2% 下降至 2019—2020 年的 88.2%，为"十三五"期间的最低值。

观察 2016—2020 年各年度的技术进步贡献率可以看出：2016—2017 年技

术进步贡献率为 41.2%，饲料、水电及燃料动力、医疗及技术服务、固定资产折旧和劳动力五种投入要素的贡献率为 58.8%；2017—2018 年技术进步贡献率为 37.3%，饲料、水电及燃料动力、医疗及技术服务、固定资产折旧和劳动力五种投入要素的贡献率为 62.7%，大于技术进步贡献率；2018—2019 年技术进步贡献率为 8.5%，饲料、水电及燃料动力、医疗及技术服务、固定资产折旧和劳动力五种投入要素的贡献率为 91.5%；2019—2020 年技术进步贡献率为 25.3%，饲料、水电及燃料动力、医疗及技术服务、固定资产折旧和劳动力五种投入要素的贡献率为 74.7%。这表明"十三五"期间，总产出增长指数中，技术进步贡献率占有较大比重，特别是 2016—2018 年，技术进步贡献率占比一度超过 1/3。由于国内对家兔产品质量的要求不断提高，特别是在产业集约、高效方面，政府和企业的诉求得到统一，因而技术进步对兔产业总产出的影响尤为突出。此外，饲料对家兔总产出的影响也极为明显，在"十三五"期间，国家对家兔无抗养殖做出重要部署，但产业调整势必滞后于政策的颁布实施，兔场在饲料选择上的难度加大，因而饲料对家兔总产出的影响表现出增加的趋势。

不同规模的兔养殖企业的生产率增长率变动是否与整体趋势相同？为分别研究不同规模兔场生产率变动情况，对总体样本的养殖规模进行分位数统计，计算得出 0.25、0.5 和 0.75 分位水平下的兔养殖规模分别为 1 800 只、7 600 只和 22 000 只，因此将兔养殖规模划分为小规模、中小规模、中大规模和大规模四类，即兔年出栏数小于等于 1 800 只的兔场为小规模兔场，大于 1 800 只小于等于 7 600 只的兔场为中小规模兔场，大于 7 600 只小于等于 22 000 只的为中大规模兔场，大于 22 000 只的为大规模兔场。基于上述四类规模的样本数据，采用最小二乘法分别对函数式（1-2）进行了估计，模型参数结果见表 1-15。

不同规模的养兔场产值及要素投入情况存在较大区别。可以明显看出，随着兔场规模的扩大，技术进步贡献率占总产出增长指数的比重不断增加。具体来看，2016—2020 年，小规模兔场技术进步贡献率为 33.0%，中小规模兔场技术进步贡献率为 33.9%，中大规模兔场技术进步贡献率为 84.5%，大规模兔场技术进步贡献率为 86.0%。随着兔场规模的扩大，技术进步的影响愈发突出，对于大规模兔场而言，应用先进技术的单位成本较低，大规模兔场更有能力和诉求来提升其技术水平，从而在市场中更具有竞争力。逐年来看，小规模兔场技术进步贡献率呈下降趋势，中小规模和中大规模兔场技术贡献率波动较小，而大规模兔场技术进步贡献率则表现出上升特征。这也说明，在兔场的结构性调整中，大规模兔场更具有技术进步的优势，能够在调整中实现转型，从而实现产业的较好发展。

表 1-15　2016—2020 年家兔投入要素与技术进步对产出的贡献率Ⅱ（%）

| 年份 | 总产出增长指数 | 投入要素 | | | | | 技术进步 |
|---|---|---|---|---|---|---|---|
| | | 饲料 | 水电及燃料动力 | 医疗及技术服务 | 固定资产折旧 | 劳动力 | |
| 小规模 | | | | | | | |
| 2016—2020 | 160.1 | 42.7 | −1.8 | 15.1 | 6.8 | 4.2 | 33.0 |
| 2016—2017 | 158.3 | 42.5 | −3.2 | 15.8 | 6.3 | 2.2 | 36.4 |
| 2017—2018 | 123.0 | 63.6 | −4.5 | 28.7 | 1.1 | 1.6 | 9.5 |
| 2018—2019 | 75.7 | 89.2 | −1.2 | 7.1 | −0.3 | 9.3 | −4.1 |
| 2019—2020 | 108.6 | 75.9 | 1.6 | 6.4 | 5.6 | 8.3 | 2.2 |
| 中小规模 | | | | | | | |
| 2016—2020 | 80.6 | 35.5 | 4.7 | 5.9 | 13.2 | 6.8 | 33.9 |
| 2016—2017 | 82.7 | 10.1 | 12.5 | 19.6 | 14.4 | 16.0 | 27.5 |
| 2017—2018 | 112.3 | 2.9 | 3.2 | 6.4 | 4.8 | 28.0 | 54.8 |
| 2018—2019 | 103.7 | 40.6 | −3.8 | 5.6 | 22.2 | 5.8 | 29.6 |
| 2019—2020 | 83.7 | 59.5 | −6.0 | 3.3 | 10.3 | 1.2 | 31.8 |
| 中大规模 | | | | | | | |
| 2016—2020 | 105.6 | 4.7 | 1.7 | 2.4 | 5.0 | 1.7 | 84.5 |
| 2016—2017 | 94.4 | 2.5 | −0.2 | 6.4 | 3.4 | 3.8 | 84.0 |
| 2017—2018 | 109.0 | 1.6 | −2.6 | 2.2 | 6.5 | 2.4 | 89.9 |
| 2018—2019 | 116.7 | 17.6 | −8.3 | 4.5 | 4.8 | 7.0 | 74.4 |
| 2019—2020 | 87.9 | 11.1 | 0.5 | 0.0 | 3.9 | 1.7 | 82.8 |
| 大规模 | | | | | | | |
| 2016—2020 | 101.2 | 6.2 | 3.0 | −1.4 | 4.4 | 1.8 | 86.0 |
| 2016—2017 | 90.5 | 11.7 | 3.7 | −2.9 | 5.4 | 3.0 | 79.1 |
| 2017—2018 | 109.0 | 12.1 | 0.2 | 0.6 | 9.9 | 7.9 | 69.3 |
| 2018—2019 | 123.3 | 1.6 | −1.9 | 6.6 | −0.4 | 10.3 | 83.8 |
| 2019—2020 | 83.3 | 9.6 | −17.6 | 0.0 | 1.7 | 1.9 | 104.5 |

注：表中结果是基于分规模样本回归结果计算得出。

不同区域的兔场总产值、投入要素及全要素生产率的增长情况会存在差异吗？2011—2015 年样本省份共计 23 个，根据所处地理位置的不同，将这 23 个省份分为中部、东部、西部和东北部 4 个区域。其中，中部包括山西、安徽、河南3个省份，东部包括北京、河北、江苏、浙江、福建、广东和山东7个省份，西部包括内蒙古、重庆、四川、云南、青海、陕西、广西、宁夏、贵州、甘肃10个省份，东北部包括吉林、辽宁与黑龙江3个省份。基于分区域样本，采用最小二乘法对函数式（1-2）进行了估计，模型参数结果见表1-16。

表1-16　2016—2020年家兔投入要素与技术进步对产出的贡献率Ⅲ（%）

| 年份 | 总产出增长指数 | 投入要素 | | | | | 技术进步 |
| --- | --- | --- | --- | --- | --- | --- | --- |
| | | 饲料 | 水电及燃料动力 | 医疗及技术服务 | 固定资产折旧 | 劳动力 | |
| **中部地区** | | | | | | | |
| 2016—2020 | 33.5 | 45.4 | 2.0 | 4.1 | 16.8 | 15.7 | 15.9 |
| 2016—2017 | 34.5 | 68.5 | 0.9 | 2.0 | 8.6 | 6.3 | 13.7 |
| 2017—2018 | 194.2 | 51.9 | 13.2 | −2.1 | −17.9 | 47.0 | 7.9 |
| 2018—2019 | 53.5 | 35.2 | 51.3 | 1.3 | −14.9 | 35.2 | −8.1 |
| 2019—2020 | 93.6 | 22.7 | −1.9 | 32.5 | 0.2 | 14.8 | 31.8 |
| **东部地区** | | | | | | | |
| 2016—2020 | 154.8 | 34.1 | −0.1 | 10.3 | 2.9 | 8.4 | 44.3 |
| 2016—2017 | 144.3 | 33.2 | 0.4 | 12.6 | 2.3 | 10.0 | 41.5 |
| 2017—2018 | 90.6 | 26.8 | 3.9 | 21.2 | 3.6 | 22.5 | 22.0 |
| 2018—2019 | 104.5 | 71.1 | −4.4 | 7.4 | 10.8 | 13.7 | 1.5 |
| 2019—2020 | 113.3 | 76.6 | 0.4 | 4.2 | 6.6 | 3.8 | 8.2 |
| **西部地区** | | | | | | | |
| 2016—2020 | 98.9 | 6.2 | 2.2 | 0.9 | 4.1 | 0.0 | 86.6 |
| 2016—2017 | 88.9 | 0.0 | 0.0 | 7.1 | 6.1 | 0.9 | 85.9 |
| 2017—2018 | 99.0 | −2.6 | −0.1 | 0.3 | 16.5 | 0.0 | 85.8 |
| 2018—2019 | 142.1 | 2.4 | 4.9 | 1.4 | −0.9 | 20.6 | 71.5 |
| 2019—2020 | 79.1 | 9.8 | −50.4 | −1.7 | 10.1 | 1.3 | 130.8 |
| **东北部地区** | | | | | | | |
| 2016—2020 | 97.3 | 6.1 | −1.1 | 2.7 | 1.6 | 3.6 | 87.1 |
| 2016—2017 | 90.4 | 11.6 | 1.1 | 2.5 | −5.4 | 4.1 | 86.1 |
| 2017—2018 | 108.6 | −14.7 | 0.0 | 2.4 | 2.2 | 4.6 | 105.5 |
| 2018—2019 | 99.9 | 0.0 | −3.1 | 9.2 | 9.0 | 0.0 | 84.9 |
| 2019—2020 | 99.1 | 7.8 | −0.7 | 3.1 | 1.7 | −2.0 | 90.1 |

注：表中结果是基于分规模样本回归结果计算得出。

表1-16报告了分地区兔场总产出增长指数、各投入要素以及技术进步贡献率的变化情况。结果显示，西部和东北部地区技术进步贡献率较高，中部地区和东部地区的技术进步贡献率则相对较低且呈现出下降趋势。"十三五"期间，我国家兔养殖由中东部地区向东北和西部地区迁移，特别是新疆地区，家兔养殖已日益呈现出规模效益，逐渐成为新疆的一大新产业。而新建兔场势必会对新技术产生大量需求，因此在总产出增长中技术进步呈现出较大比重。

## 三、家兔养殖的技术发展及其贡献

我国养兔业历史悠久，新中国成立以来兔业有了长足的发展，尤其是在2009年兔产业被列入国家现代农业产业技术体系项目后，我国兔产业取得家兔存栏量、出栏量、兔肉产量，兔肉和兔毛出口量均位居世界第一的成绩。本研究通过对2016—2020年我国兔养殖户技术进步贡献的分析，总结2016—2020年我国兔产业的发展趋势，以期对我国兔产业下一步的发展提供帮助。

第一，由于"十三五"期间我国畜禽产业迎来重大结构性调整，因此总产出增长指数出现小幅下降，但从长期来看，家兔养殖前景较好，随着家兔养殖模式和区域的调整，整体产出将会出现回升。

第二，"十三五"期间我国家兔养殖技术进步作用明显，技术进步对总产出增长的贡献率达到39.0%。其中，2016—2017年技术进步贡献率最高，为41.2%。

第三，规模越大的兔养殖户技术进步占总产出增长的比重越高，小规模、中小规模、中大规模和大规模养殖户技术进步贡献率分别为33.0%、33.9%、84.5%和86.0%。

第四，技术进步对不同地区产出的贡献率不同，西部和东北部地区相对较高，而东部和中部地区则偏低，西部、东部、中部、东北部地区的技术进步贡献率分别为86.6%、44.3%、15.9%、87.1%。

# 第四节　中国家兔养殖的成本收益

## 一、总体成本收益①

总成本：2016—2020年三种兔（肉兔、獭兔、毛兔）饲养总成本总体呈先减后增再减的变化趋势。2018年总成本最低，平均总成本为36.26元/只，这主

---

① 本节中的成本收益数据来自国家兔产业技术体系产业经济岗位进行的年度成本收益调研。

要是由于当年的平均饲养天数处于五年中最低水平，人工成本较低。2019 年总成本最高，平均为 50.27 元/只，这主要是由于当年雇工数量大幅上涨导致雇工费用大幅上升。总体来看，相较于 2016 年，2020 年三种兔饲养总成本仅微增 1.77%。

总产值：2016—2020 年三种兔总产值也呈先减后增再减的变化趋势。2018 年三种兔总产值最低，平均为 38.62 元/只，当年的主产品产量处于五年中最高水平，但是主产品产值却处于五年中最低水平，所以导致当年总产值最低的原因是当年的兔产品平均出售价格处于五年中最低水平，而且显著低于其他各年。2019 年总产值最高，平均为 52.39 元/只，当年主产品产量和副产品产值相较于上年并没有太大变化，但当年兔产品平均出售价格有大幅上涨，这也是当年总产值达到峰值的原因。整体上看来，相较于 2016 年，2020 年三种兔总产值升幅为 2.59%（图 1 - 16）。

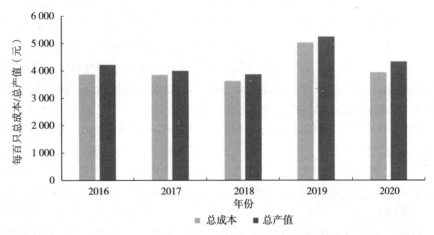

图 1 - 16　2016—2020 年家兔成本和产值对比

净利润：2016—2020 年三种兔净利润呈 "W" 形变化趋势，整体呈现盈利状况。其中，2017 年三种兔净利润最低，平均为 1.48 元/只。2020 年三种兔净利润最高，平均为 3.89 元/只。整体来看，相较于 2016 年，2020 年净利润有所上升，升幅 11.73%。

毛利润：2016—2020 年三种兔毛利润呈先减后增的变化趋势。毛利润是由净利润加上家庭用工成本得到的，2016—2020 年三种兔毛利润皆为正。2018 年三种兔毛利润最低，平均毛利润为 4.30 元/只。2020 年三种兔毛利润最高，平均为 8.08 元/只。从时间趋势上看，2016—2020 年三种兔毛利润有所上升，由 2016 年的 5.54 元/只上升为 2020 年的 8.08 元/只，升幅高达

45.85%（图1-17）。

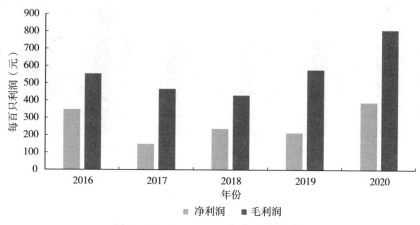

图1-17  2016—2020年家兔利润对比

## 二、肉兔养殖成本收益

### （一）2016—2020年成本收益情况

总成本：2016—2020年肉兔总成本呈先减后增再减的变化趋势。2017年总成本最低，平均总成本为34.21元/只，主要是由于当年雇工数量较少，因而雇工费用比较低。2019年总成本最高，平均总成本为47.86元/只，这可能是由于当年饲料的平均价格处于较高水平。从整体上看，相较于2016年，2020年总成本微增3.52%。2016—2020年肉兔年平均总成本为38.41元/只。

总产值：2016—2020年肉兔总产值呈先减后增再减的变化趋势。2017年的总产值最低，平均总产值为36.72元/只，主要是肉兔主产品平均出售价格下跌导致。2019年总产值最高，平均总产值为50.36元/只，这主要是由于当年的肉兔主产品平均出售价格处于五年中的最高水平。从整体上来看，相较于2016年，2020年肉兔总产值有所增加，增加了4.44%，2016—2020年肉兔年平均总产值为41.27元/只（图1-18）。

净利润：2016—2020年净利润呈先减后增的变化趋势。2016—2020年均为盈利状况，2018年净利润最低，平均净利润为1.99元/只，主要是由于当年肉兔平均出售价格处于较低水平。2020年净利润最高，平均净利润为3.81元/只，这主要是当年雇工数量大幅减少所引起的雇工费用大幅减少导致的。2016—2020年肉兔年均净利润为2.86元/只。

因为肉兔养殖户在估计自身收益情况时，通常忽略家庭用工成本，所以净

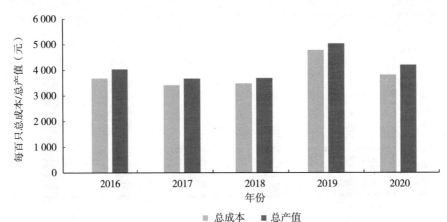

图 1-18　2016—2020 年肉兔成本和产值对比

利润低于养殖户预期。在此引入两个概念：毛利润和毛利润率，即在不考虑家庭用工成本的情况下估计的养殖户利润和利润率。一般情况下，毛利润和毛利润率更加接近养殖户自己的判断。

　　毛利润：2016—2020 年毛利润总体呈先减后增的变化趋势，基本与净利润一致。2016—2020 年毛利润均为正，2018 年毛利润最低，平均毛利润为3.62 元/只，2020 年毛利润最高，平均毛利润为 7.73 元/只。2016—2020 年肉兔年均毛利润为 5.57 元/只（图 1-19）。

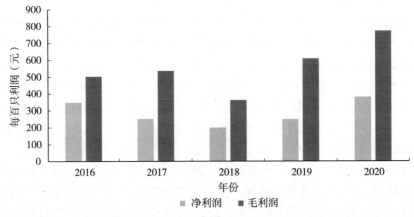

图 1-19　2016—2020 年肉兔利润对比

## （二）分规模生产效益分析

　　由于目前还没有家兔养殖规模的权威分类标准，本研究借鉴国家发展改革委《全国农产品成本收益资料汇编》中对肉鸡和蛋鸡的分类数量标准进行划分，即以肉兔和獭兔的全年出栏量、毛兔的年初存栏量为计量基础。同时，随着家兔养殖规模化趋势的形成，散养户减少，家兔养殖规模逐步扩大。本研究在征求国家兔产业体系专家意见的基础上，不再单独列散养户，并将肉兔全年出栏数量小于等于5 000只归为小规模养殖，5 001只和20 000只之间归为中规模养殖，大于20 000只归为大规模养殖，如表1-17所示。

表1-17　肉兔规模分类数量标准

| 指标 | 小规模 | 中规模 | 大规模 |
|---|---|---|---|
| 肉兔全年出栏量（只） | ≤5 000 | 5 001～20 000 | ＞20 000 |

（1）小规模。从总成本来看，2016—2020年肉兔小规模生产的总成本整体波动较为明显，呈"W"形波动。2017年小规模总成本最低，平均总成本为44.66元/只。2020年总成本最高，平均总成本为62.36元/只。2018—2019年总成本下降显著。主要原因是2019年家庭用工数量和雇工数量显著降低。

从总产值来看，2016—2020年肉兔小规模生产的总产值呈现先减后增的变化趋势。2017年小规模总产值最低，平均总产值为39.74元/只，这是由当年肉兔平均出售价格大幅下跌导致的。2020年小规模总产值最高，平均总产值为49.61元/只，这是由当年肉兔平均出售价格显著上升所致。

从净利润和成本利润率来看，小规模养殖户基本呈现亏损状态。

从毛利润和毛利润率来看。除2020年外，小规模养殖户的毛利润及毛利润率均为正，其中2019年毛利润率最高，为27.69%。主要原因是2019年肉兔的主产品产量有大幅增长，主产品产值较高，所以当年的毛利润率最高。

（2）中规模。从总成本来看，2016—2020年总成本较为稳定，整体小幅度波动。2018年总成本最低，平均总成本为33.15元/只。2019年总成本最高，平均总成本为43.49元/只，主要原因是当年饲料平均价格高导致饲料成本高以及雇工数量多导致雇工费用高。除了2018年之外，其余各年平均总成本在42.00元/只。

从总产值来看，2016—2020年总产值呈先减后增再减的趋势。2017年总产值最低，平均总产值为38.28元/只，这是由于当年的主产品产量和肉兔的平均出售价格有所下降。2019年总产值最高，平均总产值为49.76元/只，这主要是由于当年肉兔平均出售价格大幅上升。

从净利润和成本利润率来看，中规模养殖户的养殖效益呈先减后增再减的趋势，除 2017 年外其余各年均为正。

从毛利润和毛利润率来看，毛利润和毛利润率也呈先减后增再减的趋势。受到主产品产量大幅上涨的影响，2018 年毛利润较 2017 年有大幅上升。2018年之后毛利润及毛利润率呈下降趋势。

（3）大规模。从总成本来看，2016—2020 年肉兔大规模生产的总成本总体呈先减后增再减的变化趋势。2017 年大规模总成本最低，平均总成本为30.88 元/只，主要是由于雇工数量的大幅减少导致人工成本降低。2019 年大规模生产总成本最高，平均总成本为 49.30 元/只，主要是由于 2019 年雇工数量大幅上涨导致雇工成本高。

从总产值来看，2016—2020 年肉兔大规模生产的总产值呈先减后增再减的变动趋势。这主要是由于"十三五"前四年主产品的平均出售价格总体呈上升趋势，而在 2020 年出现了较大幅度的下降（可能是新冠感染疫情的原因）。

从净利润来看，净利润呈先增后减再增的变动趋势，各年均为正。2017年净利润最高，平均为 5.16 元/只，主要是由于当年雇工数量大幅下降导致雇工费用显著减少。

从毛利润和毛利润率来看，二者波动明显，呈先增后减再增的趋势，与净利润一致，各年均为正。

### （三）各规模成本收益比较分析

总成本：由图 1-20 可知，2016—2020 年肉兔养殖成本总体呈现出随规模增大而递减的趋势。根据规模经济理论，在一定范围内，随着养殖规模的扩大，平均成本降低。

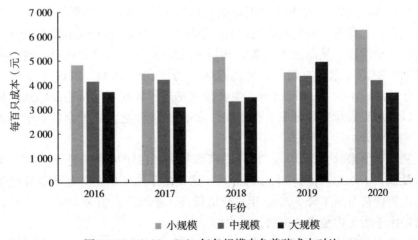

图 1-20  2016—2020 年各规模肉兔养殖成本对比

总产值：2019年肉兔产值随着规模的扩大而递增，其他年份则是随着规模的扩大而递减（图1-21）。可能的原因是：一方面，伴随着养殖规模的扩大，养殖户的议价能力逐渐增强，每百只产值随之提高，但另一方面，随着规模进一步扩大，规模化所带来的成本优势会使售价下降，每百只产值也随之降低。

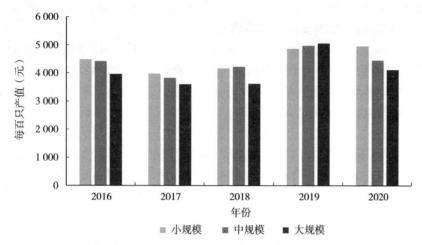

图1-21  2016—2020年各规模肉兔养殖产值对比

净利润：由图1-22可知：2016—2020年小规模养殖户基本亏损；中规模养殖户2017年处于亏损状态，其他年份则处于盈利状态；大规模养殖户均处于盈利状态。这表明只有规模大到一定的程度，肉兔养殖户才会实现盈利。从这个角度看，小规模养殖户可能会被淘汰，部分中规模养殖户可能会继续扩大规模。

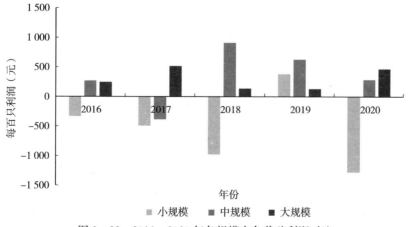

图1-22  2016—2020年各规模肉兔养殖利润对比

## 三、獭兔养殖成本收益

需要注意的是，近年来獭兔养殖的效益逐年降低导致獭兔养殖户大幅度减少，调研的样本量也逐年减少。其中，2016 年獭兔养殖户样本为 106 户，2020 年下降到 12 户。

### （一）2016—2020 年成本收益情况

总成本：2016—2020 年獭兔养殖总成本呈现"M"形的变动趋势。2016—2020 年中 2020 年饲养獭兔的总成本最低，平均为 42.26 元/只，主要是因为饲料平均价格的回落。2019 年总成本最高，平均为 56.98 元/只，主要是因为当年饲料平均价格高。

总产值：2016—2020 年獭兔养殖总产值呈先减后增再减的变动趋势。2017 年的总产值最低，平均为 46.55 元/只，主要原因是当年的獭兔平均出售价格低。2019 年的总产值最高，平均总产值为 63.40 元/只，主要是由于主产品产量的大幅上涨。总体来看，与 2016 年相比，2020 年总产值微增 0.71%（图 1-23）。

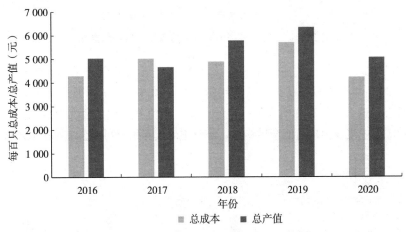

图 1-23    2016—2020 年獭兔成本和产值对比

净利润：净利润总体呈"W"形变动趋势，2016—2020 年獭兔养殖整体处于盈利状态。除了 2017 年，其余各年均盈利。2017 年净利润最低，平均亏损 3.63 元/只，主要是由于獭兔平均出售价格低。2018 年净利润最高，平均为 8.98 元/只，主要是因为主产品产量大和饲料成本低。

毛利润：我国獭兔大多以家庭为单位养殖，在核算中，众多獭兔养殖户并没有将家庭用工算入成本中，这种不计家庭用工成本的收益为毛利润。2016—2020

年獭兔养殖的毛利润呈现先减后增趋势，与净利润盈亏年份一致。2017年毛利润最低，平均亏损为5.92元/只。在2018年之后獭兔毛利润呈上升趋势（图1-24）。

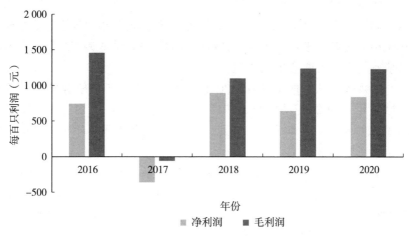

图1-24　2016—2020年獭兔利润对比

## （二）分规模生产效益分析

獭兔规模分类标准同肉兔。本研究将獭兔全年出栏数量小于等于5 000只归为小规模养殖，5 001只和20 000只之间归为中规模养殖，大于20 000只归为大规模养殖，具体如表1-18所示。

表1-18　獭兔规模分类数量标准

| 指标 | 小规模 | 中规模 | 大规模 |
| --- | --- | --- | --- |
| 獭兔全年出栏量（只） | ≤5 000 | 5 001～20 000 | >20 000 |

（1）小规模。从总成本上看，2016—2020年獭兔小规模养殖户的总成本整体呈现先减后增再减的变动趋势。2020年总成本最低，平均为51.83元/只，主要原因是当年家庭用工数量较少且没有雇工，因而人工成本低。2019年总成本最高，平均为73.49元/只，主要是由于当年饲料平均价格高。

从总产值上看，2016—2020年獭兔小规模生产的总产值呈先减后增再减的变动趋势，2019年总产值最大，平均为71.52元/只，这是由于当年市场行情好转、獭兔平均出售价格和主产品产量大幅上涨。之后随着市场行情的回落，2020年獭兔平均出售价格和主产品产量迅速下跌，与此相应的总产值也趋于下降，与2016年总产值接近。

从净利润和成本利润率来看，小规模养殖户都呈现亏损状态，尤其是 2018 年平均亏损高达 19.81 元/只，这主要是因为小规模獭兔养殖户议价能力较弱，导致平均出售价格低。

从毛利润来看，除了 2017 年和 2018 年之外其余各年均为正。这主要是由于相比于中大规模养殖户，小规模养殖户劳动力投入基本为家庭用工，不计家庭用工成本的话，可能会出现盈利。

（2）中规模。从总成本来看，2016—2020 年獭兔中规模养殖户的总成本呈现先减后增再减的变动趋势。2018 年总成本最低，平均为 40.72 元/只。2019 年总成本最高，平均为 60.22 元/只，这主要是由于当年饲料平均价格高导致了饲料成本上涨。

从总产值上看，2016—2020 年总产值总体呈先减后增再减的变动趋势。2017 年总产值最低，平均总产值为 46.58 元/只，2019 年总产值最高，平均总产值为 62.17 元/只，这与獭兔平均出售价格的变动趋势是一致的。相较于 2016 年，2020 年总产值有所上升，涨幅为 9.08%。

从净利润和成本利润率来看，中等规模养殖户饲养獭兔的经济效益呈先增后减再增的变动趋势，各年净利润均为正。2019 年净利润最低，平均为 1.95 元/只，主要是由于当年饲料成本高。2018 年净利润最高，平均为 13.24 元/只，主要是由于当年主产品产量高。

从毛利润来看，2017 年毛利润最低，平均为 7.33 元/只，2018 年毛利润最高，平均为 16.64 元/只。

（3）大规模。从总成本来看，2016—2020 年獭兔大规模养殖户的总成本整体呈现先增后减的趋势。2016 年总成本最低，平均总成本为 35.28 元/只，主要是由于当年饲料成本低。2017 年总成本最高，平均总成本为 56.67 元/只，主要是由于当年饲料平均价格高导致饲料成本上涨。相较于 2016 年，2020 年总成本有所上涨，涨幅为 6.63%。

从总产值上看，2016—2020 年獭兔大规模养殖户的总产值呈现先减后增再减的变动趋势，2018 年总产值最高，平均为 61.00 元/只，在 2018 年之后总产值稳步下降，主要原因是獭兔平均出售价格降低和主产品产量减少。与 2016 年相比，2020 年总产值减少了 3.31%。

从净利润和成本利润率来看，大规模养殖户的养殖效益呈现先减后增再减的趋势。2017 年净利润最低，平均亏损 9.52 元/只，主要原因是当年獭兔平均出售价格低。除了 2017 年，其余各年净利润均为正。

从毛利润上看，大规模养殖户獭兔的毛利润呈现先减后增再减的变动趋势，除了 2017 年毛利润为负，其余各年均为正。

**（三）各规模成本收益比较分析**

总成本：小规模、中规模、大规模养殖成本逐渐降低。根据规模经济理论，在一定范围内，随着养殖规模的扩大，平均成本会降低（图 1-25）。

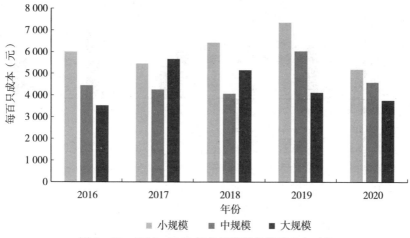

图 1-25　2016—2020 年各规模獭兔养殖成本对比

总产值：2017 年、2018 年总产值随着规模的扩大而递增，2019 年总产值随着规模的扩大而递减。2016 年总产值随着规模的扩大先递减后递增，2020年总产值随着规模的扩大先递增后递减（图 1-26）。

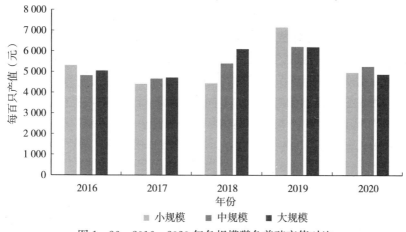

图 1-26　2016—2020 年各规模獭兔养殖产值对比

　　净利润：由图1-27可知：小规模养殖户各年净利润均为负；中规模养殖户各年净利润均为正；大规模养殖户净利润有4年为正、1年为负，可能是由于部分大规模养殖户规模过大，产生了负效应。从未来趋势看，小规模养殖户可能会被淘汰，部分大规模养殖户可能会缩减养殖规模。

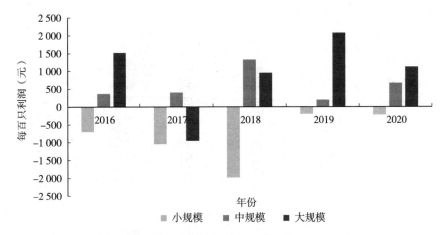

图1-27　2016—2020年各规模獭兔养殖利润对比

## 四、毛兔养殖成本收益

　　需要注意的是，近年来毛兔养殖的效益逐年降低导致毛兔养殖户大幅度减少，调研的样本量逐年减少。其中，2016年毛兔养殖户样本为78户，2020年下降到39户。

### （一）2016—2020年成本收益情况

　　总成本：2016—2020年总成本呈"W"形变化趋势。2016年总成本最高，平均总成本为275.76元/只；2019年总成本最低，平均总成为237.09元/只。波动的原因主要是样本的组成结构不同。毛兔养殖符合规模经济的规律，规模越大，平均成本越低。平均成本高的年份一般是小规模养殖户的占比较高。

　　总产值：2016—2020年总产值总体呈先增后减趋势。2018年总产值最高，平均总产值为295.52元/只，原因是当年兔毛价格较高。2017年总产值最低，平均为245.07元/只，原因是当年产毛量减少（图1-28）。

　　净利润：2016—2020年净利润呈现先增后减趋势。从净利润指标可以看出，2018年和2019年是盈利的，其余各年均为亏损。2018年净利润最高，平均为33.05元/只；2016年净利润最低，平均每只净亏损30.25元。

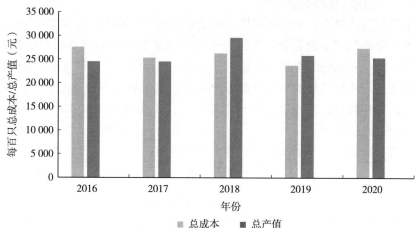

图 1-28　2016—2020 年毛兔成本和产值对比

每核算单位用工数量：2016—2020 年，每核算单位用工数量指标比较平稳，为 80 天左右。每核算单位用工数量变动的主要原因是样本的组成结构不同，小规模养殖户的平均用工数量大，为 127.08 天，中规模养殖户的平均用工数量小，为 84.52 天，所以样本组成结构不同会影响平均用工数量。

毛利润：2016—2020 年毛利润呈现先增后减趋势。2016—2020 年毛利润均为正，并且在 2018 年达到最大值，平均为 76.11 元/只（图 1-29）。

毛利润率：2016—2020 年毛利润率变动趋势与毛利润变动趋势一致，各年毛利润率均为正，并在 2018 年达到最大值，平均毛利润率为 29.00%。

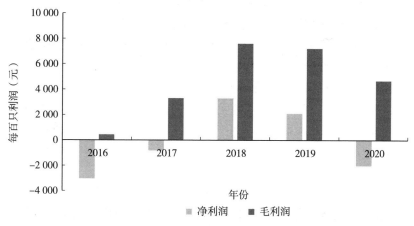

图 1-29　2016—2020 年毛兔利润对比

### （二）分规模生产效益分析

由于目前还没有家兔养殖规模的权威分类标准，本研究借鉴国家发展改革委《全国农产品成本收益资料汇编》中对肉鸡和蛋鸡的分类数量标准进行划分，即以肉兔和獭兔的全年出栏量、毛兔的年初存栏量为计量基础。同时，随着家兔养殖规模化趋势的形成，散养户减少，家兔养殖规模逐渐扩大。另外，相比于肉兔和獭兔，毛兔存在养殖周期长、产值高及人工成本高等特点。因此，本研究在征求国家兔产业体系专家意见的基础上，不再单独列散养户，并将毛兔养殖数量小于等于 200 只归为小规模养殖，201 只和 1 000 只之间归为中规模养殖，大于 1 000 只归为大规模养殖，如表 1-19 所示。

表 1-19 毛兔规模分类数量标准

| 指标 | 小规模 | 中规模 | 大规模 |
|---|---|---|---|
| 毛兔年初存栏量（只） | ≤200 | 201～1 000 | >1 000 |

（1）小规模。从总成本来看，2016—2020 年总成本总体呈先减后增再减的变化趋势。2018 年总成本最低，平均总成本为 264.41 元/只；2016 年总成本最高，平均总成本为 420.85 元/只，主要原因是当年饲料的平均价格高。

从总产值来看，2016—2020 年总产值总体呈先减后增趋势，主要原因是2016—2020 年主产品产量呈先减后增趋势。2017 年总产值最低，平均总产值为 206.52 元/只；2020 年总产值最高，平均总产值为 283.25 元/只。

从净利润来看，净利润先增后减再增，每年都处于亏损状态。家庭用工导致总成本先减后增再减，虽然小规模养殖户的总产值在波动上升，但是上升趋势比较平缓，所以净利润的变化趋势主要由总成本决定。

从每核算单位用工数量来看，在所有规模的养殖户中，小规模养殖户的每核算单位用工数量是最大的，平均为 127.98 天，养殖规模越小，平均投入的人工成本越大，进一步说明毛兔养殖符合规模经济的特点。

从毛利润来看，2016—2020 年毛利润变动趋势与净利润基本保持一致，2018 年和 2020 年出现盈利，其余年份均为亏损，2016 年亏损数额最大，平均每只亏损 106.11 元。2018 年净利润是亏损状态，但是不计家庭用工成本的毛利润为盈利状态。

从毛利润率来看，2016—2020 年毛利润率先增后减再增，整体呈亏损状态，说明随着毛兔养殖的规范化和规模化，小规模养殖户的经营情况正在逐渐恶化，即使不考虑家庭用工成本，主产品产值仍不足以弥补饲料等的成本。

（2）中规模。从总成本来看，2016—2020 年毛兔中规模的总成本呈"W"形变化趋势。2019 年总成本最低，平均为 264.77 元/只。2016 年总成本最高，平均为 323.12 元/只。与 2016 年相比，2020 年总成本降幅为 16.39%

总产值呈先增后减的变化趋势，2018 年出现高峰，平均为 300.61 元/只，原因是 2018 年主产品兔毛的价格明显升高。

净利润显著波动，先升后降，2016 年出现较大亏损。主要原因是当年主产品兔毛的市场价格较低，减少了产值，同时雇工数量处于较高水平，增加了人工成本。

成本利润率指标的波动很大，先升后降，和净利润波动一致。

2016—2020 年除了 2016 年毛利润出现亏损，其余各年均为盈利，2016 年亏损为 52.60 元/只，2018 年盈利达到峰值，为 84.08 元/只。

2016—2020 年中 2016 年毛利润率最低，2018 年最高，毛利润率与毛利润的变动趋势一致。

（3）大规模。从总成本来看，2016—2018 年毛兔大规模生产的总成本呈现波动上升趋势，2019—2020 年呈上升趋势。2020 年总成本达到峰值，平均总成本为 313.20 元/只，其余 4 年总成本比较接近，在一定区间内小幅波动，为 240 元/只左右。

从总产值上看，2016—2020 年毛兔大规模生产的总产值呈"W"形变化趋势，2020 年达到峰值，平均总产值为 319.17 元/只，主要原因是 2020 年主产品兔毛的市场价格较高，同时副产品得到了有效利用。

从净利润来看，2017 年因为兔毛产量大幅降低导致亏损，其余年份皆为盈利。

从每核算单位用工数量来看，大规模养殖户的用工数量呈现波动下降趋势，说明随着技术水平的提高，每单位用工数量逐渐减少。同时大规模养殖户的用工数量与小规模养殖户和中规模养殖户相比是最低的，平均为 58.16 天，进一步说明毛兔养殖符合规模经济的特点。

毛利润是家庭用工折价和净利润之和，2016—2020 年毛利润均为正。2017 年毛利润最低，平均为 15.33 元/只。2019 年毛利润最高，平均为 106.59 元/只。

2016—2020 年毛利润率变动与毛利润一致。2017 年毛利润率最低，2019 年毛利润率最高。

## （三）各规模成本收益比较分析

总成本：由图 1-30 可以很清楚地看出，各规模毛兔每百只养殖成本由大到小分别是小规模、中规模、大规模。根据规模经济理论，在一定范围内，随着养殖规模的扩大，平均成本降低。

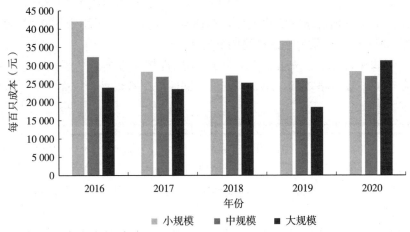

图1-30　2016—2020年各规模毛兔养殖成本对比

总产值：由图1-31可以看出毛兔总产值随着规模扩大总体呈现出递增的趋势。这可能是由于大规模养殖户能更好地利用毛兔的副产品，进而获得更大的利益。

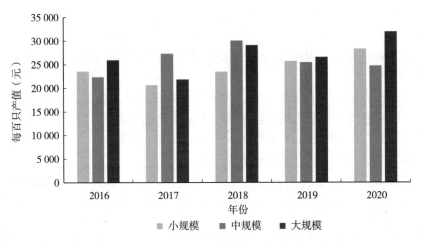

图1-31　2016—2020年各规模毛兔养殖产值对比

净利润：由图1-32可以清晰地看出，小规模各年均亏损，中规模大部分年份亏损，大规模大部分年份盈利。这说明毛兔养殖符合规模经济规律，根据规模经济的理论，只有养殖规模达到一定程度才能实现盈利。从未来趋势来看，小规模养殖户会被淘汰，中规模养殖户会扩大规模以追求更大的利益。

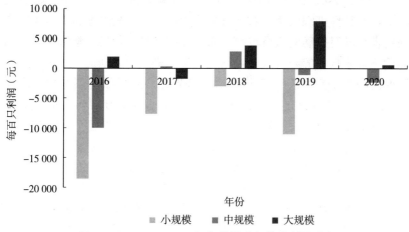

图 1-32　2016—2020 年各规模毛兔养殖利润对比

# 第五节　世界兔产业发展

## 一、世界兔产业发展阶段

世界各国，尤其是西欧国家早就有养兔吃肉的习惯。公元前 1100 年，当时的腓尼基人在西班牙半岛发现一种栖息在当地的野生穴兔可以食用，之后食兔习惯逐渐传入南欧和北非。16 世纪初，在西欧，尤其是法国等地已经有人开始驯化野兔。家兔是较晚被驯化的小型草食动物，由于家兔食草节粮、繁殖力强，而且其所提供的肉、皮、毛等产品是人们日常生活中的重要物资，目前兔产业已成为畜牧业的重要组成部分，具有广阔的发展前景。世界兔产业的发展大致可以概括为以下四个阶段：

第一阶段是第二次世界大战以前，世界兔产业发展缓慢。从 16 世纪初开始，在西欧，尤其是法国等地已经有人开始驯化野兔或依靠捕捉孕兔待其产仔来获取美味佳肴。饲养方式以围栏养殖、栅养、圈养或散养等为主，饲料多为青草、树叶以及农作物秸秆和谷物籽实等。由于第二次世界大战以前，养兔的技术极为落后，大多是粗放饲养，养兔的规模也相对较小，产量较低，兔产业发展较为缓慢。

第二阶段为第二次世界大战期间，世界兔产业得到很大发展。第二次世界大战严重破坏了农业生产力，饲料短缺导致饲养大型的家畜和家禽存在较大困难，而家兔具有食草节粮、繁殖力高的特点，故兔产业在这一时期得到了很大的发展，在解决动物蛋白质紧缺问题上起到重要作用。

第三阶段是 20 世纪 40 年代末和 50 年代初，世界兔产业进入低谷期。在这一时期，流行性疫病的泛滥对于抗病能力弱、易患病的家兔而言无疑产生了致命的伤害，同时疫病的盛行也导致兔产品的销量及价格大幅降低，疫病的流行给养殖户带来较大的经济损失，家兔的生产进入低谷期。

第四阶段为 20 世纪 60 年代以后，世界兔产业开始复苏并快速发展。20世纪 60 年代，随着疫病的逐渐消失，世界兔产业也开始复苏，同时消费主体也由原本的低收入阶层逐步转向中高收入阶层，自 20 世纪 70 年代起，法国、意大利等国家逐渐开始出现专业化、工厂化生产的养兔场。意大利政府为了鼓励发展肉兔生产，在其中部和南部地区分别建立了基本母兔达 250 只以上的规模养兔场，政府给予 50% 的设备补贴。随着专业化、工业化养兔模式的出现以及养兔技术水平的不断提升，世界兔产业一直保持高速的发展。根据 FAO 数据显示，1961 年世界兔肉产量、兔存栏量以及出栏量分别约为 79.41 万吨、9 804 万只和 27 134 万只，截止到 2020 年底，世界兔肉产量、兔存栏量以及出栏量已分别高达 178.72 万吨、19 259 万只和 63 979 万只，三项指标均增长为原先的约 2 倍（图 1 - 33）。

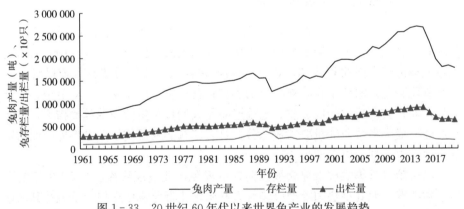

图 1 - 33　20 世纪 60 年代以来世界兔产业的发展趋势

数据来源：联合国粮农组织（FAO）。

## 二、世界兔产业格局

### （一）世界兔产业格局的发展变化

FAO 的统计数据显示，全世界从事家兔养殖与兔产品生产的国家主要分布在欧洲、亚洲、美洲以及非洲四大洲，其中欧洲和亚洲为主要的养兔大洲。1961年全世界共有45个国家从事家兔养殖与兔产品生产，经过多年的发展，截止到2020年底，全世界从事家兔养殖与兔产品生产的国家约有百余个。

自世界兔产业高速发展以来，兔产业的格局也发生了重大的变化。FAO数据显示，无论从兔出栏量、存栏量还是兔肉产量方面分析，世界兔产业格局变化的结论都是一致的：1990年前，欧洲在世界养兔市场上占据非常重要的地位，1990年，欧洲养兔市场出现大幅度下滑，此后亚洲养兔市场逐渐发展，2000年后亚洲养兔产业逐渐成为世界养兔产业的主要部分。1961—2020年，美洲和非洲兔业养殖规模较小，且未到较大发展。以2015年为界，世界养兔业由蓬勃发展转为快速下滑，2018年以后一直保持平稳发展（图1-34）。

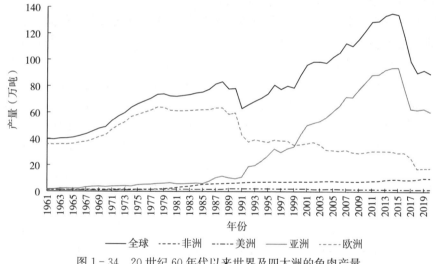

图1-34　20世纪60年代以来世界及四大洲的兔肉产量

数据来源：联合国粮农组织（FAO）。

自1961年以来，欧洲的兔肉产量一直相对稳定，绝对数量变化不大，但欧洲的兔肉产量占全世界兔肉产量的比重却发生了很大的变化。1961年，欧洲的兔肉产量约为35.94万吨，占全世界兔肉产量的90.52%，是欧洲占比最高的一年，随后多年，欧洲的兔肉产量在全世界的兔肉产量中一直占有较高的比重，但随着其他几大洲兔产业的发展，欧洲的兔肉产量占全世界兔肉产量的比重呈下降态势，至2020年，欧洲的兔肉产量约为17.54万吨，仅占全世界的19.63%。世界兔产业高速发展的40年中，欧洲的兔肉产量降低了51.20%，而其占全世界兔肉产量的比重却下降了70.89%。

亚洲的兔肉产量变化可以划分为两个阶段，分别是 1961—1991 年的缓慢增长阶段和 1992 年及以后的快速发展阶段。1961 年，亚洲的兔肉产量为 3.13 万吨，仅占全世界兔肉产量的 3.94％，随后 30 年，亚洲的兔产业一直以较低的速度缓慢发展，1991 年，亚洲的兔肉产量为 22.14 万吨，亚洲的兔肉产量占全世界兔肉产量的比重呈上升的态势，1992 年占比为 28.75％。1992 年亚洲的兔产业进入高速发展阶段，随后亚洲每年的兔肉产量快速增长，2020 年，亚洲的兔肉产量已高达 120.62 万吨，年平均增长接近 10％。亚洲的兔肉产量占全世界兔肉产量的比重也逐年上升，1999 年，占比达到 43.08％，与欧洲的占比相对持平，2000 年亚洲正式成为全世界兔肉产量最大的大洲，此后亚洲的兔肉产量占全世界兔肉产量的比重逐渐与欧洲拉开差距，2020 年，亚洲的兔肉产量占全世界兔肉产量的比重达到 67.49％，远超欧洲。

虽然在 1961—2020 年，非洲和美洲兔肉产量的变化幅度都很低，但相对而言，非洲兔肉产量的增长幅度要略高于美洲，而且非洲的兔肉产量占世界兔肉产量的比重一直高于美洲。1961 年，美洲的兔肉产量为 2.05 万吨，占世界兔肉产量的比重为 2.58％，经过多年的发展，2020 年，美洲的兔肉产量有小幅上升，约为 3 万吨，但其占世界兔肉产量的比重却只有 1.70％，可以看出，美洲兔肉产量的增长落后于其他几大洲。1961—2020 年，非洲的兔肉产量及其占世界兔肉产量的比重虽然有上升趋势，但上升幅度较小。1961 年非洲的兔肉产量为 2.35 万吨，占世界兔肉产量的比重为 3.27％，2020 年，非洲的兔肉产量上升为 19.99 万吨，占世界兔肉产量的比重为 11.18％，从兔肉产量的绝对数量来看，近 60 年来非洲市场的兔肉产量增长了 751.65％，年均增长率为 3.85％。观察 1961—2020 年的数据可以发现，在初期，欧洲的兔产业规模一枝独秀，其他各州的兔肉产量都很低，但此后的几十年时间里，各大洲的发展速度出现分化。亚洲的兔肉产量增长最快，年均增长 7.20％；非洲增长速度次之，年均增长 3.85％；美洲和欧洲的增长速度较低，年均增长率分别为 0.06％和 0.05％。因此，至 2020 年，世界兔产业的格局发生了重大变化，亚洲超越欧洲成为兔肉产量最多的大洲，欧洲尽管增长缓慢，但基数较大，仍然是兔肉产量第二的大洲，非洲也有较好的增长，产量位居第三，而美洲的基数小、增长率也低，产量仍然居于末位。

### （二）世界兔产业格局的现状

目前，亚洲是全世界最大的家兔生产市场，欧洲次之。分地区而言，欧洲地区主要的养兔国家为欧洲南部的意大利、西班牙和希腊，欧洲东部的乌克兰、捷克和俄罗斯以及欧洲西部的法国；亚洲地区主要的养兔国家为亚洲中部的乌兹别克斯坦、塔吉克斯坦和哈萨克斯坦以及亚洲东部的中国和朝鲜；美洲养兔的国家主要为美洲南部的阿根廷和秘鲁以及美洲中部的墨西哥；非洲地区主要的养兔国家为非洲东部的卢安达、肯尼亚以及非洲北部的埃及和阿尔及利亚。

观察 2020 年四大洲市场上家兔出栏量、存栏量和兔肉产量及各项占比情况，亚洲的兔存栏量占世界兔存栏量的比重已经超过了 75%，远远高于其他三大洲。欧洲兔存栏量在 2020 年的占比仅为 10.42%，远远低于亚洲，可以大致推断，亚洲兔出栏量和兔肉产量占世界兔出栏量和兔肉产量的比重均有上涨的空间，而欧洲兔出栏量和兔肉产量占世界兔出栏量和兔肉产量的比重将继续下降（表 1 - 20）。

表 1 - 20    2020 年各大洲兔存栏、出栏和兔肉产量

| 地区 | 存栏 | | 出栏 | | 兔肉产量 | |
|---|---|---|---|---|---|---|
| | 数量（万只） | 占比（%） | 数量（万只） | 占比（%） | 数量（吨） | 占比（%） |
| 非洲 | 1 769.8 | 9.19 | 8 349.5 | 13.05 | 99 933 | 11.18 |
| 美洲 | 591.3 | 3.07 | 1 287.3 | 2.01 | 15 157 | 1.70 |
| 亚洲 | 14 890.7 | 77.32 | 42 615.4 | 66.61 | 175 422 | 19.63 |
| 欧洲 | 2 007.1 | 10.42 | 11 726.7 | 18.33 | 603 119 | 67.49 |
| 全球合计 | 19 258.9 | 100.00 | 63 978.9 | 100.00 | 893 631 | 100.00 |

数据来源：联合国粮农组织（FAO）。

## 三、中国兔产业的国际地位

从全球来看，长期以来，兔肉的生产和消费主要发生在欧洲发达国家，特别是法国、意大利、西班牙等国家，根据联合国粮农组织（FAO）统计，过去近 60 年来，全球兔肉生产实了快速增长。中国兔业在国内畜牧业中所占的比重虽相对较小，但在国际上的地位却举足轻重。我国兔产业快速发展主要始于 20 世纪 90 年代，随着家兔养殖产业的不断发展，2010 年之后，兔出栏量、兔肉产量以及兔肉出口量均占全球的 50% 左右。受供给侧结构性改革、环境保护政策等影响，我国兔出栏量自 2017 年开始下降，至 2020 年，我国兔出栏量占全球的比例也下降至 35% 左右；我国兔肉产量 2017 年下滑明显，下滑幅度达 25.27%，此后下滑幅度逐步下降，2010—2020 年平均降幅达 3.48%。即便如此，多年来中国也是重要的兔肉出口国，受国内需求拉动的影响，近年来兔肉出口有所减少，但在全球的兔肉出口市场中依然占据重要地位。2003

年以来,中国兔肉出口稳步提升,在国际市场中所占的出口份额也不断提高,由2003年的13%左右提升至2014年的30%左右,出口量占比增加一倍多。受新冠感染疫情影响,2020年,中国出口兔肉4 266吨,占全球兔肉出口总量的15.98%;出口贸易额为1 988万美元,贸易额占全球的比例为15.66%,排在西班牙(23.64%)和匈牙利(18.36%)之后,位列第三。

### (一)中国兔出栏量的国际地位

与世界兔产业的发展相比,中国兔产业的发展在时间上较为滞后,新中国成立后,在供给短缺的背景下,家兔曾经是我国广大农村地区的重要养殖品种,同时,在20世纪50年代以及之后的较长时间内,兔产品(主要是兔肉)出口也是我国农业重要的创汇渠道之一,但此时我国兔产业的发展水平依旧较低,在20世纪七八十年代,中国兔出栏量占世界整体兔出栏量的比重基本不超过10%,中国兔产业的快速发展始于20世纪90年代初。

2010年以来,中国市场上兔出栏量经历了两个明显的发展阶段,中国兔产业在世界兔产业中的地位呈现稳中略降的特点。1995—2007年,中国兔出栏量呈现不断上升趋势,而2007—2020年中国兔出栏量呈现下降趋势(图1-35)。

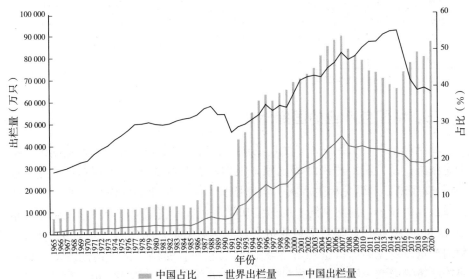

图1-35　1965—2020年中国和世界兔出栏量及中国所占比重

数据来源:联合国粮农组织(FAO)。

### (二)中国兔肉产量的国际地位

20世纪80年代,世界兔业的发展有一个调整的过程,主要产地逐步由欧洲向亚洲转移。整体来看，从 20 世纪 60 年代至今，全球兔肉生产大概经历了四个发展阶段（图 1-36）。第一阶段为 1961—1985 年，此阶段为较低水平稳步发展时期，全球兔肉产量从 1961 年的约 39 万吨，增加到 1985 年的约 75 万吨，年均增长 2.75%。亚洲兔肉产量的发展可以说主要由中国兔肉产量的增长带动，中国兔肉产量从 1961 年的约 1 吨，增加至 1985 年的 5 吨左右。由于亚洲兔肉产量基数较小，年均增长速度达到 7.73%，远高于全球兔肉产量的增速，略高于亚洲的年均增速 6.36%。第二阶段为 1986—2000 年，此阶段为高速发展时期，中国兔肉产量从 1986 年的 7.4 万吨迅速增加至 2000 年的 37 万吨，增加约 4 倍，年均增速达到 14.97%。虽然这个时间段内全球兔肉产量整体有上升，但由于欧洲主产区的产量下降明显，全球兔肉产量的年均增速仅为 1.3%。第三阶段为 2001—2015 年，此阶段为巩固调整时期，全球兔肉产量又回落至增速相对较低的稳定增长状态，从 2001 年的 91.2 万吨增至 2015 年的 134.3 万吨，年均增速为 2.89%。在这一阶段中，亚洲尤其是中国兔肉产量持续稳定发展，增长速度相对上一阶段稍有变缓，但相对全球来说依旧处于高速增长态势。具体来看，亚洲兔肉产量年均增速为 5.47%，中国兔肉产量年均增速紧随其后，为 5.2%。第四阶段为 2016—2020 年，受供给侧结构性改革、环境保护政策以及新冠感染疫情这一公共卫生事件的影响，全球兔产业陷入低迷，兔肉产量呈现波动下滑的趋势，由 2016 年的 118.2 万吨下滑至 2020 年的 89.4 万吨，产量年均降低速度为 7.6%，而亚洲和中国的兔肉产量年均降低速度分别为 8.09% 和 9.56%，均高于全球。

从区域结构上来看，1990 年以来，欧洲的兔肉产量一直在下降，而亚洲

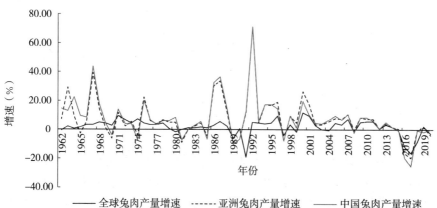

图 1-36　20 世纪 60 年代以来全球、亚洲和中国兔肉产量增长速度

数据来源：联合国粮农组织（FAO）。

的兔肉产量则在不断增加，其中亚洲产量的增加基本由中国提供，中国兔肉产量占亚洲兔肉产量的比例高达 90％以上。从主要生产国来看，20 世纪 70 年代，法国是世界上最大的兔肉生产国，意大利位居第二。自 1990 年以来，亚洲兔肉产量占全球兔肉产量的比例逐渐上升，从 1990 年的 12.59％升至 2000 年的 43.08％，有显著增加；中国对全球兔肉产量的贡献也缓慢增长，贡献份额从 1990 年的 12.26％上升到 2000 年的 39.34％。

2010—2020 年，中国兔肉产量及其占世界兔肉产量的比重的变化趋势与中国兔出栏量及其占世界兔出栏量的比重基本相同。2010—2015 年，中国兔肉产量占亚洲和全球兔肉产量的比例较为稳定，中国兔肉产量占世界的比例均维持在 55％以上，中国兔肉产量占亚洲的比例基本维持在 70％上下。在严格的环保政策下，大部分饲养场（户）在粪污处理和环境控制方面加大了设施设备投入力度。另外，由于近年来饲料原材料价格上涨及人工成本增加等，我国兔业养殖的成本大幅上升。2016—2020 年我国兔肉产量呈现出下降趋势，从 2016 年的 62.7 万吨下降至 2020 年的 45.6 万吨，降幅达 27.3％，占世界兔肉产量的比例有轻微下滑，"十三五"期间仅为 50％左右（图 1-37）。

图 1-37　中国和世界兔肉产量及中国所占比重
数据来源：联合国粮农组织（FAO）。

需要特别强调的是，我国兔产业在"量"上出现下滑的情况，"质"则在不断提高。一方面，大量分散小规模的养殖户逐步退出家兔养殖，相反，一些大中型兔场则不断涌现，生产结构呈现科学式的调整；另一方面，随着大中型兔场的不断出现，我国兔业的科技含量和抗风险能力也在不断提高。随着国内新冠感染疫情总体趋于稳定，兔产业各项指标进一步回升，兔肉预计将迎来增产。

### (三) 中国兔肉贸易的国际地位

从国家结构来看，长期以来，中国、法国和匈牙利一直是兔肉的主要出口国。2001年以来，西班牙的兔肉出口量也快速增长。兔肉进口国则主要是德国、法国和意大利等。纵观1961年以来的贸易格局：六七十年代，兔肉主要从中国和匈牙利出口到意大利、法国和德国，但从80年代初开始，中国的兔肉出口开始下降；90年代初，匈牙利的出口也开始下降，相应地，法国和意大利的兔肉进口也减少。2001年以来，全球兔肉进出口处于较低水平，平均每年约8 700吨。在全球产量不断增加的背景下，这表明主要国家的国内兔肉消费在不断增加。

我国是养兔大国，兔肉贸易以出口为主，进口数量少，在世界兔肉贸易中占有重要地位。根据FAO数据显示，"十三五"期间中国进口兔肉数量为437吨，进口总额为88.3万美元，而兔肉出口数量累计达2.8万吨，出口总额为1.2亿美元，无论从进口数量还是进口总额来看，中国兔肉的进口都相对较少，出口数量和出口总额远超同期进口数量和进口总额。中国自2001年加入世界贸易组织（WTO）至今，兔肉进口份额均处于较低水平，2017年达到最高时也仅为全球的0.62%，而中国兔肉出口份额基本为全球的20%。就2001—2020年兔肉进出口份额的变化趋势而言，在"十三五"期间全球经济下滑的背景下，中国兔肉进口份额仍然呈上升趋势，2019年中国兔肉进口份额骤减至0.07%；而受国际外部经济环境和国内生产结构调整双重因素的影响，中国兔肉出口份额呈下降趋势（图1-38）。

图1-38 中国兔肉进出口份额

数据来源：联合国粮农组织（FAO）。

　　"十三五"时期，中国兔肉出口量基本稳定在 1 万吨以内。世界兔肉出口总量的变化幅度相对较大，2011—2013 年世界兔肉出口总量稳定在 3.6 万吨左右，2014 年突破 4 万吨，随后又出现回落。在"十三五"规划的五年时间内，中国兔肉出口量占世界兔肉出口量的比重呈现波动下降的趋势。2016 年中国兔肉出口量占世界兔肉出口量的比重再次下降到 20％以下，为 17.21％，2017 年和 2018 年稍有增加，2020 年新冠感染疫情对全球贸易造成冲击，出口份额占比再次下降，降至 15.98％（图 1-39）。

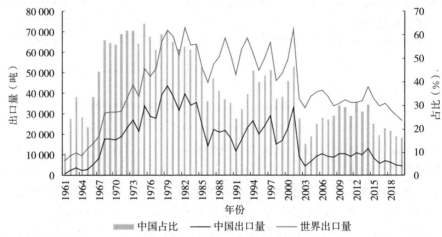

图 1-39　中国和世界兔肉出口量以及中国兔肉出口量占比
数据来源：联合国粮农组织（FAO）。

　　综合以上分析，虽然 2011—2015 年"十二五"规划期间，中国兔出栏量和兔肉产量占世界兔出栏量和兔肉产量的比重均维持在 50％以上，但"十三五"期间，这两个比例都有所下降。此外，2011—2015 年，中国兔肉出口量占世界兔肉出口量的比例一直在 25％上下波动，但 2016—2020 年，由于全球经济低迷，在国际外部经济环境和国内生产结构调整双重因素影响下，中国兔肉出口量呈现出下降趋势，占世界兔肉出口量的比例已低于 20％。即便如此，中国兔肉出口量依然排在世界前三之列，中国依然是兔肉的生产大国和出口大国。不过，肉兔产业在我国的发展还远远不足，2020 年兔肉产量约占我国畜牧肉类产量的 1％，在政府积极倡导发展节粮型畜牧业的背景下，肉兔产业发展的空间很大。此外，我国也要增强综合发展实力，加快兔产业的发展，加强与世界各国的交流与合作，建立良好的兔产品贸易关系，进而提高兔产品的生产能力和国际竞争力，增强中国兔产品的出口实力。

# 四、世界兔产业发展的趋势与特点

## （一）世界兔产业的发展趋势与特点

全球兔养殖行业虽然发展较早，但发展进程较慢。20 世纪 60 年代起，全球兔养殖行业才逐渐快速发展。随着专业化、工业化养兔模式的出现及养兔技术的不断完善，20 世纪 60 年代至 90 年代，世界兔养殖行业进入了高速发展阶段，30 年间兔肉产量、兔存栏量和出栏量分别上升 97.2％、287.74％和 98.47％。进入 20 世纪 90 年代后，全球兔产业规模出现小幅下滑，但随后继续扩大，到 2020 年底，世界兔出栏量、存栏量以及兔肉产量已高达 6.4 亿只、1.93 亿只以及 89.36 万吨（图 1-40）。

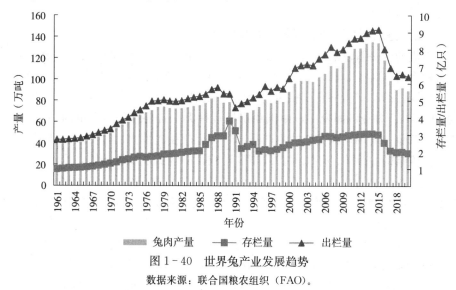

图 1-40　世界兔产业发展趋势

数据来源：联合国粮农组织（FAO）。

世界兔产业的发展趋势和特点如下：

产业生产规模化、标准化和集约化程度增强。其一，在产业规模化方面，随着行业劳动效率的提高，一个劳动力能饲养母兔的数量在提高，而且饲料转化率和种兔质量等在不断提高。同时人工等成本的上涨，刺激着兔场通过扩大生产经营规模来达到规模经济。这些原因综合起来，促使单个兔场的规模不断增大，实现规模化生产的兔场数目在不断增多。其二，在生产标准化方面，在技术和资金充裕，或者有政策扶持的地区，兔业主要养殖设备和生产流程基本上都实现了标准化，如兔场建筑模式、环境控制方式、水电交通等设施、人工授精技术流程、饲料的配方和笼具的样式等都实现了标准化，从而使得生产过程实现了标准化，便于生产管理，也节约了生产成本。其三，在生产集约化方面，饲料生产企业、养殖企业和屠宰加工企业等合作加强，加工企业通过参股养殖或饲料企业，形成一个共同体，方便调节各环节利润，以应对市场的波动和风险。

发展中国家和地区兔业生产和消费增长明显。从近年来各地区兔肉产量变化中可以看出，欧洲等发达地区的兔肉产量较为稳定，亚洲和非洲兔肉产量出现明显增长，表明世界养兔重心正从发达地区向发展中地区转移。这种转移不止体现在产量方面，也体现在先进技术和设备上。

对动物福利重视程度增强。一方面，欧洲发达国家对养兔产业制定了相关福利政策，尤其是对母兔哺育和生活条件等方面提出了更严格的要求。另一方面，欧洲在进口我国兔肉产品时，将养殖企业的生产环境纳入考核，使得出口企业开始重视生产和饲养环境。

### （二）各地区兔产业的发展趋势与特点

亚洲地区一直以来是兔产业发展的主要地区，1999 年亚洲兔出栏量占全球兔出栏量的 42.78%，2000 年以后亚洲兔出栏量超过欧洲，成为全世界兔出栏量最大的洲，2020 年亚洲兔出栏量占全世界兔出栏量的比重为 66.61%，远超欧洲的 18.33%。在亚洲国家中，中国兔出栏量最大，占全球兔出栏量的一半左右。中国是獭兔（皮用）和毛兔的主产国，中国兔产业规模大、种类多。但近年来，受供给侧结构性改革、环境保护政策等影响，中国兔业发展趋缓，到 2019 年我国兔业市场才有所回暖，但在畜牧业产值中占比依然较低。除中国外，东亚的日本、韩国和朝鲜，东南亚的马来西亚和越南也是兔产业规模较大的国家。其中日本和韩国以宠物兔养殖为主；朝鲜发展兔产业主要是解决肉类供给不足的问题，并且朝鲜种兔来源一部分为中国捐赠；东南亚一些国家主要养殖肉兔。

欧洲是除亚洲外，兔产业规模最大的地区，但 2000—2020 年，欧洲兔出栏量占全球兔出栏量的比例呈下降趋势。2020 年欧洲国家总的兔出栏量为1.64 亿只，占全球的 18.33%。截至 2020 年，西班牙、法国、意大利和德国依然是欧洲重要的肉兔生产国。西欧的兔产业较为发达，并且兔产业发展相似，以肉兔养殖为主，有如下特点：①生产环节自动化、标准化程度高。西欧兔舍建筑科学合理，管理标准化、模式化。②生产水平高，劳动效率高。养兔场繁育周期短，饲料转化效率高。③产业组织化程度高。在法国，90% 以上的肉兔养殖场（户）都参加了协会或合作社，行业组织在协调政府政策、产量配额和生产计划上起到了重要作用。

非洲地区兔产业规模在世界的占比较低，2020 年非洲兔出栏量占世界的13.05%。埃及、阿尔及利亚和塞拉利昂是非洲兔产业规模较大的国家。非洲兔产业发展水平低、规模小，兔产品加工不足，主要特点是缺乏技术和资金支持。非洲地区有许多国家在国际组织的援助下发展家兔养殖产业，促进经济发展。

2020 年美洲地区兔出栏量占世界的比例为 2.01%，兔产业规模较小。其中北美地区的美国和加拿大主要养殖宠物兔，墨西哥主要养殖肉兔。在 FAO 的统计中，并没有将宠物兔包括在内，因此其中没有美国和加拿大的家兔生产数据。但是墨西哥以肉兔养殖为主，2016 年其肉兔出栏量占全球的 0.45%。南美洲兔产业规模大于北美洲，南美洲兔出栏量占全美洲的比重超过 60%。但南美洲地区兔养殖仍然是以中小规模为主，养殖粗放，技术水平较低。

四大洲兔肉产量和兔存栏量、出栏量变化趋势见图 1-41、图 1-42。

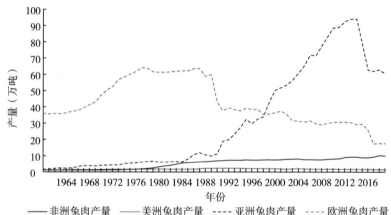

图 1-41　各地区兔肉产量变化趋势

数据来源：联合国粮农组织（FAO）。

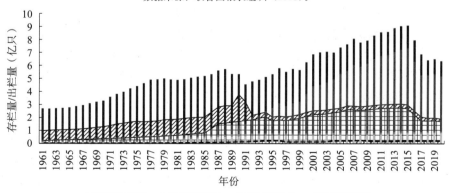

图 1-42　各地区兔存栏量、出栏量变化趋势

数据来源：联合国粮农组织（FAO）。

## 五、世界兔产业发展中存在的问题

### (一)各地区兔产业技术不均衡

由于技术、资金等方面原因,世界各地区兔产业发展差异较大。在欧洲尤其是西欧地区,技术先进、资金充裕,兔产业发展效率高,饲料转化率较高,养兔繁育周期短,养殖效率高。比如在法国,90%的养兔场繁育周期是 42 天,母兔产仔 8.55 窝/年,母兔平均每次人工授精产商品兔活重 15.78 千克,平均每只母兔年提供商品肉兔 50 多只,全程料重比(饲料转化效率)3.3∶1。每个饲养员年饲养管理基础母兔 600~800 只,人工授精时 1 000 只母兔在 3~4 小时内完成。但是在东南亚、南美洲和非洲等地区,由于技术和资金限制,兔产业发展缓慢,大多为小规模养殖,饲养方式较为粗放,饲料转化率相对较低,养殖效率低。

在种兔发展方面,中国等发展中国家兔产业的良种保障率较低,与发达国家良种保障率存在差距。在引进优良种兔时,需要更新养殖条件,增加养殖成本,这降低了发展中国家和地区提高良种率的积极性。

### (二)发展中国家和地区兔产业规模化程度较低

虽然亚洲等地区兔产业总体规模大,但是生产分散,规模化程度低。规模化程度低制约了产业整体的技术水平,不利于养殖技术、设备等的应用推广。在发展中国家和地区,缺乏统一高效的行业协会或组织来指引养殖户生产,多数养殖户缺乏管理和市场知识,影响兔产业生产效率。但在法国,养殖户中有 1/3 是专业养兔场,2/3 的养殖户兼有其他农牧业项目。法国平均每个养兔场有 619 只母兔,大多是适度规模的家庭农场。90%的肉兔养殖场(户)均参加协会或合作社,获得养殖技术、销售等方面的支持。

### (三)发展中国家和地区兔行业标准不完善

由于缺乏科学的养殖技术以及资金和政策支持,发展中国家和地区兔场兔舍规划设计缺乏前瞻性,向阳、通风、水电等因素考虑不全面。在兔舍兔笼、饲料配方和营养、家兔出栏等标准的制定和推广方面亟待改进。

### (四)兔产业养殖成本上升

受新冠感染疫情和全球粮食安全问题的影响,全球玉米等饲料原料价格上涨,使得全球兔业养殖的成本大幅提升,由于商品兔是受限最多、风险最大和话语权最少的部门,养兔企业和个人难以通过提高价格的方式获得利润,在前述背景下,养殖户的利润水平降低。

(本章执笔:武拉平　朱俊峰　鞠荣华　朱美义　李晓晓　张昆杨)

# 第二章　中国兔产品加工和流通

## 第一节　中国兔产品加工

近年来，除了四川、山东、重庆等家兔传统养殖和加工省市外，陕西、青海、内蒙古等西北地区，河南、山西等中部地区，贵州和新疆等西南地区以及黑龙江和吉林等东北地区，均出现了一批规模较大的养殖和加工企业，兔产品加工能力和加工水平显著提高。大量规模化肉兔和獭兔养殖者为了提高养兔的综合效益，纷纷进行兔肉和兔皮的深加工，将兔肉加工成休闲兔肉和真空包装兔肉，专业兔肉餐馆大量出现。獭兔养殖企业则将兔皮和兔肉分开销售，减少整兔销售。大型毛兔养殖场也开始涉足兔毛的深加工。随着加工规模的扩大，除了作为主产品的兔肉（兔皮、兔毛）外，兔头、兔腿、兔骨、兔血、兔心脏甚至兔粪等，都得到有效利用，副产品的综合利用能力得到提升。

在我国兔业传统养殖区域（四川、重庆、山东、河南等地）的地位不断巩固的同时，西北和东北地区的发展速度也较快。与此相对应的模式主要是"龙头企业＋养殖户"或"龙头企业＋合作社＋养殖户"。龙头企业主要是种兔场或加工企业，它们在家兔养殖中发挥重要作用。一方面，通过订单带动分散农户养殖，另一方面，不少龙头企业自己也直接从事养殖，特别是外向型龙头企业，都有备案的养殖场。

受传统外向型生产的影响，多数兔产品加工企业都有出口。以肉兔养殖加工和出口为例，主要的加工企业和出口备案场如表2-1所示。

表2-1　2018年我国主要家兔养殖加工企业及其产业化经营情况

| 省市 | | 公司名称 | 覆盖村（个） | 舍数量（栋） | 出栏量（万只） |
|---|---|---|---|---|---|
| 山东 | 1 | 青岛康大食品有限公司 | 33 | 1 209 | 1 372.5 |
| | 2 | 山东伟诺集团有限公司 | | | |
| | 3 | 山东滨州中旺食品公司 | | | |
| | 4 | 山东海达食品有限公司 | | | |

（续）

| 省市 | | 公司名称 | 覆盖村（个） | 舍数量（栋） | 出栏量（万只） |
|---|---|---|---|---|---|
| 山东 | 5 | 菏泽富仕达食品有限公司 | | | |
| | 6 | 山东泗水圣昌肉制品公司 | | | |
| | 7 | 山东德力盈食品有限公司 | | | |
| | 8 | 山东诸城东方食品公司 | | | |
| 河北 | 9 | 河北宝誉鑫食品有限公司 | 1 | 14 | 49.2 |
| 吉林 | 10 | 吉林康大食品有限公司 | 7 | 106 | 541 |
| 四川 | 11 | 四川省哈哥兔业有限公司 | 21 | 186 534 | 303 |
| 山西 | 12 | 山西长治市云海外贸公司 | 11 | 160 | 226 |
| 重庆 | 13 | 重庆康大聚鑫兔业公司 | 1 | 102 | 20 |
| 合计 | | | 74 | 188 125 | 2 511.7 |

数据来源：国家市场监督管理总局"出口兔肉备案养殖场名单"和"出口兔肉备案企业名单"。

我国兔肉加工主要在四川和山东，兔毛加工则主要在山东、贵州和广东等地，兔皮加工主要在四川和河北等地，兔业已形成如下区域性特点：东北和西北成为规模化养殖的原料供应基地；四川、重庆、广东、福建等地区是主要的兔肉消费地区，近年来北京等一些大城市的兔肉消费也快速增加；山东、河北、河南等地成为出口企业的货源基地；河北北部、陕西、甘肃东南部等地成为国内市场的养殖生产集聚区。

## 一、兔肉加工

兔肉的加工主要集中在主产地四川、山东和重庆等。规模较大的加工企业主要有：青岛康大集团、四川哈哥兔业、重庆阿兴记等，近年来又涌现出河南阳光兔业、陕西天鑫兔业等一批新兴企业。目前，重庆阿兴记已在新三板上市，成为我国兔业领军企业的后起之秀。

山东的兔肉主要销往国外或国内其他省份，而西南地区的兔肉主要是本地销售。当然，以康大为代表的一些大型加工企业，在一些主要城市也开设了专卖店、与高档酒店展开合作等，在开拓北京等大城市市场中走出了重要的一步。近年来，各地也出现了一些熟制品的加工企业，虽然规模不大，但在各地兔产品市场开拓中取得了一定的成绩。

兔肉产品主要包括新鲜兔肉、包装兔肉及加工品，兔肉熟制品有风味茶兔肉、什锦休闲兔肉、孜然兔肉、香辣兔丝等。近年来，随着兔肉产品开发不断创新，还出现了兔肉汉堡、兔肉肉夹馍、兔肉盖浇饭等快餐产品；专业兔肉餐馆不断出现，同时，休闲兔肉产品和真空包装兔肉产品也快速增加。如逮个兔子兔肉食品公司，专注于兔肉休闲食品的生产和销售，面向年轻消费者大力宣传和推广兔肉食品。

我国在兔肉加工技术方面也取得了较大成就。从兔肉产品加工技术来看，研究了兔肉去草腥味技术，找到了导致腥味的原因，再研发相关控制技术。深入探究了兔肉蛋白质的特点，寻找兔肉蛋白质的优良特性，为后续提取兔肉蛋白质打下了坚实的基础。另外，探究了兔肉加工的超高压技术。

近年来，受产业结构调整和国际经济低迷的影响，国内兔肉生产多年来处于结构调整中，特别是 2014 年以来兔肉出口较快下降，兔肉产量一直维持在50 万吨左右。根据中国畜牧业协会和国家兔产业技术体系的抽样调查，2018年我国兔肉产量 46.6 万吨。由于兔繁殖率很高，从生产的角度来看，如果扶持政策得当，保守预测兔肉产量年均增长速度可达到 10%。预计到 2035 年基本实现现代化时，健康优质的兔肉将成为中国很多地区人民餐桌上的重要肉食品。

## 二、兔皮加工

兔皮加工主要分为初加工、硝制、染整和服饰加工等环节。兔皮加工集中在河北、四川、河南等地。兔皮初加工是由养殖户（场）或中间商完成，主要采用盐腌方式或冷冻方式。兔原料皮大多运到原皮交易市场进行交易，或硝制后，缝制成褥片交易。兔皮的硝鞣加工企业主要集中在河北、山东等地，进行獭兔皮和肉兔皮加工。兔皮或兔皮褥片染色加工多在浙江等地，主要是为更好地满足服装市场对色彩的要求。此外，北方一些从事细皮鞣染加工的企业也有兼作兔皮鞣制和染色加工的。兔皮服装（服饰）加工，主要分布在浙江、河北、辽宁等地。

我国是兔皮产品生产和出口大国，以兔皮服装、服饰和褥子，以及鞣制后的熟皮为主，偶尔有少量生皮。主要市场在欧洲，其次为亚洲和美洲。我国有一大批规模化的獭兔养殖加工企业，如浙江余姚的欣农兔业有限公司以獭兔皮的加工、服装设计和加工为重点，积极开拓国际市场，一大批类似的企业逐步带动了我国疲软的獭兔皮市场，极大地拉动了我国獭兔业的发展，带动了整个兔业的快速发展和农民致富。河北枣强大营镇作为中国皮张加工的发祥地，几乎家家户户都鞣制皮张，每年兔皮的交易和加工量在 5 亿张左右。

近年来，国家加大环境保护力度，严厉治理污染。兔皮的鞣制和染色多以小规模家庭作坊为主，环境污染比较严重。尽管很多小作坊已被取缔，但无污染鞣制和染色技术普及率不高，在一定程度上限制了兔皮的加工和销售。

## 三、兔毛加工

兔毛是一种高级天然纤维，纤维细长柔软，粘合力强，质地蓬松，特别是特有的中空结构使其具备更好的保温性；作为高级的纺织原料，可以纺成优质的呢绒制品，制成品具有"轻、柔、软、薄、美"等优点；也可以与羊毛、山羊绒、人造纤维混纺制成毛衫、头巾、围巾等。随着纺织工业中新工艺的出现，兔毛的用途日益广泛，掺配的比例已扩大到50%以上。兔毛制品已发展到贴身的内衣裤、睡衣、护膝、游泳衣、登山服等。兔毛很柔软，冬天穿很保暖，一般对毛衣过敏的人，不会对兔毛过敏。

虽然相对于兔肉和兔皮而言，我国的兔毛加工量不是很大，但仍有不少地区进行兔毛加工。蒙阴县是兔毛产量大县，2019年，全县长毛兔存栏量达到500万只，兔毛产量达到4 000吨以上，全县有毛纺加工厂5家，年加工兔毛近2 000吨；50多名兔产品购销大户带动遍布全县农村的220名农民从事兔毛、活兔收购，拥有专业剪毛手1 000多人。普安县也积极发展长毛兔养殖。2017年4月21日，中国毛纺织行业协会与普安县签署兔毛市场开拓合作框架性协议。协议商定，普安聘请中国毛纺织行业协会为该县长毛兔产业发展的指导单位，双方及时相互通报产业发展情况和市场变化趋势；中国毛纺织行业协会利用协会资源，加大对普安长毛兔的宣传力度，扩大普安优质兔毛在行业中的影响力；双方不定期开展长毛兔原料议价活动，维护市场稳定与交易公平；中国毛纺织行业协会联合设计、产品开发、检测等机构，以普安兔毛为原料开发新产品，提高普安兔毛使用量，拓展使用领域；中国毛纺织行业协会引导会员企业支持普安打造从养殖到深加工到消费的完整产业链条，把养殖优势转化为产业优势，提高产业价值；中国毛纺织行业协会支持普安长毛兔产业基地建设，支持普安向"中国长毛兔产业基地"迈进。

兔毛加工行业不断进行技术创新。以兔毛专用分梳机为基础，开发了兔毛加工系列设备，在推广使用后，大大改变了我国兔毛加工业的局面。组建了兔毛专用加工生产线，不再像以前那样借用羊毛或羊绒的加工生产线；同时，由于兔毛专用设备充分考虑了兔毛纤维的特点，不像羊绒或羊毛设备加工时对兔毛纤维有损伤，大大提高了兔毛加工的品质，提升了兔毛产品的纺织特性和消费者的体验，有效扩大了兔毛织品的消费范围、提升了消费量，从而促进了毛兔产业良性发展。新型兔毛分梳设备的应用，使得兔毛可以加工出高支纱线，从而纺织出高档面料，使兔毛加工不再局限于针织产品，逐步进军更多品类的服装、时装领域，极大地扩展了兔毛的使用范围，创造了更多的兔毛需求。

## 四、兔产品加工中存在的问题

### （一）产业发展基础依然脆弱，企业风险防范手段不足

近年来，在其他行业不景气的背景下，不少投资者进入兔养殖或加工行业，但由于前期准备不足，一些企业扩张过快，导致管理不善、生产效率低下，能否长期稳定令人担心。总体来看，产业发展基础依然比较脆弱、产业链的关联性不强，小企业多、大企业少、比较分散，技术装备不强；一些加工企业规模偏小、带动能力不强、抵御市场风险能力缺乏。规模化、集约化、产业化科技型深加工基地缺乏，深加工产业整体水平较低。另外，兔产业面临自然风险和市场风险，在保险、产业基金、生产补贴等风险防范措施不足的情况下，一些企业面临严峻挑战。

### （二）兔肉产品加工水平较低，产品开发创新不足

现有兔肉加工产品多属于粗加工，仅局限于爆炒、熏烤、风味肉干等中式传统种类，产品同质化严重，缺乏竞争力。高性价比、方便烹调的兔肉半成品或多样化的便于储藏的高质量产品在市面上还十分鲜有。此外，加工产品保鲜技术落后，质量、档次和附加值不高，难以适应市场竞争。兔肉加工业的综合利用（特别是对兔血、内脏等）是一个薄弱环节，加工业附加值低。

兔毛和兔皮的加工设备落后，加工粗放，精深加工严重不足。兔皮产品销售仍以初级产品为主，花色品种少，生产相对过剩。加之鞣制染色工艺不符合环保要求，批发营销方式下的裘皮制品单一化、同质化，优质产品与低劣产品混杂、品质控制能力不足等都导致了产品对市场的适应能力低、引导能力差。整个产业链各个环节的标准化体系建设与我国现阶段的发展状况不适应。需要建立基于我国资源禀赋的、适应产业发展的标准化体系。

### （三）兔产品加工企业规模参差不齐，产品质量有待提高

目前来看，我国的肉兔养殖多为家庭养殖或小型养殖场养殖，较大规模、标准化的养殖场相对较少，肉兔养殖水平参差不齐，兔源存在很大差异，因此肉兔在生产加工过程中的统一化程度较低，不同农户养殖的肉兔品种、日龄和体重等指标可能存在差异，这直接导致在屠宰和加工过程中，对致病微生物污染的控制难度提升。从加工角度来看，一些新进入的企业往往由于技术不过关，难以很好地保障兔产品的质量，甚至可能出现质量安全问题。

# 第二节　兔产品流通

## 一、兔产品流通模式

我国家兔和兔产品流通，完全是市场导向型的，主要有以下几种形式：①分散性家庭养殖模式："养殖户＋经纪人＋加工企业"。多数分散的家庭养殖户，其活兔主要销售给当地的经纪人（兔贩子），再由经纪人销售给加工企业。这一模式的特点是养殖户不需要过多关注加工和市场，但缺点是养殖户的议价能力缺乏，价格主要由经纪人决定。②适度养殖模式："养殖场（户）＋加工企业"。适度规模养殖场往往直接销售给加工企业，或自己直接进行加工，实行全产业链经营。这一模式中养殖户有一定的议价能力。③规模兔场模式：订单养殖。采用这种模式的主要是一些龙头企业（往往是种兔场、兔肉加工企业等），与中小规模养殖户签订合同，按照合同的约定进行收购。这一模式在一些大型兔肉加工企业中相对比较多见。这一模式中的订单条件完全由市场决定，养殖户有一定的议价能力。④新型销售模式：电子商务线上销售。这是一种新型销售模式，当然这一模式要求产品能够标准化，同时容易储存和运输。因而，这一模式主要应用在兔毛产品和兔皮产品上，在兔肉产品上应用相对少。针对兔业而言，易于保存的兔毛和兔皮可以以传统电商销售模式进行销售，而生鲜兔肉则可以以预售模式进行销售，发挥线上渠道的窗口优势。不能否认这一销售模式有诸多的优点，比如通过快递能够满足不同地区消费者的要求，同时线上销售也避免了中间环节对利润的分割。随着互联网产业的兴起，兔企业借助"互联网＋"对传统销售模式进行了转型升级，提振兔产品行情低迷现状，拓宽销路，在宠物生鲜主粮领域开辟出一片新天地，为兔产业创造出新的经济增长点。

兔产品从养殖户到消费者手中需要经过加工、销售等多个环节。养殖户通过经济人、龙头企业、合作社等将待加工的兔产品销售给加工企业，兔产品加工完成之后，加工企业通过超市、商场、饭店等渠道销售兔产品。同时，随着互联网的普及，电商平台已经成为兔产品销售的重要渠道。兔及兔产品的流通渠道如图 2-1 所示。

## 二、兔产品流通的地区结构

我国兔肉消费的主要区域为四川、重庆、广东和福建等省市，近年来北方一些省市的兔肉消费也在增加，包括北京、内蒙古等地。四川省年人均兔肉占

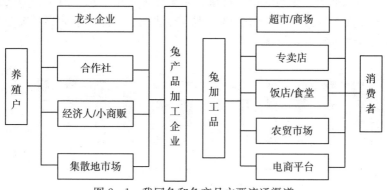

图 2-1　我国兔和兔产品主要流通渠道

有量 4 千克多，是全国平均水平的 7 倍左右。如果考虑从山东等地流入的兔肉（四川出口和调到其他省份的兔肉都很少），那么四川实际消费的兔肉量接近我国兔肉产量的一半，即四川 6% 的人口消费我国大约 50% 的兔肉。重庆是我国人均兔肉消费第二大的地区，年人均消费约 3 千克，是全国平均水平的 4.5 倍左右。山东省虽然是我国的养兔大省，但兔肉消费较少，其兔肉主要有以下几个去向：出口和销售到川渝地区、销售到广东和北京等地、供应本地消费。江苏、河南和河北等地兔肉主要销往广东和北京，部分销售到川渝地区，当然还有少量在当地消费。广东是一个比较特殊的省份，其家兔养殖业并不发达，兔肉产量约 5 000 吨，但兔肉消费较多，人均消费量在全国平均水平以上。

　　长期以来，我国毛兔养殖的传统地区为山东、江浙、安徽以及川渝地区，兔毛的加工则主要在江浙等沿海地区。但近年来随着"东兔西移"，兔毛加工企业也逐步向中西部转移。兔毛产品的销售则遍布北方各地，特别是网上销售比较火爆。

　　兔皮产品的加工比较复杂，獭兔的养殖主要在河北、陕西、川渝和山东的部分地区，兔皮的鞣制主要在河北，四川等地也有部分鞣制企业，兔皮产品的加工设计则在浙江、广东和四川等地较多，兔皮产品的销售和兔毛产品类似。

## 三、流通中的利益分配：养殖户—中间商—消费者利益链接分析

　　为了考察兔产业不同环节的获益情况，使用对养殖户销售、集散地交易（批发）和消费者价格的监测数据进行分析。

　　由于消费者价格监测的复杂性，只监测了六大城市（北京、广州、上海、

福州、成都和重庆）兔肉的消费价格，采集有关超市信息。由于各地的獭兔肉质量差异较大，导致三个环节价格的不合理波动，因此，下面只对肉兔兔肉不同环节的价格进行分析（图 2-2）。

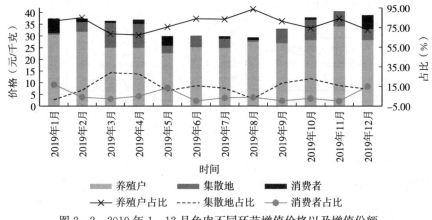

图 2-2　2019 年 1—12 月兔肉不同环节增值价格以及增值份额

　　一般来说，零售端超市的肉兔兔肉价格要比集散地和产地养殖户的销售价格高，从价值增值角度来看，反映了产业在三个环节的分配格局（不是利润，是销售链）。价值在三个环节中不断增值，价值在三个环节中的变化趋势为养殖户得到的比例基本稳定，集散地与零售端超市相比，价值份额更大。具体来看，三个环节的分配格局（销售额）表现为：养殖户销售均价为 27.49 元/千克（包括养殖成本），中间商（主要是集散地批发商）得到约 5.34 元/千克（包括物流等营销成本），零售端超市得到约 2.0 元/千克（包括营销成本）。

## 四、兔肉产业链流通效率分析

　　通常，生鲜兔肉到达消费者的餐桌前都要经历生产—收购—屠宰—零售等环节。分析兔肉产业链的流通效率，有必要分析每一个环节。在养殖阶段，主要包括农户散养、合作社规模化养殖等；收购及屠宰加工阶段，主要包括商贩从农户处收购活兔进行屠宰加工或直接购买冷鲜兔肉进行加工；销售阶段，兔肉产品通过物流运输配送到各大城市的农产品批发市场，或者直接配送到超市、餐馆、专卖店等。

### （一）活兔养殖

　　目前，我国兔养殖业以分散养殖为主，且各地区之间养殖规模发展不平衡，分散小规模经营和非专业化生产，不利于物质成本的降低和生产效率的提升。养殖成本主要包括饲料成本、水电费、药品费与防疫费等，其中水电费、药品费与防疫费等成本一般较为稳定，占总成本的比例也较小。制约活兔养殖流通效率的主要因素为饲料成本。

### （二）收购及屠宰加工环节

兔源是兔肉收购环节的重要影响因素，收购环节大多是销售商直接和养殖户对接，减少了交易费用，促进了流通效率的提升。但现阶段我国兔业养殖大多数为农户散养，规模化养殖较少，散养方式制约了兔肉流通效率的提高。

屠宰加工环节作为对接养殖和销售的中间环节，不仅受制于上游的兔源供给，而且受市场兔肉价格的影响。在兔源供给方面，我国活兔供给较为充足，上下游兔肉流通效率较高。与其他畜产品相比，兔肉屠宰加工门槛较低，从养殖户处收购活兔后，商贩屠宰出售兔肉或加工后直接出售熟食。与其他肉类食品相比，兔肉产品主要以原材料或者初级产品为主，附加值较低，难以满足消费者的多样化需求，导致流通效率较低。

### （三）零售环节

中国农产品零售市场主要为农贸市场、超市两类，农贸市场是直接连接农产品生产者与消费者的场所，是兔肉主要的零售终端。调研中发现，在农贸市场购买兔肉的大多为老顾客，很多新顾客都是偶然发现有兔肉销售进而购买，这在一定程度上影响兔肉流通效率。消费者选择兔肉零售终端时主要考虑价格、购物是否便利、品种丰富程度、安全健康等方面。多样化的兔肉分发渠道会影响兔肉流通量，降低流通效率，但由于消费者选择的多样性，多样化的零售终端在未来一段时间仍会存在。随着城镇化进程的不断加快及居民收入的快速增长，居民膳食结构的调整促进了兔肉的消费。虽然现阶段农贸市场是主要零售终端，但预计未来兔肉的零售终端会调整为超市甚至网络电商。超市作为兔肉产品零售终端，一方面可以促进高品质兔肉制品的生产，另一方面可以促进冷链物流技术的提高，提升流通效率。而网络电商则可以节省中间环节费用，提升兔肉制品的流通效率。

（本章执笔：吕之望　周凌风　李媛彤　袁瑞声）

# 第三章   中国兔产品市场和价格

## 第一节   中国兔产品市场及格局

我国的兔品种主要有肉兔、獭兔和毛兔，面向市场的兔产品主要是兔肉、兔皮和兔毛，其中兔肉的销量最大。兔肉肉质鲜嫩，营养价值高，深受广大消费者的喜爱。兔产品的流通模式大致为养殖户—收购商—批发商—零售商—消费者。本节就兔产品市场的状况、发展中存在的问题和发展趋势三个方面进行总结分析。

### 一、兔产品市场状况

#### (一) 收购市场

活兔的收购方式主要分两种：一是养殖户直接销售给收购商，由收购商转卖给加工企业或市场经销商，这种模式下养殖户的规模不大，多为散户，而且渠道单一，养殖户容易对收购商形成依赖，议价能力缺乏，潜在风险较大。二是养殖户和龙头企业或加工企业签署收购合同，养殖户按照合同约定的种类、价格和数量销售活兔给龙头企业或加工企业，龙头企业或加工企业将收购的活兔屠宰加工，提高其附加值，然后转售给批发商和零售商。采用这种模式的通常为中大型规模的养殖户，养殖户和企业之间共同承担市场压力，养殖户有一定的议价能力，能够保障自身利益。

兔肉的收购方式也分两种：一是收购商从养殖户处收购活兔进行屠宰加工或直接从养殖户手中购买兔肉，加工后分销给加工企业。二是养殖户与龙头企业或加工企业签署合同，依据合同交易活兔，再由龙头企业或加工企业进行屠宰加工。兔皮和兔毛的收购方式为先由经销商收购，再由经销商出售给加工企业，加工成半成品后转售给服装企业，形成服装及配饰等成品向消费者出售。

除了上述几种收购方式，有些家庭兔场已成立养殖合作社，合作社将分散的小型养殖户集中起来，根据与龙头企业签订的合同，组织养殖户进行订单养殖，之后合作社统一收购产品，统一组织销售。这种模式下养殖户与龙头企业没有直接对接，而是由合作社代替分散的养殖户与龙头企业进行交易，形成一定的规模，相较于分散的养殖户有更强的谈判能力和更高的谈判地位，可以卖出更合理的价格，为养殖户争取更多的利益。

## （二）批发市场

批发市场是现货集中批量交易的场所，也称集散地，其功能是货物集散和价格反映，能够反映大范围的供求关系，可以调节产品的生产。这一环节兔产品有两种流通方式：一是收购商将收购的产品转售给批发商。二是龙头企业与批发商签订合同，龙头企业将从养殖户或合作社处收购的产品按照合同出售给批发商。

## （三）零售市场

零售市场面向个人消费者或最终消费者直接销售商品或服务，是商品或服务的最终交易场所。兔肉零售环节指的是兔肉产品通过物流运输配送到农贸市场、超市、餐馆、专卖店等地向消费者销售。这一环节兔产品有两种流通方式：一是由批发商销售给零售商。二是养殖户或合作社直接与零售商对接，中间不经过批发商，也称"农超对接"，是我国近年来重点鼓励的农产品流通模式。这种模式下，零售商有较强的管理能力和充裕的资本，一般有自建基地或者收购的子公司，零售商在购买兔产品后进行生产加工再出售给消费者，在养殖户、合作社与零售商之间没有中间环节，缩短了供应链的长度，降低了流通成本。

当前我国兔产品的零售市场多样化发展，形成了多渠道并行的发展格局，主要分为以下几种渠道：

（1）农贸市场。农贸市场是我国兔肉主要的零售终端，有庞大的消费群体，价格相对便宜，肉质新鲜度好，但是卫生条件较差，可能存在经营不规范的问题，产品可追溯性比较差，难以保证食品安全。

（2）超市。超市也是兔肉主要的零售终端，一般来讲，超市的卫生条件和购物环境较好，产品的可追溯性强，质量安全有保障，但是价格比农贸市场高。

（3）兔肉特色餐馆。目前，以兔肉为主题的特色餐厅迎合了时代的潮流，进行兔肉深加工，不断改进工艺，创新食材搭配，推出消费者喜爱的特色菜。

（4）电商平台。随着我国新媒体和电子商务平台的快速发展，利用微信社群、抖音等自媒体和电商直播等推广兔产品的方式逐渐兴起。兔肉产品主要在淘宝、阿里巴巴、京东三大平台销售，尤其淘宝上的销售情况较好。兔毛和兔皮在淘宝、阿里巴巴等电商平台或者独立的养殖户销售网站进行批发零售。这种线上销售的方式对于消费者来说比较方便，但是这种方式对产品的储存和运输要求很高。

（5）商场或服装市场。兔皮和兔毛等兔产品经过加工后形成服装及配饰，进入商场或服装市场销售给消费者。

（6）礼品渠道。兔肉养殖企业或合作社采取来料加工、贴牌代工等生产形式，生产具有地方特色的自有品牌兔肉礼盒，借助地方特产店铺进行售卖，一方面增加养殖的附加值，另一方面可以宣传自有品牌。

## 二、兔产品市场发展存在的问题

### （一）兔产品市场存在很大的地域差异

我国活兔的养殖具有以下区域性特点：肉兔的养殖主要在重庆、四川等西南地区和山东、河南等地，獭兔养殖主要集中在山东、河南、河北和山西等中部和华北地区，毛兔养殖集中在山东、江苏和安徽等地。2019 年以来，在扶贫政策的支持下，新疆和田地区的活兔养殖产业得到迅速发展。兔产品的加工市场也存在地域差异性：兔肉加工主要在四川和山东，兔毛加工在山东、贵州和广东等地，兔皮加工在四川和河北等地。兔肉的消费市场也存在区域异质性：重庆、四川、福建、广东等地是我国兔肉消费的主要地区，食用兔肉较为普遍，有多年消费兔肉的习惯，消费者对兔肉的接受程度高，但是对国内其他地区来说，由于没有消费兔肉的习惯，消费者对兔肉的营养价值不了解，对兔肉的接受程度低等，兔肉的消费数量比较少。

### （二）兔产品开发创新不足

首先，国内的一些兔肉加工企业规模偏小，龙头企业较少，发挥的带头作用不强，抵御市场风险的能力较弱。同时专业性的兔毛、兔皮制品企业少，加工速度相对缓慢，尤其是兔毛的加工速度远落后于毛兔养殖和兔毛生产的速度，导致兔毛库存积压。其次，加工技术水平低，加工设备落后，现有的兔肉加工产品多属于粗加工产品，多为冷冻肉、风味肉干等初级加工产品和传统中式制品，深加工产业整体的水平较低，产品附加值较低，难以满足消费者的多样化需求。一些兔毛织物在穿着、洗涤过程中容易出现掉毛的问题，性能不佳。再次，兔肉多样化加工不足，产品同质化严重，缺乏创新性，局限于爆炒、熏烤等中式传统种类，而方便烹饪、高性价比的兔肉半成品较少。最后，加工产品的保鲜技术落后，质量、档次和附加值不高，难以适应市场竞争。上述问题成为制约兔产业发展的瓶颈，我国兔产品加工产业还有巨大的发展空间。

### （三）缺乏标准化的产品体系

从设备方面看，一些兔场的兔舍和养殖设备较为落后，机械化和智能化的程度低，难以推进标准化养殖。从技术方面看，养殖技术尤其是无抗养殖对农户提出了更高的要求，养殖技术普及范围小，技术条件有待完善。从人才方面看，我国兔产业养殖缺乏技术人才，养殖人员教育水平和文化水平普遍较低，一些养殖户、合作社的专业化水平不高，部分养殖户观念陈旧，对新技术的认识度和接受度偏低，难以建立标准化的养殖体系。同时，对于大中型养殖场来说，其标准化的程度较高，但是对于分散化的小型养殖场来说，种兔来源、饲料配方及出栏标准等千差万别，各个环节的标准化程度不一，导致整个兔产业链整合程度降低，最终加工出的兔产品难以统一标准，不利于建立标准化的产品体系。

### （四）兔肉购买行为受饮食习惯和对兔肉认知的影响

除川渝等兔肉消费大省外，全国其他地区的兔肉消费市场表现平淡。表3-1为国家兔产业技术体系产业经济岗位对部分城市未购买过兔肉的消费者进行调研的数据，研究发现，阻碍这部分消费者购买兔肉的主要原因是对兔产品了解不多和没有吃兔肉的习惯。购买不方便、不会烹饪和不喜欢兔肉口感也会影响消费者购买兔肉的行为。由于价格贵、品种少和认为兔肉营养价值低而不购买兔肉的消费者所占比例较低，说明兔肉价格、品种对消费者的购买行为影响不大。综上所述，消费者购买兔肉的行为主要受对兔肉及兔产品的认知程度和饮食习惯的影响。

表3-1　影响消费者消费兔肉的因素（％）

| 年份 | 2011 | 2012 | 2013 | 2014 | 2015 | 2016 | 2017 | 2018 | 2020 |
|---|---|---|---|---|---|---|---|---|---|
| 对兔肉及兔产品了解较少 | 32.1 | 40.1 | 41.9 | 42.8 | 32.0 | 37.9 | 47.2 | 39.4 | 53.8 |
| 买不到、购买不方便 | 17.0 | 17.8 | 29.8 | 24.3 | 27.7 | 35.4 | 21.5 | 22.2 | 26.7 |
| 价格太贵 | 6.1 | 5.9 | 9.3 | 5.9 | 7.9 | 2.1 | 2.6 | 3.4 | 2.8 |
| 不喜欢兔肉口感 | 31.8 | 33.0 | 17.1 | 18.9 | 21.9 | 19.5 | 26.1 | 24.1 | 19.7 |
| 品种少 | 1.9 | 4.3 | 5.4 | 1.8 | 4.0 | 3.6 | 5.5 | 2.7 | 3.1 |
| 不会烹饪 | 17.1 | 21.0 | 26.0 | 18.5 | 26.3 | 25.6 | 36.2 | 16.1 | 23.2 |
| 没有吃兔肉的习惯 | 50.7 | 51.0 | 58.5 | 64.0 | 55.8 | 56.4 | 65.8 | 74.1 | 69.3 |
| 觉得兔肉没有营养价值 | 0.3 | 0.6 | 4.7 | 2.3 | 0.1 | 2.6 | 5.2 | 1.6 | 1.0 |

数据来源：历年国家兔产业技术体系产业经济岗位调研数据。

注：2019年没有开展调研，故没有该年度数据。

### （五）线上销售效果不及预期

根据国家兔产业技术体系产业经济团队 2020 年调研的兔产品各销售渠道规模数据，兔产品的线上销售规模远低于传统销售渠道，如图 3-1 所示。线上销售对于兔产业来说正处于初级发展阶段，缺乏品牌效应、缺少技术人才和营销人才等多种因素导致使用线上销售的企业较少，线上销售的效果不好，未能体现出渠道优势。当前阶段兔产品销售仍以传统渠道为主。

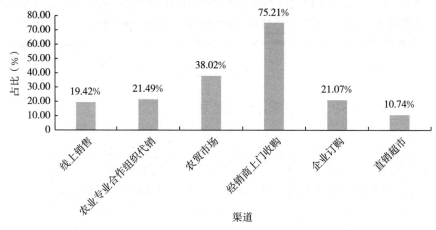

图 3-1　调研地兔产品的销售渠道

数据来源：国家兔产业技术体系产业经济团队于 2020 年的调研。

### （六）缺乏有影响力的品牌

"低价买产品，高价买价值"是营销界的一句名言。品牌的建设和推广能够提高产品的附加值，品牌也是推动企业增收和提高产品质量的关键因素。当前我国涌现出"康大""哈哥"等区域性兔肉品牌，但是缺乏全国性、有强影响力的知名兔肉品牌，一些高质量兔产品的公众认识度不高，短期内在销售方面面临一定的困难。兔毛和兔皮的品牌更是严重不足，当前我国在建设兔产品品牌和开拓国内市场方面的资金、时间等投入远远不够。

## 三、兔产品市场发展趋势

### （一）养殖规模化程度提高，养殖户与收购商谈判的地位提升

从生产规模来看，长期以来我国家兔是分散化小规模养殖，自"十一五"以来，国家兔产业技术体系对兔产业发展的积极作用逐渐发挥出来，同时兔业科技快速发展，国内养殖户的集中度加强，规模化程度提高。川渝、山东等兔

传统养殖和加工省市和陕西、河南、贵州等地都出现了一批规模较大的养殖和加工企业。

近年来，各地政府出台相关优惠政策促进了兔业合作社的大量出现。养兔合作社为入社的养殖户提供兔产品销售渠道、饲料、疫苗等，并为养殖户提供技术帮助和信息交流的平台。合作社使广大养殖户联合起来，与加工企业或龙头企业签署合同，通过订单带动分散的养殖户，共同开拓市场。以家兔养殖大省河南省为例，舞阳鑫华兔业与当地龙头企业济源阳光集团合作，成立长毛兔专业服务站，将产品集中起来销售，更具有市场吸引力，推动了舞阳县养殖产业规模化发展，经过几年的发展，逐渐形成了核心竞争力。另一个具有代表性的养殖模式是贵州普安县采取的龙头企业带动和养殖合作社参与模式，当地长毛兔养殖小区采取"合作社＋贫困户"模式，并统一以保护价收购兔毛，引导贫困户养殖。当前我国兔养殖产业的集中度和规模在不断提升，在销售方式上，包括收购商上门收购或企业收购等，进一步拓宽销售渠道，有助于提升养殖户或合作社与收购商谈判时的地位，保障养殖户的利益。

### （二）市场行情波动下，兔产业结构调整

在产品结构上，由于兔皮加工受限，兔毛出口受阻，肉兔养殖快速增长，我国兔业逐步转变为养殖肉兔为主，养殖毛兔和獭兔等其他种类为辅。在规模结构上，受到2013年手拔毛事件、2018年非洲猪瘟和中美贸易摩擦、2020年新冠感染疫情和无抗养殖等国内外冲击后，小规模的兔养殖场和分散化养殖的农户抵御风险能力差，被行情波动挤出市场，大中型的兔养殖场由于自身抵御风险的能力较强被保留下来，并基于理性科学决策和更强的养殖管理能力，在后疫情时代快速恢复。市场行情的波动加速了兔产业养殖的规模化和专业化，助推了兔产业结构升级，整个产业韧性有所增强。在地区结构上，在东部沿海地区环保政策的压力下，呈现出"东兔西移""南兔北迁"的局面，沿海地区的家兔养殖有所转移，西部和北部地区家兔养殖得到快速发展。

### （三）加工种类增多、加工水平日益提升，兔综合利用率增加

近年来，龙头企业纷纷开展兔肉、兔皮和兔毛的深加工，兔产品的加工种类和水平日益提升，专业化的兔肉特色餐馆不断出现，休闲兔肉产品和真空包装兔肉产品也在快速增加。除了主产品兔肉、兔毛和兔皮，相关企业也开始对兔头、兔骨、兔肚、兔心脏等副产品进行加工和营销，兔的综合利用率大大提升，有助于提高养兔的经济效益。

### （四）养殖技术和养殖设备升级

在养殖技术方面，现代化全进全出的饲养管理模式和诱导发情、同期发

情、人工授精等多项自动化养殖技术逐渐开展应用和推广，传统养殖技术中的自然交配和人工辅助交配模式被现代养殖技术取代，生产水平得到了极大的提升。在养殖设备方面，设备的机械化、自动化和智能化程度不断提升，降低了人工成本，提高了生产效率，家兔养殖模式将逐步从"劳动密集型"向"资本和技术密集型"转变，有助于加快兔产业标准化、专业化的进程。

### （五）产品质量提升

近年来，一些规模化的兔产品加工企业在加工过程中进行全面的质量管理和全流程的质量控制，同时政府对养殖和加工环节进行严格的监督和检查，兔产品，尤其是兔肉质量显著提升。在历次的肉类质量监督检查中未检测出不合格的兔肉，说明兔肉质量较高。

### （六）兔产品布局电商新零售

随着互联网技术的快速发展，依靠大数据、云计算等技术搭建的电商平台成为越来越多消费者购物的选择，我国线上和线下融合的新零售模式展现出强大的发展潜力。新零售具有如下特点：第一，企业在电商平台中直接面对消费者，以消费者为目标导向，可以通过分析数据洞察消费者的意愿，并及时调整运营模式，对产品进行更新换代。第二，零售商采取线上和线下融合销售的模式，实体店既是面向线下消费者的场所，又是线上零售的产品仓储节点。第三，电商零售的模式要求产品是标准化的，同时具有易储存和易运输的特点。

近几年，我国兔产业不断尝试"电商＋产品"的模式，依托电商平台的优势，科学地整合活兔分散化的小规模养殖资源，丰富销售渠道，减少传统交易中的诸多中间环节，拓宽兔产品销售的深度和广度，有助于推动兔肉的普及。但是由于电商零售模式要求产品标准化、易储存和易运输等，当前在电商平台销售的兔产品以兔毛和兔皮产品为多，兔肉产品较少。

### （七）兔肉消费市场存在巨大潜力

随着我国城乡收入的提高和居民饮食结构日益多元化，人们对于健康兔肉的消费需求不断增加，拉动了国内兔肉消费市场。表 3 - 2 为国家兔产业技术体系产业经济岗位对部分城市随机抽取城镇居民进行调研的数据。从消费过兔肉的比例来看，我国城镇居民中，消费过兔肉的比例以 2016 年为节点呈现先上升后下降的趋势，2016 年后消费兔肉的比例下降可能是因为缺乏宣传和购买不便利。从消费意愿上看，我国城镇居民对兔肉的消费意愿呈现出上升的趋势，说明我国兔肉的消费市场存在巨大的发展潜力。

表 3 - 2　消费过兔肉的比例及未来消费意愿（%）

| 年份 | 2011 | 2012 | 2013 | 2014 | 2015 | 2016 | 2017 | 2018 | 2020 |
|---|---|---|---|---|---|---|---|---|---|
| 消费过兔肉的比例 | 36.1 | 38.6 | 44.5 | 46.3 | 49.8 | 54.0 | 46.1 | 43.8 | 39.1 |
| 未来消费意愿 | 40.6 | 44.0 | 53.8 | 43.5 | 40.1 | 51.9 | 69.0 | 64.3 | 68.5 |

数据来源：历年国家兔产业技术体系产业经济岗位调研数据。

注：2019 年没有开展调研，故没有该年度数据。

## 第二节　中国兔产品价格及其变化

兔产品中，由于獭兔活兔价格与一级獭兔皮价格的关联性大于獭兔活兔价格与其他兔皮品种价格的关联性，相关系数为 0.32，因此，对兔皮产品价格及其变化的研究主要集中在一级獭兔皮上。如图 3 - 2 所示，2016—2020 年养殖户兔及兔产品销售价格总体呈现平稳趋势，但一级獭兔皮价格在 2018 年以后有所下降，从 2018 年初的 24 元/张下降至 2020 年底的 6.38 元/张，相反，兔肉价格在 2018 年之后呈现小幅上升趋势，从 2018 年初的 24.33 元/千克波动上升至 2019 年底的最高价格 34.06 元/千克。

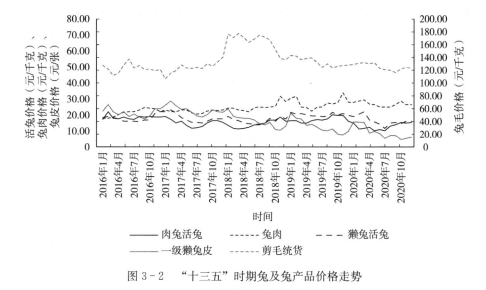

图 3 - 2　"十三五"时期兔及兔产品价格走势

兔及兔产品的描述性统计见表 3 - 3。其中，兔毛价格均值最高，且波动性最强，在 2017 年 10 月至 2018 年 10 月出现"M"形波动，价格波动标准差为 17.821；活兔价格均值较小，且波动性很弱，肉兔活兔和獭兔活兔价格波动标准差分别为 2.824 和 2.521。兔皮市场中，特级獭兔皮价格波动最大，2016—2020 年最高价格和最低价格之间相差 38.241 元/张；三级獭兔皮价格波动最小，2016—2020 年最高价格和最低价格之间相差 13.865 元/张。

表 3-3　兔及兔产品描述性统计

| 兔及兔产品 | 中位数 | 均值 | 标准差 | 最小值 | 最大值 |
| --- | --- | --- | --- | --- | --- |
| 肉兔活兔（元/千克） | 16.209 | 15.721 | 2.824 | 10.225 | 22.140 |
| 獭兔活兔（元/千克） | 17.649 | 17.873 | 2.521 | 11.654 | 23.268 |
| 兔肉（元/千克） | 24.691 | 24.734 | 3.238 | 18.202 | 34.063 |
| 特级獭兔皮（元/张） | 18.072 | 19.522 | 8.792 | 3.009 | 41.250 |
| 一级獭兔皮（元/张） | 17.820 | 16.552 | 6.220 | 4.624 | 28.798 |
| 二级獭兔皮（元/张） | 15.587 | 15.968 | 3.677 | 10.340 | 28.125 |
| 三级獭兔皮（元/张） | 12.033 | 12.374 | 2.961 | 7.160 | 21.025 |
| 兔毛（元/千克） | 127.813 | 133.883 | 17.821 | 105.938 | 177.667 |

为从总体上把握整个兔产业产品价格的变化情况，国家兔产业技术体系产业经济团队构造了兔产品价格指数，该指数由兔肉、兔皮和兔毛三种产品的价格构成。由于我国肉兔、毛兔和獭兔三种兔养殖的比例约为 60∶25∶15，因此三种价格的权重设定为肉兔价格权重 60%，毛兔价格权重 25%，獭兔价格权重 15%。其中，肉兔价格指数由肉兔活兔销售价格和兔肉价格组成，獭兔价格指数由獭兔活兔价格和兔皮价格组成，毛兔价格指数由兔毛价格指数组成，因为毛兔主要是剪毛用。

图 3-3 显示，兔及兔产品价格指数在 2016—2020 年均有不同程度的上升。几种兔中獭兔价格指数上升幅度最大，在 2016—2020 年整体上升了 50.62%。值得注意的是，由于 2018 年全国各地獭兔成交量增加，2018 年 12 月獭兔价格指数为 41.31，2019 年 1 月跃升为 94.14，仅仅一个月就增长了 127.87%；肉兔价格指数上升幅度仅次于獭兔，在 2016—2020 年上升了 21.54%。兔产品价格指数也在震荡中上升，2016—2020 年上升幅度为 31.98%。

月度时间序列数据一般包含季节变动要素、不规则变动要素、循环周期变动要素和长期趋势变动要素。在利用月度数据进行计量分析前，通常需要对时间序列数据进行季节调整以去除季节变动的影响，显示出序列内含的趋势循环

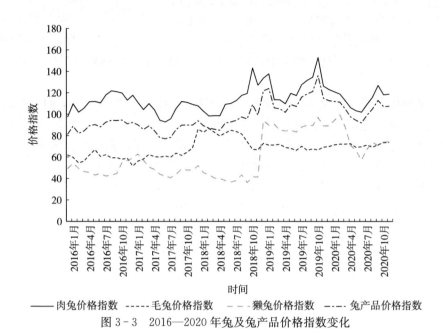

图3-3　2016—2020年兔及兔产品价格指数变化

变动要素成分。时间序列数据通过季节调整法分解得出周期趋势序列后，需要通过滤波的办法进一步将长期趋势序列与周期变动序列分离再进行分析。

　　为了能够更具体地把握各种兔产品价格的变化规律，接下来将使用Census X12季节调整法、HP滤波法、BP滤波法对活兔价格、兔肉价格、兔毛价格和兔皮价格分别进行分析。

## 一、活兔价格及其变化

### （一）活兔价格总体变化趋势

　　2016—2020年养殖户肉兔活兔和獭兔活兔价格均存在一定程度的波动，波动趋势一致，两价格均在2017—2018年呈现"W"形波动，整体价格呈现出下降趋势（图3-4）。其中，肉兔活兔价格经历了多次且幅度较大的波动，2016—2020年的最高价格与最低价格相差11.92元/千克；獭兔活兔2016—2020年的最高价格与最低价格相差11.61元/千克。肉兔活兔价格2016年初见顶，为22.14元/千克，其间波动频繁，2020年中探底，为10.22元/千克；肉兔活兔市场在2018年初结束短"W"形波动之后，紧接着进入长"M"形波动。相比之下獭兔活兔价格比较平稳，但在2016年，獭兔活兔价格曾一路上升，从2016年初的18.35元/千克上升至2016年底的22元/千克，接近

2016—2020 年的最高价格，2017 年开始獭兔市场经历了一个"W"形波动，2020 年 3 月獭兔活兔价格再次短暂达到较高点 22.11 元/千克，随后受新冠感染疫情影响，市场行情急剧下滑，2020 年 7 月獭兔活兔价格跌至最低点 11.65 元/千克。

从整体上看，肉兔活兔和獭兔活兔价格走势基本一致，獭兔活兔价格先行变动，肉兔活兔价格追随獭兔活兔价格波动，2016—2020 年曾出现过几次二者价格走势背离的情况，比较明显的是 2019 年上半年，獭兔活兔价格呈现下降趋势，肉兔活兔价格呈现上升趋势。除 2016 年肉兔活兔价格短暂地高于獭兔活兔价格外，2017—2020 年獭兔活兔市场价格普遍比肉兔活兔高，在 2020 年下半年，獭兔活兔和肉兔活兔市场价格又趋于一致。

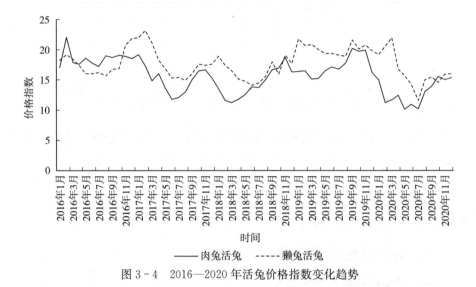

图 3-4　2016—2020 年活兔价格指数变化趋势

以下将对肉兔活兔和獭兔活兔两种价格分别进行原始数据、季节变动、循环周期变动和趋势变动分析。首先对肉兔活兔和獭兔活兔原始价格序列通过 X12 季节调整方法（乘法模型）分别进行季节调整，得到各自的季节变动数据、不规则变动数据和循环趋势变动数据。其次对季节调整后的数据剔除季节变动和不规则变动因素的影响，剩下趋势循环变动成分。然后使用 HP 滤波方法再剔除掉趋势变动成分，得到循环周期成分，同时获得趋势成分。最后再用 BP 滤波方法将时间序列中的周期循环成分分离出来，得到时间序列的周期波动曲线。

### （二）肉兔活兔价格变化趋势

#### 1. 肉兔活兔价格总体变动规律

如图 3-5 所示，2016—2020 年肉兔活兔月度价格同样波动频繁，在研究时期内表现出 4 种不同的波动趋势。2016 年 1 月至 2017 年 1 月，急速上升并快速回调，然后保持平稳波动；2017 年 2 月至 2018 年 11 月，呈现下降、上升、再下降、再上升的趋势；2018 年 12 月至 2019 年 11 月，呈现波动状态的下先下降后上升的小幅度变化趋势；之后的 2019 年 12 月至 2020 年 12 月，呈现波动状态下的先下降后上升的大幅度变化趋势。2016—2020 年肉兔活兔最高价格是 22.14 元/千克，最低价格是 10.225 元/千克，最高价与最低价相差11.915 元/千克，平均价格是 15.721 元/千克，价格的中位数是 16.209 元/千克，标准差是 2.824。

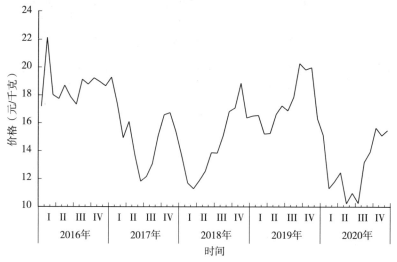

图 3-5  肉兔活兔价格原始数据时间序列

#### 2. 肉兔活兔价格数据季节调整分析

如图 3-6 所示，对肉兔活兔价格进行季节调整，可见肉兔活兔价格具有明显的季节波动特征，但是波动幅度基本一致。其中每年的 7 月到 11 月肉兔活兔价格明显上升，11 月一般为每年肉兔活兔价格最高的时期；每年的 12 月至次年的 4 月肉兔活兔价格明显下滑。另外，从长期变化规律来看，2016—2020 年每年第二个季度前后肉兔活兔价格升高的规律特点也比较明显。

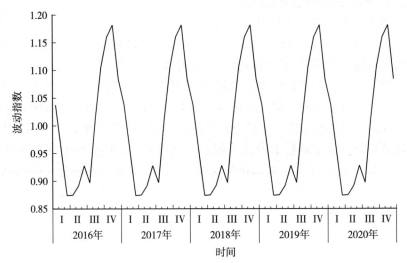

图 3-6　肉兔活兔价格的季节因子时间序列

如图 3-7 所示，剔除了季节性因素和不规则因素后，肉兔活兔价格在 11 元/千克与 21 元/千克之间波动，同时也能看出存在大波动周期循环和小波动周期循环并存的特征。

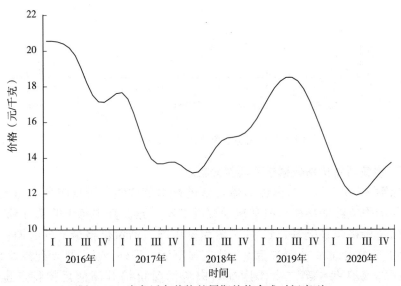

图 3-7　肉兔活兔价格的周期趋势合成时间序列

### 3. 肉兔活兔价格变动的趋势周期特征

对于剔除了季节性因素和不规则因素后的肉兔活兔价格周期趋势时间序列，进一步采取 HP 滤波和 BP 滤波方法将肉兔活兔价格的长期趋势变动和周期循环变动进行分离，直观反映肉兔活兔价格变动的长、短期变动规律。

首先，采用 HP 滤波法将肉兔活兔价格时间序列数据中长期趋势成分分离出来，得出肉兔活兔价格变动的长期趋势线，如图 3-8 所示。肉兔活兔价格在 2016—2020 年前半段处于缓慢下降过程；"十三五"中期肉兔价格出现小幅上升，2019 年中达到一个局部最高点；此后至 2020 年第三季度肉兔价格急速下滑，2020 年 8 月前后，肉兔价格下降至最低值，与最高值相比下降幅度达到了 40%。

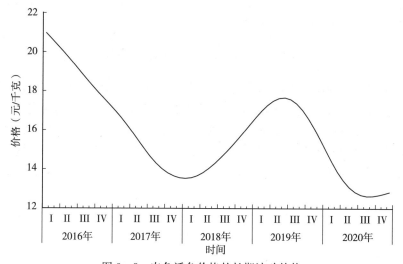

图 3-8　肉兔活兔价格的长期波动趋势

其次，采用 BP 滤波法将肉兔活兔价格原始数据时间序列中的周期循环成分分离出来，得到肉兔活兔价格的周期波动曲线，如图 3-9 所示。除去不完整的周期变动，2016—2020 年共发生 4 次完整的周期波动，波动周期在 11 个月左右，且波动幅度差别不大，2017 年 3 月至 2017 年 7 月，周期波动的幅度最大，约达到 45%。

### （三）獭兔活兔价格变化趋势

#### 1. 獭兔活兔价格总体变动规律

如图 3-10 所示，2016—2020 年，獭兔活兔月度价格波动频繁，总体看獭兔活兔价格呈现波动下滑趋势，从 2020 年 3 月开始獭兔活兔价格开始出现

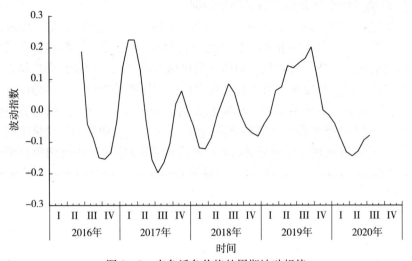

图 3-9　肉兔活兔价格的周期波动规律

急剧下滑趋势，在研究期间内表现出 6 个不同的波动趋势。2016 年初至 2017 年初，獭兔活兔价格呈小幅度下滑后大幅度上升趋势；2017 年初至 2018 年初，獭兔活兔价格呈大幅度下滑后小幅度上升趋势，2018 年 1 月与 2016 年 1 月价格基本持平；2018 年 2 月至 2019 年 1 月，獭兔活兔价格先是缓慢下跌，然后呈现波动上升趋势；2019 年 2 月至 2020 年 2 月，獭兔活兔价格虽有波

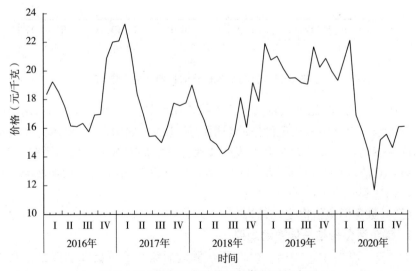

图 3-10　獭兔活兔价格原始数据时间序列

动，但价格序列基本保持平稳状态；2020年3月至2020年7月，獭兔活兔价格急剧下降，跌至2016—2020年最低点；2020年8月至2020年12月，獭兔活兔价格略有上升，但仍低于2016年初价格。2016—2020年獭兔活兔最高价格是23.268元/千克，最低价格是11.654元/千克，最高价与最低价相差11.614元/千克，平均价格是17.873元/千克，价格的中位数是17.649元/千克，标准差是2.521。

**2. 獭兔活兔价格数据季节调整分析**

如图3-11所示，从季节调整结果中可以看出，獭兔活兔价格变化具有明显的季节性波动特征，而且波动幅度变化不大。其中，每年1月至6月为獭兔活兔价格明显下降阶段，而7月至12月獭兔活兔价格开始明显上升，1月一般为獭兔活兔价格最高的时期，而6月至7月一般是獭兔活兔价格最低的时期。从长期变化规律来看，每年元旦前后獭兔活兔价格上升的规律特点比较明显。

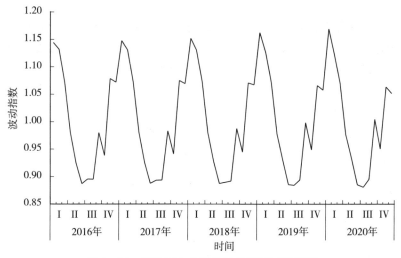

图3-11　獭兔活兔价格的季节因子时间序列

如图3-12所示，剔除了季节性因素和不规则因素后，獭兔活兔价格下降的长期趋势更加明显，同时也能明显看出价格波动的周期循环特征，2016—2020年，大致经历了两个波动周期，第二个波动周期较长，为3年左右，且波动幅度也较大。

**3. 獭兔活兔价格变动的趋势周期特征**

首先，采用HP滤波法将獭兔活兔价格时间序列中长期趋势成分分离出

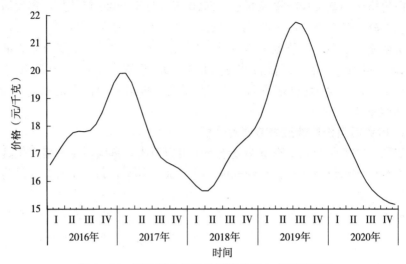

图 3-12　獭兔活兔价格的周期趋势合成时间序列

来，得出獭兔活兔价格变化的长期趋势线，如图 3-13 所示。獭兔活兔价格总体呈现先上升后下降的状态，2016 年 1 月至 2019 年 5 月处于缓慢上升阶段，2019 年 6 月至 2020 年 12 月出现急剧下滑趋势。

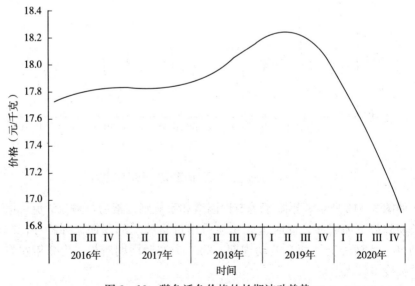

图 3-13　獭兔活兔价格的长期波动趋势

其次，采用 BP 滤波法将獭兔活兔价格时间序列数据中的周期循环成分分离出来，得到如图 3-14 所示的獭兔活兔价格的周期波动曲线。2016—2020年共发生 6 次完整的周期波动，波动周期在 8 个月左右。2020 年 3 月至 2020年 7 月，周期波动的幅度最大，达到约 20%。

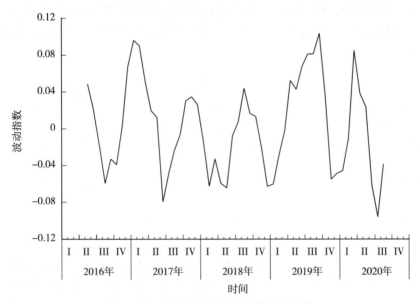

图 3-14　獭兔活兔价格的周期波动规律

## 二、兔肉价格及其变化

### (一)兔肉价格总体变化趋势

如图 3-15 所示，2016—2020 年养殖户兔肉销售价格一直处于波动之中，且总体呈现上升态势。养殖地肉兔兔肉价格从"十三五"开局的 2016 年便开始一路攀升，并且在 2018 年 11 月到达局部最高点 31.75 元/千克；2019 年上半年，养殖地肉兔兔肉价格经历了小范围的"M"形市场行情，2019 年 5 月达到局部最低点 22.61 元/千克；2019 年 6 月开始，养殖地肉兔兔肉价格呈现波动上升趋势，在 2019 年 11 月达到价格最高点。2016—2020 年，养殖地肉兔兔肉最高价格是 34.063 元/千克，最低价格是 18.202 元/千克，最高价与最低价相差 15.860 元/千克，平均价格是 24.734 元/千克，价格的中位数是24.691 元/千克，标准差是 3.238。

养殖地獭兔兔肉价格与肉兔兔肉价格走势基本一致，相关系数达到

0.798，但肉兔兔肉价格普遍比獭兔兔肉价格高，也有个别月份出现了獭兔兔肉价格比肉兔兔肉价格高的情况。獭兔兔肉市场价格也是在 2019 年的 11 月达到 2016—2020 年的最高点，随后波动走低，并在 2020 年 7 月至 2020 年 12 月有小幅回升。2016—2020 年，养殖地獭兔兔肉最高价格是 32.787 元/千克，最低价格是 16.761 元/千克，最高价与最低价相差 16.027 元/千克，平均价格是 23.540 元/千克，价格的中位数是 22.366 元/千克，标准差是 3.629。

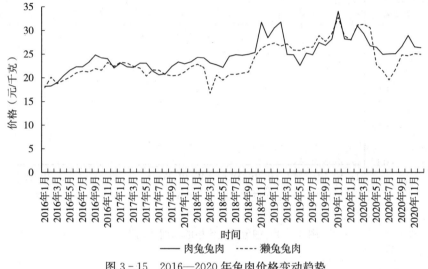

图 3-15  2016—2020 年兔肉价格变动趋势

由于肉兔主要用来取兔肉食用，下面将对肉兔兔肉价格进行原始数据、季节变动、循环周期变动、趋势变动分析。

### （二）肉兔兔肉价格变化趋势

#### 1. 肉兔兔肉价格总体变动规律

如图 3-16，从月度数据来看，2016—2020 年，兔肉月度价格波动频繁，总体呈现波动上升趋势，在研究时期内整体表现出 3 个大的不同波动趋势。其中，2016 年 1 月至 2016 年 9 月，兔肉价格呈现上升趋势，上升幅度约为 36.5%；2016 年 10 月至 2018 年 9 月，兔肉价格小幅波动，但基本趋于平稳；2018 年 10 月至 2020 年 12 月，兔肉价格先呈现"M"形波动，随后呈现两个小幅度"V"形波动，2019 年 11 月兔肉价格达到最高点后又急速下降，但 2020 年底兔肉价格仍高于 2016 年初。

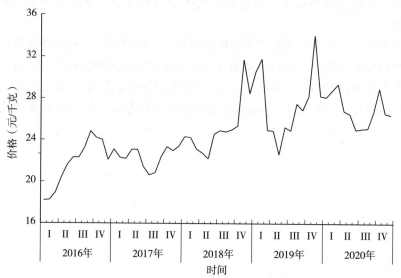

图 3－16　肉兔兔肉价格原始数据时间序列

## 2. 肉兔兔肉价格数据季节调整分析

从图 3－17 可以看出，2016—2020 年兔肉价格也存在明显的季节性波动趋势。兔肉价格在每年的 1 月至 7 月下降并达到最低点，8 月至 11 月会上升进而达到最高点。元旦、春节的节日效应并不明显，每年的 9 月、10

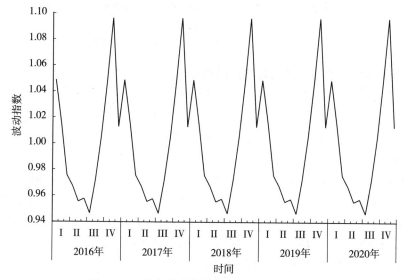

图 3－17　肉兔兔肉价格的季节因子时间序列

月价格上升幅度越来越大，可以看出国庆节和中秋节对兔肉消费有一定的促进作用。

如图 3-18 所示，剔除了季节性因素和不规则因素后，兔肉价格序列上升的长期趋势更加明显，同时也能明显看出价格波动的周期循环特征，且为小周期跟着大周期，2016—2020 年，大致经历了两个波动周期，第二个波动周期持续时间较长，为从 2017 年第四季度开始的 3 年左右，但两个周期的波动幅度相差不大。

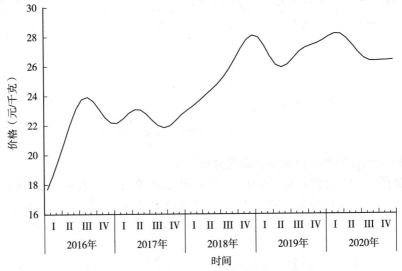

图 3-18　肉兔兔肉价格的周期趋势合成时间序列

### 3. 肉兔兔肉价格变动的趋势周期特征

首先，采用 HP 滤波法将兔肉价格时间序列中长期趋势成分分离出来，得出兔肉价格变化的长期趋势线。从图 3-19 中可以看出，2016—2020 年，兔肉价格整体呈上升趋势，但上升速度越来越缓慢。第一个周期仅为 9 个月，兔肉价格上升约 4 元/千克，之后上升同样的幅度耗时更长。

其次，采用 BP 滤波法将兔肉价格时间序列数据中的周期循环成分分离出来，得到图 3-20 所示的兔肉价格周期波动曲线。2016—2020 年兔肉价格大致经历了 8 个完整的波动周期，每个周期平均长度为 5.6 个月。其中第五个周期变动幅度最大，达到约 38%；第七个周期变动幅度最小，约 5%。随着时间的推移，兔肉价格波动幅度有降低的趋势。

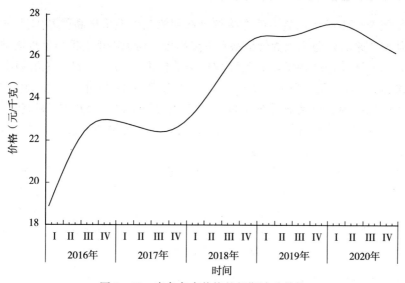

图 3-19　肉兔兔肉价格的长期波动趋势

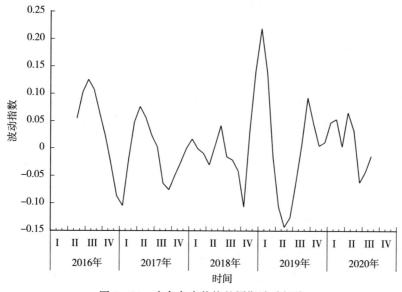

图 3-20　肉兔兔肉价格的周期波动规律

## 三、兔毛价格及其变化

如图 3-21 所示，兔毛剪毛统货价格和兔毛粗毛价格高位基本处在 2018 年，从整体来看，剪毛统货价格略有下降趋势，而兔毛粗毛价格呈现波动下降趋势，二者波动程度相似，剪毛统货价格的标准差为 17.821，兔毛粗毛价格的标准差为 17.878。其中，2016 年至 2018 年初和 2020 年 5 月至 2020 年 12 月两个时间段内，兔毛剪毛统货价格与粗毛价格呈现相反的变动趋势，2018 年第一季度当剪毛统货价格处于最高水平时，粗毛价格处于较低水平，这可能是二者之间的互相替代作用导致的。

从 2016 年初至 2017 年 9 月，粗毛价格从 231.25 元/千克缓慢下降至 196.668 元/千克，之后的近一年时间兔毛粗毛价格虽有波动，但基本保持平稳。从 2018 年 7 月至 2019 年 5 月，兔毛粗毛价格快速下降，从 226.25 元/千克下降至价格最低点 166.7 元/千克，2019 年 6 月之后兔毛粗毛价格虽然也有小幅反弹，但 2020 年 12 月的价格为 208.75 元/千克，仍低于 2016 年初价格，整体上粗毛价格下降了 9.73%。相比之下，2016—2020 年剪毛统货的价格虽有波动，但基本平稳，2020 年 12 月剪毛统货的价格为 122.88 元/千克，仅比 2016 年初的 127.04 元/千克下降了 4.16 元/千克。

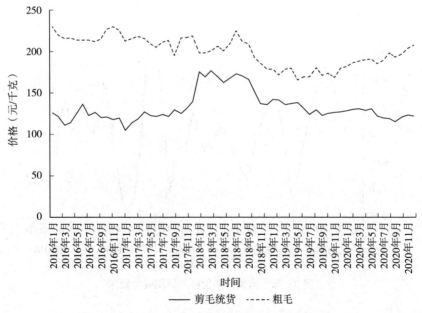

图 3-21  2016—2020 年剪毛统货和粗毛价格走势

## 四、兔皮价格及其变化

### （一）兔皮价格总体变化趋势

如图 3-22 所示，兔皮价格在 2016—2020 年整体的波动比较大，但是四种兔皮的价格走势基本一致，其中，特级兔皮的价格波动最为剧烈，其价格标准差为 8.792。特级獭兔皮价格从 2016 年 2 月达到最高点后，至 2020 年 12 月几乎持续下跌，价格跌幅达 87.29%。一级獭兔皮价格波动次之，其价格标准差为 6.220，与特级獭兔皮的价格均值也较为接近，其价格在 2017 年 2 月达到最高点后，至 2020 年 12 月基本也呈现波动下降趋势，价格跌幅达 77.9%。相比之下，二级獭兔皮和三级獭兔皮的价格波动幅度要小得多，价格标准差分别为 3.677 和 2.961，且两种兔皮价格均值差异较小，整体来看价格较为稳定。

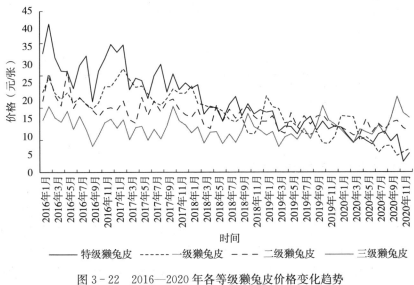

图 3-22　2016—2020 年各等级獭兔皮价格变化趋势

下面，将使用前文的方法对兔皮价格进行原始数据、季节变动、循环周期变动、趋势变动分析。

### （二）特级獭兔皮价格变化趋势

**1. 特级獭兔皮价格总体变动规律**

如图 3-23 所示，2016—2020 年特级獭兔皮价格走势大致可分为两个阶段。第一个阶段是 2016 年 1 至 2017 年 1 月，这期间价格波动比较剧烈，先波动下降随后波动上升，2017年1月与2016年1月价格基本一致，2016年2月特级獭兔皮价格达到最高点；第二阶段是2017年2月至2020年12月，这期间价格持续波动下降，在2020年11月达到最低点。2016—2020年，特级獭兔皮价格最高41.250元/张，最低3.009元/张，最高价与最低价相差38.241元/张，平均价格是19.522元/张，价格的中位数是18.072元/张，标准差为8.792。

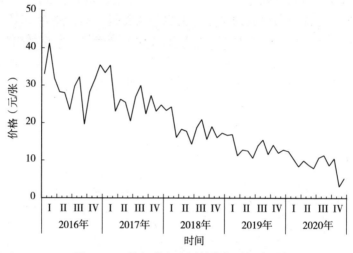

图3-23　特级獭兔皮原始数据时间序列

**2. 特级獭兔皮价格数据季节调整分析**

如图3-24所示，2016—2020年特级獭兔皮价格也存在显著的季节性波动趋势，价格急剧下降紧接着急剧上升。特级獭兔皮价格在每年的2月至3月、5月至6月和8月至9月三个阶段会有明显的急剧下降，而每年的3月至4月、6月至8月和9月至10月三个阶段会有明显的急剧上升。每年的2月和8月一般为特级獭兔皮价格最高的时期，而3月和6月一般是特级獭兔皮价格最低的时期。另外，从长期变化规律来看，每年春节和国庆节前后特级獭兔皮价格升高的特点比较明显，这表明节日效应对特级獭兔皮价格变化的影响较显著。

如图3-25所示，剔除了季节性因素和不规则因素后，特级獭兔皮价格波动的长期趋势更加清晰，2016—2020年特级獭兔皮价格有段极小幅度的升高，但基本呈现持续下降的长期趋势。

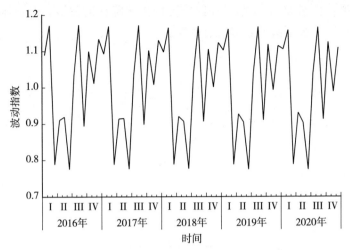

图 3-24　特级獭兔皮价格的季节因子时间序列

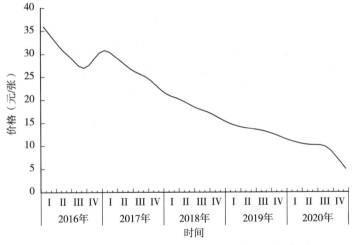

图 3-25　特级獭兔皮价格的周期趋势合成时间序列

### 3. 特级獭兔皮价格变动的趋势周期特征

对于剔除了季节性因素和不规则因素后的特级獭兔皮周期趋势时间序列，进一步采取 HP 滤波和 BP 滤波方法将长期趋势变动和周期循环变动进行分离，直观反映特级獭兔皮变动的长、短期规律。

首先，采用 HP 滤波法将特级獭兔皮价格时间序列中长期趋势成分分离出来，得出特级獭兔皮价格变化的长期趋势线，如图 3-26 所示。特级獭兔皮价格始终下滑，虽然 2016 年第三和四季度价格下降速度放缓，但整体来看，特级獭兔皮价格持续下滑的趋势没有改变。

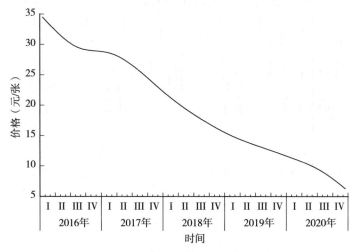

图 3-26　特级獭兔皮价格的长期波动趋势

其次，采用 BP 滤波法将特级獭兔皮价格时间序列数据中的周期循环成分分离出来，得到特级獭兔皮价格的周期波动曲线，如图 3-27 所示。2016—2020 年特级獭兔皮价格共发生 6 次完整周期波动，平均波动周期在 9 个月左右，其中，第一个波动周期幅度最大，达到约 25%，较小的波动周期波动幅

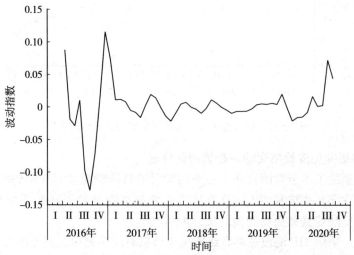

图 3-27　特级獭兔皮价格的周期波动规律

度仅有约 5％，随着时间的推移，特级獭兔皮价格变动幅度缩小且逐渐稳定。

**（三）一级獭兔皮价格变化趋势**

**1. 一级獭兔皮价格总体变动规律**

如图 3-28 所示，2016—2020 年一级獭兔皮价格走势大致可分为两个阶段。第一个阶段是 2016 年 1 月至 2017 年 12 月，这两年间一级獭兔皮价格先波动下降再波动上升，最后又波动下降，但 2017 年 12 月与 2016 年 1 月价格基本一致，2017 年 2 月一级獭兔皮价格达到最高点；第二阶段是 2018 年 1 月至 2020 年 12 月，这期间价格持续波动下降，2019 年 1 月和 2020 年 1 月两次达到局部最高点，但并未改变一级獭兔皮价格持续下降的趋势，2020 年 10 月，一级獭兔皮价格达到最低点。2016—2020 年，一级獭兔皮价格最高 28.798 元/张，最低 4.624 元/张，最高价与最低价相差 24.174 元/张，平均价格是 16.552 元/张，价格的中位数是 17.820 元/张，标准差为 6.220。

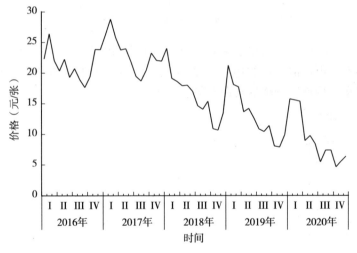

图 3-28　一级獭兔皮原始数据时间序列

**2. 一级獭兔皮价格数据季节调整分析**

如图 3-29 所示，2016—2020 年一级獭兔皮价格也存在显著的季节性波动特征，价格急剧下降紧接着急剧上升，且各年间波动幅度基本一致。每年的 2 月至 10 月，一级獭兔皮价格有明显的波动下降趋势，而每年的 10 月至次年的 2 月，一级獭兔皮价格急剧上升；每年的 2 月一般为一级獭兔皮价格最高的时期，而 10 月一般是一级獭兔皮价格最低的时期。另外，从长期变化规律来看，每年元旦、春节前后一级獭兔皮价格升高的特点比较明显，这表明节日效应对一级獭兔皮价格变化的影响较为显著。

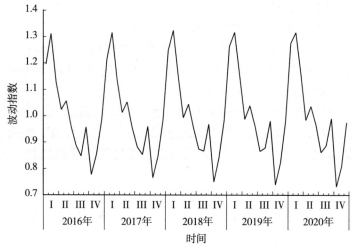

图 3-29 一级獭兔皮价格的季节因子时间序列

如图 3-30 所示,剔除了季节性因素和不规则因素后,一级獭兔皮价格波动的长期趋势更加清晰,2016 年一级獭兔皮价格有小幅度的升高,但从 2017 年开始基本呈现持续下降的长期趋势。

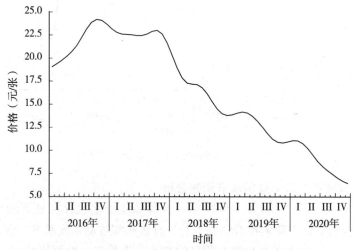

图 3-30 一级獭兔皮价格的周期趋势合成时间序列

**3. 一级獭兔皮价格变动的趋势周期特征**

首先,采用 HP 滤波法将一级獭兔皮价格时间序列中的长期趋势成分分离

出来，得出一级獭兔皮价格变化的长期趋势线，如图 3 - 31 所示。观察一级獭
兔皮价格长期趋势线可知，一级獭兔皮价格总体持续下滑，2016 年一级獭兔
皮价格有过小幅攀升，但总体来说一级獭兔皮价格持续下滑的趋势没有改变。

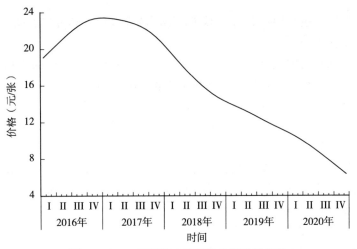

图 3 - 31　一级獭兔皮价格的长期波动趋势

其次，采用 BP 滤波法将一级獭兔皮价格时间序列数据中的周期循环成分
分离出来，得到一级獭兔皮价格的周期波动曲线，如图 3 - 32 所示。2016—
2020 年共发生 6 次完整的周期波动，波动周期基本稳定在 8 个月左右，其中，

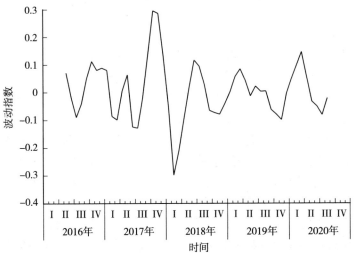

图 3 - 32　一级獭兔皮价格的周期波动规律

第四个周期波动的幅度最大，达到约 60％，较小的波动周期波动幅度约有 20％。随着时间的推移，一级獭兔皮价格变动幅度不断缩小且逐渐稳定。

## 五、小结

综上所述，由于用途和市场不同，不同的兔及兔产品价格表现出不同的波动规律和变化趋势。

从季节调整后的数据来看，2016—2020 年各种兔及兔产品价格都具有明显的季节性波动特征。其中肉兔活兔价格每年的 7 月至 11 月明显上升，12 月至次年 4 月明显下降，存在第二个季度价格升高的规律性特点；獭兔活兔价格每年 1 月至 6 月明显下降，而 7 月至 12 月价格开始明显上升，具有明显的元旦效应。肉兔兔肉价格在每年的 1 月至 7 月开始下降并达到最低点，8 月至 11 月上升并达到最高点，没有明显的元旦、春节节日效应，但有一定的国庆、中秋效应。特级獭兔皮价格在每年的 2 月至 3 月、5 月至 6 月和 8 月至 9 月三个阶段会有明显的急剧下降，而每年的 3 月至 4 月、6 月至 8 月和 9 月至 10 月三个阶段会有明显的急剧上升，每年的 2 月和 8 月一般为特级獭兔皮价格最高的时期，而 3 月和 6 月一般是特级獭兔皮价格最低的时期，春季和国庆期间的节日效应较为明显；一级獭兔皮价格在每年的 2 月至 10 月有明显的波动下降趋势，而在每年的 10 月至次年 2 月呈现急剧上升趋势，每年的 2 月一般为一级獭兔皮价格最高的时期，而 10 月一般是一级獭兔皮价格最低的时期，与特级獭兔皮价格类似，一级獭兔皮价格变化也具有明显的节日效应。

从趋势周期来看：肉兔活兔价格在 2016—2020 年前半段处于下滑过程，在 2016—2020 年中期出现小幅上升，在 2016—2020 年后期出现急剧下滑；獭兔活兔价格在 2016 年 1 月至 2019 年 5 月处于缓慢上升阶段，2019 年 6 月至 2020 年 12 月开始极速下滑。肉兔兔肉价格在 2016—2020 年整体呈上升趋势，但上升速度越来越缓慢，2016 年 1 月至 2016 年 9 月为上升的第一个周期，2017 年 9 月至 2019 年 3 月为上升的第二个周期。特级獭兔皮价格在 2016—2020 年呈现持续大幅度下降的态势；一级獭兔皮价格在 2016 年呈现上升趋势，2017 年开始呈现下降趋势，总体来看价格变化呈现先上升后下降的抛物线形态。综合来看，除肉兔兔肉价格外，2016—2020 年各种兔及兔产品的价格基本呈现出下降状态，这一定程度上意味着生产端的供给超过了需求，产品处于过剩状态，而兔肉供给可能不足，存在超额需求，应扩大肉兔活兔养殖规模，提高兔肉转化效率。

# 第三节　兔产品各环节加价

兔产业产值由主产品产值和副产品产值组成。其中副产品产值包括淘汰公兔和母兔、物质产品（如兔粪、内脏等）和服务产品（如配种等）的产值。主产品产值则依据兔品种的不同有各自的统计模式：肉兔主产品包括商品活肉兔、兔肉等；獭兔的主产品包括商品活獭兔、兔肉和兔皮等；毛兔的主产品包括兔肉、商品活毛兔和兔毛等；种兔的主产品为各种种兔。本节的分析对象为兔的主产品，对包括商品活兔、兔肉、兔皮和兔毛在内的主产品进行产值分析。

兔产品产业链包括生产—批发—零售三大环节，各环节产品定价机制相互联系又各有特点。生产环节中，我国兔养殖呈现"二元"特点——分散的小规模家庭养殖户与现代化的规模养殖兔场共存，但目前我国兔养殖产业规模化程度不高，主要以分散的小规模家庭养殖为主，现代化的养殖兔场较少。分散化的小规模养殖户在面对专业化、规模化的兔及兔产品经销商时缺乏要价能力，导致利润空间较小，在兔及兔产品市场价格受到冲击时，抗风险能力弱，这不利于兔产业的平稳可持续发展。再者，小规模家庭养殖户非专业化的生产方式并不能产生规模效应，增加了兔的养殖成本，导致养殖户销售给中间商（批发环节）的价格较高，促使中间商销售给零售商的价格较高，进而提高了消费者的购买价格。相较于猪、鸡等规模化养殖程度较高的产业品种而言，兔的小规模家庭养殖方式从产业链始端就提高了养殖成本，相对较高的零售价格使其在市场需求端缺乏竞争力，进一步限制了兔产业的发展。

批发环节主要涉及兔及兔产品的流通，在这一环节中流通的商品为兔和兔产品。其中，活兔的流通方式主要为中间商统一收购养殖户饲养的活兔，收购方式有以下两种：一是兔产品加工厂或龙头企业直接与养殖户签订收购合同，在活兔满足出栏条件时，按照合同签订的价格进行交易。采用此种收购方式的加工厂或龙头企业可以提前锁定生产经营成本，养殖户也能合理规划生产经营规模，但由于养殖户大多以家庭散养为主，生产规模较小，难以满足兔产品加工企业的收购需求，因此此种收购方式目前占比较少。二是养殖户直接将产品出售给收购商，再由收购商转售给市场经销商、活兔加工企业或龙头企业，这是目前活兔流通的主要方式。兔产品的流通也包括两个方面：一是食品兔肉的流通。如果养殖户直接与加工厂或龙头企业签订收购合同进行活兔销售，那么加工厂或龙头企业屠宰后进行产品深加工或分割销售；如果养殖户直接销售给收购商，则收购商宰杀后分销给兔肉加工商，或冷冻保存后销往附近消费量较大的地区。二是工业原料兔皮和兔毛的流通。经销商首先从养殖户处收购零散的毛兔、獭兔产品，再统一出售给兔产品加工企业。

零售环节兔及兔产品流通的重要节点，也是兔及兔产品产值实现的最终环节。零售环节直接面对广大消费者，如果消费市场需求较大，则会提高生产环节商品的供给能力以及提升批发环节商品的流通速度和规模，反之则反。除此之外，兔及兔产品的替代品价格也会影响消费者的需求，以兔肉为例，当鸡、鸭、猪、鱼肉等兔肉替代品价格较低时，消费者对兔肉的需求会降低，进而影响养殖户的生产行为，兔毛和兔皮也有类似的替代效应。对兔肉而言，超市和农贸市场是其零售的两大主要场所，其中农贸市场是直接连接农产品生产者与消费者的场所，现阶段是兔肉主要的零售终端。而随着城镇化进程的不断加快和居民收入的快速增长，居民膳食结构的调整促进了兔肉的消费，考虑购买的便利性、品种丰富度和安全性，超市也成为消费者购买兔肉的主要渠道之一。对兔皮、兔毛等兔产品而言，大多数是通过加工形成服装，进入商场或服装市场进行销售。

兔及兔产品市场是近乎完全竞争的市场，在生产环节中，由于养殖户受到规模和专业程度的限制，以及养殖市场进入门槛较低，养殖户是兔及兔产品的价格接受者，没有定价权。经销商和零售商会根据市场需要确定自己的批发价格和零售价格，然后减去自己的利润和成本把价格传递给生产者。而专业化的收购商、作为大型零售商的超市等，有一定的自主定价权。生产者，尤其是小规模的生产者处在兔产业链最低级的链条上，要实现产品出清，只能被动地接受市场上不断波动的价格。在养殖成本基本稳定的情况下，价格的高低决定了生产者的盈亏，从而养殖户会不断调整产量，导致兔及兔产品市场的大起大落。

为了考察兔产业各环节的加价情况以及了解不同环节生产经营主体的获益情况，自 2011 年 11 月起，国家兔产业体系产业经济岗位每月会对养殖户销售价格、集散地交易（批发）价格和零售端消费价格进行监测，并逐步完善监测点和监测内容。其中，养殖户销售价格和集散地交易价格来源于对家庭养殖户和兔场的实地调研数据，兔肉零售端消费价格来源于对六个大城市（北京、广州、上海、福州、成都、重庆）有关超市兔肉售价的监测。而作为工业原料的兔皮和兔毛从批发到零售环节的价格数据获取难度大，因此对兔皮、兔毛这两类兔产品的加价仅从生产和批发两个环节进行分析，而对兔肉则根据采集到的数据分别从生产、批发、零售三个方面分析，最后综合比较各环节的加价以及经营主体的利益分配情况。

## 一、生产环节价格

生产环节是兔及兔产品流通的首要环节，这一环节涉及的利益主体主要为活兔养殖户。活兔养殖户的生产利润受市场收购价格和生产成本的影响，只有当市场收购价格高于生产成本时，活兔养殖户才能获得生产利润。图 3-33 显示了 2016—2020 年在生产环节中肉兔和獭兔活兔的销售价格以及玉米、豆粕等饲料价格的变化情况。

在活兔销售价格方面，2016—2020 年，肉兔活兔和獭兔活兔的价格为 13.11～20.30 元/千克，两者市场收购价上升或下降趋势趋于一致，且在 2017—2020 年，獭兔活兔的销售价格高于肉兔活兔。具体而言：2016—2018 年，肉兔活兔销售价格由 18.65 元/千克下降至 14.42 元/千克，2017 年和 2018 年下降幅度依次为 18.55% 和 5.10%，而獭兔销售价格先增加后下降，2017 年和 2018 年变化幅度分别为 1.07%、−8.49%；2019 年肉兔、獭兔活兔销售价格分别增加至 17.38 元/千克和 20.30 元/千克，达统计期间内最高值；2020 年新冠感染疫情暴发，兔产业遭受较大冲击，肉兔、獭兔活兔销售价格分别下降 24.58% 和 20.49%，养殖户的销售价格仅有 13.11 元/千克、16.14 元/千克，为统计期间内活兔销售价格最低值。

在生产成本方面，活兔养殖的生产成本主要包括仔兔和种兔购买费用、饲料费用、医疗防疫费用、水费等直接成本以及管理费、保险费、税费等间接成本。除此之外，职工工资也是成本之一，如果是小规模家庭养殖，不存在雇工费用，规模化养殖则需要支付雇工费用。总体而言，水电费、药品费与防疫费等成本一般较为稳定，占总成本的比例也较小，饲料成本占总成本比例较大。因此，在生产环节中我们主要关注玉米、豆粕饲料成本的变动情况，由于豆粕含有丰富的蛋白质，是优质的饲料来源，故其价格整体高于玉米饲料。从图 3-33 中我们还可以看到：2017 年玉米临时收储政策改革之后，其市场价格逐年增加，提高了活兔养殖户的饲养成本；豆粕价格在 2018 年中美贸易摩擦时期达最高值 3.42 元/千克，其余时期在 3.30～3.40 元/千克的区间内波动。整体而言，养殖户活兔销售价格下降，而豆粕和玉米饲料价格反而增高，这大大挤压了活兔养殖户的效益空间，尤其在 2018 年和 2020 年最为明显。

养殖户在活兔生产环节的效益空间下降，那么兔肉、兔毛、兔皮等兔产品的销售价格变化趋势如何？图 3-34 显示了 2016—2020 年养殖户兔产品销售

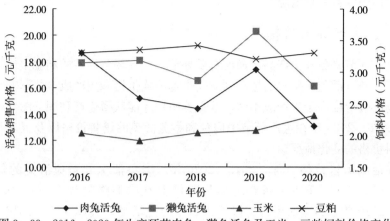

图 3 - 33　2016—2020 年生产环节肉兔、獭兔活兔及玉米、豆粕饲料价格变化

价格的变化趋势。可以看出，在兔肉方面，其销售价格 2016—2019 年呈上升趋势，价格增加幅度依次为 3.19％、12.19％和 9.41％，2020 年受新冠感染疫情的影响，兔肉销售价格略微下跌 2.57％；2016—2020 年，兔皮的销售价格整体呈大幅度下跌的趋势，其中特级獭兔皮在 2016 年销售价格为 30.23 元/张，而 2020 年售价仅有 8.79 元/张，五年间下跌幅度高达 70.92％，一级獭兔皮价格也从 21.42 元/张下跌至 8.63 元/张，跌幅 59.71％；在兔毛方面，剪毛统货销售价格在 2018 年上涨至 164.09 元/千克，其余年份为 120～130 元/千克，粗毛价格则呈波动下降趋势，其中 2016 年销售价格最高，2018 年售价

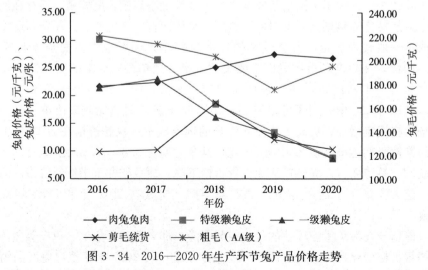

图 3 - 34　2016—2020 年生产环节兔产品价格走势

最低，统计区间内高低价差达 45.57 元/千克。

整体而言，食用兔肉消费弹性低，销售价格平稳，而服装、工业品等商品消费弹性较高，故其原材料兔皮和兔毛价格波动较为剧烈。此外，近年来皮草消费市场呈萎靡态势，市场需求不足也导致生产环节中兔皮和兔毛的销售价格整体降低。

## 二、批发环节价格

批发环节的加价，主要考虑兔产品运输成本、人工费用等。图 3-35 展示了 2016—2020 年批发环节（集散地）与生产环节相比兔肉销售的加价情况。当价差为正值时，说明经销商的销售价格高于养殖户的销售价格，反之则表示经销商的销售价格低于养殖户的销售价格。从图中可以看到，獭兔兔肉的批发较生产环节价差在波动中呈上升态势，而肉兔兔肉的价差则在波动中呈下降趋势。其中，肉兔兔肉价差在监测区间内一直为正，说明肉兔兔肉的价格从生产环节到批发环节呈现增值。獭兔兔肉在 2016—2019 年价差为负，且绝对值逐年递增，直到 2020 年价差才由负转正。獭兔兔肉经销商在监测区间内多数时候效益为负，说明养殖户自己宰杀就地销售可以卖到较好的价格，这是由于市场对獭兔的需求主要为兔皮，而獭兔兔肉在一定程度上为"附加品"，经销商从养殖户处收购獭兔之后，粗加工获得獭兔皮，高价出售给零售商或加工企业，而对于市场需求低且库存较高的獭兔兔肉，通常选择折价出售。

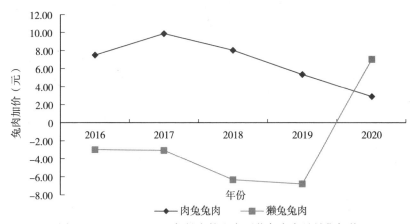

图 3-35　2016—2020 年批发较生产环节兔肉产品销售加价

图 3-36 展示了 2016—2020 年批发较生产环节兔皮的销售加价情况。从图中可以看到，特级獭兔皮、一级獭兔皮和三级獭兔皮在批发环节的加价均为

正值，且加价数额逐年递增，其中一级獭兔皮加价幅度提升最为明显，2017—2020 年加价上升幅度依次为 48.42%、334.75%、82.21%、77.94%。整体而言，獭兔皮从生产环节到批发环节体现了价值的增值。在所有等级的獭兔皮中，仅有二级獭兔皮批发较生产环节出现不合理的价差，即集散地价格低于养殖户价格，且价差逐年增大。特级和一级獭兔皮品质高、光泽度好、纹路平整，通常被用来加工成高档服饰，三级獭兔皮保暖性好，多数被加工成服饰内胆，二级獭兔皮大多数也被加工成服饰，但品质稍差。由此可见，随着我国居民生活品质的提高，消费者对獭兔皮加工品的品质要求亦提高，故特级、一级和三级獭兔皮价格逐年增加，但二级獭兔皮的需求减少，同时受到貂皮等其他皮革市场的影响，二级獭兔皮经销商不得不折价出售。

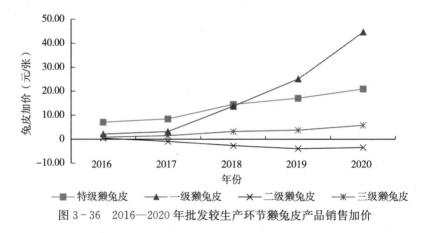

图 3 - 36  2016—2020 年批发较生产环节獭兔皮产品销售加价

图 3 - 37 显示了 2016—2020 年兔毛批发较生产环节的加价情况。从图中可以看出，2016—2017 年剪毛统货价格比生产环节兔毛价格均低 1.15 元/千克，经销商入不敷出，2018 年之后经销商开始获得收益，其中 2019 年收益高达 11.13 元/千克，且 2018—2019 年价差增高，加价幅度分别上升 531.29% 和 70.46%，2020 年受新冠感染疫情影响，加价幅度下跌 55.48%。在监测区间内，粗毛批发较生产环节加价为负，且价差绝对值在波动中呈增加趋势，2020 年经销商销售 1 千克粗毛将亏损 31.23 元。通过分析生产和批发环节的兔毛价格数据可知，监测区间内剪毛统货的集散地价格比养殖户价格平均高出 3.99 元/千克，而粗毛集散地价格比养殖户价格平均少 19.01 元/千克，这表明兔毛市场的竞争不充分，粗毛明显处于劣势地位，故其在流通环节上价格出现问题。

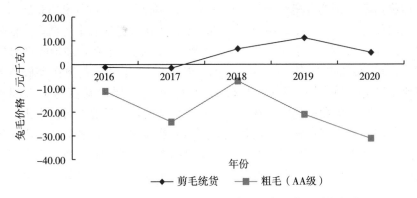

图 3-37 2016—2020 年批发较生产环节兔毛产品销售加价

## 三、零售环节价格

零售环节数据来源于超市，此环节数据包括肉兔兔肉（白条）及獭兔兔肉（白条），其余兔产品的数据并未获得，所以本节主要分析肉兔兔肉和獭兔兔肉零售环节与生产、批发环节相比的价格变化及增值。

图 3-38 显示了 2016—2020 年超市零售端的兔产品销售价格相较于生产环节养殖户销售价格的加价金额。对肉兔兔肉而言，其在超市零售环节中的销售价格高于生产环节中养殖户的销售价格，但加价呈现降低的趋势。具体而言，2016—2020 年，与生产环节相比，肉兔兔肉在零售环节加价数值分别为28.57 元/千克、15.99 元/千克、11.89 元/千克、7.22 元/千克和 8.91 元/千

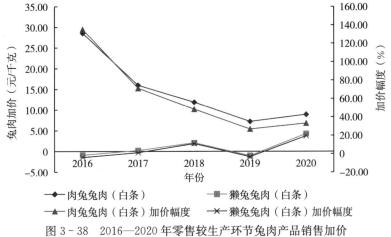

图 3-38 2016—2020 年零售较生产环节兔肉产品销售加价

克，加价幅度分别为 135.26％、71.29％、48.34％、26.77％和 33.18％。对獭兔兔肉而言，2017 年、2018 年和 2020 年，其在零售环节中的销售价格分别高出生产环节 0.21 元/千克、2.08 元/千克和 4.27 元/千克，加价幅度分别为 1.13％、10.90％和 19.44％，而在 2016 年和 2019 年獭兔兔肉在零售环节的价格比生产环节低 0.90 元/千克和 1.04 元/千克，加价幅度为－3.93％和－3.93％。从肉兔和獭兔兔肉在零售较生产环节的加价情况中可以看出消费者对肉兔兔肉的消费需求较大，对獭兔兔肉的消费需求较小，这促使超市零售端肉兔兔肉的销售价格远高于生产环节养殖户的销售价格，而獭兔兔肉在某些年份会出现负加价的情况，即使獭兔兔肉加价金额为正，其加价幅度也远不及肉兔兔肉。

图 3-39 显示了 2016—2020 年超市零售端的兔肉产品销售价格相较于批发环节销售价格的加价金额。与批发环节相比，零售端肉兔兔肉加价金额为正值，并呈现出先大幅度降低后略微提高的趋势。具体而言，2016 年肉兔兔肉零售较批发环节加价金额达最大值 21.08 元/千克、加价幅度为 73.48％。2017—2019 年，加价金额逐年降低，分别为 6.12 元/千克、3.86 元/千克和 1.88 元/千克，对应的加价幅度为 20.33％、11.87％和 6.00％，2020 年加价金额稍有提高，为 6.02 元/千克，加价幅度为 20.25％。在零售较批发环节的加价情况中，獭兔兔肉加价空间依旧不如肉兔兔肉。2016—2019 年，獭兔兔肉零售较批发环节依次加价 2.09 元/千克、3.28 元/千克、8.42 元/千克和 5.76 元/千克，加价幅度为 12.21％、21.20％、58.43％和 44.83％，而 2020 年獭兔兔肉零售较批发环节的加价出现负数，为－2.75 元/千克，加价幅度为－1.02％。此外，从肉兔兔肉和獭兔兔肉零售较批发环节销售加价变化情况可

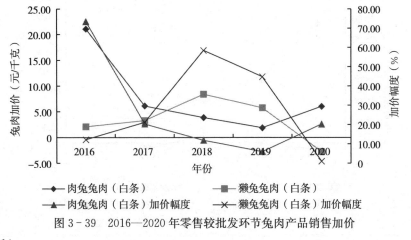

图 3-39　2016—2020 年零售较批发环节兔肉产品销售加价

知，对于消费者而言，肉兔兔肉和獭兔兔肉存在替代关系，当肉兔兔肉加价降低时，獭兔兔肉加价提高，反之亦然。

## 四、养殖户—中间商—消费者利益链条分析

目前我国兔产业发展基本形成了"以肉兔为核心，獭兔逐步萎缩"的格局。在此发展格局下，肉兔和獭兔在养殖户—中间商—消费者利益分配环节也呈现不同情况。下面以肉兔兔肉（白条）和獭兔兔肉（白条）为例，对比分析生产、批发（集散地）和零售（消费者）各环节利益分配情况。

### （一）肉兔兔肉（白条）各环节利益分配

从图 3-40 中可以看出 2016—2020 年肉兔兔肉（白条）的养殖户销售价格、中间商的集散价格（批发）和超市的零售价格三者之间的关系。2016—2020 年，养殖户销售价格整体保持稳步上升的趋势，其中 2016—2019 年肉兔养殖户的销售价格逐年增加，分别为 21.70 元/千克、22.40 元/千克、25.13元/千克和 27.49 元/千克，2020 年略微回落至 26.78 元/千克。销售商销售价格呈现先增加后降低的趋势，其中 2016—2018 年销售价格分别为 29.20 元/千克、32.27 元/千克和 33.15 元/千克，呈上升趋势，2019 年和 2020 年销售价格依次下降至 32.83 元/千克和 29.67 元/千克。超市零售价格整体呈下降趋势，2016—2020 年价格分别为 50.28 元/千克、38.39 元/千克、37.01 元/千克、34.71 元/千克和 35.70 元/千克。综合来看，集散地肉兔兔肉销售价格比养殖户的销售价格高，零售超市的肉兔兔肉价格又比集散地和养殖户的销售价格高，这反映了肉兔兔肉在三个环节中的不断增值。此外，从不同环节肉兔兔

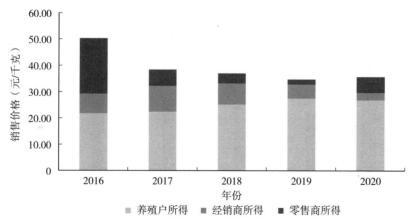

图 3-40　2016—2020 年肉兔兔肉（白条）生产、批发、零售环节价格变化情况

肉销售价格的变化趋势可以看出，随着玉米等饲料价格逐年提高，养殖户为确保饲养效益，销售价格不得不逐年提高，而超市零售端在面对广大消费者时，为保证兔肉面对猪肉、鸡肉等替代品具有竞争力，通过降低销售价格的方式吸引消费者购买肉兔兔肉。

图 3 - 41 显示了 2016—2020 年肉兔兔肉在三个环节的销售收入（不是利润，是销售额）分配格局。从增值的角度看，养殖户收入分配占比呈降低趋势，经销商收入分配占比先增加后降低，零售商的收入分配占比逐年增加。具体而言：2016 年，养殖户肉兔兔肉销售额占产业链全部销售额的 49.69％、经销商占 28.86％、零售商占 21.45％，以肉兔兔肉销售环节作为分析节点，计算得出消费者每消费 1 元兔肉，超市得 0.21 元、经销商得 0.29 元（包括物流等营销成本）、养殖户得 0.50 元（包括饲料、种兔等养殖成本）；2017—2020 年，消费者每消费 1 元肉兔兔肉，养殖户分别得 0.41 元、0.39 元、0.37 元和 0.39 元，经销商分别得 0.35 元、0.35 元、0.35 元和 0.32 元，零售商分别得 0.24 元、0.26 元、0.29 元和 0.29 元。将图 3 - 40 与图 3 - 41 对比可知：我国养殖户肉兔兔肉销售价格虽逐年上涨，但其销售额占产业链销售额的比值却在逐年降低；消费者在超市零售端购买 1 单位肉兔兔肉所花的价钱虽逐年降低，但超市零售端销售额占比却呈上升趋势；经销商销售额分配占比也在波动中呈增加态势。在饲料价格上涨、劳动力价格提高的背景下，肉兔兔肉养殖户的利润空间逐年被压缩，这也反映了肉兔兔肉的价值分配偏重产业链条的后端——中间商和零售商。究其原因，我国养殖户受限于生产规模较小、销售渠道单一、缺少加工和储藏能力等现状，不得不依靠中间商进行产品销售，在市场波

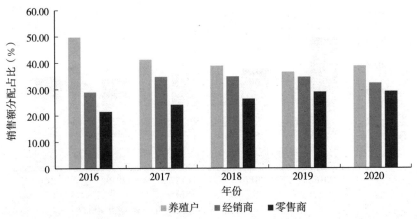

图 3 - 41　2016—2020 年肉兔兔肉（白条）不同环节销售额分配

动时，中间商可以选择不从养殖户处收货或压价收货，这导致养殖户的利润空间变小，养殖积极性下降。以上数据表明在肉兔产业链的各环节中，利益分配越来越向零售商倾斜，这一方面说明在零售端，兔肉加工的附加值可能越来越高，另一方面也说明，近年来，超市在市场上的垄断力量逐渐增强，远离消费者的兔养殖户越来越弱势。

### （二）獭兔兔肉（白条）各环节利益分配

从图 3-42 中可以看出 2016—2020 年獭兔兔肉（白条）的养殖户销售价格、中间商的集散（批发）价格和超市的零售价格三者之间的关系。2016—2020 年养殖户和超市零售端的销售价格呈递增的趋势，经销商销售价格呈先降低后增加的趋势。具体来看：养殖户销售价格从 2016 年的 20.76 元/千克逐年递增到 2019 年的 28.81 元/千克，2020 年下降到 25.02 元/千克；经销商销售价格在 2016—2017 年从 17.77 元/千克小幅度上涨至 18.57 元/千克，随后在 2018 年下降至 15.62 元/千克，2019—2020 年，销售价格大幅度提高，2020 年销售价格为 32.04 元/千克，达到 5 年内销售价格的最高值；超市零售价格则从 2016 年的 19.86 元/千克上涨至 2020 年的 29.29 元/千克，5 年内上涨幅度达为 47.48%。

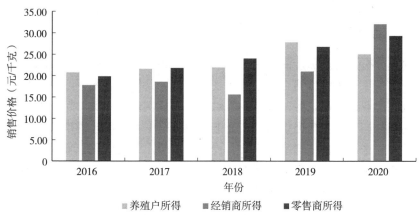

图 3-42　2016—2020 年獭兔兔肉（白条）不同环节销售价格对比

图 3-43 显示了獭兔兔肉（白条）各环节收入分配占比情况。从增值数值来看，2016—2020 年消费者每购买 1 元獭兔兔肉，养殖户分别得 0.36 元、0.35 元、0.36 元、0.37 元和 0.29 元，经销商分别得 0.30 元、0.30 元、0.25 元、0.28 元和 0.37 元，超市零售端分别得 0.34 元、0.35 元、0.39 元、0.35 元和 0.34 元。由此可见，2016—2020 年养殖户销售额占产业链销售额的比值

下降，经销商销售额占比提高，超市零售端占比保持稳定，獭兔兔肉价值分配逐渐由养殖户流向经销商。究其原因，和肉兔产业链一样，獭兔养殖户由于生产规模小、仓储和加工等配套服务不完善等，而处于收购环节的劣势端，随着经销商专业化、规模化发展，养殖户效益逐步转移至经销商。

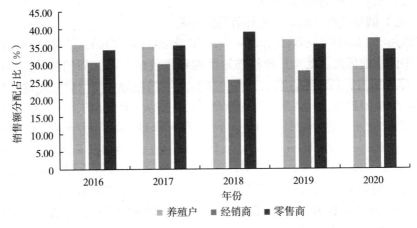

图 3-43　2016—2020 年獭兔兔肉（白条）不同环节销售额分配

## 五、小结

前文分析了兔及兔产品在生产、批发、零售产业链上的加价情况。在兔肉方面，肉兔兔肉销售价格在三个环节不断增值，且价值分配逐渐由产业链前端慢慢流入产业链后端，生产环节的养殖户所得比例逐年降低，超市零售端所得比例逐年提高；獭兔兔肉价格在产业链价值分配中存在不合理现象，从生产到批发环节并未出现价值增值。由此，提高兔养殖户的规模化、集约化和产业化程度，有助于养殖户降低生产成本、提高要价能力，保障自身的经营收益，进而优化兔肉产业链价值分配现状。

在兔产品从生产到批发的环节中：在兔皮方面，特级獭兔皮、一级獭兔皮和三级獭兔皮在批发环节的加价均为正值，且加价数额逐年递增，只有二级獭兔皮加价为负且价差逐年增大，这一过程中兔皮价格的走势较好地反映了兔皮生产和流通的关系；在兔毛方面，2016—2017 年剪毛统货价格比生产环节兔毛价格低，经销商入不敷出，2018 年之后经销商开始获得收益，而粗毛批发较生产环节加价在 2016—2020 年一直为负，且价差绝对值在波动中呈增加趋势。由于我国是世界兔毛出口大国，中美贸易摩擦、新冠感染疫情等宏观事件的发生以及国际皮草市场萎靡，导致我国兔毛，尤其是粗毛价格在流通环节出现不合理的状况，因此，增加国内对兔毛及兔毛加工品的需求，开拓国内兔毛产品市场成为毛兔产业发展的新路子。

（本章执笔：鞠荣华　于雯静　栾昕　伍伶俐）

# 第四章　中国兔产品贸易

## 第一节　中国兔产品贸易的基础

中国兔产品生产的优势为兔产品国际贸易奠定了重要基础。作为最早驯养家兔的国家，中国在家兔养殖方面积累了丰富的经验，南北方气候也都适宜兔子生长，相对低廉的生产成本和适宜的生长环境促进了中国家兔生产数量的增加。此外，随着中国经济发展水平的不断提高，兔生产技术水平也得到了有效的提升，无论是在饲料生产、种兔繁育，还是疫病防控、管理环节都引入了更为先进的生产手段，扩大了中国家兔生产的优势。

为赚取外汇，新中国成立初期兔产品便作为重要的出口商品之一销往欧洲，20世纪六七十年代，中国兔肉在国际市场上的占有率一度超过50%，虽然在此之后比重有所下降，但中国兔产品仍在国际市场中占据着重要的地位。改革开放以来，中国经济快速发展，与世界各国的经济往来也逐渐密切，加入世界贸易组织（WTO）更让中国成为世界上120多个国家和地区最大的贸易伙伴，良好的贸易关系网络也给兔产品的国际贸易提供了保障。因此，无论在产品生产还是多边关系方面，中国兔产品均具备良好的国际贸易基础。

### 一、兔产业分布广泛，生产条件优越

从区域分布来看，中国各地基本都饲养家兔，由于用途不同各地饲养品种有差异：江苏、安徽、山东等地以饲养毛兔为主；河南、河北等地主要饲养獭兔；四川、重庆以饲养肉兔为主。

随着兔产业的发展壮大，中国的养殖经营模式也从传统粗放式向现代集约式转变，呈现模式多元化的特点，有"龙头企业＋基地＋农户"模式、园区运作模式、"公司＋协会＋农户"模式及"公司＋合作社＋农户"模式等，现代养殖模式对推动兔业的标准化、科学化生产，提高兔产品质量水平和品牌知名度，拓宽国内外市场，促进兔产品贸易发展起着举足轻重的作用。

在饲料方面，自 1998 年四川省成都市新津县建立第一家以生产家兔配合饲料为主的专业饲料厂以来，陆续有 100 多家知名饲料企业加入兔配合饲料生产的队伍中，年产量超过 30 万吨，种类多样的肉兔、獭兔、毛兔、孕兔、仔兔专用饲料行销于家兔生产区。

此外，兔疫病防控技术的广泛推广及应用，为中国兔产品生产的发展奠定了坚实基础，促进了中国兔业健康发展。一些重点领域的难点问题，如被视为灾难的兔病毒性出血症的病原研究，已由江苏农业科学院、农学院的科技工作者攻克，研制出疫苗，领先国际水平。预防兔巴氏杆菌病、病毒性出血症、产气荚膜梭菌病、支气管败血波氏杆菌病、大肠杆菌病等疾病的疫苗的研发，有效地控制了兔疫病的发生蔓延；基因工程疫苗也已进入研究阶段；各种新型生物添加剂如酶制剂、甜味剂、益生素等已被广泛应用于饲料生产。对常见病、疑难病的深入研究，提升了中国兔业保健与治疗水平，极大提高了兔业的成活率、生产效率和经济效益。

2003 年以后，兔业的发展面临着更好的环境。首先，养兔能够节省粮食，并且需要的投资较小，所以养兔成为许多地区低收入人群的主要收入来源，同时政府也鼓励农民（尤其是传统兔养殖地区以及贫困地区）进行兔肉生产；其次，中国加入 WTO 以后，兔肉能够更容易地出口到世界各个国家和地区。

## 二、兔产品质优价低，市场前景广阔

《本草纲目》记载，兔肉性寒味甘，具有补中益气、止渴健脾、凉血、解热毒、利大肠之功效。俗话说："飞禽莫如鸪，走兽莫如兔。"兔肉与其他畜禽肉相比，具有"三高三低"的优点，即高蛋白、高赖氨酸、高磷脂、低脂肪、低胆固醇、低热量，被誉为"美容肉""益智肉""保健肉"，深受人们的欢迎。中国四川、福建、浙江等省份和日本、欧洲各国素有食兔肉的传统习惯。在中国民间，历来将兔肉或兔肉药膳作为病人及产妇的滋补佳品，以兔肉为原材料的中式菜肴多达近两百种。依据联合国粮农组织公布的数据（表 4-1）：兔肉的蛋白质含量达 24.25%，高于猪、牛、羊、马、骆驼、鹿、鸡和鸭等畜禽肉；脂肪含量仅 1.19%，比以上畜禽肉均低。鉴于家兔养殖投资少、成本低，兔肉价格远低于猪肉、牛肉、羊肉，在价格上有一定的竞争优势。

表 4 - 1　兔肉与其他肉类营养成分比较

| 类别 | 蛋白质（%） | 脂肪（%） | 灰分（%） | 每 100 克能量（千焦） | 每 100 克胆固醇（毫克） | 赖氨酸（%） | 每 100 克烟酸（毫克） | 人类消化率（%） |
|---|---|---|---|---|---|---|---|---|
| 兔肉 | 24.25 | 1.91 | 1.52 | 678 | 65 | 9.6 | 12.8 | 85 |
| 猪肉 | 20.08 | 6.63 | 1.10 | 1 288 | 126 | 3.7 | 4.1 | 75 |
| 鸡肉 | 19.05 | 7.80 | 0.96 | 519 | 60～90 | 8.4 | 5.6 | 50 |
| 牛肉 | 20.07 | 6.48 | 0.92 | 1 259 | 106 | 8.0 | 4.2 | 55 |
| 羊肉 | 16.35 | 7.98 | 1.19 | 1 100 | 70 | 8.7 | 4.8 | 68 |

数据来源：联合国粮农组织（FAO）。

　　安哥拉兔毛具有轻软、保暖、吸湿透气、易着色等特点，是毛纺工业的高档原材料。兔毛比羊毛轻 20%，细度比 70 支纱还细 30%；保暖度比羊毛高31.7%，比棉花高 90.5%；吸湿性达 52%～60%，羊毛仅 20%～33%，棉花为 18%～24%，化纤只有 0.1%～7.5%。可加工生产精细内衣汗衫和各种高档面料。兔毛织品轻盈、柔软、保暖、美观，既可制作外衣，亦可贴身穿着，并有保健功能。由广东省普宁市昊天实业公司生产的不掉毛、不缩水、不起球的"蕾沃尔"牌 100%纯兔毛织品亮相在第四届中国（大朗）国际毛织品交易会上，引起了中外业界人士的关注，大家认为这是兔毛深加工的发展方向，希望尽快批量生产。

　　中国的獭兔原皮及制品的市场部分在国内，大部分出口到国外。十几年来通过业界有识人士的不懈努力，兔皮，特别是獭兔皮已经挤入裘皮的主流原料行列。兔皮获得成功的秘诀就是独特的质量优势：绒毛丰厚平顺，具有轻便、柔软、纤维细致、保暖性好、手感细腻丰满的特点，是毛皮工业中的优质制裘原料，其制成品柔软飘逸，既不失尊贵和时尚，又贴近消费者。通过鞣制加工的兔裘皮和革皮，可与水獭、山羊、绵羊毛皮媲美；可制作各式长短大衣、围巾、手套、鞋、帽、室内装饰品等，市场前景广阔。中国在獭兔皮服饰上进行了深度和广度上的创新，不仅开发出适合国内外中高收入阶层的产品，而且还充分利用零星碎皮拼接加工服装，以低价格增强了产品的国际竞争力。

## 三、兔产业技术进步，出口产品多元

　　"十三五"期间，全球经济出现下滑，兔产品出口受到了一定程度的冲击，而国内畜禽生产也迎来了重大调整，畜禽禁养区的划定、饲料禁抗的实施等一系列政策的出台给兔产品生产带来重大的挑战。但总体来看，兔产业的机遇大于挑战。随着我国兔产业的不断深化和升级，我国已经从主要依靠技术引进（特别是种兔等品种引进）进入了技术创新阶段，特别是在现代产业技术体系的推动下，一批新型实用的技术逐渐形成。我国兔产业将逐步进入技术出口阶段，因而探索促进种兔、饲料、疾病控制等综合配套技术的出口，将逐步成为产业发展的重要内容。

从比较优势的角度来看，虽然我国与澳大利亚等资源丰富国家签署了自由贸易协定，各种贸易限制措施将不断取消，但饲草饲料资源缺乏、劳动力成本不断提高等趋势无法逆转，我国兔肉产品的国际竞争优势在不断减弱。虽然就"十三五"期间兔产业发展情况来看兔肉的国际贸易份额在逐步缩减，但这也为我国兔产业的结构调整带来了机会。随着国内消费者对兔肉营养价值认知程度的不断提高和养殖技术的日益进步，国内、国际需求将呈现出分化趋势，兔肉产品的生产将主要用于满足国内需求，而种兔、饲料、疾病控制等综合配套技术和产品则出口国外，出口产品种类不断向着多元化方向发展。

就兔皮方面来看，中国虽然是兔肉的出口大国，但却是兔皮的重要进口国。由于兔皮鞣制产生的污染较为严重，欧洲发达国家普遍将该产业转移至包括中国在内的一些发展中国家，向其出口兔皮，进口兔皮制品。但随着我国发展方式的转变，绿色、环保成为经济发展的客观要求，环境规制迫使兔皮加工行业转型，从而降低污染水平。此外，转变中国兔产品贸易结构，学习欧洲兔业做法，也是可以进一步探索的方向。

# 第二节　中国兔产品贸易的格局

## 一、中国兔肉贸易

家兔相对于其他家禽来说繁殖率高、世代间隔短、饲料转化率高，单位体重的产肉、产毛量多，在人畜争粮的现实条件下，发展养兔业具有很高的经济价值和社会价值。而且兔肉综合营养价值高于猪肉、牛肉和鸡肉，其纤维细嫩，易于消化吸收，食后不易发胖，因此追求健康的理念也促进了肉兔产业的发展，世界兔肉产量不断上升。与此同时，中国兔肉产量也在不断上升，逐渐发展为产肉大国。

我国是养兔大国，兔肉在世界贸易中占有重要地位，但我国兔肉以出口为主，进口数量较少。FAO 数据显示，"十三五"期间中国进口兔肉数量为 437吨，进口总额为 88.3 万美元，无论从进口数量还是进口总额来看，中国兔肉的进口都相对较少。就变化趋势而言，虽然"十三五"期间全球经济下滑，非洲猪瘟、新冠感染疫情等外部冲击频发，但中国兔肉进口量却呈现出上升趋势。一方面，兔肉作为其他肉类的替代品，在其他肉类供给不足时能够一定程度上满足人民的肉类消费需求；另一方面，"十三五"期间中国兔产业生产布局迎来重大调整，兔肉生产能力出现了部分回落，因而在这一特定时期，通过进口来满足国内的供给不足成为可行的替代方式，但随着国内兔产业生产结构调整到位和兔肉生产能力的逐步恢复，中国兔肉进口的增长潜力较小，通过国际市场满足国内需求仍将占较小的比重。

中国是全球的兔肉生产大国和出口大国，"十三五"期间，中国兔肉出口数量累计达 2.8 万吨，出口总额为 1.2 亿美元，远超同期进口量和进口总额（表 4-2）。可以明显看出，受国际外部经济环境和国内生产结构调整双重因素的影响，中国兔肉出口量呈现下降趋势，较"十一五"和"十二五"时期缩水近一半。与此同时，全球兔肉进出口量波动趋势与中国出口的波动趋势较为相似，中国兔肉出口的"大国效应"也是较为明显的，由于中国出口数量的大幅减少，而中国又是兔肉的重要出口国，短期内兔肉进口国难以找寻到合适的替代货源，兔肉国际市场的需求无法得到有效满足，因而全球兔肉进出口量下降。

表 4-2　中国和全球兔肉进出口情况

单位：吨，×10³ 美元

| 年份 | 中国 | | | | 全球 | | | |
| | 进口 | | 出口 | | 进口 | | 出口 | |
| | 数量 | 总价 | 数量 | 总价 | 数量 | 总价 | 数量 | 总价 |
|---|---|---|---|---|---|---|---|---|
| 2001 | 81 | 147 | 33 044 | 54 181 | 60 966 | 152 447 | 71 196 | 182 193 |
| 2002 | 6 | 30 | 9 081 | 11 348 | 32 564 | 97 694 | 37 338 | 107 476 |
| 2003 | 14 | 45 | 4 426 | 5 991 | 25 881 | 105 578 | 32 853 | 124 346 |
| 2004 | 2 | 29 | 6 397 | 10 068 | 29 629 | 132 504 | 38 484 | 177 210 |
| 2005 | 51 | 168 | 8 925 | 21 055 | 33 027 | 142 854 | 40 744 | 180 665 |
| 2006 | 5 | 40 | 10 251 | 22 962 | 38 570 | 155 971 | 41 505 | 172 215 |
| 2007 | 4 | 36 | 9 204 | 28 007 | 34 456 | 152 964 | 38 535 | 177 322 |
| 2008 | 4 | 40 | 8 538 | 32 930 | 30 059 | 154 188 | 33 820 | 181 830 |
| 2009 | 20 | 183 | 10 424 | 41 548 | 28 997 | 141 946 | 35 148 | 177 163 |
| 2010 | 18 | 107 | 10 542 | 40 179 | 29 246 | 139 628 | 36 592 | 178 246 |
| 2011 | 10 | 126 | 8 996 | 34 495 | 26 374 | 135 108 | 35 558 | 187 442 |
| 2012 | 7 | 47 | 10 933 | 39 090 | 27 671 | 119 776 | 35 393 | 170 773 |

（续）

| 年份 | 中国 | | | | 全球 | | | |
| --- | --- | --- | --- | --- | --- | --- | --- | --- |
| | 进口 | | 出口 | | 进口 | | 出口 | |
| | 数量 | 总价 | 数量 | 总价 | 数量 | 总价 | 数量 | 总价 |
| 2013 | 75 | 137 | 9 797 | 38 355 | 29 406 | 136 128 | 36 260 | 184 095 |
| 2014 | 58 | 187 | 12 868 | 54 679 | 34 623 | 174 971 | 42 955 | 207 238 |
| 2015 | 28 | 116 | 8 135 | 29 207 | 30 381 | 126 362 | 37 359 | 151 544 |
| 2016 | 54 | 80 | 5 804 | 22 024 | 29 777 | 125 852 | 33 725 | 145 056 |
| 2017 | 177 | 339 | 7 069 | 29 563 | 28 412 | 129 569 | 35 106 | 154 686 |
| 2018 | 134 | 210 | 5 990 | 28 637 | 29 085 | 146 407 | 31 517 | 160 332 |
| 2019 | 17 | 130 | 4 897 | 23 006 | 24 305 | 122 406 | 29 234 | 146 176 |
| 2020 | 55 | 124 | 4 266 | 19 454 | 22 106 | 107 726 | 26 695 | 126 913 |

数据来源：联合国粮农组织（FAO）。

从中国兔肉进出口额占全球进出口额的比重（后文简称进口比重和出口比重）的角度看中国兔肉国际贸易的变化趋势则更为便捷，表4-3为2001—2020年中国兔肉进出口额占全球进出口额的比重。可以看出，中国兔肉进口比重在20年之中均处于较低水平，2017年达到最高时也仅占0.62%，而兔肉出口比重则基本占据了全球的1/5。加入WTO以后，中国开放的大门越开越大，关税壁垒也被逐步破除，但与此同时，非关税壁垒成为限制商品进出口的重要因素，而中国商品在销往海外时面临的非关税壁垒尤为明显。

以2002年为例，欧盟因中国少数商品抗生素超过欧盟苛刻的检测标准而全面禁止从中国进口动物源产品，导致2002年和2003年中国兔肉出口比重锐减。技术性贸易壁垒、植物卫生措施、贸易救济措施等一系列非关税壁垒严重制约着我国的商品出口，同时也给中国产品市场和贸易稳定性等带来了不小的挑战。一方面，我国应当在国际贸易中对不公平、不公正的制裁予以反击，保护我国企业的合法利益；另一方面，我国也应当视挑战为机遇，努力提高兔肉产品的质量，以高质优价来争取更高的市场份额。

表4-3 中国兔肉进出口额占全球进出口额的比重（%）

| 年份 | 进口比重 | 出口比重 |
| --- | --- | --- |
| 2001 | 0.13 | 46.41 |
| 2002 | 0.02 | 24.32 |
| 2003 | 0.05 | 13.47 |

（续）

| 年份 | 进口比重 | 出口比重 |
| --- | --- | --- |
| 2004 | 0.01 | 16.62 |
| 2005 | 0.15 | 21.91 |
| 2006 | 0.01 | 24.70 |
| 2007 | 0.01 | 23.88 |
| 2008 | 0.01 | 25.25 |
| 2009 | 0.07 | 29.66 |
| 2010 | 0.06 | 28.81 |
| 2011 | 0.04 | 25.30 |
| 2012 | 0.03 | 30.89 |
| 2013 | 0.26 | 27.02 |
| 2014 | 0.17 | 29.96 |
| 2015 | 0.09 | 21.78 |
| 2016 | 0.18 | 17.21 |
| 2017 | 0.62 | 20.14 |
| 2018 | 0.46 | 19.01 |
| 2019 | 0.07 | 16.75 |
| 2020 | 0.25 | 15.98 |

数据来源：联合国粮农组织（FAO）。

从中国对各国家（地区）兔肉出口量的数据来看（表 4 - 4），中国的兔肉出口国家（地区）的数量有下降趋势，2011 年全球有 10 个国家（地区）从中国进口兔肉，2020 年则下降至 7 个，但实际上中国兔肉的主要输出国（地区）并未发生较大改变，在"十三五"期间，中国兔肉的输出国（地区）也愈发稳定，比利时、德国和美国在 2011—2020 年基本保持着中国兔肉前三大进口国的地位。但值得注意的是，各国对中国兔肉的进口量呈现出下降的特征，比利时由 2011 年的 4 597 吨下降至 2020 年的 1 294 吨，下降了 3 303 吨，德国由 2011 年的 2 292 吨下降至 2020 年的 1 197 吨，下跌了 1 095 吨，美国则由 2011 年的 1 312 吨下降至 2020 年的 846 吨，下降了 466 吨。此外，俄罗斯、荷兰等国家（地区）及中国进口兔肉的下降趋势也极为明显。与之相对，法国从中国进口的兔肉量则呈现出上升趋势，"十三五"期间已成为中国兔肉的重要进口国之一。

与大宗商品的国际贸易不同，兔肉的需求弹性和替代弹性相对较大，而中国国内消费需求也较为旺盛，开拓国际兔肉贸易市场、增加兔肉出口量对目前的中国而言是"增收"而非"保本"的经营策略。但是，仍不能忽视国际贸易对兔产业的重要作用，在产业转型升级的关键时期，借助国际兔肉需求加速国内兔产业向优质、高端转型是极为有益的。与此同时，也应当尝试拓宽国际兔肉出口渠道，发挥"一带一路"建设、"金砖国家"优势，与多国建立稳定的兔产业贸易伙伴关系，从而在兔产业方面逐步形成以国内大循环为主体、国内国际双循环相互促进的新发展格局。

表 4 - 4    2011—2020 年中国（内地）对各国家（地区）兔肉出口量

单位：吨

| 年份 | 2011 | 2012 | 2013 | 2014 | 2015 | 2016 | 2017 | 2018 | 2019 | 2020 |
|---|---|---|---|---|---|---|---|---|---|---|
| 阿根廷 | 0 | 75 | 0 | 0 | 0 | 0 | 0 | 0 | 0 | 0 |
| 比利时 | 4 597 | 3 021 | 3 172 | 4 854 | 3 502 | 1 382 | 2 212 | 2 020 | 1 394 | 1 294 |
| 捷克 | 252 | 567 | 897 | 995 | 790 | 526 | 950 | 664 | 625 | 340 |
| 德国 | 2 292 | 2 352 | 2 535 | 2 305 | 1 515 | 1 250 | 1 569 | 1 603 | 1 080 | 1 197 |
| 法国 | 0 | 97 | 411 | 215 | 338 | 226 | 325 | 298 | 493 | 441 |
| 格鲁吉亚 | 55 | 40 | 5 | 0 | 0 | 0 | 0 | 0 | 0 | 0 |
| 哈萨克斯坦 | 5 | 80 | 20 | 0 | 19 | 0 | 0 | 0 | 0 | 0 |
| 意大利 | 0 | 0 | 0 | 14 | 14 | 0 | 0 | 0 | 0 | 0 |
| 伊拉克 | 0 | 2 | 0 | 0 | 0 | 0 | 0 | 0 | 0 | 0 |
| 中国香港 | 3 | 50 | 0 | 0 | 27 | 1 | 0 | 0 | 0 | 0 |
| 日本 | 0 | 12 | 0 | 20 | 24 | 12 | 12 | 12 | 25 | 12 |
| 韩国 | 0 | 0 | 0 | 12 | 0 | 0 | 0 | 0 | 0 | 0 |
| 荷兰 | 407 | 513 | 270 | 48 | 0 | 0 | 24 | 143 | 336 | 0 |
| 俄罗斯 | 0 | 2 900 | 1 322 | 3 170 | 1 126 | 513 | 931 | 412 | 285 | 137 |
| 西班牙 | 50 | 25 | 0 | 0 | 0 | 0 | 0 | 0 | 0 | 0 |
| 乌克兰 | 24 | 0 | 0 | 0 | 0 | 0 | 0 | 0 | 0 | 0 |
| 美国 | 1 312 | 1 181 | 1 118 | 1 234 | 780 | 454 | 1 019 | 812 | 658 | 846 |

数据来源：联合国粮农组织（FAO）。

表 4 - 5 为 2001—2020 年中国和全球兔肉进出口均价。可以看出，2004年以来全球兔肉进出口均价便基本维持稳定，保持在 4～5.5 美元/千克。与此

同时，中国兔肉的进口均价则呈现出较大的波动趋势，由于中国兔肉的进口量较少，国内兔肉供给也较为充裕，从国外进口兔肉并非为满足普通消费者对兔肉的需求，而是为满足部分特殊群体的特殊需求。因此，由于品质、来源等的较大差异，进口价格也呈现出较大幅度的波动。就中国兔肉出口而言，出口均价的上升趋势较为明显，2001 年我国兔肉出口均价为 1.64 美元/千克，此后开始缓慢上升，2018 年达到 4.78 美元/千克的最高点。价格上升主要是兔肉生产成本的提高和产品质量提升两方面因素导致。在生产成本方面，我国饲草饲料资源相对缺乏，短期内仅能通过大量进口来满足兔场养殖需求，而国际饲草饲料价格相对高昂，提高了兔场生产成本。随着我国国民经济的快速发展，劳动力成本不断提高的趋势无法逆转，进一步加剧了兔肉生产成本增加的趋势。在产品质量方面，我国畜禽养殖的标准不断提高，2020 年无抗养殖等政策要求也落地实施，兔肉品质得到了有效提高，这也使得兔肉价格攀升。

此外，就全球和中国出口均价的差异来看，2001—2020 年中国的出口均价始终低于全球的出口均价，但价差在不断缩小，特别是在"十三五"时期，中国兔肉的出口价格已经逼近世界兔肉出口的平均价格。这一方面体现了中国兔肉在国际市场中的价格优势在日益消失，较为明显的表现是中国兔肉出口量的下降，另一方面也说明了中国兔肉的品质在不断上升，已至少接近世界的平均水平。这说明中国兔肉如果想要在日后走向世界，势必需要加快产业转型，依靠廉价劳动力和自然资源提高兔肉价格优势的做法已成为历史，提升商品质量从而提升贸易份额或可成为未来兔业发展的路径。

表 4－5　2001—2020 年中国和全球兔肉进出口均价

单位：美元/千克

| 年份 | 中国 | | 全球 | |
|------|------|------|------|------|
| | 进口 | 出口 | 进口 | 出口 |
| 2001 | 1.81 | 1.64 | 2.5 | 2.56 |
| 2002 | 5 | 1.25 | 3 | 2.88 |
| 2003 | 3.21 | 1.35 | 4.08 | 3.78 |
| 2004 | 14.5 | 1.57 | 4.47 | 4.6 |
| 2005 | 3.29 | 2.36 | 4.33 | 4.43 |
| 2006 | 8 | 2.24 | 4.04 | 4.15 |
| 2007 | 9 | 3.04 | 4.44 | 4.6 |
| 2008 | 10 | 3.86 | 5.13 | 5.38 |

（续）

| 年份 | 中国 | | 全球 | |
| --- | --- | --- | --- | --- |
| | 进口 | 出口 | 进口 | 出口 |
| 2009 | 9.15 | 3.99 | 4.9 | 5.04 |
| 2010 | 5.94 | 3.81 | 4.77 | 4.87 |
| 2011 | 12.6 | 3.83 | 5.12 | 5.27 |
| 2012 | 6.71 | 3.58 | 4.33 | 4.83 |
| 2013 | 1.83 | 3.91 | 4.63 | 5.08 |
| 2014 | 3.22 | 4.25 | 5.05 | 4.82 |
| 2015 | 4.14 | 3.59 | 4.16 | 4.06 |
| 2016 | 1.48 | 3.79 | 4.23 | 4.3 |
| 2017 | 1.92 | 4.18 | 4.56 | 4.41 |
| 2018 | 1.57 | 4.78 | 5.03 | 5.09 |
| 2019 | 7.65 | 4.7 | 5.04 | 5 |
| 2020 | 2.25 | 4.56 | 4.87 | 4.75 |

数据来源：联合国粮农组织（FAO）。

注：进出口均价＝当年进出口总额/当年进出口量。

## 二、中国活兔贸易

由于活禽活畜国际贸易存在疫病感染、生物入侵等多种风险，各国对鲜活产品的通关均持谨慎态度，因而在国际贸易过程中，与兔肉贸易相比，活兔的进出口容易面临通关难度大、准入门槛高等诸多难题，特别是当兔瘟等传染性极强的疾病蔓延时，活禽活畜的国际贸易更会严重下滑，进而造成活兔的进出口占全球贸易的比重相对较小。

就中国的活兔进出口而言，2012 年以前，中国鲜有活兔进出口行为，但2012—2014 年，中国的活兔进口数量总计超过 1 200 万只，占据了全球进口总量的近 40%，但此后快速下降，"十三五"期间，中国活兔的进口总量仅为160.9 万只（表 4-6）。活兔进口的大幅增加与活兔进口政策的放开关系密切，为促进我国畜禽产业发展，2012 年我国开始对符合条件的种畜禽免征进口关税，因此，大量外国品种的种兔通过国际贸易进入我国家兔养殖市场。而随着我国种兔繁育技术水平的提高，国内种兔场已能满足我国种兔的数量需求，我国种兔市场对国际种兔的需求有所减弱，因此"十三五"期间活兔进口量大幅下降，而 2018 年和 2019 年正值我国兔产业体系调整的关键时期，部分新建兔场选择从国际市场购置种兔，因此进口量出现了激增。但长远看，我国种兔培育技术水平日益提升，对国际活兔的需求将持续保持在较低水平。但由于国际种兔市场的供给相对充裕，当国内出现非预期冲击导致种兔数量不足时，依靠国际市场满足国内需求是行之有效的方法之一。

就中国活兔出口来说，2013 年以来中国活兔出口进入了探索阶段，且在"十三五"期间呈现出了弱增长的趋势。这说明中国兔产业结构处在高质量转型的过程之中，由从国外进口种兔国内饲养开始向国内繁育优质种兔销往国外发展。与传统肉兔相比，由于种兔繁育的附加值较高，国际市场的竞争也较为激烈。因此，培育壮大我国种兔产业，提高种兔产业的国际竞争力，是我国兔产业潜在的未来发展方向之一。

表 4-6　中国和全球活兔进出口情况

单位：×10³ 只，×10³ 美元

| 年份 | 中国 | | | | 全球 | | | |
| | 进口 | | 出口 | | 进口 | | 出口 | |
| | 数量 | 总价 | 数量 | 总价 | 数量 | 总价 | 数量 | 总价 |
| --- | --- | --- | --- | --- | --- | --- | --- | --- |
| 2001 | 0 | 0 | 0 | 0 | 3 876 | 18 654 | 7 414 | 13 653 |
| 2002 | 0 | 0 | 0 | 0 | 4 454 | 18 028 | 14 471 | 19 295 |
| 2003 | 0 | 2 | 0 | 0 | 10 624 | 19 482 | 18 493 | 22 599 |
| 2004 | 0 | 0 | 0 | 0 | 12 616 | 24 055 | 4 884 | 21 612 |
| 2005 | 0 | 0 | 0 | 0 | 4 374 | 25 186 | 3 838 | 21 060 |
| 2006 | 0 | 0 | 0 | 0 | 4 503 | 27 579 | 3 252 | 20 314 |
| 2007 | 0 | 0 | 0 | 0 | 5 078 | 31 642 | 3 325 | 22 631 |
| 2008 | 0 | 0 | 0 | 0 | 5 053 | 37 768 | 3 425 | 25 116 |
| 2009 | 0 | 0 | 0 | 0 | 5 740 | 37 867 | 4 804 | 31 090 |
| 2010 | 0 | 0 | 0 | 0 | 4 938 | 33 290 | 4 853 | 29 123 |
| 2011 | 0 | 0 | 0 | 0 | 4 791 | 36 670 | 3 432 | 28 131 |
| 2012 | 3 909 | 995 | 2 | 0 | 9 449 | 40 082 | 4 361 | 29 203 |
| 2013 | 2 628 | 495 | 660 | 319 | 10 509 | 43 977 | 4 808 | 28 922 |
| 2014 | 5 492 | 890 | 54 | 862 | 10 665 | 43 645 | 3 506 | 29 107 |
| 2015 | 4 | 707 | 52 | 579 | 4 585 | 37 624 | 3 825 | 22 071 |
| 2016 | 2 | 443 | 59 | 330 | 4 505 | 35 165 | 4 541 | 21 901 |
| 2017 | 1 | 498 | 9 | 341 | 4 602 | 33 651 | 5 020 | 28 577 |
| 2018 | 800 | 387 | 11 | 677 | 4 462 | 31 727 | 4 400 | 30 438 |
| 2019 | 801 | 264 | 20 | 726 | 4 444 | 33 653 | 3 581 | 26 471 |
| 2020 | 5 | 576 | 19 | 708 | 4 212 | 38 191 | 4 748 | 30 789 |

数据来源：联合国粮农组织（FAO）。

由表 4-7 可知，中国的活兔进出口基本占据较小的国际市场比重，但部分年份可能出现骤增，进口量占比最高的年份为 2014 年，达到 50% 以上。这一定程度上反映出国际活兔贸易市场较小，大多饲养肉兔的国家能够自行培育优良的种兔品种，对种兔的贸易依赖度较低。此外，中国活兔进口比重能够从 0 骤增至 50% 左右，说明国际市场上的活兔供给是相对充裕的，能够满足需求量突然增加的临时性需要。

就出口来看，中国活兔出口量占据着极低的国际市场份额，出口比重最高值为 2013 年的 13.73%。就长远来看，拓宽出口渠道、增加中国活兔出口份额具有一定的潜力。但与此同时，难度也相对较大，不仅要注重提高种兔培育的质量，还要注意活兔的运输、疫病防护，关注进口国生物安全等诸多方面。因此，短期内依靠国际市场消化国内种兔具有一定的难度，无法进行普适性推广。

表 4-7　中国活兔进出口量占全球进出口量的比重（%）

| 年份 | 进口比重 | 出口比重 |
|---|---|---|
| 2001 | 0 | 0 |
| 2002 | 0 | 0 |
| 2003 | 0 | 0 |
| 2004 | 0 | 0 |
| 2005 | 0 | 0 |
| 2006 | 0 | 0 |
| 2007 | 0 | 0 |
| 2008 | 0 | 0 |
| 2009 | 0 | 0 |
| 2010 | 0 | 0 |
| 2011 | 0 | 0 |
| 2012 | 41.37 | 0.05 |
| 2013 | 25.01 | 13.73 |
| 2014 | 51.50 | 1.54 |
| 2015 | 0.09 | 1.36 |
| 2016 | 0.04 | 1.30 |
| 2017 | 0.02 | 0.18 |
| 2018 | 17.93 | 0.25 |
| 2019 | 18.02 | 0.56 |
| 2020 | 0.12 | 0.40 |

数据来源：联合国粮农组织（FAO）。

与兔肉相比，活兔进出口均价的波动较为明显，从全球活兔的价格波动来看（表 4 - 8），2001—2020 年活兔进出口均价大致在 1～10 美元/千克，就"十三五"期间来看，全球活兔进口价格保持在 7 美元/千克以上，出口价格相对较低，保持在 7.5 美元/千克以下。进出口价格的差距显示出活兔国际贸易的难度，由于活物贸易对运输管理的要求较高，也要求有具备一定饲养经验的人员参与运输，因而进口价格相对较高。此外，各国的非关税壁垒在活物贸易上显现得更为突出，为避免生物入侵等不可预测的风险，各国对活物贸易的开放程度普遍偏低。因此，如果想要扩大我国活兔出口量，势必要走高端优质的道路，增加活兔的附加值，以优质优价赢取国外市场。

表 4 - 8　2001—2020 年中国和全球活兔进出口均价

单位：美元/千克

| 年份 | 中国 | | 全球 | |
| --- | --- | --- | --- | --- |
| | 进口 | 出口 | 进口 | 出口 |
| 2001 | — | — | 4.81 | 1.84 |
| 2002 | — | — | 4.05 | 1.33 |
| 2003 | — | — | 1.83 | 1.22 |
| 2004 | — | — | 1.91 | 4.43 |
| 2005 | — | — | 5.76 | 5.49 |
| 2006 | — | — | 6.12 | 6.25 |
| 2007 | — | — | 6.23 | 6.81 |
| 2008 | — | — | 7.47 | 7.33 |
| 2009 | — | — | 6.60 | 6.47 |
| 2010 | — | — | 6.74 | 6.00 |
| 2011 | — | — | 7.65 | 8.20 |
| 2012 | 0.25 | 0 | 4.24 | 6.70 |
| 2013 | 0.19 | 0.48 | 4.18 | 6.02 |
| 2014 | 0.16 | 15.96 | 4.09 | 8.30 |
| 2015 | 176.75 | 11.13 | 8.21 | 5.77 |
| 2016 | 221.50 | 5.59 | 7.81 | 4.82 |
| 2017 | 498.00 | 37.89 | 7.31 | 5.69 |
| 2018 | 0.48 | 61.55 | 7.11 | 6.92 |
| 2019 | 0.33 | 36.30 | 7.57 | 7.39 |
| 2020 | 115.20 | 37.26 | 9.07 | 6.48 |

数据来源：联合国粮农组织（FAO）。

注：进出口均价＝当年进出口总额/当年进出口数量。

## 三、中国兔产品贸易发展

根据前两节的中国兔产品比较优势及贸易格局分析获悉，中国兔产品的国际市场份额巨大，但同时产业发展中市场阶段仍存在一些问题亟待解决。多年以来，根据兔业市场规律，潮起潮落是 3 年小变、5 年大变，总是在波峰浪谷中艰难行舟。除了兔肉产品价格稳步趋缓上升以外，兔毛与兔皮完全符合发散型蛛网模型，虽然国内市场需求巨大，但兔产品需求供给弹性依然波动变化。究其根源，主要是过去中国兔产业起始于出口创汇，一直沿袭下来，导致过分依赖国外市场，稍遇冷暖便起波折，市场十分脆弱，这是兔产业发展不稳定的关键，亦是影响生产的重要因素，以致很多兔农称"兔子尾巴长不了"。

虽然改革开放以后，中国的兔产品销售出现了变化，由过去单纯依赖出口，转到既面向国际市场，又面向国内市场，但是国内价格和养殖风险却依然受国际市场波动的影响。中国兔肉出口具有明显的价格优势，具有较强的价格竞争力，但这种价格优势在逐渐缩小。兔肉出口量减少，价格下跌，国内"獭兔热"带来的活兔比价下滑等多种挑战，使肉兔产业再次经受严峻考验。多年以来，中国兔毛生产与出口的规律，完全受进口国兔毛纺织业生产周期的影响，大约 3～4 年为 1 个周期，毛兔的饲养量也随之增减。如果不改变兔产业产品结构，势必造成盲目发展，最终导致产业恶性循环。

纵观"十三五"期间我国兔产业国际贸易状况，总结我国兔产业贸易发展问题如下：

第一，整个兔产业遭受了前所未有的巨大冲击，但后期快速回升。近年来，在经历了 2016 年畜禽产业结构调整、2018 年非洲猪瘟、2020 年新冠感染疫情和无抗养殖等外部冲击后，中国兔业已经完成了一次次大洗牌，一些小规模和分散养殖的农户逐步退出，保留下来的多数是大中型规模兔场，其风险抵抗能力相对较强，决策较为理性和科学，这也是新冠感染疫情后产业能够较快恢复的重要原因，充分反映了我国兔产业的韧性和产业升级已取得了一定胜利。但大中型兔场也有其自身的弱点，那就是对资金的依赖程度大，对成本的敏感性强，为此，需要政府采取措施积极扶持兔场的发展。

第二，出口全面受挫，国内市场开拓不足。2020 年，受新冠感染疫情在全球其他国家快速蔓延和国际经济形势低迷的影响，中国兔肉和兔毛出口都呈现较大下降。随着近年来兔产业结构调整的逐步到位，养殖环节的规模化和标准化程度有了较大提高，但兔肉的加工和销售则依然很不足，还缺乏全国性的知名兔肉品牌和专业的兔肉营销流通企业。很多知名的兔业企业是以种兔、饲料生产或出口为主，而对兔肉加工和国内市场开拓的投入远远不够。

第三，兔场应对风险的措施不足。在新冠感染疫情的冲击下，尽管各个兔场都采取了相应的措施应对，但从全国的角度来看，现有的政策措施仍然不能很好地保护兔产业的发展，风险只能由兔场自己承担，而诸如保险、风险基金等金融手段目前还很不够。需要政府给予应有的重视。

第四，良种成本高、供种能力不足。随着兔场规模化发展，大家对优良种兔的需求日益强烈，但是兔场普遍反映优良种兔价格相对较高。除了兔核心育种场或祖代场供种能力不足，优良种兔采购难度大导致价格偏高外，更主要的是多数中小规模兔场依然采用土办法自己换种，或购买一些地方性、区域性的种兔，使一些大型现代化种兔场没有形成规模经济优势，从而对种兔场和一般的兔农都不利。总体来看，目前我国兔产业的良种保障率约50%～60%。

要增强中国兔产品的出口能力，需要从两个方面着手：第一，增强中国的综合发展实力，加快兔产业的发展，提高兔产品的生产能力以及国际竞争力；第二，加强与世界各国的交流与合作，紧密追踪世界兔产业的发展情况，分享兔产业发展经验，建立良好的兔产品贸易关系。总之，随着世界经济的发展以及国际贸易关系的日益紧密，兔产品的出口前景将更为广阔。

# 第三节　中国兔产品贸易发展展望

## 一、市场开放对中国兔产品贸易的影响

2001年我国加入世界贸易组织（WTO），对外开放的步伐逐渐加快。市场的进一步开放，对我国兔产业的发展有利也有弊。有利方面主要表现在：

第一，有利于扩大中国兔产品的出口。我国是一个兔产品产销大国，"入世"后世贸组织各成员都将给中国以最惠国待遇，都要降低关税，有利于我国与各成员之间兔产品自由进出贸易。我国兔肉、兔毛出口一直在国际市场上占据较大比重，獭兔饲养业与肉兔、毛兔饲养业相比，属于新兴的朝阳产业，北京、河北、山东、四川、黑龙江、浙江、山西等省市发展较快，我国兔皮出口在商品皮国际贸易中也占有重要位置。"入世"后我国兔产品出口必将迎来较大的发展，将为兔农带来更大的经济效益。

第二，有利于引进外资，提高我国兔业的管理水平和技术水平。因为我国仍属于发展中国家，与经济发达国家相比，在资金、科技和管理水平上仍较落后，"入世"后就可以吸引外商来我国投资办兔场和兔产品加工厂，用人家的先进技术来促进和带动我国兔产业更快更好地发展。

第三，有利于中国市场经济的发展，实现公平贸易、平等竞争。世贸组织旨在通过遵循市场开放、非歧视和公平贸易等原则，达到推动实现世界贸易自由化的目标。所以，"入世"后我国也能参与制定世贸规则，使我国兔产品出口免受不公正待遇。遇到问题可交由世贸组织的仲裁机构处理，维护我国兔产品出口的合法权益。

当然，"入世"亦存在弊端，如降低我国进口关税后，大批"洋货"进入我国市场，使我国已经存在的卖农产品难的问题更加雪上加霜，农民或将遭到损失。此外，"入世"后我国兔产品出口方面的压力和竞争也有所增加，在兔肉出口上，我国多以冻兔肉形式出口，而欧洲市场却是冰鲜兔肉最为畅销，售价也高，匈牙利等国"近水楼台先得月"，出口冰鲜兔肉，抢占了部分市场份额，同时我国兔肉的农药残留控制也需要加强。在兔毛和兔皮出口上，由于我国加工业整体水平较为落后，多以低价出口原毛和原皮，外国进口商低价买回去后经过加工高价出售，这样我国只能挣到小钱。所以，"入世"后，如何提高我国兔产品的质量，以及发展兔产品深加工，增强我国兔产品的市场竞争能力，就显得非常重要。

## 二、促进我国兔产品贸易的对策

第一，继续加强对兔产品的宣传推广，采取多种形式开拓市场。受新冠感染疫情在不同地方时有发生的影响，消费者对在外就餐和旅游等还持谨慎的态度，因此兔肉的餐饮消费会受到不利影响。为此，兔肉生产加工和流通企业需要利用互联网，开拓新兴营销模式，从而扩大兔产品市场。

第二，密切关注国际市场需求，适当增加出口稳定国内生产。在国内市场受挫的情况下，企业应特别关注国际市场。其他兔业主产国亦受到新冠感染疫情影响，其实为中国的兔产品出口提供了有利条件。

第三，强化对兔产业龙头企业的政策支持，巩固兔产业扶贫成果。近年来，在脱贫攻坚的背景下，很多地方将家兔养殖作为脱贫致富的重要选择，特别是新疆、贵州等地区，兔产业在消除贫困方面发挥了重要作用。脱贫后，兔产业如何升级成为各界应特别关注的问题，在政府的扶贫政策逐步退出的情况下，必须考虑企业和农户的联合体健康、持续地发展，需要做好几点：①密切关注龙头企业发展，避免扶持了贫困农户，拖累了龙头企业；②政府对于依靠兔产业脱贫致富的地区继续给予财政和金融支持。

第四，积极加强技术研发和推广，提升产业发展实力。技术是推动产业发展的根本动力。政府应继续加强兔产业的技术研发，包括育种技术、兔产品加工技术等这些薄弱环节技术研发；同时，进一步加强技术推广力度，国家兔产业技术体系已研发出系列新技术、新产品，未来应不断加强这些技术的整合配套和推广使用，从而不断提高技术对产业发展的推动力；另外，积极加强与国际兔产业的联系，特别是育种企业应积极布局在全球的发展，通过相关配套技术和资本整合，在饲草饲料和水电、劳动力资源丰富的国家发展家兔标准化养殖，从而在国际兔产业价值链分配中占领主动权。

第五，积极应对产业风险，减缓各类风险对产业的冲击。养殖业面临的风险相对较多，包括市场风险、自然风险。在我国兔产业规模化程度不断提高的情况下，对风险规避的需求亦不断提高，政府应全面研究兔产业面临的自然风险和市场风险特点，有针对性地制定相应保险政策，通过建立产业发展基金、大灾救济基金等，减缓大中型兔场（企业）由于资金链断裂、市场销路不畅等带来的损失。另外，政府还要加强市场和产业监测预警，提供及时可靠的信息。

第六，企业积极采取节本增效措施，提高自身竞争力。2020 年受生猪产业恢复和消费者预期的影响，玉米和大豆等饲料原料价格都有较大幅度上涨。为此，需要养殖场（户）科学养殖，节本增效。中小规模农户应积极开发饲草资源，大中型养殖企业适度提高机械化、智能化水平，降低人工成本，推进标准化养殖。

（本章执笔：武拉平　张昆杨　史畅　胡南燕）

# 第五章 中国兔产品消费

随着收入和生活水平的提高，我国居民对动物性产品的需求持续增长，对食品的质量和营养价值愈发重视，更注重保健和享受性消费。兔肉的营养和健康特性正好迎合了居民的消费需求，2020年我国兔肉产量达到近50万吨。因此，掌握我国居民兔肉消费行为特点，总结兔肉消费需求变化情况及其走势，对于扩大我国兔肉消费市场具有重要意义。

## 第一节 兔产品的特点

相比传统的牛羊肉、禽肉和蛋类，兔肉具有高蛋白、高赖氨酸、高磷脂和低脂肪、低胆固醇、低热量的"三高三低"特点，具有很高的营养价值，符合我国居民对肉类食品的偏好，是我国居民未来消费肉类的潜在选择。但当前兔肉消费主要集中在川渝地区，其余地区居民普遍对兔肉认知较少甚至存在误解，阻碍了兔肉消费市场的扩大。兔皮平顺柔滑、毛色光润、皮板细韧，在消费者中广受欢迎，消费需求持续走高。在此，对兔肉和兔皮兔毛产品的特点进行说明。

### 一、兔肉营养价值高

兔肉具有极高的营养价值，富含优质蛋白质、必需氨基酸、不饱和脂肪酸、矿物质和维生素等多种营养物质。此外，兔肉还具有一定的保健功能。

蛋白质是机体细胞的重要组成部分，是生命的物质基础，参与各种形式的生命活动。人类摄入蛋白质主要依靠以肉、蛋、奶为代表的动物蛋白食品以及以大豆为代表的植物蛋白食品。而每100克兔肉的蛋白质含量为18.1～23.7克，相较于其他家养动物，兔肉具有最高的蛋白质含量（表5-1）。

氨基酸是组成蛋白质的基本成分。在家养动物中，兔肉的各类必需氨基酸含量均处于较高水平，相较于猪肉、羊肉、仔鸡肉等，综合来看兔肉中的必需氨基酸（如赖氨酸、甲硫氨酸、苯丙氨酸、亮氨酸）含量最高。猪肉、羊肉、仔鸡胸脯肉和大腿肉的必需氨基酸含量占比分别为26.97%、30.25%、42.54%和30.13%，而兔肉是35.95%（表5-2）。

表 5-1　每 100 克不同肉类水分和蛋白质含量及变化范围

单位：克

| 品种 | 水分 | 蛋白质 |
|---|---|---|
| 兔肉 | 66.2～75.3 | 18.1～23.7 |
| 鸡肉 | 67.0～75.3 | 17.9～22.2 |
| 小牛犊肉 | 70.1～76.9 | 20.3～20.7 |
| 公牛肉 | 66.3～71.5 | 18.1～21.3 |
| 猪肉 | 30.0～75.3 | 17.2～19.9 |

数据来源：谷子林等，《我国兔肉消费市场瓶颈分析及对策》。

表 5-2　不同肉类中的必需氨基酸含量（每 100 克干物质中的含量）

单位：克

| 氨基酸 | 兔肉 | 猪肉 | 羊肉 | 仔鸡 | |
|---|---|---|---|---|---|
| | | | | 胸脯肉 | 大腿肉 |
| 甘氨酸 | 4.18 | 3.22 | 3.26 | 3.75 | 3.44 |
| 丙氨酸 | 5.47 | 4.36 | 4.45 | 4.91 | 3.79 |
| 缬氨酸 | 4.43 | 3.61 | 3.63 | 4.58 | 3.36 |
| 天冬氨酸 | 7.95 | 6.50 | 6.80 | 7.90 | 5.96 |
| 谷氨酸 | 13.25 | 11.70 | 11.69 | 11.03 | 9.35 |
| 丝氨酸 | 3.62 | 2.57 | 2.91 | 3.06 | 2.58 |
| 苏氨酸 | 3.88 | 2.90 | 3.88 | 3.66 | 2.78 |
| 赖氨酸 | 7.08 | 4.98 | 5.82 | 7.77 | 5.81 |
| 组氨酸 | 2.05 | 3.15 | 2.47 | 4.44 | 2.47 |
| 精氨酸 | 5.25 | 4.73 | 4.74 | 4.26 | 3.76 |
| 甲硫氨酸 | 2.18 | 2.13 | 2.06 | 2.08 | 1.40 |
| 苯丙氨酸 | 3.82 | 2.55 | 3.32 | 2.49 | 2.33 |
| 酪氨酸 | 3.38 | 1.90 | 2.82 | 3.52 | 1.95 |
| 脯氨酸 | 2.22 | 2.69 | 2.82 | 1.98 | 1.94 |
| 亮氨酸 | 7.14 | 6.30 | 5.71 | 6.88 | 5.12 |
| 异亮氨酸 | 4.04 | 2.22 | 3.56 | 4.23 | 5.12 |
| 总氨基酸 | 79.94 | 65.51 | 69.94 | 76.54 | 61.16 |
| 必需氨基酸合计 | 35.95 | 26.97 | 30.25 | 42.54 | 30.13 |

数据来源：谷子林等，《我国兔肉消费市场瓶颈分析及对策》。

不饱和脂肪酸是人体不可缺少的脂肪酸，可以保证细胞维持正常生理功能，对人体健康起到很大作用。兔肉是理想的多不饱和脂肪酸的摄入来源，其多不饱和脂肪酸的含量在家养动物中最高（表5-3）。

表5-3　每克不同肉类多不饱和脂肪酸含量比较

单位：毫克

| 脂肪酸 | 十八碳三烯酸 | 二十碳五烯酸 | 二十二碳五烯酸 | 二十二碳六烯酸 |
|---|---|---|---|---|
| 猪肉 | 0.20±0.04 | 0.49±0.10 | — | — |
| 牛肉 | 2.20±0.10 | 2.33±0.23 | — | — |
| 鸡肉 | 0.65±0.17 | 0.90±0.11 | — | — |
| 兔肉 | 3.46±0.34 | 2.42±0.20 | 1.21±0.16 | 1.02±0.12 |

数据来源：谷子林等，《我国兔肉消费市场瓶颈分析及对策》。

维生素和矿物质均是人体所需的营养素，对人体的生长发育和生命活动的维持有重要意义，缺乏维生素和矿物质可能引发各类疾病。兔肉中的矿物质和维生素含量都非常丰富，与其他动物肉相比，兔肉的磷、钾、维生素$B_{12}$的含量均是最高的（表5-4）。因此，兔肉对于缺乏维生素和矿物质的人群大有裨益，是儿童、妇女、老人、病人的适宜食品，有利于人体保健。

表5-4　兔肉和其他动物肉主要矿物质及维生素含量比较

| 项目 | 兔肉 | 猪肉 | 牛肉 | 牛犊肉 | 鸡肉 |
|---|---|---|---|---|---|
| 钙（毫克） | 3～9 | 7～8 | 10～11 | 9～14 | 11～19 |
| 磷（毫克） | 222～234 | 158～223 | 168～175 | 170～214 | 180～200 |
| 钾（毫克） | 428～431 | 300～370 | 300～360 | 260～360 | 260～330 |
| 钠（毫克） | 37～47 | 59～76 | 51～89 | 83～89 | 60～89 |
| 镁（毫克） | 1.10～1.30 | 1.40～1.70 | 1.80～2.30 | 0.80～2.30 | 0.60～2.00 |
| 硒（毫克） | 9～15 | 8.7 | 17 | <10 | 15 |
| 硫胺素（毫克） | 0.18 | 0.38～1.12 | 0.07～0.10 | 0.06～0.15 | 0.06～0.12 |
| 核黄素（毫克） | 0.09～0.12 | 0.10～0.18 | 0.10～0.24 | 0.14～0.26 | 0.12～0.22 |
| 烟酸（毫克） | 3.00～4.00 | 4.00～4.80 | 4.20～5.30 | 5.90～6.30 | 4.70～13.00 |
| 维生素$B_6$（毫克） | 0.43～0.59 | 0.50～0.62 | 0.37～0.55 | 0.49～0.65 | 0.23～0.51 |
| 叶酸（微克） | 10 | 1 | 5～24 | 14～23 | 8～14 |
| 维生素$B_{12}$（毫克） | 8.70～11.90 | 1 | 2.50 | 1.60 | <1 |
| 视黄醇A（毫克） | 0.16 | 0～0.11 | 0.09～0.20 | 0.12 | 0.26 |
| 维生素D（毫克） | 微量 | 0.50～0.90 | 0.50～0.80 | 1.20～1.30 | 0.20～0.60 |

数据来源：谷子林等，《我国兔肉消费市场瓶颈分析及对策》。

## 二、兔肉消化率高，脂肪、胆固醇含量低

兔肉肌纤维细嫩，是一种优良的动物性食物，富含丰富的营养素。食后消化快，容易吸收。人体对兔肉的消化率高达85%，高于猪肉（75%）、牛肉（55%）、鸡肉（50%）。兔肉胶原纤维含量较少，给人体的消化系统带来的负担较轻，特别适合患者在患病期间和康复期间食用。

当前肥胖、高血压、高血脂者数量日趋增高，主要原因在于随着生活水平提高，人们的膳食结构发生改变，高脂肪食品的消费市场庞大，猪肉的消费比例保持在较高水平。随着人们对饮食健康的关注日益加深，我国居民的食物消费结构在未来将会进一步优化，高脂肪食品的比例将会逐渐下降，兔肉是理想的动物肉替代选择。兔肉具有高蛋白、低脂肪的特点，在家养动物中的脂肪含量是较低的，略高于鸡肉而远远低于猪肉、牛肉和羊肉，与后3种肉类相比，兔肉中的脂肪含量分别相当于它们的36.51%、61.66%和54.28%（表5-5）。

表5-5　兔肉与其他肉类脂肪、能量、消化率和胆固醇含量的比较

| 项目 | 兔肉 | 猪肉 | 牛肉 | 羊肉 | 鸡肉 |
|---|---|---|---|---|---|
| 脂肪含量（%） | 9.76 | 26.73 | 15.83 | 17.98 | 7.80 |
| 能量（千焦/千克） | 676 | 1 284 | 1 255 | 1 097 | 517 |
| 消化率（%） | 85 | 75 | 55 | 68 | 50 |
| 每100克肉胆固醇含量（毫克） | 45 | 126 | 106 | 70 | 69～90 |

数据来源：谷子林等，《我国兔肉消费市场瓶颈分析及对策》。

胆固醇是细胞膜的组成成分，参与了一些类固醇激素和胆酸的生物合成。其主要依靠人体自身合成，不足的部分需要通过食物摄取。但若人体内胆固醇含量过高，会增加冠心病等心脑血管疾病的发病率和死亡率，对骨质健康产生损害。此外，胆固醇水平普遍升高是造成国人冠心病发病和死亡人数迅速增加的主要原因。与猪肉、牛肉、羊肉和鸡肉等家养动物肉相比，兔肉的胆固醇含量是最低的，分别是上述肉类的35.71%、42.45%、64.29%、50%～65.22%。此外，兔肉还有较高的磷脂含量，磷脂和胆固醇的比值也相对较高，食用兔肉可降低胆固醇在血管壁沉积的可能性，因此兔肉是理想保健食品。

## 三、兔皮兔毛及其制品的特点

兔毛质地柔软，保暖性强，透气性好，吸湿性强，肤感舒适，是高档的纺

织原料，其制品具有"轻、柔、软、薄、美"等优点。兔毛包括绒毛和粗毛，在优良的长毛品种兔毛中绒毛占80%～90%，绒毛细软，细度分布范围很广，为5～30微米，80%的绒毛纤维密度在10～15微米。浅波状卷曲兔毛由角朊组成，与羊毛和其他毛纤维相同，有些性质也很近似。兔毛的毛髓形状为方形梯纹结构，内含空气。兔毛卷曲少、表面光滑，纤维之间的抱合力比较差，而且强度比较低。兔毛纯纺较困难，大多数情况都是与其他毛类混合加工或者与棉花混合加工，作为服装及相关配饰的材料。兔毛很柔软，冬天穿很保暖，一般对毛衣过敏的人不会对兔毛过敏。不仅如此，市场上用兔毛织的毛衣，价格也很合理。

尽管兔毛有上述优点，但推广依然受到限制，原因有：①兔毛具有毡合性，在湿度、温度和压力的影响下，容易相互缠结毡合。因此，剪后或收购后的兔毛，如果不能及时外运或销售，应装入专用的木柜或纸箱内，避免受到重压。而涉及兔毛数量较大的兔场或采购站，应设专仓保管兔毛，不宜多次翻动或用力揉搓，以免缠结；为保持兔毛的光洁度，最好用塑料布或油光纸衬垫内壁。②兔毛属天然蛋白质纤维，易受虫害，特别是吸湿受潮之后更容易受到虫蛀，因此要定期检查。夏季一般10～15天检查一次，冬季一般30～40天检查一次。为防止兔毛受到虫蛀，可放置适量的樟脑丸或其他防虫剂（防虫剂用纱布袋装，放在木柜、纸箱的四角和中心），但切忌将防虫剂与兔毛直接混放接触。③保管兔毛还应注意防鼠、防尘。兔毛被尘土污染后很难清洁，兔毛色泽会受到明显影响，品质降低。

## 第二节　中国兔产品消费水平

为更直观地了解兔肉消费的特点，需要把兔肉和其他肉类的消费状况进行横向比较。本部分展示了家庭肉类消费的基本状况，具体为2016—2020年平均每户肉类消费绝对量和各项占比，同时进一步分析了兔肉的消费频率与消费意愿。此外，还展示了兔皮兔毛产品的消费比例。

### 一、兔肉的绝对消费量

表5-6列出了家庭肉类消费的基本情况，将兔肉与其他肉类的消费状况进行横向比较，以便更直观地了解兔肉消费的特点。如数据所示，猪肉消费量最高，平均每户月消费量为6.2千克，占家庭肉类消费总量的一半以上；禽肉和牛肉平均每户月消费量分别为3.2千克和1.7千克，在家庭肉类消费中也占

据较高的比例；羊肉、兔肉的消费量最低，平均每户月消费量分别为 0.4 千克和 0.3 千克。兔肉的消费量近年来波动不大，始终处于较低的消费水平。

**表 5 - 6　2016—2020 年平均每户肉类消费情况**

单位：千克/月

| 肉类 | 2016 年 | 2017 年 | 2018 年 | 2019 年 | 2020 年 | 平均 |
|------|---------|---------|---------|---------|---------|------|
| 猪肉 | 8.5 | 6.1 | 5.6 | 5.4 | 5.6 | 6.2 |
| 牛肉 | 1.6 | 0.9 | 1.2 | 2.0 | 2.9 | 1.7 |
| 羊肉 | 0.3 | 0.5 | 0.3 | 0.4 | 0.7 | 0.4 |
| 禽肉 | 3.0 | 2.4 | 2.4 | 3.6 | 4.9 | 3.2 |
| 兔肉 | 0.2 | 0.4 | 0.2 | 0.4 | 0.1 | 0.3 |

表 5 - 7 计算了上述 5 种肉类在家庭肉类消费中所占的比重，以更清晰地描述兔肉的消费情况。猪肉是我国传统的肉类消费食品，在居民的肉类消费中占比为 52.5%；兔肉的消费量较少，在 2016—2020 年肉类消费中仅占 2.5%。此外，兔肉消费的占比波动较大，2017 年占比为 3.9%，2020 年仅达到 0.7%，表明我国兔肉消费仍处于萌芽阶段，虽然部分地区兔肉消费文化已经成熟，但还是很难在全国范围的市场中形成较大的影响力。

**表 5 - 7　2016—2020 年肉类消费比例情况（%）**

| 肉类 | 2016 年 | 2017 年 | 2018 年 | 2019 年 | 2020 年 | 平均 |
|------|---------|---------|---------|---------|---------|------|
| 猪肉 | 62.5 | 59.2 | 57.7 | 45.8 | 39.4 | 52.5 |
| 牛肉 | 11.8 | 8.7 | 12.4 | 16.9 | 20.4 | 14.4 |
| 羊肉 | 2.2 | 4.9 | 3.1 | 3.4 | 4.9 | 3.4 |
| 禽肉 | 22.1 | 23.3 | 24.7 | 30.5 | 34.5 | 27.1 |
| 兔肉 | 1.5 | 3.9 | 2.1 | 3.4 | 0.7 | 2.5 |

## 二、兔肉的消费频率与消费意愿

2016—2020 年，消费者对兔肉的消费频率较低（表 5 - 8），半数以上的受访者一季度或更长时间食用一次兔肉。此外，受访者消费兔肉的频率在调查期间有所波动，但总体上处于较低水平。这一结果表明，消费者对兔肉的消费多为一次性尝鲜行为，只有极少部分消费者以兔肉作为其他肉类的替代品。较低的兔肉消费频率说明在我国城镇居民中，消费兔肉还没有形成习惯。

表 5-8　2016—2020 年受访者的兔肉消费频率（%）

| 时间 | 2016 年 | 2017 年 | 2018 年 | 2019 年 | 2020 年 | 平均 |
|---|---|---|---|---|---|---|
| 每周至少 2 次 | 0 | 1.0 | 1.3 | 2.2 | 0 | 0.9 |
| 约每周 1 次 | 4.0 | 7.7 | 2.8 | 6.9 | 3.3 | 4.9 |
| 每月 2~3 次 | 16.8 | 16.4 | 9.1 | 11.2 | 6.1 | 11.9 |
| 每月 1 次 | 18.4 | 24.4 | 12.9 | 24.2 | 12.2 | 18.4 |
| 每季度 1 次或更少 | 60.8 | 50.5 | 73.9 | 55.6 | 78.3 | 63.8 |

　　兔肉的消费势头良好，具有较大的发展潜力，如表 5-9 所示，2016—2020 年，我国居民消费兔肉的热情保持在较高水平。已消费兔肉的比例保持在 40% 左右，同时居民对兔肉表现出较强的消费意向，在多年的调查中超过 60% 的居民表示未来有消费兔肉的意愿。上述结果表明，近年来我国兔肉的消费情况不断改善，且有继续增长的势头，兔肉消费市场发展前景较为乐观。

表 5-9　2016—2020 年受访者消费兔肉的比例及未来的消费意愿（%）

| 项目 | 2016 年 | 2017 年 | 2018 年 | 2019 年 | 2020 年 |
|---|---|---|---|---|---|
| 已消费兔肉的比例 | 54.0 | 46.1 | 43.8 | 44.2 | 39.1 |
| 想消费兔肉的比例 | 51.9 | 69.0 | 64.3 | 55.0 | 68.5 |

## 三、兔皮兔毛产品的消费比例

　　兔皮兔毛产品对于大多数消费者而言是比较陌生的，因此其消费情况与兔肉类似，消费市场略显低迷。表 5-10 给出了受访者的家庭在过去两年内购买兔皮兔毛产品的情况。如数据所示，兔皮兔毛产品的消费比例从 2016 年的 36.2% 下降至 2017 年的 20.5%，2017—2019 年逐年提高，2020 年大幅下降至 14.0%。由此可见我国的兔皮兔毛消费比例非常低，消费者对其认可度并不高。

　　调研数据中的消费者购买兔皮兔毛产品的比例可能偏低，原因在于普通消费者对兔皮兔毛产品了解得不多，有的消费者即使购买过，也并不了解或关心这种商品的制造原料是否是兔皮兔毛。此外，2017—2019 年兔皮兔毛产品的消费比例呈现上升趋势，在 2020 年下降明显，可能是由于新冠感染疫情，兔皮兔毛产品的产能以及消费均受到一定冲击，如果上述推断成立的话，那么兔皮兔毛的消费情况可能比调研结果乐观。

表 5 - 10  2016—2020 年兔皮兔毛产品的消费比例

| 项目 | 2016 年 | 2017 年 | 2018 年 | 2019 年 | 2020 年 |
|------|---------|---------|---------|---------|---------|
| 受访者人数（人） | 428 | 614 | 681 | 602 | 464 |
| 购买者人数（人） | 155 | 126 | 163 | 153 | 65 |
| 购买者占比（%） | 36.2 | 20.5 | 23.9 | 25.4 | 14.0 |

# 第三节  兔产品消费的地区结构

本部分结合调查数据，有针对性地选择了几个地区代表型城市，具体来说，北京、郑州、南京、广州、成都和重庆分别代表华北、中部、华东、华南、西南几大地区，代表城市都是该区域范围内较为重要的城市。进一步探讨兔肉消费行为与意愿、兔皮兔毛产品消费的地区结构。

## 一、兔肉消费行为的地区结构

从表 5 - 11 中可以明显看出，我国西南地区兔肉的消费比例处于较高水平，2016—2020 年平均消费比例高达 74.5%，说明西南地区已逐渐养成了兔肉的消费习惯，对兔肉有着高涨的消费热情。与之相比，中部、华东和华南地区的平均兔肉消费比例在 30% 的水平之上，华北地区的消费比例最低，平均值为 26.3%。其中，华北地区的兔肉消费比例整体上呈现下降趋势，从 2016 年的 34.5% 下降至 2020 年的 18.6%，说明华北地区对兔肉的消费热情在逐年走低；中部和华东地区呈现出相似的消费特点，分别从 2016 年的 51.2% 和 42.9% 下降至 2020 年的 13.9% 和 31.7%。表明这三个地区整体上建立的兔肉消费习惯并不稳固，受一些消极因素影响，兔肉消费比例波动较大且呈现明显的下降趋势。华南地区的兔肉消费比例在 2016—2020 年上升明显，共提高了 16.7%，说明华南地区的兔肉消费热情逐年提高，具有较大的消费潜力。

在全国范围内，兔肉的消费市场有比较好的发展趋势。但是从地区的角度细分市场后可以很明显看出，兔肉消费仍存在明显的地区差异。相较而言，西南地区兔肉消费市场发展状况更好。与此同时，华北、中部和华东地区的兔肉消费有所萎缩，华南地区近年来兔肉消费表现出较强的劲头，总体来看，兔肉消费市场的稳定发展依然任重道远。

表 5-11　2016—2020 年分地区受访者消费过兔肉的比例（％）

| 地区 | 2016 年 | 2017 年 | 2018 年 | 2019 年 | 2020 年 | 平均 |
|------|------|------|------|------|------|------|
| 华北 | 34.5 | 35.7 | 25.3 | 17.6 | 18.6 | 26.3 |
| 中部 | 51.2 | 29.5 | 23.7 | 47.0 | 13.9 | 33.1 |
| 华东 | 42.9 | 31.5 | 32.2 | 36.8 | 31.7 | 35.0 |
| 华南 | 29.2 | 39.2 | 54.3 | 28.6 | 45.9 | 39.4 |
| 西南 | 85.5 | 70.1 | 70.0 | 64.1 | 83.0 | 74.5 |

## 二、兔肉消费意愿的地区差异

表 5-12 给出了 2016—2020 年分地区受访者的兔肉消费意愿演变趋势，由表可知，兔肉的消费意愿表现出较大的地区差异。其中，西南地区的兔肉消费意愿最强，平均消费意愿为 82.4％；其次是中部和华南地区，分别为 70.8％和 69.9％；华东和华北地区的消费意愿较弱，仅有 60.4％和 53.8％的消费者表示愿意在未来消费兔肉。具体来看，华北地区的兔肉消费意愿下降明显，从 2016 年的 71.4％下降至 2020 年的 48.7％；中部、华东和西南地区的消费意愿呈现波动下降趋势；华南地区的兔肉消费意愿呈现出先降后升的趋势，未表现出较大的波动。

分地区受访者未来消费兔肉的意愿与兔肉消费比例表现出较强的相关性，一般而言，消费比例高的地区消费者未来购买兔肉的意愿也较强。兔肉的消费意愿主要受饮食习惯影响，因此兔肉消费比例高的地区也表现出较强的兔肉消费意愿。整体来看我国兔肉未来的消费意愿不会有明显的提高，兔肉消费市场有待继续发掘。

表 5-12　2016—2020 年分地区受访者未来想购买兔肉的比例（％）

| 地区 | 2016 年 | 2017 年 | 2018 年 | 2019 年 | 2020 年 | 平均 |
|------|------|------|------|------|------|------|
| 华北 | 71.4 | 65.8 | 46.7 | 36.6 | 48.7 | 53.8 |
| 中部 | 80.0 | 63.7 | 60.2 | 79.5 | 70.5 | 70.8 |
| 华东 | 72.5 | 41.4 | 46.7 | 80.0 | 61.5 | 60.4 |
| 华南 | 77.3 | 74.0 | 68.1 | 56.5 | 73.6 | 69.9 |
| 西南 | 93.2 | 81.8 | 83.7 | 77.7 | 75.5 | 82.4 |

### 三、兔皮兔毛产品消费的地区差异

与兔肉相比，兔皮兔毛产品的消费比例略低（表 5 - 13）。其中，中部地区的兔皮兔毛产品的消费比例最高，2016—2020 年平均消费比例为 32.6%；西南地区的平均消费比例为 27.5%；华北、华东和华南地区的平均消费比例在 20% 左右。各地区兔皮兔毛的消费比例均呈现出下降趋势。其中华北、中部和西南地区下降幅度较大，分别从 2016 年的 28.9%、67.5% 和 43.4% 下降至 2020 年的 7.6%、14.8% 和 15.1%；华东和华南地区兔皮兔毛产品的消费比例波动较大，2016—2020 年整体上下降了 10% 左右。兔皮兔毛产品的消费趋势表现出较大的随机性，消费者的消费行为可能取决于当年的时尚流行因素，波动性较大。整体来看各地区的兔皮兔毛产品消费比例均较低，尚未形成稳固的消费习惯。

表 5 - 13　2016—2020 年分地区受访者消费兔皮兔毛产品的比例（%）

| 地区 | 2016 年 | 2017 年 | 2018 年 | 2019 年 | 2020 年 | 平均 |
|---|---|---|---|---|---|---|
| 华北 | 28.9 | 27.1 | 17.4 | 19.9 | 7.6 | 20.2 |
| 中部 | 67.5 | 21.3 | 25.5 | 33.8 | 14.8 | 32.6 |
| 华东 | 26.5 | 20.6 | 20.3 | 31.9 | 18.7 | 23.6 |
| 华南 | 21.9 | 13.0 | 35.7 | 8.7 | 11.1 | 18.1 |
| 西南 | 43.4 | 21.4 | 23.4 | 34.0 | 15.1 | 27.5 |

## 第四节　兔产品消费的特点

为了进一步掌握我国居民兔肉消费行为特点，总结兔肉消费需求变化情况及其走势，本部分针对兔肉的消费种类与消费地点，消费者对兔肉的认知情况以及兔皮兔毛产品的消费特点进行展示分析。

### 一、兔肉的消费种类与消费地点

表 5 - 14 展示了消费者对兔肉及其制品的消费比例，可以看出，当前兔肉消费种类较为单一，消费者在兔肉产品的选择上，更倾向于新鲜兔肉和散装熟兔肉及其制品，2016—2020 年二者的平均消费比例分别为 54.5% 和 38.7%。整体上看包装兔肉及其加工品和散装熟兔肉及其制品的消费比例有明显提高，

其中散装熟兔肉及其制品的消费比例从 2016 年的 29.6％上升至 2020 年的 53.3％，包装兔肉及其加工品共提高了 15.9％，表明兔肉及其制品的消费更加多样化，熟兔肉的相关产业近年来有所发展。

表 5－14　2016—2020 年兔肉及其制品的消费比例（％）

| 兔肉类型 | 2016 年 | 2017 年 | 2018 年 | 2019 年 | 2020 年 | 平均 |
|---|---|---|---|---|---|---|
| 新鲜兔肉 | 51.3 | 56.0 | 51.6 | 63.7 | 50.0 | 54.5 |
| 包装兔肉及其加工品 | 14.7 | 36.3 | 16.4 | 26.6 | 30.6 | 24.9 |
| 散装熟兔肉及其制品 | 29.6 | 45.1 | 27.3 | 38.2 | 53.3 | 38.7 |
| 其他 | 4.5 | 5.6 | 4.6 | 3.4 | 9.4 | 5.5 |

从表 5－15 中可以看到，超市已成为消费者购买兔肉的首选场所，选择在超市购买兔肉的消费者比例为 59.8％。从农贸市场和批发市场购买兔肉的消费者比例在波动中有所下降，而选择从固定门市部门和小商贩处购买兔肉的消费者比例有明显的上升。这一方面表示消费者更加看重食品安全问题，希望在更有保障的场所消费以降低食品安全风险；另一方面也透露出兔肉厂商的销售渠道愈发完善，能够和消费者信任的消费终端进行有效合作。小商贩这种贩卖形式一般销售链条非常短，兔肉产品的问题追溯等较为简单，再加上其为广大消费者提供了更方便的购买途径，因此消费者从小商贩处购得兔肉的情况越来越多。批发市场的商品价格往往低于其他场所，但食品安全的风险也相对较高。出现这种现象的原因可能是，食品安全是消费者购买兔肉的首要考量，而价格在兔肉消费中可能并不那么重要。

表 5－15　2016—2020 年受访者购买兔肉的场所比例（％）

| 兔肉购买场所 | 2016 年 | 2017 年 | 2018 年 | 2019 年 | 2020 年 | 平均 |
|---|---|---|---|---|---|---|
| 超市 | 55.9 | 65.8 | 61.9 | 58.0 | 57.2 | 59.8 |
| 农贸市场 | 61.4 | 48.3 | 57.5 | 58.4 | 53.3 | 55.8 |
| 批发市场 | 6.4 | 10.0 | 6.5 | 10.0 | 6.1 | 7.8 |
| 固定门市部门 | 32.2 | 34.9 | 26.8 | 36.4 | 46.1 | 35.3 |
| 小商贩 | 7.7 | 9.6 | 15.0 | 19.7 | 19.4 | 14.3 |

表 5－16 总结了消费者在外消费兔肉的场所选择情况。结果显示，城市居民在外食用兔肉的场所主要为熟食店和兔肉特色餐馆，而火锅店是仅次于前两者的另一重要兔肉消费场所。2016—2020 年选择在熟食店和兔肉特色餐馆消

费兔肉的受访者平均比例分别为 48.2% 和 45.2%，选择在火锅店消费兔肉的受访者比例为 23.4%。此外，选择在熟食店和火锅店消费兔肉的受访者比例上升明显，其中选择在熟食店消费兔肉的受访者比例从 2016 年的 42.3% 上升至 2020 年的 64.0%。消费者在熟食店购买兔肉的概率越来越大，说明消费者的消费渠道越来越丰富。因此，随着兔肉特色餐馆的逐步增多，兔肉消费量可能会发生显著变化。

表 5-16　2016—2020 年受访者在外消费兔肉的场所比例（%）

| 在外消费兔肉的场所 | 2016 年 | 2017 年 | 2018 年 | 2019 年 | 2020 年 | 平均 |
|---|---|---|---|---|---|---|
| 熟食店 | 42.3 | 43.2 | 41.5 | 50.0 | 64.0 | 48.2 |
| 火锅店 | 13.4 | 34.8 | 25.5 | 22.4 | 21.0 | 23.4 |
| 兔肉特色餐馆 | 43.1 | 53.7 | 40.8 | 49.6 | 39.0 | 45.2 |
| 其他 | 12.1 | 5.0 | 13.9 | 18.3 | 17.0 | 13.3 |

## 二、消费者对兔肉的认知情况

总体来看，城市消费者对兔肉营养和健康等特性的了解程度不高。表 5-17 显示，"比较了解"和"完全了解"兔肉营养等特性的消费者比例为 21.8%，而"不了解"和"完全不了解"的消费者比例则超过了 50%。从兔肉的各类属性上看，知道"兔肉蛋白质含量较高"和"兔肉脂肪含量较低"的消费者比例较大，而了解"兔肉消化率较高"和"兔肉氨基酸含量较高"的消费者比例较低。因此，强化对兔肉营养健康特性的宣传推广，在营养饮食越来越受到重视的今天有可能极大地提高消费者对兔肉的消费量。

表 5-17　2020 年消费者对兔肉营养价值的认知状况（%）

| 兔肉特性 | 完全不了解 | 不了解 | 一般 | 比较了解 | 完全了解 |
|---|---|---|---|---|---|
| 兔肉蛋白质含量较高 | 23.0 | 31.8 | 18.9 | 21.1 | 4.9 |
| 兔肉消化率较高 | 25.2 | 37.2 | 23.0 | 12.2 | 2.1 |
| 兔肉氨基酸含量较高 | 25.2 | 37.9 | 23.2 | 10.3 | 3.2 |
| 兔肉脂肪含量较低 | 21.3 | 32.7 | 18.9 | 22.1 | 4.7 |
| 兔肉热量较低 | 22.8 | 30.8 | 22.4 | 19.8 | 4.0 |
| 兔肉胆固醇含量较低 | 25.2 | 35.7 | 18.3 | 16.1 | 4.5 |
| 平均 | 23.8 | 34.4 | 20.8 | 16.9 | 3.9 |

注：表中数据为不同等级了解程度的消费者所占比例。

表 5-18 报告了消费者对兔肉特性重要性的评价情况。表 5-18 的结果显示，在选择购买兔肉时，消费者更加注重其新鲜度、口感及质量安全（即不能有化学添加物且经过质量认证），对价格、外观、品牌及营养的重视程度相对稍低。在兔肉的各种营养特性中，消费者则更加关注低脂肪、低胆固醇及高蛋白质的特性。

表 5-18    2016—2020 年消费者对兔肉特性重要性的评价

| 年份 | 价格 | 外观 | 新鲜度 | 低热量 | 高氨基酸 | 高蛋白质 | 高消化率 |
|---|---|---|---|---|---|---|---|
| 2016 年 | 3.0 | 3.1 | 4.3 | 3.1 | 3.2 | 3.4 | 3.3 |
| 2017 年 | 3.5 | 3.2 | 4.3 | 3.2 | 3.3 | 3.7 | 3.4 |
| 2018 年 | 3.2 | 3.1 | 4.1 | 3.3 | 3.3 | 3.4 | 3.3 |
| 2019 年 | 3.4 | 3.6 | 4.2 | 3.8 | 4.0 | 3.6 | 3.3 |
| 2020 年 | 3.3 | 3.2 | 4.0 | 3.3 | 3.3 | 3.5 | 3.4 |

| 年份 | 口感 | 品牌 | 柔嫩度 | 低脂肪 | 产品认证 | 低胆固醇 | 无化学添加物 |
|---|---|---|---|---|---|---|---|
| 2016 年 | 4.0 | 2.8 | 3.7 | 3.6 | 3.7 | 3.4 | 4.1 |
| 2017 年 | 4.1 | 3.1 | 3.7 | 3.5 | 3.7 | 3.5 | 4.1 |
| 2018 年 | 3.9 | 3.0 | 3.6 | 3.5 | 3.5 | 3.6 | 4.0 |
| 2019 年 | 3.6 | 3.8 | 3.5 | 3.7 | 3.8 | 4.2 | 3.3 |
| 2020 年 | 3.8 | 3.4 | 3.5 | 3.5 | 3.7 | 3.6 | 3.8 |

注：表中数字为完全不重要（＝1）、不太重要（＝2）、一般（＝3）、比较重要（＝4）、非常重要（＝5）的平均值。

## 三、兔皮兔毛产品的消费特点

表 5-19 展示了 2016—2020 年兔皮兔毛产品的未来消费意愿，如表所示，受访者对兔皮兔毛的未来消费意愿呈现波动态势，整体上有所下降，从 2016 年的 46.0％下降至 2020 年的 26.1％。其原因可能在于：一方面消费者是否购买兔皮兔毛产品取决于当下的时尚流行因素，具有较大的不确定性；另一方面消费者对于兔皮兔毛产品未产生固定的消费习惯。总体而言，兔皮兔毛产品的未来消费意愿表现不容乐观。

表 5 - 19　2016—2020 年兔皮兔毛产品的未来消费意愿

| 项目 | 2016 年 | 2017 年 | 2018 年 | 2019 年 | 2020 年 |
|---|---|---|---|---|---|
| 未购买过的消费者（人） | 422 | 607 | 673 | 598 | 464 |
| 未来想购买的消费者（人） | 194 | 231 | 262 | 265 | 121 |
| 有购买意向的消费者占比（%） | 46.0 | 38.1 | 38.9 | 44.3 | 26.1 |

　　兔皮兔毛等副产品是兔产业发展中的重要部分。表 5 - 20 展示了消费者选择兔皮兔毛产品的原因。消费者购买兔毛兔皮产品的首要原因是保暖，同时也注重产品的时尚美观与产品质量，价格的合理性也在消费者考虑的范围内。相比之下，消费者购买相关产品时参考商店与亲戚朋友意见的可能性不大，仅占9.2%和16.9%。整体来看，消费者对于产品质量和保暖性的重视程度呈现上升趋势，分别从 2016 年的 26.3%和 61.9%上升至 2020 年的 32.3%和72.3%，而对于兔皮兔毛产品的时尚美观的重视程度有所下降，表明消费者越来越重视兔皮兔毛产品的实用性。此外，选择接受商店推荐而购买兔皮兔毛产品的消费者比例从 2016 年的 20.0%下降至 2020 年的 9.2%，意味着消费者选择商品时的自主性提高，在购买时更多地考虑自身需求。因此，兔皮兔毛产品应当专注于产品质量的提升，迎合消费者的需求，保证产品在保暖性、质量与时尚美观等方面达到标准，进而扩大兔皮兔毛产品的消费市场。

表 5 - 20　2016—2020 年受访者选择兔皮兔毛产品的原因（%）

| 原因 | 2016 年 | 2017 年 | 2018 年 | 2019 年 | 2020 年 |
|---|---|---|---|---|---|
| 时尚美观 | 51.3 | 37.8 | 40.3 | 48.4 | 44.6 |
| 质量好 | 26.3 | 26.0 | 30.1 | 31.4 | 32.3 |
| 保暖 | 61.9 | 48.8 | 63.2 | 55.3 | 72.3 |
| 价格合理 | 20.6 | 17.3 | 19.7 | 23.9 | 27.6 |
| 商店推荐 | 20.0 | 26.8 | 14.2 | 22.0 | 9.2 |
| 亲戚朋友推荐 | 10.0 | 16.5 | 7.9 | 7.5 | 16.9 |
| 其他 | 5.0 | 2.4 | 6.3 | 3.8 | 9.2 |

# 第五节　兔产品消费中存在的问题

　　我国兔肉消费市场如果要取得进一步的发展，首先要对部分消费者群体没有尝试过兔肉产品的原因进行分析。从之前的调研结果可以看出（表5-21），没有兔肉消费习惯是影响兔肉消费的最主要的因素；而因对兔肉的营养特性和保健功能不够了解而放弃消费兔肉的消费者也有很大的比重；还有极少的受访者认为兔肉没有营养价值，这部分消费者并不了解或者对兔肉的特点有误解，从侧面反映了兔肉消费的宣传工作不到位。

表5-21　2016—2020年影响兔肉消费的因素比例（%）

| 影响兔肉消费的因素 | 2016年 | 2017年 | 2018年 | 2019年 | 2020年 | 平均 |
| --- | --- | --- | --- | --- | --- | --- |
| 对兔肉的了解较少 | 37.9 | 47.2 | 39.4 | 46.8 | 53.8 | 45.0 |
| 买不到、购买不方便 | 35.4 | 21.5 | 22.2 | 27.8 | 26.7 | 26.7 |
| 价格太贵 | 2.1 | 2.6 | 3.4 | 7.6 | 2.8 | 3.7 |
| 不喜欢兔肉口感 | 19.5 | 26.1 | 24.1 | 14.5 | 19.7 | 20.8 |
| 品种少 | 3.6 | 5.5 | 2.7 | 2.5 | 3.1 | 3.5 |
| 不会烹饪 | 25.6 | 36.2 | 16.1 | 20.5 | 23.2 | 24.3 |
| 没有吃兔肉的习惯 | 56.4 | 65.8 | 74.1 | 52.6 | 69.3 | 63.6 |
| 觉得兔肉没有营养价值 | 2.6 | 5.2 | 1.6 | 1.5 | 1.0 | 2.4 |

### （一）没有养成兔肉消费习惯

食物消费习惯是一个地区的居民在长期生产生活中逐渐形成的，受当地的气候条件、特色物产、文化特色的影响。食物消费具有很强的惯性。例如，在我国，无论如何宣传猪肉高脂肪、高热量、高胆固醇、易引发心脑血管疾病等诸多缺点，都未改变猪肉是我国消费数量最高的肉类产品这一事实。兔肉虽然是一种营养丰富、健康安全的肉类食品，但是仅在西南的部分城市形成了消费习惯，未扩散至全国范围。

有一部分消费者，尤其是年轻女性，提起兔肉首先想到的是惹人怜爱的兔子形象。在他们看来，吃兔肉是一件很残忍的事情，对此多少有些不忍心。此外，长期延续的对兔肉的一些偏见也会对兔肉消费市场的拓宽造成消极影响。有一个说法是"怀孕期的妇女吃兔肉会造成婴儿兔唇"，虽然现代医学研究已经证明，吃兔肉与新生婴儿患唇腭裂完全是风马牛不相及，但这一说法仍然影响着很多人的兔肉消费。

### （二）兔肉的推广、营销不到位造成消费者对兔肉的营养和健康特性认知程度偏低

在居民获取兔肉相关信息的调查中（表5-22），大部分被访者认为兔肉

信息的获取途径较少，接收到的关于兔肉的信息较少，通过电视广播获得信息的被访者只占 25.1%，通过兔肉销售点和销售员获得信息的更是仅有 21.8%。与此同时，通过网络或亲友口口相传而得到信息的占比却较高，分别为 38.2% 和 38.0%。兔肉信息推广和营销活动缺乏，间接限制了居民对兔肉的认知水平提升。

从表 5-21 中我们可以看到，因为对兔肉及兔产品不了解而放弃消费兔肉及兔产品的受访者占 45.0%，而且该问题并没有随着时间的推移得到明显的改善，这是对兔肉消费产生消极影响的第二大因素。此外，仍有一小部分受访者认为兔肉没什么营养价值，这从侧面说明了我国对兔肉的推广和营销做得并不到位。通过宣传推广使得对兔肉消费无所谓的消费者从潜在的消费力量变成真实的、认可兔肉的消费者，是兔肉市场进一步发展的关键。

**表 5-22　2016—2020 年消费者获取兔肉信息的途径（%）**

| 信息获取途径 | 2016 年 | 2017 年 | 2018 年 | 2019 年 | 2020 年 | 平均 |
|---|---|---|---|---|---|---|
| 电视广播 | 12.7 | 23.2 | 22.9 | 32.7 | 34.1 | 25.1 |
| 饭店餐馆 | 34.1 | 36.0 | 29.1 | 33.2 | 44.0 | 35.3 |
| 网络 | 28.8 | 41.0 | 36.2 | 42.0 | 42.9 | 38.2 |
| 书籍报纸 | 12.0 | 15.5 | 12.9 | 10.8 | 9.7 | 12.2 |
| 亲友 | 36.9 | 38.3 | 35.9 | 39.6 | 39.2 | 38.0 |
| 兔肉销售点和销售员 | 25.4 | 23.0 | 20.8 | 19.7 | 19.8 | 21.8 |

### （三）不喜欢兔肉的口感、风味，又不懂得如何烹饪

兔肉具有低脂肪、高蛋白质的特点，从营养和健康的角度看，这是极大的优点。但是一体两面，这也造成了兔肉在风味和口感上的劣势：缺乏肉香、口感较柴。可以清炒但味道寡淡，可以红烧但没有油花，可以煲汤但并无鲜美的风味，一般用于处理牛肉、羊肉、猪肉的烹饪方法难以将兔肉做得色香味俱全。其他常规性肉类都各有其本味，与之相比兔肉在口味上便落了下风。

如果说兔肉不香、偏柴仅仅使得兔肉对消费者没有吸引力，那么兔肉本身所具有的一种草腥味则彻底让一些消费者对兔肉消费关上了大门。兔肉中有特殊的腥味物质存在，且该种腥味物质和兔肉组织结合紧密，加工时难以去除。尽管不同的人对此类气味敏感程度不同，但兔肉的"腥味"多少对其消费产生了消极影响。

鉴于兔肉的上述特点，如果想要将兔肉做成颇有风味的菜肴，就需要一些

与牛肉、猪肉、羊肉等肉类不一样的烹饪方法。由于推广宣传工作不到位，很多消费者根本就不懂如何烹饪兔肉，出于尝鲜目的购买了兔肉，但做成菜肴后非常不满意，因此对兔肉口感、风味并不认可，购买兔肉也会越来越少，更难以摸索出适合制作兔肉菜肴的方式，这样就造成了恶性循环。

### （四）兔肉产品购买不方便

由表 5-15 可知，在兔肉购买场所上，超市、农贸市场、固定门市部门的比例分别为 59.8%、55.8% 和 35.3%。而对于大部分没有消费过兔肉的消费者来说，购买不方便也是影响其消费兔肉的重要原因，占比达到 26.7%（表 5-21）。由于兔肉产业尚未进入成熟阶段，兔肉产品的销售还主要是超市熟食部、农贸市场等传统渠道，缺乏现代渠道的广泛铺货。事实上有很多居民有尝试兔肉的想法，但却不知道哪里能买到品质有保障的兔肉。消费者难以方便地买到兔肉产品，又没有特别高涨的消费热情，可能就因此放弃了消费兔肉。

### （五）兔肉加工产业相对落后

兔肉消费具有很大的发展潜力，而我国的兔肉加工行业还处于起步阶段，尽管有青岛康大、四川哈哥等典型的加工企业，但仍然存在着发展水平较低、产品结构不合理、科技含量低和开发能力不足等问题，难以满足肉类生产发展和人们消费的需要。就整个行业来说，兔肉食品生产集中度不高，产业链不是很长，大企业少且比较分散，技术装备较低端。综合利用（特别是对兔血、内脏等）是兔肉加工行业的一个短板，整个兔肉加工业附加值较低，行业管理还有待进一步完善。

（本章执笔：郑志浩　苗力中　高汉）

# 第六章 中国兔产业发展政策

在农业农村经济发展中，畜牧业占据着重要的地位，而兔产业由于节粮节地、绿色环保、产品优质，逐步成为农业产业结构调整的重点。但兔产业在国内畜牧业中比重依然较小，兔肉产量仅占全部肉类产量的1‰，未来有较大发展空间。回顾2016—2020年我国兔产业的发展状况和产业政策的变化，分析产业政策对产业增长的影响，对于兔产业在"十四五"期间乃至更长时间内的发展十分必要。本章列举了当前的典型产业政策，利用聚类分析法和灰色系统评估法分析了我国兔产业区域布局及其演变，从动态角度分析区域布局的变动，并提出了相关政策和建议。

## 第一节 当前典型的政策举措

改革开放以来，在党和政府的坚强领导下，我国农业和农村经济取得了巨大成绩。良好的发展环境为兔产业快速发展打下坚实的基础，特别是"十三五"以来，政府加大对兔产业的投入，兔产业发展的步伐更加坚实和稳重。政府的典型的措施如下。

### 一、为兔产业发展提供技术和人才保障

农业农村部、财政部等相关部门在兔科技研发、技术推广、人才培训和制度建设等方面投入大量资金，设立系列工程项目，为兔产业高质量发展提供科技支撑和有力保障。

#### （一）加大兔产业科技研发力度

农业农村部等相关部门及四川省等兔业大省投入大量资金，依托国家兔产业技术体系等相关机构，在兔产业的品种繁育、饲养管理、环境调控、综合加工等方面取得了巨大成就，对我国兔产业的规模化、标准化发展和技术进步发挥了重要作用。如在育种技术上，截至2019年我国共选育了16个兔品种（系），显著提升了生产水平。在营养与饲料科技上，研发符合不同气候带资源和养殖模式的饲料配方、适合不同兔笼等设施需求的颗粒饲料。在疾病防控

上，兔产业技术体系自主研发了首个兔病毒性出血症基因工程疫苗，获得国家一类新兽药证书。在兔产品加工技术上，研究了兔肉去草腥味技术，深入探究兔肉蛋白质的特点，探究兔肉加工的超高压技术。在养殖设备上，研制一批新机具，让更多自动化设备走进养殖户。据计算，"十三五"以来（2016—2019年）兔产业科技进步贡献率达到51.85%，比"十二五"期间有了显著提高。

## （二）培育兔业人才

农业农村部、财政部先后实施农业人才培育项目，如新型农民科技培训工程和农村实用人才培养"百万中专生"计划，培养了大量兔养殖领域的实用型人才，为提高农民的养殖技能、促进农业生产发展、增加农民收入发挥了积极作用。国家兔产业技术体系也借助人才培育项目，大力开展兔业企业和养殖户培训，多渠道、多层次、多形式培育高素质农民，提高农民科学养兔水平和就业能力，全面提高兔业从业人员科技文化素质，为建设现代化兔业提供有力的人才支撑。中国农业大学自2009年起，通过畜牧专业硕士培养项目、农业推广硕士（畜牧方向）培养项目等，培养了一批兼具理论基础与实践技能的畜牧专业人才。

## （三）完善制度法规建设

国家深入落实相应制度法规，为强化科技支撑兔生产提供了政策保障。建立推广单位、企业的科研基金、推广基金制度和国家农业科技服务收购制度，鼓励科技人员开展科技创新、技术推广服务和成果转化工作。落实国家在科研、教学、成果转让、技术培训、技术咨询、技术服务、技术承包等方面的政策，鼓励更多主体投入兔产业科技。深入贯彻落实科技进步法、农业技术推广法和相关财税、金融等政策，引导地方政府对兔产业科技项目实施配套。

## （四）技术推广下乡

科技部和养兔大省着力发展养殖模式、品种繁育等科技推广。在"十三五"期间，国家兔产业技术体系在西北地区建立了2个综合试验站，为广大兔养殖户提供技术培训等全范围服务，相关从业人员深入一线为养殖户提供科学的技术辅导，进一步改善家兔的防疫抗病问题。在地方层面上，四川阆中市兔业协会除定期举办獭兔养殖技术培训外，还选派专业技术员定时与不定时面对面指导困难户圈舍消毒、饲养管理、防疫配种、母兔产仔等，解决贫困户的技术和管理方面的难题。截至2021年，新疆有8 000余名科技特派员活跃在基层，累计推广新技术1 824项，引进新品种1 925个，直接参与科技特派员项目的农户近46万户。同时农业农村部等相关部门和养兔大省还搭建了兔产业科技示范基地、产业示范基地、育种平台等众多技术交流示范基地，为科技推广提供有效平台。2003 年以来实施的部分工程和项目如表 6 - 1 所示。

表 6 - 1　2003 年以来实施的部分工程和项目

| 类别 | 项目名称 | 实施年份 | 资金（万元） |
|---|---|---|---|
| 科研类 | 肉兔高效饲养技术研究与示范（农业部） | 2007—2010 年 | 1 330 |
| | 优质特色家兔配套系选育与育种材料创新（四川省） | 2016—2020 年 | 650 |
| | 獭兔综合加工（国家发展改革委） | 2003—2007 年 | 577 |
| 平台建设类 | 渝北区肉兔产业化科技示范基地建设（科技部） | 2013—2015 年 | 200 |
| | 璧山肉兔生态养殖示范基地建设（农业部） | 2012—2013 年 | 45 |
| | 畜禽分子育种平台——兔分子育种平台建设（四川省） | 2016—2019 年 | 195 |
| | 家兔现代产业链关键技术集成研究与产业化示范（四川省） | 2016—2018 年 | 580 |
| 技术推广类 | 肉兔配套系工厂化养殖模式示范推广（河南省） | 2017—2019 年 | 200 |
| | 优质肉兔良种繁育科技示范与推广（四川省） | 2012—2014 年 | 50 |
| | 良种肉兔高效繁育技术示范与推广（科技部） | 2010—2011 年 | 50 |
| 人才培养及农民培育类 | 农村实用人才培养"百万中专生计划"（农业部） | 2005 年起 | — |
| | 新型农民科技培训工程（农业部、财政部） | 2006 年起 | — |
| | 中国农业大学畜牧专业硕士培养项目 | 2013 年起 | — |
| | 中国农业大学农业推广硕士（养殖领域）培养项目 | 2009 年起 | — |

## 二、为养殖户提供补贴和保障

为发展本地兔产业，保持养殖户的积极性，各地政府出台了大量政策支持当地兔产业的发展。例如为养殖户提供各种形式的补贴、设立兔业保险、保护价收购等，为兔农提供多方面鼓励和保障。

### （一）养兔补贴

为落实兔产业发展目标、带动农户养殖积极性，各地政府为养殖户提供了各种形式的补贴，如种兔补贴、兔笼补贴、种草补助等。以贵州普安为例，县政府为发展普安长毛兔，出台如下扶持措施：种兔补助，对新建 200 个笼位以上的养殖户，每户补助 20 只种兔，每只种兔价值 150 元。兔笼补助，对养殖户新修兔舍中的兔笼，按每个笼位 60 元的标准直接补助给养殖户，每户最多补助 200 个笼位，每户最高可得兔笼补助 1 200 元。种草补助，种植优质人工牧草的养殖户，种一亩牧草给予 200 元补助，每户养殖户补助 2 亩，每户补助 400 元。贷款贴息补助，为了解决养殖户缺乏周转资金的问题，对养殖户给予贷款贴息补助，每户养殖户给予 2 万元贷款贴息补助，资金来源为财政专项扶贫资金。饲料补贴，对兔饲料实行 2.30 元/千克的限价销售，给予 400 元/吨的饲料补贴，使兔饲料从 2.70 元/千克降至 2.30 元/千克，降低兔毛生产成本。全力推动长毛兔产业发展。

### （二）大户补贴

只有规范化、标准化养殖才可以助推兔产业规模经济的实现，规模化、专业化养殖是未来趋势，因此各地将鼓励大户养殖作为一种重要的政策导向。如贵州普安县的种兔补助，只针对新建 200 个笼位以上的养殖户，给予养殖户的 2 万元贷款贴息补助也要求兔笼不得低于 200 个。普安县还对兔养殖小区进行补助，对 2016 年新建成的长毛兔养殖小区给予 15 万元基础设施建设补助，要求长毛兔养殖小区建兔舍 6 栋以上，每栋兔舍中建兔笼 500 个以上，小区兔存栏不少于 2 000 只。

### （三）设立兔业保险

近年来，兔产业先后经历了 2013 年手拔毛事件、2018 年非洲猪瘟、2020 年新冠感染疫情和无抗养殖等外部冲击，市场波动较大，严重挫伤了养殖户的积极性。地方政府通过建立风险规避机制，如产业保险，来稳定养殖户的信心。以新疆和田地区特色优势畜禽产业保险政策为例，其养殖兔保险有三种，分别为养殖成本保险、货物运输保险和价格指数保险。其中养殖成本保险种兔单位保险金额为 120~150 元，商品兔单位保险金额为 30 元；货物运输保险为在保险期间内因自然灾害、意外事故及运输工具碰撞、倾覆等造成特色农产品直接损失的情况，全部予以保障，保险金额自行协商但不超过市场价格的 7 成；价格指数保险是在最终销售环节办理，在保险期间内因市场价格波动导致目标销售价格低于特色农产品成本价格加运输成本价格时，由保险公司按照保险合同的约定对差额部分作出赔偿。保费分摊是地区财政补贴 50%，县（市）财政补贴 30%，养殖户、新型经营主体等自缴 20%。除此之外，和田地区还有特色优势农产品运费补贴政策、乌鲁木齐市帮扶和田地区农业规模发展运杂费补贴政策等多种保险政策，这些保险政策涵盖了生产、运输、销售多个环节，为农户的养殖提供了有力保障。

### （四）保护价收购

兔业市场规模小、波动大，养殖户的经济预期难以稳定。例如 2019 年，1 月兔肉价格每千克高达 30 元，5 月就降至每千克 22 元，养殖户的经济效益处于剧烈的震荡之中。对此，部分地区模仿国家粮食保护价的政策，对商品兔的收购也采取了保护价措施，以稳定兔农的预期，保护兔农生产积极性。例如，贵州普安县政府对养殖户实行保护价收购兔毛政策，采取政府补贴的方式，由相关公司按优级兔毛 160 元/千克、一级兔毛 140 元/千克的保护价收购。新疆皮山县、山东东平县也都对养兔困难户实施统一收购、统一价格的制度。保护价收购政策削弱了兔毛价格走低对养殖户的影响，保障了养殖户的效益。

## 三、其他政策

### （一）完善家兔标准化体系和质量监测体系

自 2004 年农业部组织制定了《2004—2010 年畜牧业国家标准和行业标准建设规划》以来，截至 2021 年，现行有效的畜牧业国家标准和行业标准共计680 项，基本覆盖畜牧业生产的各个环节。而在政府和协会的积极推动下，兔产业标准化步伐也日益加快，已有《鲜、冻兔肉》（GB/T 17239—2008）、《无公害食品　兔肉》（NY 5129—2002）、《兔毛纤维试验方法》（GB/T 13835）、《种兔场建设标准》（NY/T 2774—2015）等多个标准。对于主要的兔肉加工企业，也有相应的标准，比如重庆阿兴记食品有限公司企业标准：《风味兔肉制品》（Q/AXJ 0001—2013）和《兔配合饲料》（Q/AXJ 01—2015）等。为了切实实施农产品质量安全提升规划，各省（自治区、直辖市）都建立了农产品质量安全监管机构，并开展了农业综合执法。同时为了深入实施全国农产品质量安全检验检测体系建设规划，建立了部、省、地、县四级农产品质检机构。在一些家兔主产地（比如重庆开县等），地方政府还成立了兔业办公室，对兔产业发展进行全面管理，对兔产品质量进行监测控制。除了地方政府外，中国畜牧业协会兔业分会和各地兔业协会都对兔业发展进行了科学的指导和监督。

### （二）增强合作社和龙头企业力量

合作社和龙头企业对农户的拉动作用是显著的。近年来，各地政府对农民专业合作社和龙头企业出台了不同的优惠政策，促进了兔业合作社和龙头企业力量的增强。从调查情况看，2018 年大多数兔场都加入了养殖合作社。养兔合作社为社员提供种兔、商品兔销售途径、适合当地养殖用的饲料和疫苗以及行业信息。与此同时，合作社也带动了附近新养殖户投入肉兔生产，实现了企业、合作社和养殖户等各方的互利共赢。在四川，已形成了哈哥、九升和华联等 3 家影响力较大的兔业龙头企业，这些企业发展势头强劲，对带动兔产业发展起到了积极作用。在贵州，按照普安县政府为发展长毛兔产业提出的"强龙头、建基地、创品牌、拓市场、增效益"的发展思路，贵州新普科技股份有限公司通过"公司＋农户""公司＋养殖小区＋精准贫困户""公司＋养殖小区＋

合作社＋养殖能人"等多种合作模式，与当地贫困户形成紧密的利益联结机制，带动普安县 5 000 余户农户发展长毛兔养殖，实现户均年增收 3 万～5 万元；在兔产品加工方面，提供就业岗位 1 000 余个，实现人均年收入 4 万～5 万元。

### （三）投资兴建示范区

各地政府为发展本地兔产业，尤其是为引导贫困户养殖脱贫，与龙头企业合作，共同投资建立兔养殖基地，搭建兔场、兔舍等设施，形成集育种繁殖、养殖、屠宰深加工、饲料生产与加工、疫病鉴定等为一体的综合性产业基地，为兔农提供更好的保障。如河南漯河舞阳 2020 年共支出 421.1 万元建立姜店乡长毛兔养殖示范园区；新疆和田皮山县共投资 12.4 亿元，建立兔产业扶贫养殖基地，养殖场面积达到 3 500 亩，基地包括 50 万只规模的种兔场，2 000 万只规模的育肥场；四川内江市东兴区也兴建了残疾人肉兔养殖扶贫基地。

### （四）开展多方协作

如今兔产业发展不再单打独斗，地方政府积极利用对口帮扶省市的力量，开展多方协作，助力产业发展。2017 年 4 月 21 日，中国毛纺织行业协会与普安县签署兔毛市场开拓合作框架性协议。协议商定，普安聘请中国毛纺织行业协会为该县长毛兔产业发展的指导单位，双方密切合作，协会引导会员企业支持普安打造从养殖到深加工到消费的完整产业链，把养殖优势转化为产业优势，提高产业价值。中国毛纺织行业协会还积极支持普安长毛兔产业基地建设，支持普安向"中国长毛兔产业基地"迈进。2018 年，南京江宁区投入资金 330 万元，以"公司＋集体经济＋贫困户"模式，带动 5 000 户陕西洛南贫困户加入养兔行列，每户年纯收入 3 000 元。天津静海区为甘肃镇原县的兔肉分设线上、线下销售专区，销售冷鲜兔肉和熏制兔肉等产品，有效拓宽了兔产品的销售渠道。蒙阴县与中国服装设计师协会、天津工业大学、上海东华大学等单位开展产学研合作，采用纳米纺织技术，开发纯兔绒面料和内衣、毛衫等高质量的兔绒服饰，力争打造出全国知名的兔绒服饰品牌。

# 第二节　兔产业地域发展格局

我国各地区因地理环境、劳动力及经济总体发展水平不同，兔产业发展程度也存在显著差异，因此有必要根据各地经济发展、技术、社会需求等因素，对兔产业区域布局进行深入分析，对兔产业发展进行更为科学的地区划分，以期能够因地制宜地进行政策支持，尽快实现产业区域结构的优化。下面将结合影响兔产业发展的相关因素的省级统计数据，利用聚类分析法和灰色系统评估法，对我国兔产业进行地区划分，并对不同类别地区各分类指标在总体中所占的比重进行分析，以明确兔产业结构的地域性特点。

## 一、数据与方法

在我国，不同地区之间的兔产业发展存在各种各样的差异，发展程度显然是不同的，因此有必要对不同地区采取不同程度的政策支持。但是通常意义上对地域的划分，不能完全满足指导产业布局的需要。因为除了自然因素影响兔产业的发展外，其他诸多因素如经济发展、技术、社会需求等，都会对兔产业的发展产生影响，因此有必要对兔产业地区进行更为科学的划分。

首先，分别利用聚类分析法和灰色系统评估法对我国兔产业进行地区划分，聚类分析法是根据一定的标准进行分类，灰色系统评估法根据研究对象的灰色特征进行分类。两者有一定的相似性，但两者的计算过程是不同的。两种方法都能够为有针对性地制定产业区域政策提供重要参考。其次，本节将在对兔产业发展区域分类的基础上，对比历年各省份区域划分的不同，进行比较分析。最后，对不同类别地区各分类指标在总体中所占的比重进行分析，以求明确兔产业结构的地域性特点。

数据采用 2016—2020 年统计数据，共涉及 31 个省份，去除有缺失数据的 3 个省份，最终采用的是 28 个省份数据，具体包括：北京、天津、河北、山西、内蒙古、吉林、黑龙江、江苏、浙江、安徽、福建、江西、山东、河南、湖北、湖南、广东、广西、海南、重庆、四川、贵州、云南、陕西、甘肃、青海、宁夏、新疆。其中包括 9 项指标：全年兔出栏量、年末种兔存栏量、种兔场站数、第一产业就业人数、当年农林牧渔业总产值、农村居民人均可支配收入、县（市）级家畜繁育改良站数、县（市）级饲料监察所数、乡镇畜牧兽医站数。这样就能从兔产业发展水平、兔产业发展经济要素、兔产业发展技术要素三个方面综合看待各个省份兔产业的发展状况及前景。其中各省份第一产业就业人数来自各省份统计年鉴，当年农林牧渔业总产值、农村居民人均可支配收入数据来自《中国统计年鉴 2021》，其余指标的数据来自历年《中国畜牧兽医年鉴》。

## 二、聚类分析法

聚类（Clustering）是一个将数据集划分成若干组或类的过程，使得同一类数据对象具有较高的相似度，而不同类的数据对象之间相似度较低。聚类分析按照数据对象在性质上的距离远近的程度进行分类。刻画数据对象之间的相似性主要有距离函数和相似系数两类函数。在实际计测时，首先需要对表示个体间关系的测量尺度进行定义。其次计算各个个体之间的距离（或尺度），列出其中最短距离和距离清单。最后对距离进行排序得到聚类结果。

运用 SPSS 软件，对 2020 年的数据利用聚类分析法中的重心法进行聚类，得到的结果如图 6-1 所示。

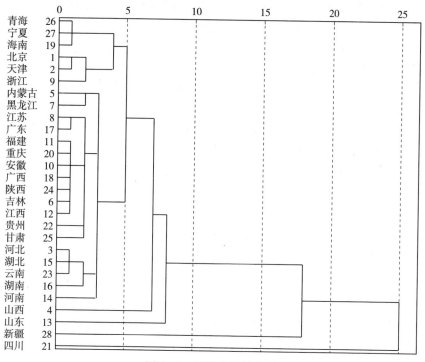

图 6-1 聚类分析树状图

从图 6-1 中可以看出，如果分三类的话，28 个省份中，四川单列一类，新疆单列一类，其余省份：北京、天津、河北、山西、内蒙古、吉林、黑龙江、江苏、浙江、安徽、福建、江西、山东、河南、湖北、湖南、广东、广西、海南、重庆、贵州、云南、陕西、甘肃、青海、宁夏为第三类。

## 三、灰色系统评估法

灰色系统评估法能够充分利用有效信息将不确定的信息用灰色变量表示出

来。运用灰色系统评估法确定影响系统的主要因素，在此基础上对系统做出半定性、半定量的评价，然后进一步进行综合评价，并得出划分结论。

首先，本研究采用的方法给出了各省份处于高、中、低三类地区的概率（或者系数），哪种类型地区的系数最大，该省份就处于哪种类型地区中。同时，利用具体系数根据其各自的权重，还可以对兔产业的发展优势进行排序，能够清晰地看出各地兔产业发展的相对水平。其次，本节将结合各省份多年的兔产业发展区域划分，观察各省份地区发展优势的变化。最后，本节在对兔产业发展区域进行分类的基础上，对不同类别地区各分类指标在总体中所占的比重进行分析，以求明确兔产业结构的地域性特点。

在进行系统分类的过程中，本节选取 9 项指标：全年兔出栏量、年末种兔存栏量、种兔场站数、县（市）级家畜繁育改良站数、县（市）级饲料监察所数、乡镇畜牧兽医站数、第一产业就业人数、当年农林牧渔业总产值、农村居民人均可支配收入（各指标权重系数见表 6 - 2）。这样就可以从兔产业发展水平、兔产业发展技术要素、兔产业发展经济要素三个方面综合分析各个省份兔产业的发展状况及前景。其中，第一产业就业人数、当年农林牧渔业总产值、农村居民人均可支配收入 3 项是辅助性指标，其他 6 项是主要指标。

表 6 - 2　各指标权重系数

| 指标大类 | 指标 | 权重 |
|---|---|---|
| 兔产业发展水平 | 全年兔出栏量 | 0.25 |
| | 年末种兔存栏量 | 0.15 |
| | 种兔场站数 | 0.15 |
| 兔产业发展技术要素 | 县（市）级家畜繁育改良站数 | 0.1 |
| | 县（市）级饲料监察所数 | 0.1 |
| | 乡镇畜牧兽医站数 | 0.1 |
| 兔产业发展经济要素 | 第一产业就业人数 | 0.05 |
| | 当年农林牧渔业总产值 | 0.05 |
| | 农村居民人均可支配收入 | 0.05 |

## （一）兔产业地区分类

由上述步骤得到的历年兔产业地区分类系数如表 6 - 3 所示。

表 6-3    历年兔产业地区分类系数

| 省份 | 2016 年 | 2017 年 | 2018 年 | 2019 年 | 2020 年 |
|---|---|---|---|---|---|
| 北京 | 0.598 0 (低) | 0.607 5 (低) | 0.730 4 (低) | 0.624 6 (低) | 0.612 9 (低) |
| 天津 | 0.584 3 (低) | 0.604 0 (低) | 0.726 3 (低) | 0.619 7 (低) | 0.612 8 (低) |
| 河北 | 0.526 9 (中) | 0.495 7 (中) | 0.411 3 (中) | 0.478 1 (中) | 0.520 8 (中) |
| 山西 | 0.527 9 (中) | 0.565 2 (中) | 0.506 4 (低) | 0.483 3 (中) | 0.454 9 (中) |
| 内蒙古 | 0.468 8 (中) | 0.523 5 (中) | 0.500 4 (中) | 0.539 6 (中) | 0.550 6 (中) |
| 吉林 | 0.694 0 (中) | 0.678 7 (中) | 0.569 6 (中) | 0.624 3 (中) | 0.634 3 (中) |
| 黑龙江 | 0.563 1 (中) | 0.549 4 (中) | 0.466 1 (中) | 0.530 7 (中) | 0.617 9 (中) |
| 江苏 | 0.640 2 (中) | 0.604 1 (中) | 0.608 3 (中) | 0.712 2 (中) | 0.689 4 (中) |
| 浙江 | 0.533 8 (中) | 0.381 0 (中) | 0.370 3 (低) | 0.479 4 (中) | 0.453 1 (低) |
| 安徽 | 0.619 1 (中) | 0.625 4 (中) | 0.580 2 (中) | 0.587 8 (中) | 0.659 5 (中) |
| 福建 | 0.699 4 (中) | 0.649 3 (中) | 0.420 8 (中) | 0.678 8 (中) | 0.627 4 (中) |
| 江西 | 0.624 3 (中) | 0.627 6 (中) | 0.552 0 (中) | 0.622 3 (中) | 0.668 8 (中) |
| 山东 | 0.641 6 (高) | 0.512 8 (高) | 0.736 7 (高) | 0.680 5 (高) | 0.625 6 (高) |
| 河南 | 0.489 9 (中) | 0.485 0 (中) | 0.563 4 (高) | 0.519 7 (中) | 0.597 0 (中) |
| 湖北 | 0.616 5 (中) | 0.665 7 (中) | 0.633 3 (中) | 0.655 6 (中) | 0.602 8 (中) |
| 湖南 | 0.497 4 (中) | 0.555 8 (中) | 0.494 3 (中) | 0.552 7 (中) | 0.579 2 (中) |
| 广东 | 0.641 0 (中) | 0.649 6 (中) | 0.607 5 (中) | 0.644 1 (中) | 0.611 7 (中) |
| 广西 | 0.623 4 (中) | 0.618 4 (中) | 0.464 2 (低) | 0.539 7 (中) | 0.593 4 (中) |
| 海南 | 0.588 6 (低) | 0.594 9 (低) | 0.722 3 (低) | 0.614 7 (低) | 0.622 8 (低) |
| 重庆 | 0.525 7 (中) | 0.565 4 (中) | 0.505 4 (中) | 0.606 7 (中) | 0.612 4 (中) |
| 四川 | 0.862 1 (高) | 0.921 0 (高) | 0.897 5 (高) | 0.718 6 (高) | 0.714 3 (高) |
| 贵州 | 0.554 1 (中) | 0.568 6 (中) | 0.603 4 (中) | 0.601 2 (中) | 0.620 8 (中) |
| 云南 | 0.698 7 (中) | 0.655 7 (中) | 0.626 8 (中) | 0.647 2 (中) | 0.501 6 (中) |
| 陕西 | 0.609 9 (中) | 0.604 8 (中) | 0.492 1 (中) | 0.673 3 (中) | 0.680 7 (中) |
| 甘肃 | 0.627 4 (中) | 0.610 0 (中) | 0.602 2 (中) | 0.641 0 (中) | 0.536 2 (中) |
| 青海 | 0.626 2 (低) | 0.647 2 (低) | 0.765 6 (低) | 0.655 5 (低) | 0.654 0 (低) |
| 宁夏 | 0.623 2 (低) | 0.636 1 (低) | 0.758 7 (低) | 0.648 6 (低) | 0.623 8 (低) |
| 新疆 | 0.605 0 (中) | 0.581 8 (中) | 0.501 7 (低) | 0.482 5 (中) | 0.496 4 (高) |

根据表 6 - 3 的结果，可以按照兔产业地区发展水平划分高、中、低三类地区，可以看出这一划分方法与政府现行政策中使用的东部、中部、西部三个地区的划分不是完全一致的，以 2020 年数据为例进行对比。

如表 6 - 4 所示，兔产业比较发达的地区有四川、山东、新疆，这也都是传统上农业比较发达的地区。同时通过对比也可以看出，兔产业发展的地区划分与现行的东、中、西部的划分是有很大不同的。比如划为西部地区的四川省却是兔产业发展状况最好的省份，西部新疆的兔产业发展也处于领先位置；而划分为东部地区的一些省份兔产业发展并没有处于领先位置。

表 6 - 4　兔产业地区划分的比较

| 地区划分 | | 现行东中西部划分 | |
|---|---|---|---|
| 类型 | 省份 | 类型 | 省份 |
| 高类地区 | 山东、四川、新疆 | 东部地区 | 北京、天津、河北、江苏、浙江、福建、山东、广东、广西、海南 |
| 中类地区 | 河北、山西、内蒙古、吉林、黑龙江、江苏、安徽、福建、江西、河南、湖北、湖南、广东、广西、重庆、贵州、云南、陕西、甘肃 | 中部地区 | 山西、内蒙古、吉林、黑龙江、安徽、江西、河南、湖北、湖南 |
| 低类地区 | 北京、天津、浙江、海南、青海、宁夏 | 西部地区 | 重庆、四川、贵州、云南、陕西、甘肃、宁夏、青海、新疆 |

因此在制定兔产业发展和扶持政策时需要因地制宜，针对不同地区实施不同的兔产业政策。例如，比起东部、中部和西部这样的地域概念来，由于高类地区、中类地区和低类地区的划分方法考虑了地区的兔产业发展水平，因此实施按高、中、低类地区划分的差别政策便于发展各地兔产业与经济开发等政策的落地和实施。

需要指出的是，上文对以省份为单位的样本进行高、中、低地区分类是综合了 9 项指标的结果，若从单一指标进行考察可以看出，同一指标在同一类型地区内部也存在着不平衡性。例如，从全年兔出栏量的角度看，2016 年低类地区的青海是 47.3 万只，而同是低类地区的天津是 7 万只，两者相差 5.8 倍。在种兔场站数量方面，2016 年四川省是 133 个，而同属高类地区的山东则只有 22 个，两者相差 5 倍。不同的指标水平必然会影响到不同省份之间兔产业发展的水平，由此可见，平衡各省份之间的指标差异也应是兔产业政策的目标之一。

### （二）地域分布变动分析

本节根据 2016—2020 年兔产业的基本数据，对各省份兔产业的发展状况分别进行灰色系统评估，从而揭示兔产业区域格局的演变特征和规律。通过对 5 年数据结果的对比可以发现，随着时间的推移，处在不同地区的省份地位会发生变动。

从表 6-5 来看，四川省、山东省一直为高类地区，这和直观判断一致。这两个省份的兔产品消费和兔产值水平一直高于其他省份。其中有效的地方性兔产业发展政策起到了良好的效果。新疆维吾尔自治区在观察期内由于产业扶贫，兔产业发展态势良好，从中类地区攀升至高类地区。而一些低中类地区也具备一定的产业发展条件，譬如牧草、劳动力优势，只要能利用好这些资源，结合国家和地方有力的政策支持，也能复刻新疆的成功经验，快速发展壮大兔产业。

表 6-5　各省份类型分布变动

| 类型 | 2016 年 | 2017 年 | 2018 年 | 2019 年 | 2020 年 |
|---|---|---|---|---|---|
| 高类地区 | 山东、四川 | 山东、四川 | 山东、河南、四川 | 山东、四川 | 山东、四川、新疆 |
| 中类地区 | 河北、山西、内蒙古、吉林、黑龙江、江苏、浙江、安徽、福建、江西、河南、湖北、湖南、广东、广西、重庆、贵州、云南、陕西、甘肃、新疆 | 河北、山西、内蒙古、吉林、黑龙江、江苏、浙江、安徽、福建、江西、河南、湖北、湖南、广东、广西、重庆、贵州、云南、陕西、甘肃、新疆 | 河北、内蒙古、吉林、黑龙江、江苏、安徽、福建、江西、湖北、湖南、广东、贵州、云南、陕西、甘肃 | 河北、山西、内蒙古、吉林、黑龙江、江苏、浙江、安徽、福建、江西、河南、湖北、湖南、广东、广西、重庆、贵州、云南、陕西、甘肃、新疆 | 河北、山西、内蒙古、吉林、黑龙江、江苏、安徽、福建、江西、河南、湖北、湖南、广东、广西、重庆、贵州、云南、陕西、甘肃 |
| 低类地区 | 北京、天津、海南、青海、宁夏 | 北京、天津、海南、青海、宁夏 | 北京、天津、山西、浙江、广西、海南、青海、宁夏、新疆 | 北京、天津、海南、青海、宁夏 | 北京、天津、浙江、海南、青海、宁夏 |

另外，在中类地区的划分中，地区内部的省份发展优势排序也发生了相对位置的变动。其中，陕西省由 2016 年中类地区的第 11 名，上升至 2020 年中类地区的第 2 名；江西省也由 2016 年中类地区的第 7 名上升至 2020 年中类地

区的第 3 名；而东部地区的部分省份，如浙江省的兔产业发展优势则在不断下降，这是受到"东兔西移""南兔北迁"的区域布局变动影响。各代表性省份具体的分类指标变化见表 6-6。

表 6-6　三省指标变化对比

| 指标 | 新疆 | | | 陕西 | | | 浙江 | | |
|---|---|---|---|---|---|---|---|---|---|
| | 2016 年 | 2018 年 | 2020 年 | 2016 年 | 2018 年 | 2020 年 | 2016 年 | 2018 年 | 2020 年 |
| 全年兔出栏量 | 183.9 | 25.7 | 3 537.8 | 225.4 | 138.8 | 178 | 437.7 | 271.6 | 224.9 |
| 种兔场站数 | 0 | 0 | 14 | 5 | 4 | 3 | 13 | 8 | 4 |
| 年末种兔存栏量 | 0 | 0 | 1 639 709 | 22 800 | 80 280 | 136 500 | 199 010 | 63 285 | 8 300 |
| 县（市）级家畜繁育改良站数 | 22 | 22 | 16 | 10 | 8 | 4 | 3 | 3 | 1 |
| 县（市）级饲料监察所数 | 6 | 8 | 3 | 2 | 2 | 3 | 1 | 1 | 1 |
| 乡镇畜牧兽医站数 | 838 | 801 | 942 | 1 156 | 1 074 | 821 | 541 | 498 | 342 |
| 农村居民人均可支配收入 | 10 183 | 11 975 | 14 056 | 9 396 | 11 213 | 13 317 | 22 866 | 27 302 | 31 931 |
| 当年农林牧渔业总产值 | 2 970 | 3 638 | 4 316 | 2 986 | 3 240 | 4 057 | 3 146 | 3 157 | 3 497 |
| 第一产业就业人数 | 549 | 528 | 460 | 791 | 788 | 632 | 466.24 | 437.86 | 208 |

由表 6-6 的对比数据可以看出：新疆当年农林牧渔业总产值、农村居民人均可支配收入这两个兔产业发展经济要素指标在逐年上升；县（市）级家畜繁育改良站数、县（市）级饲料监察所数、乡镇畜牧兽医站数这三个兔产业发展技术要素指标略有下降或上升；而代表兔产业发展水平的全年兔出栏量、年末种兔存栏量、种兔场站数均有较大幅度的上升，特别是种兔场站数和年末种兔存栏量，由此可以推断正是这三个指标较大幅度的上升使得新疆在 2020 年上升为高类地区。与此相对应，浙江省兔产业发展区域划分级别的下降与这三个指标的大幅下降也具有较为密切的关系。从表 6-6 中可以看到，浙江省的全年兔出栏量、年末种兔存栏量、种兔场站数在五年间均有较大幅度的下降。陕西省的全年兔出栏量也有所下降，但是年末种兔存栏量大幅上升，代表技术要素的三个指标总体下降，代表经济要素的三个指标有下降也有上升，所以总体处于中类地区不变，但在中类地区的排名有所上升。综合以上各指标的变动

趋势可以看出，兔产业发展水平的三个指标的较大幅度变动以及经济要素和技术要素指标的小范围波动是各省份在兔产业地区发展水平划分中变动的主要原因。

### （三）兔产业结构的地域性分析

由于我国兔产业发展存在地域性差异，本研究运用可考虑综合性要素的计量分析方法对我国兔产业发展的地区差距进行灰色系统评估分析，将 28 个省份划分为兔产业发展水平不同的高、中、低三类地区。为分析各要素指标在不同地区内的分布情况、明确兔产业结构的地域性特点，本研究按三类地区对2020 年相关数据进行了兔产业地区构造计算，结果见图 6-2。

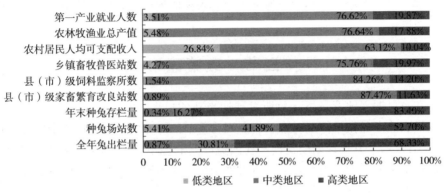

图 6-2　我国兔产业的地域构造（纵轴为指标，横轴为占比）

如图 6-2 所示，尽管高水平地区只包括了 28 个样本中的 3 个，但其年末种兔存栏量占总体的 83.40%，全年兔出栏量占 68.33%，种兔场站数也占全部的一半以上，充分体现了兔产业发展的聚集性。另外，高类地区县（市）级饲料监察所数、农林牧渔业总产值、第一产业就业人数均占各指标总体的14% 以上，体现了经济要素和技术要素是兔产业发展的基础。

中类地区省份数量为 19 个，占全部样本数量的大部分，但该地区的全年兔出栏量仅为总体的 30.81%，年末种兔存栏量仅占总体的 16.27%，种兔场站数为总体的 41.89%。但中类地区的乡镇畜牧兽医站数、县（市）级饲料监察所数、县（市）级家畜繁育改良站数、农林牧渔业总产值和第一产业就业人数均占各指标总体的 70% 以上，个别达到 80% 以上。可见，中类地区兔产业发展潜力巨大，应加大对该类地区的技术支持和政策引导力度。

低类地区包含的样本数量为 6 个，兔产业发展十分薄弱，全年兔出栏量仅占总体的 0.87%。这其中有部分地区，如北京、天津、浙江，是受到资源禀赋、环保政策等限制；也有部分地区是由于消费者认知不足、需求疲软、管理粗放等，兔产业发展水平较低。但无论如何，从地域性分析可知，低类地区兔产业发展的技术要素和经济要素都较为不足。在兔产业发展的技术要素方面，高类地区的乡镇畜牧兽医站数为总数的19.97%，而低类地区仅为4.27%；高类地区的县（市）级饲料监察所数为总数的14.20%，而低类地区仅为1.54%；高类地区的县（市）级家畜繁育改良站数为总数的11.63%，而低类地区仅为0.89%。在兔产业发展的经济要素方面，高类地区的当年农林牧渔业总产值为总数的17.88%，而低类地区仅为5.48%；高类地区的第一产业就业人数为总数的19.87%，而低类地区仅为3.51%。由此可见，若要改善低类地区兔产业发展落后的状态，需加大对该类地区兔产业发展的技术支持和经济支持力度。

# 第三节　政策建议

在乡村振兴的背景下，兔业发展迎来新的机遇。2009年开始，在国家建立现代农业产业技术体系时，就将兔列为重要的产业之一，经过"十二五"和"十三五"两个五年计划的建设，我国兔产业的规模化、标准化发展和技术进步取得了很大进展。当然，兔产业发展中仍存在不同的问题，为促进兔产业健康快速发展，特提出以下建议。

## 一、提高对兔产业的重视程度，完善兔产业发展规划

### （一）提高对兔产业的重视程度，将兔肉纳入肉类的总体规划

长期以来，由于兔产业规模相对较小，没有得到应有的重视。但随着我国经济社会发展进入新时代，对"质"的关注日益大于对"量"的关注。兔肉具备"三高三低"（即高蛋白、高赖氨酸、高磷脂和低脂肪、低胆固醇、低热量）的特点，具备极为广阔的市场前景，兔皮兔毛在皮毛市场上也具备较强的发展潜力。建议农业农村部等部门提高对兔产业的重视程度，将兔肉等特色肉类纳入肉类总体规划。兔产业主要省份政府要结合当地实际，制定好兔产业发展规划，明确工作任务和目标，采取有力措施，推进兔产业发展。

### （二）优化产业结构，促进产业升级

优化产业结构，首先是要做好肉兔、獭兔和毛兔的协调发展，坚持以肉兔为重点、以毛兔和獭兔共发展为原则进行规划引导。同时，处理好主产区和非主产区的协调发展问题，鼓励一些具有饲草资源的西北地区省份发展兔业，做

好"东兔西移""南兔北迁"的引导。另外，产业升级是根本，兔产业的发展必须逐步依赖先进的技术和设备，改造传统的养殖模式，用机械替代劳动力，实现规模化、标准化生产。

### （三）巩固扶贫成果，建立兔产业扶持的长效机制

在陕甘宁、云贵川等传统贫困或低收入山区，家兔养殖也是重要的产业扶贫增收手段，即使在 2020 年消除绝对贫困后，兔产业仍需要继续巩固发展。农业农村部等部门须建立针对这些地区的五年计划和十年规划，巩固产业扶贫成果，继续强化产业的辐射带动作用，保证兔产业的可持续发展和农民收入的稳定增长。

### （四）打造现代兔业样板，建设优势兔产业集群

农业农村部印发《"十四五"全国畜牧兽医行业发展规划》，提出重点打造两个万亿级和四个千亿级产业，着力构建"2＋4"现代畜牧业产业体系，兔产业要努力抓住这一机遇，集中力量打造一批样板。兔产业主要省份政府要制定好兔产业发展规划，明确工作任务和目标，发挥地方资源优势，建立"品种优良化、管理精细化、设备现代化、防疫科学化和粪污无害化"生产基地，发展兔肉餐饮产业，打造兔肉深加工基地，创建特色兔业品牌，促进一、二、三产业融合发展，最终打造肉兔千亿产业集群。各级主管部门在融资、项目、人才和政策方面重点支持，形成当地农业农村经济新的增长引擎。

## 二、以创新驱动发展，健全兔产业长期创新机制

### （一）稳步推进家兔遗传改良计划，完善家兔良种繁育体系

党中央、国务院高度重视现代种业发展，中央全面深化改革委员会审议通过《种业振兴行动方案》，强调必须把种源安全提升到关系国家安全的战略高度。兔产业要抓住这一机遇，稳步推进家兔遗传改良计划，完善家兔良种繁育体系。我国家兔地方品种、选育品种资源比较多，但多数生产性能低；另外，我国也引进了许多国外优良品种，特别是配套系，但是自主培育的力度还远远不够。为此，亟须全面梳理种质资源，切实做好种质资源保护，加快推进家兔的相关基础性研究，开发与应用高效育种方法，将遗传资源保护与品种培育有机地结合起来。力争"十四五"期间，培育我国本土肉兔新品种 1 个，建立大型系、高繁系、高密系 3 个专门化选育基础群，完成兔毛品质性状的分子遗传基础研究，研究集成高效繁殖技术 1 套。

### （二）加快高效养殖设备研发、智能化环境控制技术研究

积极推动机械化、自动化、智能化养殖设施设备的研发与兔舍智能化环境

控制技术研究。主要包括：建立基于兔舍内外部环境参数、适合国内环境特征的自适应控制数学模型；构建不同种类、不同阶段家兔的热环境综合评价指标体系；基于人工智能和物联网技术，构建家兔养殖领域标准化的大数据管理体系。在饲养管理方面，需要利用大数据、云计算等信息化理念和技术，实现家兔养殖的精准化、智能化和最优化。加快机械化、自动化、智能化养殖设备的研发与兔舍智能化环境控制技术研究，加强智能环境调控设备与兔舍建筑、养殖工艺之间的优化配套。

### （三）升级兔产品加工工艺，开发多样化产品

兔产品加工方面，在技术上，需要加强对兔肉营养成分的挖掘和新产品研发，兔肉加工工艺和包装设备的升级，兔肉分割、保鲜储运、自动计量包装、连续高温杀菌等核心装备的开发，兔毛分梳技术改进，兔皮的生物鞣制和低污染鞣制等技术的研发。在产品开发上，加工企业要不断加强兔肉产品的开发力度，注重市场的差异化策略，适应消费者多样化的消费需求。企业的产品开发要和当地的消费文化和消费习惯相结合，开发不同系列产品，包括即食兔肉产品、小包装兔肉休闲食品、冷鲜兔肉等，顺应"多元化""便携化""营养化"的变革，逐步消除兔肉消费习惯的地区差异，将兔肉消费融入当地的主流消费文化中。

### （四）加强政府政策扶持，引导社会资本创新

坚持以中央财政资金为主、地方政府资金和企业投入为辅的原则，强化国家在公益性研究方面的主导和引领作用。加大对兔领域科技创新资金的投入，通过人才培养、技术平台建设和设立科技项目等多种方式加大对兔产业技术研发的投入，引导行业科技创新和新产品开发。同时，引导社会资本进入专业性兔饲料加工工艺研发领域，加大研发费用投入；设立专项资金支持、鼓励大型企业建立兔饲料营养加工实验室、兔肉加工企业建立技术中心或研发中心，促进兔饲料加工技术与兔业新产品研发。另外，要落实和完善相关优惠政策，落实国家在科研、教学、金融信贷、成果转让、技术培训、技术咨询、技术服务、技术承包等方面的政策，鼓励更多主体投入农业科技。深入贯彻落实科技进步法、农业技术推广法和相关财税、金融等政策，引导地方政府对相关科技项目实施配套。全面贯彻落实中小企业促进法，充分利用扶持中小企业技术创新的税收优惠政策。

### （五）推进兔业科技培训行动，建立高效兔产业人才队伍

推进兔业科技创新，人才队伍是基础。首先，健全农民科技培训体系，在国家兔产业技术体系培训工作的基础上，充分利用各级农业广播电视学校、农

业院校和社会力量，开展农民兔业科技教育培训，建立由政府组织、农业部门主导，农科教结合、社会广泛参与的培训网络系统。全面提高农民科学养兔水平和就业能力，提高兔业从业人员科技文化素质，为推动兔业现代化提供有力的人才支撑。其次，建立兔业科技人才队伍，建立多元化考核评价体系，对科学研究、科研管理、技术推广服务等各类人员实行分类管理，形成具有世界前沿水平的创新人才队伍、适应全球化竞争的兔业科技管理人才队伍、适应农业农村现代化的农技推广队伍和农村实用人才队伍。

### （六）完善兔产业科技创新和技术推广体系

首先，各级农业行政部门要充分利用电视、广播、报刊等传统公众媒体，以及微信、微博、抖音等现代互联网平台，宣传兔产业科技、政策、法规等知识，推介最新科研成果，把兔产业科技宣传教育与普及列为一项重要任务。充分发挥教育科研单位、行业协会和其他组织在宣传教育和知识普及方面的作用。其次，要充分发挥国家兔产业技术体系的技术服务和辐射功能。以提高科技创新能力和效率为核心，通过国家兔产业技术体系，以任务带团队，以团队促网络，依托创新能力较强的科教和龙头企业，建立科技成果扩散站点，为广大兔养殖户提供技术培训等全范围服务。按照强化公益性职能、放活经营性服务的总体要求，逐步建立起以国家农业技术推广机构为主导、农村合作经济组织为基础，农业科研、教育等单位和涉农企业广泛参与的多元化技术推广体系。

## 三、推进兔产业标准化规模养殖，促进兔产业绿色健康发展

### （一）推进养殖标准化，提升产业经济效益

科学规划布局，扶持大规模的工厂化养殖企业，加大对标准化规模养殖场建设的扶持力度，支持规模养殖场开展标准化改造，强化兔场废弃物无害化处理和资源化利用。按照"家兔良种化、养殖设施化、生产规范化、防疫制度化、粪污处理无害化、监管常态化"的要求，开展家兔标准化规模养殖示范创建活动，制定和完善家兔标准化规模养殖相关标准和规范，有效推行良好农业规范（GAP）、良好操作规范（GMP）、危害分析与关键控制点（HACCP）、ISO9000 等质量安全管理技术体系。大力推进兔场、兔舍和兔笼等的标准化建设，推进兔舍智能化环境控制技术集成与示范。对于广大小规模养殖户和分散养殖户，通过合作社或龙头企业积极组织起来，推动中小规模养殖户规模化经营，实行标准养殖或订单养殖，推行标准化生产，提高兔产业劳动生产率和经济效益。力争在"十四五"期间，家庭农场机械化设备应用覆盖率达到40%，

人工环境控制技术应用占比达 50%，员工劳动效率达到饲喂基础母兔 500 只/人，规模兔场机械化设备覆盖率达到 70%。

### （二）积极扶持龙头企业，提升养殖户的组织化程度

扶持龙头企业和合作社，发挥其对养殖户的带动作用，提升养殖户的组织化程度。重点支持种兔企业和加工企业，积极发展兔业合作社，发挥其农业产业化经营载体作用，提高农户抵御市场风险的能力。在政府的助力下，企业、合作社与养殖户形成利益共享、风险共担的联合体，使分散的家庭小生产与大市场有机地结合起来，并使前者在农户技术培训、兔疫病防治以及保护价收购方面发挥作用。特别是兔产业发展不是很发达的低类地区，更有必要加大对龙头企业的扶持力度。培育具有市场影响力的龙头企业，使其为养殖户提供技术信息服务，助力行业实现规范化发展，为优化兔产业布局提供坚实基础和可靠保障。因此，政府应给予龙头企业相应的优惠政策，扶持和依靠龙头企业，综合运用资金、信贷、税收、进出口权、场地、科技服务等经济、行政和法律手段，为龙头企业创造宽松的经营环境。

### （三）全面实现无抗养殖，促进兔业绿色养殖

在绿色无抗养殖方面，全面实现饲料中抗生素零添加，重点开展绿色抗生素替代品及免疫调控佐剂的研发。在家兔废弃物处理与利用方面，将兔养殖业和蔬菜水果种植业有机统一起来，并结合沼气工程，发展农业系统物质能量的多级循环利用，控制外部有害物质的投入和农业废弃物的产生，最大限度地减轻环境污染。力争在"十四五"期间，进一步加强适合不同土壤和作物的兔粪有机肥产品的开发研究，加快研发规模化兔场的家兔粪污沼气发酵等处理技术，集成低碳生态循环模式，促进现代农业和农村的可持续发展。

### （四）密切关注新型兔瘟，做好家兔疫病防控

面对新型兔瘟的发生，必须要做出有效的重大疫病防控行动。首先全面推行家兔饲料营养和养殖技术规范，积极推广兔场环境调控实用技术，培训和推广科学免疫程序与疫苗使用技术、疫病现场鉴定与快速诊断技术，有效遏制重大疫病的发生流行，降低发病后的死亡率。

除此之外，应该加强对该病疫苗的研究，尽早取得新兽药证书，以有效控制该病的进一步蔓延，减少经济损失。同时，在饲料中取消抗生素添加剂后，对于家兔养殖中的其他疫病也要特别加强监测。针对兔球虫病防控常用的几种抗球虫药（如地克珠利、氯苯胍）要开展耐药性监测，要提前进行技术储备以应对可能出现的球虫抗药性问题。

### （五）加强质量安全检查，扎实推进全程执法监督

首先，加强监管队伍建设，除了加强日常各个环节的监管外，还应特别强化市场监督检查。为此要不断健全监管队伍、提升监管能力。其次，加强产地环节治理，严格投入品监管，严厉打击饲料兔药中的非法违禁添加行为，强化生产的督导巡查，坚决打击非法添加和违法生产经营。对于广大小散户或小型加工企业，除了加强监督检查和加大惩罚力度外，进行思想教育加强行业自律也是重要内容之一。对于大中型企业，要大力推动全过程质量控制，严格加强自检与抽检，根据国家各项管理规定规范制度，通过大数据和人工智能逐步建立兔产品质量追溯制度，建立兔肉全链条食品安全与质量监控体系，从原料来源、过程控制、加工环节、包装物流、检验检测、监管应急等方面保证全产业链安全，确保产品加工质量。

## 四、健全社会化服务体系，为兔产业发展保驾护航

### （一）建立健全社会化服务体系，提高产业化水平

发展多样化的服务组织，形成科技推广站（中心）、专业技术协会和专业合作社相结合的服务网络，重点抓好良种繁育推广、防疫灭病、产品加工、科技培训与技术推广等体系建设，为养殖户提供全程服务，逐步形成"良种供应—畜禽饲养—产品收购—屠宰加工—贮运销售"一体化的产业体系，完善服务功能、强化服务手段、规范服务行为、提高服务质量。为社员搭建资金和技术互助、信息和经验交流的平台，解决养殖户技术、经济方面所面临的困难，增强养殖散户抵御风险的能力。在农业产业化中导入电子商务，培育农村电商。农村电商能够有效降低成本、提高效率，供应链中的所有组织几乎可以在第一时间从互联网上获得所需信息，能减少中间环节，缩短小农户与大市场之间的距离，从而节省费用，提高工作效率和经济效益。

### （二）完善家兔养殖金融服务体系，保障产业资金需求

兔养殖业规模化发展是未来趋势，但现代标准化规模养殖有高投入、高成本的特点，需要有较强的资金实力。资金短缺成为制约许多兔场健康可持续发展的瓶颈。因此需要政府出台更多有利政策填补养殖户的要素缺口：一方面可运用财政贴息、小额信贷等多种方式，引导和鼓励各类金融机构增加对兔产业的信贷支持，解决发展资金的问题，用高效的投资机制来保障养兔业的发展。另一方面，建议探索多元化投融资渠道作为财政性补贴等措施的有效补充，增强兔产业发展后劲，如积极引导社会资本进入兔产业，引导兔产业中有条件的规模化企业通过资本市场募集稳定的发展资金，满足企业自身的发展需求。

### （三）积极应对产业风险，减缓各项风险对产业的冲击

在未来一定时期内，中小规模养殖将依然是我国兔业养殖的重要模式，而分散的养殖必然会面临较大的产业波动，进而造成养殖户的损失。为此，政府需要采取多种措施，应对市场和自然风险。首先，可以探索由政府和企业等相关机构联合建立产业风险基金，共同抵御市场和自然风险。可在波动较大的獭兔和毛兔行业进行试点，各地根据自身财政能力和产业定位，政府出资一部分，企业自愿加入，共同筹集资金建立产业风险基金，当市场低迷、企业受损时，由风险基金进行部分或全部补偿，保证企业的正常运转。这一模式可以采取会员制或其他形式，各地可以积极探索尝试。其次，鼓励和支持保险机构发展多种形式的兔业保险，探索建立适合不同地区、不同养殖模式的政策性保险制度。如通过疫病、自然灾害等保险政策帮助养殖户应对重大冲击，减少经济损失，防止养殖规模大幅起落。另外，政府还要加强市场和产业监测预警，提供及时可靠的信息，引导中小型养殖户进行科学决策，避免一窝蜂上和一窝蜂下等。

### （四）加强兔产业统计，建立有效的市场信息平台

信息不完全是影响兔养殖的重要因素，价格波动大是兔养殖面临的一大难题，市场信息缺失和认知偏差提高了兔农的养殖风险。在现有畜牧业的统计中，仅有对家兔的出栏、存栏和兔肉产量的简单统计和海关的进出口统计，没有分规模的统计，没有成本收益的统计，更没有对市场行情等的统计监测。各级农业行政部门要把信息服务作为一项主要任务，依托国家兔产业技术体系和中国畜牧业协会，做好兔产业信息的采集和发布。健全兔产业生产、加工、销售等统计工作，建立科学完善的产业基础数据库。建立健全产业监测预警系统，完善监测预警网络，提高预警、预报能力。健全监测工作各项管理制度，逐步实现监测预警制度化、规范化。加强对产业发展形势的研判和公共信息服务，及时发布兔市场行情和产业相关信息。同时建立透明化的行业信息发布公共平台，通过网站、微信等搭建信息共享平台，发布的信息应该包括各地市场实时行情、饲料原料价格、兽药疫苗价格、市场交易信息、存出栏情况、疫情信息、养殖技术等，为兔产业从业人员提供及时、准确的产业基础信息和科技发展信息，让养殖户能充分了解兔产品和兔饲料市场价格的波动情况，从而作出有效决策，降低市场风险。

## 五、做好兔产业宣传，增加兔产品消费

### （一）充分发挥媒体的作用，积极推进兔产品营销

兔肉具有"三高三低"的营养特性，而且兔子没有人畜共患病，食用更加

安全。但还是有很多地区的民众对兔肉的营养价值一无所知或知之甚少，以至于在肉类消费中很少选择兔肉，使得兔肉的消费市场比较冷清，因此，提高人们对兔肉营养价值的认识就显得尤为重要，而要加强人们对兔肉营养的全面认识，现代化的媒体起着关键作用。应充分利用媒体工具，加强对兔肉保健养生作用的宣传，改变人们传统的认知和观念，以增加兔肉的消费量。一是各级政府部门继续通过报纸、杂志、电视和广播等传统媒体开展兔肉营养和兔产业的社会生态效益宣传，让全社会更加客观、科学地认识兔产业和兔产品。二是要借助现代互联网营销的力量，利用微信朋友圈、抖音和快手直播等平台，打造网红产品，扩大产品知名度。三是引入专业互联网营销团队，开展营销策划推广，进行专业化营销推广。四川省自贡市的《自贡冷吃兔产业直播推介运营方案》，着力于"自贡冷吃兔"品牌及形象塑造，通过互联网上最火热的短视频和直播宣传营销方式，塑造品牌形象，打造专属直播间，开拓新业态、发展新零售，树立"天然、独特"的品牌形象，取得了很大的成功，其经验值得借鉴。

### （二）培育龙头品牌，引领产业发展

积极扶持龙头企业树立品牌，通过龙头带动整个产业发展。兔产业营销不到位，主要是龙头企业的作用没有很好地发挥出来。在我国的四川、山东、重庆等省市，有龙头企业带动加上品牌效应，兔产业发展相对较好。无龙头企业和知名品牌的地区，产业发展的后劲也相对不足。为此，政府和协会等机构应为龙头企业"创品牌"提供相关支持，企业在维护地区市场、巩固区域品牌的基础上，不断向全国市场开拓，逐步树立全国品牌。

## 六、密切关注全球动向，实施兔产业"走出去"战略

一方面，建立兔业科技合作与交流机制。建立国家兔业科技协作网，创建科技资源共享机制和交流平台。利用多种媒体，开展学术交流活动，扩大国际影响。加强与国际兔业科学家协会、发达国家机构在资源、技术、智力、项目、实验基地建设等方面的科技合作与交流。另一方面，拓展兔产业国际销售渠道。中国兔产品进出口贸易日益繁荣，从贸易数据中可以发现，中国兔肉以出口为主，兔毛和兔皮以进口为主，兼有少量出口。从中国肉兔的国际市场占有率、贸易竞争力指数、显性比较优势、产业内贸易指数等指标来看，中国兔产业在国际上具有较大优势。但近年来受国际环境的不利因素影响，进出口都呈下降趋势。因此，更亟须有针对性地拓展国际销售渠道。农业农村部、科技部和商务部等部门，应积极引导、鼓励有条件的企业到国外开展项目合作、建

设国外研究基地。加大力度实施兔业科技与产品的"走出去"战略，鼓励科研院校和龙头企业适时地将技术和产品向境外输出，开拓农业技术和产品的国际市场，实现全球范围内的资源配置。

（本章执笔：吕之望　邬梦丹　周凌风）

# 中篇　分省报告

- ✧ 四川省兔产业发展
- ✧ 山东省兔产业发展
- ✧ 江苏省兔产业发展
- ✧ 重庆市兔产业发展
- ✧ 河南省兔产业发展
- ✧ 河北省兔产业发展
- ✧ 安徽省兔产业发展
- ✧ 甘肃省兔产业发展
- ✧ 福建省兔产业发展
- ✧ 云南省兔产业发展
- ✧ 吉林省兔产业发展
- ✧ 山西省兔产业发展

# 第七章　中国兔业主要省份
产业发展情况

## 第一节　四川省兔产业发展

### 一、四川省兔产业发展概述

#### （一）兔产业发展环境和条件

（1）养殖。四川具有得天独厚的自然环境和条件，养兔历史悠久，有明确记载的养兔史可追溯到清朝乾隆年间。同时，四川是我国农村人口平均收入较低的地区之一，特别是在偏远的农村地区，农户增收渠道有限，投资少、见效快、收益高的养兔业成为农户增收的重要选择之一，全省183个县中有130余个县从事养兔业，兔业产量相当于世界第三养兔大国意大利的产量。

（2）市场。四川具有消费兔肉的传统习惯，有无兔不成席的说法。在兔肉烹调方面，风味小吃、特色菜和兔火锅等产品满足了消费者的多样化、个性化消费需求，"双流老妈兔头""缠丝兔""凉拌兔丁"等风靡全省；在兔肉加工方面，以哈哥兔业为代表的企业开发了方便类、功能类和休闲类兔肉新产品，倡导推广冷吃兔，扩大兔肉市场。2021年，四川人均兔肉消费4.5千克，是全国人均消费水平的10倍以上，占全国消费量的60%～70%，为稳定全国兔业生产发挥了重要作用。

（3）技术。四川有"三校"（四川农业大学、四川大学、成都大学）"二院"（四川省草原科学研究院、四川省畜牧科学研究院），长期从事家兔科研，高中级科技人员50余人，其中有国家兔产业技术体系岗位专家3人、享受国务院政府特殊津贴专家4人、省级学术和技术带头人7人、天府农业大师2人。先后主持实施了国家公益性家兔行业专项、国家家兔重大星火计划、獭兔综合加工、四川省家兔育种攻关、四川省家兔产业链等一批国家、省部级重点项目，培育出齐兴肉兔、四川白獭兔、天府黑兔和荥经长毛兔等4个地方新品系，以及川白獭兔、蜀兴1号肉兔配套系两个国家新品种和配套系，研发能力位居国内前列。

（4）品牌。四川有自贡冷吃兔、成都老妈兔头、广汉缠丝兔、哈哥兔肉、自贡巴夯兔餐饮等知名品牌，为全省兔产业发展提供了兔肉市场消费保障。

（5）政策。四川各级政府相关部门重视养兔业发展：1994年家兔生产被正式列入四川省政府畜牧业发展战略"八龙兴牧"的实施规划，成为四川畜牧业的一个重要组成部分；2011年省政府启动省级家兔标准化示范场建设；2017年启动省级核心育种场建设；等等。从用地规划、兔舍建设、良种引进、新技术推广等方面给予了一定的支持。2003年四川家兔出栏首次突破亿只大关（达10 587.2万只）。

### （二）兔产业发展历史

四川养兔历史悠久。清乾隆四十年（公元1775年），《隆昌县志》记载："隆中人烟辐辏，野兔绝少，人家有畜皆白兔。"光绪二十年（公元1894年）之后，四川兔皮开始行销国内外。四川目前已发展为我国第一养兔大省和消费大省，兔产业成为四川优势特色畜牧产业。新中国成立后，四川兔产业大致经历了以下四个发展时期。

**1. 自给自足时期**（1949—1978年）

这一阶段主要为农民自发养殖，年生产量很少，发展非常缓慢。家庭养殖，除兔皮外的产品基本上用于自给自足，以家庭消费为主。新中国成立后，新生的人民政府多次号召农户发展家庭养兔，1959年省外贸局开始组织冻兔肉的加工和出口，在一定程度上促进了四川家兔产业的发展。当时的年饲养量长期徘徊在1 700万只以下。

**2. 家庭副业时期**（1978—2001年）

改革开放以来，农户发展养兔的积极性不断高涨，四川兔业取得长足的发展，养兔业有了较大的进步，在新津、简阳等地出现了一批规模化獭兔养殖场，但是依然处于"家有几只兔，不愁油盐醋"的主要以改善基本生活条件为目的的生产阶段。1981年兔出栏量只有688.9万只，2001年出栏量增加到7 644.4万只。

**3. 相对集中的商品化生产时期**（2001—2010年）

农村养兔逐步从"家有几只兔，不愁油盐醋"的家庭副业阶段走向"家有百只兔，不愁没衣物"的专业化生产阶段，真正步入了商品化生产的时代。进入21世纪以来，兔肉消费市场迅速扩大，兔肉悄然进入寻常百姓家；同时伴随兔产品（兔肉、兔皮和兔毛）加工业的兴起，兔产品市场越做越大，在四川绵阳、德阳，家兔产业获得了巨大的发展。

**4. 适度规模化、标准化养殖新时期**（2010年至今）

散户、小规模养殖户已不再是养殖主体，逐步退出养兔行业，转为以家庭适度规模养殖为主，规模化、集约化和标准化养殖快速发展。其间，地震灾后重建、新农村建设、精准扶贫、返乡创业、乡村振兴等政策助推了四川兔业发展，涌现出江油皇嘉农业、四川德华皮革、自贡品山兔业、仪陇绿源兔业、德阳金富农业、乐山哈哥兔业、犍为金博恒邦农业等一批兔业养殖、加工龙头企业，由于多种原因，部分企业虽然已停产或转行，但在推动四川兔业从传统养殖向现代养殖转型的过程中发挥了极其重要的作用。

## 二、2016—2020 年四川省兔产业发展状况

### （一）养殖状况

#### 1. 养殖规模

自 2001 年以来，四川省一直是全国养兔第一大省，2020 年家兔出栏量 1.66 亿只，约占全国同期出栏量的 49.8%（表 7-1），其中獭兔出栏量 1 000 余万只、毛兔饲养量 100 余万只。主产区域相对集中，肉兔主要分布在成都、眉山、乐山、自贡、绵阳、德阳、广元、宜宾和泸州等地，獭兔主要分布在成都、绵阳、南充、德阳等地，毛兔主要分布在广元、雅安、乐山等地。四川家兔行业年产值在 200 亿元以上，已成为四川省重要的优势特色畜牧产业。

表 7-1　四川 2016—2020 年家兔生产基本情况

| 年份 | 存栏量（万只） | 存栏量占全国比重（%） | 出栏量（万只） | 出栏量占全国比重（%） | 兔肉产量（万吨） | 兔肉产量占全国比重（%） |
|---|---|---|---|---|---|---|
| 2016 | 5 882.3 | 44.5 | 17 798.7 | 50.8 | 24.0 | 44.9 |
| 2017 | 5 537.0 | 45.7 | 16 373.7 | 51.2 | 20.2 | 39.5 |
| 2018 | 5 491.7 | 45.6 | 16 415.5 | 51.8 | 20.4 | 39.4 |
| 2019 | 5 619.8 | 47.1 | 16 759.7 | 53.5 | 21.2 | 39.6 |
| 2020 | 5 544.1 | 50.8 | 16 556.3 | 49.8 | 21.2 | 43.4 |

数据来源：《中国畜牧兽医年鉴》。

#### 2. 主要养殖品种

四川兔产业养殖品种丰富，主要有肉用兔、皮用兔、毛用兔、实验兔及宠物兔等 5 类。其中肉用兔以伊拉配套系、伊普吕配套系、伊高乐配套系、蜀兴 1 号配套系、齐卡配套系等为主；皮用兔以川白獭兔、法系獭兔、德系獭兔、美系獭兔为主；毛用兔以荥经长毛兔、浙系长毛兔为主；实验兔主要是新西兰纯种兔；宠物兔多数为小型品种。

### 3. 养殖模式

（1）家庭养殖。四川境内自然气候、养兔条件、消费习惯差异较大。占全省面积 2/3 的甘孜、阿坝、凉山、攀枝花"三州一市"所辖的 53 个区市县家兔出栏量不到全省的 1%，兔产业主要分布在 17 个市。根据土地消纳粪污的环保要求、用地规划和农户实际情况，四川兔业以饲养基础母兔 300～500 只的适度规模家庭养殖为主，出栏规模 1 万～2 万只。

（2）规模化养殖。四川兔业被省内外投资者看好，有部分企业专门转行投资兔业，通过新建、合作、租赁等方式在四川从事规模化养殖，饲养基础母兔在 1 000～5 000 只，出栏规模几万只到几十万只，但规模化养殖所占比例较小。

（3）生态循环养殖。山东日照恒邦牧业科技有限公司在乐山犍为投资建设四川金博恒邦农业科技有限公司，总投资 14 000 余万元，建设环控大棚兔舍 20 多栋、粪污处理系统与有机肥生产区，配套粪污消纳区——1 000 亩柑橘园，建成"兔—果—肥—沼"生态循环园区，为四川养兔业开辟了新道路。

## （二）当地企业及产业发展状况

### 1. 主要龙头企业

（1）兔肉加工。拥有自贡市谭八爷商贸有限公司、四川哈哥兔业有限公司、成都肖三婆食品有限公司、四川牧天食品股份有限公司、四川金博恒邦农业科技有限公司、四川乾沃食品有限公司、成都棒棒娃实业有限公司、成都老城南食品有限公司、四川老祖母食品有限公司、广汉熊家婆食品有限公司、大英通仙食品有限公司等多家兔肉加工企业。

（2）兔皮加工。以四川德华皮革制造有限公司为主。

（3）兔饲料加工。以四川省新津金阳饲料公司、眉山恒丰饲料有限公司、眉山海龙饲料有限公司、彭州康大饲料有限公司、眉山华港饲料有限公司为主，正大、希望、铁骑力士和通威等大型饲料公司也有兔饲料生产。

### 2. 兔产品加工

（1）兔肉加工。兔肉加工企业规模、水平和产品差异较大，精深加工主要集中在谭八爷商贸、哈哥兔业、芭夯餐饮、牧天食品、金博恒邦、江油乾沃等企业，业务主要为冻兔肉、兔肉干的加工及兔肉餐饮。芭夯餐饮管理有限公司目前已拥有"芭夯"品牌门店 100 余家，兔肉部分来源于自己的基地及周边的养殖场（户），主要来源于山东、河南、河北等省外主产区。哈哥兔业则是主要通过在全国建立三级批发商超进行营销，有网点、门店 5 000 多个，产品在沃尔玛、红旗连锁、伊藤洋华堂等大型超市都有销售。

（2）兔皮加工。兔皮加工主要企业是四川德华皮革，是西南地区唯一的兔皮加工出口企业，依托国家獭兔综合加工项目，达成年鞣制染色加工 1 000 万张兔皮生产能力。兔皮主要来源于河北、四川等地，还从国外进口了少量肉兔皮，先后开发了服饰、家居、汽车装饰、工艺品等 4 大类 30 余种产品，在国内设有 30 多家门店。总体来说销售量不大，市场培育还有很长的路要走。

**3. 技术发展状况及成果**

"十三五"期间，四川省兔业科技队伍得到进一步稳定，持续得到国家、省部级兔业科技项目的支持。先后承担国家现代农业产业技术体系建设、省育种攻关、家兔产业链、成果转化等一批国家、省部级重点项目 20 余项，获国家、省部级科技成果奖 6 项，其中国家科技进步二等奖 1 项，省科技进步一等奖 1 项、三等奖 2 项，神农中华农业科普奖 1 项、全国农业丰收二等奖 1 项，育成蜀兴 1 号肉兔配套系，实现了四川肉兔品种培育的历史性突破。形成家兔良种繁育、高效饲养、疫病防控、兔皮和兔肉精深加工、副产物利用等多项较为成熟的技术，制定了 10 余项国家行业和地方标准，获得授权专利 60 余件（其中发明专利 5 件）、软件著作权 4 件，研发产品 50 余种。

**（三）兔产业发展趋势及特点**

**1. 兔产业发展趋势**

（1）家庭兔场分化加剧，养殖规模扩大。根据四川省畜牧科学研究院 2018—2019 年的调查，家庭养殖分化持续加快，养殖规模继续扩大。2019 年能繁母兔在 200～600 只的家庭养殖场占市场经营主体的 85％以上，其中能繁母兔 200～300 只的占 30％左右，比 2018 年下降 10％，能繁母兔 300～500 只的占 50％，比 2018 年提高了 15％，能繁母兔 500～600 只的占 5％，能繁母兔 800 只以上的家庭兔场在各地陆续出现。预计未来几年，能繁母兔 500 只左右的家庭兔场将占据市场主导地位。

（2）饲料无抗，兔成活率大幅下降。自 2020 年 7 月 1 日起，饲料生产企业停止生产含有促生长类药物饲料添加剂（中药类除外）的商品饲料，但兔界饲料企业还没有成熟的替抗技术方案，现有的替抗方案只能达到原来效果的 60％左右，每吨饲料成本增加 200 元以上。饲料无抗后，疫病显著增加，商品兔成活率比禁抗前下降了 10～20 个百分点，临床用药成倍增加，兔的生产水平大幅下降，养殖成本大幅增加。

（3）饲料价格持续攀升，养殖成本增加。饲料原料成本上涨，上游饲料企业提价，原料成本压力传导至养殖端。2021 年 1 月玉米涨到每吨近 2 900 元，创历史新高。与此同时，豆粕每吨 4 350 元逼近历史最高价，部分地区报价更是高达 4 670 元/吨，月涨幅超过 1 000 元/吨。截至 11 月，磷酸氢钙价格突破历史高位后继续向上攀升，从年初的 1 780 元/吨上涨至 3 600 元/吨，上涨将近 2 000 元/吨。随着饲料原料价格的不断攀升，饲料价格大概每吨增加了 1 000 元左右，接近每吨 3 800 元。

（4）环保和土地压力加大，部分养殖户退出。近年来环保压力逐年增加，主城区周边兔场、靠近大江大河和饮用水源地的兔场关停。未在此区域的兔场加大环保投入，新增雨污分流和干湿分离设施设备。在环境保护政策之下，一部分养殖户选择了增加环保设施设备投入，一部分养殖户选择到偏远、土地资源相对廉价的山区建场，也有部分养殖户选择了退出。

**2. 兔产业发展特点**

（1）适度规模养殖比例加大。近年来，兔养殖市场竞争愈发激烈，价格也跌宕起伏，大部分散养户在价格的大起大落中退出了市场竞争，生产经营较好的部分家庭兔场扩群和新建设的高标准养殖场（户）填补了散养户退出的空白市场，存栏能繁母兔 500 只以上的兔场逐渐成为主流。在环保政策和激烈的市场竞争下，养殖场（户）普遍加大了设施设备投入，新建、改扩建兔场装备好、智能化水平高，广泛应用养兔新技术，大幅度提高了劳动生产效率，改变了传统养兔观念，全面提升了四川养兔整体水平。

（2）产业投资主体多元化。四川兔产业发展主要依靠养殖农户扩大再生产，少部分依靠返乡农民工创业和其他行业介入。近年来，尤其 2018 年非洲猪瘟以来，不少养猪户转为养兔户，部分实力较强的生猪养殖企业进入兔产业，兔产业实力有较大提升，特别是省外饲料企业山东嘉实饲料有限公司和日照恒邦饲料有限公司在川大规模投资兔养殖，其中恒邦公司投资的四川金博恒邦农业有限公司已建成四川最大的集种植、养殖、兔肉加工为一体的大型企业，外来资本的加入，为四川兔业转型升级带来了新动力。

（3）设施设备更新加快。近年来，国内养兔设备制造业发展迅猛，欧式阶梯子母笼、湿帘冷风机和湿帘负压纵向通风降温技术在提高工人劳动效率、降低用工成本、解决夏季繁殖困难等方面得到行业认可，新入行者或规模养殖场升级改造，不约而同选择了欧式阶梯兔笼和环境控制设备。在兔舍建造上，四川金博恒邦农业在乐山犍为规模化建设新型环控大棚兔舍并成功运营，为四川兔养殖开辟了新模式，该设备已在乐山、宜宾、泸州和资阳等地推广应用，加快了四川兔产业设施的现代化进程。

（4）兔粪污实现资源化利用。规模化养兔给环境带来的影响越来越受关注。四川省草原科学研究院研究表明，将高温堆肥发酵后的兔粪用于猕猴桃、柑橘等水果，有助于果实的发育和果形的膨大，也有助于水果内在品质的提升，与传统施肥方式相比果实成熟度适中，糖和维生素C含量更高，酸含量降低；用于茶树种植，对茶树的新梢密度和百芽重存在显著提升作用，与传统施肥方式相比新梢密度和百芽重增加60％以上，同时茶叶游离氨基酸总量提高较多，茶多酚有所下降，茶叶酚氨比降低，茶叶鲜爽度提高，发酵的兔粪有机肥更适合绿茶生产。集成的"林（果）—草—兔—肥（沼）"种养循环模式、兔粪资源化利用技术得到了大面积应用。

## 三、2016—2020年市场需求分析

### （一）生产供给分析

一是消费需求提升。随着人们生活水平的提高和健康意识的增强，安全、营养的健康食品需求日益提高，而兔肉是肉食品的极佳选择，四川省兔产业必将迎来发展机遇。二是养殖结构调整。加大品种结构调整力度。三是助农增收。养兔具有短、平、快，效益高的特点，不少区域将养兔列为增收首选项目。

### （二）加工需求分析

四川省兔肉、兔皮精深加工走在全国前列，已竣工完成仪陇、江油、井研、犍为兔肉精深加工生产线，江油兔皮精深加工已完成技术改革，尚未正常达产运营，潜力巨大。

### （三）品牌市场分析

四川兔产品数量多，但品牌单一，且主要是兔肉品牌，兔皮品牌较少，加工规模较小，产业附加值提升的空间还很大。

### （四）市场需求分析

充分发挥全国兔肉消费大省优势，进一步巩固兔肉销售市场，积极拓展兔皮、兔毛消费市场，肉兔、獭兔、毛兔"三兔"并进，实现养兔强省、增收富民的目标。

## 四、存在的主要问题及建议

### （一）存在的主要问题

#### 1. 养殖环节

（1）良繁体系不健全。纯种比例较低，品种混杂，良种推广面较窄，生产性能退化，无配套的良繁体系。在养殖过程中凭经验选留再生产用种兔，繁殖上基本采用传统繁殖方式，使得品种质量差、良种化程度低，繁殖率低、供种

能力不足，难以满足兔产业发展的需要。

（2）饲料资源缺乏。饲料资源严重不足，蛋白和能量饲料需要大量从省外调运或用外汇从国外购进，苜蓿草主要从甘肃购进。由于原料短缺，被迫开发一些替补非常规饲料，如野杂草、玉米秸秆、稻草、花生秧等，成本高、质量不稳定，且饲料价格持续攀升，加大了养殖成本。

（3）主要疾病依然严重。很多养殖户疾病防治不严格、不彻底、不全面，基层缺乏兽医技术人员，对一些疾病难以确诊，致使呼吸道病、球虫病、真菌病、腹胀腹泻等发生率较高，仔幼兔死亡率高。养兔出现增产不增收甚至亏损的现象，严重挫伤了家兔生产者的积极性。

（4）环境控制不严格。规模化养殖程度低，养殖户小而分散，部分养殖场场址选择不合理、兔舍修建不合理。部分兔舍缺乏粪污处理设施，不仅加剧了疾病传染的风险，还增加了环境负担。

（5）服务体系不健全。一是兔技术服务人员不能满足生产的需要，许多乡镇没有养兔技术人员，难以开展技术服务。二是兔产业信息化建设滞后，兔产业没有建立信息化系统，缺乏系统、全面、及时的生产数据统计分析和预警，影响决策的科学性、生产指导的有效性。三是缺乏对基层畜牧兽医人员、养兔场技术人员的系统培训。

**2. 兔产品加工环节**

肉加工：缺乏现代加工技术，大量的副产物尚未充分开发利用，产品单一，附加值低。

皮加工：只有1家兔皮加工企业，缺乏先进的加工设备、加工技术、清洁生产技术及清洁产品。

**3. 市场营销环节**

（1）销售网络不健全。主要依赖商超、电商进行销售，农民与市场脱节，经销成本高，制约养殖效益的提高；兔产品开发滞后、产品种类不丰富、创新性产品少，活兔销售、兔屠宰销售仍是兔经销的主要形式。

（2）兔产品品牌少。企业在创品牌方面意识淡薄，忽视了品牌可为企业带来持久的收益。

**4. 政策支持环节**

与猪业、禽业相比，政策和资金支持力度不足。

**（二）兔产业发展建议**

**1. 建立良种繁育体系，提高良种化程度**

良种繁育体系是现代兔产业发展的基础支撑，是提高兔产业综合竞争力的关键，是兔产业稳定、持续、高效发展的重要保障。应以规模大、开发能力强、经营机制灵活的大型种兔场（集团）为基础，以高校与科研院所技术力量为依托，以畜牧推广机构为纽带，构建健康高效、布局合理、层次清晰、监管有效、运转灵活的新型良种繁育体系。

（1）实施兔遗传资源保护。加大对地方遗传资源保种场、保护区和基因库的建设力度，健全遗传资源保护体系，提高保种能力。

（2）开展兔良种培育与推广。围绕建设基础好、技术力量强、设施设备优的种兔场建设目标，规划建设一批有一定规模的家兔原种场、兔良种繁育场、兔人工授精站，建立兔良种选育登记制度，逐步探索完善兔良种繁育和推广的政策扶持体系，建成一批优质商品兔示范基地。

（3）加强种兔质量监测。开展种兔性能测定工作，建立种兔生产信息数据库，逐步建立和完善种兔生产信息和质量检测体系，制定完善种兔生产和出场标准，为种兔生产和质量监督管理提供科学依据。

**2. 推广适度规模养殖、标准化生产**

（1）根据当地实际情况建立规模适度的养殖场。

（2）围绕生产健康安全兔产品的目标建立科学规范的饲养管理标准、饲料生产标准、防疫程序标准、产品质量标准等。使饲养者和加工经营者科学地、有章可循地提高质量、降低成本、提高竞争力。

**3. 加快发展兔产品加工**

兔产业经济发展必须抓住兔产品加工这个根本环节。以推进兔产品加工企业发展、研发产品加工技术为重点，提升产品质量，加快发展速度。以加工带基地、以基地连农户，延伸产业链条，提升加工水平，促进农民增收。

**4. 提高农民组织化程度**

支持龙头企业与农户建立"利益共享、风险共担"的机制，按照"民办、民管、民受益"的原则，大力扶持农民专业合作组织和行业协会，提高农民组织化程度。逐步完善"龙头企业＋专业合作组织（行业协会）＋农户"的利益联结机制。

**5. 市场化运作**

兔产业市场化运作，是适应国内外大市场、增强兔产品市场竞争力的需要。建立利益联结机制，使兔产品加工企业、饲料企业、种兔场、专业合作组织、养殖场（户）等经营实体互利共赢。推行有效的"公司＋农户"运作模式，化解养殖场（户）面临的市场、疫病双重风险。同时，探索农超对接、连锁经营，构建区域性兔产品批发交易市场，促进兔产品流通销售。通过宣传推动兔肉消费，扩大国内市场。

### 6. 产业化经营

着力壮大龙头企业。按照"扶优、扶强、扶大"的原则，培植一批有自主知识产权、产业关联度高、带动能力强的龙头企业、兔产品批发市场和中介服务组织。在品牌开发上延伸产业链条，形成产、供、销一体化，做大做强兔产品品牌。

### 7. 完善技术服务体系

政府、产业技术体系、科研院所及龙头企业协同健全科技推广服务体系。研发和推广一批重大产业关键性技术，加快先进适用养兔技术和疫病防控技术的推广应用，开展兔新品种、新技术示范和推广培训，提高兔产业整体水平。建立兔产业信息平台，促进产业内部沟通和交流，提高共同抵御市场风险的能力。全面推进兔产业技术支撑体系建设，构建农科教、产学研结合紧密的科技创新体系，培养符合现代兔产业需要的各类技能型人才。

### 8. 给予政策扶持

（1）借鉴国家生猪、奶牛良种补贴政策，逐步将兔纳入补贴支持范围，大力推广使用优良种兔。借鉴国家生猪、奶牛等畜禽标准化规模养殖场创建，逐步扩大畜种范围，加大兔标准化规模养殖场创建力度。加强对兔产品生产基地建设的支持。

（2）加强政策引导，拓宽兔产业融资渠道。优化发展环境，鼓励民间资本以多种形式进入养兔行业。运用财政贴息、补助等手段，引导和鼓励各类金融机构增加对兔养殖、兔产品加工与流通环节的贷款规模和授信额度。进一步完善发展政策性农业信贷担保机构，引导现有担保机构做大规模，支持推广联户担保、专业合作社担保等方式，为养殖场（户）提供融资担保服务。

（3）稳定扩大政策性农业保险范围。按照"政府引导、政策支持、市场运作、投保自愿"的原则，推进规模养兔保险，选择 3～5 个兔重点县进行养兔保险试点，探索建立和完善适合四川省实情的兔产业政策性保险体系，提高兔产业抗风险能力，促进兔产业稳定有序发展。

## 五、未来发展展望

### （一）总目标

"十四五"期间，充分发挥四川省资源优势，全力推进兔产业高质量发展、促进农民增收，着力构建现代兔产业体系。继续保持全国第一养兔大省地位，实现家兔年出栏量 1.6 亿只以上，行业年总产值达到 200 亿元，把四川家兔产业做强、做优、做出特色，使其成为带动成渝双城经济圈乃至全国兔业发展和助力乡村振兴的优势特色畜牧产业。

## （二）发展路径

### 1. 加大科技投入，攻克一批兔业"卡脖子"技术问题

（1）加快兔遗传资源挖掘、保护与新品种培育。深入挖掘国内家兔地方类群遗传资源，加快肉质、毛皮品质、生长发育、耐热耐粗饲、抗病等特色性状评价及其遗传机理研究，开展优势基因间杂交，为特色兔新品种（配套系）的培育提供育种新材料，培育出适应市场需求的新品种（配套系），实现品种国产化。

（2）开展高效规模养殖关键技术研究与集成配套。新时期养兔已不再是过去的一家一户小规模养殖，规模化、标准化、安全养殖已成为必然趋势，不仅需要单一技术，更需要综合性的配套技术，从设施设备智能化、良种高效繁殖、无抗健康养殖、粪污无害化处理、保健与疾病综合防控等关键技术入手，进行系统创新与配套，提高家兔生产力。

（3）加大兔产品开发力度，提高产品附加值。目前兔肉以鲜销为主，兔肉深加工所占比例不到10％，加工产品单一，以传统产品为主，成本高且知名品牌少。兔皮、兔毛产品受国际皮毛市场低迷影响，产品开发仍处于初级阶段，综合利用率更低。应加强对兔肉营养和功能的研究，开发功能性产品，同时开发环保、时尚的多元化兔皮、兔毛产品，满足市场需求，增强兔产业综合实力。

### 2. 加快兔业人才队伍建设，推进兔产业全面转型升级

人才是兔业兴旺的关键。但目前无论是兔业基础研究，还是产业开发、经营管理领域，人才都严重缺乏，严重制约了兔产业的快速发展。应加大对高校兔业基础研究人才的教育与培养力度；大力发展职业教育，培养更多产业急需的技能型人才；同时加强从业人员技能培训，为兔产业发展提供强有力的技术支撑。

### 3. 多方发力促进兔业迈入快车道

考虑到家兔自身具备的价值优势、四川具有发展兔产业的巨大优势，建议政府对四川兔产业给予更多的关注和支持，尤其当今世界面临百年未有之大变局，在保障粮食安全的同时，还要关注吃肉安全，发展不与人争粮的家兔产业是一个重要途径。建议在用地审批、良种补贴、出栏奖补、金融保险、税收减免等方面给予支持，积极引导民间资本投入兔产业，扶持壮大一批兔种业、规模化养殖、产品加工、市场营销等龙头企业，可以把"小兔子"做成"大产业"。

（本节执笔：刘汉中　谢晓红　赖松家　关云秀）

# 第二节　山东省兔产业发展

## 一、山东省兔产业发展概述

### （一）兔产业发展环境和条件

山东省是我国养兔大省，自然环境适宜，交通便利，家兔品种、饲草、饲料、劳动力资源丰富，群众素有养兔习惯，发展养兔具有得天独厚的优越条件。兔肉、兔毛、兔皮产量分别占全国总量的 25％、60％、20％ 左右，兔产业出口贸易量分别占全国总量的 80％、60％、55％ 左右。山东已成为我国兔肉出口主要生产基地，兔皮和兔毛原料主要生产供应基地。山东省内有 27 家兔饲料生产企业，兔饲料产量居全国首位，生产的兔饲料销往全国各地。

### （二）兔产业发展历史

山东省家兔养殖源远流长，大规模商品生产始于 20 世纪 50 年代中后期，经过 1979 年、1986 年、1998 年三个发展高潮，基本存养量在波动中得到逐步提高。山东省家兔养殖主要分布在临沂、潍坊、淄博、枣庄、菏泽、日照、聊城、青岛等地。2002 年以来，为应对欧盟的"绿色壁垒"，保持兔肉出口优势，山东省逐步推行了肉兔规模化、标准化生产，加快了肉兔产业化进程。2011 年，青岛康大集团与山东农业大学联合育成康大 1 号、2 号和 3 号三个肉兔配套体系，是国内首批肉兔配套系。2021 年，莱芜黑兔通过了国家畜禽遗传资源鉴定。

## 二、2016—2020 年山东省兔产业发展状况

### （一）养殖状况

#### 1. 养殖规模

山东省家兔养殖以基础母兔存栏 1 000～10 000 只的中小型兔场为多，10 万只以上的仅占 5.88％。"十三五"期间，全省家兔存栏约 5 423.44 万只，出栏约 11 307.34 万只，兔肉总产量约 24.05 万吨，兔皮总产量约 5 000 万张、居全国第 2 位，兔毛总产量约 1.34 万吨、居全国第 1 位。2016—2020 年：肉兔产业仍保持较好的发展势头，价格稳中有升；前期獭兔皮价格低迷，獭兔养殖量不断萎缩，到 2020 年，獭兔皮价格突涨，獭兔养殖量有所恢复，养殖主体均以中小企业为主；兔毛价格稍有波动，但整体价格长期低迷，长毛兔养殖量持续减少，2021 年饲养量大约 100 万只，主要集中在蒙阴地区，1 000 只以上规模的大型养殖场较少，以 500 只以下规模的中小型养殖场或个体户为主。

**2. 主要养殖品种**

近年来，山东省家兔（肉兔、毛兔、皮兔、实验兔、观赏兔等）品种不断丰富，产量逐步提高，家兔饲养量和兔产品产量逐步提高。山东省家兔养殖以肉兔为主，獭兔次之，长毛兔最少。山东省内肉兔饲养品种以伊普吕配套系、伊拉配套系、康大肉兔配套系、泰山大白兔、莱芜黑兔及新西兰肉兔为主，长毛兔主要是不同品系杂交的安哥拉兔，獭兔多为法系、美系、德系獭兔的杂种。

**3. 养殖模式**

山东省家兔生产经营主体中普通养殖户占比最高，其次为专业养殖合作社和养殖大户，家兔养殖者大多有 10 年以上养殖经验，普通养殖户的生产经营主体人员主要为家庭成员。山东省家兔养殖的兔舍结构以半封闭式为主，家兔繁殖方式以自然交配为主，人工授精普及率偏低。使用的全价配合饲料主要购自其他厂家，饮水普遍采用自动饮水方式，喂料方式中全自动上料不多见，仍以人工饲喂为主。人工清粪方式占 76.47%，全自动清粪仅占 23.53%；大部分兔场能够做到经常消毒，严格按照防疫程序防疫。

**（二）当地企业及产业发展状况**

**1. 主要龙头企业**

山东省有青岛康大、聊城汇富、日照恒邦、诸城本明、蒙阴益达、费县正宇、菏泽富士达等多家较大规模的家兔养殖、兔饲料生产、屠宰加工、毛皮加工及出口重点龙头企业，这些企业资金雄厚，技术力量强，辐射作用大，对自身及周边地区的兔产业发展产生了较大的推动作用，极大地促进了山东省家兔产业化发展。

**2. 技术发展状况及成果**

国家兔产业技术体系和山东省特种经济动物产业技术体系的建设运行，促进了山东家兔产业化发展。国家兔产业技术体系在山东设有一个岗位专家和两个综合试验站，山东省特种经济动物产业技术体系有 3 个专家岗位和 2 个试验站岗位主要从事家兔研究，有持续的研究经费来源。此外，山东省内有山东农业大学、青岛农业大学、聊城大学、临沂大学四所大学开设畜牧兽医学科，有潍坊畜牧兽医职业学院一所专职院校，还有山东农业科学院畜牧兽医研究所一个科研机构，具有先进的人才、设备、技术优势，对家兔饲料营养、饲养、生产管理、产品加工、疫病防控等技术进行重点研究，推进实施科学饲养管理技术，为家兔产业的发展提供了强有力的科技支撑。其中，"肉兔产业链关键技术研究与示范推广"获 2020 年度山东省科技进步二等奖。

### （三）兔产业发展趋势及特点

**1. 生产布局优化，区域集中度提高**

随着消费市场兴起和养殖成本变化，家兔主产区逐渐集中，区域优势开始显现。肉兔和獭兔养殖基本分布于全省各地，由于气候影响，山东沿海地区獭兔皮质量好，最受欢迎；长毛兔养殖具有典型的地域性，临沂蒙阴和枣庄薛城养殖量较大。山东各市家兔养殖具有一定差异，临沂地区是家兔养殖传统区域。

**2. 养殖方式加快转变，生产能力不断提高**

家兔特别是肉兔和獭兔养殖正在由传统分散的农户饲养方式向集约化、规模化和标准化饲养方式转变，肉兔和獭兔养殖规模化、标准化水平明显提升。肉兔养殖不乏有几千只基础母兔的兔场，獭兔养殖有几百只基础母兔的兔场也非常多，而毛兔养殖以生产为主的基础母兔较少，大部分以产毛为主。商品肉兔出栏时间已由过去的 90 日龄左右缩短到 70～80 日龄，商品獭兔出栏时间由过去的 150 日龄左右缩短至 120 日龄以内，长毛兔年产毛量增加到 1 500～2 000 克。养殖方式的转变和提升促进了家兔养殖的标准化、生产的规范化，全面提高了家兔生产能力。

**3. 产品加工能力不断增强，产业化水平持续提升**

近年来，山东省家兔屠宰加工由于兔肉加工企业的带动呈现快速发展态势，产业化进程不断加快，提高了家兔产业的综合效益，带动了家兔产业发展。山东省较大的兔产品加工企业主要为兔肉生产、加工、出口一条龙企业，其中青岛康大食品有限公司是国家级农业产业化龙头企业，山东海达食品有限公司、菏泽富仕达食品有限公司为省级农业产业化重点龙头企业，山东中康畜业有限公司为市级农业产业化重点龙头企业，由于国外对冰冻兔肉的需求量下降和新冠感染疫情，山东省兔肉出口量逐年下降。山东维蕾克纺织服饰有限公司兔毛加工量占全国总量的 50％以上。多种形式的产销衔接和利益联结机制也在不断完善和形成。家兔生产组织化程度不断提高，培育了一大批专业合作社和养殖协会，"公司＋合作组织＋农户"的组织化模式逐步推行，生产与市场环节衔接日益紧密。

**4. 兔饲料稳步增产，节本增效作用显著**

家兔产业的发展，带动了全省兔饲料增产，提高了非粮饲草饲料资源特别是作物秸秆的利用率。山东省饲草资源较为丰富，生产可饲用的农作物秸秆5 000 多万吨，但实际饲用的秸秆总量大约 2 000 万吨，仅占总量的 40％。应合理利用草地资源，加大对农作物秸秆、饼粕、糟渣、糠麸以及树叶、果渣等饲草饲料资源的开发利用力度，全面推进家兔产业发展所需的饲草饲料资源开发空间依然较大。同时，山东省兔全价颗粒饲料的生产也在迅速发展，据不完全统计，全省从事兔饲料生产的企业有 27 家，生产总量居全国首位。山东省内肉兔、獭兔和长毛兔养殖中，商品兔饲料使用率已达到 90%，少数养殖户自行配料。

## 三、2016—2020 年市场需求分析

### （一）山东省兔市场需求分析

"十三五"期间，山东省经济发展迅速，2020 年全省城镇居民人均可支配收入已达到 4.37 万元，农村居民人均纯收入达 18 753 元，全省城乡居民对优质安全畜产品的需求已进入旺盛期，对兔肉、兔毛、兔皮、实验兔和观赏兔的需求较快增长。山东省月收入 4 000～6 000 元的家庭食用兔肉次数并不多（偶尔食用的占 71.05%），兔肉消费不普及的主要原因是消费者没有食用兔肉的习惯和缺乏获取渠道（81.58%）。兔皮及兔毛制品使用率更是偏低。

### （二）全国兔市场需求分析

随着我国人口数量增加、城乡居民生活水平提高和对兔产品接受程度的提高，兔肉、兔皮、兔毛、实验兔和观赏兔的需求将呈刚性增长。从 2020 年人均兔肉消费量来看，我国仅 0.5 千克，世界平均 0.3 千克，法国和意大利为 5 千克。随着我国肉类消费的快速增长和肉类消费结构的调整，兔肉在肉类消费中的比例也将呈递增趋势。

## 四、存在的主要问题及建议

### （一）存在的主要问题

**1. 市场波动明显，家兔生产起伏不断**

由于家兔繁殖力强、兔产业生产周期短，且兔产品消费主要集中在川渝等南方地区，不够普及，故家兔市场波动明显。2016—2020 年，肉兔活兔价格高时每千克 20 元，低时每千克 10 元，相差一倍；再加上兔毛和兔皮行业低迷、养殖风险加大、饲料成本增加等因素影响，近年来家兔存栏数量略有下降，给家兔产业持续健康发展带来不利影响。

**2. 良种繁育体系基础薄弱，良种推广工作滞后**

由于资金投入严重不足，家兔良种繁育体系基础薄弱，良种兔供种能力较弱，一些优良品种得不到有效推广。缺乏自主培育的品种（配套系），30 多个肉兔品种（配套系）仅康大肉兔配套系 2011 年通过国家品种审定，长毛兔有

1999 年通过山东省审定的几个品系，其余均来自国外；饲养的品种（配套系）除肉兔配套系为近 10 年引进外，其余引进饲养历史均较长，由于重利用轻选育，退化和品种混杂现象严重，如獭兔目前基本无法区分德系、美系和法系。家兔的种兔生产企业小散和布局不合理的问题突出，企业的自主创新能力不足，品种选育和推广发展滞后。

### 3. 生产方式亟待转变，技术水平需要提高

山东省肉兔养殖规模（以基础母兔计）在 50 只以下的占 46.3％，50～200 只的占 20.8％，獭兔养殖规模（以基础母兔计）在 50 只以下的占 18.2％，50～200 只的占 54.1％，长毛兔养殖规模（以基础母兔计）50～200 只的占 65.9％，规模养殖水平远低于生猪、蛋鸡等畜禽。家兔饲养标准方面，只有长毛兔有试行国家标准，肉兔有山东省地方标准，獭兔则没有饲养标准，远远落后于其他畜禽。许多农户饲养家兔仍沿用传统的饲养经验，有啥喂啥，不能根据不同品种、不同生长阶段的生理特点进行饲养，导致生产水平不高，养殖效益低。

### 4. 疫病防控形势严峻，养殖风险较大

"十三五"期间，影响山东省家兔生产的主要疾病为巴氏杆菌病、大肠杆菌病、球虫病、兔病毒性出血症（兔瘟）、螨病等。断奶仔兔腹泻仍然是影响家兔成活率的重要因素。防疫不规范造成单位母兔的生产效率低下，"禁抗"后断奶仔兔成活率不高，2 型兔瘟的发生导致疫病防控形势严峻。

### （二）兔产业发展建议

以提高家兔生产能力和效益为中心，按照"抓规模、提效益、促生产、保供给"的思路，加快转变家兔发展方式，增强政策扶持。大力发展家兔标准化、规模化养殖，促进家兔产业振兴；加大对主产区的支持力度，积极发展家兔生产；加强市场引导。促进家兔生产与种植业结合，发展循环种养，鼓励和支持发展高效生态养殖模式。应坚持以下基本原则：

### 1. 高效生态，持续发展

大力发展家兔产业要着眼于提高草地牧草和农作秸秆等非常规饲草饲料资源的利用率，实现家兔生产的节本增效，努力降低家兔对粮食的依赖，避免家兔养殖与人争粮、与粮争地。加强生态环境保护，大力推广农牧结合的生态养殖方式，积极推进清洁生产，促进家兔产业持续健康发展。

### 2. 面向市场，大力扶持

充分发挥市场机制基础作用，引导家兔养殖和加工企业面向市场组织生产，增强抵御风险能力。积极争取政策扶持，坚持多元投入，引导更多的工商

企业资本和社会资本进入家兔产业，增强发展的后劲和活力。

**3. 突出优势，规模适度**

综合考虑资源禀赋、环境承载能力、消费市场等因素，推进家兔优势产区加快生产基地建设。推广生态养殖模式，引导发展适度规模养殖，增强兔肉、兔毛、兔皮、实验兔和观赏兔的市场供应能力，提高养殖效益。

**4. 强化监管，保障质量**

将保障兔肉、兔皮和兔毛质量作为提升家兔产业发展水平的重要手段，提高产品质量和市场竞争力。强化质量安全监管，建立健全检测机构和人员队伍，强化检测手段，为家兔持续健康发展保驾护航。

## 五、未来发展展望

### （一）总目标

兔肉、兔毛和兔皮产量实现持续增长，实验兔和观赏兔有一定发展，基础母兔存栏逐步恢复和发展，标准化规模养殖水平进一步提高，屠宰加工实现规范化管理，科技支撑能力进一步增强，良种化水平不断提高，牧草、秸秆等饲草饲料资源利用率进一步提高。

家兔产业发展基础进一步夯实，标准化、规模化养殖水平明显提升，综合生产能力显著增强；区域布局进一步优化，产业分工进一步细化，产加销衔接更加紧密；关键技术攻关取得突破，标准化饲养技术逐步推广普及；饲草饲料资源开发利用水平明显提高，节粮增产效果明显增强，养殖效益逐步提高。

### （二）发展路径

按照"加快发展肉兔生产，积极发展獭兔生产，稳定发展长毛兔生产"的思路，进一步优化产业布局，突出良种繁育、标准化养殖、支撑服务和产品加工四个重点，因地制宜，加快发展方式转变，提高山东省家兔养殖效益和市场竞争力。

**1. 区域布局**

肉兔生产：充分利用和依托分布全省的兔肉加工企业（包括兔肉出口加工企业和内销企业）带动，加大对国内外兔肉市场特别是新兴市场的开发力度，培育兔肉加工龙头企业，创建特色和绿色知名品牌，进一步提升山东兔肉在国内外市场上的竞争力，建设优质兔肉生产基地。通过加强品种（配套系）选育，提高良种覆盖率，充分利用和开发杂交优势，提高单位母兔的生产水平，大力发展规模化、标准化和产业化肉兔生产，引导生产向饲养规模化、产品优质化、质量安全化、管理统一化的方向发展。

獭兔生产：山东具有沿海的地理优势，行内人士有山东沿海褥质量较好的说法，故山东产区最受欢迎的为沿海褥，其次为沂水褥；应充分利用这点，重点在沿海一带发展獭兔生产，实行连片开发，带动周边，建设优质獭兔皮生产基地。通过加强品种选育，提高良种覆盖率，大力发展规模化、标准化和产业化獭兔生产。

长毛兔生产：充分利用临沂蒙阴和枣庄薛城两大长毛兔传统养殖区优势，以兔毛精深加工为突破口，带动长毛兔生产水平取得较大突破；提高规模化程度，力争在细毛型长毛兔的选育和培育上有所突破。

## 2. 发展重点

（1）培植加工企业，加大市场和产品开发力度，提高兔产品市场占有率。面向国内市场，大力宣传家兔产品的营养和保健作用，提高家兔产品的市场占有率。山东省各地的兔肉、兔毛和兔皮加工企业已初具雏形，并起到带动周边地区兔产业发展的作用，然而受饮食文化等多重因素的影响，山东省的肉兔生产对外依赖度较高，省内市场不旺，一旦出口受阻，本省的肉兔生产必将受到重创。因此，今后各地的家兔产品加工企业应在产品的市场开发、加工水平、加工规模和加工能力上下功夫，进一步发挥自身在家兔生产中带头作用。

（2）加快家兔良种产业化开发。山东省肉兔、毛兔和獭兔良种需求量很大，为了适应市场对良种需求，必须实施肉兔、毛兔和獭兔的良种产业化，包括良种选育、新品种（配套系）培育产业化，只有这样才能使山东省兔业不仅在数量上而且在质量上处于领先地位，这也是增加农民收入最关键、最有效、最直接的技术措施。国外每年都进行良种批量测定，这是良种性能不断提高的重要措施之一。因此，有必要建立山东省的种兔测定站对家兔进行生产性能测定，从根本上杜绝种兔场管理混乱、炒种和倒种现象。

（3）大力发展规模化家兔饲养。受良种引进、程序化防疫和市场信息等方面的制约，千家万户的小生产已难以实现和大市场的对接，必须加强发展规模化饲养，实行集约化经营。同时应加强家兔生产基地建设，重点提高家兔产业的现代化管理水平，从而提高家兔产品的质量。应充分发挥现代化加工企业在产业化经营中的龙头作用，使企业与养兔户之间结合成利益共同体，通过现代化加工企业带动当地经济发展和农民致富。

（4）完善支撑服务体系建设。通过政策扶持，加大投入，加强科技创新体系、技术推广服务体系、市场信息预警体系、防疫和兔产品安全保障体系建设，建立健全政府公共服务体系，利用现代科技信息手段，为家兔产业发展提供必要的公共产品。通过发展专业合作社、专业服务公司、行业协会，健全中介服务体系，为现代家兔产业发展提供组织支撑。支持加工流通体系建设，不断延伸产业链条，加强产销对接，完善利益调节分配机制，保障家兔产业健康发展。

我们要大力研究集成家兔良种、饲料营养调控、智能化环境控制、疫病防控、产品深加工等关键技术，并示范推广，提高产业技术水平。充分发挥市场机制基础作用，引导养殖和加工企业面向市场组织生产，增强自身抵御风险能力。加大政策扶持力度，坚持多元投入，积极引导工商企业资本进入养兔业，增强产业发展活力，带动山东省兔产业转型升级。

（本节执笔：刘公言　刘磊　孙海涛　李福昌）

# 第三节　江苏省兔产业发展

江苏是我国畜牧业大省，也是家兔传统的主产区之一，家兔存栏、出栏常年居全国前 6 位，家兔养殖的标准化、规模化水平较高，行业科研实力较强。"十三五"以来，受到全省生态环境保护"两减六治三提升"专项行动以及土地资源趋紧、饲料原料涨价等因素的影响，全省家兔饲养量连年下降，产业呈现"减量增质"的发展态势。

## 一、江苏省兔产业发展状况

### （一）养殖总量持续下降

据统计部门数据（表 7 - 2），从全省家兔存栏来看，"十二五"末（2015 年）存栏 1 476.9 万只，"十三五"末（2020 年）存栏 339.1 万只，降幅达 77%，年均降幅 15.4%，单年（2017 年）最大降幅达 47.3%（图 7 - 1）；从全省家兔出栏来看，2015 年出栏 3 955.5 万只，2020 年出栏 1 270.3 万只，降幅达 67.9%，年均降幅 13.6%，单年（2019 年）最大降幅达 37.7%（图 7 - 1）；从全省兔肉产量来看，2015 年产兔肉 7.4 万吨，2020 年产兔肉 2.0 万吨，降幅达 73%，年均降幅 19.3%，单年（2019 年）最大降幅达 41.9%（图 7 - 2）。

表 7 - 2　2015—2020 年江苏家兔存栏、出栏和兔肉产量

| 指标 | 2015 年 | 2016 年 | 2017 年 | 2018 年 | 2019 年 | 2020 年 |
|---|---|---|---|---|---|---|
| 家兔存栏（万只） | 1 476.9 | 1 390.1 | 732.4 | 688.5 | 376.6 | 339.1 |
| 家兔出栏（万只） | 3 955.5 | 3 687.1 | 2 765.9 | 2 262.6 | 1 410.7 | 1 270.3 |
| 兔肉产量（万吨） | 7.4 | 7.1 | 4.3 | 4.3 | 2.5 | 2.0 |

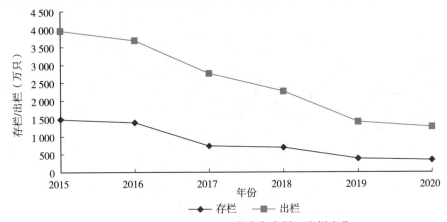

图 7 - 1　2015—2020 年江苏家兔存栏、出栏变化

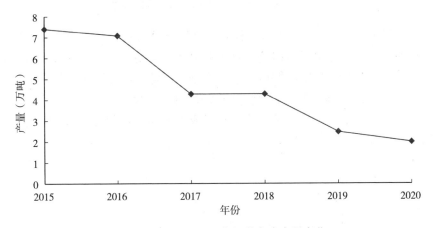

图 7 - 2　2015—2020 年江苏兔肉产量变化

## （二）产品价格波动较大

（1）肉兔。据国家兔产业技术体系南京综合试验站每月监测数据，"十三五"期间，江苏肉兔价格总体呈现"两头低中间高"的走势（图 7 - 3），"十三五"期间肉兔平均出栏价格为 14.08 元/千克，总体略有亏损。"十三五"期间，只有两个时期保持较好的盈利水平，一是 2016 年四季度至 2017 年一季度，肉兔均价在 16 元/千克上下；二是 2018 年四季度及 2019 年全年，特别是2019 年 6 月后，受到非洲猪瘟疫情的影响，畜禽产品价格全面大幅度上涨，肉兔价格冲到了 21.6 元/千克，部分地区突破了 22 元/千克。

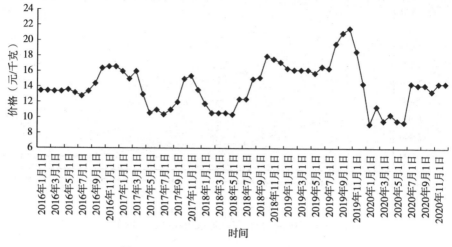

图 7 - 3　2016—2020 年江苏肉兔价格变化

（2）獭兔。据国家兔产业技术体系南京综合试验站每月监测数据，"十三五"期间，江苏獭兔价格与肉兔价格关联度极高，走势基本相似（图 7 - 4），"十三五"期间獭兔平均出栏价格为 16.7 元/千克，总体呈亏损较大的状态。"十三五"期间，只有 2016 年四季度至 2017 年一季度、2018 年四季度及 2019 年全年处于盈利状态，其余时间基本亏损或微盈利。特别是 2020 年初，獭兔出场价跌落至 10 元/千克，深度的亏损导致很多农户退出养殖行业。截至

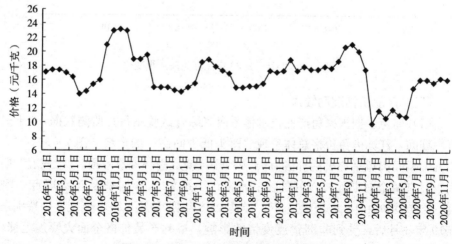

图 7 - 4　2016—2020 年江苏獭兔价格变化

2021年，獭兔仅在灌南、大丰、东海、沭阳等县有部分饲养，存栏规模一般在 500～1 500 只。

（3）兔毛。据国家兔产业技术体系南京综合试验站每月监测数据，"十三五"期间，江苏兔毛价格总体呈下降趋势（图7-5），粗毛、绒毛、统货平均出场价格分别为 186.62 元/千克、137.92 元/千克、127.74 元/千克，基本处于亏损状态。特别是受新冠感染疫情、国际贸易关系以及饲料原料价格大幅上升的影响，养兔利薄甚至亏本，导致很多长毛兔养殖场（户）停养或转产养殖肉兔。截至 2021 年，江苏仅南通、泰州、盐城市等地有部分养殖户仍在坚持饲养长毛兔。盐城因为是长毛兔传统产业基地，加之有大丰春喜兔毛加工厂提供"公司＋农户"的合作模式，在饲料供应、上门剪毛、兔毛回收、技术服务、信息共享等方面具有优势，所以保住了一批长毛兔存栏超千只的大户。

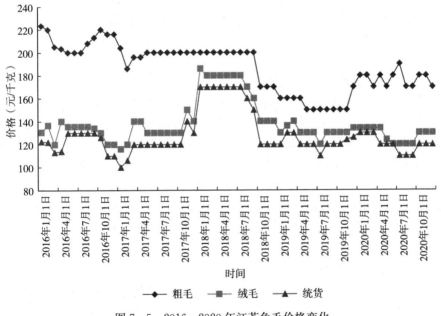

图 7-5　2016—2020 年江苏兔毛价格变化

### （三）区域布局趋于集中

受到土地资源、粗饲料资源等限制，近年来，江苏的家兔养殖越来越向苏北集中，而苏南的宜兴、太仓、句容、溧水、六合等獭兔养殖场（户）基本退出养殖行业，苏中的泰州、扬州养殖獭兔和肉兔的场（户）也大幅减少。据江苏省畜牧业统计资料，2020 年末：徐州、盐城两市的家兔存栏占全省的比例达 87.64％，苏北五市的家兔存栏占全省的比例达 93.98％；徐州、盐城两市的家兔出栏占全省的比例达 91.91％，苏北五市的家兔出栏占全省的比例达 96.79％；徐州、盐城两市的兔肉产量占全省的比例达 89.74％，苏北五市的兔肉产量占全省的比例达 96.24％。

## 二、2016—2020 年江苏省兔产业亮点

### （一）实验兔出口异军突起

江苏有一批老牌的实验兔生产单位，如金陵种兔场、东方养殖、振林兔业、明天农牧等，在实验兔的生产经营中，不断拓展渠道。其中，邳州市东方养殖有限公司建成了国内最大的实验兔生产基地，新西兰种兔引自美国、日本大耳白种兔引自国家实验兔保种中心（上海），商品兔畅销国内外，每年约有 10 万只实验兔出口到日本、新加坡、马来西亚、韩国等地区，另有 10 万只内销给国内的药明康德、康龙化成、江苏疾控、鼎泰制药等知名的安全评价中心。公司还生产普通级实验兔饲料、SPF 级实验兔饲料等各类实验动物饲料。

### （二）宠物兔市场不断壮大

江苏新沂市宠物兔养殖已有 20 多年的历史，近年来养殖量不断提高，每年销售宠物兔约 200 万只，在国内市场处于领先地位，已形成了"生产＋电商"的产销体系，相关产值超 2 亿元，极大促进了农民就业增收。初步统计，饲养 100 只以上母兔的宠物兔养殖户，全市约有 120 余户，存栏母兔约 2 万只（高峰时达 5 万只）。宠物兔养殖效益显著好于肉兔，一般白色的小兔 17～25 元/只，垂耳、侏儒等品相好、血统纯的价格在 150～2 500 元/只，效益非常可观。经营得较好的养兔户，通过电商年销售额在 200 万～800 万元，年纯利润在 30 万～80 万元。

### （三）兔毛销售有所恢复

受到 2013 年手拔毛视频的影响，国外动物保护协会抵制国内的兔毛及其产品，江苏的兔毛出口一度中断。"十三五"期间，农业部门及家兔从业人员做了很多正面的宣传，指导长毛兔养殖户科学剪毛，兔毛的出口缓慢恢复。江苏大丰春喜兔毛加工厂将收购的兔毛通过机器分梳成兔绒，销售到日本、韩国、澳大利亚、印度等国家，以及国内的广东大朗、浙江嘉兴、内蒙古鄂尔多斯、河北蠡县、山东临沂等地。年出口量约 10 吨，内销量约 75 吨，均约为手拔毛事件暴发前的 1/4。

### （四）标准化水平稳步提升

"十三五"期间，江苏的规模兔场设施装备水平显著提升，开放式兔舍、水泥预制板兔笼、饮水碗等粗放的养殖设备逐步淡出市场，密闭式兔舍、环境控制系统、金属兔笼、自动喂料机、机械刮粪板等装备应用越来越多。"十三五"期间新建的大丰李静肉兔场（2栋大棚＋4栋砖混养殖棚）、吴秀华肉兔场（1栋大棚）、姜亚根肉兔场（1栋大棚）、倪兵毛兔场（2栋大棚）基本都采用密闭式兔舍。例：阜宁县板湖镇渠东村许学彩家庭农场，采用密闭式大棚兔舍＋湿帘风机降温系统，建有标准化的欧式子母兔笼1 200个、商品兔笼1 000个，存栏伊拉母兔800只、伊拉公兔20只左右，全部采用人工授精；兔粪采用传送带清洁，尿液和冲洗水流入污水池，实现干湿分离；饲养员为夫妻俩，年可出栏商品兔三万只左右。

## 三、存在的主要问题

### （一）绿色环保水平有待提升

近些年新建的规模兔场，基本能够落实"一分离、两配套"的要求，即：雨污分离、配套堆粪场、配套粪污储存池，甚至有部分场实现了干湿分离。但是，相较于生猪、家禽、奶牛等主导产业，原有的家兔规模场，特别是规模较小的场，大部分没有采取雨污分离措施，且受行情低迷、没有利润的影响，各场（户）没有升级改造的积极性。

### （二）饲养量大幅萎缩

近几年受到市场行情低迷以及环保治理、饲料价格高涨的影响，一些中小家兔养殖户逐步退出市场，且很少有新鲜血液加入进来，导致肉兔、毛兔和獭兔饲养规模逐年下降，产业规模不断萎缩。

### （三）产品质量安全风险加大

"禁抗"政策施行后，家兔饲料质量参差不齐，极易导致养殖场（户）在养殖过程中大幅增加兽用抗生素的用量。如果对休药期的规定执行不到位，很容易导致兔肉药残超标。

### （四）疫病的威胁加大

近几年，兽医机构对包括江苏在内的家兔主产省送检样本检测后，发现兔出血症Ⅱ型，国内已在十余个省市检出兔出血症Ⅱ型，且受检样品大部分为兔出血症Ⅱ型阳性，少量为兔出血症Ⅰ型阳性，个别样本存在混合感染情况。由于兔出血症Ⅱ型目前尚无疫苗可以预防，加之兔场之间存在种群"倒买倒卖"现象，疫病对兔产业的威胁越来越大。

### （五）宠物兔的管理体系尚不完善

宠物兔虽然发展前景光明，但是在政策和管理上还有一些问题。一是由于活畜禽禁止发快递物流，运输渠道受阻；二是宠物兔没有针对性的选种选育方案，品种很容易退化；三是缺乏检疫标准，到达地、承运人、车辆牌号等信息不全，动物卫生监督人员难以开具动物检疫合格证明。

## 四、发展建议

### （一）加强生态环保制度的执行

严格落实畜禽粪污资源化利用要求，对照农业部办公厅《畜禽规模养殖场粪污资源化利用设施建设规范（试行）》的规定，查漏补缺，建设好雨污分离设施，确保粪污暂存池（场）满足防渗、防雨、防溢流等要求。

### （二）加强节本增效技术研究和应用

面对当前家兔养殖成本高、经济效益空间受到压缩的境地，为保证兔业健康可持续发展，必须加强技术研发和示范推广，降低养殖成本，提高养殖效率和效益。如加强饲料营养技术研发与养殖机械化、标准化和智能化研究，提高劳动效率，降低生产过程中对劳动力的依赖。

### （三）加强培育产品质量安全意识

加强对家兔养殖场（户）的培训，落实其养殖环节质量安全主体责任，最大限度消除不安全风险。开展质量安全宣传，普及家兔养殖安全科学用药知识，确保饲料质量安全，严防病从口入。指导养殖场（户）科学制定饲料配方，根据家兔不同生产阶段饲喂不同的饲料，做到营养均衡。

### （四）加强疫病防控

指导养殖场（户）加强疫病防控，兔场大门主入口建车辆消毒池，更衣消毒室配备更衣、淋浴、消毒等设施，兔舍入口处设消毒池和消毒盆。针对兔出血症Ⅱ型目前尚无疫苗的情况，研究和总结其发病及流行特点，设立临床诊断标准，制定生物安全措施技术文件，通过不同渠道宣讲，从而让养殖场（户）掌握基本要领和关键技术措施，减缓疾病传播和流行。

### （五）加强宠物兔检疫标准的制定

建议国家层面抓紧研究制定宠物兔检疫标准，让宠物兔在销售时实现应检尽检，避免因为漏检而导致真菌病等家兔疫病的传播。

（本节执笔：朱慈根　潘雨来）

## 第四节　重庆市兔产业发展

### 一、重庆市兔产业发展概述

#### (一)兔产业发展环境和条件

(1)政策优势。2020年中央1号文件作出了加快推进乡村振兴的战略部署。市委、市政府高度重视，召开了全市农业农村工作会议及主任会议，为今后一段时期农业农村工作明确了方向和重点。2020年1月，中央财经领导小组召开第六次会议，习近平主持会议并提出，推动成渝地区双城经济圈建设，有利于在西部形成具有全国重要影响力的增长极，打造内陆开放战略高地，对推动高质量发展具有重要意义。成渝双城经济圈成为国家战略，并将成为继京津冀、长三角、粤港澳大湾区之后中国经济的第四增长极。成渝将实现高质量发展，并带动整个西部发展。唱好"双城记"，是成渝两地当今的主旋律。2020年9月，《国务院办公厅关于促进畜牧业高质量发展的意见》(国办发〔2020〕31号)出台。市政府对该《意见》进行了贯彻落实，提出了《重庆市人民政府办公厅关于促进畜牧业高质量发展的实施意见》(渝府办发〔2020〕139号)，这为全市畜牧业高质量发展明确了目标和重点。草食牲畜是重庆七大特色产业链建设中的重点产业，是优化畜牧业供给侧结构的主攻方向，是助推乡村振兴、促进农民增收的重要载体。发展壮大草食牲畜产业，对于加快发展现代农业，促进农业转型升级、提质增效意义重大。

(2)市场优势。川渝两地自古有吃兔肉的习惯，对兔肉的消费约占全国消费总量的70%，而生产量约占全国的60%。就重庆而言，经过多年的自然发展，全年商品肉兔生产近2 000万只，而消费量已突破3 000万只，且每年以5%以上的速度上升，市场缺口较大；主城及周边璧山、铜梁、永川、大足、渝北等区县，为重庆市兔肉的集中消费区域，本土发展兔产业有明显的天然优势：小产业、大市场的独特格局已形成。但不足之处在于：重庆市兔产业分布不合理，且受规模小、设施设备陈旧、技术落后、品种繁杂等因素困扰，整体发展受到制约；与山东、河南等规模化养兔大省相比较，在生产、技术、规模及饲养成本上都有很大差距，更与本土消费集中区的需求市场不相匹配，天然形成的市场优势得不到充分体现。经测算，从外地调运一只商品活兔到本市的费用在8元左右，平均每千克得摊销3.6~4元的运营成本，而重庆市高标准、规模化生产场尚不多，大部分养殖户分布在渝东北(三峡库区)区域，生产成本普遍在16.0元/千克，如果加上饲料、成品兔运输销售等费用，本土的成本优势荡然无存，甚至比外来商品兔成本还高，可见推行现代肉兔标准化规模养殖已十分迫切。

（3）产品优势。兔肉是极佳的健康食品。第六届世界养兔科学大会对 186 个国家进行了分析，发现绝大多数国家兔肉产量和世界兔肉总产量一直处于上升状况，随着人们生活水平的提高，高蛋白、低脂肪、低胆固醇的兔肉将成为继猪肉、鸡肉之后的又一个重要消费热点。

（4）团队优势。重庆市兔产业发展主要依托重庆市畜牧技术推广总站、西南大学及重庆市畜牧科学院等产学研推相结合的科研团队的技术支撑，结合国家兔产业技术体系相关专家及市草食牲畜产业技术体系兔专家团队的配套支持。

（5）创新优势。重庆市畜牧技术推广总站、西南大学及重庆市畜牧科学院密切合作，开展了肉兔种质资源（种兔选育）创新、兔肉品质基础研究、兔病快速检测及防控、无抗养殖及兔舍设计等研发集成工作，填补了重庆市的相关技术空白，也增强了市内有关企业的核心竞争力。

**（二）兔产业发展历史**

重庆市养兔历史悠久，山区农民素来就有养兔的习惯。养兔业是重庆市特色畜牧业的重要组成部分。重庆直辖前的 20 世纪 80 年代，璧山、江津、永川、铜梁等区县曾大量引进日本大耳白兔改良本地兔，90 年代又引进了新西兰白兔、加利福尼亚兔、比利时兔、塞北兔及齐卡配套系兔等优良品种。重庆直辖后，由于畜牧业结构调整和市政府良种工程的实施以及各级政府的高度重视，重庆肉兔产业发展速度加快，除原渝西片区的肉兔产区外，三峡库区的万州、奉节、长寿、涪陵、垫江、开州、云阳等区县也大力发展肉兔产业。截至 2020 年，重庆主城都市区的铜梁、永川、江津、璧山、渝北、綦江、涪陵等区县约占全市肉兔出栏的 60%，渝东北的开州、忠县、万州等区县约占 30%，渝东南约占 10%。

## 二、2016—2020 年重庆市兔产业发展状况

### （一）养殖状况

#### 1. 养殖规模

重庆市是大城市与大农村、大山区、大库区并存的直辖市，发展肉兔生产具有优越的自然地理条件，市委市政府历来高度重视肉兔产业的发展。加快发展肉兔产业对优化畜牧业结构，助推乡村振兴、精准扶贫，促进现代畜牧业发展等意义重大。2017 年中央 1 号文件提出"发展规模高效养殖业，做大做强

优势特色产业"，国家层面把特色养殖放到一个应有的高度。农业部《2018年畜牧业工作要点》中也特别指出："支持畜牧业差异化特色化发展，开展肉兔等特色产业发展研究。"2019年以来，在非洲猪瘟的影响下，农业农村部要求大力发展家禽和肉兔产业，替代部分猪肉，解决城乡居民的"吃肉难"问题。

重庆是我国肉兔产业发展的重要区域，川渝肉兔出栏占全国肉兔出栏的约60%，重庆市肉兔出栏居全国第三位。据统计，2016—2020年，重庆市肉兔年末存栏量在666.2万～1 088.6万只，年出栏量在1 892.4万～3 090.5万只，成渝地区兔业占全国半壁江山以上。以渝北、铜梁、璧山、綦江、荣昌等区县为主导，重庆市养兔规模化、标准化及设施化程度不断提高。同时，重庆市也是国内重要的兔肉消费市场，年人均消费兔肉1.5千克，高于全国人均消费水平。每年需从山东、河南等地调进兔肉及活兔以满足市场需求。

**2. 主要养殖品种**

重庆市肉兔养殖的品种主要以从欧洲引入的配套系兔如伊拉、伊普吕、伊高乐为主，引进品种生长速度快（70日龄上市，比过去单品种杂交缩短育肥时间20天），适合规模化批次生产。重庆阿兴记食品股份有限公司直接从欧洲种兔公司引进饲养伊拉配套系兔曾祖代、祖代共6 000只，饲养在渝北、忠县两个种兔场。伊普吕配套系兔祖代在渝北、荣昌两区县均有饲养，伊高乐配套系兔在綦江区有引进饲养。

**3. 养殖模式**

近几年来，重庆市养兔业正向良种化、规模化、标准化、生态化方向迈进。主要模式有以下三类：一是家庭农场模式。该模式以农户投资为主，建设2栋封闭式或开放式笼养兔舍，农场面积600平方米左右，饲养种兔300～500只，以水冲式或刮粪方式清粪为主，年供商品肉兔1万～2万只，获经济效益10万～20万元。在渝北、忠县、涪陵、璧山、綦江等肉兔主产区县均有典型代表。二是规模化养兔模式。该模式以企业投资为主，建设全封闭式兔舍2～4栋，兔舍总面积2 000～3 000平方米，配套设施完善，以传送带清粪方式为主，引进饲养优良种兔1 000～2 000只，采用人工授精、批次化生产方式，年供商品肉兔40 000～80 000只，经济效益显著。在渝北、璧山、綦江、荣昌等区县均有典型案例。三是园区养殖模式。该模式以龙头企业投资为主，建设标准化全封闭式环控兔舍多栋，引进饲养优良种兔5 000～10 000只，配套设施完善，实现兔粪好氧发酵处理后作有机粪、尿液污水经暗管道进入沼气池厌氧发酵再就近土地还田消纳的粪污无害化处理及资源化利用。在铜梁等区县有典型案例。

### （二）当地企业及产业发展状况

**1. 主要龙头企业**

"十三五"期间，引领重庆市兔产业的龙头企业主要有两家：

一是重庆阿兴记食品股份有限公司。该公司为中国畜牧业协会兔业分会副理事长单位，重庆市产业化龙头企业。在渝北区统景镇投资 5 000 万元建设了伊拉配套系兔曾祖代养殖基地，直接从欧洲种兔公司引进伊拉配套系兔曾祖代 1 000 只，2019 年补充引进 400 只，在渝北、忠县两个养殖基地共饲养曾祖代、祖代兔 6 000 只。在渝北农业园区投资 5 000 万元建设了一个兔肉精深加工厂，年生产能力达 5 000 吨。配套建设了一个年生产能力 2 万吨的专用兔颗粒饲料加工厂。生产基地以渝北、忠县及涪陵为主，辐射带动市内外相关区县。

二是重庆兔管家科技发展有限公司。该公司落户于铜梁区，为中国畜牧业协会兔业分会常务理事单位，重庆市产业化龙头企业。在渝北区大湾镇占地50 亩，投资建设了一个种兔规模 1 000 只的重庆新三力迪康种兔繁育有限公司，曾从河南阳光兔业公司引进伊普吕配套系兔祖代 500 只。在铜梁区土桥镇占地 343 亩，一期投资 1 000 余万元建设了一个基础母兔规模 6 000 只的园区模式的肉兔标准化示范基地。在巴南区李家沱建设了一个年产能 5 万吨左右的兔专用饲料加工厂。生产基地以铜梁、璧山、綦江、巴南等区县为主，辐射带动市内外有关区县。

**2. 技术发展状况及成果**

（1）技术发展状况。在市场拉动、政策引导下，重庆市积极引导发展以肉兔为主的山地特色畜牧业。利用政策吸引民间资本投入，拉动肉兔产业的发展。鼓励科研院所开展肉兔的关键技术研究与集成。依托重庆市畜牧技术推广总站、西南大学及重庆市畜牧科学院等单位，在国家兔产业技术体系及重庆市草食牲畜产业技术体系的支持下，重庆市兔产业技术研发及推广取得显著成效。

（2）技术要点。针对重庆市肉兔产业存在种兔退化、缺乏拥有自主知识产权的品种、兔场设计不规范、养殖效率不高、兔产品加工环节薄弱等关键问题，重点开展了国外先进肉兔配套系引进扩繁及肉兔新品系选育、肉兔规模高效养殖、兔肉营养与产品加工等关键环节技术研发集成，形成了"良种肉兔—规模高效养殖—兔肉产品加工"的肉兔产业化技术体系。

（3）取得的技术成果。2020 年 7 月，重庆市科学技术研究院组织国内同行专家对"重庆市肉兔产业关键技术研发集成与推广应用"项目进行了成果评价，认为该成果整体达到国内领先水平。

一是在知识产权成果方面：获授权发明专利 4 件，获软件著作权 1 件，受理专利 6 件；制定并发布重庆市地方标准 4 个、企业标准 2 个，编写专著 4 部，其中出版 2 部；发表论文 42 篇（其中 SCI12 篇）；研发兔肉新产品 10 种。

二是在推广应用成效方面：

建设一批具有区域特色的兔养殖与加工示范基地。项目建立国家兔肉加工技术研发中心 1 个，市级家兔健康养殖工程中心 1 个，种兔繁育选育基地 3 个，标准化肉兔养殖基地 7 个，兔肉加工厂 1 个。示范基地开始发挥长期、稳定的技术公益传播作用。

加快肉兔良种推广。2015—2019 年，重庆市 7 个区县的 100 个规模化兔场辐射带动周边地区兔场，加大了肉兔良种及技术推广应用力度，年均推广优质种兔 10 万只，养殖效果改善明显。据调查统计，300～500 只家庭农场式兔场均新增纯收益 20 万元以上。

加强了对技术人才的培养。5 年累计组织培训 22 期，培训人员 3 181 人，发放技术资料 10 000 余份，现场指导 500 次。大幅提高了从业人员技术水平。每个推广区县都培养了一批养兔能手（骨干），起到了典型示范和带动作用。

集成的技术和研发的产品得到高度认可。一是提炼总结的优质肉兔规模高效养殖技术于 2018 年被市农业农村委科教处选为促进乡村振兴 100 项农业主推技术在全市进行推广。（渝农办发〔2018〕147 号）。优质肉兔规模高效养殖技术于 2019 年被农业农村部选为农业主推技术在全国推广（农办科〔2019〕22 号）。二是优质肉兔生产发展模式被选为农业优质绿色高效技术模式在全国范围推广，开发的"嘟嘟兔"系列食品被重庆名牌农产品评选认定委员会评为重庆名牌农产品，其中手撕炭烤兔产品在第二届中国农产品加工贸易洽谈会上被评为金质产品。

## 三、存在的主要问题及建议

### （一）存在的主要问题

虽然重庆兔产业具有一定的优势和基础，但仍存在一些问题，主要是：

（1）产业扶持政策不多。《农业部关于促进草食畜牧业加快发展的指导意见》及年度畜牧业工作要点中，都要求把兔作为特色畜禽品种推广发展。在畜牧业中兔业仅处于次要地位，且发展区域有限。政府在兔业方面资金扶持长期不足，基本由市场引领养殖户及企业发展，养殖基础极不稳定，设施设备差。

（2）总体养殖水平不高。川渝是养兔大区，但并不是养兔强区。平均每只母兔年供商品肉兔在 30～35 只，与发达国家一只母兔年产 50 余只商品肉兔的生产水平还存在较大差距。

## （二）兔产业发展建议

（1）争取政府重视，制定政策引领兔业发展。在国家层面，呼吁将家兔定位为特色草食畜禽。成渝地区是家兔养殖、兔肉消费大区，应把肉兔产业作为成渝地区双城经济圈发展现代高效农业的重点。应选择有养兔历史和习惯的区县（如铜梁等），把兔业作为主导产业来发展，并制定相应的配套政策予以扶持，不断提高肉兔养殖水平。建议政府从战略高度设立兔业发展风险基金，当市场行情低迷时，保住优质种兔和产业基础，以保证行情好转时能快速恢复生产。

（2）集中技术优势，开展肉兔种质选育创新工作。良种是实现优质高产高效的关键因素之一，是"卡脖子"的关键环节。成渝地区肉兔良种繁育体系存在基础设施差、种兔退化快、优质种兔占比不高的问题，特别是肉兔配套系还掌握在国外企业手中，每两年要大量购进"换血"，大大增加了养殖企业成本。成渝地区应发挥科研院所的技术优势，利用地方兔种及引入兔种资源，开展兔种选育创新联合攻关，掌握种兔核心选育技术，培育具有自主知识产权且生产性能优良稳定的兔品种，逐步取代国外兔种。

（3）加大政策扶持，促进兔产业转型升级。一是制定引种补贴政策，逐步提高兔群生产性能，降低生产成本。二是加大基础设施投入力度，出台相应扶持政策，对标准化兔笼（舍）建设进行奖补，并将湿帘风机环控系统、自动喂料系统及自动清粪系统等现代化养殖设施设备纳入农机补贴范围，促进兔场改造升级，提高养兔自动化、智能化水平。三是将兔用疫苗纳入疫苗直补范围。四是开展兔良种补贴试点，在成渝地区兔业重点区县推广兔人工授精技术，并给予配套资金扶持。

（4）加强宣传培训，提高兔业生产技术水平。各养兔重点区县应制定专门的人才培养计划，组织人员到先进省市甚至国外学习交流；安排落实专项培训经费，用于组织养殖场（户）到生产技术成熟、生产效益好、养殖水平高的养兔企业进行实训，并组织国内外专家到成渝地区开展交流指导。

（5）探索发展模式，促进兔业发展与乡村振兴相结合。近年来的中央 1 号文件都对全面推进乡村振兴作出了总体部署，成渝地区要抓住这一契机，将兔产业带建设规划好、实施好。要充分发挥兔业投资少、饲养周期短、见效快的优势，大力推广"龙头企业＋家庭农场"的发展模式，充分利用龙头企业的资金、技术、市场、信息等优势资源助推产业发展。

（6）开展兔产品研发，延伸肉兔产业链。成渝地区肉兔产品仍以鲜活兔为主，精深加工比重较小。对于大多数中小规模养殖场（户）来说，发展精深加工无设备、无技术、无市场，应由专业合作社或龙头企业把它们组织起来，统一收购、统一加工，风险共担、利益共享、共同发展。对于大规模的龙头企业，应把兔产品精深加工及营销作为发展方向，开发出品种多样、消费便捷、适合各类人群的产品，实现农户增收、企业增效、政府增税的良好局面。

## 四、未来发展展望

### （一）发展目标

到 2025 年，重庆市肉兔出栏 3 000 万只，年产兔肉 3.75 万吨，培育重庆市肉兔产业龙头企业 2～3 家、打造年出栏肉兔 100 万只以上肉兔示范基地 13 个，产品质量安全保障体系更加健全，全市肉兔规模化率提高到 85%，科技贡献率提高到 65%，兔产品优质率提高到 95%。

### （二）重点任务

一是构建完善兔产业良繁体系。坚持引种与繁育相结合，提高良种兔的生产能力，建立与兔产业发展相适应的良种兔生产经营体系。加快肉兔种质创新，建立优良种兔繁育基地。扶持发展祖代级以上种兔场 5 个，注意对石柱长毛兔资源的保护。二是建设兔产业生产基地。以忠县、铜梁、永川、开州、江津、荣昌、合川、璧山、渝北、石柱、云阳、涪陵、綦江 13 个区县为重点，抓住乡村振兴发展契机，建设肉兔生产保供基地，培育家庭农场、专业合作社、养兔企业等新型经营主体，推动兔产业规模化、标准化和集约化，促进肉兔产业高质量发展。三是延伸产业链条。培育肉兔龙头企业 1 家以上。创建兔肉加工品牌及餐饮品牌。四是建立兔产品质量安全可追溯体系。建立涵盖兔健康养殖、屠宰加工、运输销售、产品信用准入、产品信息管理等环节的兔产品质量安全可追溯系统，全程监管兔产品安全生产的信息链、物流链和控制链，实现透明化操作、规范化管理。推进兔产品"三品一标"认证、良好农业规范（GAP）认证，开展标准化示范项目和地理标志保护产品的认证及监管。推行"互联网＋认证监管"，建立质量认证全过程追溯机制。五是加快粪污资源化利用。推广适用的兔养殖技术模式。以减量化产生、无害化处理、资源化利用为重点，推行雨污分流、干湿分离、兔粪发酵作有机肥、尿液污水发酵后还田利用等模式。

### （三）发展路径

（1）积极抓好肉兔种质创新。加快重庆市肉兔新品系选育进程，逐渐培育出适应西南地区高温高湿气候条件和具有自主知识产权的肉兔新品种，全面满足重庆市生产基地对优质种兔的需求。

（2）积极开展肉兔规模高效养殖技术研发集成。重点推广肉兔人工授精技术，加快研发肉兔主要疫病快速诊断技术等，并尽快应用和服务于生产，提高养殖效率。

（3）积极做好养兔技术培训。将专家团队集成的技术通过致富带头人培训、科技特派员下乡及实训等方式，传授给规模养殖场（户），促进成果转化应用，提升服务对象的科技水平。

（4）积极培育兔产品加工龙头。引导有能力的企业走兔产业融合发展之路，带动特色兔业发展，提高兔业加工附加值和养殖效益。

（本节执笔：王永康　张晶　谭宏伟　刘羽　荆战星　赖鑫）

# 第五节　河南省兔产业发展

## 一、河南省兔产业发展概述

### （一）兔产业发展环境和条件

河南位于我国中东部、黄河中下游，全省总面积 16.7 万平方千米，占全国总面积的 1.73%。地势西高东低，北、西、南三面太行山、伏牛山、桐柏山、大别山沿省界呈半环形分布，中东部为黄淮海冲积平原，西南部为南阳盆地。平原盆地、山地丘陵分别占总面积的 55.7%、44.3%。

河南大部分地处暖温带，南部跨亚热带，属北亚热带向暖温带过渡的大陆性季风气候，同时还具有自东向西由平原向丘陵山地气候过渡的特征，具有四季分明、雨热同期等特点。近 10 年全省年平均气温为 12.9～16.5℃，年平均降水量为 464.2～1 193.2 毫米，年平均日照时数为 1 505.9～2 230.7 小时，年平均无霜期为 208.7～290.2 天，适宜多种农作物生长。

### （二）兔产业发展历史

1949 年以前，豫北地区以饲养虎皮黄兔为主，豫南地区以饲养中国白兔为主。20 世纪五六十年代，安阳地区培育出了安阳灰兔；70 年代河南省全国首批试点引进德系长毛兔养殖；80 年代又先后引进国外新西兰白兔、獭兔进行饲养；90 年代培育出豫丰黄兔和西平（953）长毛兔。截至 2021 年，河南省内被国家认定的地方品种有豫丰黄兔和西平长毛兔。

## 二、2016—2020 年河南省兔产业发展状况

### (一) 养殖状况

#### 1. 养殖规模

河南省是我国养兔大省之一，2020 年全省存栏 1 095.5 万只，出栏 2 960 余万只，兔肉产量 5.9 万吨。近年来，受国际市场变化的影响，河南省家兔养殖结构发生了巨大的变化，兔毛、兔皮价格长时间持续低迷，导致獭兔、长毛兔养殖急剧萎缩，肉兔养殖量占比明显提升，2020 年占养殖总量的 90% 左右，形成了肉兔养殖一家独大，宠物兔、实验兔呈现增长势头，长毛兔、獭兔苦苦支撑的局面。

#### 2. 主要养殖品种

河南省家兔养殖品种中，肉兔方面引进配套系品种已经占有主导地位，生产中应用的主要是从欧洲进口的伊普吕兔、伊拉兔，纯品种还有新西兰白兔、比利时兔、加利福尼亚兔、日本大耳白兔、豫丰黄兔、太行山兔等，以及它们之间的杂种兔；毛兔主要包括西平长毛兔、镇海巨型高产长毛兔、皖Ⅲ系长毛兔、鲁系长毛兔；獭兔主要有德系、美系、法系獭兔等，以及它们之间的杂种兔；宠物兔大多没有固定品种。

#### 3. 养殖模式

河南省家兔养殖模式主要有 4 种，即集约化工厂生产模式、"基地＋农户"的小群体大规模生产模式、家庭农场生产模式和分散自由生产模式。

(1) 集约化工厂型生产模式。这种模式的特点是规模化养殖、工厂化管理、标准化生产。一般基础母兔饲养量在 300 只以上，年出栏商品肉兔万余只。2020 年全省建有集约化工厂养兔场 390 个左右，为全省养殖规模的 30% 左右。该模式将成为河南省乃至全国肉兔产业未来的主要发展方式。

(2) 合作社生产模式。这种模式的特点是小群体大规模，技术服务和市场开发统一有序。一般是在一个区域范围内，由少数几个骨干养殖户和若干个养殖户，联合成立一个养兔组织（合作社或养兔协会），推举 1~2 个负责人，建立规模不一的肉兔养殖基地。组织对内统一标准要求，提供技术服务，对外联系相关部门争取政策支持，并对接下游市场，一定程度上维护社员利益。该模式在河南的采用率为 35% 左右，是当前和今后一段时间内全省养兔的主要模式。

(3) 家庭农场生产模式。这种模式的特点是家庭经营、决策方便。一般是有条件、有技术、有传承的家庭，在庭院或承包土地内建立规模不一的养兔基地。他们对养兔有一种发自内心的情怀，独立经营、生产成本相对比较低，能

够比较好地应对市场周期变化，有较强的活力与适应能力。该模式在河南的采用率为 15％左右，也是当前和今后一段时间内全省养兔的主要模式。

（4）分散自由生产模式。这种模式的特点是资金流动性强，生产规模和技术水平差别较大。一般是根据当地市场需求和兔产品的销量变化，投入资金建设水平不一的养兔场，之后随着市场变化而较快地撤出。该模式采用率约为 10％。

**4. 家兔相关产业**

（1）种兔选育。济源市阳光兔业有限公司与法国克里莫集团海法姆公司合作，引入曾祖代伊普吕配套系种兔，该品种已推广到河南各地及山西、新疆等全国部分地区；豫丰黄兔和西平长毛兔两个培育品种的保种和生产工作有序展开；洛阳市鑫泰农牧科技有限公司和濮阳市众兴兔业有限公司积极选育獭兔优良品种，桐柏正源兔业、舞阳鑫华兔业对长毛兔品种选育积极性很高。

（2）饲料加工。河南地处中原农区，作物秸秆等资源丰富，同时，山区、丘陵地区野生植被丰富，兔可利用的饲草资源达 150 多种，养殖中的精粗饲料需求均可就地解决。除本地利用外，还有草业公司 6 家，进行饲草加工和对外销售。河南有兔用全价饲料厂 3 家，兔用浓缩料、预混料厂 6 家。济源阳光下属金裕饲料有限公司拥有年产能 12 万吨的全自动兔专用饲料生产线，可满足本省养兔需求。周边山东等地家兔饲料也在河南占有一定的市场。

（3）设备贸易。河南省现有兔饲料加工设备厂 10 多家，兔笼兔具设备厂近 10 家，兔用药品生产厂 3 家，兔业服务部多个，兔业专修学院 1 个，皮草公司 2 家，兔肉加工厂 8 家，兔产品交易市场多个（其中洛阳市就有 6 个）。河南兔业加工贸易市场活跃，外省经销商常年到河南省各地收购各类兔产品。良好的加工贸易形势对河南省兔业发展起到了积极的推动作用。

（4）兔肉加工。河南兔业以肉兔养殖为主导方向，但兔肉消费与加工产业一直是制约行业发展的短板。近年来，经过河南省畜牧兽医学会兔业分会的宣传带领，全省的兔肉消费量有明显增加趋势。全省年消费兔 1 000 万只左右。省内有济源阳光兔业有限公司兔肉加工车间 1 个，企业自主建设的屠宰加工车间 50 余个，研发出平顶山全兔宴，尉氏县麻辣兔、洛阳香酥兔等已经成为当地的名菜，开封、洛阳等地开设的兔肉坊或以兔肉菜肴为特色的餐饮店达 1 000 多家。2017 年 10 月在济源市全国第七届兔业发展大会上，河南近 20 家餐饮企业参赛。

（5）行业协会。河南省畜牧兽医学会兔业分会（挂靠在学会下面，实际起的是行业协会的作用）成立以来，在老会长薛帮群教授的带领下，积极工作，沟通养兔企业与高校科研队伍、政府管理部门和省外同行，为促进河南兔业快速健康发展发挥了重要作用。设立河南兔业分会专家团、兔美食专业委员会、长毛兔专业委员会、兔产品流通专业委员会4个二级机构，协调兔业相关工作；依托《河南畜牧兽医》杂志，出版《河南兔业》13期；组织举办家兔解剖与疾病防治、饲料质量鉴定与配方加工、兔肉加工等养兔技术学习班11期；应地方政府和骨干企业邀请，分会专家团成员下乡举办各类学习班21期，受益人数达到1 300余人，部分省外养兔同仁也前来学习；每年举办兔肉文化节，积极宣传兔肉美食文化，推介兔产品及加工烹饪技术，创新兔肉产品加工工艺，引导消费者树立兔肉消费理念；分会召开常务理事会7次、专家团会议3次、副会长会议4次，组织会员到省内外参观学习5次，组织会员参加国家级和省级兔业会议10次。分会组织的各种活动对河南省兔业发展起到了积极的推动作用。

2017年10月，第七届中国兔业发展大会在河南省济源市举办，全面展示了河南兔业的形象。

### （二）当地企业及产业发展状况

#### 1. 主要龙头企业

河南省家兔养殖行业中影响力大的企业总体偏少，最具代表性的是济源市阳光兔业科技有限公司。该公司成立于2008年，是一家集良种繁育、商品兔产销售、饲料生产、食品加工出口、有机肥生产、生物科研、兔文化餐饮为一体的民营股份制企业，是国家农业产业化重点龙头企业，还是中国畜牧业协会兔业分会副会长单位、河南省农业产业化重点龙头企业、河南省肉兔产业化联合体示范核心企业、出口兔肉备案养殖场、国家级农民合作社示范社、河南省民营企业现代农业100强企业。公司引进法国伊普吕肉兔配套系曾祖代良种群，年可出栏伊普吕配套系种兔40万套、生物实验用兔10万只以上，生产畜禽饲料30万吨、生熟兔肉1 000吨、兔粪有机肥2万吨，合作出口兔肉1 000吨。公司拥有兔业科技创新研发团队，与中国农业大学、河南农业大学、河南牧业经济学院等建立了长期合作关系。河南省依托该公司建立了国家兔产业技术体系济源综合实验站、河南省肉兔繁育及加工工程技术研究中心、国家级阳光兔业星创天地、河南省科技创新联盟等科研孵化平台。公司采取"龙头企业＋合作社＋基地＋农户"模式，积极开展项目扶贫、养殖帮扶、联盟扶贫等系列活动，带动济源市及新疆、宁夏、湖北等地建立肉兔产业扶贫基地11个，带动贫困人口15 000余人，荣获"中国畜牧产业扶贫优秀模式""河南省畜牧行业产业扶贫突出企业"等荣誉。

其他影响力比较大的企业有洛阳鑫泰农牧科技有限公司、濮阳市众兴兔业有限公司、舞阳鑫华兔业公司、桐柏正源兔业有限公司等。

**2. 技术发展状况及成果**

河南省有涉农本科院校 8 所，还有设有畜牧兽医专业的大中专学校，研究队伍实力相对比较雄厚，为家兔行业培养了一批技术人才的同时，"十三五"期间还承担了大量家兔研究课题，取得了一定的研究成果。以河南农业大学、河南科技大学、济源阳光兔业为代表的家兔研究团队先后承担了国家"十三五"重点研发项目中唯一的家兔课题、原农业部国家体系试验站、河南省科技攻关、科技扶贫、三区人才、科技特派员等项目 30 余项。开展了家兔食粪行为生物学意义与脑肠轴健康系列研究，取得了系列国际原创成果；开展了肉兔规模化养殖及产业化生产、八点黑獭兔的选育及产业化、家兔主要疾病中草药防治技术等研究。主编、参编出版《肉兔科学养殖技术》《兔生产学》《实用养兔手册》等著作 17 部，"一种兔笼的制作方法"等技术创新获发明和实用新型专利授权 60 余项，形成《伊普吕肉兔生产技术指南》《西平长毛兔品种标准》等地方和企业技术标准 9 项，"肉兔高效生产技术集成创新应用"等成果通过省级鉴定，获市级科技成果一等奖 1 项等。这些研究成果为河南省兔业持续发展奠定了坚实基础。

**(三) 兔产业发展趋势及特点**

**1. 养殖总量稳中有增**

经过前几年的大力宣传，国内对兔产品的认可度和需求将会提升，河南有饲料资源丰富且比较廉价、运输成本相对较低等优势，肉兔养殖将会呈现良好发展趋势；但受国际主要市场的影响，兔毛、兔皮市场持续低迷，看不到明显改善的曙光，獭兔和长毛兔的养殖前景不容乐观。

**2. 规模养殖比例提升**

国家环保、禁抗等政策拉高了养殖业的标准，同时，随着肉兔生产配套系的推广应用和标准化养殖技术的推广，河南省肉兔养殖将进一步呈现规模化趋势，一些小型兔场或散养户将退出，500 只以上基础母兔的规模化兔场将成为发展重点。

**3. 龙头带动更加明显**

大型龙头企业开拓市场，带动中小型养殖场（户）；部分区域内有影响力的企业联合当地农户开展肉兔养殖，满足当地市场需求。

**4. 兔肉消费潜力巨大**

兔肉作为健康食品越来越深入人心，随着人们对兔肉认知程度的提升，河南本地兔肉消费市场将会在现有基础上逐步打开，带动养兔行业发展。

## 三、存在的主要问题及建议

### （一）存在的主要问题

#### 1. 市场低迷制约发展

兔毛、兔皮等产品市场长期持续低迷，使长毛兔、獭兔养殖处于异常艰难的境地中，相当一部分养殖户停产或转养肉兔，部分养殖场（户）还保留长毛兔、獭兔种子，期望在行情好时恢复生产。尽管河南省也有一些兔肉加工厂，但产品仍主要依靠省外市场，行情变化较大，总体处于微利经营状态。

#### 2. 品种保护压力巨大

肉兔配套系因生长发育速度快、繁殖力强等得到快速推广应用，使新西兰兔、加利福尼亚兔、豫丰黄兔等纯品系使用受到影响；同时因为市场压力大，养殖户为了提高单产，购买国内浙江、安徽、山东等地长毛兔，对河南现有长毛兔进行杂交改良，造成西平长毛兔等地方培育品种被盲目杂交，很多纯种养殖场（户）品种不纯，给品种资源保护带来了压力，应引起业内高度重视。

#### 3. 原料单一饲料配制不合理

部分小型养殖户养兔仍以饲喂青草为主，不喂、少喂精饲料，饲料配制明显不合理；部分规模化兔场尽管是用粗、精饲料搭配制成颗粒饲料，但对原料品质把关不严，草粉等原料掺假、发霉变质现象比较常见。

#### 4. 兔病防治仍不完善

兔产业相对体量较小，专门依据家兔生理特点开发的兔专用药物、疫苗等较少，多以鸡、猪药品代替。除规模化养殖企业外，大多养兔户缺乏兔病防治知识，重治不重防，加上一般养殖户硬件条件一般、国家禁止在饲料中预防性使用抗生素等，导致兔病易发、多发，难以控制。

#### 5. 观念陈旧硬件不足

不少养殖户仍存在传统的养兔观念，在种兔引进、兔舍建造、饲料供给、饲养管理、疾病防治等方面能省则省，以至于养兔者劳动强度大、工作效率低、经济效益不高，同时兔舍等硬件条件不足使兔只经常处在亚健康状态，反过来影响了家兔生产水平。

### （二）兔产业发展建议

#### 1. 纳入地方规划，支持兔业发展

目前养兔业地位比较尴尬，多数地方政府农业发展规划中并不包含养兔业的内容，行业得不到地方政府政策和资金的支持。建议省内行业协会协调政府

农业管理部门，把养兔业作为畜牧业的重要组成部分，纳入农业发展规划。

**2. 加大宣传力度，扩大消费市场**

除了成渝等地区外，国内大多数地方还没有形成兔产品消费习惯。行业协会所作的宣传工作取得了一定成效，但还需要加大宣传力度，创新宣传形式和宣传内容，引导兔肉等产品消费，扩大消费市场，为生产发展提供基础。

**3. 普及养兔科学，增加技术含量**

针对目前养兔业普遍存在的养殖户规模小且分散、技术普及不到位等情况，建议协会及各部门加大科学养兔技术普及力度，让广大养殖场（户）掌握科学知识，促进行业健康有序发展。

**4. 加大科技投入，提升行业内涵**

相比于猪、鸡等常规畜禽，家兔无论是在生理生化、饲料营养等基础研究方面，还是在设施设备、疫病防控等应用技术方面都存在较大差距，家兔科学研究"欠账"较多。建议加大基础研究力度，为科学养殖提供必要的技术支持。

（本节执笔：李明　李志明　许会芬　李双军　刘贤）

# 第六节　河北省兔产业发展

河北省是畜牧业大省，畜禽存栏及畜产品产量均居全国前列，其中蛋鸡、奶牛存栏居全国首位，生猪、肉禽、肉牛、肉羊存栏居全国前列。其他家养动物饲养品种丰富（兔、鹅、鹌鹑等），且均有较大存栏出栏数量。

河北省地处华北平原，粗饲料资源丰富，家兔养殖历史悠久，家兔养殖品种丰富，既有地方特色品种，又有引进国外配套系，单体养殖规模存在大、中、小并存现象，近年来，得益于国家兔产业技术体系的持续技术支持和地方主管部门在政策和资金项目上的支持，河北家兔产业获得长足进步。现将2016—2020年河北省兔业发展进行总结。

## 一、河北省家兔产业特点

### （一）家兔养殖多品种共存，养殖规模逐步扩大

#### 1. 獭兔养殖持续低迷，养殖效益长期维持低水平

獭兔养殖是河北传统养殖项目，常年出栏量在2 000万只左右，但是2015年以后市场低迷，价格暴跌，直接造成养殖量和出栏量降低。近几年，尽管还

有养殖户在养，但由于兔皮价格一直处于低位，农户养殖热情逐渐耗尽，多数养殖户转向肉兔饲养。但部分养殖企业看到彩色獭兔未来的发展前景，开始与河北农业大学专家合作，开展彩色獭兔选育工作，取得初步进展。

**2. 肉兔占比逐渐增加，养殖效益相对稳定**

近年来，由于獭兔市场低迷，而兔肉价格相对稳定，因此，河北肉兔养殖量逐年增加，特别是 2019 年肉兔价格随着畜产品整体市场回暖而提升，加之猪肉市场空缺，使得肉兔养殖效益达到历史高位，农户对肉兔养殖热情高涨，肉兔存栏达到高峰，年出栏量达 1 500 万只以上，且多数是规模化工厂养殖，大型兔场年出栏肉兔可以达到几十万只。

**3. 毛兔存量较小，养殖效益较低**

河北省毛兔养殖主要集中在保定地区，此外，承德、邢台、沧州、唐山、邯郸等地市也有少量饲养，但是近年来由于兔毛出口限制，毛兔养殖无利可图，因此，存栏量一直较少，只在涞水等地有少量养殖，未能形成规模。

**4. 地方品种保留火种，政府逐渐重视**

河北省曾经先后培育塞北兔、太行山兔和大耳黄兔等多个地方品种，且各具特色，但是近年来由于整体家兔市场低迷，养殖效益差，严重影响广大养殖户的积极性，各品种存栏数量持续下降，甚至处于接近消亡的状态。近年来，随着政府对品种资源的重视，地方品种逐渐被重视，并且河北张家口建立了塞北兔种兔保种场，塞北兔品种纯化后，数量质量得到显著提升。

## （二）科技实力强大，配套技术已经成型

在家兔营养与饲料研发领域，以河北农业大学谷子林教授为核心的研发团队一直走在世界前列。近年来，团队在国家兔产业技术体系和河北省科技厅支持下，取得了一系列科技成果。

**1. 家兔营养需要与饲养标准得到完善**

依据家兔生理特点、中国家兔管理水平和饲料原料资源，参考国内外文献资料，谷子林教授团队制定了《獭兔营养需要和饲养标准》（被中国畜牧业协会作为团体标准在行业内推荐使用），并提出家兔无抗日粮"三低一高"[低淀粉（尤其是玉米淀粉）、低霉菌毒素、低蛋白，高纤维]的饲料配方设计原则，该配方设计原则对于节约蛋白质饲料原料和无抗条件下改善家兔肠道健康水平意义重大。

**2. 家兔饲料原料营养价值数据库基本构建完成**

随着家兔品种的标准化和养殖的规模化程度的逐步提高，为提高家兔精准营养供应水平，在国家兔产业技术体系支持下，河北农业大学谷子林团队开展

了家兔饲料原料营养价值评价研究，制定了《家兔消化试验规程》团体标准，先后检测了家兔常用饲料原料 120 余种，获得家兔常用饲料原料养分含量、主要养分可消率等数据，初步构建了中国家兔饲料原料营养价值数据库，为我国家兔饲料配方科学精准设计提供了数据基础。

### 3. 家兔无抗饲料生产与绿色养殖技术体系已经形成

河北是饲料大省，年产饲料超过 1 300 万吨，饲料企业 1 000 余家，绝大多数企业均可生产家兔饲料，2020 年禁抗政策全面实施以后，科技人员与企业合作，探索减抗、无抗饲料和生态饲料生产技术，通过推广"三低一高"饲料配方、绿色饲料添加剂应用组合、原料固态发酵增值、功能性活性物质后喷涂添加等技术，形成了家兔无抗饲料生产与绿色养殖技术体系，对兔产业起到重要支撑作用。

### 4. 生物技术在家兔养殖中效能凸显

考虑到畜牧业发展的需要及国外原料进口可能出现的困难，常规饲料原料短缺预计会更加严重。在此背景下，河北饲料企业应用生物发酵技术，针对家兔营养需要对非常规饲料（糠麸、秸秆、糟渣等）进行发酵处理，进行定向产品开发，先后开发出家兔专用发酵饲料原料、功能性饲料添加剂（植物活性小肽、复合益生菌等）和抗球虫类植物提取物，在家兔养殖中广泛应用并获得显著效果。

### （三）兔肉消费花样增加，品牌意识凸显

家兔产品种类繁多，近年来，河北省兔肉消费数量逐步增加，区域不断扩大，并形成了熏兔、兔架、兔丁类零食三大系列产品，特别是兔架成为河北地方特色产品，广受欢迎。在休闲食品开发上，开始注重品牌、渠道建设，逐渐形成了"蹦万家"等品牌，并成为地方名小吃；同时，在保健功能兔肉开发方面，获得长足进步。

### （四）规模化企业出现，成为地方主导产业

河北家兔养殖历来有存栏数量大、单体规模小的特点，缺少规模化、有影响力的家兔企业。近年来，在河北省政府支持和企业自身努力下，出现了一批有影响力的家兔企业，特别是 2020 年，河北广义兔业合作社被河北省张家口市涿鹿县确定为河北省"一县一业一基地一团队""四个一"工程项目，在河北省政府政策、资金支持下，企业发展迅速，已经建成集中药种植、家兔繁育养殖、功能性家兔饲料加工、兔产品开发、观光旅游为一体的产业园，在当地经济发展、脱贫攻坚方面起到重要作用，家兔养殖已经成为当地主导产业。

## 二、存在的主要问题及建议

### (一) 存在的主要问题

#### 1. 家兔育种工作严重不足

尽管在历史上，河北曾经培育出塞北兔等本地品种，但是这些品种都已处于濒临消亡的境地，河北农业大学曾经进行过獭兔配套系选育工作，取得一定进展，但因为后续资金问题，举步维艰。此外，河北省在 2015 年从美国一次性引进优质彩色獭兔近 300 只，开展了彩色獭兔选育工作，已经初步确定三个颜色的配套组合方案，但市场推广有限，因此，开展符合市场需要和河北养殖环境特点的家兔品种 (配套系) 选育工作迫在眉睫。该方面工作不足，也是阻碍河北家兔产业发展的瓶颈。

#### 2. 养殖加工过程中环保压力巨大

河北省是中国兔皮交易主要集散地，有留史、尚村、辛集、大营等全国知名交易市场，兔皮加工企业数量非常多。兔皮传统加工方式会产生大量废水、有害化学物质，污染严重，近年来随着环保治理政策逐步严格，加工企业多数难以达标，或停产或转产，少数规范企业通过整改获得生产资质，但由于前期投入大，市场需求萎缩，开工不足，企业效益下降。家兔规模养殖过程中，兔粪尿排放会造成周边环境污染，因此，规模化兔场排泄物的有效处理，也是家兔养殖的压力之一。

#### 3. 家兔市场需求波动剧烈，养殖效益难以保证

近几年，由于非洲猪瘟、新冠感染疫情影响，加之中美贸易摩擦造成的原料供应紧张，家兔产品市场价格波动剧烈，养殖原料成本飙升，同时，由于河北省家兔养殖多属于小规模养殖，各主体以出售活兔为主，市场影响力有限，因此养殖效益很难保持稳定。

### (二) 兔产业发展建议

#### 1. 开展家兔精准营养需要量研究

我国已经初步确定了獭兔、肉兔、毛兔的营养需要量，但对家兔的精准营养需要研究尚处于初始阶段，特别是对有效营养素需要的研究基本处于空白状态。因此，应在现有基础上对家兔不同营养素的精准需要量开展研究，建立不同饲料原料对家兔的生物学营养价值评价体系，形成家兔常用饲料有效营养素含量数据库。

2020 年 7 月 1 日起，抗生素作为促生长饲料添加剂已经被全面禁止使用，无抗条件下家兔对饲料中营养素的需要量与添加抗生素条件下有较大差异。因

此，迫切需要开展家兔无抗条件下能量、蛋白质、纤维素等主要营养素的需要量研究，优化饲料配方和生产技术，针对饲料无抗可能造成的兔消化道疾病增加的情况，从原料选择、添加剂配制和饲料生产三个方面，研发制定综合防治方案，提高家兔肠道健康水平，对成熟的技术和产品进行广泛推广。

**2. 开展生物发酵技术和产品在饲料产业中的应用研究**

针对常规饲料资源短缺、蛋白饲料原料严重依赖进口的状况，应用有益微生物发酵与外源消化酶降解相结合的方法，对杂粕、淀粉提取后的糟渣、谷物加工产生的糠麸、水果蔬菜加工副产物、酿造业副产物等非常规低质饲料原料通过菌酶协同发酵技术，降解和消减其中抗营养因子和有毒有害成分，提高低质饲料原料安全性和营养价值，替代玉米、豆粕等，减少常规饲料原料用量，满足家兔规模化健康养殖和畜产品安全的目标。同时针对性地开发家兔的优质功能性发酵饲料原料产品和对应的应用技术方案，保证无抗条件下饲料的质量和家兔的生产性能。

**3. 开展家兔饲料原料霉菌感染消除技术研究**

家兔是一种对霉菌毒素高度敏感的动物，饲料中若含有霉菌毒素会造成家兔健康受损、生长停滞、繁殖障碍。由于家兔养殖相对小众，使用非常规饲料原料比例较大，因此霉菌毒素污染威胁更大。大量样品检测和养殖场调研结果显示，多数饲料霉菌毒素超标严重，因此，应该高度重视饲料霉菌毒素超标给家兔健康、生长、繁殖带来的威胁，筛选和研发能够降低霉菌毒素危害的饲料添加剂产品和应用技术。

**4. 开展家兔抗应激饲料研发，开发不同家兔饲料产品**

家兔是一种高度敏感的小动物，对有害气体、声音、温度均高度敏感，同时，随着家兔养殖规模提升和生产性能提高，家兔更容易出现应激反应，减缓应激反应是保证家兔健康生长的基础。今后应该从应激反应发生机制、影响因素、减缓技术及产品等多个方面系统展开研究，从而保证家兔产业的生产潜力充分发挥。

同时，随着经济发展，市场对家兔产品的需求也发生了变化，对优质、功能性产品的需求越来越大，因此应针对市场需求，开发满足不同类型家兔产品需要的饲料产品，确保家兔产品质量提升。

**5. 重视环保养殖技术研发**

环保是今后我国经济高质量发展的一个重要方面，因此环保政策高压也将是未来的常态。对于养殖业来说，环保养殖是必由之路，对于家兔养殖而言，压力主要在于解决粪污污染，但环保养殖是一项系统工程，要开展畜舍设计、饲料设计、粪污处理等多个环节配套技术的研发，同时根据不同地区、不同品种、不同季节、不同养殖模式等具体情况，落实操作方案。

（本节执笔：陈宝江　谷子林　陈赛娟　刘亚娟　刘树栋
　　　　韩帅娟　吴峰洋）

# 第七节　安徽省兔产业发展

## 一、安徽省兔产业发展概述

### （一）兔产业发展环境和条件

#### 1. 自然环境

安徽省介于东经 $114°54'\sim119°37'$ 、北纬 $29°41'\sim34°38'$ 之间，处在暖温带与亚热带过渡地区，淮河以北属暖温带半湿润季风气候，淮河以南为亚热带湿润季风气候。皖北为广袤的平原地区，皖南和皖西为山区，江淮之间多为丘陵。安徽省地理和气候条件多样，秸秆、牧草和果蔬资源丰富，水热条件适宜，为家兔养殖提供了良好自然条件。

#### 2. 区位条件

安徽位于长三角地区和中部地区交汇处，区位优势明显，是江浙沪的后花园，是长三角城市群的粮仓和菜篮子；而江浙沪每年从安徽购买大量优质农产品。江浙是我国重要的毛皮加工基地，纺织业发达，安徽省的区位优势，为家兔产业发展提供了便利条件。

### （二）兔产业发展历史

安徽养兔历史悠久，早在 20 世纪 50 年代，就开始有长毛兔养殖。经过较长时间稳定发展，形成了阜阳、宣城、黄山等家兔主产区。1978 年，仅阜阳养兔数量就达到 86 万只，约占全省的 60%，1981 年达到 476 万只，比重又进一步提高，占全省的 66.5%。阜阳兔业发展得益于各方配合和联动：银行提供贷款，外贸部门引种，供销系统供应原料，民政部门支持贫困户养殖，畜牧部门开展技术培训。由于兔毛价格良好，毛兔养殖规模大，但市场不规范，1983 年阜阳市颍上县开始着手培育谢桥兔毛专业市场进行集中收购销售，形成较为完备的产业链；经过 10 余年发展完善，1994 年谢桥市场成为华东地区最大的兔毛集散地、全国八大兔毛交易市场之一，这期间经历了 80 年代后期兔毛行情低迷阶段。

而 20 世纪 80 年代中期以来，国际市场对粗毛率高的兔毛需求增加，到

90 年代初，西欧、日本、韩国等市场对粗毛型时髦服饰更为青睐，安徽迎来了粗毛兔养殖产业的春天和历史最好时期。安徽省农业科学院畜牧兽医研究所在前期研究工作的基础上，于 1987 年开始培育粗毛型长毛兔，相继形成皖Ⅱ系、皖Ⅲ系、皖江长毛兔等粗毛型长毛兔新品种（品系）。在此基础上，通过继续选育最终形成皖系长毛兔，于 2010 年通过国家审定，成为我国第一个国家级粗毛型长毛兔新品种。皖系长毛兔现为安徽省主要饲养的长毛兔品种，推广到全国 10 余个省市，成为我国生产粗毛的主导品种，为我国毛兔品种结构改善和产业发展做出了重要贡献。

安徽省是全国养兔大省，多年来毛兔、肉兔和獭兔的存栏量、出栏量一直排名全国前几位。据国家兔产业技术体系调研组 2007 年的全国家兔产业技术体系现状调研报告，安徽省肉兔、獭兔、长毛兔年出栏量在全国分别排名第10 位、第 6 位和第 3 位。而据《安徽统计年鉴》，1998 年安徽省出栏家兔即达263.66 万只，产肉 3 150 吨。至 2010 年：全省家兔存栏 914.93 万只，其中獭兔 343.82 万只、长毛兔 300.89 万只、肉兔 270.22 万只；出栏家兔 1 475.01万只，其中獭兔 736.76 万只、长毛兔 26.55 万只、肉兔 711.70 万只；兔肉产量 1.81 万吨，兔毛产量 2 000 余吨。

然而，"十二五"以来，特别是 2013 年手拔毛视频事件以来，安徽省家兔存栏逐渐降低，"十二五"末（2015 年）家兔养殖量 340.33 万只，"十三五"末（2020 年）150 万只左右。养殖结构也发生了较大变化，现以肉兔为主、长毛兔和獭兔较少。可喜的是，"十二五"以来，安徽省在兔业科技创新方面开展了卓有成效的工作并取得阶段性成果，皖南黄兔即将通过国家审定，绒毛型长毛兔选育正在进行。"十四五"期间应该能有较大突破，从而进入安徽兔业新的发展阶段。

## 二、2016—2020 年安徽省兔产业发展状况

### （一）养殖状况

**1. 养殖规模**

"十三五"前四年（2016—2019 年）安徽家兔存栏量分别为 124.7 万只、131.49 万只、122.24 万只、126.72 万只，基本稳定，稍有起伏。而 2020 年存栏量为 41.7 万只，相比前四年明显减少，为 2016 年和 2019 年存栏量的33.4% 和 32.9%。

安徽 2016 年家兔出栏量为 189.24 万只，2017 年有一定程度下降，为161.24 万只，2017—2019 年基本稳定。而 2020 年出栏量仅 108.3 万只，明显

下降，为 2016 年和 2019 年出栏量的 57.2% 和 67.3%。

安徽 2016 年家兔养殖量为 313.94 万只，2017—2019 年基本稳定，但相比 2016 年有所下降。而 2020 年养殖量仅 150 万只，下降明显，为 2016 年和 2019 年养殖量的 47.8% 和 52.2%（图 7 - 6）。

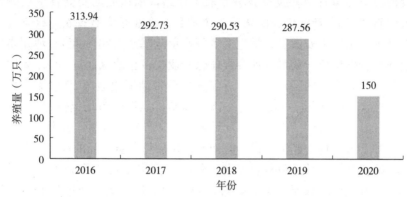

图 7 - 6　2016—2020 年安徽省家兔养殖量

注：养殖量＝存栏量＋出栏量。

### 2. 主要养殖品种

安徽省肉兔、毛兔和獭兔及宠物兔均有饲养。肉兔主要以本地培育品种皖南黄兔、比利时肉兔和伊拉、伊普吕配套系为主。毛兔基本上为皖系长毛兔，"十三五"期间还有少量浙系长毛兔。獭兔存栏较少，主要是我国川白獭兔和少量引入獭兔，但品种有些杂乱。

### 3. 养殖模式

从养殖规模来看，长期以来，安徽省养兔呈现规模小、零星分散、数量多的特点。皖北肉兔养殖规模相对较大，但大多养殖场规模也在 5 000 只以下，而且随着整体养殖量减少，多数兔场养殖规模减小，养殖户数量也减少。皖西、皖南由于地处山区或丘陵，养兔场规模不大，肉兔一般在 1 000～2 000 只，而毛兔一般在 200～500 只。从养殖方式来看，以集中养殖为主，散养很少，但集中养殖笼舍不尽相同，肉兔和獭兔以铁丝笼为主，毛兔以水泥笼为主。石台县、无为县等地开始出现标准化程度较高的养兔设施。

### （二）当地企业及产业发展状况

### 1. 主要龙头企业

"十三五"期间，随着产业发展，安徽涌现了安徽省义华农牧科技有限公司、绩溪县历久长毛兔养殖专业合作社、颍上县庆保良种兔场等若干代表性兔业企业。

（1）安徽省义华农牧科技有限公司。安徽省义华农牧科技有限公司成立于2014 年 1 月，是专门从事良种繁育、肉兔养殖销售的三产融合的池州市农业产业化龙头企业、安徽省民营科技企业。企业拥有市级技术研发中心 1 个，建立了皖南黄兔养殖省级科技特派员专家工作站，承担完成安徽省重点研发计划、安徽省"115"产业创新团队等多个项目。企业是安徽省农业科学院良种兔繁育基地、第三批安徽省大学生返乡创业示范基地（2019 年）、池州市餐饮业协会战略合作单位，获最具社会责任感产业扶贫企业（2017 年）。采取"公司＋合作社＋农户"的经营方式，近年来先后带动周边地区 10 余家肉兔养殖专业合作社、300 余户农户发展生态肉兔养殖，累计向市场提供超过 60 万只优质肉兔产品，综合产值近 6 000 万元人民币。产品在池州、黄山、芜湖、深圳、南京和上海市场上畅销，成为皖南地区优质特色畜产品的代表。

（2）绩溪县历久长毛兔养殖专业合作社。合作社成立于 2010 年 4 月，注册资本 200 万元，有成员 152 户，带动农户 600 户，是一个集长毛兔良种繁育、兔毛收购销售、饲料加工、草业种植为一体的专业合作社。2016 年合作社获评安徽省级示范社，其种兔场为省级种畜禽生产经营许可单位、省级皖系长毛兔保种场。该合作社在皖系长毛兔保种利用和长毛兔新品种培育中发挥了重要作用。

（3）颍上县庆保良种兔场。该兔场成立于 1999 年，占地 100 余亩，是一家正规化规模化养殖场。技术实力雄厚，与国内众多长毛兔科研单位进行合作，全面开展长毛兔的生长、人工繁殖研究和推广，带动养殖户 368 户。企业负责人获全国星火标兵带头人、全省首届百佳致富带头人、安徽十大回乡知青、阜阳市养兔状元、阜阳市劳动模范等称号；兔场为安徽省良种长毛兔养殖示范基地、阜阳市优秀农业科普示范基地。

**2. 技术发展状况及成果**

"十三五"期间，安徽省兔业处于转型升级阶段，兔业企业更加重视通过产学研合作和科技创新提升企业技术实力，取得一定成果。第一，皖南黄兔新品种培育取得阶段性进展。皖南黄兔是安徽省义华农牧科技有限公司和安徽省农业科学院畜牧兽医研究所等单位，利用地方资源福建黄兔和引进品种新西兰白兔通过品种间杂交创新、横交固定和系统选育，历经 10 余年培育而成的国家级肉兔新品种。该品种兔体型中等，外貌一致，被毛黄色，适应性强，生产性能优良，遗传性能稳定。该品种的育成既丰富了我国家兔遗传资源，又突破了国外品种"卡脖子"问题，在实现肉兔良种国产化和打好种业"翻身仗"中做出重要贡献。第二，皖系长毛兔保护成效明显。"十三五"期间，安徽省在皖北颍上和皖南绩溪等长毛兔优势县，建立皖系长毛兔省级保种场两个（绩溪县历久长毛兔养殖专业合作社、颍上县庆保良种兔场），在毛兔产业低迷时较好地保存了皖系长毛兔优良基因资源。通过保种利用，皖系长毛兔产毛量显著提高，年产达 1 500 克以上，综合性能进一步提高，皖系长毛兔的保种利用取得明显成效。

### （三）兔产业发展趋势及特点

#### 1. 市场行情理性趋稳

肉兔产业在经历了 2019 年的高位行情后 2020 年已经恢复到正常的行情，变化规律可循。2019 年高价位主要是受到非洲猪瘟后猪肉价格高涨和前两年肉兔存栏规模剧减导致供不应求的双重影响。从全国来看，2018—2020 年，新疆、陕西、湖南各地肉兔养殖兴起，肉兔出栏和存栏规模均较大；而安徽省义华公司基地发展，阜阳兔香坊公司建成投产等促进了安徽省肉兔增量。未来种兔存栏和需求将相对稳定，加上全国猪业稳产保供进展顺利，家兔行情将基本保持稳定。而皮毛用兔目前市场以国内循环为主，国际市场影响已成次要因素，特别是毛兔存栏探底，需求不旺，大粗毛需求量也有限。总体上，市场消费基本稳定。当然，新冠感染疫情不明朗、国际贸易环境变化等因素也会对兔产品市场和行情产生一定的影响。

#### 2. 产业结构更加优化

近年来，家兔产业经历了市场剧变，产业经过洗牌，而 2020 年新冠感染疫情的出现和常态化防控将对家兔产业造成长期影响。现有企业都有一定经济实力和市场资源优势支撑，生产技术水平和标准化程度较高，生产设备较为先进，生产效率较高，经济效益较好。市场优胜劣汰使得产业整体水平提高，企业更加注重技术和管理，效率及效益双收。同时，龙头企业逐步壮大，规模化和现代化程度提高，小型企业逐步被淘汰或者转型升级。再者，"十三五"期间扶贫带动不少养殖农户，养殖户数量在脱贫摘帽中不断变化，养殖发展质量也在乡村振兴中不断提高，养殖业结构不断优化。另外，兔业人才新老更替明显，兔业从业者年轻人比重增大；兔产品加工业增强，家兔产业链逐渐完善。

#### 3. 饲养方式进一步转变

"十三五"期间，我国脱贫攻坚战取得决定性胜利，"十四五"将开启全面建设社会主义现代化强国新征程。为适应高质量发展要求，扶贫攻坚向乡村振兴转变，规模化发展要求向标准化、现代化转变，农户粗放型饲养向企业科学化喂养转变。中小型企业将在科技水平提升上下功夫，转型升级，做出创新和特色。"十三五"期间，安徽省养兔企业越来越认识到科技在产业发展中的重要作用，并开始注重科技研发与应用。安徽省义华农牧科技有限公司等龙头企业主动与省农科院等高校院所进行产学研合作，截至 2020 年承担并完成省科技攻关项目 2 项，良种实现自给，饲养方式和技术水平整体上了新台阶。安徽省长毛兔龙头企业颍上县庆保良种兔场不断完善软硬件，2020 年底获得省级畜禽生产经营许可，种兔生产水平不断提高，为其在皖北和甘肃临潭县乡村振兴帮扶提供有力支撑。

## 三、2016—2020 年市场需求分析

### 1. 肉兔市场需求

安徽省肉兔产品消费存在区域性。皖南地区消费渠道主要是酒店、特色餐馆和农家乐，以旅游带动消费，产品形式多为用冷鲜兔肉烹饪的各类兔主题菜肴，如灵芝兔煲、灵芝烤兔等，消费市场包括池州、黄山、安庆等地，年需求量在 10 万只以上。皖北地区肉兔产品主要在专卖店销售，当地消费兔肉已成习惯，产品形式有卤兔、烤兔和药膳兔等，消费市场重点在亳州和阜阳一带，年需求量在 20 万只以上。其他地区也有少量消费。

### 2. 皮毛市场需求

安徽省虽然是毛兔养殖大省，养殖一定量的獭兔，但是没有兔毛和兔皮需求，兔毛一般销往浙江湖州、山东、天津等地的兔毛加工企业，而且还需要通过兔毛经纪人（兔毛经销商）统一收购，而兔皮主要是销售活兔至河南河北和山东等地屠宰取皮，少数大户自己屠宰取皮后，盐制晾干储藏，价格合适时送山东、河北、浙江等周边省市兔皮加工企业。安徽本省蚌埠市中原宝安毛纺织有限公司等使用些许兔毛，这些企业主要是羊毛纺织方向，兔毛仅低含量参纺。

## 四、存在的主要问题及建议

### （一）存在的主要问题

### 1. 技术提升明显但核心技术待突破

"十三五"期间，安徽省兔业技术提升明显，但是核心技术还有待突破。皖南黄兔新品种培育和配套技术的研发，大大提升了皖南地区肉兔养殖良种化程度和科技水平。皖系长毛兔被纳入省级保种范畴，为皖系长毛兔保护和推广提供了有力支撑，也使得安徽毛兔养殖业在行情低迷时保持健康良性发展。然而，从产业来看，安徽省兔业（毛兔除外）品种混杂，引入品种仍然占据半壁

江山，而皖南黄兔肉兔新品种的育成，将为本土品种大量推广示范提供背书。同时，配套技术研发成果还有待形成和示范应用。

**2. 标准养殖水平提升但加工亟待加强**

通过引进和自主创新，近年来我国家兔养殖业标准化程度提高明显。肉兔引进伊普吕、伊拉等配套系和相关配套技术，整体养殖水平显著提高。国内良种育成和配套技术研究与应用促进家兔养殖业向前发展。不过，在养殖端进步的同时，加工端也需进一步加强。目前，安徽省兔肉加工十分落后，仅有阜阳兔香坊公司等少数兔肉加工企业，加工产品品类尚不丰富，兔皮和兔毛加工技术几乎没有，加工主要靠省外。

**3. 行业聚集度提高但整合联系不强**

随着家兔养殖规模化和标准化程度的不断提高，安徽省兔产业区域性愈发明显，皖北阜阳和皖南宣城长毛兔聚集，亳州和池州肉兔聚集，颍上县庆保良种兔场、绩溪历久长毛兔养殖合作社、安徽省义华农牧科技有限公司等龙头企业带动性强、辐射面广。但是，各企业间以及企业与行业协会、主管部门之间缺乏有效和实质性深入沟通交流，产业和科研"两张皮"问题尚未得到较好解决。

**（二）兔产业发展建议**

**1. 组织兔业调研，制定兔业发展规划**

据国家兔产业技术体系计算，2020年我国兔业产值278.22亿元，仅占畜牧业产值的0.92%，但相对于2016年增加了13.81%。兔产业虽然规模不大，但兔业节粮环保、安全绿色，产品营养优质，是我国畜牧业结构调整优化的重点。建议主管部门将家兔产业作为农业结构调整和供给侧结构性改革的重要抓手，从国家层面制定全国家兔产业发展规划，与国家兔产业技术体系和省市紧密对接，加强全国兔业现状调研，摸清兔业家底，制定2021—2035年中长期规划，为乡村振兴取得决定性进展配备兔业引擎。全国家兔产业规模化程度越来越高，区域性愈加明显，产业优势和问题均凸显，应从国家层次对家兔产业进行合理布局，使其实现良性循环、健康可持续的高质量发展。安徽省在全国兔业规划中做好区域内产业规划，为主管部门政策出台和推动产业发展提供参考。

**2. 加强兔业科技创新，突破产业发展瓶颈**

我国是世界家兔产业大国，但与产业强国之间尚有距离。肉兔品种主要来自伊拉、伊普吕等配套系，或为新西兰白兔、比利时肉兔等国外品种，国内培育良种覆盖率低。专业兔饲料生产企业少，附属加工厂家多，面对全面禁抗，饲料企业研发速度和效率远未跟上节奏。除少数大型种兔企业外，许多兔场免疫程序和生物安全防范工作并不规范。总体而言，我国家兔产业标准化、现代化水平有待进一步提高。建议在绒毛型长毛兔新品种培育、兔毛品质及纺织加工技术的提高、兔肉品质特性和加工技术研发和标准化、彩色獭兔品种培育、兔呼吸道疾病疫苗的研发等方面进行政策研究和项目支持，推动科技创新，从而推动产业发展。安徽省将继续发挥长毛兔科技和产业优势，为毛兔突破产业瓶颈和创新发展提供支撑，同时在肉兔新品种培育方面取得进展，打破国外垄断。

**3. 扶持兔产品加工，打造兔业龙头和品牌**

家兔产业不仅要着重解决"种"的源头问题，也要解决好"产品加工"的末端问题。因为加工既为消费市场的供给侧，又为养殖产业的需求侧，它是沟通畜牧业与终端市场的重要中间环节。目前兔产业的重要问题之一就是养殖强而加工弱，兔肉产品类型不丰富，加工产品品质有待提高，皮毛服饰加工粗放，皮毛制品耐用性和时髦感难以兼顾。实现养殖和加工两强局面，才能真正增强产业链供应链自主可控能力，促进供给侧和需求侧的优化和平衡，而这需要龙头企业和知名品牌支撑。建议国家对家兔产品加工企业进行减税免税，在产品加工科技创新上提供补贴和奖励，扶持加工产业发展，培育龙头企业，创立兔业品牌。

# 五、未来发展展望

## （一）总目标

经过 5～10 年时间，育成肉兔和毛兔新品种 1～2 个，实现良种国产化；获得标准、专利等系列成果，打造标准化养兔技术体系；打造龙头企业 3～5家、知名品牌 3～5 个，带动安徽兔业产值达 3 亿元。

## （二）发展路径

安徽要实现兔业强省目标，需要从以下三个方面发力。第一，创新驱动提升核心竞争力。利用全国第三次畜禽遗传资源普查之机，摸清安徽省家兔种源基本情况；在继续绒毛型长毛兔新品种培育的同时，开展毛兔、肉兔系统配套技术研发工作，最终形成良种良法配套，增强兔业科技实力和核心竞争力。第二，政策倾斜促进成果转化。在科技实力提升的同时，主管部门制定配套政策，促进系列兔业科技成果的转化落实，对新品种和配套技术进行推广示范，真正服务产业实际。借力"两强一增"行动，通过科技强农，实现安徽省兔业高质量发展。第三，品牌创建实现弯道超车。采取"强两头、带中间"的策略，既利用安徽自身优势，又在兔业分工中抢抓加工业发展机遇，实现弯道超车，做强"皖"字品牌。通过品牌创建，带动"养殖—物流—加工—销售"家兔全产业链快速发展、成熟完善。

（本节执笔：赵辉玲）

# 第八节　甘肃省兔产业发展

## 一、甘肃省兔产业发展概述

### （一）兔产业发展环境和条件

甘肃省地处中国西北部，介于北纬 $32°11'\sim42°57'$ 、东经 $92°13'\sim108°46'$ 之间。省内各地气候类型多样，从南向北囊括亚热带季风气候、温带季风气候、温带大陆性（干旱）气候和高原高寒气候四大气候类型，年平均气温 $0\sim15℃$ ，省内大部分地区气候干燥，干旱、半干旱区占全省总面积的 75％，省内温度和湿度等自然条件适宜家兔生长。此外，甘肃省有着丰富的饲草资源，通过实施草地农业、粮改饲、退耕还草等重大示范工程，人工种草面积达 2 410 万亩，居全国第二位。其中紫花苜蓿留床面积达 1 010 万亩，占全国种植面积的 1/3，居全国第一位，燕麦种植面积 120 万亩，全省草产品加工量达 310 万吨。综上，甘肃省较为寒冷的温度、相对干旱的气候环境以及丰富的饲草资源构成了家兔生长的优质环境条件和饲料条件，适宜发展家兔养殖业。

### （二）兔产业发展历史

甘肃省兔产业发展经历了三个阶段。第一阶段：1987—1995 年，部分农户开始饲养獭兔，基本为农户小规模养殖模式；第二阶段：1996—2000 年，全省开始推广良种美系、德系獭兔，部分地区成立了兔业合作社和养兔产业协会，省内家兔产业发展趋向正规化；第三阶段：2001 年至今，兔产业发展初步形成区域化布局，部分企业开始实行适度规模养殖和规范化生产。武威、庆阳、酒泉、定西等地先后建立"公司＋协会＋农户"的养殖模式。政府也开始参与兔产业的发展，例如武威市政府在设施农牧业主体发展中对獭兔养殖作出大力支持、定西市陇西县政府出台兔产业经济体政策等。

## 二、2016—2020 年甘肃省兔产业发展状况

### （一）养殖状况

甘肃省家兔养殖以陇南、陇东、中部、河西的 30 多个县为主，截至 2020

年省内有规模养殖户约 5 000 户，年出栏兔 151.56 万只。2016—2020 年五年间，甘肃省家兔存栏量经历了 2017 年的骤降，2018 年、2019 年的低谷以及 2020 年的回升（图 7 - 7）。兔肉、兔毛产量也是经历了 2017 年起连续三年的低谷，2020 年兔毛产量回升并超过了 2016 年，达到 150.88 吨，兔肉 2020 年产量仍低于 2016 年。甘肃省 2020 年兔产值 5 304.6 万元、兔毛产值 1 167.01 万元，均为五年内最高（图 7 - 8）。

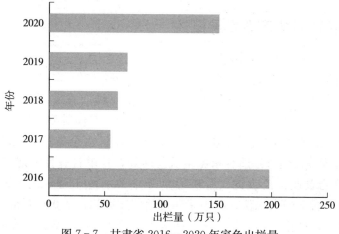

图 7 - 7　甘肃省 2016—2020 年家兔出栏量

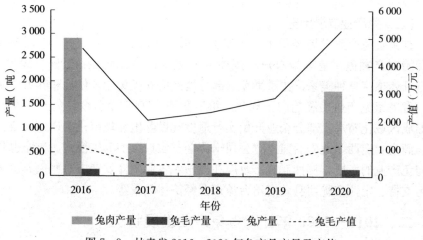

图 7 - 8　甘肃省 2016—2020 年兔产品产量及产值

　　五年间甘肃省的国家良种兔场数量有所减少，从 2016 年的 7 家减少至

2020 年的 3 家，优良种兔数量也由 2016 年的 3.5 万只减少到 2020 年的 3 万只。这说明甘肃省对优良品种的重视和利用程度有所下降。

甘肃省獭兔饲养的品种以法系、美系、德系和法系德系杂交的品种为主，其中法系獭兔饲养量占 75% 以上，个别地区有小规模的毛用安哥拉兔饲养，另外也有肉兔养殖，销往周边的川渝地区。甘肃省家兔的养殖模式以散户、"农户＋合作社"、集约化工厂三种模式为主，其中分散自由的农户家庭养殖是省内养兔的主力军，这在未来很长一段时间也将是不可缺少的养殖模式，规模企业数量在最近几年有所增加。

## （二）当地企业及产业发展状况

甘肃省的新晋龙头企业陇南市武都区康大肉兔养殖示范基地 2021 年被列入鲁甘东西协作"十四五"规划和西海岸帮扶重点。在下一个五年，武都区拟建设 9 个示范肉兔养殖点、2 个标准化肉兔养殖点，预计年出栏肉兔 40 万只。除了大型企业，合作社在甘肃省兔产业发展中也起到了重要作用。例如靖远云峰兔业养殖专业合作社，獭兔存栏量约 12 000 只，辐射带动周围农户饲养獭兔，合作社的养殖场将繁育的良种獭兔出售给农户，形成"合作社＋基地＋农户"的养殖模式，合作社在获利的同时，带动当地农户发展养兔致富。相似运营模式的合作社还有天水市秦州区芳容兔养殖农民专业合作社、西和县鑫源养兔专业合作社、集思兔业养殖农民专业合作社等。

# 三、2016—2020 年市场需求分析

甘肃省兔肉销售渠道有限，小规模散户生产的兔肉主要销售到省内各大饭店、农家乐等场所，大型肉兔场生产的兔肉多数销售到邻近的四川省等地。总体来说，省内居民兔肉消费量较低，消费频率也较低，兔肉消费属于偶发性消费，兔肉并未成为日常消费肉类，市场中也很难见到兔肉贩售。纵观全国兔产品消费市场，不同省份间差异大，四川地区有超过 65% 的消费者消费过兔肉，大部分省份对兔肉的消费需求却不高。兔肉在甘肃省存在着比较大的市场潜力，但如何做消费引导，是一个需要思考的问题。

另外，甘肃省的獭兔皮主要是由河南和河北的皮商直接从兔场收走，并未在省内加工，兔毛与兔皮很像，也是直接销往外省，省内产业有待完善。甘肃省有像际华三五一二等做皮草鞣制、加工的工厂，有兰州市三毛纺织厂、二毛纺织厂等较有规模的纺织企业，若兔皮和兔毛产量能够上去，那在本地加工也是可以实现的。总体来说，甘肃省兔皮和兔毛产业完善是有基础、有条件的，只是由于产业规模较小，尚未形成产业链。

## 四、甘肃省兔产业发展存在的主要问题及建议

### (一) 存在的主要问题

#### 1. 产业规模小，市场存量低

保证兔存量是发展兔产业的基础。近年来，甘肃省兔产业虽然取得了一些发展，但也存在存量小的主要问题，主要表现在从业人数少、养殖数量少。原因可能是传统思想认为兔属于小畜种且难养，不如牛羊等家畜的效益高，而在实际生产中相关部门树立的养兔典型也不明显，宣传不到位，使得养殖户不了解养兔带来的效益，进而不敢投入。现有的规模较小的兔养殖场缺乏资金，市场占有率低，均以保守的态度进行生产经营，不敢贸然扩大养殖规模。兔产业规模较小，制约了省内兔产业生产效率的提高，使养兔的经济效益难以提高。

#### 2. 民众对兔认知不够，消费量低，兔肉销售困难

甘肃省虽然与四川省毗邻，但两省间饮食习惯差异很大，甘肃人喜食牛羊肉，没有食用兔肉的传统，菜市场和超市很难见到兔肉售卖，餐馆里也很少有兔肉的菜肴，兔肉多在农家乐中作为尝鲜的特殊肉类出现。近年来，随着人们对健康的重视与对兔肉营养功效认知程度的提升，肉兔经营和消费均有一定程度的增加，但总体规模偏小，销售渠道窄，兔肉消费的增长速度较为缓慢。

#### 3. 对优质良种的利用和重视程度不够，育种工作投入不足

甘肃省内虽有引种，但大部分兔场在引入优良种兔后对于种兔往往存在品种选育工作不到位的问题，造成品种退化。多数兔场配种无系谱记录，存在近亲交配的现象，很多兔场不测定种兔性能，留种较为随意。

#### 4. 养殖标准化水平亟待提高

甘肃省家兔养殖标准化程度整体较低，家兔养殖方式落后，科技水平不高，存在许多问题，主要表现在：省内兔场大多数采用自配饲料，配方均为经验配方，没有行业专家指导，饲料配比不科学，营养性疾病多发；缺少足够的技术力量支持，在养殖过程中免疫不到位，腹泻、真菌病等发生较多。此外，兔场的硬件也较为落后，兔舍设计不科学、不规范，有些兔舍是用种植蔬菜的塑料大棚改建的，存在温控设施缺乏、通风不畅、无专门粪污处理设施等问题。

### (二) 兔产业发展建议

#### 1. 强基扩量，扩大养殖规模

首先，发挥龙头企业的带头作用。将龙头企业打造成示范标杆，让中小

型企业有依附，通过辐射影响，使原来各自独立的养殖企业、农户联合起来，让有高新技术和销售渠道的企业起带头作用，带动整个行业快步向前发展。在龙头企业带动下，中小型企业也能够利用自身生产优势，扩大生产规模，增强市场竞争力。其次，政府层面的支持也起着重要作用。政府在兔场建设、技术指导、饲草资源、产品销售等方面给予支持，家兔养殖存量才能有突破。另外，还要宣传科学养兔技术，转变"只有饲养牛羊才赚钱"的传统观念，提高科学养兔水平。以上是甘肃省当下及今后一段时间养兔业发展的重点。

**2. 加大对家兔养殖知识的宣传力度，培育消费理念，拓宽销售渠道**

建议通过多渠道宣传食用兔肉的益处，积极引导大众把部分消费重心逐渐从传统肉类向兔肉转移。甘肃省兔肉消费市场潜力较大，若每年人均兔肉消费量达到 1 千克，省内家兔生产销售渠道会增加很多。建议通过电商、自媒体、广告等多种方式加强对兔肉的宣传力度，宣传饲养家兔的好处和意义，引起政府和民众对于兔的重视，争取使政府把发展兔业列入重要议程，并在政策、资金上予以倾斜和支持。此外，甘肃省毗邻中国最大的肉兔消费市场——四川省，可利用邻近省份的消费市场优势来拓宽销售渠道，大力发展肉兔行业。

**3. 加强品种繁育体系建设**

企业针对自身的情况进行合理规划，根据兔场的经济能力以及生产规模，制定合理的引种计划。在优良品种引入之后，建立全面完善的优良品种繁育体系，制定系谱记录，避免在多代之后出现品种退化。优良品种的引进是需要长期完善才能完成的，要多次反复引种，并不断观察记录摸索以提高优良品种的占比及覆盖率。同时要根据优良品种建立有效科学的配种体系，减少良种退化的风险。对农户而言，建立全面完善的优良品种繁育体系是较难实现的，可以与合作社或大型企业合作，通过借种培育，以相对较低的成本实现品种的改善。

**4. 发展规范化家兔养殖**

科学饲养管理是现代兔业发展的唯一出路，需要先从硬件设施着手，逐步淘汰老旧设施，引进适于产业化、规模化、标准化的新型设备，为兔业发展提供基本保障。另外，要加强技术培训和技术指导工作，联合省内专家对养殖户进行技术培训，或者让技术人员挂靠到兔养殖和兔产品加工企业，进而提高养殖场和企业的经济效益。还要引进先进养殖技术和科研成果，多向兔产业发展好的省份取经，提高甘肃省兔业综合竞争力。

## 五、未来发展展望

未来五年，需要提升甘肃省的家兔存栏量和养殖规模，培育龙头企业和兔养殖基地。政府加强对兔业发展的政策、资金、技术研发的扶持，从资金、技术上扶持养兔专业户走标准化养殖模式，补助改善养殖环境的设施设备，像支持牛、羊等其他传统家畜一样在兔舍标准化建设等方面给予资金支持。加大对兔产业科研项目的投入，加强对兔良种繁育、生产性能提高、疫病防控、饲料资源开发等方面的研究。加强对兔业人才队伍建设、技术培训和服务的扶持。建立优良种兔的保护和繁育体系，加强对种兔资源的保护和种兔场的扶持。加强宣传兔肉对健康的作用，增加兔肉消费，扩大兔肉消费市场，促进兔产业发展。

（本节执笔：封洋　李康伟）

# 第九节　福建省兔产业发展

## 一、福建省兔产业发展概述

### （一）兔产业发展环境和条件

福建地处中国东南部、东海之滨，陆域介于北纬 23°33′～28°20′、东经115°50′～120°40′之间，陆地总面积 12.14 万平方千米，境内峰岭耸峙，丘陵连绵，河谷、盆地穿插其间，山地、丘陵占全省总面积的 80% 以上，素有"八山一水一分田"之称。福建气候属暖热湿润的亚热带季风气候，全省 70%的区域≥10℃的积温在 5 000～7 600℃，雨量充沛，光照充足，年平均气温17～21℃，平均降水量 1 400～2 000 毫米，水系密布，河流众多，流域面积在50 平方千米以上的河流有 683 条，其中流域面积在 5 000 平方千米以上的主要河流有闽江、九龙江、晋江、交溪、汀江 5 条，光热水资源充足，野草、树叶、农作物秸秆等饲草资源丰富，山坡空荒地多，空气好、水质优，适宜发展兔产业。

### （二）兔产业发展历史

福建省养兔历史悠久，当地农户历来有饲养少量本地兔用于宰食滋补身体或招待宾客的习惯，在 20 世纪 80 年代前，基本上是粗放型饲养管理，随着社会经济的发展，逐渐出现家庭式副业养殖、专业户养殖，21 世纪开始出现越来越多的家庭兔场、小规模兔场、企业规模兔场等，尤其是近十几年来，得到国家和地方政府的政策、资金、技术扶持，以及国家兔产业技术体系的支持，福建省兔业生产取得长足的发展。

福建省兔业生产先后引进长毛兔、獭兔、新西兰白兔、比利时兔、青紫蓝兔、加利福尼亚兔、塞北黄兔、豫丰黄兔、哈白兔、伊拉配套系、杂交黄兔等，养殖的本地兔有福建黄兔、闽西南黑兔、福建白兔、本地花兔，但目前还在养殖的主要有福建黄兔、闽西南黑兔、福建白兔、本地花兔、新西兰白兔、伊拉配套系、杂交黄兔等，其他品种和配套系已少见。

福建省兔业生产以前基本以简易的棚舍或废旧的房舍作兔舍，兔笼以木条、竹片、铁丝制作，至 20 世纪 80 年代之后逐渐出现简易的专门兔舍、砖砌兔笼、水泥预制兔笼等，近十几年来福建省养兔业设施设备有了很大的发展，有专门建造的标准兔舍，兔笼有铁丝笼、欧式兔笼等，配套水帘降温、刮粪或传输带清粪设备等，良好的养殖环境和设施设备得到越来越多的重视和应用。

福建省养兔业在 20 世纪 80 年代以前以野草、树叶等青饲料为主，以地瓜藤、蔬菜叶、糠、麸等农副产品作为补充饲料，之后逐渐有以青粗料为主，玉米粉、次粉、麸皮、豆粕、食盐、钙粉等为辅的配合饲料饲喂，以为家兔补充能量和蛋白质，随后全价颗粒饲料不断得到推广和普及，近十几年来，福建兔业全面使用全价颗粒饲料，解决了养兔业受饲料制约的瓶颈问题，极大促进了兔业生产的发展。

福建省养兔生产中传统的繁殖方式是自然发情、人工辅助本交，一般一只母兔一年只配种繁殖 5～6 胎、年产仔兔 30 多只。在国家兔产业技术体系的试验示范推动下，近五六年里人工光照调节同期发情技术得到极大普及，采用 42 天繁殖模式、人工辅助本交或人工授精，一只母兔一年配种繁殖 7～8 胎、年产仔兔 40 只以上，繁殖技术水平显著提高。

在 20 世纪 80 年代以前，福建省兔业养殖户很少有计划地进行免疫接种和兔球虫病科学防治，兔瘟、巴氏杆菌病、兔球虫病、肠道疾病等各种疾病经常发生。进入 21 世纪后，随着兔病防控科学技术的发展、养殖设施设备和环境条件的改进和完善，疾病对兔业生产的危害基本得到解决。

## 二、2016—2020 年福建省兔产业发展状况

### (一) 养殖状况

#### 1. 养殖规模

据《福建统计年鉴》显示，福建省 2016 年家兔年末存栏 421.35 万只、出

栏 859.02 万只，兔肉产量 1.27 万吨，2020 年家兔年末存栏 565.15 万只、出栏 1 125.86 万只，兔肉产量 1.78 万吨。

福建省兔产业以中小规模养殖为主，据估测，年存栏种兔 100 只及以上的大、中、小规模兔场约 500 多个，其中年存栏种兔 1 000 只以上的规模兔场约占全省兔场数的 10%，主要分布在上杭、武平、新罗、连江、大田、延平、邵武等县市。年存栏种兔 300～1 000 只的中等规模兔场约占全省兔场数的 45%，主要分布在龙岩市的武平、连城、上杭、漳平、新罗，泉州的德化、福州的闽侯、三明的永安和大田等地。年存栏种兔在 100～300 只的小规模兔场和农户家庭专业养殖场约占全省兔场数的 45%，分布在全省各地农村，饲养量较多的县市主要有上杭、武平、连城、永定、德化、大田、漳平、屏南、闽侯等。因受新冠感染疫情影响，2020 年农户家庭专业养殖场有所减少。

**2. 主要养殖品种**

福建省饲养的家兔品种和配套系主要有福建黄兔、闽西南黑兔、福建白兔、福建黑白花兔等本地兔，以及伊拉配套系、杂交黄兔、杂交白兔、杂交黑兔等兔。近几年福建省饲养福建黄兔、闽西南黑兔、福建白兔、福建黑白花兔等地品种兔有所减少，约占全省肉兔饲养量的 30%；饲养杂交黄兔、大型白兔、杂交白兔、杂交黑兔和伊拉配套系较多，约占全省肉兔饲养量的 70%。

福建黄兔、大中型杂交黄兔主要在福州地区的各县市养殖，如沿海的连江、福清、长乐、罗源和山区的闽清、闽侯、永泰，以及莆田、漳平、古田等地。龙岩的连城县一部分兔场饲养福建黄兔和大中型杂交黄兔，如豫丰黄兔、虎皮黄兔、密州黄兔等。闽西南黑兔主要分布在上杭、长汀、武平、德化、屏南、永春、永安等地。福建白兔主要分布在武平的一些山区，近两三年减少较多，存栏估计为 1 万多只。中、大型肉兔品种和配套系，主要有伊拉配套系、大中型杂交白兔、杂交黑兔，主要分布在三明、南平、永安、龙岩等地。

**3. 养殖模式**

2016—2020 年福建省兔业生产养殖模式基本上是室内网上笼养，兔舍以砖木结构为主、钢架结构为辅，兔笼有专用铁丝网和水泥预制构造，不少大中型兔场采用欧式兔笼，多数大中型兔场为刮粪板清粪，少数为传输带清粪，小规模兔场有刮粪板和人工清粪两种，家庭兔场以人工清粪为主。饲料投喂以人工为主，极少有机械投料。

福建省养兔使用饲料基本上是全价颗粒饲料，全价颗粒饲料分母兔饲料和商品兔饲料两种，极少有兔场投喂青草等青粗饲料。日粮饲喂方式基本上是全程限制饲喂，饲喂量一般是自由采食量的 85%～90%，也有少数兔场采用早期阶段限制饲喂、后期自由采食的饲喂方式。

福建省年存栏种兔在 100～300 只的小规模兔场和农户家庭专业养殖场的繁殖方式以自然发情、人工辅助本交为主，母兔年产 5～6 胎；年存栏种兔 300～1 000 只的中等规模兔场以人工补光自然发情、人工辅助本交的 42 天繁殖周期模式为主，母兔年产 7～8 胎；年存栏种兔 1 000 只以上的大型兔场用人工光照调节同期发情、人工授精的 42 天繁殖周期的繁殖方式，母兔年产 7～8 胎。仔兔断乳通常在 28～35 日龄，商品兔出栏日龄根据饲养的品种和销售市场的不同而有差别，福建地方品种商品兔一般在 90～120 日龄出栏，杂交有色商品兔通常在 120 日龄以上出栏，伊拉商品兔一般在 65～75 日龄出栏。

### （二）当地企业及产业发展状况

#### 1. 主要龙头企业

福建省养兔龙头企业主要有连江玉华山福建黄兔种兔场、龙岩市通贤兔业发展有限公司、邵武市豪顺兔业开发有限公司、邵武市福建康大兔业发展有限公司、延平蒲阳兔业有限公司、大田福建莱德旺畜牧业有限公司、闽侯春龙畜牧科技发展有限公司、龙岩市万家兔业发展有限公司、德化吉盛黑兔养殖有限公司、漳州绿岚兔业有限公司、连城盛丰种兔养殖专业合作社等。

#### 2. 技术发展状况及成果

近 5 年来，福建省养兔业技术发展主要在种兔选育与繁殖方面发力。在大型配套系繁育方面，主要开展了多系繁育技术研究，如引进伊拉祖代 4 个品系种兔，配种繁育生产父、母代种兔并用于生产商品代肉兔，初步解决频繁引进父、母代种兔的问题。在地方品种兔方面，主要开展了纯种的选育提升工作，如闽西南黑兔、福建白兔的家系选育，提升了其生长发育性能，促进了地方优良品种兔产业的发展。在繁殖技术方面，进行了人工光照调节同期发情技术研究，大型肉兔，如伊拉配套系用人工光照调节同期发情、人工授精的 42 天繁殖周期的繁殖方式。福建本地兔，如福建黄兔、闽西南黑兔、福建白兔，采用人工光照调节同期发情、人工辅助本交的 42 天繁殖周期的繁殖方式，极大提高了母兔的繁殖生产力。

### （三）兔产业发展趋势及特点

2016—2020 年福建省兔产业发展呈现以下趋势及特点：

在养殖模式方面，逐渐由农户零星养殖向家庭专业兔场和规模养殖转变，养殖设备由以自制水泥兔笼为主向以专业生产的铁丝网笼为主转变，繁殖以自然发情、人工辅助本交方式向人工补光发情、人工辅助本交或人工授精的方式转变，繁殖周期由传统的60天向42天转变。

在饲养品种方面，以饲养本地优良兔、杂交兔为主向饲养本地兔、杂交兔、大型兔并重转变。大型商品肉兔逐渐占主要地位，本地优良兔饲养量有所减少。

## 三、2016—2020年市场需求分析

2016—2019年福建省肉兔市场消费旺盛，市场一直保持明显的区域性特点，不同区域对活兔的毛色有不同要求，黄兔市场主要集中在福州地区的各县市与连城、漳平和莆田的部分乡镇，黑兔的销售主要集中在上杭、德化、漳平、屏南、大田等县市的乡镇，而厦门、三明、南平等地对活兔毛色无统一要求。市场价格一直平稳上升，福建黄兔22～26元/千克，闽西南黑兔26～30元/千克，大型兔或杂交兔18～22元/千克。

2020年受新冠感染疫情影响，福建省自产肉兔不仅能完全满足本省市场需求，还出现滞销，部分商品肉兔活兔向外省（如广东）销售。2020年福建省活兔市场价格降幅较大，福建黄兔17～20元/千克，闽西南黑兔24～26元/千克，大型兔或杂交兔16～20元/千克。全年市场基本疲软。

## 四、存在的主要问题及建议

### （一）存在的主要问题

#### 1. 饲养设备问题

2020年受新冠感染疫情影响，活兔滞销，同时受饲料成本上涨的影响，福建省养兔企业、专业场（户）基本没有增加饲养设施设备等固定投资。

#### 2. 饲养品种问题

福建省兔业生产饲养很多地方兔品种，虽然有一定的价格优势，但缺点是生长缓慢，且市场销售份额逐渐减少，市场竞争力有待进一步提高。大型品种养殖较多，主要是伊拉配套系。

#### 3. 饲养管理问题

"十三五"时期，福建省兔产业受到一些重视，在各级部门和国家兔产业技术体系的支持下，福建省开展了各种形式的养兔技术培训，养兔业生产水平有所提高，粗放饲养管理形式在减少、生产组织管理逐步按计划进行，但不少

生产环节有待进一步提高，如饲料生产或采购不稳定、饲养管理不够精细、疾病防控不够规范等，影响着养兔业的经济效益提升和持久发展。

**4. 疾病防治问题**

因 2020 年实施饲料全面禁抗，兔肠道疾病出现较多，还没有理想的防治技术，主要用注重饲料的质量、采用阶段性限饲等方法来解决。

通过这几年的发展，规模场、专业户和普通农户基本能做好兔常见传染病的防控，但疾病防控不够严格，疫苗接种不够规范。

目前较常发生的兔病主要有兔肠道疾病、呼吸道疾病和兔球虫病等，这些疾病影响着福建省肉兔产业的健康发展。

**5. 饲料生产与供给问题**

福建省养兔场（户）都使用全价颗粒饲料，所用颗粒饲料绝大部分从外省（山东、河南等省份）调入，饲料质量不够稳定，尤其是实施饲料全面禁抗后，省内对无抗饲料、优质饲料需求迫切。同时，饲料价格不断上涨、运输成本偏高成为福建省肉兔业发展的重要制约因素。

**6. 技术普及与培训问题**

通过国家兔产业技术体系和一些地方政府、社团，如当地畜牧行政部门、科协、妇联、残联等的培训服务，福建省兔业生产人员的技术水平有所提高，但与猪、禽产业相比仍处于弱势地位，从事肉兔产业研究、推广和服务的技术人员仍然较少、力量较薄弱，与兔业生产发展需求有较大差距。同时，2020年受新冠感染疫情影响，现场技术培训、现场技术交流受到较大限制，新技术的培训、推广的规模和效果都受较大影响。

**7. 市场销售与价格问题**

受新冠感染疫情和猪肉价格下跌的影响，兔肉消费下滑，福建省活兔滞销，价格下降，生产规模有一定幅度缩小，持续平稳地扩大销售市场是今后福建兔业发展的关键。

**（二）兔产业发展建议**

1. 建议加强对地方优质兔品种的繁育、推广，做好原种场的保种、选育提升工作，加强对高效配套技术的研究，提高地方优质品种的养殖效益，促进优质特色肉兔产业发展。

2. 创建福建地方优质兔特色品牌，解决鲜兔肉的生产、贮存、运输问题，开发优质兔肉市场。

3. 建议加大力度开展兔呼吸道疾病、消化道疾病的预防与治疗研究，并将成果及时示范推广应用，规范兔场舍设计、建设，推广科学、制度化的综合防疫技术措施。

4. 建议加强对从业人员的技术培训，对一线饲养员、生产技术人员、疾病防控人员、场舍设计建筑人员、生产管理人员、销售人员等，进行更加专业的培训，为兔产业发展打好人才基础。

## 五、未来发展展望

福建省兔业未来发展以绿色生态、优质特色和适度规模标准化养殖为主，随着养殖数量的增加、养殖规模的扩大，兔业对环境的影响是不容忽视的，生态养殖是福建省兔业未来的主要发展方向。福建省活兔消费有较明显的特点，以中偏小有色毛地方品种或杂交品种的活兔为主，价格和销量一直较平稳。同时福建省的土地、劳动力、饲料资源等决定了无法发展大规模标准化的兔养殖模式，适度规模标准化是福建省兔业未来发展的主要方向。

（本节执笔：谢喜平）

# 第十节　云南省兔产业发展

## 一、云南省兔产业发展概述

### （一）兔产业发展环境和条件

云南四季如春，自然气候极佳，是特别适合养兔的地区。以昆明为例：年平均气温15.6℃，最热月8月的日平均气温22℃（温度范围18～26℃），最冷月1月的日平均气温10℃（温度范围3～17℃），全年月平均温差12℃；年平均湿度50%。素有"春城"的美誉，拥有十分难得的气候资源。

自从2009年发生持续4年的特大干旱以后，全省各地传统的旱季作物——小麦、大麦、马铃薯、豌豆等的种植风险加大，许多旱地已经逐步改种光叶紫花苕等纤维素饲料，而以泸西县为代表的果树种植区，在果树间种植优质人工牧草，果草间长，云南四季均出产纤维素饲料。此外，近年来，黄竹草、巨菌草等高产草种的推广力度也逐渐加大。

2016—2020年，云南省劳动力输出快速减少，大批往年外出务工的劳动力滞留家乡，成为兔业发展潜在的人力资源。

在扶贫攻坚、精准扶贫期间，扶贫资金投入产业扶贫，助推了兔产业的发展。民间资金也青睐前景美好的肉兔产业，镇雄、维西、武定、禄劝、陆良、楚雄、南华、红塔等地区均建立了一批规模化养兔场。

## （二）兔产业发展历史

20 世纪 80 年代以前，云南全省各地均分布有云南花兔。在部分贫困山区，云南花兔是百姓自给自足的蛋白质来源之一。

20 世纪 80 年代初期，长毛兔养殖在滇中、滇西、滇东成为红极一时的快速富民项目，1986 年，长毛兔数量迅速达到 700 万只左右。但因当年全球对兔毛的需求量极为有限，且云南风大、空气干燥，生产的兔毛带有大量的灰尘和草芥，所以长毛兔发展首先被市场叫停。

21 世纪初，随着獭兔产业的兴起，曲靖、昭通、玉溪、大理、普洱、保山等地出现一批饲养獭兔的龙头企业；同时，昆明、楚雄、东川、香格里拉、红河等地也出现一批肉兔养殖的龙头企业。至 2013 年，獭兔、肉兔存栏量合计达到 1 200 万只的巅峰；规模化养兔场共有 238 个。

2013 年以前，獭兔、肉兔、长毛兔生产都未出现过行业性亏损。2013 年11 月，兔毛、兔皮的市场价格突然坠至谷底，至 2020 年底仍未恢复到正常水平。大批皮毛兔养殖场（户）杀兔卖肉，造成肉兔产业也出现连续近 4 年的行业性亏损。长毛兔、獭兔、肉兔的存栏量均呈现断崖式下降。

# 二、2016—2020 年云南省兔产业发展状况

## （一）养殖状况

2016 年，因兔肉、兔毛、兔皮的价格均持续处于历史低谷阶段，三类兔的存栏继续减少，长毛兔存栏数几乎归零。个别炒种的獭兔"企业"仍有活动迹象，在香格里拉出现新增的獭兔养殖合作社；全省绝大多数獭兔养殖户陆续退出，少数转向肉兔养殖，曲靖、大理仍存留有獭兔肉养的农户。2017 年春季，肉兔价格缓慢恢复到农户养殖的成本线上下，昭通、大理、楚雄、昆明、玉溪、曲靖等地存留的养殖户基本得以稳定。2018 年非洲猪瘟发生后，肉兔价格快速恢复、不断攀升，到 2019 年，肉用活兔出场价格达到 22 元/千克，创下历史最高纪录，保持到 2020 年。但是，肉兔存栏量却以极理性的速度缓慢恢复，至 2020 年底，肉兔存栏量距 2013 年的峰值仍较遥远。

### 1. 养殖规模

"十三五"初期，因兔毛出口受阻，大批兔场终止养兔，统计数与实际存栏数差异较大。规模化养殖仅限于后期扶贫项目建立的肉兔养殖小区，在维西、镇雄等地。祥云、宾川、剑川、红塔、通海、麒麟、陆良、水富、盐津、南华、楚雄、易门、禄劝、施甸等地均有中小规模的养殖户坚持养兔。养殖规模统计结果见表 7 - 3。

表 7 - 3    2016 年、2017 年和 2018 年云南省家兔存栏量、
出栏量和规模化养殖场（户）统计

| 年份 | 类别 | 存栏 (只) | 基础母兔 存栏 (只) | 出栏 (只) | 按基础母兔存栏数划分的 规模养兔场（户）（个） | | | |
|---|---|---|---|---|---|---|---|---|
| | | | | | 50～99 只 | 100～499 只 | 500～999 只 | >1 000 只 |
| 2016 | 三类兔 | 1 145 740 | 857 067 | 4 225 941 | 1 212 | 313 | 49 | 6 |
| | 肉兔 | 574 235 | 166 798 | 2 006 563 | 1 016 | 134 | 28 | 2 |
| | 獭兔 | 569 865 | 689 525 | 2 218 687 | 195 | 178 | 21 | 4 |
| | 长毛兔 | 1 640 | 744 | 691 | 1 | 1 | 0 | 0 |
| 2017 | 三类兔 | 741 010 | 269 950 | 2 096 623 | 798 | 242 | 40 | 14 |
| | 肉兔 | 515 661 | 150 868 | 1 481 971 | 673 | 133 | 24 | 8 |
| | 獭兔 | 221 583 | 117 587 | 612 784 | 125 | 108 | 16 | 6 |
| | 长毛兔 | 3 766 | 1 495 | 1 868 | 0 | 1 | 0 | 0 |
| 2018 | 三类兔 | 514 479 | 219 014 | 1 580 209 | 766 | 154 | 32 | 15 |
| | 肉兔 | 426 856 | 202 882 | 1 083 075 | 655 | 120 | 20 | 10 |
| | 獭兔 | 71 706 | 15 952 | 492 182 | 46 | 25 | 12 | 5 |
| | 长毛兔 | 15 917 | 180 | 4 952 | 65 | 9 | 0 | 0 |

注：以上数据由云南省家畜改良工作站提供。

**2. 主要养殖品种**

规模化肉兔场主要养殖伊普吕、伊拉、伊高乐等配套系品种。以带动农户养殖为目的的企业一般三个配套系都有；以自己养殖为主的企业多选伊普吕。养殖年限较长的农户也有饲养早年由企业引进的新西兰肉兔和加利福尼亚兔。新增的农户多从商品兔中选取部分母兔进行自繁自养，品种主要有新西兰肉兔、加利福尼亚兔和比利时兔。伊拉、伊普吕等配套系兔到达云南后，农户多数引进部分种兔，通过繁殖逐渐替代原来养的老品种，或引进种公兔进行杂交选育。

云南没有亲自到国外引进原种兔的企业。企业到省外引进配套系种兔时，因缺乏经验，有的没有找到有原种兔的企业引种，有的没有找到代次清晰的种兔场引种，有的纯属由炒种的商贩供种。企业引进配套系品种时，多因资金有限，引种数量不足，自己又从商品代中选取部分母兔补充到母代兔群中继续繁殖。因此，严格饲养标准化配套系父母代种兔生产商品兔的企业少之又少。

实际上，云南现有兔品种的特点就是杂而乱。至今，全省各偏远山区仍有

零星养兔的农户，小群体散养，饲料以熟地草为主，适当补充玉米等精料。兔产品以自给自足为主，零星销售。养殖规模从几只到几十只不等，偶有养到百只以上的"大户"。全省经济条件相对较好地区，集市上均能找到品种来源不明的兔子零星售卖，以宠物兔的形式散养，数量多在十只以内。

### 3. 养殖模式

"十三五"初期，还存在农户用开放式兔舍养兔的现象。新起步的养殖场（户）在选择养殖模式时多听供种老板的建议，因此，养殖模式五花八门。多数企业选用欧式兔笼，笼下安装传送带或刮粪板除粪，负压通风，人工光照；部分企业在塑料大棚里装欧式兔笼；个别企业也选用自然发酵式粪尿沟。多数养兔户则用棚内安装三层垂直铁丝兔笼养兔。

无论选用上述哪种模式，养兔效益都不理想。主要原因是新增场（户）在技术上过度依赖供种商，而供种商的服务水平有限，导致新建的兔舍不符合当地气候要求。如采用纵向负压通风，全天风机不停地抽风，整个兔舍的温度、湿度、空气新鲜度都不均匀，冬季入风端附近的兔笼气温很低，而出风端附近的兔笼氨气浓度严重超标。实际以云南的气候条件，无须全机械通风。

### （二）当地企业及产业发展状况

### 1. 主要龙头企业

因 2013 年后有长达近 4 年的行业性亏损期，龙头企业纷纷隐退。2016年，仅有昭通、昆明、玉溪、楚雄、大理、曲靖、保山等地仍有肉兔贩运商，收集农户的商品兔运往四川销售。

"十三五"期间，镇雄、维西、武定、东川有肉兔养殖扶贫项目建立的规模化养兔场，南华有兔牛结合的规模化养殖场、楚雄有兔和蔬菜种植相结合的生态型养兔场。其中，东川区的扶贫项目以招商引资的方式引进种植巨菌草养兔等项目，新建兔场较多，但较为分散；武定县则以村委会为单位，一村一场，资助肉兔养殖场建设，当地有肉兔产业化发展的势头。

此外，暂无龙头企业。这是云南兔业一直处于低迷状态的根本原因。

### 2. 技术发展状况及成果

现有的养兔企业及农户，大多于 2016 年以后起步，使用的兔舍、笼具、饲养管理方式，都是近年来我国出现的新方法、新技术。因云南的气候条件非常特殊，效果很不理想。

"十三五"期间，云南农业职业技术学院还牵头制定《家兔皮肤真菌病的净化规程》（T/CAAA 025—2019）、《家兔螨病净化规程》，制定了养兔场鼠、蚊、蝇、蟑、虱、蚤、蚁、鸟、螨、臭虫、蜱及其他寄生虫的防控方案。其中，自主设计《环境与有害生物防控无抗养殖方案》，采用粪尿分离、无粪尿沟、零排放兔舍等技术和设备，克服了云南日温差大、风大、空气湿度太低等问题，舍内的温度、湿度、光照、空气质量均控制在最佳范围，且所有兔笼均匀一致，历经 4 代改进后，达到无抗养殖的效果。这标志着云南特色的养兔技术已经基本成熟。因该模式的成本低，效率高，效果好，在云南适宜养兔的地区很有推广价值。

## 三、2016—2020 年市场需求分析

### （一）云南省兔市场需求分析

目前，昆明、曲靖、丽江、玉溪、红河、怒江、香格里拉、保山、德宏、普洱，以及游客较多的地区，存在兔肉消费。云南紧临四川、重庆兔肉消费市场，是全国唯一的在冬季最冷天和夏季最热天均能将活兔安全运送到四川、重庆的省份。南亚、东南亚地区气温太高，养兔较为困难，云南可充分发挥桥头堡的作用，为其提供兔肉产品。因此，云南的区位优势较为明显。早年，云南全省山区百姓均有吃野兔的传统，故各地都存在现成的兔肉消费市场。野生动物禁捕后，只要引导得当，原来的野兔消费自然会转向肉兔消费。潜在的消费市场范围广、规模大。

近年来，云南民间流行起兔肉米线，兔肉烧烤在宜良县发展也较快，成为昆明市周边经济圈中的新亮点，华宁县也出现兔肉特色餐馆。

兔肉米线配兔肉烧烤有望像土鸡米线、粑肉饵丝一样，成为可全天消费的地方特色美食，进而成为全省兔肉消费市场的支点。

### （二）全国兔市场需求分析

相对而言，国内玉米等饲料原料的成本是国外的 3 倍左右，差异太大。随着我国劳动力成本的增加，兔产品出口优势不断被弱化，农产品继续出口都不现实。

在全国的兔肉产能面前，四川、重庆消费市场显得极为有限。此外，广东、福建、山东、河南、陕西、安徽、江苏、湖南、河北等有兔肉消费市场的省份，都存在容易供大于求的状况。在"十三五"末期，新疆以脱贫攻坚为目标，建立了大批规模化养兔小区，具有提高全国的兔肉生产能力的潜力，对本行业具有一定的影响力。

因此，就地开发消费市场，减少对四川、重庆市场的依赖，是全国各省发展肉兔养殖的必由之路。

## 四、存在的主要问题及建议

### （一）存在的主要问题

#### 1. 急需建立本地消费市场

各地发展养兔，必需量力而行，不能盲目依赖四川、重庆市场。客观地，餐馆对兔肉市场价格的波动并不敏感，只要开发出当地消费市场，就可以保证养殖端有稳定的劳动力收入，有利于行业的健康发展。

#### 2. 企业须产业化

现在，全国许多地区都在发展养兔，导致四川、重庆市场波动较大，活兔的市场价格低于饲料成本价的现象屡见不鲜，这就要求龙头企业先开发本地消费市场，再组织肉兔生产，统一销售。当然，需要建立产供销一体化的产业链，新起步的企业压力巨大。

#### 3. 需要建立具有云南特色的养殖模式

随着农业现代化的临近，机械化对传统的种植业和养殖业的冲击日益加大，兔业产业化发展也面临新的更高的要求。云南必须应用完全适合当地自然条件和气候条件的饲养管理特色模式。

#### 4. 省内缺乏完善的产业链

云南目前无种兔场、专业的兔饲料厂、兔肉加工厂和足够大的消费市场，光有良好的气候条件、土地和人力资源，而在整条产业链上，风险小的节点都不在云南，让行业中最弱势的养殖者承担最大的风险，当地兔业当然难以快速发展。

#### 5. 气候存在缺点

在养兔方面，云南气候存在三大缺点：

（1）日温差大。以昆明为例，冬春季日温差可达到 12℃以上，少数日子可超过 20℃。云南的规模化养兔场，常年有兔腹泻、种兔零星死亡的现象；加上会有剧烈降温的天气，圈舍条件差的兔场每年均会发生兔批量死亡。

（2）风力大。高海拔地区空气流动性强，加上立体气候，山川局部形成的气流复杂，天气预报都很难准确，特别是在春季，经常出现超过 6 级的持续大风，这为设计兔舍增添了难度。

（3）湿度低。云南年降水量适中，但 80% 集中在雨季，多为阵雨，雨过天晴，湿度迅速下降。在旱季，特别是春季的下午，湿度经常低于 30%，容易造成兔呼吸道脱水，在大温差的天气下兔更容易感冒，发生呼吸道疾病。

家兔一年如一日，四季一身衣，在笼子里丧失自主躲避凉热、大风和调节低湿的机会。因此，云南的兔子夏天怕热，冬天怕冷，春天怕干，秋天怕湿，四季怕风。需要特地为云南设计保暖防热、自动加湿、吹不到风的兔舍。

**（二）兔产业发展建议**

（1）扶持实力雄厚的龙头企业，建立完善产业链。肉兔养殖是短平快的富民项目，目前最迫切的是在各地区扶持实力雄厚的龙头企业，尽快带动百姓发展养兔。须从种兔培育、饲料生产、饲养管理、商品流通、兔产品加工、终端消费及粪尿销售等方面建立完整的产业链，给消费者提供实惠的兔肉美食，给养殖场提供持续盈利的保障。

（2）开发本地消费市场。对兔业而言，本地消费市场才是最现实、最稳定、最可靠的市场。四川兔肉市场的兴起，张家口带动兔肉消费的经验，云南兔肉米线和兔肉自助烧烤的诞生，都是开发消费市场的模板。

（3）推广本土新技术。云南的地理和气候非常特殊。近年来，在云南省畜牧业协会兔业分会的努力下，当地建立了一整套适合本土的特色养兔方案，希望能尽快广泛推广到生产实践中。

（4）开发本地纤维素饲料资源。随着物流水平的提高，玉米、豆粕的地方间价格差异越来越小。纤维素饲料产地少、体积大、售价低，运输成本又非常高，最好就地解决供应问题，开发本地资源。

# 五、未来发展展望

## （一）总目标

（1）数量达到新高度。凭借良好的气候、优质的环境、充足的土地及劳动力资源，云南猪业、牛业发展水平已经步入我国前列，成为产品输出大省。云南兔业的养殖条件比猪、牛更具优越性。关键是要做到布局合理、带动有力、技术完善、市场保障。应通过长期努力，逐渐将云南培育为养兔大省。

（2）质量达到新标准。应用《环境与有害生物控制无抗养殖方案》等新技术，生产安全、标准化的分割兔肉，开发各种烹调方法，给餐厅、超市、家庭提供系列预制兔肉。利用已经成熟的网络预订、快速投递系统，以家庭派送为主，促进兔肉消费大众化，快速推进肉兔产业的发展。

（3）规模上到新台阶。以前，云南兔业由农户因地制宜就地发展，以相对隐蔽、分散的方式组织生产，对防疫有利，但给技术指导、商品兔集中销售带来不便。这两年，云南省畜牧业协会兔业分会在各地进行引导，以乡镇为单位，建立养兔小区，集中养殖，便于龙头企业提供技术服务。农户统一销售，统一加工发送，环境统一监控，质量统一标准，达到一个小区几万只种兔的体量。在现有基础上，未来还应继续扩大规模。

（4）环保实现新标准。采用云南自己开发的零排放养兔技术，生产熟化后仍然呈原始颗粒状的兔肥。利用云南高原空气干燥、水分蒸发快的特点，将粪尿在承粪板上第一时间分离，使粪快速脱水，不受蝇蛆分解，不自然发酵，保障制成肥后肥效足、肥效长、好施用。确保粪、尿 100％销售，增加养兔收入，将云南兔业发展成环境友好型产业，进一步扩大云南的养兔优势。

**（二）发展路径**

（1）建立新产业体系。以乡镇为单位，依托龙头企业，集中建设规模化肉兔养殖小区，批量带动农户投入高标准的商品生产，助力乡村振兴。适宜养兔的地区，由龙头企业生产饲料，提供种兔及养殖用具，指导养殖小区建设，统一饲养管理规程，回收标准化商品兔，加工并配送到家庭、餐厅、超市。农户负责按标准饲养管理，出产商品肉兔。

（2）发挥自然优势。凭借云南独特的气候、纤维素饲料原料、人力资源和区位优势，采用专门为云南高原设计的养殖模式和技术方案，合理布局，集中生产管理，发展环境友好型兔业。

（3）开发本土消费市场。充分利用云南早、中、晚、夜四餐都可消费兔肉的地方优势，挖掘市场潜力，打造和推广哈尼兔肉米线、彝族兔肉烧烤、苗族辣椒兔、佤族手抓兔、独龙族黄焖兔、傈僳族花椒兔、藏族烤全兔、拉祜族红烧兔、基诺族烟熏兔等地方特色美食。在开发本土兔肉市场的同时，借国家实施桥头堡战略之机，顺势开发南亚、东南亚、亚欧市场。

（4）充分利用兔肉"三高三低"的优点，开发兔肉功能性食品。可以针对不同群体的特点及需求，开发系列功能性兔肉食品。如针对幼儿开荤时容易因营养过剩而腹泻、超重等问题，专门设计"开荤兔肉"食品，在完全满足幼儿营养需要、满足开荤需求的前提下，保证其不腹泻、不超重。针对坐月子的妇女需要保证泌乳量而不敢减肥等问题，专门设计"月子兔肉"食品，在满足妇女泌乳需求的基础上，助其实现逐渐减肥的目标。针对不同群体开发功能性兔肉食品，可为提高全社会的健康水平作出更大的贡献。

（本节执笔：董仲生）

# 第十一节　吉林省兔产业发展

吉林省既是农业大省也是畜牧业大省，在吉林省加强建设畜牧业大省的背景下，在各级政府相关部门的重视下，在兔业龙头企业——吉林康大食品有限公司辐射带动下，吉林省兔产业在"十三五"期间呈现可持续稳定发展态势，基本形成了以肉兔为主、獭兔和毛兔为辅的产业新格局。

# 一、吉林省兔产业发展概述

## （一）兔产业发展环境和条件

吉林省地处东北地区的中部，隶属北温带，位于东经 121°38′～131°19′和北纬 40°50′～46°19′之间。全境东西长 770 千米，南北宽 607 千米，总面积达 18.74 万平方千米，占全国总面积的 2%。全省辖 8 个地级市、1 个自治州、21 个市辖区、20 个县级市、16 个县、3 个自治县。全省人口 2 407 万人，其中农业人口占 54%。

吉林省东部山区是中国六大林区之一。全省林业用地面积 982.86 万平方米，占全省土地面积的 52.03%，列全国第 12 位；其中，林地面积 788.25 万平方米，占林业用地面积的 80.19%，列全国第 8 位，森林覆盖率为 42.1%。

吉林省土质肥沃，气候条件优越，年平均降水 500～600 毫米，日照 2 200～3 000 小时，无霜期 120～160 天，具有雨热同季特点，对各种农作物生长十分有利。特别适宜种植粮豆、油料、甜菜、烟草、麻类、薯类、药材、水果等，播种面积为 395.9 万平方米。松辽平原土地肥沃，是我国重要的粮食生产基地、世界著名的玉米带。

吉林省西部草原地处松嫩草原中心，是我国著名的草原之一，以盛产羊草而驰名中外，以多年生根茎禾草和丛生禾草为主，属平原草甸草场类，也是国家北方商品牛、细毛羊主要产地之一。

吉林省草原可利用面积达 437.9 万平方米，主要集中于西部和东部地区。吉林省西部是欧亚草原的最东端，水源丰富，草质良好，是科尔沁草原的一部分，是吉林省畜牧业发展基地。

吉林省处于我国温带的最北部，接近亚寒带。东部距黄海、日本海较近，气候湿润多雨；西部远离海洋而接近干燥的蒙古高原，气候干燥。全省形成了显著的温带大陆性季风气候特点，并有明显的四季更替。全省大部分地区年平均气温 3～5℃，全年日照 2 200～3 000 小时，年平均积温 2 700～3 600℃，可以满足一季作物生长的需要。全省年降水量 550～910 毫米，自东部向西部有明显的湿润、半湿润和半干旱的差异。全省无霜期中部以西地区 160 天左右，东部山区 120 天左右。初霜期在 9 月下旬，终霜期在 4 月末 5 月初。

2020 年吉林省粮食总产量 3 800 万吨，秸秆总量为 4 000 万吨。吉林省特殊的地理位置、气候条件和丰富的饲草饲料资源，为养兔业的发展奠定了基础。

### （二）兔产业发展历史

吉林省兔业发展可以追溯到 1950 年前后，那时吉林省农安县就有开设养兔场的记录，民间散养历史则更悠久。吉林省兔业发展具有里程碑意义的两个时间点分别是 1988 年和 2008 年，前者事件是吉林省外贸公司从美国引进数百只美系獭兔，后者事件是青岛康大集团来吉林省农安县投资建厂，成立了吉林康大食品有限公司，2008 年年底建成年可屠宰加工 1 000 万只商品兔的生产线并投入营运，促进了吉林省兔业产业化进程。

1988 年前，吉林省兔业养殖以养殖大户和散养为主，并不成体系和规模。2008 年以后开始实行兔业产业化生产，兔业发展迅猛，2012 年前后仅农安县就有规模化的肉兔养殖小区 66 个，年屠宰量超过 200 万只以上。"十二五"以来，随着肉兔良种覆盖率的不断提升（业已达到 85％以上），加之人工授精技术的推广，吉林肉兔产业基本实现了高质量发展的目标。

## 二、2016—2020 年吉林省兔产业发展状况

### （一）养殖状况

#### 1. 养殖规模

根据吉林省兔业协会和国家兔产业技术体系长春综合试验站联合调查，吉林省"十三五"期间家兔的年底存栏量、全年出栏量、能繁母兔数和养殖场（户）数见表 7 - 4。

表 7 - 4 "十三五"期间吉林省兔产业发展情况一览

单位：万只，个

| 项目 | 存栏量 | 出栏量 | 能繁母兔数 | 养殖场（户）数量 |
|---|---|---|---|---|
| 2016 年 | 70.62 | 210 | 5.52 | 158 |
| 2017 年 | 73.33 | 220 | 5.78 | 179 |
| 2018 年 | 66.67 | 200 | 5.26 | 152 |
| 2019 年 | 56.67 | 170 | 4.47 | 147 |
| 2020 年 | 63.33 | 190 | 4.87 | 149 |

#### 2. 主要养殖品种

"十三五"期间，吉林省家兔养殖以肉兔为主，约占总量的 95％以上；其

次是獭兔和毛兔，约占 5%。肉兔的品种以伊拉配套系为主，还有少量的新西兰兔和日本大耳白兔及其混杂后代。獭兔的品种主要是吉戎兔和川白獭兔。毛兔主要是浙系长毛兔。吉林省常见的是伊拉兔父母代及商品代兔、吉戎兔及其后裔。

**3. 养殖模式**

"十三五"期间，吉林省肉兔养殖模式主要有龙头企业集约化养殖模式、公司规模化自养模式、"公司＋农户"模式、"合作社＋农户"模式和庭院养殖模式。其中吉林省兔产业龙头企业——吉林康大食品有限公司直属的 6 个集约化养兔场，其商品兔出栏量占全省出栏总量的 85% 以上，其次是公司规模化自养和庭院养殖，约占 10%，其余模式占 5%。

**（二）吉林省兔产业龙头企业发展状况**

**1. 吉林康大食品有限公司概况**

吉林康大食品有限公司是一家集种兔繁育、肉兔养殖、屠宰加工、饲料生产、出口销售为一体的产业化加工企业，公司于 2008 年 4 月 3 日在农安县工业集中区成立，注册资本 3 000 万元。建有 1 个屠宰加工厂、1 个祖代种兔场、5 个商品兔养殖场以及 1 个饲料厂。加工园区总占地面积为 6 万平方米，建有符合国际标准的肉兔屠宰加工车间和自动化程度较高的肉兔屠宰流水线，生产车间 5 000 平方米，年可屠宰肉兔 1 000 万只，具有 80 吨/日的速冻能力和 2 000 吨的冷藏储存能力。公司的主要产品为冷冻分割兔肉及冷鲜兔肉，主要销往俄罗斯、欧盟等国家和地区，年加工能力为 1 万吨。养殖园区 2021 年存栏种兔 7 万只，年出栏量可达到 300 万只；饲料园区占地面积 11 250 平方米，年生产各类畜禽配合饲料、浓缩饲料、精料补充料等 6 万吨以上。

公司在不断发展壮大的同时，也获得了多项荣誉。2010 年获评国家级农业产业化龙头企业，2013 年被评为国家级兔养殖及加工综合标准化示范区，2016 年获评吉林省名牌产品，2019 年加工厂、养殖场同时获得国家绿色食品认证并被评为长春市绿色有机示范园区，2020 年获评吉林省科技小巨人企业，2021 年被评为吉林省农产品和食品加工业 100 强企业。多年来公司经营稳步发展，财务、资信状况良好。2021 年全年收入 1.86 亿元，净利润 1 350 万元，出口创汇 500 万美元。

**2. 技术发展状况及成果**

吉林康大食品有限公司参与青岛康大兔业发展有限公司培育康大配套系的研发工作，创造性地运用常规育种、计算机育种管理系统结合分子辅助育种技术，创建了肉兔集约化繁育、全群测定、全程选育的育种体系，利用国内外

10 余个育种材料，培育了康大 1、2、3 号肉兔配套系。2019 年开始利用康大配套系种兔，建立起曾祖代—祖代—父母代—商品代的世代繁育体系。祖代种兔采用 4 系配套方式，杂交生产父母代种兔，同时通过对毛皮性状的定向选育，选育出具有耐寒特性的康大肉兔配套系种兔，培育了耐寒肉兔新品系 2 个。

### （三）吉林省兔产业发展趋势及特点

吉林省兔产业发展趋势与特点，突出表现在以下几个方面：

（1）龙头企业引领兔产业高质量发展：吉林康大食品有限公司对推动吉林省兔产业高质量发展作用显著，全省养兔场（户）约 90％以上的肉兔种兔均从该公司处采购，全省兔产业良种普及率得到大幅提高。

（2）獭兔养殖将会出现稳步发展局面：2021 年下半年开始，獭兔皮价格回暖，达到每张 20 元水平。面对饲料价格的不断上涨，有经验的獭兔养殖场（户）尚有一定利润空间，对稳定獭兔产业的发展起到了一定作用。

（3）毛兔养殖举步维艰，难有作为："十三五"期间，东北地区最大的毛兔养殖企业——吉林省梅河口东林兔业转行从事生猪养殖，加之兔毛价格持续低迷，导致毛兔养殖户的积极性受到打击，毛兔养殖将难有作为。

（4）人工授精技术将日臻完善，商业化服务将普及：吉林省现存的规模化家兔养殖企业约有 14～15 家，2020 年人工授精技术已被规模化肉兔养殖企业广泛使用，并取得了非常好的效果。随着家兔人工授精技术日趋成熟，为满足一些中小养殖场（户）的需要，吉林省部分地区已出现了人工授精技术有偿服务队伍，为进一步提升商品兔质量发挥了重要作用。预计"十四五"期间肉兔人工授精普及率将提高到 85％以上。

（5）进一步重视兔业三产融合，品牌意识不断提升：今后兔业三产融合发展将会得到进一步加强，品牌意识不断提升。如吉林康大食品有限公司创立的分割肉品牌，四平种兔场生产的御兔牌芝香卤兔，吉林省兔业协会与农安县兴城兔业、长春隆口食品店联合开发的毛家沟熏兔和毛家沟烤兔品牌，直接提高了兔业产品的附加值，增加了养兔场（户）的经济效益。

（6）新冠感染疫情与饲料价格上涨因素的叠加，导致养兔效益明显下降：2020 年年初受新冠感染疫情和饲料价格上涨因素的叠加影响，无论是肉兔养殖还是獭兔养殖，效益均下降 30％以上，一些养殖经验不足、管理不善的养兔场（户）出现亏损，只能选择弃养。

## 三、2016—2020 年市场需求分析

"十三五"期间，兔产品市场受不同区域消费习惯的影响，呈现出不平衡

性，综合相关资料，现对吉林省和全国兔产品市场情况分析如下。

## （一）吉林省兔产品市场需求分析

### 1. 吉林省兔肉产量与需求量

"十三五"期间，吉林省兔业协会与国家兔产业技术体系长春综合试验站组成联合调研组，通过对龙头企业、流通环节与消费市场的调研发现，吉林省每年兔肉产量 200 万只左右，省内消费量为 80 万只，120 万只需要外销，主要是销往俄罗斯和四川省、重庆市等国内外市场。由此可见，省内消费市场需求不旺，在很大程度上影响了吉林省养兔业大发展。

### 2. 吉林省省内兔肉消费的不均衡性

吉林省 60 个县市区兔肉的消费水平呈明显的区域性分布特征，其中东部的龙井市、西部的洮南市和中部的农安县为主要消费市场，占总消费量的 65％以上，消费产品主要是烤兔和熏兔，主要品牌有阿满熏兔和老昌熏兔。

### 3. 吉林省兔肉流通环节的复杂性

吉林省兔肉供大于求，约 60％的产量出口或外销至四川省和重庆市等地，由于山东省肉兔养殖成本低于吉林省、兔肉价格低于吉林省，兔肉每千克差价在 4.0 元左右，出现了吉林省内兔肉加工企业大量从山东购进冻兔肉的现象，对吉林省兔肉价格产生了一定的冲击。

## （二）全国兔产品市场需求分析

### 1. 川渝兔肉消费领跑全国

世界兔肉消费看中国，中国兔肉消费看川渝。川渝人对于兔肉的喜爱程度极高，仅在四川省，一年能吃掉近 3 亿只白条兔。根据中国畜牧业协会兔业分会统计，四川兔肉销量占据全国兔肉市场的近 70％，年人均消费 4.5 千克。虽然是全国养兔第一大省，但四川省每年的兔肉供不应求，还要从外省调运，甚至是从国外进口。

### 2. 传统饮食习惯左右着兔肉消费

川渝的气候特点和传统饮食习惯决定了兔肉消费的流行，而知名的兔肉品牌进一步助推了兔肉消费，川渝兔肉产品不仅在当地畅销，还作为礼品销往全国各地。

### 3. 消费引领、品牌助推，市场潜力巨大

随着"互联网＋兔产品"营销模式的出现，川渝众多兔肉品牌影响力将不断提升、消费量将不断增加。除川渝等兔肉消费大省市外，贵州、福建、广东、河南、山东和吉林等省，兔肉的消费量也呈上升势态。

## 四、存在的主要问题及建议

### （一）存在的主要问题

"十三五"期间，尤其是新冠感染疫情出现后，吉林省兔业发展出现了较大幅度的波动，除了市场因素以外，存在的主要问题如下。

**1. 养殖设施落后，效率低**

近几年来，吉林省新增养兔场（户）特别是规模化养兔场开始重视养兔设施，纷纷采用阶梯式新型兔笼、机械清除兔粪尿的方式养兔，养殖效率有所提高。但多数养兔场（户）养兔基础设施差，养兔设施特别是笼具和清粪设施落后，导致养兔效率较低。例如，吉林省养兔场（户）人均饲养种兔 200～300 只，而兔业发达地区人均饲养种兔 500 只以上，养殖效率只有发达地区的 50% 左右。

**2. 家兔人工授精技术亟待完善**

虽然家兔的人工授精技术在吉林省已得到了广泛的应用，但由于应用时间短，平均受胎率仅为 65%，远远低于兔业发达地区 90% 左右的水平。

**3. 吉戎兔保种问题突出，其他獭兔品种系谱混杂**

吉戎兔作为国内培育的第一个獭兔品种，目前仅饲养在吉林大学教学实习基地和四平种兔场，种群数量不足 500 只，保种问题十分突出。饲养的其他獭兔品种也表现出混杂现象，基本上都是美系獭兔和德系、法系獭兔无序杂交的后代，纯种已不多见，因此毛皮品质难以保障，亟待引进优良品种獭兔，提高獭兔良种的普及率。

**4. 饲养员文化水平较低，年龄偏大**

据对吉林省省内 60 个养兔场（户）的调查发现，饲养员的文化水平较低，年龄结构不合理。具有高中文化程度以上的饲养员仅占 30%。50 岁以上饲养员的比例高达 57% 以上，且饲养人员队伍不稳定、流动性大，有些饲养员只干了 2～3 个月就辞职离岗，严重地影响兔场的发展和经济效益。

**5. "重治疗、轻防疫"的兔病防控思想普遍存在**

据对吉林省 50 家养兔场（户）的调查，特别是对小养兔户的调查可知，每到冬季，家兔呼吸道和消化道疾病的发病数就会达到全年发病数的 70% 以上，家兔真菌病还部分存在于一些养兔户中，已经严重地影响养兔的经济效益。

**6. 兔皮、兔毛精深加工的空白亟待填充**

吉林省的獭兔和毛兔产业链条尚不完整，缺少兔皮和兔毛加工企业，这已经在较大程度上影响了獭兔和毛兔产业的发展。

### 7. 科技投入相对不足

尽管"十三五"期间吉林省科技厅和畜牧局等科技与行业主管部门对家兔项目给予了一定的支持，但由于财力有限，支持的力度并不大，仅有极少数专家获得少量科技研发资金支持。

### （二）兔产业发展建议

"十三五"期间，吉林省兔业发展势头良好，取得了很大的成就，但同时也存在一些有待解决的问题。未来吉林省兔业发展须补好短板，扬长避短，发挥人才和粗饲料资源优势，确保兔业可持续、健康、高效发展。

#### 1. 加大服务兔业龙头企业的力度，助推兔业高质量发展

龙头企业在兔业发展中的作用不言而喻，更好地发挥兔业龙头企业的作用，离不开当地政府扶持和提供相应服务。为此，建议政府帮扶兔业龙头企业发展，不仅在政策上、资金上有作为，更要在服务上有作为，如为龙头企业提供低息贷款，搞好技术培训、宣传兔产业等，助推当地兔业高质量发展。

#### 2. 增加肉兔定点屠宰厂家，确保兔肉产品安全

针对吉林省缺少具有肉兔屠宰资质的企业的现实，为了促进兔业可持续、高质量发展，建议政府主管部门对兔业发展比较好却没有定点屠宰企业的地区，在建设定点屠宰企业上予以政策支持，并对通过定点屠宰资质认证的企业予以适当的资金扶持。

#### 3. 加大宣传的力度，提升消费者对兔产品的认知水平

由于人们对兔产品的特点认识不足，有关部门宣传力度小，影响了兔产品的销量，制约了吉林省兔产业高质量发展。建议当地职能部门加强与各地兔业协会、大专院校及科研单位的合作，联合开展各种形式的培训班或技术讲座，如利用一年一度的长春农博会的平台和中国畜牧业协会的兔肉节契机，大力宣传兔产品的特点及优势，引导兔产品消费，特别是兔肉消费。

#### 4. 举办发酵床养兔技术经验交流会，推广生态养兔技术

养殖业对环境的污染已引起了国家的高度重视，面对国家高压的环保势态，推行绿色环保、零排放的养殖模式势在必行。为此，建议政府职能部门与吉林省兔业协会、兔科技联盟组织开展发酵床养兔技术经验交流会，助力生态养兔技术的推广应用。

#### 5. 创新养殖及经营模式，规避养殖风险

小规模的庭院养殖模式因饲养成本高、养殖效率低等，抵御市场风险能力差，遇到产业低谷时就很难生存，实践证明，这一模式已不能适应畜牧业发展

的新形势。所以，建议由政府相关部门组织牵头，发挥兔科技联盟和各级兔业协会的功能，动员庭院养殖户，特别是规模小的养兔户改变生产经营模式，加入合作社或与龙头企业合作开展养殖，这样才能更有效地规避养殖风险，达到"行业低谷挣点钱、行情好时发点财"的目的。

**6. 规避养兔技术风险，加大岗前培训力度**

家兔养殖离不开养殖技术的支撑，针对吉林省一些农户在没有掌握养兔技术时就盲目投资开展养兔的实际情况，建议相关行业主管部门加强岗前技术培训工作，特别是加强实践环节技能培训，彻底改变过去那种先投资后学习的养兔模式，对有意向开展家兔养殖的农户进行技术培训，降低农户养兔的盲目性。

**7. 建议饲料生产监管部门加大监管力度，确保兔饲料品质**

在吉林省兔科技联盟内企业都采用商品颗粒饲料来饲喂家兔的情况下，兔饲料品质的优劣对于养殖场（户）影响甚大。为此，建议有关部门加大监管力度，定期地对吉林省内生产兔饲料的厂家进行质量检测，并及时公布检测结果，供养殖场（户）参考。

**8. 建立适合吉林省实际情况的兔病防控体系，为养兔场（户）保驾护航**

建立适合吉林省实际情况的兔病防控体系，是确保吉林省兔业高质量发展的一个重要途径。建议政府相关职能部门与当地的兔业协会、大专院校、科研单位和各级畜牧兽医部门加强合作，构建出适合吉林省省情的兔病防控体系，更好地为吉林省兔业的健康、可持续发展保驾护航。

# 五、未来发展展望

## （一）总目标

"十四五"期间，吉林省将充分利用独特的冷凉气候、适宜的生态环境以及优质饲草、秸秆资源，充分利用政府扶持政策，加大科技投入力度，建设以兔业龙头企业为主体的产业链，打造吉林省兔产品品牌。

## （二）发展路径

### 1. 创新兔业经营方式

坚持以大项目、大企业为牵动，以基地县市为载体，以市场为导向，以品牌为支撑，采取融合、联盟等发展模式，优化整合标准化规模养殖、精深加工、现代物流等产业资源，加快建设兔业产业链。发挥龙头牵动作用，整合配套产业要素资源，健全完善产业链。

### 2. 加强兔业三产融合，打造兔产品品牌

组织省内兔企业开展兔业三产融合、打造兔产品品牌是实现吉林省兔业高

质量、可持续发展的基石。利用兔产品品牌效应，促进上游养兔企业提质增效。坚持以龙头企业为主体，以发展名优、特色品牌为重点，打造一批知名度高、具有地方特色、市场竞争力强的行业品牌。

**3. 加快发展"互联网＋兔产品"新型营销方式**

在积极拓展传统营销方式的基础上，大力推进现代物流、电子商务等新型兔产品市场营销体系建设。加强产销衔接，减少流通环节，构建兔产品流通企业、采购商和养兔合作组织等之间紧密合作的畜商产业联盟，促进兔产品流通新模式、新业态健康发展。

（本节执笔：曾范利　任东波　吴硕）

# 第十二节　山西省兔产业发展

山西是我国家兔重要产区，笔者通过组织山西农业大学（山西省农业科学院）动物科学学院养兔团队、国家兔产业技术体系饲料资源开发岗位团队以及山西省畜牧业协会兔业和特养分会等相关人员以实地考察、查询资料、电话询问等方式对山西省家兔产业进行调研，形成本报告。

## 一、山西省兔产业发展概述

### （一）兔产业发展环境和条件

**1. 气候条件**

山西省处在中纬度内陆地区，属于温带大陆性季风气候。具有四季分明、光照充足、南北气候差异显著、昼夜温差大等特点。山西省各地年平均气温介于 4.2～14.2℃；全省各地年降水量介于 358～621 毫米，季节分布不均。

**2. 饲料资源**

粗饲料是制约兔业发展的主要瓶颈之一，而山西省是我国杂粮重要产区，农副产品如谷草、小米糠等资源丰富，同时制醋业、酿酒业十分发达，山西陈醋、汾酒等产品享誉世界，每年产出的醋糟、酒糟等数量多、营养丰富，据营养成分测定，粗蛋白含量达 7.72％～15.76％。这些粗饲料为兔业持续发展提供了价格低廉、数量巨大的原料基础。

**3. 群众基础**

山西省养兔历史悠久，群众具有饲养家兔的习惯。20 世纪 70 年代初，全省兴起养兔热，为我国兔肉出口创汇做出了重大贡献。之后随着兔产品市场的起落，饲养数量也不断变化，但兔业生产从未间断，群众在长期养兔过程中积累了丰富的饲养经验。

**4. 兔肉出口、兔产品加工企业**

山西省既有具备出口欧盟、美国资质的兔肉企业，又有遍布全省各地的兔肉加工企业。同时各地还有数量较多的可生产具有当地风味的兔肉制品的商家。这些加工企业在一定程度上解决了本地兔产品销路问题。

**5. 兔业研究**

山西省农科院畜牧兽医研究所养兔研究室成立于1981年，是我国较早成立的兔业研究机构。先后承担了国家、省级科研项目20余项，在家兔育种、饲料资源开发、饲养管理、疾病防控等领域取得了一批重大科研成果，为本省乃至全国兔业生产提供了技术支持。另外，山西农业大学和省畜禽繁育工作站等的技术服务人员为全省兔业生产者进行技术培训和技术咨询，为兔业生产持续健康发展做出了重要贡献。

**6. 兔业协会**

山西省畜牧业协会兔业分会自2005年成立以来，在山西省兔产业规划、技术培训、技术服务等方面做了大量的工作。2019年更名为山西省畜牧业协会兔业和特养分会。协会相继开展了多次产业调研、技术培训，每年定期举办兔肉节，并建立了微信群。在政府与企业间承担起协调、沟通等桥梁纽带作用，为行业的发展持续提供支持。

**（二）兔产业发展历史**

山西省是我国家兔重要产区，曾是我国冻兔肉生产大省之一。1979年家兔收购量近1 000万只，年产冻兔肉8 283吨，位居全国第二，仅次于山东。家兔饲养类型以肉兔为主，以青紫蓝兔、日本大耳白兔、弗朗德巨兔、花巨兔、新西兰白兔等品种为主。饲养方式主要为家庭小规模饲养。进入21世纪，獭兔养殖逐步在山西兴起，主要是笼养白色獭兔，饲喂全价颗粒饲料，其中山西省襄汾县獭兔生产较为集中，饲养规模在100～500只的场（户）居多，有的场（户）基础母兔达3 000只左右，全省年出栏獭兔80余万只。近年来，獭兔皮市场价格长期维持较低水平，与全国一样，山西獭兔饲养量亦呈现显著下降的趋势。但肉兔规模化养殖方兴未艾，起点高，呈现品种配套系与笼具标准化、环境控制机械化（或智能化）、全进全出制饲养、防疫程序化和销售订单化等特征，养兔生产水平稳步提高，规模效益逐步显现。

## 二、2016—2020 年山西省兔产业发展状况

### (一) 养殖状况

据资料显示，2016 年山西省兔肉产量达 4 987.4 吨，位居全国第 15 位。饲养的肉兔品种零散户以青紫蓝兔、新西兰白兔和加利福尼亚兔等品种为主，规模化兔场以肉兔配套系为主，主要有伊拉、伊普吕和伊高乐等。獭兔以白色为主，随着有色皮张市场价格的走高，青紫蓝色型、海狸色色型等有色獭兔饲养量也在逐步增加。宠物兔、长毛兔在一些地区有零星饲养。

近年来，受人工成本持续走高、用工荒出现、土地资源奇缺以及环保压力增加等因素的影响，多数规模养兔企业开始着手或已经完成兔舍升级改造工作，新设备主要包括封闭式兔舍、"品"字形笼具和自动清粪、自动通风、自动饮水、湿帘降温、自动饲喂系统等。采用同期发情、人工授精等技术，肉兔实现了全进全出制饲养，生产效率极大提高，养兔经济效益逐步提高。

### (二) 当地企业及产业发展状况

山西省有众多家兔生产、兔产品加工、兔饲料加工等企业。

山西省长治市云海外贸肉食有限公司始建于 1973 年，主要生产并出口冻兔肉等产品。公司拥有兔肉加工车间一座，年设计屠宰肉兔能力 600 万只，可加工兔肉 5 000 多吨，多年来冻兔肉产品主要出口欧盟、美国等。公司执行基地养殖→生产加工→冷库储存→标识管理→发货运输全程可追溯制度和安全控制体系，确保产品的卫生质量安全。

繁峙县绿洲兔业专业合作社是集家兔养殖、加工、销售为一体的新型规模化、标准化的合作社。家兔养殖采用绿色标准化养殖模式，生产的"繁裕源"兔肉制品品种齐全（五香兔肉、麻辣兔肉等）、绿色安全，销售额稳步上升。带动了本地区养兔业健康发展。

长治市晟大农业科技开发有限公司是新建的一个现代化兔业企业。拥有标准化兔舍 8 栋，面积 4 000 余平方米，笼位近 6 000 个，基础母兔 3 500 只，采用自动饲喂、饮水系统与全进全出制饲养模式进行肉兔生产。

霍州市金昌兴食品有限公司成立于 2016 年，生产的麻辣、五香等兔肉产品以独特的口味赢得了消费者的认可，销售量逐年递增。

还有数量众多的农民家兔（獭兔）养殖专业合作社，具有"规模适度，自配料，根据市场需求生产适销对路的兔产品，经济效益较高"等特点，这些合作社已成为山西兔业生产的主力军。

### （三）技术发展状况及成果

山西农业大学（山西省农业科学院）动物科学学院家兔研究团队承担并完成了家兔饲料资源开发、海狸色选育研究、家兔饲养管理以及兔病防控等方面项目六个，包括依托于山西农业大学（山西省农科院）的国家兔产业技术体系岗位项目——饲料资源开发、省攻关项目"家兔福利养殖关键技术研究及设备开发"和"家兔流行性腹胀病病原及综合防控技术研究"、省育种工程项目"海狸色獭兔新品种选育研究"和学院重点项目"家兔大肠杆菌病耐药性研究"等。这些项目的完成为兔业科技进步做出了重要贡献。"十三五"期间，山西省兔业科研人员编写出版家兔相关著作 7 部，其中主编《高效健康养兔全程实操图解》《兔病快速诊治实操图解》《兔病诊治原色图谱》《兔病诊治实用技术》《兔病看图诊治》等 5 部，参与编写出版了《山西特色农业（兔）》和《中国兔产业发展报告》等两部。兔业著作出版发行对普及科学养兔、提高兔业经济效益提供了理论支持。制定地方标准《肉兔饲养管理技术规范》《獭兔饲养管理技术规范》和《海狸色獭兔》等 3 项。科研成果"饲料资源评价与健康高效养殖关键技术研究"获 2020 年山西省科技进步二等奖，获养兔方面的专利 5 项。

### （四）兔产业发展趋势及特点

**1. 零散户逐渐退出，兔业生产集中度在增加**

随着商品生产的发展和兔业技术的进步，家兔零散饲养户正逐步退出兔产业，规模化、集约化和智能化兔业养殖企业（大户）数量在逐步增加，兔业生产集中度进一步提高。

**2. 家兔良种占有率、普及率在逐年提高**

据测算，家兔品种对兔产业的贡献率达 40%，且影响着家兔生产力和养殖经济收入。家兔生产者选择饲养优良家兔品种（配套系）的意识在逐渐增强，家兔良种普及率迅速提高。

**3. 全进全出制养殖方式推广速度加快**

随着兔业相关科技进步，一种新的家兔饲养模式即全进全出制（all-in all-out system）正在家兔生产中迅速推广应用，其因具有众多优点得到养殖主体的认可。该模式已在肉兔饲养中广泛应用。其核心技术包括同期发情、人工授精和全程科学营养供给和饲养管理等。

**4. 绿色生产成为业内共识**

我国全面禁止在饲料中添加促生长类药物饲料添加剂（中药类除外），养兔场（户）纷纷选择技术力量雄厚、产品绿色、服务周到和责任心强的饲料供应企业。自配料时从原料选购、饲料配方设计、饲料加工、贮存等环节入手，确保生产的饲料绿色、安全。

**5. 兔病防控形势严峻**

目前危害家兔生产的主要疾病包括兔瘟、呼吸道疾病（巴氏杆菌病、波氏杆菌病等）、大肠杆菌病、产气荚膜梭菌病、真菌病、球虫病等，针对这些疾病均有有效的防控措施。但生产中由于各种原因，有的养殖场（户）兔群发病情况较为严重，为此必须根据兔群情况等制定切实可行的疾病防控程序并严格执行，以达到较好的防控效果。

2010 年，法国出现一种与传统兔瘟病毒在抗原形态和遗传特性方面存在差异的兔瘟 2 型病毒，被命名为 2 型兔瘟，死亡率达 73.3％。2020 年 4 月该病型在我国四川首次被发现。2 型兔瘟不仅感染成年兔，还感染仔幼兔。鉴于该病用传统的兔瘟疫苗防控效果差的特点，做好该病型的生物安全防控工作尤为重要。目前，我国开展 2 型兔瘟疫苗研制工作亦迫在眉睫。

**6. 订单生产销售模式业已实现**

采用全进全出制饲养模式的养兔企业生产的兔产品具有可预见性，即可预见什么时候出栏多少只商品兔、体重大约是多少，因此，必须提前与兔产品加工企业、经纪人签订供货合同，以便出栏时能够及时售出。

**7. 粪污资源化利用成为企业增加收入的重要途径之一**

随着环保部门对环境监控力度的加大和养殖企业对清洁生产认识的不断加深，兔业企业、养殖大户在兔场建设、日常运行过程中，更加重视对兔场粪污的控制。采用粪尿分离设备，减少粪污的排出量，通过堆积发酵、生产有机肥等方式对粪污进行资源化利用，既保护了环境，又增加了兔场的经济收入。

**8. 兔肉消费正在各地兴起**

随着消费者对兔肉营养特点认识的进一步提高，兔肉消费数量在逐年上升。一些餐馆开发了兔肉菜肴如烤兔、兔头等。

**9. 兔业协会作用在逐步加强**

中国畜牧业协会、山西省畜牧业协会兔业和特养分会等各级兔业协会定期举办兔业发展大会、技术培训，发布各地兔产品月度市场行情，在兔产业发展过程中发挥的作用在迅速增强。

**10. "互联网十"在兔业中广泛应用**

互联网已深入我们生活的方方面面。兔业生产者已充分利用互联网平台，如通过互联网采购饲料原料、药品（疫苗）、笼具，进行产品销售、收集信息以及开展兔病远程诊断等。

## 三、2016—2020 年市场需求分析

　　山西省生产的兔肉主要销售到川渝地区，兔皮销区以河北为主。随着消费者对兔肉认知程度的提高，山西省内兔肉消费量也在逐年增加，大中城市的餐馆也有多种兔肉菜肴。一些知名肉食品加工企业生产了兔肉产品，如平遥冠云牛肉企业、繁峙县绿洲兔业专业合作社、霍州市金昌兴食品有限公司等均有兔肉制品在市场销售。大同、朔州等地群众有消费鲜兔肉的习惯，现宰现售，办红白喜事兔肉菜品是餐桌上不可缺少的一道菜。

　　大同兔头是山西大同特色传统名菜之一，是当地人十分爱吃的一种食物。大同人接待贵客时兔头是一道必点的菜肴。在大同，无论大小餐馆菜谱上都有大同兔头这道菜。为了推广兔肉消费，山西省畜牧业协会每年 6 月 6 日在山西举办兔肉节，介绍兔肉营养特点和加工方法等，使消费者对兔肉营养有了进一步的认识，兔肉消费呈现逐年增加的趋势。我国兔肉消费存在明显的地域特点，消费市场以四川、重庆、福建等省份为主。兔皮消费以河北、浙江等省份为主。随着一些区域性大规模兔业企业投产，我国兔肉市场将产生重大变化。

## 四、存在的主要问题及建议

### （一）家兔良种繁育体系尚未建立

　　山西省家兔良种繁育体系尚未形成。山西省农业科学院畜牧兽医研究所在家兔育种方面做了大量的工作，育种群生产性能显著提高，但规模小，供种能力不能满足市场需求。建议：畜牧、财政部门加大支持力度，增加育种经费，设立专项资金建立原种场，同时鼓励有实力的企业组建扩繁场，为广大养殖企业提供优质种源。

### （二）饲料资源得不到充分的利用

　　山西省杂粮生产、酿醋、酿酒后的副产品资源丰富，同时国家兔产业技术体系已完成了对现有饲料资源营养成分、饲用价值的评定，可以科学进行利用。山西谷草数量大、质量稳定（霉变少）、粗纤维丰富，是家兔优质粗饲料原料，由于缺乏收集、加工和中间经纪人，谷草尚未在全国兔业企业中被广泛利用。醋糟、酒糟等存在干燥、质量控制等问题，仅在牛、羊等草食畜养殖中得到广泛利用，但其作为家兔粗饲料使用的潜力巨大。建议：有远见的企业做好这些饲料的加工、质量控制和销售工作。

### （三）兔病防控形势严峻

　　兔业生产中长期受到常见多发病的威胁，尤其是 2 型兔瘟。建议：采取综

合措施做好兔群重大疾病的防控工作，同时加快 2 型兔瘟疫苗的研制。

### （四）兔产业相关支持政策较少

与猪、牛、羊等畜禽相比，政府支持兔业的相关政策较少，致使兔产品市场稍有波动，就对兔业生产者造成严重影响。建议：财政、畜牧等相关部门给予兔业相关的倾斜政策和资金扶持，如提供能繁母兔补贴、规模养兔补助，开展标准化养殖企业认证等，适当增加兔业项目数量和资金支持力度。

### （五）兔业科研项目、资金投入较少

虽然山西省相关部门对兔业科研给予了一定的项目和资金支持，但与其他省市相比，项目少、资金额度小，同时制约兔业生产的关键技术又很多，比如当地饲料资源的开发、特色饲料配方的筛选、替抗添加剂的研制、家兔相关设备的开发等。建议：省财政、科技、农业等相关单位加大对兔产业科研项目和资金的支持力度，继续提高兔业科研水平，为兔业生产者提供先进的技术支持。

## 五、未来发展展望

综合山西省自然、社会和经济等方面分析，山西省兔业发展方向包括以下内容：饲养规模适度；利用当地饲料资源，优化饲料配方，降低饲养成本；实现养殖全过程绿色、环保；生产的兔产品优质安全、综合经济效益较高。为了实现目标，生产经营者要积极采用新技术、新成果，树立新理念，提高自身综合素质。

（本节执笔：曹亮　任克良　李燕平　詹海杰　党文庆　张敏）

# 下篇　专题报告

✧ 新冠感染疫情对兔产业的影响研究

✧ 中国兔产业品牌建设研究

✧ 中国兔产业竞争力分析

✧ 家兔养殖中的技术经济需求

✧ 家兔规模高效饲养技术经济分析

✧ 国家兔产业大数据平台及应用

✧ 后脱贫时代，兔产业可持续发展

✧ 近现代兔产业的发展和政策演进

✧ 中国兔产业发展展望（2021—2030 年）

# 第八章　新冠感染疫情对兔产业的影响研究

## 第一节　全球兔产业发展及新冠感染疫情影响的机制

### 一、全球兔产业发展

兔产业，广义来看包括肉兔、獭兔和毛兔产业，其中肉兔是最重要的组成部分，从全球来看，肉兔产业产值占兔产业产值的90％以上。这里将主要讨论肉兔产业发展及其所受到的影响。根据联合国粮食及农业组织（FAO）统计，过去近60年，全球兔肉产量经历了四个阶段（图8-1），一是快速增长期（1961—1979年），二是调整期（1980—1991年），三是稳定增长期（1992—2015年），四是巩固调整期（2016年至今）。2016—2018年全球兔肉产量快速下滑，从2015年的134.30万吨下降至2018年的90.15万吨，年均下滑12.39％。2019—2020年稳定波动，全球平均兔肉产量90.68万吨。

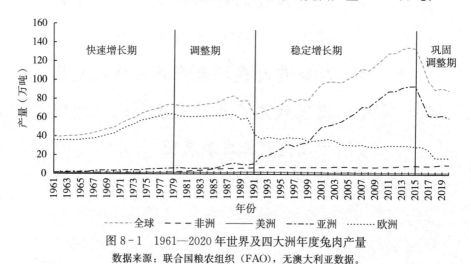

图8-1　1961—2020年世界及四大洲年度兔肉产量

数据来源：联合国粮农组织（FAO），无澳大利亚数据。

分地区来看，世界兔业生产主要集中在亚洲和欧洲地区。根据FAO数据，2018年亚洲和欧洲合计兔肉产量占全球的88.00％，其中亚洲产量61.98

万吨，占 68.76％，欧洲产量 17.34 万吨，占 19.23％，其他各洲合计仅占 12.01％。

由此可以看出，分析新冠感染疫情对全球兔业的影响应重点关注欧洲和亚洲国家。中国是全球最大的兔肉生产国，也是亚洲国家兔肉生产的重要代表，而欧洲国家中西班牙兔肉产量位列第一（表 8-1），为此下面将分别以中国和西班牙为代表，分析新冠感染疫情对全球兔业的影响。

**表 8-1　2018 年全球兔肉产量排名前 20 位国家及其占比**

单位：万吨

| 排名 | 1 | 2 | 3 | 4 | 5 | 6 | 7 | 8 | 9 | 10 |
|---|---|---|---|---|---|---|---|---|---|---|
| 国家 | 中国 | 埃及 | 西班牙 | 法国 | 意大利 | 捷克 | 德国 | 俄罗斯 | 乌克兰 | 阿尔及利亚 |
| 产量 | 86.55 | 6.21 | 5.58 | 4.39 | 4.31 | 3.91 | 3.21 | 1.85 | 1.22 | 0.85 |
| 占比 | 62.09 | 4.46 | 4.00 | 3.15 | 3.09 | 2.80 | 2.30 | 1.32 | 0.88 | 0.61 |
| 排名 | 11 | 12 | 13 | 14 | 15 | 16 | 17 | 18 | 19 | 20 |
| 国家 | 匈牙利 | 保加利亚 | 墨西哥 | 斯洛伐克 | 卢旺达 | 秘鲁 | 希腊 | 哥伦比亚 | 波兰 | 肯尼亚 |
| 产量 | 0.56 | 0.46 | 0.45 | 0.40 | 0.38 | 0.36 | 0.32 | 0.32 | 0.30 | 0.28 |
| 占比 | 0.40 | 0.33 | 0.32 | 0.28 | 0.28 | 0.25 | 0.23 | 0.23 | 0.22 | 0.20 |

　　数据来源：联合国粮农组织（FAO）。

## 二、新冠感染疫情从供求两方面影响全球兔产业

由于新冠病毒具有在人与人之间快速传播的特点，劳动力的流动、人民的生活都受到很大影响，特别是在各国先后实行封城管制以后，各行各业的生产、就业和老百姓生活需求的满足等都受到很大限制。

从供给角度来看，在封城和疑似病例隔离的背景下，饲料生产、养殖、加工等的劳动力投入受到很大影响，其直接的后果是：人工工资和饲料等投入品的价格上涨，大大提高了生产成本。特别是在一些封城封路地区，饲料和种兔等不能及时购买，兽医兽药也不能及时到位，使一些兔场发生的疫病不能及时得到控制，从而使死亡率也有所提高。

从需求角度来看，由于很多市场关闭，兔肉销售受到影响，一些消费者也难以购买到兔肉。需要特别指出的是，在很多欧洲国家，比如法国和意大利，传统的兔肉消费者主要是消费鲜兔肉，当市场交易受到影响后，部分消费者的需求难以得到满足。

供给和需求的变化，在价格上充分体现出来。当兔肉面临卖难、供给过剩时，价格下滑，相反，当兔肉生产不足时，兔肉供给不足，则价格上升。下面将分别以西班牙和中国为例，分析新冠感染疫情对兔肉市场的影响。

## 三、新冠感染疫情对欧洲兔肉市场的影响：以西班牙为例

2020 年 1—2 月西班牙的活兔价格趋势和上年同期基本保持一致，2 月价格基本保持在 1.718 欧元/千克，上年同期平均价格为 1.731 欧元/千克；3 月欧洲开始暴发新冠感染疫情，并且 3 月中旬西班牙成为继意大利后欧洲疫情第二严重的国家，但由于欧美国家的民众对于疫情防控的初始态度较为消极，2020 年上半年西班牙的肉类及兔肉市场的供给和需求均未受到较大的负面影响。西班牙农业部发布的兔行业经济指标季度报告表明，2020 年 1—3 月西班牙的家庭兔肉消费为 11.08 吨，仅比上年同期下降 1.45%，活兔出栏量也仅比上年同期下降 2.54%。

但随后欧美疫情未出现好转并呈现不断扩大趋势，对西班牙的经济以及民众的生活造成了严重的负面影响，西班牙 2020 年实施全国封闭措施，使得消费需求大幅度降低。西班牙农业部发布的兔行业经济指标季度报告表明，2020 年 1—5 月西班牙兔肉进口量为 1.125 吨，比上年同期下降 45.42%，但出口量为 6.532 吨，仅比上年同期下降 3.1%。上述供需两方面的因素导致了 2020 年 5—6 月欧洲肉类市场价格呈持续大幅度下跌趋势，更不用说是较为小众的兔肉市场，西班牙活兔价格从 5 月初的 1.896 欧元/千克跌至 6 月底的 1.674 欧元/千克，跌幅达 11.71%。

从下半年走势来看，西班牙兔产业逐渐恢复。6 月下旬西班牙正式解除国家紧急状态，但同时伴随欧洲肉类加工厂暴发疫情等负面事件，使得消费需求逐渐恢复的同时，肉类加工产量减少，进而导致 6 月底开始西班牙兔肉价格逐渐上升，从 1.674 欧元/千克上涨至 7 月下旬（第 26 周）的 1.772 欧元/千克，上涨幅度为 5.85%（图 8-2），但价格仍比 2019 年同期低 6.38%。

从 2020 年全年数据看，西班牙受疫情影响，兔肉产量以及兔出栏量比 2019 年分别下降 1.54% 和 0.64%，但 2020 年全年西班牙的家庭兔肉消费 40.128 吨，同比上涨 4.48%，所以预计 2021 年西班牙兔肉产量将仍呈下降趋势，兔肉价格也将由于供需不平衡呈大幅上涨趋势。

## 四、新冠感染疫情对亚洲兔产业市场的影响：以中国为例

2019 年受非洲猪瘟背景下的猪肉替代效应的影响，中国兔产业总体趋势

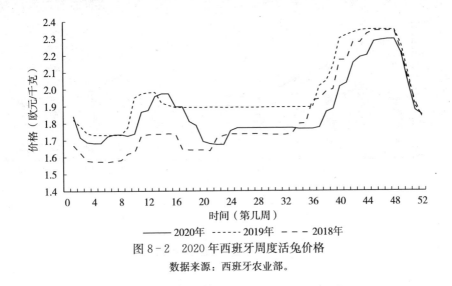

图 8-2  2020 年西班牙周度活兔价格

数据来源：西班牙农业部。

较 2018 年好且呈明显的上涨趋势，但 2020 年 1 月底，受暴发的新冠感染疫情影响，养殖户面临运输困难、饲料短缺和商品兔无法销售等难题，2 月中国的兔产业受到严重冲击，兔产业指数在上半年整体呈下滑趋势，由 2 月的 124.78 下降到 8 月的 104.64，总体下降了 16.14%。但进入 9 月以后，随着中国政府对疫情强有力的控制和中国民众积极配合防疫，运输业和居民消费需求逐步恢复，中国兔产业市场也开始逐步恢复，在波动中较快回升，10 月兔产业指数达到 115.64 并趋于稳定。可以看出，2020 年度的兔产业指数上半年一直呈下降趋势，下半年开始回升。分产业来看，肉兔、獭兔和毛兔产业下半年也均呈现强劲回升势头，总体来看，整个兔产业在 2020 年底接近疫情前的水平，得到了恢复（图 8-3）。

从活兔销售价格来看，从 2020 年 2 月开始，活兔价格一直呈现大幅度下降趋势，从 1 月下旬的 16.24 元/千克降低至 2 月底的 9.20 元/千克，降幅达 43.35%，平均每周下降 9.97%，并且比上年同期（5～9 周）价格平均降低 32.64%。尽管 3 月活兔价格呈现回升趋势，价格上涨至月底的 13.52 元/千克，但 5 月价格又重新回落到 9.60 元/千克，并在低位保持一段时间，与上年同期（19～32 周）相比平均下降 37.62%。就供给方而言，中国养殖户从 3 月起便有大量活兔无法销售，据国家兔产业技术体系数据显示，仅陕西渭南 2020 年 3 月肉兔存栏就上涨至 50 000 只，比 2019 年同期 11 000 只的存栏量翻了近 4 倍。就需求方而言，2020 年新冠感染疫情对中国经济和民众均产生

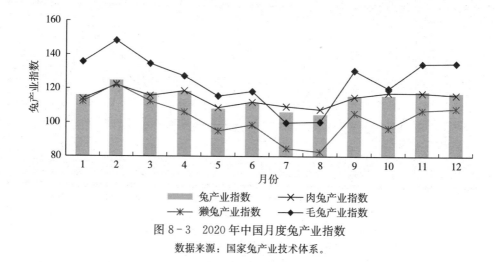

图 8-3 2020 年中国月度兔产业指数

数据来源：国家兔产业技术体系。

负面影响，导致需求增长动力不足，且呈现需求增长缓慢、需求量显著降低的趋势。以上两方面因素导致中国 2020 年上半年活兔价格呈现低位震荡趋势（图 8-4）。2020 年下半年，我国经济逐渐回暖，物流、旅游业恢复，活兔销售价格回升，从 8 月的 10.00 元/千克上涨至 10 月的 20.00 元/千克，翻了一倍，尽管低于 2019 年同期水平，但可以在一定程度上说明，我国兔产业已基本恢复。

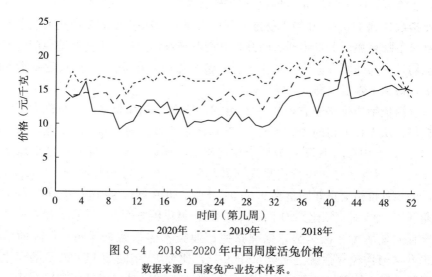

图 8-4 2018—2020 年中国周度活兔价格

数据来源：国家兔产业技术体系。

从中国兔肉贸易来看，兔肉、兔毛以出口为主，兔皮以进口为主。随着
2020年3月底国外新冠感染疫情暴发，中国兔肉、兔毛出口量有较为明显
的下降趋势，兔肉出口量从3月的511.09吨下降至4月的221.99吨，跌幅
为56.57%，兔皮出口量从3月的33.39吨下降至4月的6.36吨，跌幅
80.95%。且随着国外疫情的扩散，5月、6月中国的兔肉出口量与2019年
同期差距呈扩大趋势，直到9月、10月才恢复。2020年全年兔肉、兔皮出口
量分别为4 266.29吨、106.89吨，同比下降12.88%、40.37%（表8-2）。
由于我国对进出口产品一直采取较为严格的疫情防控措施，兔皮进口量并未受
到国内外疫情的影响，2020年全年兔皮进口量177 477.87吨，基本与2019年持
平（表8-3）。

表 8-2 2018—2020 年中国月度兔肉、兔毛出口量

| 月份 | 兔肉出口量（吨） | | | 兔毛出口量（吨） | | |
|------|--------|--------|--------|--------|--------|--------|
| | 2020 年 | 2019 年 | 2018 年 | 2020 年 | 2019 年 | 2018 年 |
| 1 月 | 438.50 | 449.72 | 497.56 | 7.53 | 15.89 | 23.12 |
| 2 月 | 438.50 | 159.41 | 426.86 | 7.53 | 24.32 | 7.98 |
| 3 月 | 511.09 | 375.95 | 292.00 | 33.39 | 8.38 | 34.68 |
| 4 月 | 221.99 | 233.43 | 817.33 | 6.36 | 4.81 | 37.56 |
| 5 月 | 293.99 | 506.16 | 407.08 | 0.00 | 10.18 | 16.37 |
| 6 月 | 294.00 | 568.01 | 780.00 | 9.12 | 14.22 | 22.09 |
| 7 月 | 281.00 | 519.90 | 616.70 | 1.97 | 22.57 | 34.79 |
| 8 月 | 292.00 | 560.05 | 650.33 | 11.44 | 10.88 | 19.14 |
| 9 月 | 569.15 | 349.32 | 564.85 | 2.20 | 10.71 | 7.58 |
| 10 月 | 453.01 | 378.00 | 224.14 | 13.10 | 34.81 | 21.97 |
| 11 月 | 159.50 | 314.05 | 391.69 | 8.00 | 8.44 | 8.70 |
| 12 月 | 313.56 | 483.04 | 295.49 | 6.24 | 14.06 | 12.03 |
| 总计 | 4 266.29 | 4 897.04 | 5 964.03 | 106.89 | 179.25 | 245.99 |

数据来源：中国海关总署。

表 8-3 2018—2020 年中国月度兔皮进口量

单位：吨

| 月份 | 2020 年 | 2019 年 | 2018 年 |
|------|--------|--------|--------|
| 1 月 | 1 170.82 | 1 179.38 | 1 279.33 |
| 2 月 | 1 170.82 | 989.14 | 755.78 |

（续）

| 月份 | 2020 年 | 2019 年 | 2018 年 |
|------|---------|---------|---------|
| 3 月 | 1 580.43 | 1 372.83 | 1 711.15 |
| 4 月 | 1 646.10 | 1 318.66 | 1 189.83 |
| 5 月 | 1 627.00 | 1 772.81 | 1 510.39 |
| 6 月 | 1 569.65 | 1 667.96 | 1 612.10 |
| 7 月 | 1 969.52 | 1 522.90 | 1 329.76 |
| 8 月 | 1 620.65 | 1 809.72 | 1 291.76 |
| 9 月 | 1 086.93 | 1 603.70 | 877.98 |
| 10 月 | 1 281.59 | 1 750.76 | 754.81 |
| 11 月 | 789.44 | 1 289.37 | 1 518.40 |
| 12 月 | 1 964.92 | 1 144.09 | 1 347.04 |
| 总计 | 17 477.87 | 17 421.30 | 15 178.34 |

数据来源：中国海关总署。

从兔肉产量来看，受新冠感染疫情影响，2020 年上半年兔肉产量下降，下降幅度达到 40% 左右。但进入下半年以后，特别第三季度，随着疫情影响减弱，兔肉生产较快恢复。2020 年，兔肉产量 48.8 万吨，同比上涨 6.55%。从兔业产值来看，2020 年兔业产值为 278.22 亿元，约占畜牧业产值的 0.92%，同比增长 0.92%。

# 第二节　兔产业未来发展

## 一、新冠感染疫情对兔产业影响的展望

从以上分析中可以看出，2020 年新冠感染疫情对全球兔产业均带来了一定的负面影响，从欧洲和亚洲这两个兔养殖大洲来看，欧洲 2020 年第一季度兔养殖业未受到影响，而第二季度遭受了严重的负面打击，第三、第四季度开始逐渐恢复，但和往年相比仍有一定差距；对于兔养殖量超过全球半数的中国来说，第一季度末受到新冠感染疫情的严重冲击，随着复工复产，第二季度兔业生产迅速恢复，并由于国内兔肉需求扩张，兔产业得到较快增长。

考察疫情影响的发展，还必须考虑全球兔业养殖的模式。从全球来看，兔的养殖主体以中小规模为主，其基本特点是：以家庭劳动力为主，适度规模兔场购买商品饲料，而小散户则更多地利用家庭现有饲料资源，自行配制饲料。在西班牙、法国和意大利等欧洲国家，多数养殖模式为夫妇两人饲养 600 只左

右母兔。据法国兔业跨行业协会（CLIPP）统计，法国养殖主体中有 1/3 是专业养兔场，2/3 养殖户兼有其他农牧业项目。法国平均每个养兔场有 619 只母兔，大多是适度规模的家庭农场。中国家兔养殖也是以适度规模的兔场为主，最主要的模式是夫妇两人饲养 500 只左右家兔，并兼营种植等。大规模的现代化兔场近年来在中国不断增加，但其出栏所占比重仍在 30% 以下。据中国国家兔产业技术体系的调查，饲养母兔 1 000 只及以上的兔场出栏量合计占全国总出栏量的 15.24%。以家庭劳动力为主的适度规模的养殖模式决定了家兔养殖受劳动力的影响较小，即使短期内饲料不能很好地满足需求，养殖场（户）也可以暂时利用家庭现有饲料资源配制饲料，同时适当减少饲养量，渡过难关。

美洲的兔业近年来刚刚兴起，美国兔业 80% 为宠物兔，肉兔产业规模很小，受新冠感染疫情的影响更小。非洲兔业也一直是低水平、小规模地发展，疫情对于小散户养殖的影响更小，这些小散户往往能充分利用农业生产中的各种下脚料等资源饲养家兔，同时其销售多数也是在本地很小的范围内，疫情对其销售的影响也不是很大。

总体而言，就亚洲和欧洲来看，欧洲兔产业受疫情冲击后损失更大。欧洲兔产业市场是否能够快速恢复需要看欧美国家是否能够有效控制疫情；而随着本土疫情基本得到控制，中国兔产业市场步入快速发展阶段。新冠感染疫情的暴发，对中国既造成了危机，也提供了机遇。应严肃看待我国在这次危机中存在的问题，但也可以借着此次危机，提升我国兔产业在全球中的地位。

## 二、中国兔产业发展中存在的问题

第一，产品附加值不高，产业风险防范手段依然缺失。兔毛、兔肉、兔皮等兔产品通过深加工能提高价值，但国内精深加工水平不高，养兔技术创新和开发力度不够，兔产品附加值不高。同时，受新冠感染疫情暴发、宏观经济形势低迷、农业结构调整等的影响，养殖业的风险性和不确定性日益增加，兔产业发展基础依然比较脆弱，一些企业面临生产困难、销售困难、产品积压，或者由于后续投资难以配套，出现资金短缺或资金链断裂，企业发展面临巨大挑战。为此需要养殖从业人员有相应的手段分散或规避风险，但目前风险防范手段不足。

第二，兔业养殖规模化和标准化程度低。我国在规模化与标准化养殖方面已取得一定的进展，但总体来看，兔业的标准化、规模化发展依然相对滞后，主要表现在：技术服务体系完善的、兔肉产销一体化的企业较少，产业生产经营规模化程度不高，难以形成产销一体的产业链，龙头企业的示范带动作用不强；种兔标准依然相对混乱，兔舍设备仍然千差万别，标准化程度很低，环境控制措施标准不一，饲料营养标准、药物使用标准等均相对缺乏；现代化全进全出的饲养管理模式和人工授精技术还没有完全普及，养兔技术培训和推广力度还需要加强。由于各环节的标准化程度均不高，整个产业链整合程度较低，各环节之间的协调难以很好地实现，导致最终生产加工出来的兔产品难以做到质量均衡、标准统一。

第三，优良种兔供应不足，种兔繁殖效率不高。随着规模化养殖的快速发展，优良种兔的需求增多，而国内只有几家能够正规供应种兔的公司，种兔供应能力不足，且相关肉兔核心育种场供种能力也存在不足，优良种兔的覆盖率相对较低，致使良种兔采购难度大、价格偏高。大部分兔场在引入首批种兔后，并没有进行系统引种和选育提高，仅根据生产性能从商品兔中选留一定数量的种兔，或从附近兔场商品兔中购买或交换获得种兔，在这过程中，不法商贩利用养殖户对配套系缺乏了解这一弱点，将假冒良种兔销售给养殖户，导致繁殖效率低下，更加重了良种家兔的退化。

第四，兔产业宣传不够，市场开发力度不足。大多数消费者对于兔产业的认识不足，对于兔肉、兔皮和兔毛产品的优点仍然知之甚少。广大消费者对兔肉做法不熟悉，加工烹调也就达不到最好的效果，这是当前兔肉消费市场面临的问题之一，充分反映了兔产业、兔产品的宣传推广力度不够。消费者更多选择猪肉、羊肉等常见肉类，导致兔肉产品的市场份额较低，兔产品加工和市场开发力度不足。兔肉、兔皮、兔毛方面的相关研发人员少，产品研发力度不够，销售渠道比较单一，过度依赖外销，本地市场开发严重不足。兔产品品牌建设滞后，全国性的知名品牌相当缺乏，企业的营销推广度明显不足。兔产业宣传不够，即使是大型企业，宣传力度也不足，且产品同质化严重，缺乏核心竞争力。对此，需要政府加强对兔文化的培育，提高人们对兔产业、兔产品的全面认识，加强与媒体的协作，提高宣传力度，引导消费者转变消费观念，增加对兔产品的消费。

第五，专业兔饲料生产企业不足，饲料资源短缺，饲料成本增加。全国范围内涉及兔饲料的生产企业数量不足，受新冠感染疫情和全球行情影响，饲料资源短缺，饲料成本增加。存在的问题：一是专门生产兔饲料的企业少，大多是生产猪、鸡饲料的企业附带生产兔饲料；二是生产能力差异较大，大规模兔饲料生产企业少，且市场上兔饲料生产企业生产能力差异较大；三是地区分布差异大，家兔出栏量大的地区兔饲料生产企业多，其余地区兔饲料生产企业相对较少；四是使用的粗饲料种类多，比如花生秧、稻壳粉、豆秸粉、苜蓿草、麦芽根、地瓜秧、花生壳等，豆粕等蛋白饲料生产不足，这使饲料的标准化难度大大增加；五是由于国家 2020 年全面禁止将抗生素作为饲料添加剂，许多饲料企业在探索替抗，但有效措施不足。

## 三、新冠感染疫情发生后对中国兔产业的思考

第一，完善我国家兔产业应急预案。这次公共卫生安全事件发生后，兔产业体系应关注疫情对兔产业的影响，全面研究兔产业面临的自然风险和市场风险，制定、完善相应的应急方案，发挥社会化服务组织的作用，建立健全兔业协会省县乡三级体系，统筹各社会化服务体系，把各种风险事件对兔产业的影响降到最低，畅通兔生产、销售各环节。通过制定保险政策帮助养殖户应对风险，加强兔产品产销监测，监测调度各地兔产业生产资料和兔产品产销情况，及时发布供需信息，加强市场监测，为养殖户提供可靠信息，促进产销对接。当地政府应联合其他服务组织和企业，协调兔饲料的供应，保证兔饲料有效供给。

第二，加快良繁体系建设，增强良种场供种能力。良种是实现高质高效生产的关键，关系着养殖户生产力的提升，应加强种质资源保护与利用，对种质资源开展保护与综合利用研究。从全国范围看，有供种资质的企业数量较少，优良种兔供应能力严重不足，广大养殖户往往自行从商品兔中选留种兔，选择依据主要是当前胎次健康状况、生长速度和产仔数等少量指标，导致优良品种逐渐退化。因此，急需带动大型养殖公司和广大养殖户积极参与到良种培育工作中来，为上游原种场提供基础生产数据。要支持种兔场改善设施设备、扩大规模、增加供种能力，推进现代化信息管理系统建设，加强信息交流，制定生产性能测定统一规范和标准，充分利用优良遗传素材，加快选育进展。同时加大科研投入，利用优质种质资源，培育优质品种，积极引进社会资本，引导企业进行种兔生产。

第三，建立完善兔产业链，加强全产业链质量监督。要组织引导养殖户开展标准化、规模化养殖，发展规模化养殖，可以较快提高生产效率，同时，必须加强对全产业链的生产质量监督，包括饲料质量、药物使用、兔肉产品质量、粪污治理，加强种养结合，实现环境友好型、资源节约型的可持续发展模式；将兔产业企业联合起来，提高兔业组织化水平，加强建设肉兔屠宰场，加快建成精深加工产业集群；全国兔肉餐饮企业不多，应提升兔肉餐饮直营能力，通过农产品冷链物流等新兴服务业，带动屠宰、加工、销售、餐饮、休闲

旅游等关联产业发展，延长产业链，促进一、二、三产业融合发展。此外，还须建设全国兔产品出口基地，推动形成兔产品外贸企业集聚区，对接国外市场，促进兔产品出口。

第四，加大品牌建设力度，扩宽市场。面对我国巨大的潜在市场，兔企业应加强对兔产品的宣传和推广，丰富兔产品的销售方式和渠道，挖掘更多消费群体。广大养殖户、协会和科研机构等单位，应积极利用电视、广播和自媒体等途径加大对兔产业和兔产品的宣传力度，充分利用公共数字文化服务的有力载体促进兔产业发展，利用互联网，将数字经济与兔产业融合促进兔产业发展，提升兔产品知名度，加强兔产品品牌优势。政府应为龙头企业提供相关支持，引导消费者形成消费兔产品的习惯，增大兔产品市场份额，从而促进兔产业健康快速发展。

第五，加强科技研发和人才培训。新冠感染疫情检验出了我国兔产业人才、技术的不足之处。从事兔业养殖的人员文化水平普遍偏低，兔企业可以通过招聘专业技术人才提升企业的人才竞争优势，对相关人员开展职业技术培训，充分发挥职业人才学习能力强、技能提升快的优势，将人才与企业发展需求相结合。同时加快引进和培育国家兔产业技术体系专家人才和科技人员，开展养兔技术培训指导，依托龙头企业与科研院校深度合作，研发推广疾病防控、兔产品深加工等技术，补充完善兔场设施装备，为兔产业发展提供科技支撑，增强产业抗风险能力。

（本章执笔：武拉平　樊伟　杨嘉乐）

# 第九章  中国兔产业品牌建设研究

近年来，我国高度重视农业品牌建设，2016 年国务院印发文件，大力推行消费品工业"三品"工程（即增品种、提品质和创品牌）。2018 年中央 1 号文件提出质量兴农之路，突出农业绿色化、优质化、特色化、品牌化，全面推进农业高质量发展。农业品牌指涉农主体和机构在其生产经营活动中使用并区别其他同类产品或服务的名称及标志，主要包括区域公用品牌、企业品牌和产品品牌。品牌建设贯穿农业全产业链，是助推农业转型升级、提质增效的重要支撑和持久动力。新时期加快农业品牌建设具有重要意义。

第一，品牌强农是经济高质量发展的迫切要求。品牌是市场经济的产物，是农业市场化、现代化的重要标志。当前，我国经济发展进入质量效率型集约增长的新阶段，处于转换增长动力的攻关期。加快推进品牌强农，有利于促进生产要素更合理配置，催生新业态、发展新模式、拓展新领域、创造新需求，促进乡村产业兴旺，加快农业转型升级步伐。

第二，品牌强农是推进农业供给侧结构性改革的现实路径。农业品牌化是改善农业供给结构、提高供给质量和效率的过程。加快推进品牌强农，有利于更好发挥市场需求的导向作用，减少低端无效供给，增加绿色优质产品，提升农业生态服务功能，更好满足人民日益增长的美好生活需要，使农业供需关系在更高水平上实现新的平衡。

第三，品牌强农是提升农业竞争力的必然选择。品牌是国家的名片，民族品牌更是代表着国家的经济实力、软实力以及企业的核心竞争力。当前，我国农业品牌众多，但杂而不亮。加快推进品牌强农，有利于提高我国农业产业素质，弘扬中华农耕文化，树立我国农产品良好国际形象，提升对外合作层次与开放水平，增强我国农业在全球竞争中的市场号召力和影响力。

第四，品牌强农是促进农民增收的有力举措。品牌是信誉、信用的集中体现，是产品市场认可度的有力保证。加快推进品牌强农，有利于发挥品牌效应，进一步挖掘和提升广大农村优质农产品资源的价值，促进千家万户小农户有效对接千变万化大市场，增强农民开拓市场、获取利润的能力，使农民更多分享品牌溢价收益。

# 第一节　兔产业品牌建设的成效

## 一、兔产业品牌典型案例

随着市场化改革的不断深入，很多商品的流通呈现买方市场的特点，因而好的口碑、好的品牌就成为企业立于不败之地的根本。各地政府和企业在兔产业品牌创建过程中，不断开拓创新，为品牌建设做出了巨大贡献。同时，品牌的发展也极大地促进了企业的产品营销，奠定了企业在本行业中的市场地位。

山东康大集团的案例很好地反映了"创品牌"不仅巩固了"企业和市场"的关系，促进了产业的发展，而且通过"企业＋农户"的模式极大地带动了广大农民增收，将分散的"小农户"与"大市场"连接起来。

山东康大集团是一家集种植、养殖、食品制造、国内外贸易于一体的食品股份制企业，在新加坡证券交易所和香港联交所双上市。公司多次入选中国食品工业 100 强和全国民营企业 500 强。其旗下的青岛康大食品有限公司 1992年成立，拥有肉兔、肉鸡和调理食品三大板块，是中国最大的兔肉出口企业，肉兔板块现已形成集种兔繁育、商品兔养殖、肉兔生产加工和贸易于一体的全产业链运作体系。

自 1992 年成立以来，康大就特别重视品牌的建设，在 2005 年即提出打造中国兔业第一品牌的目标，致力争创中国肉兔产业三个第一：中国最大的肉兔良种繁育基地、中国最先进的肉兔标准化养殖基地和中国最大的肉兔出口基地。经过多年研发，康大培育出中国第一个具有自主知识产权的康大肉兔配套系新品种，通过了农业部国家畜禽遗传资源委员会的审定，在中国家兔发展史上具有里程碑意义；康大与中国农业大学、中国农业科学院等科研机构合作，创建了农业部重点实验室，更把农业部的兔产业技术体系综合试验站设立在集团种兔繁育中心。康大生产的兔肉产品被农业部评为"中国名牌农产品"，康大商标也成为"中国驰名商标"。通过实施品牌化战略，康大的兔肉产品远销欧盟、美国、俄罗斯等国家和地区，并在国内市场独树一帜，成为国内外的知名品牌。品牌建设成就了康大在兔产业的领军地位。

质量是品牌的基石，是品牌成长的起点。品牌的创造和维持，一方面依靠以产品或服务质量为基础的产品业绩，一方面依靠以消费者感知为基础的品牌感知差异。食品安全是国内外消费者和媒体的关注重点，是时刻不能放松的紧要点，食品企业想要维护良好的企业形象，打造深入消费者心中的企业品牌，对于安全问题必须时刻警惕。为了更好地保障食品安全，康大重点推行"五统一"管理、可追溯体系、产品自建自控体系等项目建设，利用信息化、物联网等高科技手段控制产品质量安全，并重点建设监测中心项目，发挥农产品自检自控体系作用。康大检测中心占地约 1 000 平方米，总投资 2 000 余万元，2006 年即通过了中国合格评定国家认可委员会（CNAS）认证。同时，康大还通过建立质量认证体系确保食品安全，公司先后通过 HACCP、BRC、JAS、GGE 等 10 余项国内外质量体系认证。

在品牌建设带动企业发展的同时，企业发展又带动了一批一批农户致富。近年来，康大集团发挥农业产业化国家级重点龙头企业的作用，将食品产业化经营与农民增收致富紧密联结在一起，坚持"把原料基地建设在农村——带起一片产业，把优质服务延伸进农户——致富一方百姓，把龙头效应辐射到农业——繁荣一地经济"，走出了一条农企互动、强企富民的新路子。康大发展养兔专业村、养殖小区 180 多个，基地遍布山东、吉林、河北、四川、重庆等国内多个省份，年宰杀能力达到 4 000 万只。仅以企业总部所在地黄岛区为例，已发展肉兔养殖基地 20 处、遍布 12 个镇 60 个村，联结农户 3 000 余户，累计年收购肉兔超过 1 000 万只，实现农民纯收入亿元以上。

## 二、产业体系支撑兔产业品牌建设实例

多年来，国家兔产业技术体系产业经济岗位积极联系企业，采取多种方式帮助企业进行品牌创建、维护和推广。

第一，创立"校园兔文化节"，为行业品牌和企业品牌宣传推广。自 2018 年以来，产业经济岗位创立了"校园兔文化节"平台，连续举办两届，其宗旨为：普及兔文化、宣传兔产业、推广兔品牌。

通过此平台，已经为山东青岛康大兔业进行了校园推广，并为兔肉进学校食堂做了前期接洽工作。为河南济源阳光兔业、山东氧之道公司提供企业品牌展示机会，同时对个别企业品牌进行重点指导。

第二，选择重点品牌，提供一对一具体指导。基于广泛的调查，结合网络营销和新经济的社会背景，在充分了解各主要企业的特点后，产业经济岗位重点为山东氧之道公司提供一对一服务，对其品牌升级、营销策略调整提供咨询和策划支持。多次就企业品牌联合、品牌拓展进行研讨。多次建议企业与河北、四川等地的企业和政府合作，最后企业由山东济南迁至四川成都，同时企业品牌由"氧之道"升级为"逮个兔子"。

第三，选择重点地区，为创立地区品牌出谋划策。近年来，由于畜牧业西迁，加之独特的气候和自然资源，西部（尤其是西北）地区兔业发展迅速。产

业经济岗位为贵州普安县、新疆和田地区兔产业的发展和地区品牌的建设出谋划策。多次与新疆和田昆仑绿源公司、贵州普安县新大德信公司、陕西同腾生物科技有限公司等企业研讨，共同研究开拓当地市场、创立地方品牌。2020年初，协助中农富通公司为新疆和田地区制定兔业发展规划、培育地方市场和创立地方品牌提供了重要支持。

第四，利用电视、报纸和网络等媒体，进行兔产业和兔产品宣传。2018年以来在中央电视台、新华网、农民日报、中国畜牧兽医报等媒体积极宣传兔产业和兔品牌，对于宣传兔产品的优良特性、普及兔产业知识和兔文化、营造更好的兔产品市场环境，发挥了重要作用。

第五，搭建微信平台，积极宣传兔产品品牌。在微信平台上开辟兔肉美食的专题栏目，连续介绍兔肉美食产品。同时，产业经济岗位每年都进行六大城市兔肉消费调研，分析兔产品市场走势，有关报告在每年的中国兔业发展大会上发布，为兔产品加工企业开拓市场、推广相关品牌提供重要支撑。

## 第二节 兔产业品牌建设存在的问题

品牌的创建是一个系统工程，品牌战略与企业总体发展战略密切相关，因而企业在品牌发展中必然会面临一定的问题，包括：品牌和企业形象以及企业产品的统一性问题，品牌维护以及品牌如何适应市场发展要求的问题等。多数企业在品牌发展过程中都出现过不同的问题，下面以康大集团、四川哈哥兔业公司等企业为例进行说明。

第一，品牌缺乏统一性。一个集团或公司往往产品种类众多，为了突出差异，有时注册的品牌也多，但如果处理不好，也会导致品牌混乱。康大集团的品牌建设虽然取得了很大的成绩，但在品牌创建过程中也曾面临品牌混乱的问题。

康大食品有限公司在成立之初就注册了"康洋""嘉府""康大现代餐"系列商标，"嘉府牌"兔肉是中国名牌农产品，"康大现代餐"被司法认定为驰名商标。随着公司的发展，尤其是海外上市以后，公司品牌不统一的短板凸显，为此公司调整了品牌战略，2006年开始注册并培育使用"康大"商标，2007年首先在法国、德国、日本、新加坡等海外国家和地区注册"康大"商标，在推向国外的同时，公司也在国内注册"康大"商标。"康大"不仅是公司的注册商标，也是公司的 Logo，公司下大力气提升企业形象的同时，也在提升"康大"品牌的知名度。目前"康大"品牌不仅在国内市场上占有一席之地，在国外兔肉市场中知名度也颇高。

第二，重视建立，忽略推广。企业要想发展壮大就必须有自己的品牌，没有企业自主品牌就没有产品的核心竞争力。在实践中有不少企业存在重视注册和建立、忽视推广和维护的问题，缺乏品牌战略规划。四川省哈哥兔业有限公司早已意识到品牌宣传推广的重要性。在注册商标后，哈哥的"进城之路"却面临很多困难，品牌创立之路很曲折。起初，消费者对哈哥兔业公司生产的兔肉口感和风味等反应都很好，但因没听说过"哈哥"品牌，超市不敢贸然进货。为此，哈哥兔业公司连续几年共投入 2 500 万元进行各类宣传推广。除了在电视、报纸、高速公路广告牌等投放广告外，还积极参加国内外展会，不定期制做产品目录和样品宣传册发放给客户。"哈哥"品牌逐渐成为全国知名兔肉品牌，特别是在四川，有些消费者甚至一提到兔肉就点名要哈哥。哈哥兔业的经验充分说明了品牌不仅建立，更需要推广和维护。

第三，产业内部品牌发展不平衡。从兔产业内部各品种的情况来看，兔肉产品品牌开发相对较好，涌现出了"康大""哈哥"等，但兔毛和兔皮产品的品牌严重不足；从全国和区域性结构来看，各地区域性兔产品品牌创立比较成功，但全国性兔业品牌仍然缺乏。四川"哈哥"、重庆"阿兴记"、山东"康大"兔肉产品分别在四川、重庆和山东具有较高的知名度，但全国性的知名品牌相当缺乏，除"双流老妈兔头"外，其他兔肉品牌在全国的知名度相对较差。这也充分反映了企业品牌需要推广，地区性的品牌也需要向全国推广。

# 第三节　国内外的成功做法借鉴

## 一、兔产业品牌建设经验

对于品牌发展，各企业都有自己的做法，有些方面是不同的，需要差异化的技巧，但有些方面则是共性的，比如最主要的一点：品牌建设一定要基于高质量的产品。

首先，品牌要承载一定的企业精神或内涵，同时这一精神或内涵能够得到广大消费者的认可。比如，20 年前四川双流县一位卖麻辣烫的老妈妈为了让儿子吃上兔头，每天在麻辣烫的锅里煮兔头，那时当地专门卖兔头的店还非常少，于是，儿子在店里每天吃兔头的故事在人群中传播开来，吸引了很多人光顾麻辣烫店。然后，老妈妈开始专门销售兔头，逐渐发展出如今的"双流老妈兔头"。因此，当大家提到"双流老妈兔头"时想到的不仅是美味的兔头，更是母亲的情感。

其次，品牌的维护需要一定的战术手段。"双流老妈兔头"在北京等地进行品牌拓展的过程中，为了保证产品的质量，要求兔头必须采购自四川，并配合采取了"限售"措施，这样一方面很好地控制了产品质量，另一方面通过"饥饿营销"，维系住了回头客，并通过口口相传的效应，不断扩大市场。

另外，标准化是品牌推广的关键。为了适应快速发展的市场需求，"双流老妈兔头"还积极引入"加盟连锁"的方式，通过标准化的工艺和严格的原料采购要求，既使自家兔头产品在各地几乎一样，又使品牌得到了快速的推广，市场得到不断的壮大。

最后，品牌的根本是产品的质量。在"双流老妈兔头"发展的过程中，市场上也冒出了很多假冒产品。但是"双流老妈兔头"通过严控兔头质量和制作工艺，严格采购"品相整齐、肉质细嫩"的兔头和"味道纯正、回味醇香"的麻辣调料，很好地保证了兔头的美味和品质，最终得到广大消费者的肯定。

## 二、农业品牌建设经验

我国的兔产业品牌建设，除了可以借鉴知名兔业品牌经验，也可以借鉴其他品类的农业品牌建设经验，富有农业现代化特色的美国、农业资源匮乏的日本、具有众多全球驰名农产品品牌的法国均能为我们提供参考。

### （一）美国的现代化农产品品牌建设

#### 1. 监管严密的农产品质量管理体系

为了提高农产品质量，美国政府建立了科学健全的法律体系与监管体系。主要内容包括：①农产品质量安全管理法令。如联邦食品、药物和化妆品法令和联邦肉类检验法令、禽类产品检验法令、蛋产品检验法令、食品质量保障法令和公共健康事务法令等。②农产品质量认证管理体系。美国有一套完善的农产品质量认证管理体系，例如，有机食品认证由有机食品认证协会负责，协会一般设在州级行政区，郡以下设有分支机构，这些认证机构由农业部授权，作为合法的中介机构负责有机食品基地的现场调查、资料审核等方面的管理工作；质量检测由具有资质的农产品质量检验中心派专员抽样检测，后经由食品认证协会将全套资料上报农业部批准。

#### 2. 完善的政府扶持与社会化服务体系

由于农产品具有公共物品的特征，农产品品牌的发展必须依赖政府扶持与社会化服务体系。①大力扶持农业合作社。除了对合作社进行大量直接投资与减税外，美国政府还成立农业信贷合作体系，专门为农场主和合作社提供信贷支持，同时设立农业合作局，负责合作社的业务指导工作。②对"品牌农业"

给予补贴、减税及资金贷款等优惠政策。政府的巨额农业投入使得美国农产品企业生产成本降低，同时又使农产品的品质得以提升，进而使得美国的农产品具有市场优势。③完善社会化服务体系。美国农业合作社、农业供销社、农业加工企业等机构一同为农场主提供完善的产前、产中和产后社会化服务，为品牌农产品提供了良种、生产技术及设备、信息、资金、市场推广等方面的支持，有效推动了农产品品牌做大做强。

### 3. 注重科教创新提升品牌价值

美国"三位一体"的农业科教体制为其农产品品牌化建设打下了良好的基础。美国 1862 年颁布了《莫里尔赠地学院法》，建立了以州立农学院为主体的农业教学科研基地，1914 年通过《史密斯—利弗推广法》，形成了与农业生产第一线各个环节紧密联系的教育、研究和推广体系，从而大大提升了美国农产品生产经营者的农业科技知识水平、经营管理能力和品牌意识。美国政府也非常重视对农业科技创新的投入。近几年，美国联邦政府每年投入 20 亿美元左右用于农业科技研发，约占联邦政府研发总投入的 2%。美国主要将这些资金用于关系到未来科技发展的基础性研究和应用性研究，这些研究也为品牌农业提供了新品种、新方法、新资源。美国基本形成了以注重科教创新为核心，注重基础教育、高投入研发、申请专利并收取专利使用费的农产品品牌价值提升模式。

### (二) 日本的特色化农产品品牌建设

虽然农业资源匮乏、本土市场空间狭小，但在日本政府的扶持下，日本农产品品牌化做得极具特色，使其农产品在本国市场和国际市场上都表现出较强的非价格竞争力。

### 1. 农产品品牌建设的科学规划

日本将品牌战略上升到了国家战略的层面，在 2003 年出台了日本品牌战略，并成立了专门负责推行日本品牌战略的知识产权战略本部，开展"日本品牌发展支持事业"。日本在农林水产省专家委员会下设专业工作战略小组开展调研工作，小组由实践者、品牌营销人员、经济学与经营学专家及相关团体人员等构成。该小组于 2007 年、2008 年举行过三次大会，分别对农业知识产权、区域品牌化须解决的问题以及日本农产品品牌未来的发展方向进行讨论，并最终制定了日本农产品品牌的发展战略。

### 2. 特有的农产品品牌经营模式

日本特有的农产品品牌经营主要表现为两方面：一是差异化的农产品品牌策略。日本政府推行"一村一品"的差异化农产品品牌发展策略，注重发掘各地区独特的资源优势，因地制宜地推出特色农产品品牌。二是采用特有的流通渠道模式。日本农产品流通渠道环节多、以批发市场为主要市场、以拍卖为主要手段。日本《市场法实施规则》规定，到达批发市场的农产品必须当天立即上市，以全量出售为原则，禁止批发商作为中间商或零售商直接采购农产品，禁止场内批发商同场外团体或个人开展批发业务等。交易方式以拍卖为主，甚至同一产品有两家机构同时拍卖，形成的价格公开、公正，在大阪中央批发市场，通过拍卖成交的果蔬比例达 90％以上。在此模式下，日本农产品批发市场流通效率很高。

**3. 全方位的农产品品牌保护**

日本的农产品品牌保护主要包括三个方面：①农作物品种的保护。政府一方面提供财力支持开发 DNA 品种鉴定技术，对在日本进行品种登记的农产品特征，比如颜色、形状、大小等进行比较，从外表难以识别时，使用更为高级的 DNA 图谱鉴定方法；另一方面，争取各国立法保护海外的日本农产品品种，目的在于控制优良品种种苗的外流，同时通过 DNA 检测控制在海外生产返流日本的农产品，防止其扰乱日本市场。②知识产权的保护。日本利用知识产权筑起贸易保护壁垒，而且收取巨额专利费。日本将品牌作为知识产权的一个重要部分，在法律、政策、执法部门和民间支援等多方面构筑了品牌战略的支撑体系。③其他保护措施。随着农业的发展，日本政府逐渐将对农产品生产经营者的补贴资金投入农业人才的培养、农业资源的保护和农业基础设施的建设等方面，以此来保障农业的现代化发展。此外，为了保护本国农产品，日本对进口农产品提高关税来保持国内农产品售价的平稳，如日本政府以竞标方式把进口额度批给出价最高的进口商，既控制总量，又提高价格。

**（三）法国的精品化农产品品牌建设**

法国农业是欧盟农业产业化的代表，以粮食产业化、奶类产业化和酒类产业化为特色。法国是世界第三大农产品出口国，法国酒及食品一直在全球享有极高的声誉，这与法国农业部和法国食品协会（SOPEXA）大力推进的法国国家精品品牌建设有着直接的关系。

**1. 完善农产品质量认证体系**

政府认证对商品具有指示或指引功能，建立在政府公信力的基础上，越来越被社会及消费者关注，成为农产品品牌化的基础和重要方面。法国的农产品认证及标识体系主要包括以下几个方面：

（1）原产地命名控制（Appellationd' Origine Contrôlèe，AOC）认证。产品加贴 AOC 标签表明其是以产地命名、有质量保证的产品。AOC 表示产品与某一特定地域之间的紧密联系，基于特定的地域范围的独特的地理条件、农艺方法、气候特征，以及特有的耕作和管理方式培育出的质量上乘并长期以来为公众所熟知的产品，经过检验和认定被纳入原产地命名的保护之中。

（2）红色标签（Label Rouge）认证。红色标签是由法国农业部颁发认证的国家级优质农产品标识，用以证明该农产品或食品在生产和制作工艺等方面有别于其他的一般商品，具有更好的质量。

（3）生物农业标识（Agriculture Biologique，AB）认证。"生物农业标识"也称"农业生态产品标签"，是法国农业部颁发的一种生态食品特种标签，是和生态农业密切关联的一种质量标识。它证明产品是按照欧盟有关法令的规定，通过生态生产模式生产的，生产过程中注重环保和维护自然界的平衡，不使用杀虫剂、化肥、转基因物质，同时也严格限制使用各种有副作用的添加剂。

（4）产品合格证（Certification de Conformité de Produit，CCP）认证。"产品合格证"也称"特殊工艺证书"，用以证明产品符合技术要求中的特殊的生产规定，包括工艺、包装、来源地等。这些特殊的品质要求由客观的、可测量的、可检测的和具有实际效益的标准组成，具体的生产商将这些标准细化为自己的生产工艺细则，产品要经过严格的检验，并且每一环节都受到认证机构的监控。

**2. 多种农产品品牌建设促进机构的建立**

法国政府为了打造本土的国际知名品牌、提升本国农产品国际竞争力，建立了多种农产品品牌建设促进机构，并通过农产品品牌建设促进机构举行多种活动，如在许多国家举办法国生活方式展览、法国美食展览等。农产品品牌建设促进机构主要有以下几种：

（1）法国食品协会（SOPEXA）。SOPEXA是一个半官方的品牌出口促进机构，它的股东是法国政府和法国农业和食品组织。SOPEXA在全球33个国家建立了一个庞大的信息网，其在欧盟还有一个派生机构，专门收集情报和举办促销活动。SOPEXA的职能主要有：组织商场促销、媒体公关营销活动，准备促销材料，组织国际展览、国际贸易研讨会等。

（2）法国外贸中心（CFCE）。CFCE是一个半官方机构，成立于1943年，主要功能为强制性地促进法国工业与农产品出口，提供各种统计信息、市场调查与咨询服务等。在CFCE内，有一个农业及食品产品出口部，主要负责品牌农产品的出口促销。

（3）法国外贸保险公司（COFACE）。COFACE为法国的品牌出口信贷保险机构，主要为出口者提供信用保证，开展市场调查和促销，有时参加欧盟以外国家的展销活动。法国还有其他一些支持出口的活动。例如，法国农业部每年支持特别市场调查、新农业企业发展计划、消费食品与健康研究、产业发展调查、新产品开发等。

**3. 农产品品牌文化的创意开发**

法国人把有历史传统的农产品看成是法国文化遗产的一部分，农产品认证已成为法国推广国家民族精品、弘扬传统文化、推行浪漫生活方式、塑造国家形象的重要途径之一。随着人们对农业体系功能认识的不断深入，农业体系功能的内涵，包括文化、传统价值等越来越多地体现在农产品品牌中。"生态""有机""替代"内涵及认证标准不断增加，资源的合理配置、环保和可持续发展等也被纳入原产地命名控制的考察衡量范围，并逐渐成为新的消费理念。

## 第四节　兔产业品牌建设的思路、原则和目标

### 一、发展思路

一个产业的品牌发展需要考虑以下几点：市场竞争程度、产品的差异化程度、产品需求的特点和市场规模等，同时品牌的发展要服务于产业发展战略。

基于上述考虑，对于我国兔产业而言，对比肉兔、獭兔、毛兔、宠物兔和实验兔来看：实验兔的需求比较集中，没必要大力促进品牌发展；宠物兔目前还处于发展初期，而且相对而言宠物兔品种和性状等差异较大，难以标准化，因而无论是从竞争程度还是统一性来看，对品牌化的需求也不强烈；不论从竞争程度，还是市场规模和发展趋势来看，肉兔产品的品牌建设都迫在眉睫；而獭兔产业由于在兔皮鞣制和加工过程中存在污染问题，发展受到诸多限制，难以成为兔产业的重点，也不会成为兔产业品牌发展的重点；对于毛兔而言，短期内由于兔毛的市场需求仍然主要来自毛纺业，主要是一些大型纺织品加工企业有需求，对品牌发展的需求也不像肉兔这样迫切。

总之，肉兔产业在不断快速发展，四川、山东等主产地地方市场的供给逐步饱和，市场在不断地向其他区域快速扩张，如北京、上海、广东等地，而深入各地消费者心中的肉兔产品品牌还没有，为此大力发展兔肉产品品牌是产业发展的必然要求，除了企业应不断努力外，政府也要进行相应的引导。

## 二、发展原则

### （一）企业主体原则

品牌是企业形象的代表，也是消费者认知企业最直接的渠道。在市场经济条件下，企业是否愿意创立或打响品牌，取决于成本收益情况，如果从企业角度来看，品牌创立的条件还不满足，那么即使政府再推动，也可能只是拔苗助长。为此，品牌的发展必须首先遵循以企业为主体的原则。

### （二）市场导向原则

品牌是与市场密切联系的，任何个人或政府部门都难以主观创造出需求或市场，即使是一些知名的老店或传统品牌，也只能在一定程度上引导消费。因而，品牌的创立必须是以市场为导向的。

### （三）质量至上原则

品牌是企业综合形象的体现，本质上而言，企业的口碑、产品的口碑或品牌的知名度是由其产品或服务的质量决定的，质量是品牌发展的最根本的因素。促进品牌发展，必须坚持质量至上原则。

### （四）因地制宜原则

中国兔产业的发展在各地是不平衡的，引导兔产业品牌发展需要因地制宜、因品种而异。政府应重点扶持主产地和主要养殖加工企业，同时，重点扶持肉兔产业的品牌发展，兼顾毛兔产业。

### （五）统筹兼顾原则

对于一个产业来讲，品牌的创立是一个系统性的问题，需要统筹兼顾，综合施策。

## 三、发展目标

品牌的建立和发展是一个长期过程，需要从近期和远期不同角度来考虑。从近期来看，要选择一些在全国范围内布局比较全面，同时农户的带动作用比较强的龙头企业作为培育主体。政府在市场流通、广告营销等方面给予相应的政策支持。力争五年内，将四川、山东和重庆这些主产地的国家级或省级龙头企业推向全国，使四川哈哥兔业、山东康大兔业、重庆阿兴记以及河南济源阳光兔业等品牌不断进入全国各地的市场。从远期来看，到2030年使品牌兔肉深入百姓家庭、深入百姓心中，同时，使兔毛品牌也得到一定的发展，从而使兔产业呈现出百家争鸣的景象。

# 第五节　兔产业品牌建设重点工作

　　我国兔产业品牌建设应贯彻落实创新、协调、绿色、开放、共享五大发展理念，树立品牌战略思想，集中打造一批农业区域公用品牌、企业品牌和产品品牌，提升兔产业品牌影响力。这项工作需要政府、企业与行业协会共同努力，全社会共同参与。

## 一、政府方面

　　（1）明确品牌建设发展规划。品牌发展规划是推动品牌发展的基础和前提。只有产业前景好、符合经济社会发展趋势的产业才应是政府关注的重点。政府可以委托相关科研机构进行产业品牌研究，分析品牌发展的现状和问题等，做好品牌发展规划，从而引导品牌健康发展，避免品牌无序发展。

　　（2）健全品牌发展保障体系。首先分析本产业中市场失灵的情况，即企业难以依靠自身解决、市场难以自我调节的内容。对于"发展处于初级阶段、单个企业规模较小、难以在全国进行品牌推广"的情况，政府应该予以不同的政策支持，包括财政、金融、信息等方面政策，如一些地方政府组织特色产品展销博览会、联系央视农业频道为西部贫困地区农户做免费广告等。

　　（3）完善品牌发展机制模式。品牌建设与发展是一个长期过程，涉及产业发展的多个环节，需要建立坚实的培育基础与完善的培育机制。如兔的良种选育往往周期长、风险大，具有较强的外部性（即对产业发展、对全社会有益，但企业可能会面临失败），为此政府需要特别重视，支持一些企业积极从事良种选育。在品牌建设过程中，政府还要帮助企业进行营销和推广。

　　（4）充分挖掘资源优势。资源是一个地区农业发展的基础，发展农业品牌必须依托一定的资源优势，这一点在兔产业品牌建设中尤为突出，已有的很多品牌都是依托区位优势或地方品种建立起来的。在兔产业品牌建设的过程中，政府必须重视产地资源和品类资源挖掘，引导企业积累资源。

　　（5）强化品牌监管保护。地方政府要努力做好地理标志产品的推广和形象维护工作。地理标志与产品品牌具有类似的作用，能够吸引消费者青睐。但是，一些不法商贩掺杂使假的行为也可能破坏地理标志的形象，为此需要各地政府做好地里标志的使用管理和监督工作。

## 二、企业方面

企业是品牌创建的主力军，是品牌工作的主体。品牌的建立工作主要由企业承担，企业需要做好以下几方面的工作：

（1）明确品牌工作的内容。品牌的创建是一个系统工程，内容涉及品牌设计、品牌结构搭建、品牌定位确立、品牌传播、品牌延伸、品牌危机管理，最后通过品牌运营形成品牌资产。

（2）低起步高谋划。在品牌初创期，不能目标太高，要从"小"做起，从当地市场做起，要特别明确品牌的定位、品牌的优劣势，有的放矢，逐渐塑造品牌形象，然后逐渐加强品牌的营销推介和品牌的保护等工作。但是品牌工作必须有长远目标，品牌的成长往往伴随企业的长期发展，甚至可以说品牌与企业共生死，为此企业要从长远的角度和全局的角度进行谋划。

（3）严格遵循品牌发展规律。企业品牌发展必须以市场为导向，遵循品牌发展的原则和规律，循序渐进，绝不能拔苗助长，否则不但品牌建立不起来，而且还可能累及企业，甚至使企业倒闭破产。

（4）做好品牌危机管理。企业需要制定相应的应急预案，确保自身在面临品牌风险或危机时，能够尽快进行调整，从而不至于处于被动局面。

（5）处理好与政府和协会等机构的关系。企业品牌的创立与各地政府的产业政策等密切相关，企业要充分利用好政府的支持政策，同时力争得到行业协会的支持和帮助。

## 三、协会方面

协会是沟通政府和企业的桥梁。在品牌创建方面，协会除了协助相关政府机构做好政策和相关信息的传达外，更主要的是与企业联系。协会要做好以下几点工作：

（1）组织有关机构做好行业品牌发展的总体分析和研究工作，为政府决策提供建议。首先，协会要进行广泛的调查研究，了解行业品牌的发展现状与特点，分析品牌发展的趋势，研究品牌对产业发展的贡献；其次，参与推动行业品牌发展的规划的制定。

（2）了解重点会员企业的品牌建设需求，建立企业品牌发展数据库，对品牌的发展、品牌功能的发挥等进行跟踪监测。

（3）组织品牌发展的相关培训和调研考察工作，包括：品牌相关政策、品牌创建和维护等知识的培训；组织相关企业到品牌发展较好的企业或地区进行学习考察，为企业品牌发展提供支持。

（4）组织品牌发展的相关研讨会，为企业和专家之间、企业和企业之间以及专家和专家之间交流提供平台。同时，研讨会的召开也可以扩大产业产品的知名度，从而有利于产业品牌的发展。

（5）努力做好沟通政府和企业的桥梁，通过微信等平台宣传政府的相关政策。同时协助加工企业与零售市场建立联系，特别是促进企业产品走进各地超市与互联网超市，为企业的产品和品牌的推广发挥重要作用。

（本章执笔：武拉平　李丹阳　张昆扬）

# 第十章　中国兔产业竞争力分析

## 第一节　兔产业国内竞争力分析

产业的竞争力主要体现在市场占有率等方面，由于缺乏直观的数据，本部分通过兔产业的比较优势和发展潜力反映其在国内市场上的竞争力。首先从产品性能和成本收益两方面分析兔产品和兔养殖的比较优势，然后从其生产能力和消费潜力方面分析国内兔产业的发展潜力。

### 一、兔产业的比较优势

#### （一）兔产品性能的比较优势

兔产品主要包括兔本身及其衍生出来的兔肉、兔皮和兔毛等一系列产品，每种产品在各自领域中都有明显的被消费者所看重的比较优势。

古语有云：“飞禽莫如鸪，走兽莫如兔。”这是古人对兔肉营养价值的高度评价。时至今日，兔肉依然享有“美容肉”“保健肉”“养生肉”“肉中之素”的美誉。究其原因，在于兔肉具有极高的营养价值，有“三高”和“三低”的特点，同时富含维生素和矿物质。兔肉的营养价值详见表 10 - 1。兔肉的蛋白质含量达 24.25%，高于猪、牛、羊、马、骆驼、鹿、鸡和鸭等畜禽肉；脂肪含量仅 1.19%，比以上畜禽肉均低。

表 10 - 1　兔肉与其他肉类营养成分比较

| 类别 | 蛋白质（%） | 脂肪（%） | 灰分（%） | 每 100 克能量（千焦） | 每 100 克胆固醇（毫克） | 赖氨酸（%） | 每 100 克烟酸（毫克） | 人类消化率（%） |
|---|---|---|---|---|---|---|---|---|
| 兔肉 | 24.25 | 1.91 | 1.52 | 678 | 65 | 9.6 | 12.8 | 85 |
| 猪肉 | 20.08 | 6.63 | 1.10 | 1 288 | 126 | 3.7 | 4.1 | 75 |
| 鸡肉 | 19.05 | 7.80 | 0.96 | 519 | 60～90 | 8.4 | 5.6 | 50 |
| 牛肉 | 20.07 | 6.48 | 0.92 | 1 259 | 106 | 8.0 | 4.2 | 55 |
| 羊肉 | 16.35 | 7.98 | 1.19 | 1 100 | 70 | 8.7 | 4.8 | 68 |

数据来源：联合国粮农组织（FAO）。

兔皮毛被丰密，毛色光润，皮板细韧，特别是獭兔兔皮具有短、细、密、平、美、牢六大特点，其毛长仅 1.6 厘米左右，绒毛平均细度为 16～18 微米，且基本无枪毛，毛的长短非常整齐。同时獭兔有 20 余种色型，毛色纯正光亮，板皮鞣制后轻柔而富有弹性。兔皮鞣、染后可制作各色裘衣、帽、领及服饰镶边，经济实用，有巨大的市场空间。

兔毛是高级的毛纺原料，兔毛由角蛋白组成，绒毛和粗毛都有髓质层，绒毛的毛髓呈单列断续状或狭块状，粗毛的毛髓较宽，呈多列块状，含有空气；兔毛纤维细长，颜色洁白，光泽好，柔软蓬松，保暖性强，兔毛的保温性能比羊毛高31.7%、比棉花高 90.5%，并且十分柔软，冬天穿很保暖，一般对毛衣过敏的人，是不会对兔毛过敏的。与同类产品比较，兔毛产品越来越受到消费者的喜爱。

兔在综合了肉、皮、毛等部分优良性能后，相对于其他畜类具有明显的比较优势，这些比较优势使得兔产业越来越受到政府、生产者和消费者的重视。

### （二）兔产业成本收益的比较优势

本部分将重点对比产业内（不同品种兔）和产业间（兔与常见畜禽）的成本收益情况，以分析兔产业在成本收益方面的比较优势。2016—2020 年，家兔养殖的平均收益为 259.48 元（每百只），由于兔产业发展仍处在调整期，市场波动较大，五年间兔养殖的收益波动较大，成本收益率最高达 13.34%，最低至 1.42%。分品种来看（图 10-1），肉兔养殖的风险最低，平均利润（每

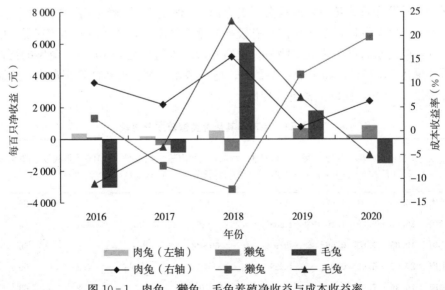

图 10-1　肉兔、獭兔、毛兔养殖净收益与成本收益率

数据来源：国家兔产业技术体系调研。

百只）最高，五年间平均利润为 278.47 元，最高为 538.17 元（2018 年），最低为 43.76 元（2019 年）；毛兔养殖的收益波动最大，平均利润（每百只）为 495.43 元，最高为 6 077.21 元（2018 年），最低为 −3 024.79 元（2016 年）；獭兔养殖的平均收益（每百只）最低，仅为 101.02 元，最高为 836.00 元（2020 年），最低为 −762.79 元（2018 年）。总体来看，肉兔养殖的风险最低、收益最高，与獭兔和毛兔养殖相比更具优势。

本研究继续进行产业间的对比（表 10 - 2），由于我国兔产业收益波动较大，根据 2020 年肉兔和主要畜禽养殖的成本收益情况，分析兔养殖相对于其他畜禽养殖的比较优势。如表 10 - 2 所示，每百只肉兔的总成本为 3 863.88元，远低于每头肉牛的养殖成本（12 641.35 元），略高于每百只肉鸡的养殖成本（2 902.79 元），比较便于开展养殖。肉兔养殖的成本收益率为 6.33%，每百只养殖净利润为 244.66 元，远高于肉鸡养殖的成本收益率（−5.14%）与净收益（−149.09 元），养殖净利润也高于肉羊养殖（205.79 元）。从成本收益的角度来看，肉兔养殖比肉鸡养殖更具优势，在一定程度上也比肉羊养殖更具优势。兔养殖用工少的特点在表 10 - 2 中也得以体现。每百只用工数量仅为 2.42 天，而肉鸡养殖需要 4.59 天，为兔的 1.90 倍。肉牛、猪和肉羊养殖的每头（只）用工数量分别为 12.62 天、5.99 天和 5.48 天，分别为兔养殖天数的 5.21 倍、2.48 倍和 2.26 倍。对于兼业农户来说，兔养殖在用工时间上具有明显的比较优势，便于开展兼业生产经营，获取更多收入。

表 10 - 2　2020 年畜养殖成本收益情况

| 项目 | 肉兔<br>（每百只） | 猪<br>（每头） | 肉牛<br>（每头） | 肉羊<br>（每只） | 肉鸡<br>（每百只） |
|---|---|---|---|---|---|
| 每核算单位 | | | | | |
| 主产品产量（千克） | 220.64 | 123.31 | 488.07 | 45.66 | 264.29 |
| 产值合计（元） | 4 108.54 | 4 146.29 | 16 713.15 | 1 573.63 | 2 753.70 |
| 主产品产值（元） | 4 012.17 | 4 130.16 | 16 649.54 | 1 541.84 | 2 726.66 |
| 副产品产值（元） | 96.38 | 16.13 | 63.61 | 31.79 | 27.04 |
| 总成本（元） | 3 863.88 | 2 913.65 | 12 641.35 | 1 367.84 | 2 902.79 |
| 生产成本（元） | 3 858.70 | 2 913.51 | 12 638.58 | 1 367.84 | 2 900.82 |
| 物质与服务费用（元） | 3 448.08 | 2 375.52 | 11 491.02 | 872.80 | 2 486.66 |
| 人工成本（元） | 410.61 | 537.99 | 1 147.56 | 495.04 | 414.16 |
| 家庭用工折价（元） | 397.85 | 537.99 | 1 092.50 | 480.54 | 396.16 |

（续）

| 项目 | 肉兔<br>（每百只） | 猪<br>（每头） | 肉牛<br>（每头） | 肉羊<br>（每只） | 肉鸡<br>（每百只） |
|---|---|---|---|---|---|
| 雇工费用（元） | 12.76 | | 55.06 | 14.50 | 18.00 |
| 土地成本（元） | 5.18 | 0.14 | 2.77 | | 1.97 |
| 净利润（元） | 244.66 | 1 232.64 | 4 071.80 | 205.79 | −149.09 |
| 成本收益率（％） | 6.33 | 42.31 | 32.21 | 15.04 | −5.14 |
| 每 50 千克主产品 | | | | | |
| 平均出售价格（元） | 970.26 | 1 674.71 | 1 705.65 | 1 688.39 | 515.85 |
| 总成本（元） | 875.60 | 1 176.84 | 1 290.11 | 1 467.59 | 543.78 |
| 生产成本（元） | 874.43 | 1 176.78 | 1 289.82 | 1 467.59 | 543.41 |
| 净利润（元） | 94.66 | 497.87 | 415.54 | 220.80 | −27.93 |
| 附： | | | | | |
| 每核算单位用工数量（天） | 2.42 | 5.99 | 12.62 | 5.48 | 4.59 |
| 平均饲养天数（天） | 78.32 | 164.08 | 241.06 | 190.47 | 60.80 |

数据来源：国家兔产业技术体系调研数据，《全国农产品成本收益资料汇编》。

总体来看，兔产品在性能上具备其他产品无法替代的优势，兔养殖的成本收益率显著高于肉鸡，并具备用工少的优点，在成本收益方面也具有明显的比较优势，故兔产业在国内具有一定的竞争力。

## 二、兔产业的发展潜力

### （一）兔生产现状与生产能力

从产量水平看（表 10 - 3），兔肉产量较低，相较于猪牛羊禽肉的巨大市场，兔肉市场显得微不足道。2016—2020 年，兔肉产量平均为 48.32 万吨。从变化趋势来看，受结构调整影响，兔肉产量呈现先减后增的趋势，由 2016 年的 53.5 万吨下降至 2019 年的 45.8 万吨，又回升至 2020 年的 48.8 万吨。从市场占有率来看，2017—2019 年，兔肉产量虽然不断降低，但其市场占有率有所提升，从 2017 年的 0.86％提高至 2019 年的 1.08％，2020 年产量提高，兔肉市场占有率进一步提高至 1.19％。虽然我国居民并没有消费兔肉的习惯，但兔肉作为一种新兴的健康肉类，市场份额不断提高，说明随着人们健康意识的增强和市场多元化的发展，兔肉逐渐受到认可。

表 10 - 3  中国主要肉类产量

单位：万吨

| 项目 | 2016 年 | 2017 年 | 2018 年 | 2019 年 | 2020 年 |
|---|---|---|---|---|---|
| 所有肉类 | 8 628.3 | 8 654.4 | 8 624.6 | 7 758.8 | 7 748.4 |
| 兔肉 | 53.5 | 46.9 | 46.6 | 45.8 | 48.8 |
| 猪肉 | 5 425.5 | 5 451.8 | 5 403.7 | 4 255.3 | 4 113.3 |
| 牛肉 | 616.9 | 634.6 | 644.1 | 667.3 | 672.4 |
| 羊肉 | 460.3 | 471.1 | 475.1 | 487.5 | 492.3 |
| 禽肉 | 2 001.7 | 1 981.7 | 1 993.7 | 2 238.6 | 2 361.1 |

数据来源：《中国农村统计年鉴》。

从生产能力来看（图 10 - 2），2016—2020 年，兔的出栏率（兔出栏量与存栏量之比）有较快增长，由 2016 年的 2.65 增长至 2020 年的 3.04，增加了 14.7%。与 2011—2015 年（平均出栏率 1.69）相比，也有大幅提升。兔的出肉率（兔肉产量与兔出栏量之比）维持在 1.48 左右，即每出栏一只兔，产肉量约为 1.48 千克。综合来看，我国兔产业生产水平比较稳定，且在不断提升。

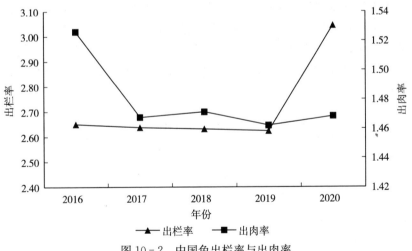

图 10 - 2  中国兔出栏率与出肉率

数据来源：《中国畜牧兽医年鉴》。

## （二）兔消费现状与消费潜力

根据国家兔产业技术体系产业经济团队关于兔产品消费的调研，45.44%的群体曾经消费过兔肉，24%的群体曾经消费过兔皮兔毛产品。

具体分析城镇居民的兔肉及常见肉类消费情况，如表 10 - 4 所示，2016—2020 年，我国城镇居民消费猪肉最多，平均每户每月消费 6.2 千克猪肉，其次是禽肉，平均每户每月消费 3.2 千克，再次是牛肉和羊肉，平均消费量分别为 1.7 千克和 0.4 千克，消费量最低的是兔肉，平均每户每月消费 0.3 千克①。我国兔肉的消费量处于较低水平，与法国等国家人均年消费兔肉 3～5 千克的水平还存在一定差距。

表 10 - 4　城镇居民户均肉类消费量

单位：千克/月

| 肉类 | 2016 年 | 2017 年 | 2018 年 | 2019 年 | 2020 年 |
|---|---|---|---|---|---|
| 兔肉 | 0.2 | 0.4 | 0.2 | 0.4 | 0.1 |
| 猪肉 | 8.5 | 6.1 | 5.6 | 5.4 | 5.6 |
| 牛肉 | 1.6 | 0.9 | 1.2 | 2.0 | 2.9 |
| 羊肉 | 0.3 | 0.5 | 0.3 | 0.4 | 0.7 |
| 禽肉 | 3.0 | 2.4 | 2.4 | 3.6 | 4.9 |

数据来源：国家兔产业技术体系调研数据。

为了更清晰地描述不同肉类的消费情况，本研究进一步计算上述五种肉类在家庭肉类消费中所占比重，如表 10 - 5 所示。2016—2020 年，兔肉的消费比例波动较大，平均为 2.5%，说明我国兔肉消费仍处于萌芽阶段，尚未形成较大影响力。猪肉作为传统肉类消费食品，消费占比平均为 52.5%，其次为禽肉、牛肉和羊肉。

表 10 - 5　城镇居民各肉类消费比例（%）

| 项目 | 2016 年 | 2017 年 | 2018 年 | 2019 年 | 2020 年 |
|---|---|---|---|---|---|
| 兔肉 | 1.5 | 3.9 | 2.1 | 3.4 | 0.7 |
| 猪肉 | 62.5 | 59.2 | 57.7 | 45.8 | 39.4 |
| 牛肉 | 11.8 | 8.7 | 12.4 | 16.9 | 20.4 |
| 羊肉 | 2.2 | 4.9 | 3.1 | 3.4 | 4.9 |
| 禽肉 | 22.1 | 23.3 | 24.7 | 30.5 | 34.5 |

数据来源：国家兔产业技术体系调研数据。

---

① 本调研区域主要集中在四川等兔肉消费的主要地区，计算得出的兔肉消费量可能偏高。若调研样本均匀分布在全国各地区，调研得出的兔肉消费量可能会更低。

兔肉的消费现状既体现在消费量上，又体现在消费频率上，如表 10-6 所示。2016—2020 年，城镇居民兔肉消费频率较低。半数以上的消费者在一季度或更长时间内才消费一次兔肉，仅有 5% 左右的消费者会在一周内消费一次兔肉，说明消费者的兔肉消费多为尝鲜行为，仅极少人会将兔肉作为传统消费食品。

表 10-6　城镇居民兔肉消费频率（%）

| 项目 | 2016 年 | 2017 年 | 2018 年 | 2019 年 | 2020 年 |
|---|---|---|---|---|---|
| 每周至少 2 次 | 0.0 | 1.0 | 1.3 | 2.2 | 0.0 |
| 约每周 1 次 | 4.0 | 7.7 | 2.8 | 6.9 | 3.3 |
| 每月 2~3 次 | 16.8 | 16.4 | 9.1 | 11.2 | 6.1 |
| 每月 1 次 | 18.4 | 24.4 | 12.9 | 24.2 | 12.2 |
| 每季度 1 次或更少 | 60.8 | 50.5 | 73.9 | 55.6 | 78.3 |

数据来源：国家兔产业技术体系调研数据。

除了对兔产品消费现状进行分析，本研究还进一步分析了消费者对兔产品的消费意愿，如表 10-7 所示。平均 61.74% 的消费者表示愿意消费兔肉，38.68% 的消费者表示愿意消费兔皮兔毛产品。说明消费者虽然没有消费兔产品的习惯，但并不排斥消费兔产品，表现出较强的消费意愿。

表 10-7　城镇居民兔产品消费意愿（%）

| 项目 | 2016 年 | 2017 年 | 2018 年 | 2019 年 | 2020 年 |
|---|---|---|---|---|---|
| 兔肉 | 51.9 | 69.0 | 64.3 | 55.0 | 68.5 |
| 兔皮兔毛产品 | 46.0 | 38.1 | 38.9 | 44.3 | 26.1 |

数据来源：国家兔产业技术体系调研数据。

本研究继续探究消费者暂未消费兔产品的原因，以便更好地挖掘兔肉消费潜力。从表 10-8 中可以看出，半数以上（58.2%）的消费者并不了解兔肉的营养价值，仅 3.9% 的群体完全了解兔肉的营养价值，说明消费者对兔肉营养价值的认知程度较低。由于兔肉价格高于禽肉，且并非市面上常见的肉类，不了解兔肉营养价值可能是消费者没有消费兔肉的重要原因。

表 10 - 8　消费者对兔肉营养价值的认知程度（%）

| 项目 | 完全不了解 | 不了解 | 一般 | 比较了解 | 完全了解 |
|---|---|---|---|---|---|
| 兔肉蛋白质含量较高 | 23.0 | 31.8 | 18.9 | 21.1 | 4.9 |
| 兔肉消化率较高 | 25.2 | 37.2 | 23.0 | 12.2 | 2.1 |
| 兔肉氨基酸含量较高 | 25.2 | 37.9 | 23.2 | 10.3 | 3.2 |
| 兔肉脂肪含量较低 | 21.3 | 32.7 | 18.9 | 22.1 | 4.7 |
| 兔肉热量较低 | 22.8 | 30.8 | 22.4 | 19.8 | 4.0 |
| 兔肉胆固醇含量较低 | 25.2 | 35.7 | 18.3 | 16.1 | 4.5 |
| 平均 | 23.8 | 34.4 | 20.8 | 16.9 | 3.9 |

数据来源：国家兔产业技术体系调研数据。

注：表中数字为不同认知程度的消费者所占比例。

　　国家兔产业技术体系专门调查了影响消费者消费兔肉的因素，在调查时，由消费者自行选择影响其消费兔肉的因素，结果如表 10 - 9 所示。结果显示，近半数（47.4%）消费者认为"对兔肉的了解较少"和"觉得兔肉没有营养价值"是影响其消费兔肉的原因，这也印证了上文的分析，对兔肉营养价值认知不足是影响兔肉消费的重要原因。另外，26.7%的消费者认为"买不到、购买不方便"是制约其消费兔肉的因素，约六成（63.6%）的消费者认为"没有吃兔肉的习惯"是影响其消费兔肉的因素。这一方面体现了兔产品推广率低、宣传不到位的现实状况，另一方面也体现出兔产品巨大的消费潜力，通过宣传推广可以大幅提升兔肉消费水平。

表 10 - 9　影响消费者消费兔肉的因素（%）

| 项目 | 2016 年 | 2017 年 | 2018 年 | 2019 年 | 2020 年 |
|---|---|---|---|---|---|
| 对兔肉的了解较少 | 37.9 | 47.2 | 39.4 | 46.8 | 53.8 |
| 买不到、购买不方便 | 35.4 | 21.5 | 22.2 | 27.8 | 26.7 |
| 价格太贵 | 2.1 | 2.6 | 3.4 | 7.6 | 2.8 |
| 不喜欢兔肉口感 | 19.5 | 26.1 | 24.1 | 14.5 | 19.7 |
| 品种少 | 3.6 | 5.5 | 2.7 | 2.5 | 3.1 |
| 不会烹饪 | 25.6 | 36.2 | 16.1 | 20.5 | 23.2 |
| 没有吃兔肉的习惯 | 56.4 | 65.8 | 74.1 | 52.6 | 69.3 |
| 觉得兔肉没有营养价值 | 2.6 | 5.2 | 1.6 | 1.5 | 1.0 |

数据来源：国家兔产业技术体系调研数据。

综上所述，我国兔肉产量处于较低水平，但生产能力有明显提升，随着兔产业各项技术的推广，兔产业生产具有很大潜力。兔产品目前的消费水平较低，但消费者表现出较强的消费意愿，在推广宣传兔产品的基础上，兔产品消费有巨大潜力。

# 第二节　兔产业国际竞争力分析

本部分首先通过国际市场占有率、贸易竞争力指数、显性比较优势指数和产业内贸易指数测算中国兔产业的国际竞争力，然后分析其影响因素。

## 一、兔产业国际竞争力测算

由于兔肉是兔产业中的重要产品，国际市场上兔产业贸易主要集中在兔肉进出口上，故本部分以兔肉产品（HS 编码：020810）的国际竞争力来反映兔产业的国际竞争力。

### （一）国际市场占有率

国际市场占有率是指一国某产品出口量（额）占世界该产品出口总量（额）的比例，是反映产品国际竞争力的最直接的指标。计算公式如下：

$$M_i = \frac{X_i}{X_w} \times 100\% \qquad\qquad (10-1)$$

式中，$M_i$ 代表一国第 $i$ 种产品的国际市场占有率，$X_i$ 代表一国 $i$ 产品在国际市场上的出口量（额），$X_w$ 代表世界产品的总出口量（额）。$M_i$ 越大，说明该国 $i$ 产品的出口竞争力、开拓国际市场的能力越强；反之，说明该国产品的出口竞争力越弱。

2016—2020 年，中国兔肉的国际市场占有率平均高于 16%，具有较强的国际竞争力。其中 2016—2017 年占有率有所提升，市场份额排名从世界第四位提升至第一位；2018 年起占有率略有降低，但仍居世界前四位。对比兔肉出口量和兔肉出口额的占有率，两者在 2016—2020 年波动趋势一致，但出口量的占有率略高于出口额的占有率，说明我国兔肉出口量处于较高水平，但兔肉价格略低于其他兔肉主要出口国（图 10-3）。

除了中国的兔肉国际市场占有率，本研究还对比分析了 2016—2020 年主要兔肉主要出口国的市场占有率（表 10-10）。西班牙兔肉的国际市场份额经历了"U"形变化，排名在 2020 年达到世界第一，兔肉国际市场占有率达到 24.76%；法国的市场份额在波动中呈现下降趋势，市场占有率由 2016 年的

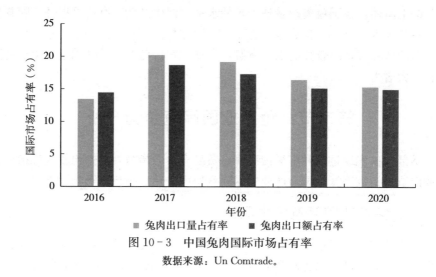

图 10-3　中国兔肉国际市场占有率

数据来源：Un Comtrade。

21.04%降低至2020年的16.48%；匈牙利的市场份额整体呈增长趋势，发展势头良好，至2020年跃居世界第二位；比利时和意大利的兔肉市场占有率较为稳定；荷兰和阿根廷兔肉市场占有率呈现下降趋势，尤其是阿根廷在2020年占有率大幅降低，世界排名落至第16位，国际竞争力明显降低。

表 10-10　世界主要兔肉出口国国际市场占有率（兔肉出口量，%）

| 国家 | 2016年 | | 2017年 | | 2018年 | | 2019年 | | 2020年 | |
|---|---|---|---|---|---|---|---|---|---|---|
| | 占有率 | 排名 | 占有率 | 排名 | 占有率 | 排名 | 占有率 | 排名 | 占有率 | 排名 |
| 中国 | 13.43 | 4 | 20.18 | 1 | 19.19 | 1 | 16.43 | 3 | 15.34 | 4 |
| 西班牙 | 21.79 | 1 | 19.82 | 3 | 18.12 | 2 | 18.58 | 2 | 24.76 | 1 |
| 法国 | 21.04 | 2 | 20.15 | 2 | 15.40 | 3 | 19.99 | 1 | 16.48 | 3 |
| 匈牙利 | 16.05 | 3 | 13.29 | 4 | 14.17 | 4 | 15.87 | 4 | 17.22 | 2 |
| 比利时 | 7.65 | 5 | 6.85 | 5 | 8.01 | 5 | 8.55 | 5 | 9.95 | 5 |
| 意大利 | 4.04 | 7 | 6.33 | 6 | 6.87 | 6 | 4.80 | 6 | 4.71 | 6 |
| 荷兰 | 4.50 | 6 | 2.84 | 7 | 3.23 | 7 | 3.22 | 7 | 2.36 | 7 |
| 阿根廷 | 3.41 | 8 | 2.15 | 8 | 2.97 | 8 | 2.58 | 8 | 0.21 | 16 |

数据来源：Un Comtrade。

　　除了兔肉出口量的市场占有率，本研究还对比了各国兔肉出口额的市场占有率（表10-11）。整体来看，各国兔肉出口量和出口额的占有率变化趋势一致。中国的兔肉出口额占有率略低于出口量占有率；匈牙利五年间的发展势头良好，出口额的占有率大幅增加，在 2020 年居于世界首位。

**表 10 - 11  世界主要兔肉出口国国际市场占有率**（兔肉出口额，%）

| 国家 | 2016 年 | | 2017 年 | | 2018 年 | | 2019 年 | | 2020 年 | |
|---|---|---|---|---|---|---|---|---|---|---|
| | 占有率 | 排名 | 占有率 | 排名 | 占有率 | 排名 | 占有率 | 排名 | 占有率 | 排名 |
| 中国 | 14.43 | 4 | 18.68 | 1 | 17.33 | 1 | 15.13 | 4 | 14.93 | 4 |
| 匈牙利 | 17.40 | 2 | 16.60 | 3 | 17.04 | 2 | 18.73 | 1 | 23.11 | 1 |
| 法国 | 18.78 | 1 | 18.14 | 2 | 16.39 | 3 | 18.23 | 2 | 16.09 | 3 |
| 西班牙 | 16.70 | 3 | 15.94 | 4 | 15.32 | 4 | 15.23 | 3 | 18.27 | 2 |
| 比利时 | 9.78 | 5 | 9.65 | 5 | 9.60 | 5 | 10.27 | 5 | 10.10 | 5 |
| 荷兰 | 6.95 | 6 | 5.02 | 6 | 4.89 | 6 | 4.54 | 6 | 4.01 | 6 |
| 意大利 | 3.58 | 8 | 3.68 | 8 | 3.60 | 7 | 3.85 | 7 | 3.88 | 7 |
| 阿根廷 | 5.10 | 7 | 3.89 | 7 | 4.29 | 8 | 3.31 | 8 | 0.16 | 17 |

数据来源：Un Comtrade。

## （二）贸易竞争力指数

贸易竞争力指数可以表明一国生产的某种产品是净进口还是净出口，以及净进口或净出口的相对规模，从而反映该国生产的某种产品相对于世界市场上其他国家生产的这种商品来说，在生产效率方面具备竞争优势还是劣势及其程度。计算公式如下：

$$TC_{ij} = \frac{X_{ij} - M_{ij}}{X_{ij} + M_{ij}} \qquad (10 - 2)$$

式中，$TC_{ij}$ 为 $j$ 国 $i$ 产品的贸易竞争力指数；$X_{ij}$ 与 $M_{ij}$ 分别表示 $j$ 国 $i$ 产品的出口量与进口量。一般认为：$TC_{ij}$ 值大于零，表示该国 $i$ 产品为净出口；$TC_{ij}$ 越接近 1，则说明 $j$ 国越具有国际竞争力。$TC_{ij}$ 值小于零，表示该国 $i$ 产品为净进口；$TC_{ij}$ 越接近 -1，说明 $i$ 产品越缺乏国际竞争力。$TC_{ij}$ 值等于零，则表示 $j$ 国 $i$ 产品的生产效率与国际水平相当。

2016—2020 年，中国兔肉的贸易竞争力指数都在 0.95 以上（表 10 - 12），说明中国兔肉具有较强的国际竞争力。横向对比各主要兔肉出口国，阿根廷的贸易竞争力指数为 1，说明其是兔肉净出口国，虽然其出口量仅为中国的约 1/10，但会在一定程度上对中国兔肉出口形成冲击。匈牙利的兔肉贸易竞争力指数非常接近 1，且其兔肉出口量居世界前四位，说明匈牙利的兔肉出口具有很强的竞争力，也会对中国形成较大冲击。西班牙（五年平均为 0.656 9）和法国（五年平均为 0.358 1）的贸易竞争力指数高于 0，会与中国兔肉出口形成竞争。荷兰的兔肉竞争力指数变化呈现倒"U"形，2018 年为净出口，其余年份为净进口，贸易竞争力指数平均为 −0.052 3，说明其生产效率与国际水平相当；比利时和意大利的兔肉竞争力指数一直小于零，竞争力较弱。

综上所述，中国兔肉的国际竞争力较强，阿根廷和匈牙利的兔肉国际竞争力也较强，会对我国兔肉出口形成一定冲击，其次是西班牙和法国。荷兰、比利时和意大利的竞争力较弱。

表 10 - 12　世界主要兔肉出口国贸易竞争力指数

| 国家 | 2016 年 | 2017 年 | 2018 年 | 2019 年 | 2020 年 |
|---|---|---|---|---|---|
| 中国 | 0.975 6 | 0.951 0 | 0.956 1 | 0.993 1 | 0.974 5 |
| 阿根廷 | 1.000 0 | 1.000 0 | 1.000 0 | 1.000 0 | 1.000 0 |
| 匈牙利 | 0.995 7 | 0.989 1 | 0.993 6 | 0.990 7 | 0.994 6 |
| 西班牙 | 0.808 9 | 0.699 8 | 0.557 1 | 0.437 8 | 0.781 0 |
| 法国 | 0.324 1 | 0.380 1 | 0.415 8 | 0.349 8 | 0.320 7 |
| 荷兰 | −0.024 7 | −0.079 9 | 0.193 4 | −0.152 9 | −0.197 6 |
| 比利时 | −0.159 6 | −0.155 3 | −0.052 0 | −0.029 8 | −0.121 3 |
| 意大利 | −0.438 2 | −0.158 7 | −0.154 5 | −0.406 0 | −0.357 0 |

数据来源：Un Comtrad，联合国粮农组织（FAO）。

### （三）显性比较优势指数

显性比较优势指数是指一个国家某种商品的出口值在该国所有出口商品总值中的份额与世界该类商品的出口值在世界所有商品出口总值中的份额之比。

$$RCA_{ij} = (X_{ij}/X_{it})/(X_{wj}/X_{wt}) \qquad (10-3)$$

式中，$RCA_{ij}$ 为 $j$ 国 $i$ 商品的显性比较优势指数；$X_{ij}$ 为 $j$ 国 $i$ 商品的出口值；$X_{it}$ 为 $i$ 国所有商品的出口总值；$X_{wj}$ 为世界 $j$ 商品的出口总值；$X_{wt}$ 为世界所有商品的出口总值。如果 $RCA_{ij} > 1$，则说明 $j$ 国 $i$ 商品具有显性比较优势；如果 $RCA_{ij} < 1$，则说明 $j$ 国 $i$ 商品的生产没有显性比较优势。

如表 10 - 13 所示，2016—2019 年，中国兔肉的显性比较优势指数均大于 1，2020 年显性比较优势指数也接近 1，说明中国的兔肉具有显性比较优势，但 2018 年起竞争力不断降低。横向对比其他兔肉出口大国，我国兔肉的显性比较优势处于较低水平。其中，匈牙利的显性比较优势一直居于第一位，五年平均 $RCA$ 指数为 27.71；阿根廷在 2016—2019 年居于第二位，平均 $RCA$ 指数为 11.95，但在 2020 年急剧下降至 0.49；西班牙、法国和比利时分别居于第三至第五位，平均 $RCA$ 指数分别为 8.93、5.81 和 5.74；其后是荷兰和意大利，

平均 $RCA$ 指数分别为 1.64 和 1.27；最后是中国，平均 $RCA$ 指数为 1.18。

表 10-13  世界主要兔肉出口国显性比较优势指数（全部商品）

| 国家 | 2016 年 | 2017 年 | 2018 年 | 2019 年 | 2020 年 |
|---|---|---|---|---|---|
| 中国 | 1.08 | 1.42 | 1.32 | 1.11 | 0.98 |
| 匈牙利 | 26.48 | 25.26 | 26.03 | 28.01 | 32.77 |
| 阿根廷 | 13.80 | 11.49 | 13.21 | 9.30 | 0.49 |
| 西班牙 | 9.22 | 8.83 | 8.38 | 8.25 | 9.96 |
| 法国 | 6.02 | 5.98 | 5.46 | 5.99 | 5.60 |
| 比利时 | 5.65 | 5.62 | 5.62 | 6.02 | 5.80 |
| 荷兰 | 2.33 | 1.64 | 1.58 | 1.44 | 1.24 |
| 意大利 | 1.22 | 1.25 | 1.24 | 1.31 | 1.33 |

数据来源：Un Comtrade。

由于上述显性比较优势指数计算中使用了全部商品的出口值，但兔产业体量较小，为了使数据更加贴近研究需求，本研究用国家肉类出口额和世界肉类出口额分别替换国家所有商品出口额和世界所有商品出口额，再次计算 $RCA$ 并进行比较（表 10-14）。

将全部商品出口额替换为肉类出口额后，中国的 $RCA$ 指数有所提高，五年平均值为 24.25，显示出较强的比较优势；匈牙利的 $RCA$ 指数依旧较高，且呈上升趋势，说明匈牙利兔肉具备较强的国际竞争力且在不断提高；法国和比利时的 $RCA$ 指数变化不大，两国五年平均 $RCA$ 指数分别为 6.35 和 3.67；其后为西班牙、阿根廷和意大利，五年平均 $RCA$ 指数分别为 2.89、1.99 和 1.96，其中阿根廷 $RCA$ 指数在 2020 年大幅降低至 0.06；荷兰的 $RCA$ 指数低于 1，没有显性比较优势。

表 10-14  世界主要兔肉出口国显性比较优势指数（肉类）

| 国家 | 2016 年 | 2017 年 | 2018 年 | 2019 年 | 2020 年 |
|---|---|---|---|---|---|
| 中国 | 18.07 | 25.17 | 25.55 | 24.28 | 28.16 |
| 匈牙利 | 17.59 | 18.71 | 18.50 | 21.77 | 30.35 |
| 法国 | 6.43 | 6.48 | 5.90 | 6.83 | 6.10 |
| 比利时 | 3.36 | 3.33 | 3.43 | 4.13 | 4.10 |
| 西班牙 | 3.27 | 3.11 | 2.97 | 2.57 | 2.54 |
| 阿根廷 | 3.94 | 2.62 | 2.17 | 1.18 | 0.06 |
| 意大利 | 1.72 | 1.84 | 1.86 | 2.17 | 2.21 |
| 荷兰 | 0.91 | 0.67 | 0.65 | 0.61 | 0.55 |

数据来源：Un Comtrade。

### （四）产业内贸易指数

20 世纪 60 年代以来，国际贸易形势发生新变化，参与国际贸易的双方由产业间贸易转变为产业内贸易，原因在于产品生产规模报酬递增。为此，本研究通过格鲁贝尔—劳埃德（G−L）指数衡量兔产业内的贸易水平。

$$B_{ia} = 1 - \frac{X_{ia} - M_{ia}}{X_{ia} + M_{ia}} \qquad (10-4)$$

式中，$B_{ia}$ 为 $i$ 国 $a$ 产品的产业内贸易指数；$X_{ia}$ 和 $M_{ia}$ 分别为 $i$ 国 $a$ 产品的出口额和进口额。$B_{ia}$ 介于 0 和 1 之间，其数值越大，表明行业内贸易水平越高。

从表 10−15 中可以看出，中国的兔肉产业内贸易指数较低，说明贸易水平较低，主要是因为中国为兔肉出口大国，兔肉进口较少，故该指数计算结果较小。对比其他主要兔肉出口国，比利时的产业内贸易指数接近 1，说明其在行业内的贸易水平很高；其次为荷兰、意大利和法国，产业内贸易指数平均值分别为 0.870 8、0.631 6 和 0.574 5，三国产业内贸易水平均较高；再次为西班牙，产业内贸易指数平均为 0.345 8；最后为匈牙利和阿根廷，产业内贸易指数平均值分别为 0.007 0 和 0.000 0，两国主要进口兔肉，较少出口兔肉，产业内贸易水平较低。

表 10−15　世界主要兔肉出口国产业内贸易指数

| 国家 | 2016 年 | 2017 年 | 2018 年 | 2019 年 | 2020 年 |
|---|---|---|---|---|---|
| 中国 | 0.007 2 | 0.022 7 | 0.014 6 | 0.011 2 | 0.012 7 |
| 比利时 | 0.906 2 | 0.891 0 | 0.973 0 | 0.986 0 | 0.931 2 |
| 荷兰 | 0.990 4 | 0.935 8 | 0.686 3 | 0.922 3 | 0.819 3 |
| 意大利 | 0.626 8 | 0.641 2 | 0.624 7 | 0.580 3 | 0.685 1 |
| 法国 | 0.562 0 | 0.601 8 | 0.579 2 | 0.558 0 | 0.571 4 |
| 西班牙 | 0.214 6 | 0.297 7 | 0.364 1 | 0.528 2 | 0.324 2 |
| 匈牙利 | 0.004 6 | 0.009 5 | 0.005 4 | 0.012 4 | 0.003 0 |
| 阿根廷 | 0.000 0 | 0.000 0 | 0.000 0 | 0.000 0 | 0.000 0 |

数据来源：Un Comtrade，联合国粮农组织（FAO）。

本研究进一步分析世界主要兔肉生产国的兔肉进出口价格。如表 10−16 所示，中国兔肉出口价格处于中位，甚至略高于传统兔业强国法国，说明我国的兔肉产品具有一定的市场竞争力。

表 10 - 16　世界主要兔肉生产国兔肉进出口单价

单位：美元/千克

| 国家 | 2016 年 | | 2017 年 | | 2018 年 | | 2019 年 | | 2020 年 | |
|---|---|---|---|---|---|---|---|---|---|---|
| | 进口 | 出口 | 进口 | 出口 | 进口 | 出口 | 进口 | 出口 | 进口 | 出口 |
| 中国 | 1.48 | 5.05 | 1.92 | 4.19 | 1.57 | 4.80 | 7.65 | 4.70 | 2.25 | 4.56 |
| 西班牙 | 4.10 | 3.60 | 3.61 | 3.64 | 3.51 | 4.49 | 3.84 | 4.18 | 5.44 | 3.46 |
| 法国 | 3.21 | 4.19 | 3.91 | 4.08 | 5.59 | 5.66 | 3.74 | 4.65 | 3.56 | 4.57 |
| 匈牙利 | 5.46 | 5.09 | 4.95 | 5.66 | 5.39 | 6.39 | 8.09 | 6.02 | 3.47 | 6.29 |
| 比利时 | 5.26 | 6.01 | 5.81 | 6.38 | 6.05 | 6.36 | 5.62 | 6.13 | 3.25 | 4.76 |
| 意大利 | 3.57 | 4.17 | 4.04 | 2.63 | 4.49 | 2.78 | 4.22 | 4.09 | 3.51 | 3.86 |
| 荷兰 | 6.77 | 7.25 | 5.98 | 7.99 | 6.22 | 8.05 | 6.17 | 7.18 | 7.68 | 7.96 |
| 阿根廷 | — | 7.02 | | 8.17 | — | 7.67 | — | 6.56 | — | 3.47 |

数据来源：根据 Un Comtrade、联合国粮农组织（FAO）数据计算。

综合分析国际市场占有率、贸易竞争力指数、显性比较优势指数和产业内贸易指数，中国兔肉出口具有较强的市场竞争力，居于世界前列，但 2018 年起竞争力略有降低。中国兔肉进口较少，产业内的贸易水平较低。匈牙利、西班牙和法国的兔肉出口竞争力较强，会对我国兔肉出口造成一定冲击。

## 二、影响兔产业国际竞争力的因素

上述分析性指标反映了各国兔产业国际竞争力，本部分将继续分析为什么各国的产品在国际市场上会显示出不同的竞争结果。一个国家某产业的国际竞争力取决于四个因素：一是生产要素，主要包括人力资源、自然资源和资本资源；二是需求条件，主要是本国市场的需求；三是相关产业和支持性产业，对兔业来说是上游饲料厂、种兔场等；四是企业的战略、结构和竞争对手的表现，如品牌和营销策略。在四大要素之外还存在两大变数：机会与政府。这六大要素共同构成了著名的波特钻石理论模型。本部分主要从生产要素方面分析兔产业的竞争力。

### （一）兔产品生产成本

根据国家兔产业技术体系产业经济岗位在全国 17 个省开展的兔养殖成本收益调研，饲料费用和劳动力费用为养殖成本中占比最高的两项，分别占 64.8% 和 14.76%。因此，饲料价格和用工价格直接决定了兔产品的生产成本，接下来将详细分析饲料价格和人工成本。

**1. 饲料成本**

由于资料受限，本部分以玉米价格和大豆价格来反映饲料成本。从表 10 - 17 中可见，2016 年起，中国玉米价格整体呈上升趋势，至 2020 年达到 335 美元/吨，2019 年略有降低，但仍保持在高位。横向对比各国玉米价格，我国玉米价格一直高于其他兔肉生产国，2020 年为匈牙利（162 美元/吨）的 2 倍，造成我国饲料成本较高，兔产品缺乏价格优势。

**表 10 - 17　世界主要兔肉生产国玉米价格**

单位：美元/吨

| 国家 | 2016 年 | 2017 年 | 2018 年 | 2019 年 | 2020 年 |
|---|---|---|---|---|---|
| 中国 | 232 | 243 | 266 | 260 | 335 |
| 西班牙 | 187 | 194 | 208 | 198 | 223 |
| 法国 | 176 | 161 | 187 | 178 | 188 |
| 匈牙利 | 148 | 159 | 171 | 151 | 162 |
| 意大利 | 204 | 214 | 224 | 203 | 211 |

数据来源：联合国粮农组织（FAO)，《全国农产品成本收益资料汇编》。

2016—2020 年我国大豆价格先降后升，但一直处于较高水平，2020 年达到 704 美元/吨（表 10 - 18）。横向对比各主要兔肉出口国，我国大豆价格除 2018 年略低于西班牙（566 美元/吨）外，其余年份均远高于其他国家。由此可见，我国饲料价格严重缺乏竞争力。

**表 10 - 18　世界主要兔肉生产国大豆价格**

单位：美元/吨

| 国家 | 2016 年 | 2017 年 | 2018 年 | 2019 年 | 2020 年 |
|---|---|---|---|---|---|
| 中国 | 573 | 557 | 554 | 544 | 704 |
| 西班牙 | 508 | 514 | 566 | 532 | — |
| 法国 | 380 | 392 | 384 | 362 | 398 |
| 匈牙利 | 374 | 406 | 399 | 357 | 399 |

数据来源：联合国粮农组织（FAO)，《全国农产品成本收益资料汇编》。

**2. 人工成本**

人工成本是兔产品生产中的一项重要组成部分，随着各国对于劳动者权益的日益重视，劳动力成本普遍呈现上涨趋势。表 10 - 19 列举了主要兔产品生产国农林牧渔业从业者的月平均工资，中国的相关从业者月平均工资处于较低水平，与其他主要兔产品生产国还有一定差距，说明中国的人力成本较低。挪威、瑞典等国的人力成本较高。

表 10 - 19  世界主要兔产品生产国农林牧渔业从业者月平均工资

单位：美元

| 国家 | 2016 年 | 2017 年 | 2018 年 | 2019 年 | 2020 年 |
|---|---|---|---|---|---|
| 中国 | 422 | — | — | — | — |
| 意大利 | 1 665 | 1 740 | 1 849 | 1 784 | 1 828 |
| 希腊 | 658 | 696 | 728 | 718 | — |
| 匈牙利 | 771 | 914 | — | — | — |
| 挪威 | 4 236 | 4 484 | 4 712 | 4 527 | 4 448 |
| 波兰 | 1 140 | 1 216 | 1 356 | 1 341 | 1 354 |
| 西班牙 | 1 283 | — | — | — | — |
| 瑞典 | 3 060 | 3 170 | 3 244 | 3 056 | 3 170 |

数据来源：国际劳工组织数据库（ILOSTAT）。

## （二）兔产品价格

成本的差异最终会通过产品价格体现出来，下面将对比活兔价格和兔肉价格。限于数据可得性，本部分采用联合国粮农组织（FAO）中的生产者价格，并结合国家兔产业技术体系监测的兔养殖户价格。

### 1. 活兔价格

从表 10 - 20 中可以看出，中国活兔价格在波动中呈降低趋势，从 2016 年的 2 807 美元/吨降低至 2020 年的 1 884 美元/吨，减少了 32.88%。在八个主要兔产品生产国中，中国活兔价格处于较高水平，五年间平均价格（2 330 美元/吨）仅低于希腊（5 317 美元/吨）和阿根廷（2 843 美元/吨）。

表 10 - 20  世界主要兔产品生产国活兔价格

单位：美元/吨

| 国家 | 2016 年 | 2017 年 | 2018 年 | 2019 年 | 2020 年 |
|---|---|---|---|---|---|
| 中国 | 2 807 | 2 249 | 2 185 | 2 523 | 1 884 |
| 比利时 | 2 045 | 2 187 | 2 261 | 2 306 | 2 375 |
| 荷兰 | 1 794 | 1 906 | 1 968 | 1 842 | 1 891 |

（续）

| 国家 | 2016 年 | 2017 年 | 2018 年 | 2019 年 | 2020 年 |
|------|---------|---------|---------|---------|---------|
| 波兰 | 1 854 | 1 956 | 2 154 | 2 116 | 1 959 |
| 西班牙 | 1 796 | 1 969 | 2 174 | 2 247 | 2 135 |
| 希腊 | 5 149 | 5 303 | 5 605 | 5 255 | 5 271 |
| 匈牙利 | 1 753 | 1 668 | 1 902 | 1 885 | — |
| 阿根廷 | 4 472 | 2 838 | 2 604 | 2 480 | 1 820 |

数据来源：联合国粮农组织（FAO），国家兔产业技术体系监测数据。

**2. 兔肉价格**

中国的兔肉价格在 2016—2020 年有大幅提升，至 2020 年达到 3 932 美元/吨，比 2016 年增长了 20.10%（表 10 - 21）。横向对比各兔产品生产国，中国兔肉价格虽有大幅提升，但仍处于较低水平，五年间平均价格（3 660 美元/吨）仅高于西班牙（1 973 美元/吨）。瑞士的兔肉价格最高，平均为 20 268 美元/吨，其次是挪威（14 285 美元/吨）、阿根廷（10 244 美元/吨）、希腊（5 973 美元/吨）、法国（3 825 美元/吨）。说明中国兔肉价格具有一定竞争力。

**表 10 - 21 世界主要兔产品生产国兔肉价格**

单位：美元/吨

| 国家 | 2016 年 | 2017 年 | 2018 年 | 2019 年 | 2020 年 |
|------|---------|---------|---------|---------|---------|
| 中国 | 3 274 | 3 316 | 3 789 | 3 987 | 3 932 |
| 法国 | 3 510 | 3 697 | 4 074 | 4 019 | — |
| 瑞士 | 19 389 | 21 372 | 19 762 | 20 550 | — |
| 希腊 | 5 852 | 6 134 | 6 023 | 5 882 | — |
| 挪威 | 13 095 | 13 903 | 15 370 | 14 773 | — |
| 西班牙 | 1 796 | 1 969 | 2 174 | 1 953 | — |
| 阿根廷 | 12 888 | 10 263 | 7 581 | — | — |

数据来源：联合国粮农组织（FAO），国家兔产业技术体系监测数据。

结合上文对活兔的分析，我国活兔价格在国际市场上处于较高水平，但兔肉价格在国际市场上处于低位，说明从活兔到兔肉的加工环节增值较少，这一方面提高了兔肉产品在国际市场中的比较优势，另一方面也暴露出我国兔肉加工环节利润较低的问题。

总体来看，中国兔肉价格较低，兔肉的国际竞争力指数较高，说明兔肉具有较强的国际竞争力，居于世界前列。中国兔产业饲料成本过高进而导致活兔价格较高，造成活兔没有价格优势，间接影响兔肉的竞争力。

# 第三节　中国兔产业发展展望

## 一、兔产业发展现存问题

### （一）兔产品消费潜力亟待挖掘

2016—2020 年，兔肉在肉类市场上的占有率仅为 0.99%，远低于猪牛羊禽等传统肉类。兔肉消费量仅为每户每月 0.3 千克，与传统肉类相比有质的差距，与法国等国家的兔肉消费量相比也有很大差距。兔产品消费主要受限于消费者对兔产品认知不足、兔产品购买不便、消费者未养成兔产品消费习惯等。为充分挖掘兔产业市场潜力，兔产品的宣传推广和品牌建设成为亟待解决的问题。

### （二）兔生产风险防范能力较弱

我国还没有较好的针对兔生产的风险防范措施，这样就造成了兔养殖风险高、市场波动大等问题。如前文所述，五年间家兔养殖的成本收益率最高为 13.34%，最低仅为 1.42%。特别是毛兔养殖，2016 年每百只亏损 3 025 元，2018 年每百只净利润为 6 077 元。养殖利润的暴涨暴跌反映出市场波动大、养殖户风险防范能力弱的特点。另外，受环境保护的制约，獭兔行业的生皮鞣制也受到冲击，造成市场波动、养殖户利益受损。

### （三）兔产品加工技术相对落后

兔产品加工技术一直是制约兔产业发展的重要因素。如前文所述，我国活兔价格处于较高水平，但兔肉价格处于低位，说明从活兔到兔肉的加工环节增值较少。作为兔产品出口大国，我国的兔产品多以原料或初级加工品的形式销售，加工程度较低。这不仅影响了兔产业消费市场的开拓，降低了兔产业的竞争力，也影响了整个兔产业的可持续发展。

## 二、兔产业发展对策建议

### （一）健全兔业品牌建设，加强兔产品宣传推广

兔品牌的建立和发展是一个长期过程，需要政府、企业和协会进行全方位布局。政府应明确品牌建设规划，健全品牌发展的保障体系和监管机制，聚集优势资源，从政策、信息、资金和技术上予以扶持。企业应树立品牌意识，重

视品牌营销推介，通过优质的产品与服务维持品牌竞争优势。协会应做好沟通政府与企业的桥梁，除了协助政府做好政策的传达与反馈的企业需求，更应联系企业进行品牌发展建设，组织品牌建设培训、调研和研讨会等。

### （二）探索建立产业基金，增强应对风险能力

中小规模养殖是我国兔养殖的重要模式，这种情况仍将持续一定时期。为了帮助中小规模养殖户应对市场波动与风险冲击，可以探索建立产业风险基金，抵御市场风险和自然灾害。基金可由政府、协会和企业等相关机构共同建立，根据资金能力和产业定位确定出资比例，养殖户和企业可自愿加入。市场低迷、养殖主体利润受损时，由产业基金进行补偿。各地可结合自身情况积极探索发展模式。

### （三）鼓励引导加工研发，推动全产业链发展

我国兔产品加工程度严重不足，要积极鼓励和引导社会资本进入兔产业，进行兔产品的加工研发。政府应大力扶持兔产品的加工研发，给予相应的政策支持与资金扶持。科研机构也应结合市场需求，研发兔加工的新技术、新设备，并给予企业技术指导。企业要结合自身实际情况，完善兔产品加工环节，提升产品产值。除加工环节外，整个产业链的健康发展也不容忽视，政府、协会与企业应该统筹协调，根据市场导向推动上游种兔和饲料、中游生产和加工、下游营销等全产业链共同发展。

（本章执笔：武拉平　李丹阳　胡南燕）

# 第十一章 家兔养殖中的技术经济需求

在 2016—2020 年，国家兔产业技术体系产业经济岗位的研究团队对全国 15 个省份的养殖户进行了成本收益方面的调研。在该项调研中，我们除了关注养兔的成本和收益以外，还重点了解了养殖户在养兔过程中遇到的主要问题及技术需求。本章主要从以下三个方面进行分析：首先描述家兔养殖户的技术经济需求总体特征，其次进一步对技术经济需求的发展变化进行描述，最后对需求的地区差异进行分析，并提出一些具体的建议。

## 第一节 技术经济需求的总体特征

如表 11-1 所示，2016—2020 年，调研主要在全国 15 个省份展开，分别是浙江省、河南省、江苏省、福建省、吉林省、四川省、重庆市、山东省、青海省、陕西省、山西省、安徽省、河北省、北京市和内蒙古自治区，每年调研的省份根据各年具体的调研情况有所不同，但能够保证调研样本地区的代表性。2016 年的调研问卷有 421 份，该年度对安徽省、河北省、北京市和内蒙古自治区进行了调研，其余年度没有对这四个地区进行调研；2017 年问卷为 398 份，对 11 个省份进行了调研；2018 年问卷为 384 份，2019 年问卷为 285 份，2020 年问卷为 235 份，均对 9 个省份进行了调研。总体来看，2016—2020 年，5 年的问卷样本量都维持在 235 份以上，其中 2020 年因为新冠感染疫情的影响，调研样本量稍有下降，但也足够，能够保证调研的代表性。具体每个省份每年的调研样本量见表 11-1。

由表 11-2 可知，针对家兔养殖户养殖过程中存在问题的专项调研主要集中在六个方面：疾病防治、饲料、保险、销售、设施和其他问题，其中自 2017 年开始在问卷中新增设施方面的问题。从调研情况来看，每年反映各种情况的有效样本量有所不同，但反映最多的问题都是疾病防治和销售问题。反映疾病防治、设施问题的样本占比变动趋势是波动中上升，反映饲料问题的样本占比变动趋势是先下降后回升，反映保险问题的样本占比基本是波动下降。从各种问题反馈占比来看，2016 年家兔养殖户反映的主要问题是疾病防治、保险和销售问题；2017—2020年，反映的主要是疾病防治和销售问题，对其他问题反映也较多。可见，这五年家兔疾病防治和销售问题仍然是养殖户普遍面临的问题。

表 11 - 1　2016—2020 年各养殖大省的问卷调研样本量

| 省份 | 2016 年 | 2017 年 | 2018 年 | 2019 年 | 2020 年 |
|------|---------|---------|---------|---------|---------|
| 浙江 | 37 | 54 | 43 | 47 | 35 |
| 河南 | 26 | 13 | 40 | 4 | 13 |
| 江苏 | 41 | 45 | 34 | 35 | 28 |
| 福建 | 16 | 25 | 28 | 7 | 15 |
| 吉林 | 24 | 27 | 35 | 36 | 38 |
| 四川 | 34 | 42 | 52 | 24 | 27 |
| 重庆 | 52 | 44 | — | — | — |
| 山东 | 55 | 53 | 78 | 80 | 35 |
| 青海 | — | 38 | 34 | | |
| 陕西 | — | 50 | 40 | 45 | 34 |
| 山西 | 11 | 7 | — | 7 | 10 |
| 安徽 | 32 | — | — | — | — |
| 河北 | 50 | — | — | — | — |
| 北京 | 28 | — | — | — | — |
| 内蒙古 | 15 | — | — | — | — |
| 总计 | 421 | 398 | 384 | 285 | 235 |

注："—"代表该年份没有在该省份进行调研。

表 11 - 2　2016—2020 年技术经济需求调研问卷反映情况

| 年份 | 统计 | 总数 | 完全空白 | 疾病防治 | 饲料 | 保险 | 销售 | 设施 | 其他 |
|------|------|------|---------|---------|------|------|------|------|------|
| 2016 | 样本量（个） | 421 | 155 | 142 | 90 | 121 | 136 | — | 50 |
| | 比例（%） | 100 | 36.82 | 33.73 | 21.38 | 28.74 | 32.30 | — | 11.88 |
| 2017 | 样本量（个） | 398 | 236 | 101 | 54 | 55 | 82 | 31 | 14 |
| | 比例（%） | 100 | 59.30 | 25.38 | 13.57 | 13.82 | 20.60 | 7.79 | 3.52 |
| 2018 | 样本量（个） | 384 | 216 | 114 | 39 | 29 | 53 | 28 | 16 |
| | 比例（%） | 100 | 56.25 | 29.69 | 10.16 | 7.55 | 13.80 | 7.29 | 4.17 |

（续）

| 年份 | 统计 | 总数 | 完全空白 | 疾病防治 | 饲料 | 保险 | 销售 | 设施 | 其他 |
|------|------|------|----------|----------|------|------|------|------|------|
| 2019 | 样本量（个） | 285 | 94 | 71 | 48 | 44 | 73 | 43 | 23 |
|      | 比例（％） | 100 | 32.87 | 24.83 | 16.78 | 15.38 | 25.52 | 15.03 | 8.04 |
| 2020 | 样本量（个） | 235 | 86 | 110 | 44 | 28 | 60 | 21 | 10 |
|      | 比例（％） | 100 | 36.60 | 46.81 | 18.72 | 11.91 | 25.53 | 8.94 | 4.26 |

注：表中"完全空白"指的是样本对各问题都没有反馈的情况。

# 第二节　技术经济需求的发展变化

图 11-1 为 2016—2020 年养殖户反映各类问题占比的变化趋势，由此可知反映各项问题的样本占比情况各年间是不同的，这说明养殖户每年的技术经济需求是变化的。完全空白的比例从 2016 年的 36.82％上升到 2017 年的59.30％，之后回落到 2020 年的 36.60％，表明家兔养殖户在养殖过程中遇到的问题是随着时间的推移发展变化的。2016—2020 年，疾病防治问题居于首位。2016—2018 年，饲料、保险和销售方面的问题都呈现下降的趋势，这说明在 2016—2018 年，养殖户的各类问题在逐渐减少。2018 年以后，疾病防治、饲料、保险、销售和设备问题在波动中呈现上升的趋势，尤其是疾病防治和销售问题日益突出，这说明疾病防治和销售方面的问题对养殖户收益的影响日益加大。2020 年疾病防治问题的比例达到了顶峰，调查样本中有 46.81％的

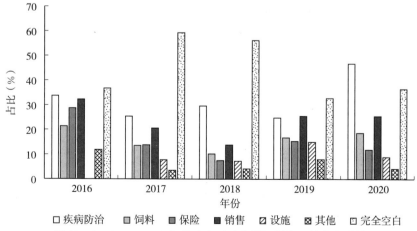

图 11-1　2016—2020 年养殖户反映各类问题占比的变化趋势

养殖户反映对兔疾病缺乏有效的预防和治疗。

通过对数据的整理，对比 2016—2020 年的情况，可以发现家兔养殖户的总体技术经济需求在 2016 年最高，各项需求在 2017 年下降幅度较大，2018 年和 2019 年略有回升，2020 年相比上一年略有下降，低于 2016 年水平。这说明相关政策的施行和技术的推广取得了一定效果，兔养殖户面临的技术经济问题有所改善。以下分别就家兔养殖过程中的疾病防治、销售、饲料、保险、设施等问题做具体分析。

疾病防治方面，在所有问题中，疾病防治问题的反映率基本一直是最高的，2016—2020 年这方面问题的反映率均维持在 25％左右，2020 年疾病防治问题反映率达到了 46.81％，这说明疾病防治问题是困扰养殖户的最主要难题。养殖户反映的疾病防治问题主要集中在两个方面：第一，兔常见疾病的预防和诊断效果非常差。绝大多数的养殖户反映养殖中对兔病的预防诊断不够，自身缺乏相关的诊断知识和经验，难以及时发现疾病，并且，兔子一旦发病，难以得到有效的治疗，虽然有相应的疫苗和药品，但发病率和死亡率仍然很高。第二，疫苗接种效果欠佳，接种方式不当。已有的疫苗单一或老化，且质量不稳定，随着兔抗药性的提高，预防效果不佳。同时，由于规模化养兔场（户）发展迅速，兔疫苗的接种技术普及工作滞后，一部分养殖主体对于疫苗接种的操作方法和流程不清楚，常出现接种疫苗的剂量不足，预防接种时间不当、途径不当等问题，这些都极大影响了疫苗接种的效果，甚至导致疫苗接种失败。无论是小型家兔养殖户还是大型家兔养殖场都面临家兔疾病诊治技术缺失、疫苗接种不当的问题，家兔养殖中发生疾病对养殖户的打击通常比较大，也是导致家兔养殖户收益不稳定的主要因素。目前养殖户对疾病防治的需求依然很高，许多养殖户希望得到相关技术培训。

销售方面，第二困扰养殖户的难题是销售。由图 1-1 可以看出，2016 年，反映该问题的养殖户有 32.30％，从 2016 年到 2018 年反映该问题的养殖户的比例在减少，但 2019 年以后反映该问题的养殖户的比例在增加，2019 年、2020 年稳定在 25％左右。这一方面，养殖户反映最多的问题首先是市场行情差，兔产品价格波动大，投资风险大。不论是兔毛、兔皮还是兔肉，均有养殖户表示价格过低，没有利润可赚。尤其是兔毛，浙江和江苏的养殖户表示兔毛价格过低，许多养殖户表示自己积压了大量的兔毛，而兔皮存在冬季价格低、夏季没销路的问题。其次，兔肉销售难，缺乏好的销售渠道。兔肉销售难主要是因为消费者尚没有形成兔肉消费习惯，兔肉市场份额本身较小。部分养殖户认为销售渠道不畅通、不稳定，大部分养殖户的养殖规模都不是很大，议价能力弱，其生产的兔产品主要由合作社收购，缺乏其他销售途径，销售渠道单一化，有养殖户表示希望可以成立合作社或者得到一些公司的帮助，形成"公司＋农户"的销售模式。最后，养殖户之间缺乏有效的交流，大部分养殖户反映缺少专业的兔产品交易市场和信息交流平台，缺乏专业人士指导生产。2020 年暴发的新冠感染疫情导致养殖户在销售中面临更多的难题，市场价格波动大，养殖户越来越关注销售渠道的质量和多元化。

饲料方面，养殖过程中兔饲料配方和饲料供给问题比较突出。从图 1－1 中可以看出，2016 年，反映该问题的养殖占 21.38％，到了 2017 年，反映该问题的养殖户占比有所下降，但 2019 年，又上升到了 16.78％，2020 年上升到 18.72％。该变化表明，家兔养殖过程中，饲料配方的问题对于养殖户来说是亟待解决的一个重要问题。在饲料配方方面，养殖户表示市场上配方合理的饲料产品选择很少，即便有质量好一点的饲料，价格也偏高，养殖户难以承担。养殖户的饲料来源主要是外购和自制，养殖户普遍反映外购饲料质量难以保障、自制饲料缺乏科学合理的配方指导。同时，缺乏统一的饲料配方标准也是养殖户面临的困难之一。另外，一些养殖户反映饲料供给不及时，新冠感染疫情发生后，饲料工厂无法正常生产，饲料的运输也受到阻碍。随着政府采取相关措施支持生产企业正常生产，疫情对饲料供给的影响逐渐减弱，但饲料成本相比于疫情前仍处于较高的状态，养殖户的生产成本提高，收益降低。养殖户希望市场上能够出现专业提供家兔养殖饲料的公司与专业技术指导人员给他们提供专业的指导，解决饲料供应和饲料质量不稳定的问题。

保险方面，2016 年，反映该问题的养殖户占比达 28.74％，接下来的两年则有所下降，2017 年和 2018 年的比例分别为 13.82％和 7.55％，2019 年回升至 15.38％，2020 年下降到 11.91％。在保险融资方面，有两个主要问题：一是由于市场波动大，养兔风险高，但是兔产业没有被纳入国家政策性农业保险体系，养殖户希望政府建立保障机制或给予一定的补贴；二是养殖户认为存在融资难的问题，缺乏合适的融资渠道，难以扩大养殖规模，希望拓宽融资渠道，获得低息贷款等。

设施方面，养殖户表示现存的养兔设备传统简陋，急需改造更新，养兔的硬件设施和环境满足不了家兔良好生存生长的需要，使家兔很容易生病，这是困扰广大养殖场（户）的要害问题。并且，市场上设备价格过高。有部分养殖户表示由于环保等的压力，难以找到合适的土地用于兔场建设，土地租金高也是一些养殖户面临的问题。

在其他问题方面，有养殖户反映市场价格波动较大，养兔利润总体较低。

同时，养殖场存在环保压力，许多兔场面临着关停的问题。养殖户希望能够获得更多的优惠政策，同时希望政府处理好环保和发展养兔的关系。也有养殖户表示自身管理能力不足，接触不到最新的市场信息，希望有养兔带头人或者专业合作社带领其开展兔场的管理工作。

## 第三节　技术经济需求的地区差异

上一节分析的是家兔养殖过程中技术经济需求在2016—2020年的变化，需要明确的是，技术经济需求的变化跟养殖地区息息相关，不同地区的需求存在相当大的差异，因此，本节主要根据各调研省份的数据，分析不同省份在2016—2020年家兔养殖过程中的技术经济需求变化。通过对问卷数据的统计，我们得出了六类问题在各省份所占的比重。

表11-3显示了2016—2020年各省疾病防治问题反映情况，大多数省份这一问题都较为严重。被访者普遍表示缺乏专业的知识快速诊断疾病是造成兔子死亡率高的重要原因。纵向来看，2016年，疾病防治问题反馈率超过50%的省份有浙江、江苏、福建、吉林、重庆和内蒙古，安徽和山西也保持在25%以上，这说明在2016年，这些省份的疾病防治问题还是比较严重的；2017年，疾病防治问题以吉林最为严重，反馈率超过90%，河南、重庆和山西这几个省份均超过40%，浙江、江苏和福建也保持在30%左右，这说明在2017年，各省份的疾病防治问题仍然较为严重；2018年，疾病防治问题反馈率超过40%的省份有吉林和陕西，其余大部分省份在30%左右，这说明各省份的疾病防治问题一定程度上得到了缓解，但仍不容忽视；2019年，疾病防治问题反馈率河南和山西均超过了85%，在30%~70%的省份有浙江、江苏和吉林；2020年，疾病防治问题反馈率超过70%的省份为江苏、福建和四川，在45%~70%的省份为吉林和山东。分省份来看，浙江省的疾病防治问题有所缓解，反馈率从2016年的62.16%下降到2020年的14.29%。河南省的疾病防治问题在2019年比较严重。江苏省该问题的反馈率则是先下降后上升，2020年比较突出，达到75.00%，其他年份均在30%以上，较为严重。福建省的疾病防治问题反馈率也是先下降后上升，2020年达到80.00%，其他年份基本在30%以上，疾病防治问题比较突出。吉林省该问题的反馈率是先上升后下降，2017年比较突出，达到92.59%，其他年份也在40%以上，这方面的问题一直比较严重。山东省和山西省的疾病防治问题则属于较为严重的范畴，基本一直在上涨，表明这两个地区家兔养殖户对疾病防治还存在比较大的

技术经济需求。四川省是在 2020 年该问题比较突出，其他年份问题不大。青海省和陕西省这方面的问题处于一般的水平。

总体来看，2016—2020 年，疾病防治问题比较突出的省份有河南、江苏、山西和吉林。养殖户突出反映了疾病是兔养殖过程中最主要的影响因素，还普遍表示缺乏疾病预防诊治的人才和技术，对相关技术的需求非常大，然而市场却无法满足这类需求。

表 11 - 3　2016—2020 年各省疾病防治问题反映情况（％）

| 省份 | 2016 年 | 2017 年 | 2018 年 | 2019 年 | 2020 年 |
|------|---------|---------|---------|---------|---------|
| 浙江 | 62.16 | 29.63 | 34.88 | 38.30 | 14.29 |
| 河南 | 0.00 | 53.85 | 20.00 | 100.00 | 0.00 |
| 江苏 | 53.66 | 37.78 | 38.24 | 51.43 | 75.00 |
| 福建 | 50.00 | 36.00 | 28.57 | 0.00 | 80.00 |
| 吉林 | 54.17 | 92.59 | 48.57 | 41.67 | 47.37 |
| 四川 | 0.00 | 0.00 | 0.00 | 0.00 | 92.59 |
| 重庆 | 67.31 | 47.73 | — | — | — |
| 山东 | 1.82 | 11.32 | 15.38 | 13.75 | 65.71 |
| 青海 | — | 0.00 | 0.00 | — | — |
| 陕西 | — | 0.00 | 42.50 | 0.00 | 0.00 |
| 山西 | 27.27 | 42.86 | — | 85.71 | 0.00 |
| 安徽 | 40.63 | — | — | — | — |
| 河北 | 8.00 | — | — | — | — |
| 北京 | 0.00 | — | — | — | — |
| 内蒙古 | 93.33 | — | — | — | — |

注："—"代表没有调研样本。

表 11 - 4 显示了 2016—2020 年不同省份反映饲料问题的情况，可以发现，各省在不同时期的情况有所不同。分年份来看，2016 年养殖户反映饲料问题的比例超过 40％的省份只有浙江、江苏和吉林，问题省份不是很多。2017 年，反馈率超过 50％的省份有浙江和吉林，其余省份均不超过 15％，问题得到缓解。2018 年，反馈率达到 20％的省份有浙江和吉林，山东、陕西、江苏和福建在 10％左右。2019 年，反馈率在 20％以上的有吉林和浙江。2020 年，吉林问题最为严重，反馈率达到 50％，其余省份不足 15％。这说明 2016—2020 年饲料问题很大程度上得到缓解。分省份来看，可以发现，浙江省 2016—2020 年的反馈率从 75.68％降到 2.86％，表明问题得到缓解。河南省这方面的问题

较少。江苏省反馈率从 2016 年的 46.34％下降到 2020 年的 10.71％，表明该问题总体不严重，有所缓解。福建省的反馈率在 2017—2020 年均低于 10％，2016 年是最高水平，为 31.25％，表明福建地区该问题总体不严重，且有减轻的趋势。吉林省饲料问题的反馈率从 2016 年的 58.33％上涨到 2017 年的 81.48％，2019 年下降到 27.78％，2020 年又上升至 50.00％，表明 2018 年吉林省在问题加重的时候采取了措施，问题得到了缓解，但 2020 年饲料问题又急剧恶化。山东省饲料问题的反馈率从 2016 年的 1.82％上涨到 2018 年的 14.10％，2020 年又下降到 2.86％，表明问题得到了解决。四川、青海、陕西和山西的情况比较一致，反馈率均处于一般水平，波动的幅度很小，饲料问题不大。

　　总体来看，饲料方面问题比较严重的省份主要有浙江和吉林。被访者主要表达了对饲料质量不稳定、价格上涨和运输成本过高方面的担心。质量问题（例如营养价值问题）提高了养殖风险，价格上涨造成了养殖成本的增加，而运输成本过高则增加了销售的难度、减少了收益，有养殖户表示希望有统一标准的饲料配方，并希望企业能研发出安全无抗饲料生产技术。

表 11 - 4　2016—2020 年各省饲料问题反映情况（％）

| 省份 | 2016 年 | 2017 年 | 2018 年 | 2019 年 | 2020 年 |
|---|---|---|---|---|---|
| 浙江 | 75.68 | 51.85 | 25.58 | 31.91 | 2.86 |
| 河南 | 0.00 | 0.00 | 5.00 | 0.00 | 0.00 |
| 江苏 | 46.34 | 4.44 | 8.82 | 17.14 | 10.71 |
| 福建 | 31.25 | 8.00 | 7.14 | 0.00 | 6.67 |
| 吉林 | 58.33 | 81.48 | 28.57 | 27.78 | 50.00 |
| 四川 | 0.00 | 0.00 | 0.00 | 0.00 | 3.70 |
| 重庆 | 13.46 | 4.55 | — | — | — |
| 山东 | 1.82 | 11.32 | 14.10 | 2.50 | 2.86 |
| 青海 | — | 0.00 | 0.00 | 0.00 | 0.00 |
| 陕西 | — | 0.00 | 10.00 | 0.00 | 0.00 |
| 山西 | 27.27 | 0.00 | 0.00 | 0.00 | 0.00 |
| 安徽 | 9.38 | — | — | — | — |
| 河北 | 10.00 | — | — | — | — |
| 北京 | 0.00 | — | — | — | — |
| 内蒙古 | 13.33 | — | — | — | — |

注："—"代表没有调研样本。

表 11 - 5 显示了 2016—2020 年各省保险问题反映情况。在不同时期，各省的情况也有所变化。2016 年，问题严重的省份有福建和重庆，两者反馈率分别为 37.50％和 73.08％，其余省份则低于 30％；2017 年，问题最为严重的省份为重庆和河南，反馈率超过 30％，在 20％～30％的省份则有浙江和吉林，问题得到了一定的解决；2018 年，反馈率在 30％以上的省份是浙江，情况比2017 年有所缓解；2019 年，问题最为严重的省份为江苏，反馈率为 37.14％，其余省份反馈率较低。2020 年，反馈率超过 20％的为浙江、江苏和山东。分省份来看，浙江省保险问题反馈率在 8％和 35％之间波动，表明家兔养殖户比较关注保险问题。河南省反馈率从 2017 年的 30.77％下降到 2018 年的5.00％，该方面的问题较少。江苏省则是从 2016 年的 12.20％上升到 2019 年的 37.14％，又下降到 2020 年的 21.43％，总体来看保险问题在该地区有所反复，近两年有所加重，需要引起重视。福建省保险问题反馈率变化也很大，从2016 年的 37.50％下降到 2018 年的 28.57％，之后下降到 2020 年的 0.00％。吉林省的保险问题在 2016 年最严重，反馈率达 25.00％，之后逐渐减轻。重庆的保险问题在 2016 年和 2017 年比较严重，反馈率达到 73.08％和 45.45％。山东省的保险问题反馈率从 2016 年的 0.00％上涨到 2020 年 28.57％，问题在逐渐加重。安徽和内蒙古 2016 年反馈率分别是 21.88％和 13.33％。四川省、青海省、陕西省、河北省、北京市和山西省的保险问题基本不太严重。

总体来说，保险问题比较严重的省份有浙江、吉林和重庆。家兔养殖户认为市场行情难以预测，由于信息不完全，价格波动常常给他们带来很大的损失，故对保险的需求较大。养殖户希望政府能够扶持保险业的发展或者出台一些支持性政策，以降低家兔养殖过程中的风险，保障他们的收益。

表 11 - 5　2016—2020 年各省保险问题反映情况（％）

| 省份 | 2016 年 | 2017 年 | 2018 年 | 2019 年 | 2020 年 |
|---|---|---|---|---|---|
| 浙江 | 18.92 | 25.93 | 34.88 | 8.51 | 25.71 |
| 河南 | 0.00 | 30.77 | 5.00 | 0.00 | 0.00 |
| 江苏 | 12.20 | 15.56 | 11.76 | 37.14 | 21.43 |
| 福建 | 37.50 | 0.00 | 28.57 | 0.00 | 0.00 |
| 吉林 | 25.00 | 22.22 | 5.71 | 5.56 | 7.89 |
| 四川 | 0.00 | 0.00 | 0.00 | 0.00 | 0.00 |
| 重庆 | 73.08 | 45.45 | — | — | — |
| 山东 | 0.00 | 1.89 | 5.13 | 3.75 | 28.57 |

（续）

| 省份 | 2016 年 | 2017 年 | 2018 年 | 2019 年 | 2020 年 |
|------|---------|---------|---------|---------|---------|
| 青海 | — | 0.00 | 0.00 | — | — |
| 陕西 | — | 0.00 | 10.00 | 0.00 | 0.00 |
| 山西 | 0.00 | 0.00 | — | 0.00 | 0.00 |
| 安徽 | 21.88 | — | — | — | — |
| 河北 | 0.00 | — | — | — | — |
| 北京 | 0.00 | — | — | — | — |
| 内蒙古 | 13.33 | — | — | — | — |

注："—"代表没有调研样本。

　　表 11-6 显示了各省 2016—2020 年销售问题的反映情况。2016 年，该问题反馈率超过 50％的省份为浙江和内蒙古，排在其后的有江苏和重庆；2017 年，总体来看问题得到减轻，反馈率方面浙江以 62.96％高居榜首，超过 40％的有重庆、吉林，在 20％左右的有江苏和河南；2018 年，反馈率超过 50％的省份有吉林和浙江，江苏在 30％左右，其余省份均在 10％及以下；2019 年，反馈率超过 40％的省份有浙江、江苏和吉林，陕西达到 30％；2020 年，反馈率超过 60％的省份为江苏和浙江，超过 40％的省份是吉林。分省份来看，浙江省在销售方面的问题还是比较严重的，反馈率基本在 65％以上，浙江省的养殖户面临的更多是市场波动带来的销售难的问题，因为兔毛市场持续低迷，造成销售渠道不畅，兔毛大量积压，养殖户在销售环节的技术经济需求一直较高。河南省反馈率从 2016 年的 3.85％上升到 2017 年的 15.38％，又下降到 2018 年的 10.00％，2019 年和 2020 年均为 0.00％，表明销售问题也逐渐缓解。江苏省的销售问题相对来说较为严重，反馈率是先下降后回升，从 2016 年的 46.34％下降到 2017 年的 26.67％，又上升到 2020 年的 64.29％，在 25％和 65％之间波动，表明销售问题在该地区有所反复，且在近两年有所加重，需要引起重视。福建省的销售问题反馈率则是逐渐下降，从 2016 年的 31.25％下降到 2020 年的 0.00％，这说明福建省的销售问题不大。吉林省销售问题的反馈率则是在波动中上升，2016 年为 20.83％，2018 年上升到 51.43％，2020 年降为 47.37％。四川省的情况相对来说没那么严重，反馈率在 0 和 5％之间波动。重庆市销售问题比较突出，反馈率在 45％左右。山东省相对来说问题不大，反馈率基本在 0 和 5％之间波动。青海省和河北省基本没有反映销售方面的问题。陕西省的销售问题在 2019 年比较突出，达到

30.00%，其他年份问题不大。山西省销售问题反馈率也逐渐下降，从 2016 年的 18.18%下降到 2020 年的 0。安徽省和北京市 2016 年反馈率均达到 30%以上，表明在这两个地区，家兔的销售问题也困扰着养殖户。

总体来说，2016—2020 年，销售问题比较严重的为浙江、江苏、吉林和重庆。受访者多认为对市场信息不了解，希望有关部门能提供信息，希望销售渠道多元化，并且希望可以成立养兔合作社或者得到一些公司的帮助。

表 11-6　2016—2020 年各省销售问题反映情况（%）

| 省份 | 2016 年 | 2017 年 | 2018 年 | 2019 年 | 2020 年 |
|---|---|---|---|---|---|
| 浙江 | 78.38 | 62.96 | 65.12 | 72.34 | 68.57 |
| 河南 | 3.85 | 15.38 | 10.00 | 0.00 | 0.00 |
| 江苏 | 46.34 | 26.67 | 29.41 | 54.29 | 64.29 |
| 福建 | 31.25 | 8.00 | 0.00 | 0.00 | 0.00 |
| 吉林 | 20.83 | 48.15 | 51.43 | 44.44 | 47.37 |
| 四川 | 0.00 | 0.00 | 0.00 | 0.00 | 3.70 |
| 重庆 | 44.23 | 45.45 | — | — | — |
| 山东 | 0.00 | 1.89 | 5.13 | 2.50 | 0.00 |
| 青海 | — | 0.00 | 0.00 | — | — |
| 陕西 | — | 0.00 | 10.00 | 30.00 | 0.00 |
| 山西 | 18.18 | 0.00 | — | 0.00 | 0.00 |
| 安徽 | 31.25 | — | — | — | — |
| 河北 | 0.00 | — | — | — | — |
| 北京 | 32.14 | — | — | — | — |
| 内蒙古 | 53.33 | — | — | — | — |

注："—"代表没有调研样本。

表 11-7 显示了各省 2016—2020 年设施问题的反映情况。2017 年，反馈率超过 20%的省份为浙江、江苏和吉林，其余大部分省份在 10%左右；2018 年，反馈率超过 20%的省份是浙江，达到 23.36%，在 10%～20%的有江苏、福建、吉林和陕西；2019 年，反馈率超过 30%的省份有浙江、江苏、河南和陕西，其余省份均在 10%以下；2020 年，反馈率超过 20%的省份为江苏和浙江。分省份来看，浙江省的设施问题还是比较严重的，反馈率基本在 25%以上。河南省反馈率从 2017 年的 15.38%上升到 2019 年的 30.77%，又下降到

2020 年的 0，表明设施设备问题在波动中逐渐缓解。江苏省问题较为严重，反馈率是先上升后回落，从 2017 年的 22.22％上升到 2019 年的 51.43％，又回落到 2020 年的 28.57％，表明设施问题在该地区有所反复，在 2020 年有所减轻。福建省的设施问题反馈率则是波动下降，从 2017 年的 12.00％下降到 2020 年的 0，这说明福建省的设施问题不大。吉林省设施问题逐渐减缓，2017 年为 48.15％，2020 年降为 2.63％。四川省的问题相对较小，只有 2020 年有 11.11％的受访者反馈该问题，但 2020 年反馈率的上升仍需警惕。重庆市反馈率在 2017 年达到 9.09％。山东省相对来说问题不大，基本在 5％以内波动。青海省和山西省基本没有受访者反映有这方面的问题。陕西省的设施问题在 2019 年比较突出，反馈率达到了 30.00％，其他年份问题不大。

　　总体来说，2016—2020 年，设施问题比较严重的省份为浙江和江苏。养殖户集中反映的问题是现存的设施设备过于老旧，急需更新，如果沿用现有的设施设备进行养殖，依然需要投入较多人力，希望能够实现自动化养兔。还有一些养殖户表示环保设备的价格过于昂贵、折旧率太高，以及难以找到规模适合的配套养兔设备。

表 11 - 7　2016—2020 年各省设施问题反映情况（％）

| 省份 | 2016 年 | 2017 年 | 2018 年 | 2019 年 | 2020 年 |
|---|---|---|---|---|---|
| 浙江 | — | 25.93 | 23.26 | 34.04 | 34.29 |
| 河南 | — | 15.38 | 7.69 | 30.77 | 0.00 |
| 江苏 | — | 22.22 | 17.65 | 51.43 | 28.57 |
| 福建 | — | 12.00 | 17.86 | 7.14 | 0.00 |
| 吉林 | — | 48.15 | 14.29 | 2.78 | 2.63 |
| 四川 | — | 0.00 | 0.00 | 0.00 | 11.11 |
| 重庆 | — | 9.09 | — | — | — |
| 山东 | — | 1.89 | 5.13 | 1.25 | 0.00 |
| 青海 | — | 0.00 | 2.94 | | |
| 陕西 | — | 0.00 | 10.00 | 30.00 | 0.00 |
| 山西 | — | 0.00 | | 0.00 | 0.00 |
| 安徽 | — | | | | |
| 河北 | — | | | | |
| 北京 | — | | | | |
| 内蒙古 | — | | | | |

注："—"代表没有调研样本。

表 11 - 8 显示了 2016—2020 年各省其他方面问题的反映情况。2016 年，其他问题比较严重的是浙江、北京和内蒙古，反馈率超过 30%；2017 年，问题比较严重的是浙江，反馈率达到了 12.96%；2018 年，问题最严重是浙江和陕西，反馈率分别为 32.56% 和 35.00%，在 20% 左右的是河南和山东；2019 年，整体情况比上年有所恶化，问题最严重的江苏反馈率有 51.43%，其次是陕西，为 45.00%；2020 年江苏反馈率超过 50%，达到 64.29%，浙江的反馈率是 20.00%，余者则在 5% 以下。

总体来说，2016—2020 年，对其他问题反映比较集中的省份有浙江、陕西和江苏，主要问题是养殖技术和管理能力的缺乏，以及养殖成本太高、市场价格与利润低，养殖户希望政府给予更多的政策支持，包括免费提供兔瘟疫苗、技术培训等。

表 11 - 8　2016—2020 年各省其他方面问题反映情况（%）

| 省份 | 2016 年 | 2017 年 | 2018 年 | 2019 年 | 2020 年 |
| --- | --- | --- | --- | --- | --- |
| 浙江 | 51.35 | 12.96 | 32.56 | 27.66 | 20.00 |
| 河南 | 3.85 | 7.69 | 15.00 | 0.00 | 0.00 |
| 江苏 | 26.83 | 6.67 | 2.94 | 51.43 | 64.29 |
| 福建 | 6.25 | 4.00 | 0.00 | 0.00 | 0.00 |
| 吉林 | 20.83 | 7.41 | 2.86 | 8.33 | 2.63 |
| 四川 | 11.76 | 0.00 | 0.00 | 0.00 | 3.70 |
| 重庆 | 19.23 | 4.55 | — | — | — |
| 山东 | 3.64 | 1.89 | 19.23 | 2.50 | 0.00 |
| 青海 | — | 0.00 | 2.94 | — | — |
| 陕西 | — | 0.00 | 35.00 | 45.00 | 0.00 |
| 山西 | 27.27 | 0.00 | — | 0.00 | 0.00 |
| 安徽 | 3.13 | — | — | — | — |
| 河北 | 22.00 | — | — | — | — |
| 北京 | 32.14 | — | — | — | — |
| 内蒙古 | 33.33 | — | — | — | — |

注："—"代表没有调研样本。

根据以上对养殖户技术经济需求的分析，针对当前家兔养殖户的具体需求，提出以下几条建议，以期对解决现有问题有所裨益。

第一，进一步加大对养殖户的疾病防治技术培训力度。结合调研来看，兔养殖过程中，疾病多发是困扰养殖户的头号难题，并且其直接影响养兔的经济效益。养殖户集中反映了疾病的早期预防比后续治疗重要。养殖户早期对兔舍消毒不到位、缺乏专业的知识技能识别兔病的早期症状，双重问题导致兔病发生率居高不下，并且一旦发病兔的死亡率非常高。当前养殖户最需要的是相关技术培训或技术服务。

第二，加大品牌建设力度。应加强对兔产品的宣传和推广，丰富兔产品的销售方式和渠道，挖掘更多消费群体。在对兔肉消费的调研中发现，消费者对兔肉的一些优良特性不怎么了解，需要相关部门加强对兔肉消费的宣传，拓展消费市场。广大养殖户、行业协会和科研机构等单位，应积极利用电视、广播和自媒体等途径加强对兔产业和兔产品的宣传，充分利用公共数字文化服务的有力载体促进兔产业发展，提高兔产品知名度，增强兔产品品牌优势。政府应为龙头企业提供相关支持，引导消费者形成兔产品消费习惯，提高兔产品市场份额，从而促进兔产业健康快速发展。

第三，加大政策扶持力度。很多养殖户反映，资金的短缺限制了其养殖规模的扩大，因此需要政府出台更多有利政策填补养殖规模化的要素缺口。例如在金融方面可考虑以贴现贷款或小额信贷等多种途径，解决养殖户发展资金的问题，用高效的投资机制来保障养兔业的发展。同时，考虑到养殖风险和养殖户对保险需求的与日俱增，政府可以考虑像其他牲畜与家禽那样将养兔纳入保险范畴从而降低兔养殖户的经济损失。

第四，加强人才培训。从事兔业养殖的人员文化水平普遍偏低，兔企业可以招聘专业技术人才并对相关人才开展职业技术培训，充分发挥职业人才学习能力强、技能提升快的优势，将人才与企业发展需求相结合。同时加快引进和培育国家兔产业技术体系专家人才和科技人员，开展养兔技术培训指导，依托龙头企业与科研院校深度合作，研发推广疾病防控、兔产品深加工等技术，补充完善兔场设施装备，增强产业抗风险能力。

第五，建立有效的市场信息平台。信息不完全是影响养殖户的重要因素，不少养殖户表示自身能力有限，难以及时有效地接触到市场信息。价格波动大是兔养殖户面临的难题，市场信息缺失和偏差增大了兔农的养殖风险。因而需要建立整体网络或区域性的专业交易信息平台，为兔农提供及时准确的信息，让养殖户充分了解兔产品和兔饲料市场价格的波动情况，作出有效决策。

（本章执笔：武拉平　史畅　胡永浩）

# 第十二章　家兔规模高效饲养技术经济分析

## 第一节　中国兔业生产要素变化研究

### 一、兔业生产要素成本的结构

兔业生产要素总生产成本分为生产成本和土地成本。生产成本又分为物质与服务成本和用工成本。其中物质与服务成本包括直接生产成本和间接生产成本。直接生产成本主要包括仔畜成本（仔兔和种兔）、饲料成本、医疗防疫成本、燃料动力成本、水成本等；间接生产成本主要包括固定资产折旧成本（包括兔舍、兔笼及机械折旧）及税成本、管理成本、保险成本等。用工成本由家庭用工折价和雇工成本组成。规模化小区养殖雇工成本会占较大比例。2016—2020年调研数据显示，在直接生产成本中，种兔成本、饲料成本、水电煤等燃料动力成本和医疗防疫及技术服务成本所占比例较大；在间接生产成本中固定资产折旧成本所占比重较大。以上费用再加上劳动力成本合计占总成本的比重历年平均在80%以上，而其他成本占总成本比例较少，所以选取这几种生产要素成本进行深入分析，以期找到提升我国兔业竞争优势的对策。

### 二、兔业生产要素成本的变化

#### （一）劳动力成本变化

劳动力成本是肉兔总成本的主要组成部分。2019年，劳动力费用占比达到最高值34.85%；劳动力费用占比最低的是2020年，为10.50%。总体来说，2016—2020年肉兔劳动力费用占总成本比例呈现出先降后升再降的走势（图12-1）。

2016—2020年獭兔劳动力费用占总成本的比例总体呈现出波动下降趋势。其中，2016年劳动力费用占比为18.06%，为最高值。2017年下降到12.49%，之后2018年有所回升。2018—2020年，獭兔劳动力费用占总成本比例呈现出逐年递减的趋势，2018年劳动力费用占比为14.68%，2020年下降到最低值10.56%，与2016年相比，降低了7个多百分点（图12-1）。

劳动力费用占毛兔总成本的比例总体呈现出波动上升的趋势。2016 年劳动力费用占毛兔总成本比例最低，为 17.10％；2020 年劳动力费用占总成本比例最高，为 25.86％（图 12-1）。

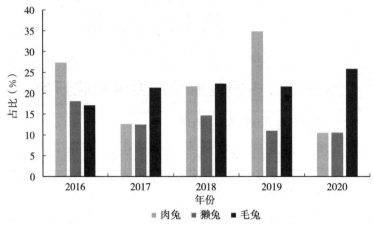

图 12-1 2016—2020 年劳动力费用占总成本比例

## （二）种兔成本变化

肉兔种兔费用占总成本比重总体呈现先下降后上升的趋势。2016 年种兔费用占总成本的比例最高，为 8.32％。2016—2018 年种兔费用占总成本的比例呈现逐年下降趋势，2018 年达到最低值 1.63％。之后种兔费用占比有所回升。其中 2019 年这一比例为 5.91％，而 2020 年为 4.61％，下降的原因在于种兔费用下降的速度快于总成本下降的速度（图 12-2）。

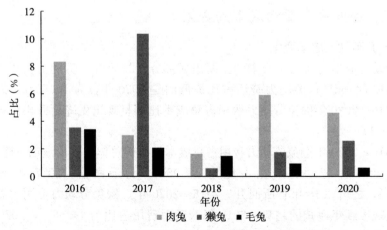

图 12-2 2016—2020 年种兔费用占总成本比例

獭兔种兔费用占总成本比重呈现出先上升后波动下降的趋势。2017年达到最高水平，之后大幅度下降，由2017年的10.37%下降到2019年的1.76%，下降83.03%。2019—2020年则呈现出一定的上升趋势，2020年种兔费用占比为2.59%，上升的原因在于种兔费用下降的速度慢于总成本下降的速度（图12-2）。

毛兔种兔费用占总成本比例呈现出逐年下降的趋势。2016年处于较高水平，为3.42%，2020年达到最低值0.63%。总体来说，毛兔种兔费用占总成本比例年均为1.71%（图12-2）。

### （三）饲料成本变化

肉兔饲料费用占总成本的比重呈现出先升后降再升的趋势。2016—2017年饲料费用占总成本比例呈现出上升趋势，2017年饲料费用占总成本的比例达到最高值71.16%。之后饲料费用占总成本比例有所下降，并在2019年下降到最低值48.21%。2020年有所回升，为68.85%。2016—2020年年均饲料费用为每百只2 254.90元，占总成本比例年均为59.03%（图12-3）。

獭兔饲料费用占总成本的比重一般在55%～75%。2017年獭兔饲料费用占总成本的比例最低，为58.40%。总体来看，除2017年外，饲料费用占獭兔总成本的比重变化不大，保持在60.23%到74.51%之间。2016—2020年年均饲料费用为每百只3 188.46元，饲料费用占獭兔总成本比例年均为66.01%（图12-3）。

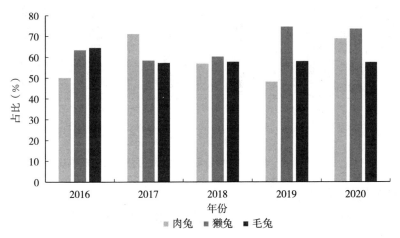

图12-3　2016—2020年饲料费用占总成本比例

对于毛兔来讲，饲料费用占总成本的比重一般为55%～65%。2016—

2020 年毛兔的饲料费用占比波动幅度不大，较为稳定。其中，2016 年略高，为 64.52％。其他年份在 57.21％到 58.02％之间波动。2016—2020 年年均饲料费用为每百只 15 387.16 元，平均大约占毛兔总成本的 59％（图 12 - 3）。

### （四）水电煤等燃料动力成本变化

肉兔水电煤等燃料动力费用在 2016—2019 年呈现出明显递增的趋势，随后 2020 年有所回落。2016—2020 年肉兔的年均水电煤等燃料动力费用为每百只 64.99 元，占总成本比例平均为 1.64％（图 12 - 4）。

2016—2020 年，獭兔水电煤等燃料动力费用占总成本比例呈现出先下降后上升的趋势。其中最低值出现在 2017 年，为 1.23％。2018—2020 年呈现出明显递增的趋势。总体来看，2016—2020 年獭兔水电煤等燃料动力费用占总成本比例平均为 1.97％（图 12 - 4）。

2016—2020 年，毛兔水电煤等燃料动力费用的占比呈现出波动递增的趋势。最大值出现在 2019 年，为 2.96％。总体来看，2016—2020 年年均毛兔水电煤等燃料动力费用为每百只 501.90 元，占总成本比例平均为 1.95％（图 12 - 4）。

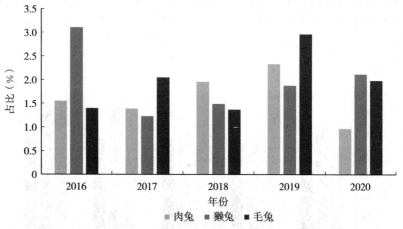

图 12 - 4　2016—2020 年水电煤等燃料动力费用占总成本比例

### （五）医疗防疫及技术服务成本变化

肉兔医疗防疫及技术服务费用占比呈现出先下降后上升的趋势。首先在 2016—2018 年呈现出下降趋势，然后在 2019—2020 年有小幅度的提高。2016—2020 年年均医疗防疫及技术服务费用为每百只 50.48 元，占总成本比例年均为 1.34％（图 12 - 5）。

獭兔医疗防疫及技术服务费用占总成本比例总体呈现出先上升后下降再上升的趋势。医疗防疫及技术服务费用占总成本比例在 2017 年最高，达到2.29％，2018 年大幅度下降至 0.89％，且在 2018—2020 年变化不是很明显。2020 年，该比例较 2019 年有所上升，但上升幅度不是很大（图 12 - 5）。

毛兔医疗防疫及技术服务费用占总成本的比例较低，且呈现明显的波动下降的趋势。2016—2020 年毛兔年均医疗防疫及技术服务费用为每百只 278.24元，占总成本比例年均为 1.07％（图 12 - 5）。

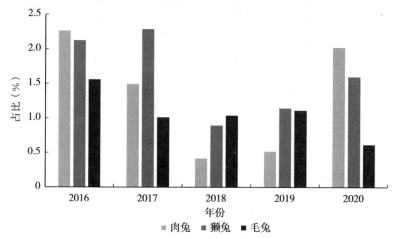

图 12 - 5　2016—2020 年医疗防疫及技术服务费用占总成本比例

### （六）固定资产折旧成本变化

肉兔固定资产折旧占总成本的比例呈现出先下降后上升的趋势。在 2018年处于最低水平，为 1.46％，之后呈现出逐年大幅上升的趋势，2020 年处于最高水平，为 8.92％。2016—2020 年肉兔年均固定资产折旧为每百只 231.64元，占总成本比例年均为 5.99％（图 12 - 6）。

獭兔固定资产折旧占总成本比例呈现出明显的波动趋势。2016—2017 年出现了大幅度的提高，由 5.36％提高到 10.45％，提高了 5 个百分点。随后呈现出波动下降的趋势，2020 年下降到 5.42％。2016—2020 年獭兔年均固定资产折旧为每百只 348.29 元，占总成本比例年均为 7.10％（图 12 - 6）。

毛兔固定资产折旧占总成本的比例呈现出先上升后下降再上升的趋势，由2016 年的 6.57％增加到 2018 年的 11.16％，提高了 5 个百分点，之后的 2019年有所下降，2020 年又有回升。2016—2020 年毛兔年均固定资产折旧为每百只 2 404.82 元，占总成本比例年均为 9.25％。这表明 2016—2020 年毛兔养殖中投入的固定资产有所增加，养殖户投入了更多更新的机器和设备（图12-6）。

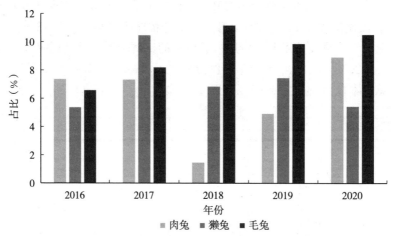

图 12-6　2016—2020 年固定资产折旧占总成本比例

## 三、兔业生产要素成本变化的影响和对策

兔产业的发展主要受四方面因素的影响，即生产要素（包括人力资源、天然资源、知识资源、资本资源、基础设施）、需求条件（主要是本国市场的需求）、相关产业和支持产业的表现（这些产业和相关上游产业是否有国际竞争力）、企业的战略和结构。在四大要素之外还存在两大变数：政府与机会。机会无法控制，政府政策的影响不可忽视。综合上述各个方面，从长期来看，兔产业的发展主要受养殖和加工技术、养殖户文化水平、人工成本、饲料资源（特别是优质粗饲料）、消费者对兔肉营养价值的认识、小规模生产者的小农户意识等影响。从短期来看，制约我国兔产业发展的主要因素包括：疾病的防治、企业的营销意识、兔肉营销组织、国际环境等。

对于大中型养殖场而言，主要的制约因素是工资上涨和劳动力紧缺。为此，需要企业不断改善工人的生产条件，特别是兔舍环境卫生条件，吸引更多年轻的有知识的人才加入，同时企业也要积极推进机械化、自动化或半自动化生产，提高效率、节约人工，从而实现更大的利润。产业经济岗位 2020 年对投入产出的研究表明，机械等固定资产投资对兔场产值的贡献指数比上年提高较多，由 2019 年的 0.170 提高到 2020 年的 0.247，说明 2020 年机械设备等固定资产投入每增加 1%，兔场利润将增加 0.247%，劳动力投入的贡献指数也由 2019 年的 0.086 进一提高到 0.175，即 2020 年兔场工人工资支出每增加 1%，兔场产值将增加 0.175%。因此，应该引导大中型养殖户积极引进机械化设备，节约人工，提高收益。

## 第二节　肉兔标准化规模高效养殖技术经济分析

肉兔养殖是我国家兔行业中饲养规模最大、参与人数最多、产值最高的分支。2016—2020 年国家兔产业技术体系产业经济岗位对各肉兔主产省进行了问卷调查，掌握了我国肉兔标准化养殖技术经济情况。结论为：国家兔产业技术体系为肉兔养殖户提供了种兔选择、饲料配方等多方面帮助；2016—2020 年肉兔总产出增长指数为 102%，2016—2020 年肉兔技术进步贡献率为 75.90%，肉兔总产出的增长主要来自技术进步。

### 一、肉兔标准化规模高效饲养整体概况

在我国家兔养殖中，肉兔约占 60% 以上，具有绝对优势。为进一步了解和掌握我国肉兔养殖户对肉兔标准化规模高效饲养关键技术的需求以及肉兔标准化规模高效饲养关键技术对总产出的贡献情况，国家兔产业技术体系产业经济岗位于 2016—2020 年在肉兔各主产省对肉兔养殖户进行了相关问卷调查，共获得肉兔养殖户有效问卷 1 089 份。问卷调研地点以及问卷数量见表 12 - 1。

表 12 - 1　调研地点及问卷有效情况

| 年份 | 调研地点 | 有效问卷数（份） |
|---|---|---|
| 2016 | 重庆、山东、福建、江苏、河南、吉林、浙江、山西、四川 | 244 |
| 2017 | 福建、河南、吉林、江苏、山东、陕西、重庆、四川 | 245 |
| 2018 | 福建、河南、吉林、山东、陕西、四川、江苏 | 251 |
| 2019 | 山东、吉林、贵州、江苏、河南 | 170 |
| 2020 | 福建、河南、吉林、江苏、山东、陕西、四川 | 179 |
| 合计 | | 1 089 |

数据来源：根据调研数据整理。

### （一）肉兔养殖户种兔选择

肉兔养殖户在选择种兔时有 8 个方面考虑，包括国家兔产业技术体系专家建议、业内其他专家建议、邻里介绍、养殖经验、媒体广告、方便、自家没有育种技术和其他。

对 2019 年和 2020 年的数据进行汇总发现，超过 65％的肉兔养殖户在选择种兔时更相信国家兔产业技术体系专家的建议。可见通过十余年来的努力工作，国家兔产业技术体系已经在全国肉兔养殖户心目中形成了比较权威的形象。服务我国肉兔产业的除了国家兔产业技术体系专家以外，还有一些其他高校和科研机构的专家，有 64.3％的肉兔养殖户在选择种兔时会听取业内其他专家的建议。

根据调研结果，73％的肉兔养殖户选择种兔时是根据自己的养殖经验。这主要是因为肉兔养殖的连贯性和长久性，在长时间的养殖过程中，肉兔养殖户积累了一些经验。肉兔养殖中存在地缘性，因而肉兔养殖户在选择种兔时会参考邻里的建议。而肉兔养殖户在选择种兔时较少考虑媒体所做的宣传，其中 2019 年和 2020 年，肉兔养殖户依据媒体广告来选择种兔的比例最低，2018 年这一比例最高，为 7.5％。一方面可能是因为有关种兔选择方面的媒体宣传较少；另一方面也可能与我国的信用环境有关，虽然我国近年来信用环境有所改善，但整体来看仍不容乐观，肉兔养殖户担忧媒体虚假宣传。肉兔养殖户选择种兔的各项原因所占比例如图 12 - 7 所示。

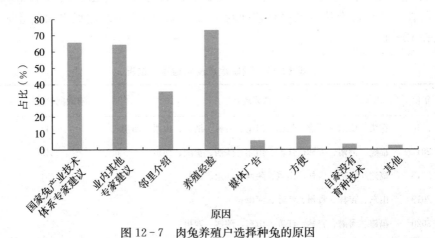

图 12 - 7　肉兔养殖户选择种兔的原因

### （二）肉兔养殖户饲料配方来源

在肉兔养殖中，饲料不仅一直占有 50％～70％的成本份额，而且其好坏直接影响到肉兔的产量和品质。因此,肉兔养殖户对饲料及其配方都比较看重。

有些肉兔养殖户为了降低成本、增加效益,会选择自己配制饲料。在调研中,超过14.6%的肉兔养殖户会选择全部或者部分自制饲料。在养殖户自制饲料过程中,配方的来源分为四种:自己的经验、其他养殖户、国家兔产业技术体系专家、看书或光盘等学习。依据调研数据,在四种来源中,国家兔产业技术体系专家的占比高于其他三种来源,达到32.34%,说明肉兔养殖户对于国家兔产业技术体系专家比较信赖。与选择种兔时一样,很多肉兔养殖户在自制饲料时也是根据自己的经验来选择饲料配方,占比为29.59%。因肉兔养殖地缘性和业缘性而学习、借鉴其他养殖户饲料配方的肉兔养殖户大约为19.04%。此外还有4.82%的肉兔养殖户会选择看书或光盘来学习自制饲料。四种饲料配方来源占比如图12-8所示。

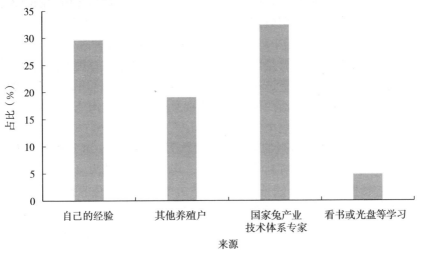

图12-8　肉兔养殖户自制饲料配方来源

### (三) 兔场养殖环境控制

兔舍环境状况不仅影响肉兔的生长,还会影响良种兔的生产性能。冬春季节气温低于8℃,必须做好笼舍保温工作,防止寒风侵袭,特别是在繁殖期间;夏季室温较高,各种细菌易繁殖,必须做好防潮通风工作,避免因环境不佳引起各种疾病。2016—2020年对兔场降温、通风和保暖三方面工作情况做了调查,发现兔场在环境控制方面的投入不断增加。其中在降温方面的投入增速是最快的。可能的原因是肉兔养殖除了需要安静的环境,还需要温度和湿度符合卫生标准。在炎热的夏天，为了保证肉兔不中暑，需要通风和降温相结合。

### （四）国家兔产业技术体系对肉兔养殖户的帮助

国家兔产业技术体系自建立以来，为我国的兔养殖户提供了众多帮助，主要体现在种兔选择（育种）、饲料（配方）、疾病防控、环境设施、屠宰加工、销售渠道、养兔知识培训等方面。

通过调研可以看出，65.79%的肉兔养殖户在疾病防控方面受到过国家兔产业技术体系的帮助，这主要是因为肉兔本身抗病性较弱，养殖中疾病容易传播，如果将疾病防控做好，对肉兔的存栏、出栏和兔肉品质都有积极而重要的作用，这方面的帮助最终会转化为肉兔养殖户的经济效益，因而疾病防控是国家兔产业技术体系对肉兔养殖户帮助最多的方面。61.88%的肉兔养殖户接受过国家兔产业技术体系提供的养兔知识培训，养兔知识培训可以提高肉兔养殖户的养殖技术水平、降低养殖过程中的风险，进而提高肉兔养殖户的收入、降低养殖成本、提升肉兔养殖效益。

在调研中有近40%的肉兔养殖户在种兔选择或者育种时受到了国家兔产业技术体系的帮助，这主要是因为国家兔产业技术体系在育种方面取得了显著成就，为肉兔养殖户在种兔选择方面提供了较多便利。30%左右的肉兔养殖户受到了饲料或饲料配方方面的帮助，这主要是因为饲料在肉兔饲养成本中占比较大，同时饲料还会影响兔肉的品质。23.36%的肉兔养殖户在环境设施方面受到了国家兔产业技术体系的帮助，主要涉及兔笼兔舍、通风降温与保暖设施，这些环境设施的改善有利于肉兔饲养。肉兔养殖户认为屠宰加工方面受到帮助最少，帮助率仅为7.62%，这主要是由于我国的肉兔养殖规模较小，肉兔养殖户大多以活兔方式出售产品，而不进行肉兔的屠宰和加工。但仅出售初级产品活兔，肉兔养殖户所获利润不高，因此，为了提高肉兔养殖户的收益，应该对一些饲养规模较大的、有屠宰能力的肉兔养殖户提供技术以及资金支持，延长肉兔养殖户的产业链，提高肉兔养殖收益，从而促进肉兔养殖户和肉兔产业实现良性发展。国家兔产业技术体系对肉兔养殖户的帮助分布如图12-9所示。

## 二、肉兔标准化规模高效饲养实证分析

### （一）模型设定

本部分采用柯布—道格拉斯（Cobb-Dauglas）生产函数进行分析。柯布—道格拉斯生产函数最初是美国数学家柯布（C. W. Cobb）和经济学家保罗·

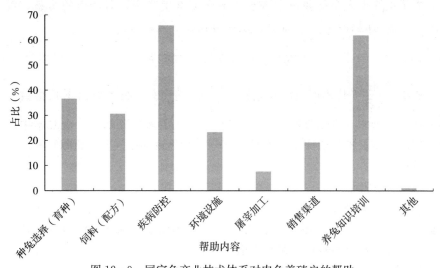

图 12 - 9　国家兔产业技术体系对肉兔养殖户的帮助

道格拉斯（Paul H. Douglas）共同探讨投入和产出的关系时创建的生产函数，简称 C - D 生产函数。其函数式为：

$$Y = AK^\alpha L^\beta \qquad (12-1)$$

其中，$Y$ 为总产出；$K$ 与 $L$ 为资本和劳动的投入量；$A$ 为全要素生产率（Total Factor Productivity，TFP），代表技术进步的作用；$\alpha$ 和 $\beta$ 分别为资本投入和劳动投入的生产弹性。

利用 C - D 生产函数，可以估计各项投入要素和技术进步对农业产出的影响程度，从而判定不同的投入要素和技术进步对产出的贡献程度。本研究采用 C - D 生产函数的扩展形式，主要包括 5 个自变量，具体函数式如下：

$$\ln Y_{it} = \alpha + \beta_1 \ln X_{1it} + \beta_2 \ln X_{2it} + \beta_3 \ln X_{3it} + \beta_4 \ln X_{4it} + \beta_5 \ln X_{5it} + \varepsilon_{it}$$

$$(12-2)$$

式中 $i$ 表示第 $i$ 个兔场；$t$ 表示时间，区间为 2016—2020 年；$Y_{it}$ 为第 $i$ 个兔场在 $t$ 年的总产值，等于主产品产值和副产品产值之和；自变量依次为饲料费用（$X_{1it}$）、水电煤等燃料动力费用（$X_{2it}$）、医疗防疫及技术服务费用（$X_{3it}$）、固定资产折旧费用（$X_{4it}$）、劳动力费用（$X_{5it}$），其中，饲料费用为配合饲料、青粗饲料、饲料代加工费用以及其他支出之和，劳动力费用包括家庭劳动力折价和雇工费；$\beta_i$ 表示每种投入要素所占份额；$\varepsilon_{it}$ 为残差，即全要素生产率，代表投入要素所不能解释的因素，如技术进步、环境改变、政策改变以及一些外部冲击等。

为了核算投入要素和技术进步（或全要素生产率）对产出的贡献，对式（12-2）按时间 $t$ 进行左右求导，从而得到如下函数式：

$$\frac{\partial \ln Y_{it}}{\partial t} = \sum_{k=1}^{5} \hat{\beta}_i \frac{\partial \ln X_{kit}}{\partial t} + \gamma_{it} \qquad (12-3)$$

式中，$\frac{\partial \ln Y_{it}}{\partial t}$ 代表产出增长指数，$\sum_{k=1}^{5} \hat{\beta}_i \frac{\partial \ln X_{kit}}{\partial t}$ 为投入要素增长指数，$\gamma_{it}$ 表示技术进步率（或全要素生产率指数）。投入要素增长指数、全要素生产率指数与产出增长指数的比率，就是本部分需要测算的投入要素贡献率和技术进步贡献率。

### （二）模型结果

为了了解肉兔养殖户的产出增长指数、投入要素及技术进步对产出的贡献率，基于 2016—2020 年肉兔的全部样本，采用最小二乘估计法对式（12-2）进行了估计，模型参数估计结果见表 12-2。

表 12-2　2016—2020 年肉兔投入要素与技术进步对产出的贡献率（%）

| 年份 | 总产出增长指数 | 投入要素 | | | | | 技术进步 |
|---|---|---|---|---|---|---|---|
| | | 饲料 | 水电煤等燃料动力 | 医疗防疫及技术服务 | 固定资产折旧 | 劳动力 | |
| 2016—2020 | 102.0 | 10.1 | 2.4 | 3.6 | 5.2 | 2.8 | 75.9 |
| 2016—2017 | 85.1 | 7.4 | 3.7 | 5.7 | 0.5 | 7.6 | 75.0 |
| 2017—2018 | 107.1 | 1.2 | −1.8 | 0.7 | 6.9 | 5.0 | 88.0 |
| 2018—2019 | 122.1 | 4.3 | −6.3 | 8.3 | 1.8 | 7.3 | 84.5 |
| 2019—2020 | 91.6 | 13.7 | −2.4 | 0.1 | 2.4 | 2.6 | 83.5 |

从表 12-2 中可以看出，2016—2020 年肉兔的技术进步贡献率为 75.9%，2016—2020 年总产出增长指数为 102.0%，2016—2020 年肉兔总产出有所增长。

对 2016—2020 年各年度的总产出增长指数进行分析可以得出，2016—2017 年总产出增长指数小于 1，这可能是因为 2016 年前后肉兔行情较好，让很多养殖户看到效益，入行多年的养殖户获得丰厚回报，吸引了众多行业的人士纷纷加入肉兔养殖大军，导致肉兔产品供过于求，从而造成价格下降，再加上许多肉兔养殖户转行，所以 2017 年总产出增长指数小于 1。经过 2017 年的调整，总产出有所回升。

对 2016—2020 年各年度的技术进步贡献率进行分析可以得出，2016—

2017 年技术进步贡献率为 75.0％，饲料、水电煤等燃料动力、医疗防疫及技术服务、固定资产折旧和劳动力五种投入要素的贡献率为 24.9％，投入要素贡献率小于技术进步贡献率。同样，2017—2018 年，技术进步贡献率为 88.0％，饲料、水电煤等燃料动力、医疗防疫及技术服务、固定资产折旧和劳动力五种投入要素的贡献率为 12.0％，投入要素贡献率小于技术进步贡献率。2018—2019 年肉兔技术进步贡献率为 84.5％，饲料、水电煤等燃料动力、医疗防疫及技术服务、固定资产折旧和劳动力五种投入要素的贡献率为 15.5％，投入要素贡献率小于技术进步贡献率。2019—2020 年，技术进步贡献率为 83.5％，饲料、水电煤等燃料动力、医疗防疫及技术服务、固定资产折旧和劳动力五种投入要素的贡献率为 16.5％，投入要素贡献率小于技术进步贡献率。这表明 2016—2020 年总产出的增长主要来自技术进步。

## 三、结论

（1）由以上分析可以看出，国家兔产业技术体系对于肉兔养殖户给予了许多支持和帮助。肉兔养殖户在选择种兔方面主要依靠自己的养殖经验和国家兔产业技术体系专家的建议；肉兔养殖户自制饲料配方主要来自国家兔产业技术体系专家；国家兔产业技术体系还主要给肉兔养殖户带来养兔知识等方面的帮助。

（2）2016—2020 年肉兔养殖的技术进步贡献率为 75.9％，2016—2020 年总产出增长指数为 102.0％。由于 2016 年肉兔总产出较高，肉兔养殖户看到了效益，各方纷纷进入肉兔市场，进而导致供过于求，引起 2017 年总产出增长下降。经过 2017 年的调整，总产出有所回升。肉兔总产出增长的源泉主要是技术进步。

## 第三节　獭兔标准化规模高效养殖技术经济分析

### 一、獭兔标准化规模高效饲养整体概况

为进一步了解和掌握我国獭兔养殖户对獭兔标准化规模高效饲养关键技术的需求、标准化规模高效饲养关键技术对总产出的贡献情况，国家兔产业技术体系产业经济团队于 2016—2020 年在獭兔各主产省对獭兔养殖户进行了相关问卷调查，共收回有效问卷 298 份。问卷调研地点以及有效问卷数量见表 12-3。

表 12 - 3　调研地点及问卷有效情况

| 年份 | 调研地点 | 有效问卷数（份） |
|---|---|---|
| 2016 | 河北、河南、内蒙古、浙江、江苏、黑龙江、吉林等 | 106 |
| 2017 | 浙江、江苏、青海、吉林、陕西等 | 93 |
| 2018 | 浙江、江苏、青海、吉林、陕西等 | 62 |
| 2019 | 浙江、山东、吉林等 | 25 |
| 2020 | 浙江、吉林、陕西等 | 12 |
| 合计 |  | 298 |

### （一）獭兔养殖户种兔选择

獭兔养殖户在选择种兔方面有多种依据，主要包括国家兔产业技术体系专家建议、业内其他专家建议、邻里介绍、养殖经验和媒体广告等。

从调研结果中可以看出，超过 76.3％的獭兔养殖户选择种兔时主要依据自己的养殖经验，可能的原因是獭兔养殖具有连贯性和持续性，獭兔养殖户在长时间的养殖过程中积累了一定的经验，因而在选择种兔时主要是根据自己的经验来选择。61.0％的獭兔养殖户在选择种兔时会参考国家兔产业技术体系专家的建议，因而国家兔产业技术体系专家的建议是獭兔养殖户选择种兔的另一重要参考。在我国獭兔产业中，除了国家兔产业技术体系的专家之外还有一些其他科研院所、高校和公司的业内专家，他们也会在獭兔养殖户选择种兔时给出建议，有 54.2％的獭兔养殖户在选择种兔时会听取业内其他专家的建议。与其他品种养殖一样，獭兔养殖也具有地缘性和业缘性，23.0％的獭兔养殖户会参考邻里的建议来选择种兔。仅有 2.6％的养殖户是根据媒体的宣传来选择种兔的，说明獭兔养殖户选择种兔时非常谨慎，主要是根据专家建议或者现实中看得到的效果来选择，而不愿意冒险相信媒体所做的宣传广告。獭兔养殖户选择种兔的各项原因具体分布如图 12 - 10 所示。

选择适宜的种兔对养殖户而言尤为重要，如果养殖户对品种不作认真选育，购进劣种兔，那么将使兔群间血缘不清、家兔生长速度缓慢、繁殖性能差、适应能力弱甚至患病，这将大大危害养兔业的发展。因此，养殖户在购进种兔时非常注重种兔的繁育能力、繁育仔兔的质量，还比较关注种兔价格。其中，种兔价格因素占比为 22.0％～37.4％，繁育仔兔质量因素占比为 31.5％～45.0％。獭兔养殖户购进獭兔时的参考因素具体分布如图 12 - 11 所示。

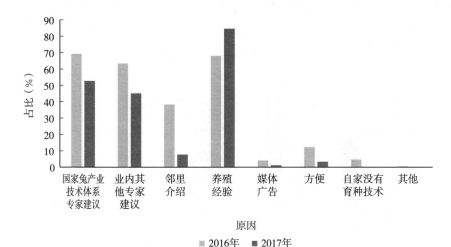

图 12-10　獭兔养殖户选择种兔的原因

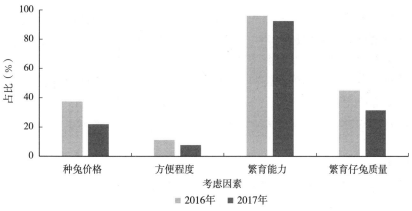

图 12-11　獭兔养殖户选择种兔时的考虑因素

在种兔引进和选择方面，养殖户迫切希望能拓宽种兔购买渠道。希望拓宽种兔购买渠道的养殖户比例由 2016 年的 32.5% 提高到 2017 年的 63.4%。养殖户对其他方面不足的反馈都有所减少，而且减少幅度较大，可能是养殖户经验技术等得到提升的原因（图 12-12）。

## （二）獭兔养殖户饲料配方来源

獭兔价值来源 25%～30% 为肉，70%～75% 为皮，而在獭兔养殖中，獭兔饲料费占总成本的比重一般在 60% 以上，饲料的好坏不仅直接影响獭兔的养殖成本，而且对兔肉和兔皮的质量和产量也有重要影响。一些獭兔养殖户对

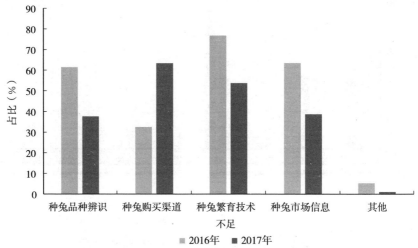

图 12‑12　獭兔养殖户在种兔引进和选择方面的不足

兔群只饲喂足量的草料，并不关注其营养需求，实际上饲料营养总量不足，营养成分不全且成分间比例失调，会导致兔群患病率增加、死亡率上升。因此，专业獭兔养殖户对饲料及其配方都比较看重。有些獭兔养殖户为了降低成本，增加效益，会选择自己配制饲料。在调研中，有相当一部分的獭兔养殖户会部分或者全部使用自制的饲料。在养殖户自制饲料过程中，其配方的来源主要有四种：自己的经验、其他养殖户、国家兔产业技术体系专家、看书或光盘等学习。

　　其中，55.2％的獭兔养殖户会选择用国家兔产业体系专家提供的配方来自制饲料，说明獭兔养殖户对于国家兔产业技术体系的专家比较信赖。有 2.1％的獭兔养殖户会通过看书或光盘学习自制饲料。有 55.5％的獭兔养殖户会根据自己的经验来自制饲料。学习其他养殖户饲料配方的獭兔养殖户大约为 14％，占比较少。四种饲料配方来源占比如图 12‑13 所示。

　　**（三）獭兔养殖场设备配备情况**

　　我国獭兔养殖户大多以家庭为单位进行养殖，从总成本看，2016—2020 年獭兔小规模户的总成本整体呈现先增后减的趋势。由于小规模养殖的特点，獭兔养殖户既不能像散养户那样可以随时调整饲养品种，又不能像中大规模养殖户那样通过资本投入来代替人工的投入，因而小规模獭兔养殖户应该在人工成本以及每核算单位用工数量方面进行合理调整，进而降低养殖成本。随着产业的发展，必然有一些新的养殖户进入，但建议有一定资金实力的投资者，一

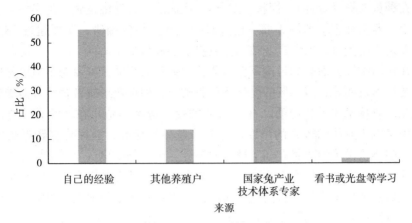

图 12 - 13 獭兔养殖户自制饲料配方来源

开始就要注意标准化和适度规模化，同时做好长远计划，避免快进快出，否则往往难以获得长期收益，同时也会导致市场的波动。对于大量小规模的养殖户而言，一定要注意通过合作社或龙头企业等联合起来，争取共同决策、联合营销，做到科学决策、规范养殖、统一经营，从而更好地适应市场，应对风险。獭兔养殖场设备配备情况如图 12 - 14 所示。

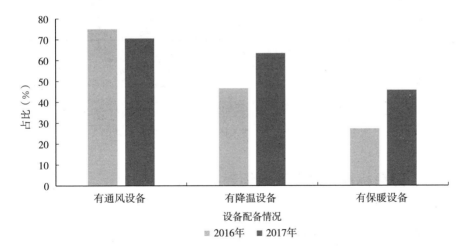

图 12 - 14 獭兔养殖场部分设备配备情况

## （四）国家兔产业技术体系对獭兔养殖户的帮助
国家兔产业技术体系自建立以来为我国的兔养殖户提供了众多帮助，主要体现在种兔选择（育种）、饲料（配方）、疾病防控、环境设施、屠宰加工、销售渠道、养兔知识培训等方面。通过对獭兔养殖户的调研，发现超过 78％的獭兔养殖户受到过国家兔产业技术体系提供的养兔知识培训，82.6％的獭兔养殖户在疾病防控方面受到过国家兔产业技术体系的帮助。种兔对于獭兔养殖户的重要性不言而喻，44.9％的受访獭兔养殖户在种兔选择或者育种方面受到过国家兔产业技术体系的帮助。有 28.0％的受访獭兔养殖户在环境设施方面受到过国家兔产业技术体系的帮助，主要涉及兔笼兔舍、通风降温和保暖等设施，这些环境设施的改善有利于獭兔的饲养。獭兔养殖户认为屠宰加工方面受到帮助最少，帮助率仅为 5.1％，这主要是由于我国的獭兔养殖规模较小，大部分獭兔养殖户主要是出售活兔，而不进行獭兔的屠宰和加工。国家兔产业技术体系对獭兔养殖户的帮助分布如图 12-15 所示。

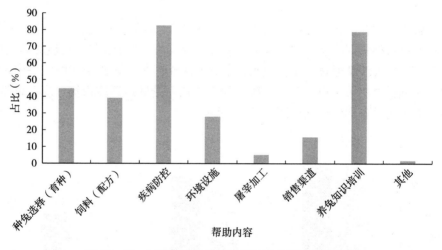

图 12-15　国家兔产业技术体系对獭兔养殖户的帮助

## 二、獭兔标准化规模高效饲养实证分析

### （一）模型设定
模型设定部分同本章第二节，此处不再赘述。

### （二）模型结果
为了了解獭兔养殖户的产出增长指数、投入要素及技术进步对产出的贡献率，基于 2016—2020 年獭兔的全部样本，采用最小二乘估计法对式（12-2）进行了估计，模型参数估计结果见表 12-4。

表 12 - 4  2016—2020 年獭兔投入要素与技术进步对产出的贡献率（%）

| 年份 | 总产出增长指数 | 投入要素 | | | | | 技术进步 |
| --- | --- | --- | --- | --- | --- | --- | --- |
| | | 饲料 | 水电煤等燃料动力 | 医疗防疫及技术服务 | 固定资产折旧 | 劳动力 | |
| 2016—2020 | 93.7 | 109.7 | 4.9 | 5.5 | 1.6 | −0.8 | −20.9 |
| 2016—2017 | 82.5 | 33.8 | 12.6 | 47.3 | 3.2 | 2.0 | 1.1 |
| 2017—2018 | 108.2 | 16.4 | 8.7 | 13.6 | 10.7 | 28.4 | 22.1 |
| 2018—2019 | 131.2 | 81.2 | 18.8 | −13.4 | 35.9 | 9.6 | −32.1 |
| 2019—2020 | 79.9 | 66.8 | 12.7 | 1.8 | −0.4 | 2.2 | 16.7 |

从表 12 - 4 中可以看出，2016—2020 年獭兔的技术进步贡献率为 −20.9%，2016—2020 年总产出增长指数为 93.7%。

2016—2017 年总产出增长指数为 82.5%。可能和肉兔一样，2016 年前后獭兔行情较好，让很多养殖户看到了效益，众多行业的人士纷纷加入獭兔养殖大军，导致獭兔产品供过于求，从而价格下降，再加上许多獭兔养殖户转行，所以 2017 年总产出增长指数小于 1。经过 2017 年的调整，2017—2018 年总产出增长指数为 108.2%，2018—2019 年为 131.2%。但 2019—2020 年总产出增长指数仅为 79.9%，这主要是因为 2019 年人工成本和饲料费用在上涨，导致一些獭兔养殖户转型或放弃饲养，因而 2019—2020 年的总产出增长指数下降。此外，影响獭兔价格的因素还有经济因素、气候因素、肉品价格和皮张价格等。

2016—2017 年獭兔技术进步贡献率为 1.1%，五种投入要素的贡献率为 98.9%，技术进步贡献率远小于投入要素贡献率；2017—2018 年，技术进步贡献率为 22.1%，五种投入要素的贡献率为 77.9%，技术进步贡献率小于投入要素贡献率；2018—2019 年，技术进步贡献率为 −32.1%，五种投入要素的贡献率为 132.1%；2019—2020 年，技术进步贡献率为 16.7%，五种投入要素的贡献率为 83.3%，技术进步贡献率远小于投入要素贡献率。可见，技术进步对总产出增长的贡献较小，因而应重视技术进步的作用。

## 三、结论

（1）獭兔养殖户选择种兔主要是根据自己的养殖经验和国家兔产业技术体系专家的建议；獭兔养殖户在选择自制饲料配方时主要依据自身经验和国家兔产业技术体系专家的建议；国家兔产业技术体系给獭兔养殖户提供的帮助主要

是疾病防控方面的。

（2）2016—2020年獭兔总产出增长指数为93.7%。2016—2020年獭兔技术进步贡献率为－20.9%，其中2018—2019年獭兔技术进步贡献率为负，其余年份技术进步贡献率为正，但小于投入要素贡献率。总体来说，獭兔总产出的增长主要是由要素投入带动的。

（3）獭兔养殖户应重视技术进步和创新。獭兔养殖户要想实现健康可持续发展，一方面要丰富市场销售知识，做好市场调研，了解市场真正的需求，从而扩大销售，实现养殖经济效益，另一方面还应当提高养殖技术，改善养殖环境，提高獭兔品质，调整五种投入要素之间的关系，在充分利用投入要素的同时也最大限度地发挥技术进步的作用。

# 第四节　毛兔标准化规模高效养殖技术经济分析

## 一、毛兔标准化规模高效饲养整体概况

为进一步了解和掌握我国毛兔养殖户对毛兔标准化规模高效饲养关键技术的需求以及毛兔标准化规模高效饲养关键技术对总产出的贡献情况，国家兔产业技术体系产业经济岗位于2016—2020年在毛兔各主产省对毛兔养殖户进行了相关问卷调查，共调研毛兔养殖户284户，收回有效问卷278份。问卷调研地点以及问卷数量见表12-5。

表12-5　调研地点及问卷有效情况

| 年份 | 调研地点 | 有效问卷数（份） |
| --- | --- | --- |
| 2016 | 浙江、江苏、河南、安徽 | 78 |
| 2017 | 浙江、江苏 | 61 |
| 2018 | 浙江、江苏、河南 | 53 |
| 2019 | 浙江、江苏 | 47 |
| 2020 | 浙江、江苏 | 39 |
| 合计 | | 278 |

## （一）毛兔养殖户种兔选择

毛兔养殖户在选择种兔方面有多种依据，包括国家兔产业技术体系专家建议、业内其他专家建议、邻里介绍、养殖经验和媒体广告等。70.06%的毛兔养殖户在选择种兔时听从国家兔产业技术体系专家的建议。另外，一些其他科

研院所、高校和公司的专家也会对毛兔养殖户选择种兔产生影响，62.16％的毛兔养殖户在选择种兔时会听取业内其他专家的建议。国家兔产业技术体系专家和业内其他专家的建议对毛兔养殖户选择种兔起到了决定性的作用，这同时也反映了毛兔种兔对毛兔养殖的重要性。有70.06％的毛兔养殖户选择种兔时根据自己的养殖经验，这主要是因为毛兔养殖周期较长，在长时间的养殖过程中，毛兔养殖户积累了一些经验，这些经验会影响毛兔养殖户选择种兔。毛兔养殖与其他品种一样存在地缘性，因而毛兔养殖户在选择种兔时会参考邻里的建议。而毛兔养殖户在选择种兔时较少听信媒体的宣传，可能的原因是毛兔养殖投入大、周期长，养殖户比较谨慎，不愿意冒险相信媒体所做的宣传广告。毛兔养殖户选择种兔的原因分布如图12-16所示。

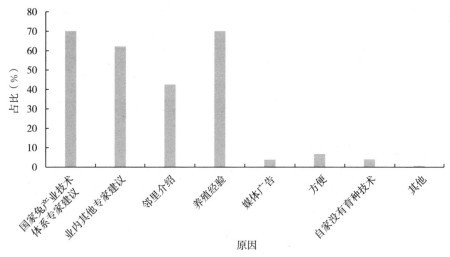

图12-16    毛兔养殖户选择种兔的原因

## （二）毛兔养殖户饲料配方来源

在调研中，所有的毛兔养殖户都会部分或者全部使用自制的饲料。在养殖户自制饲料的过程中，配方来源主要有四种：自己的经验、其他养殖户、国家兔产业技术体系专家、看书或光盘等学习。在四种来源中，自己的经验占比为42.03％，这主要是由毛兔的特点所决定的，毛兔以兔毛为主产品，饲养周期长，毛兔养殖具有连贯性和长久性，在长时间的养殖过程中，毛兔养殖户积累了一定的经验，因而饲料的配方也会根据自己的经验来制定。毛兔养殖第二大饲料配方来源是国家兔产业技术体系专家，大约29.27％的毛兔养殖户会选择听从国家兔产业技术体系专家的建议，说明毛兔养殖户对于国家兔产业技术体

系专家比较信赖。参照其他养殖户的配方自制饲料的毛兔养殖户占比为
16.89％。此外还有 3.75％的毛兔养殖户会选择看书或光盘来学习自制饲料。
四种饲料配方来源占比如图 12 - 17 所示。

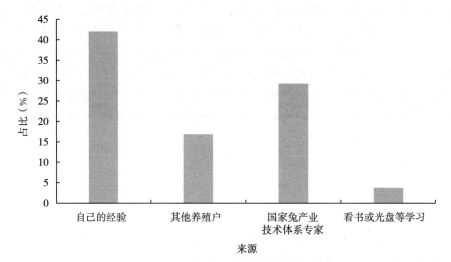

图 12 - 17　毛兔养殖户自制饲料配方来源

### （三）兔场养殖环境控制

兔舍环境状况不仅影响毛兔的生长，还会影响良种兔的生产性能。尤其长
毛兔的一大特点就是怕热，夏季高温炎热不利于兔生长。因此，夏季做好降温
通风对于毛兔养殖户来说极其重要。相关调研发现，2016—2020 年兔场在环
境控制方面的投入不断增加。由于毛兔的特殊性，在采取人防（即三伏天不对
长毛兔进行剪毛）的基础上，还应该采取相应的技术控制措施。对于室外养殖
的肉兔来讲，搭建大棚或种植遮阴树等，虽然投入不是很大，但对于通风降温
很有效果。但对于室内养殖的毛兔来讲，在室温超过 35℃时，除了对兔舍地
面泼凉水降温、笼内放凉水钵等，还应该及时将通风设备调试到最优状态。

### （四）国家兔产业技术体系对毛兔养殖户的帮助

国家兔产业技术体系自建立以来为我国的兔养殖户提供了众多帮助，主要
体现在种兔选择（育种）、饲料（配方）、疾病防控、环境设施、屠宰加工、销
售渠道、养兔知识培训等方面。有 79.61％的毛兔养殖户接受过国家兔产业技
术体系提供的养兔知识培训，47.01％的受访毛兔养殖户在种兔选择或者育种
方面受到过国家兔产业技术体系的帮助，51.16％的受访毛兔养殖户在饲料选
择或者饲料配方方面受到过国家兔产业技术体系的帮助。在疾病防控方面，有

78.51%的受访毛兔养殖户受到过国家兔产业技术体系的帮助。26.01%的毛兔养殖户在环境设施方面受到过国家兔产业技术体系的帮助，这方面的帮助涉及兔笼兔舍、通风降温与保暖等设施，这些环境设施的改善有利于毛兔的饲养。毛兔养殖户受到屠宰加工方面的帮助最少，帮助率仅为18.19%，这主要是由于我国的毛兔养殖以兔毛为主产品，很少进行屠宰加工。国家兔产业技术体系对毛兔养殖户的帮助分布如图12-18所示。

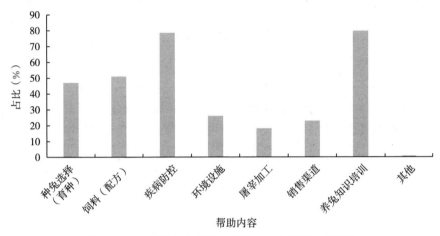

图12-18　国家兔产业技术体系对毛兔养殖户的帮助

## 二、毛兔标准化规模高效饲养实证分析

### （一）模型设定

模型设定部分同本章第二节，此处不再赘述。

### （二）模型结果

为了了解毛兔养殖户的产出增长指数、投入要素及技术进步对产出的贡献率，基于2016—2020年毛兔的全部样本，采用最小二乘估计法对式（12-2）进行了估计，模型参数估计结果见表12-6。

从表12-6中可以看出，2016—2020年毛兔的技术进步贡献率为56.7%，总产出增长指数为108.6%，这表明2016—2020年毛兔总产出有所增长。

2016—2017年和2017—2018年毛兔总产出增长指数大于1，2018年总产出达到最大值。2018—2019年毛兔总产出增长指数突然下降为86.8%，这可能是因为2016—2018年毛兔行情较好，让很多养殖户看到了效益，众多行业的人士纷纷加入毛兔养殖大军，导致毛兔产品供过于求，从而造成价格下降，再加上许多毛兔养殖户转行，所以 2018—2019 年总产出增长指数小于 1。

表 12 - 6　2016—2020 年毛兔投入要素与技术进步对产出的贡献率（%）

| 年份 | 总产出增长指数 | 投入要素 | | | | | 技术进步 |
| --- | --- | --- | --- | --- | --- | --- | --- |
| | | 饲料 | 水电煤等燃料动力 | 医疗防疫及技术服务 | 固定资产折旧 | 劳动力 | |
| 2016—2020 | 108.6 | 19.6 | −1.8 | 5.3 | 16.4 | 3.9 | 56.7 |
| 2016—2017 | 108.3 | 20.1 | −3.3 | 7.2 | 13.7 | 3.0 | 59.3 |
| 2017—2018 | 115.9 | 49.5 | −2.6 | 21.2 | 3.0 | −0.7 | 29.7 |
| 2018—2019 | 86.8 | 28.2 | −0.2 | 8.9 | −12.1 | 8.8 | 66.3 |
| 2019—2020 | 99.8 | 10.8 | −0.5 | 3.0 | 4.1 | 8.3 | 74.2 |

　　2016—2017 年毛兔技术进步贡献率为 59.3%，五种投入要素的贡献率为 40.7%，技术进步贡献率大于投入要素的贡献率；2017—2018 年毛兔技术进步贡献率为 29.7%，五种投入要素的贡献率为 70.3%，技术进步贡献率小于投入要素贡献率；2018—2019 年毛兔技术进步贡献率为 66.3%，五种投入要素的贡献率为 33.7%；2019—2020 年毛兔技术进步贡献率为 74.2%，五种投入要素的贡献率为 25.6%，技术进步贡献率大于投入要素的贡献率。这表明 2017—2018 年毛兔总产出的增长主要是投入要素带动的，其余年份毛兔总产出的增长则主要是技术进步带动的。

## 三、结论

　　（1）毛兔养殖户在选择种兔方面主要听取国家兔产业技术体系专家给出的建议与凭借自身经验；毛兔养殖户自制饲料配方主要来自自己的养殖经验和国家兔产业技术体系；国家兔产业技术体系给毛兔养殖户提供最多的帮助是养兔知识培训。

　　（2）2016—2020 年毛兔总产出增长指数是 108.6%。2018 年我国毛兔总产出达到最高水平，2018—2019 年毛兔总产出处于下降趋势。

　　（3）2016—2020 年毛兔技术进步贡献率为 56.7%，毛兔总产出的增长主要来自技术进步。其中 2017—2018 年毛兔技术进步贡献率小于投入要素贡献率；2016—2017 年、2018—2019 年和 2019—2020 年技术进步贡献率大于要素投入贡献率。总体来说，毛兔总产出的增长主要来自技术进步。

（本章执笔：朱俊峰　张顺莉　康洪伟　吴庆君）

# 第十三章　国家兔产业大数据
　　平台及应用

　　"国家兔产业大数据平台"为 2020 年国家兔产业技术研发中心、国家兔产业经济研究室总负责，同中国畜牧业协会兔业分会和信息分会进行网络技术对接，对原"国家兔产业技术体系网站"进行全面升级后的成果。此次升级是为了更好地对兔产业发展的动态进行全面跟踪监测，并更加科学地对产业发展进行分析。同时为方便用户和游客，网站提供数据下载功能，为政府的调控决策以及养殖户的生产决策提供直接、及时、有效的帮助。平台可实现"信息浏览"和"信息采集"两大功能，本章节将分别对两大功能进行介绍。

## 第一节　信息浏览功能

### 一、首页：主要价格展示

　　网站首页上方为登录窗口，可登录或注册。首页下方为主要价格展示区域，标题分别为信息采集、价格详情、销售情况、产业发展指数、关于我、统计数据，如图 13 - 1 所示。下面将详细介绍各部分内容。

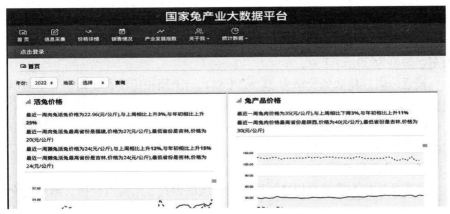

图 13 - 1　首页界面——导航栏

### （一）活兔价格

活兔价格为养殖户价格，界面以折线图形式显示肉兔活兔价格和獭兔活兔价格，横轴为周次，纵轴为价格，可选择年份、地区（全国平均或某个省份），也可以导出数据。鼠标移动到某点时显示该点指标及数据。折线图下方自动显示与之前价格的对比，页面显示内容见图 13-2。

配合图，平台提供简单的分析结果，包括：最近一周肉兔活兔价格，与上周相比价格的变化，与年初相比价格的变化，最近一周肉兔活兔价格最高省份、最低省份；最近一周獭兔活兔价格，与上周相比价格的变化，与年初相比价格的变化，最近一周獭兔活兔价格最高省份、最低省份。

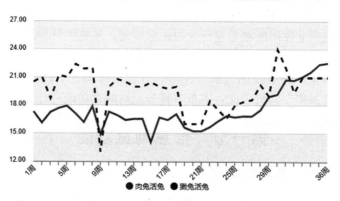

图 13-2　首页界面——活兔价格查询①

图下方显示内容示意：

最近一周肉兔活兔价格为 22.55 元/千克，与上周相比上升 1％，与年初相比上升 23％。

最近一周肉兔活兔价格最高省份是福建，价格为 26 元/千克，最低省份是山东，价格为 20 元/千克。

最近一周獭兔活兔价格为 21 元/千克，与上周相比没有变化，与年初相比上升 2％。

最近一周獭兔活兔价格最高省份是山东，价格为 21 元/千克，最低省份是山东，价格为 21 元/千克。

### （二）兔产品价格

兔产品价格为养殖户价格，界面以折线图形式显示兔肉价格、獭兔皮价格

---

① 平台上以颜色区分图例，特此说明。下同。

和兔毛剪毛价格，横轴为周次，纵轴为价格，可选择年份、地区（全国平均或某个省份），也可以导出数据。鼠标移动到某点时显示该点指标及数据。折线图下方自动显示与之前价格的对比，页面显示内容见图13-3。

配合图，平台提供简单的分析结果，包括：最近一周兔产品（包括兔肉、獭兔皮、兔毛剪毛）价格，与上周相比价格的变化，与年初相比价格的变化，最近一周兔产品（包括兔肉、獭兔皮、兔毛剪毛）价格最高省份、最低省份。

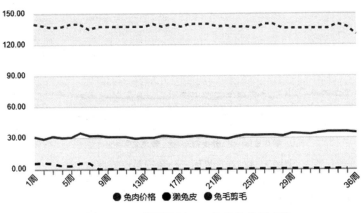

图13-3　首页界面——兔产品价格查询

图下方显示内容示意：

最近一周兔肉价格为35.13元/千克，与上周相比下降2%，与年初相比上升12%。

最近一周兔肉价格最高省份是陕西，价格为40元/千克，最低省份是山东，价格为32.4元/千克。

（獭兔皮略）

最近一周兔毛剪毛价格为130元/千克，与上周相比下降6%，与年初相比下降28%。

最近一周兔毛剪毛价格最高省份是浙江，价格为130元/千克，最低省份是浙江，价格为130元/千克。

#### （三）兔饲料比价

兔饲料比价界面以折线图形式显示肉兔兔饲料比、獭兔兔饲料比和毛兔兔饲料比，横轴为周次，纵轴为价格，可选择年份、地区（全国平均或某个省份），也可以导出数据。鼠标移动到某点时显示该点指标及数据。折线图下方自动显示与之前价格的对比，页面显示内容见图 13 - 4。

配合图，平台提供简单的分析结果，包括：最近一周兔饲料比（包括肉兔、獭兔、毛兔），与上周相比的变化，与年初相比的变化，与上年同期相比的变化。

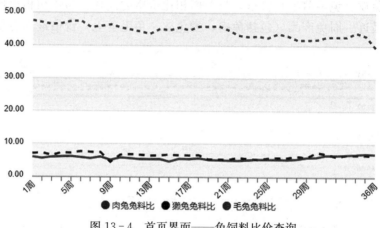

图 13 - 4　首页界面——兔饲料比价查询

图下方显示内容示意：

最近一周肉兔兔饲料比为 6.85：1，与上周相比下降 2.42％，与年初相比上升 16.5％，与上年同期相比上升 13.98％。

最近一周獭兔兔饲料比为 6.38：1，与上周相比下降 3.04％，与年初相比下降 8.46％，与上年同期相比下降 5.06％。

最近一周毛兔兔饲料比为 39.51：1，与上周相比下降 8.22％，与年初相比下降 17.03％，与上年同期相比下降 14.78％。

**（四）兔毛价格**

兔毛价格界面以折线图形式显示剪毛统货价格、粗毛（AA）价格，横轴为周次，纵轴为价格，可选择年份、地区（全国平均或某个省份），也可以导出数据。鼠标移动到某点时显示该点指标及数据。折线图下方自动显示与之前价格的对比，页面显示内容见图 13 - 5。

配合图，平台提供简单的分析结果，包括：最近一周剪毛统货价格、粗毛（AA）价格，与上周相比的变化，与年初相比的变化，最近一周剪毛统货价格、粗毛（AA）价格最高省份、最低省份。

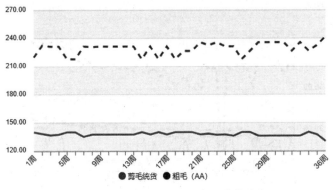

图 13-5　首页界面——兔毛价格查询

图下方显示内容示意：

最近一周剪毛统货价格为 130 元/千克，与上周相比下降 6％，与年初相比下降 8％。

最近一周剪毛统货价格最高省份是浙江，价格为 130 元/千克，最低省份是浙江，价格为 130 元/千克。

最近一周粗毛（AA）价格为 242 元/千克，与上周相比上升 4％，与年初相比上升 9％。

最近一周粗毛（AA）价格最高省份是浙江，价格为 242 元/千克，最低省份是浙江，价格为 242 元/千克。

## 二、活兔及兔产品详细价格走势

### （一）养殖户销售价格

养殖户销售价格界面以折线图形式显示肉兔活兔、獭兔活兔、肉兔兔肉、獭兔兔肉、獭兔皮特级、獭兔皮 1 级、獭兔皮 2 级、獭兔皮 3 级、獭兔皮统皮、肉兔兔皮、兔毛原毛剪毛、兔毛原毛粗毛等指标（除特别标注外，单位均为元/千克，数据均为全国平均值），横轴为周次，纵轴为价格，可选择年份，也可以导出数据。鼠标移动到某点时显示该点指标及数据。鼠标点击某指标，图中显示该指标变化趋势，同时自动调整坐标轴。页面显示内容见图 13-6。

### （二）集散地价格

集散地价格界面以折线图形式显示肉兔兔肉、獭兔兔肉、獭兔皮特级、獭兔皮 1 级、獭兔皮 2 级、獭兔皮 3 级、獭兔皮统皮、肉兔兔皮、兔毛原毛剪毛、兔毛原毛粗毛等指标（单位均为元/千克，数据均为全国平均值），横轴为

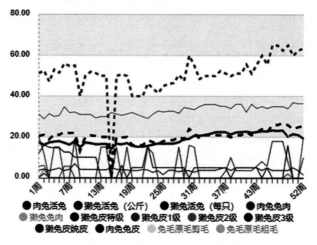

图 13 - 6　养殖户销售价格界面

周次，纵轴为价格，可选择年份，也可以导出数据。鼠标移动到某点时显示该点指标及数据。鼠标点击某指标，图中显示该指标变化趋势，同时自动调整坐标轴。页面显示内容见图 13 - 7。

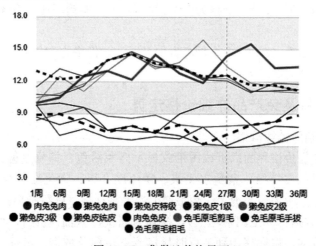

图 13 - 7　集散地价格界面

## （三）消费者购买价格

消费者购买价格界面以折线图形式显示肉兔兔肉、獭兔兔肉、兔肉、兔腿、兔头、料理兔肉等指标（单位均为元/千克，数据均为全国平均值），横轴为周次，纵轴为价格，可选择年份，也可以导出数据。鼠标移动到某点时显示该点指标及数据。鼠标点击某指标，图中显示该指标变化趋势，同时自动调整坐标轴。页面显示内容见图 13 - 8。

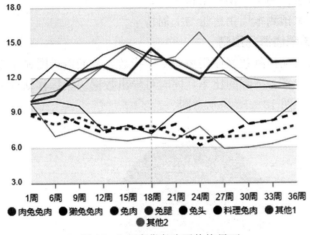

图 13 - 8　消费者购买价格界面

## 三、销售情况

### （一）本周销售情况预测

本周销售情况预测数据使用兔业专家指数，每周一进行行情采集，同时对本周的销售情况进行预测。界面以饼图显示专家认为本周销售量上升、持平、下降的比率，同时可导出数据。鼠标移动到某点时显示该点指标及数据。图 13 - 9 为示意图。

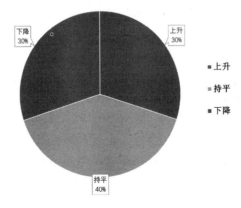

图 13 - 9　本周销售情况界面（示意）

图 13 - 9 说明：

30％的专家预测本周销售量将上升；

30％的专家预测本周销售量将下降；

40％的专家预测本周销售量与上周持平。

### （二）下周销售情况预测

下周销售情况预测数据使用兔业专家指数，界面以饼图显示专家认为下周销售量上升、持平、下降的比率，同时可导出数据。鼠标移动到某点时显示该点指标及数据。图 13 - 10 为示意图。

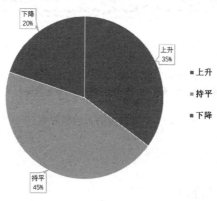

图 13 - 10　下周销售情况界面（示意）

图 13 - 10 说明：

35％的专家预测下周销售量将上升；

20％的专家预测下周销售量将下降；

45％的专家预测下周销售量与上周持平。

## 四、产业发展情况

### （一）肉兔产业指数

肉兔产业指数界面以折线图显示产业指数的变动，横轴为周次，纵轴为指数。可选择年份，也可以导出数据。鼠标移动到某点时显示该点指标及数据。折线图下方自动显示与之前指数的对比。图上方显示最近一周的肉兔产业指数水平以及与上周相比的变化。页面显示内容见图 13 - 11。

.ıl **肉兔产业表现（产业指数）**

最近一周肉兔产业表现为149.18,与上周相比下降**1.22%**

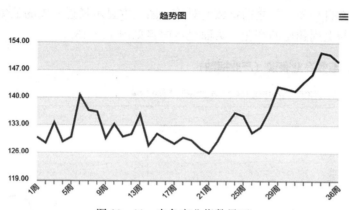

图 13-11 肉兔产业指数界面

## （二）獭兔产业指数

獭兔产业指数界面以折线图显示产业指数的变动，横轴为周次，纵轴为指数。可选择年份，也可以导出数据。鼠标移动到某点时显示该点指标及数据。折线图下方自动显示与之前指数的对比。图上方显示最近一周的獭兔产业指数水平以及与上周相比的变化。页面显示内容见图 13-12。

.ıl **獭兔产业表现（产业指数）**

最近一周獭兔产业表现为130.92,与上周相比下降**0.08%**

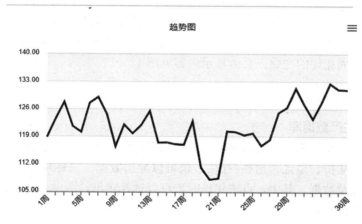

图 13-12 獭兔产业指数界面

### （三）毛兔产业指数

毛兔产业指数界面以折线图显示产业指数的变动，横轴为周次，纵轴为指数。可选择年份，也可以导出数据。鼠标移动到某点时显示该点指标及数据。折线图下方自动显示与之前指数的对比。图上方显示最近一周的毛兔产业指数水平以及与上周相比的变化。页面显示内容见图 13 - 13。

**毛兔产业表现（产业指数）**

最近一周毛兔产业表现为164.77,与上周相比下降**0.37%**

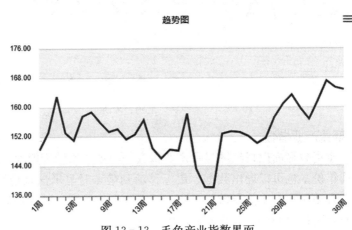

图 13 - 13　毛兔产业指数界面

### （四）兔产业总指数

兔产业总指数界面以折线图显示产业指数的变动，横轴为周次，纵轴为指数。可选择年份，也可以导出数据。鼠标移动到某点时显示该点指标及数据。折线图下方自动显示与之前指数的对比。图上方显示最近一周的兔产业指数水平以及与上周相比的变化。页面显示内容见图 13 - 14。

## 五、统计数据

### （一）生产数据库

（1）全国年度生产：全国年度生产界面以柱形图展示全国的兔出栏和存栏量。可选择年份、地区、出栏/存栏，也可以导出数据。鼠标移动到某点时显示该点指标及数据。其中，点击年份时，可以选择年份，图中会显示该年份不同地区的兔出栏量/存栏量。页面显示情况如图 13 - 15 所示。

### ⅈⅈ 兔产业总体表现

最近一周兔产业表现为148,与上周相比下降**0.98%**

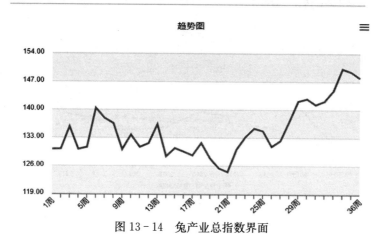

图 13 - 14　兔产业总指数界面

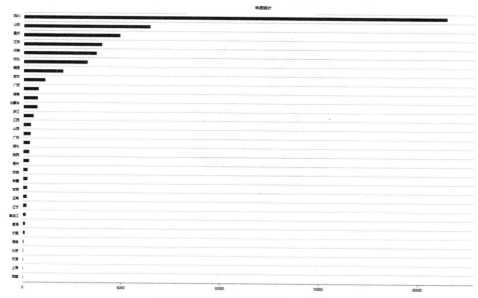

图 13 - 15　年度生产界面——年份

（2）成本收益统计：成本收益统计界面以折线图形式展示兔的收益曲线和成本曲线，以年份为横坐标、价格为纵坐标。可选择地区、兔种类（肉兔/獭兔/毛兔），也可以导出数据。鼠标移动到某点时显示该点指标及数据。成本收益显示界面如图 13-16、图 13-17 所示。

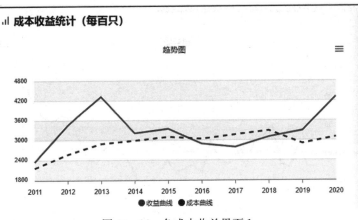

图 13-16　兔成本收益界面 1

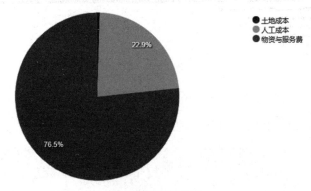

图 13-17　兔成本收益界面 2

### （二）贸易数据库

贸易情况界面以折线图展示我国各类兔产品的进出口情况，以时间为横坐标、贸易量为纵坐标，数据来源为贸易数据库，可选择进口/出口、兔产品种类（包括兔肉、整张兔皮、未缝制整张兔皮、未梳兔毛、已梳兔毛、兔毛制品），也可以导出数据。鼠标移动到某点时显示该点指标及数据。显示界面如图 13-18 所示。

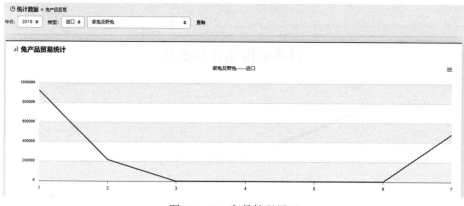

图 13 - 18　贸易情况界面

### （三）消费数据库

消费情况界面以饼状图展示城镇居民兔肉消费频率，数据来源为消费数据库，可选择年份，也可以导出数据。鼠标移动到某点时显示该点指标及数据。图 13 - 19 为示意图。

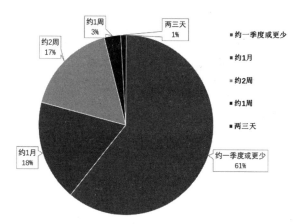

图 13 - 19　兔消费情况界面（示意）

### （四）国际数据库

国际数据库界面以折线图展示世界各国的兔产业情况，以时间为横坐标、数量为纵坐标，数据来源为国际数据库，可选择国家和存栏/出栏/兔肉产量/屠宰头数，也可以导出数据。鼠标移动到某点时显示该点指标及数据。示意界面如图 13 - 20、图 13 - 21、图 13 - 22 所示。

## 世界各国兔存栏头数

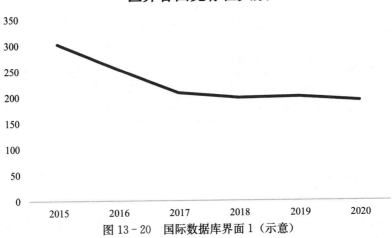

图 13 - 20　国际数据库界面 1（示意）

## 世界各国兔屠宰头数

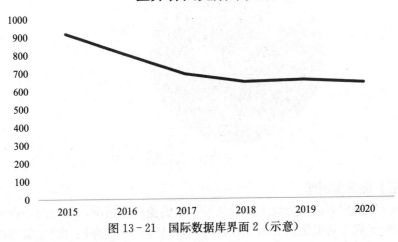

图 13 - 21　国际数据库界面 2（示意）

世界各国兔肉产量

图 13-22　国际数据库界面 3（示意）

# 第二节　信息采集功能

国家兔产业技术体系已在全国建立十余个兔产业综合试验站，各地站长每周在此平台上进行兔产业数据的填报。并且每年产业经济研究室组织两次调研，分别为"我国城市畜产品消费调研"和"兔养殖户成本收益调研（分别针对普通养殖户和种兔场、种兔养殖户）"，各发放 500 余份问卷。

信息采集是一个抓取网络数据、实现信息共享的功能模块。信息采集填报模块是价格采集和计算模块，用户登录系统后可填报数据，系统自动计算分析并实时更新。网站首页上方为登录窗口，可登录或注册。首页下方为主要的价格展示区域，标题分别为信息采集、价格详情、销售情况、产业发展指数、统计数据、关于。各地行情采集包含养殖户行情、集散地行情、消费端行情、存栏出栏管理、生产数据库五部分。下面将一一介绍各部分的相关内容。

## 一、养殖户行情信息填报

### （一）登录流程及界面

参照原网站界面设计及格式，当用户未登录系统时，可作为游客浏览网站信息，当用户登录系统之后，右侧界面变为信息采集界面。养殖户用户可根据所掌握的信息进行填报。信息采集界面兼模板如图 13-23、图 13-24 所示。

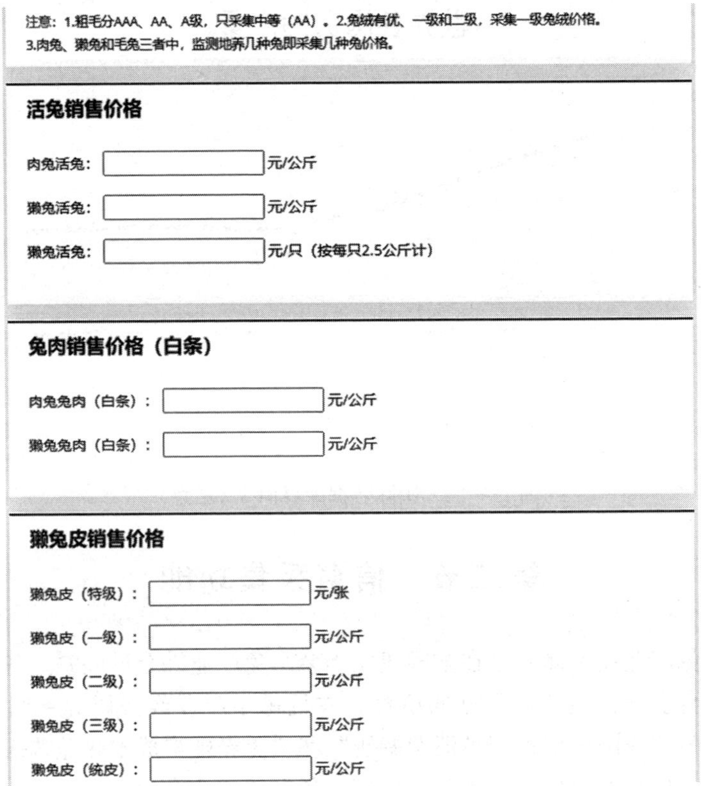

注意：1.粗毛分AAA、AA、A级，只采集中等（AA）。2.兔绒有优、一级和二级，采集一级兔绒价格。
3.肉兔、獭兔和毛兔三者中，监测地养几种兔即采集几种兔价格。

**活兔销售价格**

肉兔活兔：[_____]元/公斤

獭兔活兔：[_____]元/公斤

獭兔活兔：[_____]元/只（按每只2.5公斤计）

**兔肉销售价格（白条）**

肉兔兔肉（白条）：[_____]元/公斤

獭兔兔肉（白条）：[_____]元/公斤

**獭兔皮销售价格**

獭兔皮（特级）：[_____]元/张

獭兔皮（一级）：[_____]元/公斤

獭兔皮（二级）：[_____]元/公斤

獭兔皮（三级）：[_____]元/公斤

獭兔皮（统皮）：[_____]元/公斤

图 13-23　养殖户价格信息填报系统界面 1

## （二）系统优化及新添功能

用户在填写完登录账号及密码后，可按回车键直接登录，优化操作流程。

采集系统提供数据表格模板下载和上传功能，用户可下载该表格填写数据，在按照产业体系设置的表格模板填写妥当之后，通过表格上传按钮将填写好的表格上传。上传成功后，系统将显示类似上传成功的提示跳转界面，已经填写的数据将显示在界面对应的填写框中，未填写的填写框尾部将出现"！"，以提示数据填写员补填数据。同时，已填写的数据可以再次修改，在数据填写员确认填写无误后点击提交即可。提交后，界面显示本周全国平均行情，显示形式与填报界面类似。

其中，养殖户所在省份、区县和其姓名、采集时间均由系统自动填写。需要养殖户手动填写的数据包括：肉兔活兔、獭兔活兔（千克或只均可）、肉兔兔肉（白条）、獭兔兔肉（白条）、獭兔皮特级、獭兔皮一级、獭兔皮二级、獭

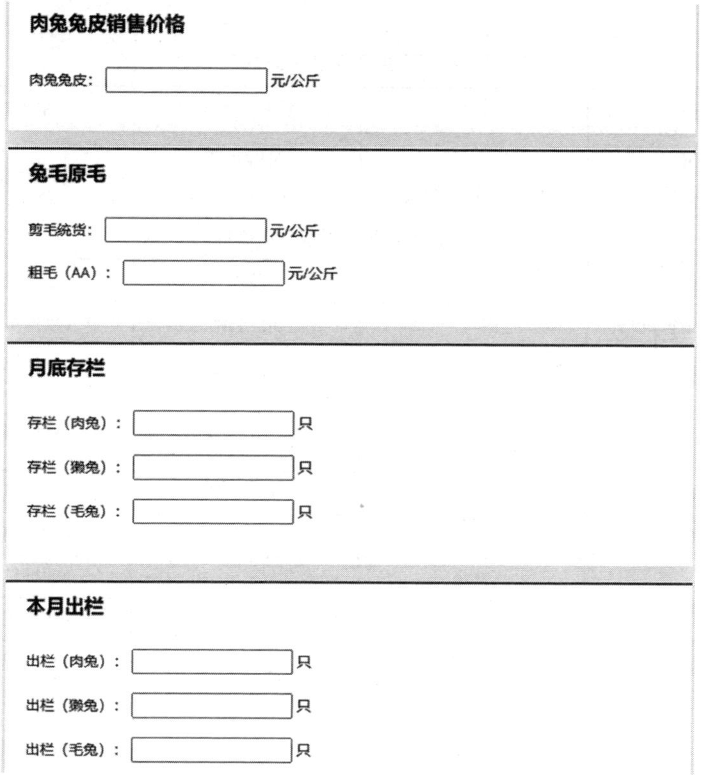

**肉兔兔皮销售价格**

肉兔兔皮： [_____] 元/公斤

**兔毛原毛**

剪毛统货： [_____] 元/公斤

粗毛（AA）： [_____] 元/公斤

**月底存栏**

存栏（肉兔）： [_____] 只

存栏（獭兔）： [_____] 只

存栏（毛兔）： [_____] 只

**本月出栏**

出栏（肉兔）： [_____] 只

出栏（獭兔）： [_____] 只

出栏（毛兔）： [_____] 只

图 13-24　养殖户价格信息填报系统界面 2

兔皮三级、獭兔皮统皮、肉兔兔皮、兔毛原毛剪毛统货、兔毛原毛粗毛
（AA）的规格及对应的价格。下方需填写肉兔、獭兔、毛兔的月底存栏数
（只）和本月出栏数（只）。数据采集表格模板如表 13-1 所示。

### （三）数据检验与校正

系统可自动识别与检验缺失及误差较大的数据。对于未填写的数据，系统
可参照上一年度同期数据及前一周的数据，按照计算公式：该周缺失数据＝去
年该周数据×同年上周数据÷去年上周数据，估算出来。例如，2022 年 5 月
13 日某采集员未填写肉兔活兔价格，该周属于 5 月的第 3 周，计算过程应为：
2022 年 5 月第 3 周肉兔活兔价格＝2021 年 5 月第 3 周肉兔活兔价格×2022 年
5 月第 2 周肉兔活兔价格÷2021 年 5 月第 2 周肉兔活兔价格。系统自动填充的
数据在界面中显示为红色。

### 表 13 - 1　养殖户信息采集表格模板

| 省份 | 区县 | 采集员姓名 | 采集时间 |
|---|---|---|---|
| 四川<br>（系统自动填写） | 乐山<br>（系统自动填写） | 四川养殖<br>（系统自动填写） | （系统自动填写） |

| 2022 年第 37 周（系统自动填写） | | | |
|---|---|---|---|
| 指标 | 规格 | 单位 | 价格 |
| 肉兔活兔销售价格 | | 元/千克 | （数据填写框） |
| 獭兔活兔销售价格<br>（千克或只均可） | | 元/千克 | （数据填写框） |
| | | 元/只<br>（按每只 2.5 千克计） | （数据填写框） |
| 肉兔兔肉（白条）价格 | | 元/千克 | （数据填写框） |
| 獭兔兔肉（白条）价格 | | 元/千克 | （数据填写框） |
| 獭兔皮 | 特级 | 元/千克 | （数据填写框） |
| | 一级 | | （数据填写框） |
| | 二级 | | （数据填写框） |
| | 三级 | | （数据填写框） |
| | 统皮 | | （数据填写框） |
| 肉兔兔皮价格 | | 元/千克 | （数据填写框） |
| 兔毛原毛价格 | 剪毛统货 | 元/千克 | （数据填写框） |
| | 粗毛（AA） | | （数据填写框） |

注：
1. 粗毛分 AAA、AA、A 三个级别，统计时只采集中等级别（AA）信息即可。
2. 兔绒有优级、一级和二级之分，采集一级兔绒的价格即可。
3. 在肉兔、獭兔和毛兔等三者中，监测地养几种兔即采集几种兔的价格信息。

【存栏出栏量】采集对象［养殖场（户）或协会］每月月底的存栏量和当月的出栏量
（每月底采集一次）

| | 肉兔 | 獭兔 | 毛兔 |
|---|---|---|---|
| 月底存栏（只） | （数据填写框） | （数据填写框） | （数据填写框） |
| 本月出栏（只） | （数据填写框） | （数据填写框） | （数据填写框） |

### （四）管理员界面及信息展示

管理员可查看所有养殖户信息，也可根据省份、地区、起始日期进行筛选，对价格进行排序，还可对已填报信息进行编辑，添加新信息或删除已有信息。管理员界面如图13-25所示。

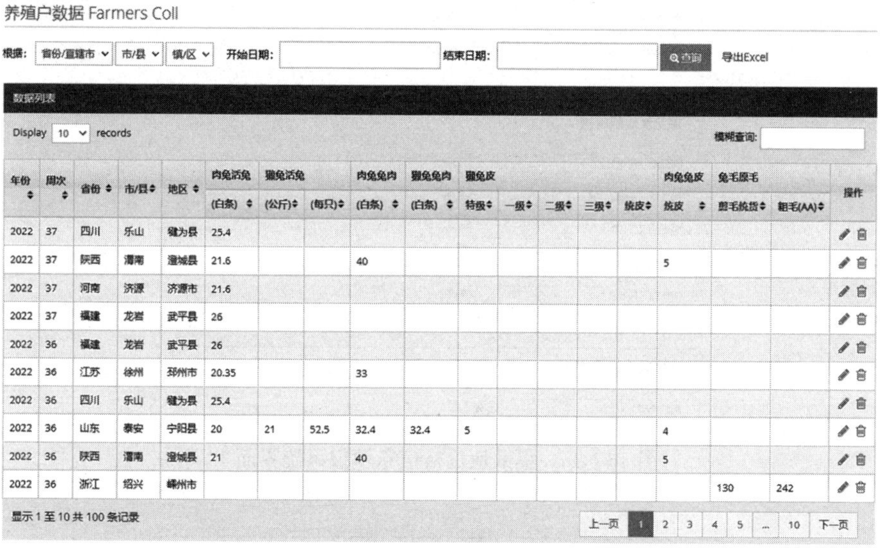

养殖户数据 Farmers Coll

根据：省份/直辖市 市/县 镇/区 开始日期：□ 结束日期：□ 🔍查询 导出Excel

数据列表

Display 10 records     模糊查询：

| 年份 | 周次 | 省份 | 市/县 | 地区 | 肉兔活兔 (白条) | 獭兔活兔 (公斤) | (每只) | 肉兔兔肉 (白条) | 獭兔兔肉 (白条) | 獭兔皮 特级 | 一级 | 二级 | 三级 | 统皮 | 抗皮 | 肉兔兔皮 (统皮) | 兔毛原毛 剪毛统货 | 粗毛(AA) | 操作 |
|---|---|---|---|---|---|---|---|---|---|---|---|---|---|---|---|---|---|---|---|
| 2022 | 37 | 四川 | 乐山 | 犍为县 | 25.4 | | | | | | | | | | | | | | ✏ 🗑 |
| 2022 | 37 | 陕西 | 渭南 | 澄城县 | 21.6 | | | 40 | | | | | | | | 5 | | | ✏ 🗑 |
| 2022 | 37 | 河南 | 济源 | 济源市 | 21.6 | | | | | | | | | | | | | | ✏ 🗑 |
| 2022 | 37 | 福建 | 龙岩 | 武平县 | 26 | | | | | | | | | | | | | | ✏ 🗑 |
| 2022 | 36 | 福建 | 龙岩 | 武平县 | 26 | | | | | | | | | | | | | | ✏ 🗑 |
| 2022 | 36 | 江苏 | 徐州 | 邳州市 | 20.35 | | | 33 | | | | | | | | | | | ✏ 🗑 |
| 2022 | 36 | 四川 | 乐山 | 犍为县 | 25.4 | | | | | | | | | | | | | | ✏ 🗑 |
| 2022 | 36 | 山东 | 泰安 | 宁阳县 | 20 | 21 | 52.5 | 32.4 | 32.4 | 5 | | | | | | 4 | | | ✏ 🗑 |
| 2022 | 36 | 陕西 | 渭南 | 澄城县 | 21 | | | 40 | | | | | | | | 5 | | | ✏ 🗑 |
| 2022 | 36 | 浙江 | 绍兴 | 嵊州市 | | | | | | | | | | | | | 130 | 242 | ✏ 🗑 |

显示1至10共100条记录    上一页 [1] 2 3 4 5 … 10 下一页

图13-25　养殖户行情信息管理员界面

管理员可导出所有填报信息，导出的表格如图13-26所示。

养殖户行情表

| 年份 | 周次 | 省 | 市 | 地区 | 肉兔活兔 (白条) | 獭兔活兔 (公斤) | (每只) | 肉兔兔肉 (白条) | 獭兔兔肉 (白条) | 獭兔皮 特级 | 一级 | 二级 | 三级 | 统皮 | 肉兔兔皮 统皮 | 兔毛原毛 剪毛统货 | 粗毛 (AA) |
|---|---|---|---|---|---|---|---|---|---|---|---|---|---|---|---|---|---|
| 2022 | 37 | 四川 | 乐山 | 犍为县 | 25.4 | | | | | | | | | | | | |
| 2022 | 37 | 陕西 | 渭南 | 澄城县 | 21.6 | | | | | | | | | | 5 | | |
| 2022 | 37 | 河南 | 济源 | 济源市 | 21.6 | | | 40 | | | | | | | | | |
| 2022 | 37 | 福建 | 龙岩 | 武平县 | 26 | | | | | | | | | | | | |
| 2022 | 36 | 福建 | 龙岩 | 武平县 | 26 | | | | | | | | | | | | |
| 2022 | 36 | 江苏 | 徐州 | 邳州市 | 20.35 | | | 33 | | | | | | | | | |
| 2022 | 36 | 四川 | 乐山 | 犍为县 | 25.4 | | | | | | | | | | | | |
| 2022 | 36 | 山东 | 泰安 | 宁阳县 | 20 | 21 | 52.5 | 32.4 | 32.4 | 5 | | | | | 4 | | |
| 2022 | 36 | 陕西 | 渭南 | 澄城县 | 21 | | | 40 | | | | | | | 5 | | |
| 2022 | 36 | 浙江 | 绍兴 | 嵊州市 | | | | | | | | | | | | 130 | 242 |
| 2022 | 35 | 山东 | 泰安 | 宁阳县 | 20 | 21 | 50 | 32 | 32 | 5 | | | | | 2.4 | 140 | 226.67 |
| 2022 | 35 | 江苏 | 盐城 | 射阳县 | | | | | | | | | | | | 140 | 226.67 |
| 2022 | 35 | 陕西 | 渭南 | 澄城县 | 21 | | | 40 | | | | | | | 5 | | |
| 2022 | 35 | 福建 | 龙岩 | 武平县 | 26 | | | | | | | | | | | | |
| 2022 | 35 | 四川 | 乐山 | 犍为县 | 25.4 | | | | | | | | | | | | |
| 2022 | 35 | 山东 | 临沂 | 费县 | 21 | | | | | | | | | | | | |
| 2022 | 35 | 浙江 | 绍兴 | 嵊州市 | | | | | | | | | | | | 132 | 245 |

图13-26　养殖户行情表

## 二、集散地行情信息填报

### （一）登录流程及界面

参照原网站界面设计及格式，当用户未登录系统时，可作为游客浏览网站信息，当用户登录系统之后，右侧界面变为信息采集界面。用户可根据所掌握的信息进行填报。信息采集界面兼模板如图 13 - 27、图 13 - 28 所示。

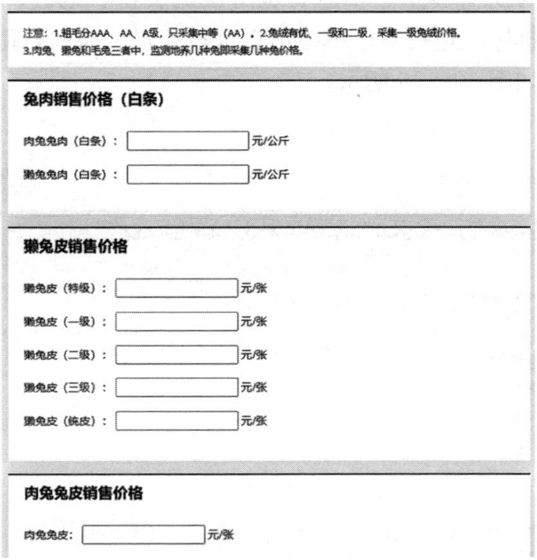

注意: 1.粗毛分AAA、AA、A级,只采集中等 (AA)。2.兔绒有优、一级和二级,采集一级兔绒价格。
3.肉兔、獭兔和毛兔三者中,监测地系几种兔即采集几种兔价格。

**兔肉销售价格 (白条)**

肉兔兔肉 (白条): [_____] 元/公斤

獭兔兔肉 (白条): [_____] 元/公斤

**獭兔皮销售价格**

獭兔皮 (特级): [_____] 元/张

獭兔皮 (一级): [_____] 元/张

獭兔皮 (二级): [_____] 元/张

獭兔皮 (三级): [_____] 元/张

獭兔皮 (统皮): [_____] 元/张

**肉兔兔皮销售价格**

肉兔兔皮 [_____] 元/张

图 13 - 27　集散地价格信息填报系统界面 1

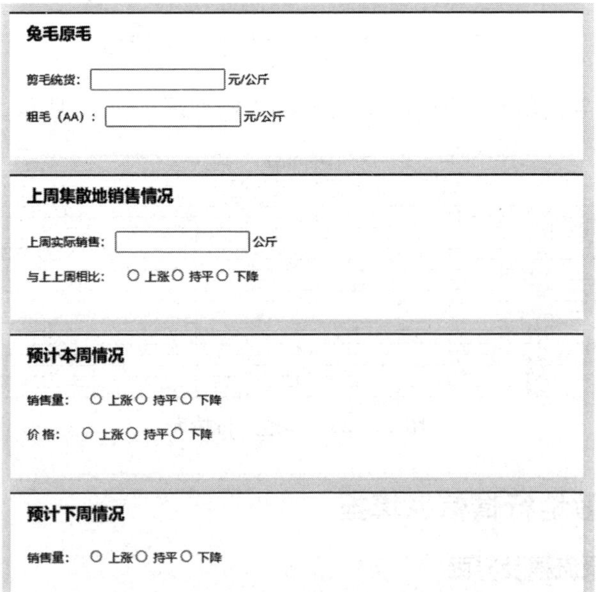

**兔毛原毛**

剪毛统货 [_____] 元/公斤

粗毛 (AA): [_____] 元/公斤

**上周集散地销售情况**

上周实际销售 [_____] 公斤

与上上周相比: ○ 上涨 ○ 持平 ○ 下降

**预计本周情况**

销售量: ○ 上涨 ○ 持平 ○ 下降

价　格: ○ 上涨 ○ 持平 ○ 下降

**预计下周情况**

销售量: ○ 上涨 ○ 持平 ○ 下降

图 13 - 28　集散地价格信息填报系统界面 2

## （二）系统优化及新添功能

用户在填写完登录账号及密码后，可按回车键直接登录，优化操作流程。采集系统提供数据表格模板下载和上传功能，用户可下载该表格填写数据，在按照产业体系设置的表格模板填写妥当之后，通过表格上传按钮将填写好的表格上传。上传成功后，系统将显示类似上传成功的提示跳转界面，已经填写的数据将显示在界面对应的填写框中，未填写的填写框尾部将出现"！"标志，以提示数据填写员补填数据。同时，已填写的数据可以再次修改，在数据填写员确认填写无误后点击提交即可。

其中，集散地所在省份、区县和采集员姓名、采集时间均由系统自动填写。需要手动填写的数据包括：肉兔兔肉（白条）、獭兔兔肉（白条）、獭兔皮特级、獭兔皮一级、獭兔皮二级、獭兔皮三级、獭兔皮统皮、肉兔统皮、兔毛原毛剪毛统货、兔毛原毛粗毛（AA）的价格，上周本集散地的销售情况（上周实际销售、与上上周相比变化）、预计本周本集散地销售量、预计本周本集散地价格、预计下周本集散地销售量。数据采集表格模板如表13-2所示。

**表13-2 集散地信息采集表格模板**

| 省份 | 区县 | 采集员姓名 | 采集时间 |
|------|------|-----------|---------|
| 河南<br>（系统自动填写） | 济源<br>（系统自动填写） | 河南集散<br>（系统自动填写） | （系统自动填写） |
| 2022年第37周（系统自动填写） | | | |
| 指标 | | 单位 | 价格 |
| 肉兔兔肉（白条） | | 元/千克 | （数据填写框） |
| 獭兔兔肉（白条） | | 元/千克 | （数据填写框） |
| 獭兔皮 | 特级 | 元/张 | （数据填写框） |
| | 一级 | | （数据填写框） |
| | 二级 | | （数据填写框） |
| | 三级 | | （数据填写框） |
| | 统皮 | | （数据填写框） |
| 肉兔兔皮 | 统皮 | 元/张 | （数据填写框） |
| 兔毛原毛 | 剪毛统货 | 元/千克 | （数据填写框） |
| | 粗毛（AA） | | （数据填写框） |

(续)

| | | | |
|---|---|---|---|
| 上周本集散地的销售情况 | 上周实际销售 | 千克 | (数据填写框) |
| | 与上上周相比 | (数据填写框)<br>(设置选项：上涨、持平或下降) | |
| 预计本周本集散地销售量 | (数据填写框)(设置选项：上涨、持平或下降) | | |
| 预计本周本集散地价格 | (数据填写框)(设置选项：上涨、持平或下降) | | |
| 预计下周本集散地销售量 | (数据填写框)(设置选项：上涨、持平或下降) | | |
| 注：<br>1. 粗毛分 AAA、AA、A 三个级别，统计时只采集中等级别（AA）信息即可。<br>2. 兔绒有优级、一级和二级之分，采集一级兔绒的价格即可。<br>3. 在肉兔、獭兔和毛兔等三者中，监测地养几种兔即采集几种兔的价格信息。 | | | |

## (三) 数据检验与校正

系统可自动识别与检验缺失及误差较大的数据。对于未填写的数据，系统可参照上一年度同期数据及前一周的数据，按照计算公式：该周缺失数据＝去年该周数据×同年上周数据÷去年上周数据，估算出来。例如，2022 年 5 月 13 日某采集员未填写肉兔兔肉（白条）价格，该周属于 5 月的第 3 周，计算过程应为：2022 年 5 月第 3 周肉兔兔肉价格＝2021 年 5 月第 3 周肉兔兔肉价格×2022 年 5 月第 2 周肉兔兔肉价格÷2021 年 5 月第 2 周肉兔兔肉价格。系统自动填充的数据在界面中显示为红色。

## (四) 管理员界面及信息展示

管理员可查看所有集散地信息，也可根据省份、地区、起始日期进行筛选，对价格进行排序，还可对已填报信息进行编辑，添加新信息或删除已有信息。管理员界面如图 13－29 所示。

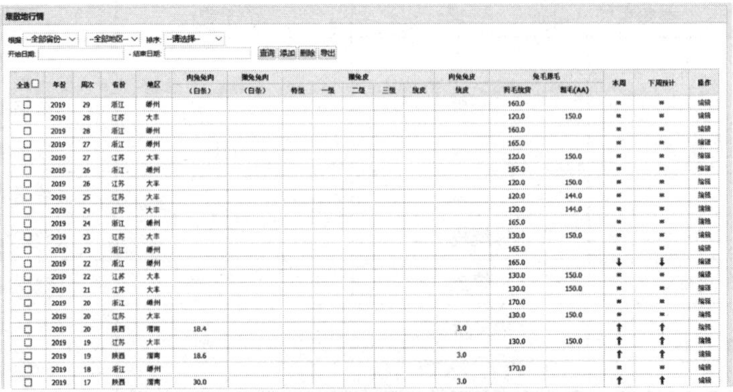


| 全选 | 年份 | 周次 | 省份 | 地区 | 肉兔兔肉（白条） | 獭兔兔肉（白条） | 獭兔皮 特级 | 獭兔皮 一级 | 獭兔皮 二级 | 獭兔皮 三级 | 獭兔皮 统皮 | 肉兔兔皮 统皮 | 兔毛原毛 剪毛统货 | 兔毛原毛 粗毛(AA) | 本周 | 下周预计 | 操作 |
|---|---|---|---|---|---|---|---|---|---|---|---|---|---|---|---|---|---|
| □ | 2019 | 29 | 浙江 | 嵊州 | | | | | | | | | 160.0 | | ■ | ■ | 编辑 |
| □ | 2019 | 28 | 江苏 | 大丰 | | | | | | | | | 120.0 | 150.0 | ■ | ■ | 编辑 |
| □ | 2019 | 28 | 浙江 | 嵊州 | | | | | | | | | 160.0 | | ■ | ■ | 编辑 |
| □ | 2019 | 27 | 浙江 | 嵊州 | | | | | | | | | 165.0 | | ■ | ■ | 编辑 |
| □ | 2019 | 27 | 江苏 | 大丰 | | | | | | | | | 120.0 | 150.0 | ■ | ■ | 编辑 |
| □ | 2019 | 26 | 浙江 | 嵊州 | | | | | | | | | 165.0 | | ■ | ■ | 编辑 |
| □ | 2019 | 26 | 江苏 | 大丰 | | | | | | | | | 120.0 | 150.0 | ■ | ■ | 编辑 |
| □ | 2019 | 25 | 江苏 | 大丰 | | | | | | | | | 120.0 | 144.0 | ■ | ■ | 编辑 |
| □ | 2019 | 24 | 江苏 | 大丰 | | | | | | | | | 120.0 | 144.0 | ■ | ■ | 编辑 |
| □ | 2019 | 24 | 浙江 | 嵊州 | | | | | | | | | 165.0 | | ■ | ■ | 编辑 |
| □ | 2019 | 23 | 江苏 | 大丰 | | | | | | | | | 130.0 | 150.0 | ■ | ■ | 编辑 |
| □ | 2019 | 23 | 浙江 | 嵊州 | | | | | | | | | 165.0 | | ■ | ■ | 编辑 |
| □ | 2019 | 22 | 浙江 | 嵊州 | | | | | | | | | 165.0 | | ↓ | ↓ | 编辑 |
| □ | 2019 | 22 | 江苏 | 大丰 | | | | | | | | | 130.0 | 150.0 | ■ | ■ | 编辑 |
| □ | 2019 | 21 | 江苏 | 大丰 | | | | | | | | | 130.0 | 150.0 | ■ | ■ | 编辑 |
| □ | 2019 | 20 | 浙江 | 嵊州 | | | | | | | | | 170.0 | | ■ | ■ | 编辑 |
| □ | 2019 | 20 | 江苏 | 大丰 | | | | | | | | | 130.0 | 150.0 | ■ | ■ | 编辑 |
| □ | 2019 | 20 | 陕西 | 渭南 | 18.4 | | | | | | | 3.0 | | | ↑ | ↑ | 编辑 |
| □ | 2019 | 19 | 江苏 | 大丰 | | | | | | | | | 130.0 | 150.0 | ↑ | ↑ | 编辑 |
| □ | 2019 | 19 | 陕西 | 渭南 | 18.6 | | | | | | | 3.0 | | | ↑ | ↑ | 编辑 |
| □ | 2019 | 18 | 浙江 | 嵊州 | | | | | | | | | 170.0 | | ■ | ■ | 编辑 |
| □ | 2019 | 17 | 陕西 | 渭南 | 30.0 | | | | | | | 3.0 | | | ↑ | ↑ | 编辑 |

图 13－29 集散地行情信息管理员界面

管理员可导出所有填报信息，导出的表格如图 13-30 所示。

| 年份 | 周次 | 省份 | 市 | 地区 | 肉兔兔肉（白条）| 獭兔兔肉（白条）| 獭兔皮 | | | | | 肉兔兔皮 | 兔毛原毛 | | 本周销售情况 | 预计下周销售情况 |
| | | | | | | | 特级 | 一级 | 二级 | 三级 | 统皮 | 统皮 | 粗毛统货 | 粗毛66A | | |
|---|---|---|---|---|---|---|---|---|---|---|---|---|---|---|---|---|
| 2022 | 37 | 江苏 | 盐城 | 大丰市 | | | | | | | | | 120 | 200 | 持平 | 持平 |
| 2022 | 37 | 陕西 | 渭南 | 蒲城县 | 40 | | | | | | | 1 | | | 持平 | 持平 |
| 2022 | 36 | 陕西 | 渭南 | 蒲城县 | 40 | | | | | | | 1 | | | 持平 | 持平 |
| 2022 | 36 | 浙江 | 绍兴 | 嵊州市 | | | | | | | | 148 | | | | |
| 2022 | 36 | 江苏 | 盐城 | 大丰市 | | | | | | | | | 120 | 200 | 持平 | 持平 |
| 2022 | 35 | 陕西 | 渭南 | 蒲城县 | 40 | | | | | | | 1 | | | 上涨 | 上涨 |
| 2022 | 35 | 江苏 | 盐城 | 大丰市 | | | | | | | | | 120 | 200 | 持平 | 持平 |
| 2022 | 35 | 浙江 | 绍兴 | 嵊州市 | | | | | | | | 132 | 245 | | | |
| 2022 | 34 | 陕西 | 渭南 | 蒲城县 | 40 | | | | | | | 1 | | | 下降 | 上涨 |
| 2022 | 34 | 江苏 | 盐城 | 大丰市 | | | | | | | | | 120 | 200 | 持平 | 持平 |
| 2022 | 33 | 陕西 | 渭南 | 蒲城县 | 40 | | | | | | | 1 | | | 持平 | 持平 |
| 2022 | 33 | 江苏 | 盐城 | 大丰市 | | | | | | | | | 120 | 200 | 持平 | 持平 |
| 2022 | 33 | 浙江 | 绍兴 | 嵊州市 | | | | | | | | 150 | | | | |
| 2022 | 32 | 江苏 | 盐城 | 大丰市 | | | | | | | | | 120 | 200 | 持平 | 持平 |
| 2022 | 32 | 陕西 | 渭南 | 蒲城县 | 40 | | | | | | | 1 | | | 持平 | 持平 |

图 13-30　集散地兔肉价格统计表

# 三、消费端行情信息填报

## （一）登录流程及界面

参照原网站界面设计及格式，用户登录框设在网页左侧，右侧为主操作界面及信息界面。当用户未登录系统时，可作为游客浏览网站信息，登录框停留在屏幕左侧。当用户登录系统之后，右侧界面变为信息采集界面。信息采集界面兼模板如图 13-31 所示。

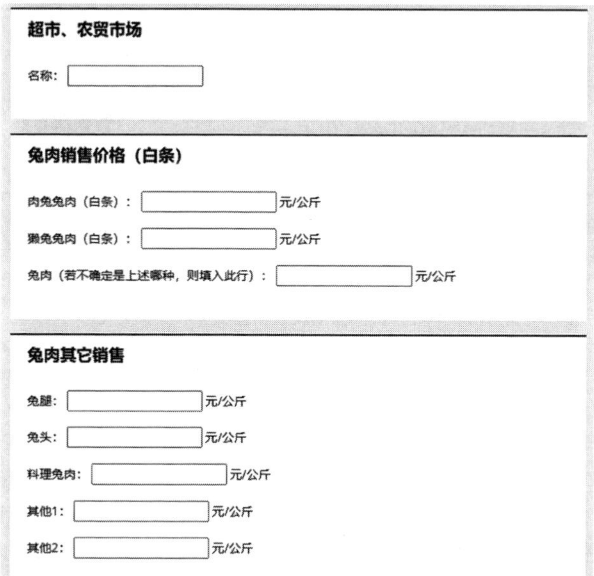

图 13-31　消费者价格信息填报系统界面

## （二）系统优化及新添功能

用户在填写完登录账号及密码后，可按回车键直接登录，优化操作流程。采集系统提供数据表格模板下载和上传功能，用户可下载该表格填写数据，在按照产业体系设置的表格模板填写妥当之后，通过表格上传按钮将填写好的表格上传。上传成功后，系统将显示类似上传成功的提示跳转界面，已经填写的数据将显示在界面对应的填写框中，未填写的填写框尾部将出现"！"标志，以提示数据填写员补填数据。同时，已填写的数据可以再次修改，在数据填写员确认填写无误后点击提交即可。

其中，消费者所在省份、区县和其姓名、采集时间均由系统自动填写。需要消费者手动填写的数据包括：超市或农贸市场名称，肉兔兔肉（白条）、獭兔兔肉（白条）、兔肉（若不确定是上述哪种，则填此行）、兔腿、兔头、料理兔肉、其他 1、其他 2 的价格。数据采集表格模板如表 13 - 3 所示。

**表 13 - 3　消费者价格信息采集表格模板**

| 省份 | 区县 | 采集员姓名 | 采集时间 |
|---|---|---|---|
| 北京<br>（系统自动填写） | 丰台<br>（系统自动填写） | 北京消费<br>（系统自动填写） | （系统自动填写） |
| 2022 年第 37 周（系统自动填写） | | | |
| 超市或农贸市场名称 | | （数据填写框） | |
| 指标 | 单位 | 价格 | |
| 肉兔兔肉（白条） | 元/千克 | （数据填写框） | |
| 獭兔兔肉（白条） | 元/千克 | （数据填写框） | |
| 兔肉（若不确定是<br>上述哪种，则填此行） | 元/千克 | （数据填写框） | |
| 兔腿 | 元/千克 | （数据填写框） | |
| 兔头 | 元/千克 | （数据填写框） | |
| 料理兔肉 | 元/千克 | （数据填写框） | |
| 其他 1 | 元/千克 | （数据填写框） | |
| 其他 2 | 元/千克 | （数据填写框） | |

## （三）数据检验与校正

系统可自动识别与检验缺失及误差较大数据。对于未填写的数据，系统可参照上一年度同期数据及前一周的数据，按照计算公式：该周缺失数据＝去年该周数据×同年上周数据÷去年上周数据，估算出来。例如，2022年5月13日某采集员未填写兔肉价格，该周属于5月的第3周，计算过程应为：2022年5月第3周兔肉价格＝2021年5月第3周兔肉价格×2022年5月第2周兔肉价格÷2021年5月第2周兔肉价格。系统自动填充的数据在界面中显示为红色。

### （四）管理员界面及信息展示

管理员可查看所有消费者信息，也可根据省份、地区、起始日期进行筛选，对价格进行排序，还可对已填报信息进行编辑，添加新信息或删除已有信息。管理员界面如图13-32所示。

图13-32 消费者行情信息管理员界面

管理员可导出所有填报信息，导出的表格如图13-33所示。

**消费者行情表**

| 年份 | 周数 | 省份 | 市 | 地区 | 肉兔兔肉（白条） | 獭兔兔肉（白条） | 兔肉（若不确定是上述哪种，则填此行） | 兔腿 | 兔头 | 料理兔肉 | 其它1 | 其它2 |
|---|---|---|---|---|---|---|---|---|---|---|---|---|
| 2022 | 2 | 四川 | 成都 | 武侯区 | 61.51 | | | | | | | |
| 2022 | 1 | 四川 | 成都 | 武侯区 | 51.51 | | | | | | | |
| 2021 | 52 | 四川 | 成都 | 武侯区 | 68.22 | | | | | | | |
| 2021 | 51 | 四川 | 成都 | 武侯区 | 68.22 | | | | | | | |
| 2021 | 50 | 四川 | 成都 | 武侯区 | 68.22 | | | | | | | |
| 2021 | 49 | 四川 | 成都 | 武侯区 | 58.23 | | | | | | | |
| 2021 | 48 | 四川 | 成都 | 武侯区 | 61.5 | | | | | | | |
| 2021 | 47 | 四川 | 成都 | 武侯区 | 68.22 | | | | | | | |
| 2021 | 46 | 四川 | 成都 | 武侯区 | 68.22 | | | | | | | |
| 2021 | 45 | 四川 | 成都 | 武侯区 | 68.22 | | | | | | | |
| 2021 | 44 | 四川 | 成都 | 武侯区 | 62.54 | | | | | | | |
| 2021 | 43 | 四川 | 成都 | 武侯区 | 59.29 | | | | | | | |
| 2021 | 42 | 四川 | 成都 | 武侯区 | 64.68 | | | | | | | |
| 2021 | 41 | 四川 | 成都 | 武侯区 | 64.68 | | | | | | | |
| 2021 | 40 | 四川 | 成都 | 武侯区 | 59.29 | | | | | | | |

图13-33 消费者行情表

# 四、存栏出栏、行情汇总及指数计算

## （一）存栏出栏信息填报

存栏出栏信息由养殖户进行填报。如图 13-34 所示，管理员可查看所有存栏出栏信息，也可根据省份、地区、起始日期进行筛选。

图 13-34　管理员界面

## （二）价格汇总统计

管理员可以查看某周的汇总数据，选择想要查看的日期及统计类型（养殖户、集散地和消费者），点击"开始统计"即可查看本周汇总数据（图 13-35）。

图 13-35　价格汇总统计界面

本模块也可实现导出本周数据的功能，导出的表格按照不同的数据类型对应着不同的模板，养殖户、集散地、消费者三种类型的表格模板如图 13-36～

图 13-38 所示。

**养殖户销售价格统计表**

2022年 第13周

| | | | 肉兔活兔销售价格 | 獭兔活兔销售价格（按公斤或按只计） | 肉兔兔肉（白条） | 獭兔兔肉（白条） | 獭兔皮 | | | | 续皮 | 肉兔兔皮续皮 | 兔毛原毛 | |
|---|---|---|---|---|---|---|---|---|---|---|---|---|---|---|
| | | | | | | | 特级 | 一级 | 二级 | 三级 | 续皮 | 续皮 | 剪毛续绒 | 粗毛（AA） |
| | | | 元/公斤 | 元/只（按每只2.5公斤计） | 元/公斤 | 元/公斤 | 元/公斤 | 元/公斤 | 元/公斤 | 元/公斤 | 元/公斤 | 元/公斤 | 元/公斤 | 元/公斤 |
| | | 各地平均 | 16.53 | 20 | 50 | 30 | 28 | | | | | 15 | 3.83 | 137.5 | 231.5 |
| | | 最大值 | 18 | 20 | 50 | 36 | 28 | | | | | 15 | 5 | 140 | 245 |
| | | 最小值 | 14.8 | 20 | 50 | 26 | 28 | | | | | 15 | 1.5 | 135 | 218 |
| | | 注：上述"各地平均"价格不包括闽西南黑兔和黄兔的价格。 | | | | | | | | | | | | | |
| 福建 | 龙岩 | 武平县 | | 18 | | | | | | | | | | | |
| 浙江 | 绍兴 | 嵊州市 | | | | | | | | | | | | 136 | 245 |
| 山东 | 临沂 | 鄢县 | 17 | | | | | | | | | | | |
| 四川 | 乐山 | 犍为县 | 16 | | | | | | | | | | | |
| 陕西 | 渭南 | 澄城县 | 14.8 | | | 36 | | | | | | | 5 | | |
| 吉林 | 四平 | 梨树县 | 17 | 20 | 50 | 26 | 28 | | | | | 15 | 1.5 | | |
| 江苏 | 徐州 | 邳州市 | 16.35 | | | 28 | | | | | | | 5 | | |
| 江苏 | 盐城 | 射阳县 | | | | | | | | | | | | 140 | 218 |

图 13-36 养殖户销售价格统计表

**集散地兔肉价格统计表**

2022年 第13周

| | | | 肉兔兔肉（白条） | 獭兔兔肉（白条） | 獭兔皮 | | | | | 肉兔兔皮续皮 | 兔毛原毛 | | 本周销售情况 | 预计下周销售情况 |
|---|---|---|---|---|---|---|---|---|---|---|---|---|---|---|
| | | | | | 特级 | 一级 | 二级 | 三级 | 续皮 | 续皮 | 剪毛续绒 | 粗毛（AA） | | |
| | | | 元/公斤 | 元/公斤 | 元/公斤 | 元/公斤 | 元/公斤 | 元/公斤 | 元/公斤 | 元/公斤 | 元/公斤 | 元/公斤 | 元/公斤 | |
| | | 各地平均 | 36 | | | | | | | 1 | 142.5 | 200 | — | |
| | | 最大值 | 36 | | | | | | | 1 | 155 | 200 | — | |
| | | 最小值 | 36 | | | | | | | 1 | 130 | 200 | — | |
| | | 注：上述"各地平均"价格不包括闽西南黑兔和黄兔的价格。 | | | | | | | | | | | | |
| 浙江 | 绍兴 | 嵊州市 | | | | | | | | | 155 | | | |
| 陕西 | 渭南 | 澄城县 | 36 | | | | | | | 1 | | | 持平 | 上涨 |
| 江苏 | 盐城 | 大丰市 | | | | | | | | | 130 | 200 | 上涨 | 上涨 |

图 13-37 集散地兔肉价格统计表

**城市兔肉消费价格统计表**

2016年 第7周

| | | | 肉兔兔肉（白条） | 獭兔兔肉（白条） | 兔肉（若不确定是上述哪种，则填入此行） | 兔腿 | 兔头 | 料理兔肉 | 其它2 | 其它2 |
|---|---|---|---|---|---|---|---|---|---|---|
| | | | 元/公斤 | 元/公斤 | 元/公斤 | 元/公斤 | 元/公斤 | 元/公斤 | 元/公斤 | 元/公斤 |
| | | 各地平均 | 58 | | | | | | 40 | |
| | | 最大值 | 60 | | | | | | 40 | |
| | | 最小值 | 56 | | | | | | 40 | |
| | | 注：上述"各地平均"价格不包括闽西南黑兔和黄兔的价格。 | | | | | | | | |
| 广东 | 广州 | 越秀区 | 60 | | | | | | 40 | |
| 重庆 | 重庆 | 江北区 | 56 | | | | | | | |

图 13-38 城市兔肉消费价格统计表

## （三）全国平均行情分析

全国平均行情模块可以实现价格计算分析，包含兔饲料价格、兔产品价格、兔业专家指数、兔产业指数、兔饲料比价、统计数据生成六部分（图 13-39）。全国平均行情界面仅管理员可见。

## （四）产业指数分析计算

（1）兔饲料价格：兔饲料价格由管理员负责填写，数据填写入口为"添加"按钮，其他用户没有权限增添数据，界面没有"添加"按钮。管理员填写完价格后，系统自动计算生成价格指数。

图 13-39 全国平均行情内容

指数计算方式如下：

价格指数＝当期价格÷基期价格×100%

兔饲料价格指数＝玉米价格指数×0.4＋豆粕价格指数×0.2＋草粉价格指数×0.25＋肉鸡配合饲料价格指数×0.15

价格填报界面可参考图13－40。界面包括：采集时间、玉米价格、豆粕价格、草粉价格、肉鸡配合饲料价格。

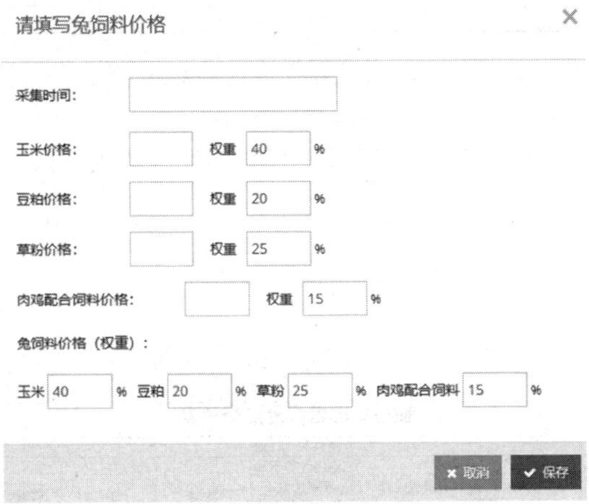


图13－40　价格信息添加界面

兔饲料价格界面显示：年份、周次、玉米价格、豆粕价格、草粉价格、肉鸡配合饲料价格、兔饲料价格、玉米价格指数、豆粕价格指数、草粉价格指数、肉鸡配合饲料价格指数、兔饲料价格指数。显示界面可参考图13－41。

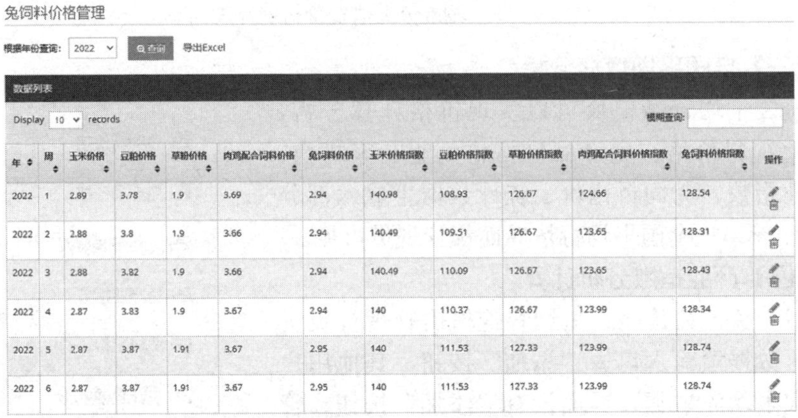

兔饲料价格管理

根据年份查询: 2022 查询 导出Excel

数据列表

Display 10 records　模糊查询:

| 年 | 周 | 玉米价格 | 豆粕价格 | 草粉价格 | 肉鸡配合饲料价格 | 兔饲料价格 | 玉米价格指数 | 豆粕价格指数 | 草粉价格指数 | 肉鸡配合饲料价格指数 | 兔饲料价格指数 | 操作 |
|---|---|---|---|---|---|---|---|---|---|---|---|---|
| 2022 | 1 | 2.89 | 3.78 | 1.9 | 3.69 | 2.94 | 140.98 | 108.93 | 126.67 | 124.66 | 128.54 | |
| 2022 | 2 | 2.88 | 3.8 | 1.9 | 3.66 | 2.94 | 140.49 | 109.51 | 126.67 | 123.65 | 128.31 | |
| 2022 | 3 | 2.88 | 3.82 | 1.9 | 3.66 | 2.94 | 140.49 | 110.09 | 126.67 | 123.65 | 128.43 | |
| 2022 | 4 | 2.87 | 3.83 | 1.9 | 3.67 | 2.94 | 140 | 110.37 | 126.67 | 123.99 | 128.34 | |
| 2022 | 5 | 2.87 | 3.87 | 1.91 | 3.67 | 2.95 | 140 | 111.53 | 127.33 | 123.99 | 128.74 | |
| 2022 | 6 | 2.87 | 3.87 | 1.91 | 3.67 | 2.95 | 140 | 111.53 | 127.33 | 123.99 | 128.74 | |

图13－41　兔饲料价格信息展示界面

管理员可以对已填写信息做修改，每条信息后有"编辑"按钮。同时管理员可对发布的错误信息进行删除，需先选中要删除的信息，再点击"删除"按钮。管理员可查询历年数据并导出。

（2）兔产品价格：包括养殖户、集散地、消费者三种兔产品价格。兔产品价格是根据信息采集系统采集到的信息，综合各采集地每周价格，取平均值得到的。管理员可通过下拉菜单选择养殖户/集散地/消费者的兔产品价格，系统提供查询历年数据功能，用户可选择起始年份与截止年份，起始年份最早为2010年。模块增设价格信息导出功能，以 Excel 表格的形式供用户导出下载。养殖户兔产品价格界面如图 13-42 所示。

**兔产品价格指数管理**

开始日期: 2022 ∨　结束日期: 2022 ∨　养殖 ∨　🔍查询　导出Excel

**数据列表**

| 年份 | 周次 | 平均价格水平 |||||| | 价格指数 |||||| | 兔产品价格指数 ||| |
|---|---|---|---|---|---|---|---|---|---|---|---|---|---|---|---|---|---|---|
| | | 肉兔活兔销售价格 | 肉兔兔肉(白条) | 獭兔活兔销售价格 | 獭兔兔肉 | 一级獭兔皮 | 兔毛原毛 剪毛统货 | 粗毛(AA) | 肉兔活兔销售价格 | 肉兔兔肉(白条) | 獭兔活兔销售价格 | 獭兔兔肉指数 | 一级獭兔皮 | 兔毛原毛 剪毛统货 | 粗毛(AA) | 肉兔价格指数 | 獭兔价格指数 | 毛兔价格指数 |
| | | 元/公斤 | 元/公斤 | 元/公斤 | 元/公斤 | 元/张 | 元/公斤 | 元/公斤 | | | | | | | | | | |
| 2022 | 36 | 22.55 | 35.13 | 21 | 32.4 | | 130 | 242 | 109.63 | 215.39 | 71.99 | | 324 | 63.41 | 101.89 | 162.51 | 126 | 193.7 |
| 2022 | 35 | 22.4 | 36 | 21 | 32 | | 137.33 | 232.78 | 108.9 | 220.72 | 71.99 | | 320 | 66.99 | 98.01 | 164.81 | 124.8 | 193.5 |
| 2022 | 34 | 21.6 | 36 | 21 | 32 | | 140 | 226.67 | 105.01 | 220.72 | 71.99 | | 320 | 68.29 | 95.44 | 162.87 | 124.8 | 194.15 |
| 2022 | 33 | 21.08 | 36 | 21 | 32 | | 136 | 235.83 | 102.48 | 220.72 | 71.99 | | 320 | 66.34 | 99.3 | 161.6 | 124.8 | 193.17 |
| 2022 | 32 | 20.7 | 35 | 19.4 | 30 | | 136 | 226.67 | 100.63 | 214.59 | 66.51 | | 300 | 66.34 | 95.44 | 157.61 | 116.6 | 183.17 |
| 2022 | 31 | 20.74 | 33.47 | 22 | 31.2 | | 136 | 235.83 | 100.83 | 205.21 | 75.42 | | 312 | 66.34 | 99.3 | 153.02 | 123.77 | 189.17 |
| 2022 | 30 | 19.2 | 34 | 24 | | | 136 | 235.83 | 93.34 | 208.46 | 82.28 | | 320 | 66.34 | 99.3 | 150.9 | 128.91 | 193.17 |

图 13-42　养殖户兔产品价格界面

肉兔价格指数、獭兔价格指数及毛兔价格指数计算公式如下：

价格指数＝当期价格/基期价格×100%

肉兔价格指数＝肉兔活兔价格指数×0.5＋肉兔兔肉价格指数×0.5

獭兔价格指数＝獭兔活兔价格指数×0.4＋獭兔兔肉价格指数×0.3＋一级獭兔皮价格指数×0.3

毛兔价格指数＝兔毛剪毛价格指数×0.5＋粗毛价格指数×0.5

计算结果保留两位小数，系统在计算之后自动填写至兔产品价格信息中。

集散地兔产品价格界面如图 13-43 所示。

消费者兔产品价格界面如图 13-44 所示，缺失数据显示为空。

兔产品价格指数管理

开始日期：2022 ∨  结束日期：2022 ∨  集散 ∨  🔍查询  导出Excel

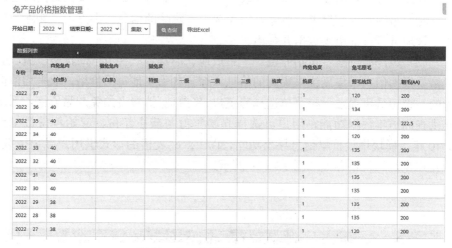

| 年份 | 周次 | 肉兔兔肉 (白条) | 獭兔兔肉 (白条) | 獭兔兔皮 特级 | 一级 | 二级 | 三级 | 统皮 | 肉兔兔皮 统皮 | 兔毛原毛 剪毛统货 | 粗毛(AA) |
|------|------|------|------|------|------|------|------|------|------|------|------|
| 2022 | 37 | 40 | | | | | | | 1 | 120 | 200 |
| 2022 | 36 | 40 | | | | | | | 1 | 134 | 200 |
| 2022 | 35 | 40 | | | | | | | 1 | 126 | 222.5 |
| 2022 | 34 | 40 | | | | | | | 1 | 120 | 200 |
| 2022 | 33 | 40 | | | | | | | 1 | 135 | 200 |
| 2022 | 32 | 40 | | | | | | | 1 | 135 | 200 |
| 2022 | 31 | 40 | | | | | | | 1 | 135 | 200 |
| 2022 | 30 | 40 | | | | | | | 1 | 135 | 200 |
| 2022 | 29 | 38 | | | | | | | 1 | 135 | 200 |
| 2022 | 28 | 38 | | | | | | | 1 | 135 | 200 |
| 2022 | 27 | 38 | | | | | | | 1 | 120 | 200 |

图 13-43　集散地兔产品价格界面

兔产品价格指数管理

开始日期：2022 ∨  结束日期：2022 ∨  消费 ∨  🔍查询  导出Excel

| 年份 | 周次 | 肉兔兔肉(白条) | 獭兔兔肉(白条) | 兔肉(不确定种类) | 兔蹄 | 兔头 | 料理兔肉 | 其他1 | 其他2 |
|------|------|------|------|------|------|------|------|------|------|
| 2022 | 2 | 61.51 | | | | | | | |
| 2022 | 1 | 51.51 | | | | | | | |

图 13-44　消费者兔产品价格界面

（3）兔业专家指数：兔业专家指数根据信息采集系统中采集到的集散地信息计算得出，使用的数据为集散地对下周市场的预测情况。计算公式为：兔业专家指数＝1＋（上升比率—下降比率）。系统提供查询历年数据功能，用户可通过下拉菜单选择起始年份与截止年份，起始年份最早为 2010 年。模块增设价格信息导出功能，以 Excel 表格的形式供用户导出下载。兔业专家指数界面如图 13-45 所示。

（4）兔产业指数：兔产业指数由肉兔产业指数、獭兔产业指数、毛兔产业指数计算得出，计算公式如下：

$$肉兔产业指数＝兔饲料价格指数×0.4＋肉兔价格指数×0.5＋$$
$$兔业专家指数×0.1$$

$$獭兔产业指数＝兔饲料价格指数×0.4＋獭兔价格指数×0.5＋$$
$$兔业专家指数×0.1$$

## 兔业专家指数

根据年份：2022 ∨  🔍查询  导出Excel

| 年 | 周 | 对下周预测 | | | 专家指数 | 本周预测 | | |
|---|---|---|---|---|---|---|---|---|
| | | 上升 | 持平 | 下降 | | 上升 | 持平 | 下降 |
| 2022 | 1 | | 100% | | 100 | | 100% | |
| 2022 | 2 | 33.33% | 66.67% | | 133.33 | 33.33% | 66.67% | |
| 2022 | 3 | 33.33% | 66.67% | | 133.33 | 33.33% | 66.67% | |
| 2022 | 4 | | 100% | | 100 | | 100% | |
| 2022 | 5 | | 100% | | 100 | | 100% | |
| 2022 | 6 | 50% | 50% | | 150 | 50% | 50% | 50% |
| 2022 | 7 | 66.67% | 33.33% | | 166.67 | 33.33% | 33.33% | |
| 2022 | 8 | 33.33% | 66.67% | | 133.33 | 33.33% | 66.67% | 33.33% |
| 2022 | 9 | 33.33% | 66.67% | | 133.33 | 66.67% | 66.67% | |

图 13-45　兔业专家指数界面

毛兔产业指数＝兔饲料价格指数×0.4＋毛兔价格指数×0.5＋
兔业专家指数×0.1
兔产业指数＝肉兔产业指数×0.75＋獭兔产业指数×0.15＋
毛兔产业指数×0.1

计算结果保留两位小数，系统在计算之后自动填写至兔产业指数信息栏中对应部分。

系统提供查询历年数据功能，用户可选择起始年份与截止年份，起始年份最早为 2010 年。模块增设价格信息导出功能，以 Excel 表格的形式供用户导出下载。兔产业指数信息界面如图 13-46 所示。

## 兔业产业指数

根据年份：2022 ∨  🔍查询  导出Excel

| 年 | 周 | 肉兔产业指数 | 獭兔产业指数 | 毛兔产业指数 | 兔产业指数 |
|---|---|---|---|---|---|
| 2022 | 1 | 129.95 | 118.8 | 148.49 | 130.13 |
| 2022 | 2 | 128.46 | 123.51 | 153.2 | 130.19 |
| 2022 | 3 | 133.68 | 127.78 | 163.05 | 135.73 |
| 2022 | 4 | 128.78 | 121.6 | 153.1 | 130.13 |
| 2022 | 5 | 130.01 | 120.12 | 151.07 | 130.63 |
| 2022 | 6 | 140.65 | 127.58 | 157.57 | 140.38 |
| 2022 | 7 | 136.82 | 129.06 | 158.78 | 137.85 |
| 2022 | 8 | 136.42 | 124.68 | 155.86 | 136.6 |
| 2022 | 9 | 129.69 | 116.5 | 153.35 | 130.08 |
| 2022 | 10 | 133.37 | 122.05 | 154.1 | 133.75 |
| 2022 | 11 | 130.12 | 119.8 | 151.31 | 130.69 |

图 13-46　兔产业指数信息界面

（5）兔饲料比价：兔饲料比价分为肉兔兔饲料比、獭兔兔饲料比、毛兔兔饲料比三部分，计算公式分别为：

$$饲料价格＝玉米价格×0.4＋豆粕价格×0.2＋草粉价格×0.25＋$$
$$肉鸡配合饲料价格×0.15$$
$$肉兔兔饲料比＝肉兔活兔价格（养殖户）÷饲料价格$$
$$獭兔兔饲料比＝獭兔活兔价格（养殖户）÷饲料价格$$
$$毛兔兔饲料比＝剪毛统货价格（养殖户）÷饲料价格$$

计算结果保留两位小数，系统在计算之后自动填写至兔饲料比价信息栏中对应部分。

系统提供查询历年数据功能，用户可选择起始年份与截止年份，起始年份最早为 2010 年。模块增设价格信息导出功能，以 Excel 表格的形式供用户导出下载。兔饲料比价信息界面如图 13－47 所示。

兔料比价

根据年份：2022 ∨　查询　导出Excel

| 年 | 周 | 肉兔兔料比 | 獭兔兔料比 | 毛兔兔料比 |
|---|---|---|---|---|
| 2022 | 1 | 5.88 | 6.97 | 47.62 |
| 2022 | 2 | 5.48 | 7.14 | 47.05 |
| 2022 | 3 | 5.86 | 6.37 | 46.49 |
| 2022 | 4 | 6.01 | 7.21 | 46.77 |
| 2022 | 5 | 6.07 | 7.12 | 47.46 |
| 2022 | 6 | 5.8 | 7.59 | 47.46 |
| 2022 | 7 | 5.46 | 7.4 | 45.61 |
| 2022 | 8 | 5.98 | 7.36 | 45.99 |
| 2022 | 9 | 5.03 | 4.39 | 46.45 |
| 2022 | 10 | 5.73 | 6.62 | 45.53 |
| 2022 | 11 | 5.53 | 6.8 | 44.93 |

图 13－47　兔饲料比价信息界面

# 五、生产数据库

生产数据库包含以下内容。

## （一）全国年度生产

全国年度生产模块包括出栏量、存栏量、产量信息。显示界面可参考图 13－48。

管理员可查询并导出这部分数据，可选择起始年份与截止年份，起始年份最早为 2010 年。模块增设价格信息导出功能，以 Excel 表格的形式供用户导出下载。管理员有权限添加、修改及删除年度兔生产信息。

全国年度生产

根据年份：2017 查询 导出Excel

数据列表

| 年份 | 省份 | 出栏(万只) | 存栏(万只) | 产量(万吨) | 操作 |
|---|---|---|---|---|---|
| 2017 | 天津 | 6.9 | 0 | 0 | |
| 2017 | 北京 | 10.1 | 0 | 0 | |
| 2017 | 河北 | 346.1 | 0 | 0 | |
| 2017 | 山西 | 152.5 | 0 | 0 | |
| 2017 | 内蒙古 | 331.4 | 0 | 0 | |
| 2017 | 辽宁 | 25 | 0 | 0 | |
| 2017 | 吉林 | 387.7 | 0 | 0 | |
| 2017 | 黑龙江 | 34.2 | 0 | 0 | |
| 2017 | 上海 | 5 | 0 | 0 | |
| 2017 | 江苏 | 2265.9 | 0 | 0 | |

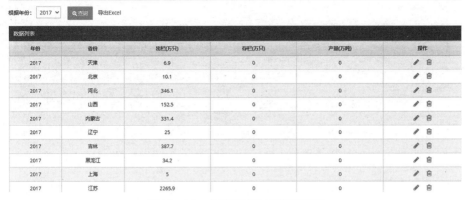

图 13-48　全国年度生产信息界面

## （二）兔产业成本收益

这部分信息由管理员负责填写，依据调研数据，按地区、种类填写。填写信息分为三类，即肉兔、獭兔和毛兔信息，主要填写内容为各地区兔总产值、总成本及利润等情况，具体填写内容与展示界面可见图 13-49～图 13-51。用户可通过选择年份、兔类别、地区查找想要的数据，起始年份最早为 2010 年。模块增设价格信息导出功能，以 Excel 表格的形式供用户导出下载。

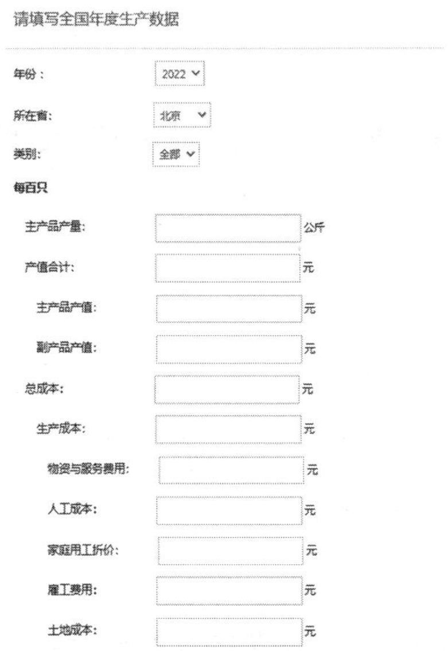

图 13-49　成本收益信息添加界面 1

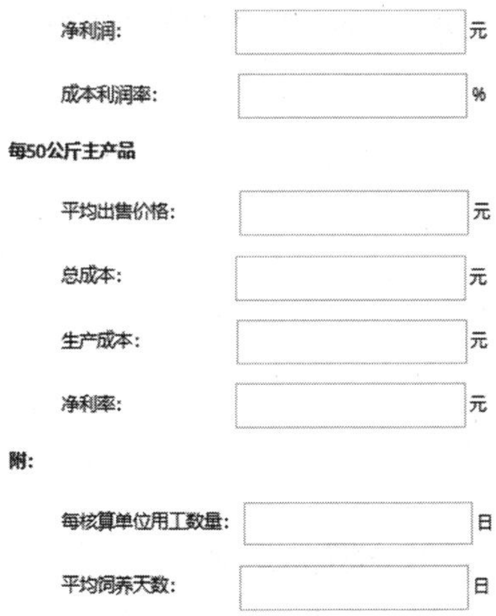

图 13-50　成本收益信息添加界面 2

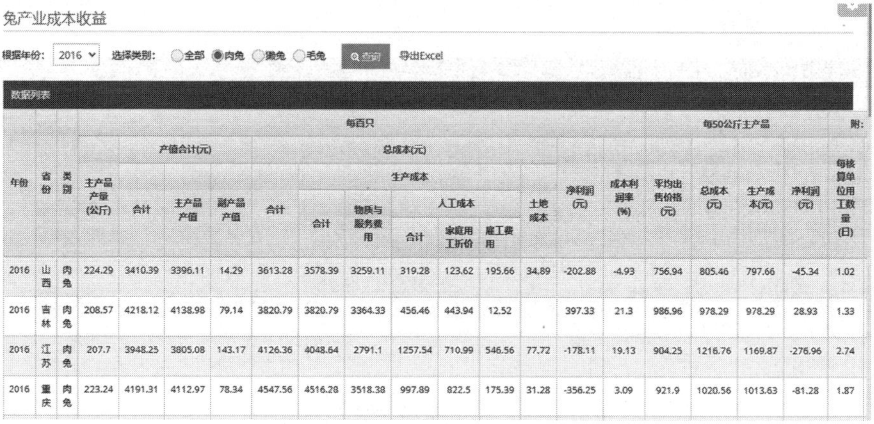
兔产业成本收益
根据年份: 2016
选择类别: 全部 肉兔 獭兔 毛兔
查询
导出Excel
数据列表

| 年份 | 省份 | 类别 | 每百只 主产品产量(公斤) | 每百只 产值合计(元) 合计 | 每百只 产值合计(元) 主产品产值 | 每百只 产值合计(元) 副产品产值 | 每百只 总成本(元) 合计 | 每百只 总成本(元) 生产成本 合计 | 每百只 总成本(元) 生产成本 物质与服务费用 | 每百只 总成本(元) 生产成本 人工成本 合计 | 每百只 总成本(元) 生产成本 人工成本 家庭用工折价 | 每百只 总成本(元) 生产成本 人工成本 雇工费用 | 每百只 总成本(元) 土地成本 | 每百只 净利润(元) | 每百只 成本利润率(%) | 每百只 平均出售价格(元) | 每50公斤主产品 总成本(元) | 每50公斤主产品 生产成本(元) | 每50公斤主产品 净利润(元) | 附: 每核算单位用工数量(日) |
|---|---|---|---|---|---|---|---|---|---|---|---|---|---|---|---|---|---|---|---|---|
| 2016 | 山西 | 肉兔 | 224.29 | 3410.39 | 3396.11 | 14.29 | 3613.28 | 3578.39 | 3259.11 | 319.28 | 123.62 | 195.66 | 34.89 | -202.88 | -4.93 | 756.94 | 805.46 | 797.66 | -45.34 | 1.02 |
| 2016 | 吉林 | 肉兔 | 208.57 | 4218.12 | 4138.98 | 79.14 | 3820.79 | 3820.79 | 3364.33 | 456.46 | 443.94 | 12.52 | | 397.33 | 21.3 | 986.96 | 978.29 | 978.29 | 28.93 | 1.33 |
| 2016 | 江苏 | 肉兔 | 207.7 | 3948.25 | 3805.08 | 143.17 | 4126.36 | 4048.64 | 2791.1 | 1257.54 | 710.99 | 546.56 | 77.72 | -178.11 | 19.13 | 904.25 | 1216.76 | 1169.87 | -276.96 | 2.74 |
| 2016 | 重庆 | 肉兔 | 223.24 | 4191.31 | 4112.97 | 78.34 | 4547.56 | 4516.28 | 3518.38 | 997.89 | 822.5 | 175.39 | 31.28 | -356.25 | 3.09 | 921.9 | 1020.56 | 1013.63 | -81.28 | 1.87 |

图 13-51　肉兔成本收益展示界面

## （三）贸易数据库

本部分包含各类兔产品的进出口情况，界面仅管理员可见。贸易数据分为进口和出口贸易数据，进口和出口统计产品种类相同。数据由管理员添加、编辑和删除。用户可通过选择年份和月份查找想要的数据，起始年份最早为 2010 年。模块增设价格信息导出功能，用户可以 Excel 表格的形式导出所需数据。兔产品贸易信息界面如图 13-52 所示。

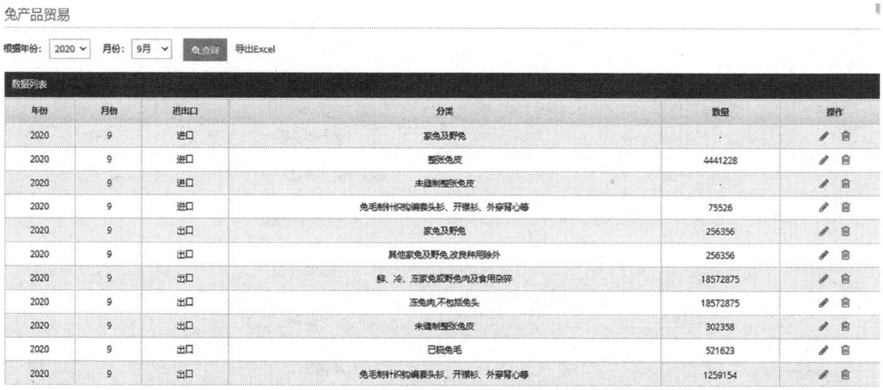
兔产品贸易
根据年份: 2020
月份: 9月
查询
导出Excel
数据列表

| 年份 | 月份 | 进出口 | 分类 | 数量 | 操作 |
|---|---|---|---|---|---|
| 2020 | 9 | 进口 | 家兔及野兔 | - | |
| 2020 | 9 | 进口 | 整张兔皮 | 4441228 | |
| 2020 | 9 | 进口 | 未缝制整张兔皮 | - | |
| 2020 | 9 | 进口 | 兔毛制针织钩编套头衫、开襟衫、外穿背心等 | 75526 | |
| 2020 | 9 | 出口 | 家兔及野兔 | 256356 | |
| 2020 | 9 | 出口 | 其他家兔及野兔,改良种用除外 | 256356 | |
| 2020 | 9 | 出口 | 鲜、冷、冻家兔或野兔肉及食用杂碎 | 18572875 | |
| 2020 | 9 | 出口 | 冻兔肉,不包括兔头 | 18572875 | |
| 2020 | 9 | 出口 | 未缝制整张兔皮 | 302358 | |
| 2020 | 9 | 出口 | 已梳兔毛 | 521623 | |
| 2020 | 9 | 出口 | 兔毛制针织钩编套头衫、开襟衫、外穿背心等 | 1259154 | |

图 13-52　兔产品贸易信息界面

## （四）消费数据库

本部分界面仅管理员可见，数据包含兔肉消费量和兔肉消费频率两部分，消费频率细分为每周至少 2 次、每周 1 次、每月 2～3 次、每月 1 次、每季度 1

次或更少 5 个指标。本部分信息由管理员添加、编辑和删除。用户可通过选择
年份查找想要的数据，起始年份最早为 2010 年。模块增设价格信息导出功能，
用户可以 Excel 表格的形式导出所需数据。

### （五）国际数据库

国际数据库包括国际兔及兔产品生产（存栏）、国际兔及兔产品生产（屠
宰）和国际兔及兔产品生产（兔肉）三部分，界面仅管理员可见。本部分数据
由管理员负责填报，管理员有权限添加、编辑和删除信息。系统提供查询历年
数据功能，用户可通过下拉菜单选择起始年份与截止年份，起始年份最早为
2010 年。模块增设相关信息导出功能，以 Excel 表格的形式供用户导出下载。
展示界面如图 13 - 53 所示。

图 13 - 53　国际兔及兔产品生产（存栏）展示界面

### （六）系统管理

（1）用户管理：该模块展示并可管理所有用户的信息和权限，只有管理员
有权限操作。主要功能包括查询用户、添加用户、编辑用户信息及删除用户。
用户类型分为科学家（管理员和体系专家）、养殖户、集散地、消费者及省级
审核用户。

其他筛选条件为通过登录名查询、通过省份查询等。在选中筛选条件后，
管理员需根据第二个类型选项输入具体筛选条件，点击"查询"查看结果。

（2）参数设置：参数设置模块包括上述涉及的所有参数，所有参数仅可在
此处修改及展示。

基期：2011 年第 1 周。

兔饲料价格指数：玉米 40％，豆粕 20％，草粉 25％，肉鸡配合饲料 15％。

兔饲料价格：玉米 40％，豆粕 20％，草粉 25％，肉鸡配合饲料 15％。

肉兔价格指数：肉兔活兔 50％，肉兔兔肉 50％。

獭兔价格指数：獭兔活兔 40％，獭兔兔肉 30％，一级獭兔皮 30％。

毛兔价格指数：剪毛 50％，粗毛 50％。

肉兔/獭兔/毛兔产业指数：兔饲料价格指数 40％，肉兔/獭兔/毛兔价格指数 50％，兔业专家指数 10％。

兔产业指数（整体）：肉兔产业指数 75％，獭兔产业指数 15％，毛兔产业指数 10％。

（本章执笔：武拉平　樊伟　金怡恬　朱美義）

# 第十四章 后脱贫时代，兔产业
## 可持续发展

习近平总书记在宁夏考察时明确提出："发展产业是实现脱贫的根本之策，要因地制宜，把培育产业作为推动脱贫攻坚的根本出路。"农业产业扶贫作为一种造血式的扶贫方式，能够激发贫困地区农户内生动力、实现稳定脱贫和可持续发展。通过产业扶贫项目的开展，贫困户主观能动性得到提高，收入迅速增加，贫困人口明显减少。此外，产业扶贫能有效缓解贫困地区的生态环境压力，有利于产业与生态系统的可持续发展。兔产业具有投资小、见效快的特点，对于增加贫困人口收入，促进贫困人口就业等具有重要作用。联合国粮食及农业组织（FAO）也提出"养兔是穷人的产业"。全国多个贫困地区通过充分发挥自身优势大力推动兔产业发展，实现农民增收，兔产业已成为打赢脱贫攻坚战、实现农牧民持续稳定增收的主导产业之一。

## 第一节 家兔养殖是贫困地区产业
## 扶贫的重要选择

兔业在农村社会经济发展中发挥着重要的作用，脱贫攻坚以来，兔业在安排贫困人口就业、增加收入等方面做出了突出的贡献。首先，我国年出栏3亿多只兔，如果按照每个劳动力平均管理400只母兔（年出栏商品兔1.6万只）计算，那么我国兔产业安排了近2万劳动力就业，这里特别要强调的是，这些兔业养殖从业人员多数是中老年人、妇女以及相对弱势的群体，兔业给他们提供了重要的就业机会。其次，兔业在农民增收方面发挥着重要作用，根据国家兔产业技术体系对全国近500个兔场的年度调研，2016年每百只肉兔净利润457.9元，成本利润率12.42%。如果一家有两个劳动力，养殖500只肉兔母兔，那么仅家兔养殖收入即可达到七八万元。同时由于家兔投资少、见效快，可以充分利用当地现有资源，在很多地方的扶贫实践中家兔养殖都被作为产业扶贫的重要选择。家兔是草食性动物，家兔养殖不与人争粮、不与粮争地，环境污染小，就业和增收的社会作用大，兔产业扶贫已成为重要的扶贫方式。

## 一、家兔养殖的效益

综合而言，家兔养殖具有重要的经济、社会和生态效益。

第一，节粮、节地、节资源。家兔属于草食动物，可以充分利用各地的饲草资源，包括花生秧、秸秆等作物茎叶，甚至一些加工企业的下脚料（如酒糟、米糠、麦麸等）。家兔养殖粮食消耗少，只占饲料比重的 10％左右。家兔肠道长、饲料过腹时间长，兔肉生产的饲料转化率高，据测算，生产 1 千克牛肉所需的饲料和水可用于生产 6 千克兔肉。同时，家兔养殖不需要占用耕地，可以充分利用荒地、坡地甚至山地，对于节约粮食和资源具有重要的意义。这与我国建设节约型社会的目标高度吻合。

第二，环保、循环、可持续。家兔个体小、肠道长，饲料利用率（消化率）高，粪污产生少，不会像饲养猪牛羊等家畜一样产生难闻的气味或难以清理的粪便，对周边环境影响小。同时，兔粪是很好的肥料，具有缓释的特点，即使与作物根系直接接触也不会"烧死"植物，而且兔粪中的某些成分还有助于杀死土壤中的一些有害微生物。通过家兔养殖，可以很好地实行"种养循环，良好互动"。这与我国建设绿色可持续社会的目标是吻合的。因而，多年来兔产业也成为各地政府积极扶持发展的循环绿色产业。

第三，多窝、多胎、高繁殖率。与其他畜禽相比，家兔繁殖力很强。以肉兔为例，怀孕期很短只有 29～34 天。每年可以繁殖 6～7 窝，每窝可以繁殖 10 只左右，按照 70％～80％的成活率计算，每只母兔一年可以提供 40 只左右商品兔。可以看到，一只母兔一年下来可以提供其体重 30～40 倍的兔肉产出，这是任何其他动物比拟不了的。这决定了，只要市场有需求，兔肉可以"短平快"地生产出来。

第四，投资灵活，利贫、利弱、易就业。兔养殖规模可大可小，可以一家一户养，也可以规模化饲养；可以养几十只，也可以养几百只，甚至上千只或更多。因而，对于广大贫困地区来说，有很小的一笔启动资金即可开始养兔，很适合贫困地区和贫困人口，而猪牛羊马鸡等其他动物要么需要较多投资，要么消耗较多粮食。同时，养兔不需要很高的技术水平，劳动强度也不大，很适合老人、妇女和儿童，能够很好地安排农村就业，特别是上述弱势群体就业。

第五，易养、易管、高回报。以肉兔为例，一对中等体力夫妇劳动力，按照饲养 500～600 只母兔计算（比较小的劳动强度），一年可出栏约 2 万～2.5

万只商品兔，每只商品兔按照 5 元左右的利润计算，一年可挣 10 万～12.5 万元，再加上种地以及其他收入，家庭年纯收入将非常可观。近年来消费者对兔肉健康营养特性认识的逐步加深，兔肉市场需求潜力大。

## 二、各地兔产业扶贫的实践经验

兔养殖具有成本低利润率高、管理简便、省人力省土地、附加值高等特点，养兔已经成为帮助贫困户走出生活困境的法宝之一，不同地方采取了不同的实践方式帮助贫困户脱贫。

### (一)"公司＋基地＋农户＋市场"模式

和田县兔产业发展采用"公司＋基地＋农户＋市场"的分级养殖产销链带运营模式和"五统一"（企业统一供种、统一供应饲料、统一疫病防治、统一技术服务、统一保护价收购商品兔）的保障措施，指导和带动贫困户利用现有庭院内圈舍发展父母代种兔养殖和商品兔育肥。通过这种运营模式和保障措施将公司和养殖户利益结合在一起，鼓励企业在积极创造收益的同时提供更多的就业机会，从而带动一大批贫困户脱贫。

### (二)"企业＋贫困户"模式

为利用外部资本和技术带动当地农户养殖脱贫，青海省以扶贫为目标进行招商引资，建起良种繁育场和兔产品加工厂，第二年就带动养殖户 600 余户。当地公司与养殖户签订集中养殖项目入股协议，将国家扶贫资金投入企业并折合为贫困户的股份。为了保障扶贫项目资金不缩水，执行的原则是效益到户。每户股份为 5 000 元，一年可保证 600 元分红。若贫困户不愿意与某一企业继续合作，则资金并不分发给农户，而是转投其他发展前景更好的产业。

### (三)"企业＋政府＋贫困户"模式

陕西渭南市华州区的高塘镇采用贫困户在兔场寄养獭兔、政府补助、企业保本分红的模式，与 41 户贫困户签订协议。后期有关公司计划再投资 500 万元，扩建 30 亩，计划存栏种兔达到 3 000 只，年出栏量达到 12 万余只，再建屠宰生产线一条、冷库等配套设施，提高屠宰附加值，争取年利润达到 400 万元，提供 80 个工作岗位，解决 70 名贫困户的就业问题。公司积极参与带动贫困户计划，当地农业局以 49.5 万元入股，计划带动 99 户贫困户，每户每年分红不低于 500 元。公司工厂雇工 7 人，都是本村贫困户，工资 1 200 元/月（对雇工没有要求固定的工作时长，一天完成二次喂食任务即可，可以兼顾自己的家务和农活）。

## 三、主要技术及信息需求

通过对兔养殖户养殖过程中存在问题的专项调研发现，农户在进行家兔养殖方面存在以下技术经济需求：

第一，需要疾病防治技术。在疾病防治方面农户存在两个方面的困难。其一是兔的存活率低。尤其是夏季高温天气下，种母兔的死亡率较高。同时兔的繁殖能力低，仔兔的死亡率高。其二是兔常见疾病的预防和诊断效果非常差。兔疾病多发，主要是呼吸道疾病和肠道疾病，包括肺炎、鼻炎、腹泻等。绝大多数的养殖户反映对兔疾病的预防诊断不够，缺乏相关的诊断知识和经验，难以及时发现疾病、做到早发现早治疗。兔一旦发病，难以得到有效的治疗，死亡率很高。养殖户对疾病防治的需求很高，许多养殖户希望可以得到相关技术培训。

第二，需要合理的饲料产品和标准的饲料配方。在饲料配方方面，养殖户表示市场上缺乏配方合理的饲料产品，即便有质量好一点的饲料，价格也偏高，自身难以承担。同时，饲料配方缺乏统一标准也是养殖户面临的困难之一。

第三，需要先进的养兔设施。在设施设备方面，养殖户表示现有的养兔设备传统简陋，急需改造更新，但市场上设备价格过高。有部分养殖户表示由于环保等的压力，难以找到合适的土地用于兔场建设。土地租金高也是一些养殖户面临的问题。

第四，需要市场信息和融资渠道。一是在销售渠道方面，养殖户反映最多的问题是市场行情差，兔产品价格波动大，投资风险大。不论是兔毛、兔皮还是兔肉，均有养殖户表示价格过低，没有利润可赚。尤其是兔毛，浙江和江苏的养殖户表示兔毛价格过低，没有销路，许多养殖户表示自己积压了大量的兔毛。而兔皮存在冬季价格低、夏季没销路的问题。兔肉销售难主要是因为消费者尚未形成兔肉消费习惯，兔肉市场份额本身较小。养殖户面临的另一个问题则是缺乏好的销售渠道。部分养殖户认为销售渠道不畅通、不稳定，有养殖户表示希望可以成立合作社或者得到一些公司的帮助，形成"公司＋农户"的销售模式。二是在保险融资方面，有两个主要问题：首先是由于市场波动大，养兔风险高，但是兔产业没有被纳入国家政策性农业保险体系，养殖户希望政府建立保障机制或给予一定补贴；其次养殖户认为存在融资难的问题，缺乏合适的融资渠道，难以扩大养殖规模，希望多一些适合的融资渠道。

在其他方面，有养殖户反映市场价格波动较大，养兔利润总体较低。同时，养殖场存在环保压力，许多兔场面临着关停的问题。养殖户希望能够获得更多的优惠政策，同时希望政府处理好环保和养兔脱贫的关系。也有养殖户表示自身管理能力不足，接触不到最新的市场信息，希望有养兔带头人或者专业合作社带领其开展兔场管理等工作。

## 四、贫困地区家兔养殖存在的问题或困难

第一，市场波动对贫困地区兔产业影响巨大。近年来行情走低，农户养殖的积极性下降，有些龙头企业也一直处于开工不足的状况中。同时，市场行情波动"挤出效应"明显。通过对几家养殖场的对比可以发现，市场行情波动加速推动了兔产业养殖的专业化和规模化。市场的波动会将一部分人引进来，又将另一部分人清出去，因此养殖户需要越来越严格地要求自己，提升自身的养殖管理能力，提高对市场波动的承受能力，这样才能在波动的市场环境下生存和发展。

第二，各地养殖成本差距很大，重点体现在人工成本、土地租金等方面。环保风暴的冲击对养殖户的影响是非常巨大的，不仅是小规模养殖户，大规模养殖户也受到了很大的冲击。环保整治固然是对的，但在方法方式上还是有很多值得深思的地方，比如兴建沼气池，沼气的利用以及沼液的二次污染问题值得我们重视和反思。市场信息不对称影响了兔业的发展，消费者对兔产品还存在很大程度的低估，很多兔场面临着兔肉滞销的情况，因此完善市场信息任重道远。

第三，兔产业参与扶贫工作，存在一定的扶贫困难，影响兔产业的发展。有些贫困户将外在的帮助当成理所应当，希望别人将所有的一切都安排好，即使有致富路径，政府将为他们购买的机械设备运到家门口，也有些人会因为懒惰而放任设备生锈，继续享受低保。

第四，兔养殖得不到当地政府的重视和政策支持。兔养殖户拿不到与猪牛羊等养殖户同等的政策补贴。在获取相关政策支持方面，也得不到政府部门的重视，政府部门更重视猪牛羊养殖。所以，在农业补贴方面，兔养殖场暂时无政府专项的资金补贴或资金扶持。

## 五、关于兔产业扶贫的政策建议

通过调研认识到，如果要让兔养殖成为落后地区产业扶贫的重要手段，并且具有可持续性，就需要扶贫和农业畜牧主管部门以及行业协会和技术体系提

供基础性的技术和政策支撑。总体上，可以归结为以下几点：

第一，扶持龙头企业和合作社，发挥其对贫困养殖户的带动作用，提升养殖户的组织化程度。重点支持种兔企业和加工企业，积极发展兔业合作社，发挥其作为农业产业化经营载体的作用，提高农户抵御市场风险的能力。在政府的助力下，使企业、合作社与养殖户形成利益共享、风险共担的联合，把分散的家庭小生产与大市场有机地结合起来。使政府在农户技术培训、兔疫病防治以及保护价收购方面发挥作用。

第二，在战略层面要平衡脱贫和环保两项任务。包括兔养殖在内的养殖业本身是产业扶贫的重要形式，但是养殖企业和养殖户又不得不面对环境污染的问题。这就要求地方政府在推进项目时，合理规划和布局，为企业制定严格的环境卫生标准。同时，在财政允许的条件下，对采用环保技术的养殖加工企业给予一定补贴。

第三，加强兔产业与扶贫工作的结合。需要对兔养殖场和贫困户实行双向激励与制约，避免"多输"的局面。将贫困户脱贫致富的欲望激发出来，才能更好地实现"双赢"。因此，扶贫要先扶志。

第四，充分发挥国家兔产业技术体系的技术服务和辐射功能。国家兔产业技术体系已在西北地区建立2个综合试验站，为广大兔养殖户提供技术培训等全范围服务，深深影响了很多养殖户的生产养殖。为了更好地推动国家兔产业技术体系的相关工作，更好地帮助养殖户，国家兔产业技术体系应当加大自身宣传力度，比如相关技术人员在帮扶养殖户时可通过主动提及国家兔产业技术体系等方式来加速宣传和推广。

第五，建立有效的信息服务平台。通过网站、微信等搭建信息共享平台，发布的信息应该包括各地市场实时行情、饲料原料价格、兽药疫苗价格、市场交易信息、存栏出栏情况、疫情、养殖技术等行业信息，使养殖户和其他从业者能及时、准确地获取行业信息。

## 第二节　兔产业扶贫案例

### 一、皮山县兔产业扶贫

#### （一）发展背景

皮山县位于新疆维吾尔自治区南部，塔克拉玛干大沙漠南缘，喀喇昆仑山北麓。东与和田县、墨玉县毗邻，西同叶城县相连。全县总面积3.97万平方千米，辖16个乡镇、一个农业综合开发区和一个良种场、一个国有牧场，共

169 个行政村，人口共 29.37 万人。

2018 年开始，和田地区开始大规模开展兔养殖，结合当地自身优势，将兔产业作为打赢脱贫攻坚战、实现农牧民持续稳定增收的主导产业之一。和田地区作为全国"三区三州"深度贫困区之一，是新疆脱贫攻坚的主战场，脱贫任务艰巨，加上和田地区气候干燥，比较适合养兔，而且肉兔养殖的周期短、发展快，比较符合和田地区的脱贫攻坚需求，故兔产业逐渐发展成和田农牧民群众增收脱贫的特色产业、支柱产业和富民产业。

2020 年和田市有 7 家兔养殖企业。和田地区种兔规模 140 万只，表 14-1 按照养殖规模排序。

表 14-1　和田地区种兔规模（主要企业）

| 企业 | 地区 | 种兔规模 |
| --- | --- | --- |
| 新疆昆仑绿源农业科技发展（集团）有限责任公司 | 皮山县、和田市 | 20 万只左右，和田市 5 万只 |
| 新疆枣兔农牧发展有限公司 | 和田县 | 20 万～30 万只 |
| 和田天域枣业有限责任公司 | 墨玉县 | 20 万只 |
| 田鑫美农牧科技发展有限公司 | 于田县 | 小于 20 万只，有一部分獭兔 |
| 邦邦兔农牧集团 | 策勒县 | 15 万只 |
| 中梁农业股份有限公司 | 于田县 | 10 万只 |
| 和田八方畜牧科技有限公司 | 策勒县 | 小于 5 万只 |

### （二）发展优势

第一，政府政策支持。政府出台了大量政策支持当地兔产业的发展。例如鼓励成立合作社、从外部引进相关企业、为养殖户提供各种形式的补贴（如运费补贴、兔苗补贴、保险补贴等），并降低贷款门槛和利息等，为农户提供了多方面鼓励和保障。

具体来看，根据和田地区特色优势畜禽产业保险政策，兔养殖保险有三种，分别为养殖成本保险、货物运输保险和价格指数保险。其中养殖成本保险为种兔单位保险金额 120～150 元，商品兔单位保险金额 30 元；货物运输保险对在保险期间内由自然灾害、意外事故与运输工具碰撞、倾覆等因素造成的特色农产品直接损失，全部予以保障，保险金额自行协商但不超过市场价格的 7 成；价格指数保险是在最终销售环节办理，在保险期间内，因市场价格波动导致目标销售价格低于特色农产品成本价格加运输成本价格时，由保险公司按照保险合同的约定对差额部分进行赔偿。保费分摊是地区财政补贴 50%，县

（市）财政补贴 30％，养殖户、新型经营主体等自缴 20％。除此之外，还有和田地区特色优势农产品运费补贴政策、乌鲁木齐市帮扶和田地区农业规模发展运杂费补贴政策等多种保险政策，这些保险政策涵盖了生产、运输、销售多个环节，为农户的养殖提供了有力保障。

第二，其他地区的对口支援。第六次全国对口支援新疆工作会议指出，当前和今后一个时期，对口援疆工作要在事关新疆改革发展的根本性、基础性、长远性问题上落脚，在对口援疆的广度和深度上发力，坚定不移聚焦扩大就业，推进产业援疆，促进更多群众的就地就业。天津、北京、安徽都承担有直接对接支援和田发展的任务，这些地区可以提供相关技术、资金、人才、发展思路等，因此这也是和田发展的一个良好机遇。

第三，兔肉质量高。由于新疆较为干旱，降水量很少，因此相比于其他地区来说，兔疫病发生的概率较低，此外，肉兔的腥味也会降低，所以新疆兔肉的质量较高，有助于拓宽销售渠道，建立自己的品牌，进而为更多人熟知。

第四，"一带一路"区位优势。国家提出"一带一路"倡议，重点在于西部地区，为和田地区农副产品的输出提供了新的思路和途径。随着"一带一路"建设的推进，和田地区生产的产品不仅可以推向国内市场，更可以走出去，向周边各国输出，从而拓宽销售途径和市场，在参加国内日趋激烈的竞争时也有一定的后路和资本。

### （三）发展模式

皮山县采用"政府＋龙头企业＋农户"的模式，县政府对企业进行补贴，企业直接对接农户。企业为农户提供兔苗（数量由政府决定），并为每村提供技术员，实施统一品种、统一技术、统一饲料、统一收购、统一价格"五统一"办法，农户以较低价格将商品兔直接卖给企业；政府给企业发放兔苗补贴与运费补贴，并给予其他优惠政策，为农户的商品兔提供保险、统一改造农户圈舍、定点安排专业技术人员。

新疆昆仑绿源农业科技发展（集团）有限责任公司（以下简称昆仑绿源）为皮山县最大的兔养殖企业，是 2017 年 8 月在和田地区皮山县成立的农业集团公司，专注于农牧业、林果业、食品深加工等板块。集团下辖食品开发、养殖科技、林果业发展等 15 家子公司，总注册资本 10 亿元。其中养殖业是集团最基础也是最核心的产业，涵盖了兔、鹅、驴、羊等类别，每个类别均集保种育种、繁育孵化、饲料加工、屠宰加工、仓储运输、销售于一体，形成产业闭环。其中，兔产业作为集团重点布局的产业，已在和田地区发展成年出栏能力

2 200 万只的规模。并且集团自成立初期，即确立了"产业扶贫"的方向和目标，在发展中根据各产业特点，探索出"龙头企业＋基地＋贫困户""企业＋合作社＋农户""公司＋合作社＋基地＋'五统一'"及创造就业岗位、吸纳贫困户用工等产业扶贫模式，并对产业工人持续进行岗位培训，做到"扶贫"与"扶智"同步，"输血"与"造血"并举。对农户代养、代种的项目，公司采取包回收的方式，解决农户对于"销售"的后顾之忧。

昆仑绿源兔养殖产业已覆盖和田地区的和田市、皮山县、于田县，为当地创造了就业岗位，带动了贫困户脱贫增收。其中，兔产业扶贫养殖基地项目共投资 12.4 亿元，养殖场面积达到 3 500 亩，包括 50 万只规模种兔场，2 000万只规模育肥场。同时，配套项目为 3 000 平方米饲草料加工厂。相继在木吉镇、藏桂乡建立了父母代养殖基地，均为 4 万只种兔规模，年可出栏 320 万只商品兔。商品兔年总出栏量 900 万只以上，可吸纳本地 1 000 名产业工人就业，人均年收入 3 万元以上。

公司为配合当地政府脱贫攻坚工作，采用下列生产模式与农户合作：公司给农户提供断奶商品兔，农户育肥后公司负责回购。每户每批次可养殖商品兔280～300 只，养殖时间为 45 天，收益为 4 500 元。每年可养殖 8 个批次，每年收益可达 3.6 万元以上。2019 年，集团各板块累计带动 5 000 人就业，其中贫困户 3 500 余人，直接带动近 8 000 余户农户增收。预计 2020 年底将实现6 000 余人就业，带动上万余户农户增收。

除此之外，公司也在加工环节加大对本地少数民族的就业扶持力度，尽可能增加人工环节，减少机械自动化环节，从而更好地发挥兔产业扶贫功能。

## 二、普安县兔产业扶贫

### （一）发展背景

普安县隶属贵州省黔西南布依族苗族自治州，位于贵州省西南部，东邻晴隆县，南接兴仁县和兴义市，西毗六盘水市盘州市，北望六盘水市六枝特区，县名寓"普天之下，芸芸众生，平安生息"之意。普安是多民族聚居县，全县总面积 1 454 平方千米，全县总人口 33.19 万人，居住着汉、苗、布依等十多个民族。普安县有河流 46 条，水能理论蕴藏量 27 万千瓦；有煤、黄金、铁、硅、铅、锌等 28 种矿藏。普安县有世界上最古老的四球茶树 2 万多株，是"中国古茶树之乡"。普安县也是国家级贫困县，农业在地区生产总值中占15％左右，2013 年，全县农民人均纯收入刚超过 5 000 元。

普安县从 2007 年开始引进长毛兔养殖，该地气候、地理特征适合发展兔养殖，且牧草丰盛是其得天独厚的优势，因此长毛兔产业大有可为，并可成为精准扶贫的有效工具。

### （二）发展优势

第一，资源丰富。普安气候温凉，年均气温仅 14℃，全年空气优良率为100％，平均海拔 1 400 米，生态良好、草坡资源丰富，非常适宜长毛兔养殖。普安兔一年间皆可繁育，单只母兔年可繁殖 15～20 只商品兔，产毛量高，单只兔年产兔毛 1.75～2 千克，毛质量优。

第二，政府政策支持。长毛兔产业资金投入小、见效快、扶贫面广，是"短平快"的扶贫开发新兴产业，近年来，县委、县政府把长毛兔产业作为继烤烟、茶叶、核桃、草地生态畜牧业、芭蕉芋五大扶贫产业之后的又一重要扶贫产业，制定了《加速长毛兔产业发展壮大的实施意见》和《普安县长毛兔产业扶贫规划》，以龙头企业带动和"公司＋基地＋合作社＋农户"的模式，加大政策扶持力度，引导贫困户养殖，形成一定规模，长毛兔存栏突破 17万只。

第三，其他地区的对口支援。宁波对口帮扶黔西南州，镇海区具体帮扶普安县。根据普安县优越的生态环境和气候条件，镇海区免费提供种兔给普安。2016 年浙江省毛纺织行业协会与普安县政府达成战略合作协议，双方决定依托各自资源优势做大做强长毛兔产业，助推普安脱贫攻坚、促进农民增收致富。普安县政府聘请浙江省毛纺织行业协会作为长毛兔产业发展指导单位，浙江省毛纺织行业协会承诺利用协会资源，加大对普安长毛兔的宣传，帮助普安优质兔毛扩大在行业中的影响力；在市场低潮期协调会员企业以合适价格，优先收购普安兔毛；联合设计、产品开发、检测等机构，以普安兔毛为原料开发新产品，提高普安兔毛使用量，拓展其使用领域；同时引导会员企业支持普安打造从养殖到深加工到消费的完整产业链，把养殖优势转化为产业优势，提高产业价值。

### （三）发展模式

普安县采用家庭小规模兔场养殖和养殖小区模式进行兔养殖，家庭小规模兔场的定位为家庭农场，以自家劳动力为主，政府给予相应补贴。劳养殖小区通过"合作社＋贫困户"的方式带动贫困户发展养殖，兔舍由政府投资，产权归村集体所有，养殖人员需要每年支付租金。

同时，贵州新普科技股份有限公司通过整合浙江、河北等地多家掌握育种技术、养殖技术、加工技术、销售渠道等专业领域资源的公司的力量，在普安县建立长毛兔全产业链体系。按照普安县政府提出的"强龙头、建基地、创品牌、拓市场、增效益"的长毛兔发展思路,为助推普安县长毛兔产业走规范化、产业化经营道路,建成稳定、可持续发展的产业发展模式,公司通过"公司+农户""公司+养殖小区+精准贫困户""公司+养殖小区+合作社+养殖能人"等多种合作模式,与当地贫困户形成紧密的利益联结机制,可带动普安县5 000余户农户发展长毛兔养殖,实现户均年增收3万~5万元,并能辐射带动1.5万户农户;另外,在兔产品加工方面还可提供就业岗位1 000余个,实现人均年收入4万~5万元。此举能为全县打赢脱贫攻坚战奠定坚实基础。

为发展长毛兔产业,县政府高度重视并出台如下扶持措施:种兔补助。对新建200个笼位以上的养殖户,每户补助20只种兔,每只种兔价值150元。兔笼补助。对养殖户新修兔舍中的兔笼,按60元每个笼位的标准直接补助给养殖户,每户最多补助200个笼位,每户最高可得兔笼补助12 000元。种草补助。种植优质人工牧草的养殖户,种一亩牧草给予200元补助,每户养殖户补助2亩,每户补助400元。贷款贴息补助。为了解决养殖户缺乏周转资金的问题,对养殖户给予贷款贴息补助(兔笼低于200个笼位的除外),每户养殖户给予2万元贷款贴息补助,资金来源为财政专项扶贫资金。

另外,政府也对养殖小区进行补助。对2016年新建成的长毛兔养殖小区给予15万元基础设施建设补助,要求长毛兔养殖小区建兔舍6栋以上,每栋兔舍中建兔笼位500个以上,小区兔存栏不少于2 000只。养殖小区带动建档立卡贫困户发展养殖,贫困户可以利用5万元"特惠贷"资金入股,年底按不低于股金10%的年利润分红。实行政府补贴,施行保护价收购兔毛政策,按优级兔毛180元/千克的保护价进行收购,使养殖户少受兔毛价格走低的影响,保障其养殖效益。实行饲料补贴。印发《普安县长毛兔养殖饲料补贴实施方案》(普府办发〔2016〕168号),对兔饲料实行2.30元/千克的限价销售,给予400元/吨的饲料补贴,使兔饲料价格从2.70元/千克降至2.30元/千克,降低兔毛生产成本。对小微企业进行政策扶持。符合小微企业扶持条件的养殖户,申报后纳入小微企业扶持对象,享受小微企业扶持待遇。

"一只兔,油盐醋;十只兔,新衣裤;百只兔,娶媳妇;千只兔,进城住。"这首在普安广为传唱的新民谣形象地说明了普安大力推广长毛兔养殖,让农民致富的新景象。长毛兔产业是普安县继烤烟、茶叶、核桃、草地生态畜牧业、芭蕉芋之后的又一重要扶贫产业,以起步就是冲刺、开局就是决战的信心和勇气,通过引进外力、借力外脑,加上自身努力,经过几年的发展，已经初具规模，初见成效，这一朝阳产业将惠泽更多的贫困户。此外，普安长毛兔养殖规模适当，由于有政府资助，投入少、成本低、收益可观，非常适合外出务工人员返乡创业以及当地贫困户参与，利国利民，值得大力推广。

（本章执笔：吕之望　李媛彤　袁瑞声）

# 第十五章　近现代兔产业的
发展和政策演进

养兔在我国具有悠久的历史，但是将兔作为经济动物养殖是在新中国成立后才兴起，兔产业的相关政策经历了从无到有的过程。本章根据畜牧业相关的历史资料，梳理了中国兔产业在近现代的发展历程，包括代表省份兔产业在相应时期的发展状况。另外，结合政策发展的一般规律，总结兔产业相关政策在不同阶段的特征。通过总结产业发展脉络和政策演进，为兔产业未来的发展提供参考。

## 第一节　近现代兔产业的发展

我国有非常悠久的兔养殖历史，一个重要的体现就是传统文化当中有十分丰富的兔元素。兔的利用价值也早已为人所知。如兔皮兔毛在衣帽上的使用，兔肉更不用说，明朝李时珍在《本草纲目》中已有对兔肉"补中益气、凉血解毒、清补脾肺、养胃利肠、解热止咳"功效的记述。

和其他的禽畜不同，兔对于平常百姓而言虽然并不陌生，但是为追求经济价值而养殖的时间却不算长。新中国成立后，我国多个省份才逐渐把兔养殖当作一个产业。经过半个多世纪的发展与波动，兔产业的规模和产值在我国畜牧业中的占比在1%左右，已经成为一支不容忽视的力量。利用各地省志县志等资料，梳理中国20世纪初至改革开放前养兔的发展历程，有助于了解兔产业自身的发展特征，以及判断其发展趋势。

### 一、各地兔产业发展情况

在我国，四川、山东、河南是兔业大省，产量或者消费量居全国前列。选取以上三省及其他几个省份的相关资料进行梳理。

#### （一）四川兔业发展

四川省《隆昌县志》记载，1775年"隆中人烟辐辏，野兔绝少，人家有畜皆白兔"。四川一直是兔业大省。当前四川是兔业的消费大省，也是生产大省。1949年以前，四川兔养殖的数量已经相当庞大，之后起伏不断，1985年存栏达到1 200万只以上，毛兔超过300万只。可以发现，从20世纪30年代有确切统计数据以来，四川兔产业经历过两次长时间的停滞。1936年估计养兔数量为560万只，至40年代末，经济衰退，兔养殖数量也有所下滑。新中国成立后才逐渐恢复，1961年数量突破2 000万只，但是收购活兔只有24万只，说明四川农户养兔主要用于自身消费，商品化率比较低。60年代后期到改革开放前后，兔存栏数量总体再次下降，1979年才接近900万只。这一时期开始恢复经济，省内提出肉兔收购的分等计价和地区差价，同时设立保护价。直到1985年，肉兔存栏也才只有931万只。毛兔数量不算多，1985年以前，只有1982年毛兔存栏超过100万只。

### （二）山东兔业发展

山东兔养殖在新中国成立以后得到了迅猛发展。因为商业外贸部门大量收购，所以肉兔和毛兔增长很快。纵向来看，山东兔业有以下几个特征：第一，产业体量巨大。山东在60年代中期（1964年）兔存栏就达到1 300万只以上，其间虽有起落，但在1979年便突破2 000万只，1982年又达到3 000万只。第二，兔产品以出口为主。中国兔产品进入国际市场是山东兔业兴起的主要推动力。在80年代农产品价格放开之前，兔肉出口达到1万吨以上，换汇在1983年达到1 600万美元。而兔毛更是换汇大户，山东省兔毛换汇占畜产品的1/4，在全国的兔毛出口中，占比约为30%。第三，肉兔毛兔交替领先。60年代以前，山东兔业养殖以肉兔为主，毛兔只占2%左右。改革开放后，毛兔行情看好，毛兔占比从1979年的30%上升至1981年的60%以上。后期又有起落，1990年肉兔比例又高于毛兔。第四，养殖以散户居多，专业养殖户比例不高。1990年，专业户养殖数量占总量的5.9%。毛兔专业户多于肉兔专业户，前者养殖数量占毛兔总量的9.8%、兔产业总量的4.4%，后者养殖数量占肉兔总量的2.7%、兔产业总量的1.5%。

### （三）河南兔业发展

河南养兔的历史也十分悠久，从战国时期就已开始，并且对兔肉食用和制作工艺都有记载，长期以来一直是我国养兔重地。当地饲草资源也较为丰富，农户养兔有洞养、地面平养、笼养3种，以笼养为主。1959年全省存栏兔1 334万只。但是80年代后下降较快。1981年存栏1 000万只上下，到1987年只有536万只，几乎下降了一半。河南是我国较早引进安哥拉毛兔的地区。早在20世纪20年代，南阳就引进安哥拉毛兔进行推广。解放后的60年代至80年代，河南不断引进繁殖新品种，还培育出具有地方特色的品种——安阳灰兔，该品种繁殖能力和抗病能力强，是优良的皮肉兼用兔。

### （四）其他省份兔业发展

安徽：兔毛出口推动了安徽的兔业养殖发展。安徽兔养殖较为集中，北部的阜阳地区占很大比例。1978 年阜阳养兔数量达到 86 万只，约占全省的60％；1981 年达到 476 万只，比重又进一步提高，占全省的 66.5％。在各个部门的推动下，阜阳地区形成养兔的风潮。养兔致富的观念深入人心，有些县人均养兔达到 1 只。政府对养兔非常扶持，各部门联动支持养兔：地区银行提供贷款，外贸部门调进种兔，供销系统供应兔笼及饲料原料，民政部门支持贫困户养殖，畜牧部门进行技术培训。

浙江：浙江历来重视品种引进和养殖技术创新。1926 年，安哥拉兔就传到省内。新中国成立后即引进青紫蓝、力克斯等品种。60 年代初引进日本大耳肉兔。浙江还培育出地方品种新昌长毛兔。浙江兔业的研究实力在改革开放之后也极大提升，养殖技术在多个环节有所突破。在人工授精、日粮配方、饲料的研制以及提高成活率、剪毛方案等方面都有上佳表现。

广东：省内多个县有养兔传统，新中国成立后随着新品种的引进和推广，兔业取得了显著增长。广东兔产业呈现的特征如下：第一，省内形成了一定的产业集聚。资料显示：1980 年全省有 30 个县饲养长毛兔，建立高州等 8 个种兔基地县，有一定饲养规模的种兔场达 40 多个，年产兔毛 63.5吨。第二，政府的产业政策比较得力。政府从兔种、饲料、兔舍、防疫、资金、物资等方面支持养兔专业户和集体兔场。第三，兔产品加工对养殖起到带动作用。广东在多地兴办毛纺厂，产品销往国际市场，经济效益好，也促进了农户和兔场的养殖积极性。第四，兔产业起伏较大。在市场行情和政府政策的推动下，广东毛兔从 1975 年的 30 万只发展到 1985 年的 81 万只，而1986 年暴增至 300 万只。也正是在这一年，兔毛国际需求骤降，毛兔行业遭受严重打击。

陕西：该省养兔的历史非常悠久，但是直到近代，家兔才被当作经济动物养殖。陕西的兔业在历史上有以下两个特征：第一，肉兔多而毛兔少，在依靠兔产品出口创汇时期也是以兔肉出口为主。第二，商品兔养殖以农户养殖为主。20 世纪七八十年代，省内也布点了种兔场，不过商品兔主要由农户饲养。养殖方式多为地窖放养，笼养很少见。根据史料，1985 年全省养兔达到 80 万只，专业户养殖占比接近 20％。

黑龙江：在新中国成立以前，该省曾有养殖规模的统计。资料显示，1942年全省养兔规模约为 1 万只。解放战争时期兔业取得一定增长，1950 年规模为 5.7 万只，品种也较为多样，包括在日伪时期就引进的日本大耳白兔，及此后引进的青紫蓝兔、安哥拉兔。兔产品涵盖肉、皮、毛等。新中国成立后，黑龙江从南方引入长毛兔，长毛兔饲养兴起。不过因为当地气候原因，效益不是很好。黑龙江被外贸部门指定为兔肉出口基地省。资料显示，1958—1985 年，黑龙江累计出口兔肉 4 000 万吨。1961 年饲养量为 38.4 万只，1981 年数量达到 88 万只，养殖县扩大到 50 余个。1983 年存栏达到 114 万只。在政府各个部门的推动下，该省兴办了大量兔场。以松花江地区为例，区内每个县都有兔场。初期取得了不错的效益，但是发展不均衡，加上国内农业环境和国际市场波动影响，后续发展乏力。

## 二、长毛兔的引进和推广

我国传统的家兔品种的经济价值不是很高，因此不同时期都有引进国外优良品种。早在 20 世纪 20 年代，便从日本引入长毛兔，后来又陆续引入法国青紫蓝兔、日本大耳白兔，其中长毛兔的引入值得大书特书。

### （一）长毛兔的引进及发展壮大

中国在 1926 年引进长毛兔，出于出口创汇的需要，长毛兔在新中国成立之后被当作一项重要的经济动物，从而广泛养殖。1954 年我国开始出口兔毛，1959 年养殖数量、兔毛产量和出口量都已经成为世界第一。德系长毛兔产毛量高，我国在 1978 年就开始引进养殖。

因为品种和养殖管理水平的不同，毛兔年产兔毛水平差异较大，从 200 克到 1 000 克不等。在我国江浙地区，培养出中系安哥拉兔（狮子头）。资料记载，当时经苏北农学院、华东农科所、南京农学院等机构鉴定，我国培育出的毛兔有别于英法系安哥拉兔，是新品种。在养殖中，人们更是发现兔养殖具有多个优势：成本低利润率高、管理简便、省人力省土地、附加值高等。以北京为例，国营农场在新中国成立后开始养兔。如南郊农场，1956年毛兔达到 1 400 只，接近总饲养量的 60%。高质量的兔毛价值在 40～44元/千克。农户因为养殖毛兔，也获得了切实的经济收益。根据 1983 年萧山县的一项对 38 户养殖专业户的调查，专业户养殖的平均规模达到 40 多只，户均产毛 15 千克左右，养殖平均收入达到 560 元，显示出不错的经济效益。

我国兔毛在国际市场上的地位举足轻重。资料显示，兔毛出口量和其在世界贸易中的占比都是不断走高的（表 15-1）。

**表 15 - 1　我国兔毛出口量及其占世界贸易量的比例**

| 年份 | 1959 | 1962 | 1969 | 1975 | 1977 | 1981 | 1988 |
|------|------|------|------|------|------|------|------|
| 出口量（吨） | 355 | 46 | 400 | 844 | 1 970 | 4 567 | 9 733 |
| 占世界贸易量比重（％） | 50 以上 | | 75 | | 85 | 90 | |

数据来源：马萱镐等，《论兔毛产品在毛纺工业中的地位》，载于《北京纺织》1990 年第 2 期。

### （二）长毛兔产业的波动

毛兔与肉兔皮兔，以及猪鸡等畜禽不同，只能用于出售，而不能自用，因此农户的回旋余地更少，养殖更容易出现波动。1983 年兔毛收购价格下降。在湖南，此前每千克特级毛 66 元、一级毛 30 元、二级毛 24.6 元、三级毛 15 元，调整后每千克特级毛 53 元、一级毛 21 元、二级毛 14 元、三级毛 9 元。以湖南桃源县某村为例，1982 年和 1983 年相比，兔养殖户从占全村农户的 45％降到 15％，养殖数量降到原来的 45％，不足一半①。与此同时，四川的毛兔却走了不同的道路。四川前后引进了 4 条纺织生产线加工兔毛。不仅加工了本省的兔毛（当时产量约 15 万千克），还大量从外省购入。同时，四川的毛兔产业还引进优良品种。无独有偶，吴江（江南毛兔之乡）也以政策稳定兔毛生产。该地有养兔传统，20 世纪 80 年代毛兔存栏在百万只左右。1974—1985 年，全县兔毛外贸收购额为 1 400 万元。当价格出现波动时，上浮 12～16 元收购。同时还有一系列奖励措施，稳定了毛兔生产。80 年代的前半段，吴江向 12 个省市输出良种毛兔 76 万只，覆盖近百个县。

总结 20 世纪以来尤其是新中国成立至改革开放这段时间兔产业的发展，对于判断产业发展前景、制定产业长远规划是很重要的。一是市场风险大。我国兔产业起伏大，尤其是毛兔，一个重要的原因在于过于依赖国际市场。在需求信息相对闭塞的情况下，养殖户往往会吃亏。即便是近几年，兔毛兔皮产品仍然会因为一些偶发事件在国际市场上受挫。因此需要针对性的保险措施，以稳定养殖户的信心和兔产品的生产。二是从以往的经验来看，兔产业要发展，加工业的带动不可忽视。

## 第二节　兔产业政策演进和趋势

在农业领域，因为农业生产活动具有弱质性，更加需要用产业政策进行扶

---

① 谢克和，《价格调整后饲养长毛兔经济效益的调查报告》，载于《皮毛动物饲养》1984 年第 4 期。

持。因此，我国要实现农业领域某一产业的快速健康发展，需要系统且持续的产业政策作为支撑。不过任何产业政策都不会一成不变，随着经济的发展，政府会改变干预经济的方式和力度。另外，农业的不断发展会对农业政策的调整提出新的要求。

## 一、兔产业政策演变的背景

我国一直有养兔的历史，不过长期以来，养兔的经济价值没有被挖掘出来。在新中国成立以前，虽然四川等地的家兔养殖已经颇具规模，但是兔产业距离成为全国性的产业仍然十分遥远。新中国成立以后，随着国际市场的开拓，我国迎来兔产业的高增长期。虽然也起伏波动不断，但总体而言上升的趋势还是非常明显的。总结其发展特征可以发现，兔业不仅适合大户养殖，也适合小户养殖。在我国农村人口数量和占比非常大的时代，兔业的发展空间很大。因此我国兔产业能在较短的时间内成为世界第一。而且从发展趋势来看，第一的地位也不会动摇。

1989 年 3 月，我国颁布了《国务院关于当前产业政策要点的决定》，其中明确国民经济各个领域中支持和限制的重点，是当时调整产业结构、进行宏观调控的重要依据。这成为我国真正意义上开始探索和运用产业政策的重要标志，是我国对产业政策的研究和运用的新的起点。1994 年颁布《90 年代国家产业政策纲要》，分别就产业结构调整和产业升级、产业组织、产业技术和产业布局等方面提出了相应的目标。这意味着我国开始摆脱计划体制的束缚，逐步用现代经济手段发展经济。

自改革开放以来，农业结构产生了显著变化。在"大农业"中，种植业的比重在不断下降，畜牧业的比重在不断上升。这种结构变化不仅是我国农业产值持续增长的反映，也是农业产业结构不断优化的结果。而与此同时，我国财政支农的绝对数量也在不断提高。同样也应该注意到，进入 21 世纪以来，我国财政支农的比重也稳中有升。考虑到这种变化都是在财政支出快速增长的情况下发生的，那么可以肯定的是，政府支持农业的意愿是非常坚定的。

## 二、从无到有的兔产业政策

兔产业需要政府加强政策扶持。理论上，可以用区域政策、组织政策以及市场与价格政策等手段来实现兔产业的健康发展。区域政策就是要根据各地气候、牧草资源、劳动力资源等条件，通过倾斜性支持政策，引导并实现兔产业在全区域内的合理布局；组织政策就是要政府通过财政补贴、减免税收等手段来影响产业组织状况，如发展专业合作组织和推动产业一体化水平提升；市场与价格政策就是要通过稳定和保护兔毛、兔皮、兔肉价格，以及通过补贴等手段降低生产者的生产成本，从而实现产量产值的提升。

客观来看，兔产业在整个畜牧业中所占比例较低，兔肉在居民肉食消费中也只占1％左右。长期以来，在国家的农业产业结构中，兔产业没有获得重要畜牧产业的地位，农业政策中很难发现与兔产业有关的内容。直到2007年，《农业部关于印发2008年财政项目指南的通知》（农财发〔2007〕99号文）明确表达了对农村兔产业的扶持，可以将之看作改革开放后国家首次出台扶持养兔业的具体举措。

2008年起，农业部和财政部陆续启动了包括兔产业的第二批40个产业技术体系建设。国家兔产业技术体系的建立和启动，标志着我们兔产业有了自己的国家队。国家兔产业技术体系的成立，标志着兔产业正逐步成为国家农业产业体系里的重要组成部分。而从近年来的实践来看，国家兔产业技术体系的活动得到了养殖户、企业以及政府部门的广泛认可。

随着粮食刚性需求的不断上升，在资源日益紧张的条件下，畜牧业需要适时调整产业结构，发展节粮型畜牧业是一条可行的路径。2011年农业部发布《全国节粮型畜牧业发展规划（2011—2020年）》，提出包括家兔在内的节粮型畜产品可持续增长的目标。同时，兔产业发展与国家大力推动精准扶贫行动和脱贫攻坚战略密切结合起来。兔产业具有"短平快"的特点，能够使贫困人口迅速找到快速增收的机会，从而被联合国粮食及农业组织（FAO）定位为"养兔是穷人的产业"。政府部门在推进扶贫减贫工作时，有目的地大力保障兔产业的发展，通过产业发展真正让贫困地区和贫困人群走上致富的道路。

从长期趋势来看，应该加大利用兔产业政策推动产业布局的优化。国家层面至今还没有系统的兔产业政策体系，也就是说在产业区域政策方面基本上是空白，急需决定和影响全国性区域布局的政策出台，从而实现因地制宜、充分发挥区域优势的产业布局。应该使西部地区更好地发挥其自身在自然资源、科技实力以及地理区位方面的优势。培育具有市场影响力的企业或者机构，成立兔产业试验站，更好地为养殖户提供技术信息服务，实现行业规范化发展，从而为"东兔西移"的早日实现提供坚实基础和可靠保障。

（本章执笔：吕之望　李媛彤　袁瑞声）

# 第十六章　中国兔产业发展展望
## （2021—2030 年）

　　兔产业是我国畜牧业的重要组成部分，也是绿色环保型的产业。近年来，我国兔产业综合生产能力不断增强，在保障国家食物安全、繁荣农村经济、促进农民增收等方面发挥重要作用，但也存在产业发展质量效益不高、支持保障体系不健全、抵御各种风险能力偏弱等突出问题。为促进兔产业高质量发展、全面提升兔产品供应安全保障能力，国务院和农业农村部分别印发了《国务院办公厅关于促进畜牧业高质量发展的意见》和《"十四五"全国畜牧兽医行业发展规划》（以下简称《规划》），为"十四五"时期我国兔产业的发展指明了方向。《规划》中指出，"十四五"时期是开启全面建设社会主义现代化国家新征程、向第二个百年奋斗目标进军的首个五年，是全面推进乡村振兴、加快农业农村现代化的关键五年，也是兔产业转型升级、提升质量效益和竞争力的重要五年，要加快构建兔产业高质量发展新格局，推进兔产业等畜牧业在农业中率先实现现代化。

## 第一节　我国兔产业发展的基本形势

### 一、发展成就与贡献

#### （一）产量不断提高，产品供应能力显著增强

　　进入 21 世纪以来，我国兔产业发展速度进一步加快，兔肉产量从 2001 年的 40.6 万吨提升到了 2016 年的 53.5 万吨，增长幅度高达 31.8%，随后每年的产量稳定在 50 万吨左右；兔的出栏量也从 2001 年的 2.9 亿只增加到了 2016 年的 3.5 亿只，增长幅度达到 20.7%，尽管后来受到新冠感染疫情冲击，但出栏量仍维持在 3 亿只以上。兔肉相较于传统的猪肉、牛羊肉和禽肉而言有着独特的优势，具有高蛋白、高赖氨酸、高磷脂和低脂肪、低胆固醇、低热量的"三高三低"特性，营养价值高，尤其适合老人、儿童与高血压、冠心病和肥胖症患者等特定人群食用。兔产业除了生产兔肉产品以外，还提供兔毛、兔皮等产品。其中，兔毛属于高级的毛纺原料，相较于羊毛和棉花，其保温性能

要分别高出 31.7% 与 90.5%，与羊绒一起享有着"软黄金"的美称，此外，兔毛还具有白、轻、软、美等特点，被西方消费者称作"不占耕地的高级棉花"。獭兔绒毛具有品质好、色泽鲜艳、轻柔、保湿、不易脱毛等优点，是制裘行业的优质原料；獭兔皮还可以作为仿制貂皮大衣等兔皮产品的原料。兔产业的持续发展也为我国提供了多样化的兔产品。

### （二）生产率不断提高，规模化水平持续提升

随着兔产业的快速发展和养殖技术的不断进步，我国兔产业的生产效率也在不断提高。我国的兔出栏率（出栏量/存栏量）从 2001 年的 1.5 提升到了 2020 年的 3.0，增长了一倍；而兔的出肉率（兔肉产量/出栏量）也从 2001 年的 1.4 提升到了 2020 年的 1.5。生产率的提高一定程度上依赖于我国兔生产规模化水平的提升与科学技术的进步。"十三五"期间我国兔养殖主体格局发生了深刻变化，小散养殖场（户）加速退出，规模养殖快速发展，兔养殖的规模化水平提升显著，2020 年我国兔养殖中大规模兔场占比达到了 27.19%，中规模兔场占比达到了 47.37%，与 2016 年相比，2020 年的大规模兔场与中规模兔场的比例分别提高了 1.96 个和 8.82 个百分点，小规模兔场占比则减少了 10.78 个百分点，而 74.56% 的兔养殖规模化率也显著领先于全国其他畜禽类养殖平均 67.5% 的规模化率。

### （三）提供就业岗位，有力助推脱贫攻坚

兔养殖具有周期短、见效快、投资少以及技术简单等特点，我国农村地区老人和妇女较多，兔产业的发展为这些人群提供了更多灵活的就业岗位，带动了农民增收致富，为脱贫攻坚事业提供了有力支持。从全国范围来看，兔产业作为四川、新疆、山东等地区的特色产业，累计提供了数以百万计的就业岗位，并结合产业扶贫，带领数万贫困户脱贫致富，助力了我国脱贫攻坚事业的发展，仅家兔养殖环节就直接解决了 147.9 万人的就业问题，再加上上游饲料、种兔、机械、兽药和下游收购、加工等环节，兔产业总计带动就业超过 200 万人。以新疆的和田地区为例，截止到 2019 年底，13 家养兔企业为当地提供了 1 335 个就业岗位，带动 7 857 户农户从事兔养殖，户均增收达到了 1.2 万～1.6 万元，带领一大批贫困户实现脱贫致富。

### （四）合理利用资源，推动绿色可持续发展

我国的兔产业养殖技术快速发展，资源的集约化利用水平有所提升。一方面，兔养殖所使用的兔笼成本相对较低，使用年限较长，占地和耗水相对较少，有利于土地资源和水资源的节约利用；另一方面，自动化养殖设备与技术的使用有助于提升生产效率和劳动力的利用效率。此外，在《全国节粮型畜牧

业发展规划（2011—2020 年）》和《全国草食畜牧业发展规划（2016—2020年）》的指导下，"十三五"期间我国节粮型兔产业迅速发展，兔饲料来源更加丰富多样，其中以干草、秸秆为代表的粗饲料和以苜蓿、三叶草为代表的青绿多汁饲料一定程度上替代了玉米、大麦等粮食饲料，减少了粮食消耗，为保障粮食安全做出了一定贡献。同时，兔产业的粪污等废弃物无害化处理水平和资源化利用水平也有了明显提升，相关的污染排放明显减少，兔产业向着绿色可持续发展的目标进一步迈进。

## 二、机遇和挑战

### （一）发展机遇

（1）市场需求进一步扩大，兔肉消费潜力巨大。"十四五"时期我国将加快形成以国内大循环为主、国内国际双循环相互促进的新发展格局，随着城乡居民收入不断增加、健康意识不断提高，居民消费结构也进入加速升级阶段，动物蛋白摄入量将进一步增加，对优质兔肉的需求也会快速增长，兔肉市场空间不断拓展。但是，目前来看，我国居民对兔肉消费普遍较少，2020 年城镇居民每月的户均消费量不足 0.1 千克，占肉类总消费的比重不足 1%；此外，我国兔肉消费的区域相对集中，主要在四川省、重庆市等地，其他地区的兔肉消费量较少，兔肉消费市场的巨大潜力仍待发掘。随着兔肉宣传推广和品牌建设力度的加大，消费者对兔肉的健康营养价值将形成更加深入的认识，兔肉的消费量也将不断提高。

（2）内生动力推进释放，产业发展动力十足。兔产业生产主体结构持续优化，兔养殖规模化、集约化、智能化发展趋势更加凸显，新旧动能加快转换。随着生产加快向兔养殖规模主体集中，资本、技术、人才等要素资源集聚效应将进一步凸显，产业发展、质量提升、效率提高潜力将进一步释放。兔养殖规模化水平的进一步提升，将促进新技术和新设备的引进和使用，例如诱导发情、人工授精等繁殖技术和金属兔笼、湿帘、机械刮粪等养殖设备的引进使用，进而将大大提高生产效率。

（3）资源节约污染物排放低，符合高质量发展要求。十九大报告指出，我国经济已经进入高质量发展阶段，对新时期畜牧业的高质量发展也提出了新的要求，提升资源利用水平与实现绿色可持续发展便是题中应有之义。兔养殖具有节约用水与用地的优势，家兔养殖可以利用坡地、丘陵地、庭院等空闲地，对耕地的需求小。此外，兔的粪污处理技术水平进一步提升，经过干湿分离装备和兔粪发酵处理设施处理后的兔粪被证明是优质的有机肥，可以出售还田，增加养殖收益，同时也减少了污染物排放，有利于推动实现可持续发展。

（4）品种资源更加丰富，科技支撑保障稳定。我国的家兔养殖有着上千年的历史，因此各地也都培育了丰富的兔品种资源，如福建黄兔、四川白兔、云南花兔等，同时我国种兔企业和科研机构也分别从国外引进和自主培育了一系列种兔。2020年，我国家兔资源中得到国家认证的地方品种有7个、引入品种及配套系13个、培育品种及配套系13个。此外，从2009年开始，国家就将家兔列入现代农业产业技术体系予以大力支持，对家兔育种基础性研究以及重点育种项目给予长期稳定的保障。

（5）政策保障更加完善，产业环境稳中向好。国家高度重视畜牧业发展，国务院和农业农村部分别印发了《国务院办公厅关于促进畜牧业高质量发展的意见》和《"十四五"全国畜牧兽医行业发展规划》，明确提出以四川、重庆、山东等省份为重点地区，提高肉兔、獭兔、毛兔饲养专门化生产水平，增强制种供种能力，提高产业链附加值，为"十四五"时期兔产业发展提供了遵循。此外，农业农村部会同有关部门先后制定实施多项政策措施，在投资、金融以及环保等方面实现了重大突破，兔产业发展激励机制和政策保障体系不断完善，产业环境也日益改善。

## （二）面临挑战

（1）产业波动明显，养殖户生产积极性易受影响。在受到2013年手拔毛事件、2018年非洲猪瘟、2020年新冠感染疫情和无抗养殖等外部冲击后，整个兔产业的波动十分明显，养殖户的风险抵抗能力较弱，受此影响较大甚至选择退出兔养殖行业，兔出栏量和兔肉产量也一度下跌回2003年的水平。兔产业的市场化程度很高，政府对家兔养殖与兔市场的干预与引导不足。同时，由于兔产业在整个畜牧业中所占比重较小，长期以来政府对兔产业的发展缺乏足够的重视，相关的数据统计也有所缺乏，难以为科学监测与引导提供支持。家兔养殖的决策主要由养殖户自主进行，但是我国兔养殖以中小规模为主，决策信息与决策能力的缺乏使得其决策较为盲目，经常出现一窝蜂上和一窝蜂下的现象，因此兔产业的波动较大，养殖户的生产积极性也极易受到影响，在稳定产量上仍存在挑战。

（2）良种繁育体系尚待完善，种兔市场规范性尚需提高。要想实现畜牧业现代化，优良种质资源是基础。长期以来由于资金投入不足，我国家兔良种体系还不完善，具体表现在：种兔场自主创新能力不足，种兔生产能力有所下降，良种的供应率较低。种兔标准缺乏，以次充好、假冒伪劣和炒种现象仍然存在，种兔市场比较混乱；育种领域知识产权保护不足，套牌侵权等违法犯罪行为也时有发生。在种兔育种方面，备案的育种场或祖代场数量较少，而且缺乏战略性思维盲目杂交，容易导致种兔优良品种退化甚至流失，这也使得一些优良品质资源得不到有效保护。在育种方式上各地主要还是采用家系选育、群体选育方法；在繁殖上采用自然交配和人工授精技术结合的方法，人工授精的比例仍然不高。此外，在实际生产中，大多数规模化兔场的优良品种主要依赖进口。这些都严重制约了我国兔产业的发展。

（3）养殖成本持续上升，产业链利益分配不均。受新冠感染疫情、全球通货膨胀、中美贸易摩擦等国际国内诸多因素的影响，玉米、大豆等饲料原料价格以及人工成本上涨较快，导致兔业养殖的成本较快上升。而从整个产业链利益来看，商品兔饲养是受限最多、风险最大和话语权最少的环节。无论市场行情如何变化，上游和下游各环节都可以通过挤压饲养环节，把利润控制在相对稳定的区域，故养殖户在利益分配中处于弱势地位，行情好时所获利润也最少。

（4）应用基础研究薄弱，深加工能力不足。我国兔产品加工方面的应用基础研究薄弱，对兔肉营养成分与价值的深入研究不足。对兔肉分割、保鲜储存、自动计量包装和连续高温杀菌等核心设备研发不足，缺乏拥有完整自主知识产权的兔肉加工生产线。此外，相对于兔皮和兔毛可以深加工为服装饰品等而言，兔肉的加工业较为粗放，加工产品以基础性的包装冻兔肉产品为主，兔产品的进一步加工水平低，兔的其他副产品加工利用程度也较低，阻碍兔产品附加值和最终收益的增加。

（5）产业标准相对缺乏，标准化程度有待提高。从兔产业的全产业链来看，尽管我国已经在养殖环节建立了不同的标准与规程，如长毛兔兔毛国家标准、毛用兔饲养管理技术规程、兔毛纤维检测方法、肉兔配合饲料和长毛兔配合饲料等相关标准或规程，但是这些标准还难以满足生产实践的需要。尤其是在我国经济转入高质量发展阶段后，提高资源的利用效率和保护环境成为重要的发展目标，但是与之相关的产业标准还相对缺乏。兔舍兔笼标准、饲料配方和营养标准、家兔出栏标准等的制定和推广工作亟待推进。

（6）疫病防范不足，养殖风险较大。当饲养管理不善、营养缺乏、饲料变质、长途运输、寄生虫感染以及饲养环境差等情况发生，使兔抵抗力降低时，病菌易乘机侵入兔体内，引发内源性感染。而病兔的病菌又会通过粪便和分泌物污染饲料、饮水、用具以及环境等，再传染给健康兔，导致大规模的传染。中小规模养殖户对疫病防范不足，疫病发生后的处理也不充分，易造成家兔死亡，产生较大的经济损失。因此引导中小规模兔场进行科学养殖，预防减少家兔疫病的发生，在整个兔产业的发展中显得尤为重要。

## 第二节 指导思想、基本原则与发展目标

### 一、指导思想

根据《国务院办公厅关于促进畜牧业高质量发展的意见》《"十四五"全国畜牧兽医行业发展规划》和我国农业及畜牧业发展的总体规划和发展战略，我国兔产业的发展要全面贯彻创新、协调、绿色、开放、共享的新发展理念，调整优化产业结构和空间布局，加快构建现代兔产业养殖体系、防疫体系和加工流通体系，不断提高兔产品供给水平、质量安全与疫病风险防控水平、绿色循环发展水平，提高兔产业质量效益和竞争力，实现产出高效、产品安全、资源节约、环境友好、调控有效的高质量发展，为全面推进乡村振兴、加快农业农村现代化提供产业支撑。

### 二、基本原则

#### （一）坚持因地制宜、科学布局的原则

我国各个地区均分布有家兔养殖，受各地的自然条件、家兔养殖传统和养殖业总体发展状况影响，各地区的兔养殖呈现出了不同的特点。肉兔养殖主要集中在四川省、重庆市和山东省等传统兔肉产销地区，除此以外，近几年新疆地区的肉兔养殖也开始快速发展；毛兔养殖主要集中在江苏省、浙江省、安徽省、山东省等地；獭兔养殖则相对分散一些，主要在河北省和山东省等地区，四川省也有部分农户养殖。总体而言，兔产业的发展有着共同的规律，但是各地区的资源禀赋不同，因此要统筹考虑资源、环境、市场等因素，科学规划各区域兔产业的空间布局、养殖品种和发展重点，因地制宜探索适应不同区域的可持续发展模式，分区分类施策，切实提高兔产业的发展水平。

#### （二）坚持创新为驱动、科技为支撑的原则

创新是产业发展的基本动力，要在现有技术的基础上，不断深化自主创新和集成创新，努力在高新技术领域研发出拥有自主知识产权的核心技术，提升先进科技成果在生产实践领域中的持续供给能力，依靠科技创新和技术进步，突破发展瓶颈。具体而言，要以科技为先导，大力发展育种技术、不断研发家兔高效饲养技术、不断总结长期实践中养殖户积累的高效饲养经验，从而不断提高兔养殖良种化、机械化水平和资源利用效率，并进一步加快兔产业发展方式转变，推进兔产业全要素现代化。

#### （三）面向现代化，坚持机械化和规模化发展的原则

由于各地区经济发展水平、资本投入程度、养殖户文化程度和技能掌握水

平存在较大差异，各个兔养殖场的养殖、机械化、现代化以及规模化水平也存在很大不同。小规模的养殖户多以传统的养殖方式为主，对生产机械设备使用较少，生产现代化水平低，生产效率也相对低下。兔产业规模化水平的提升有利于先进技术和机械的使用，而机械化、现代化水平的提升有利于提高生产效率和资源的利用效率，降低兔养殖的成本，从而提升最终的养殖收益。

**（四）坚持标准化、专业化和规范化兼顾的原则**

要想实现兔产业的高质量发展，提升整个兔产业生产养殖标准化与专业化水平就显得至关重要。由于我国的家兔养殖分布具有分散性，各地养殖品种、饲料标准、养殖方法、兔出栏时间以及产品质量均不统一，导致产品在市场竞争中处于劣势地位。为了促进兔产业的高质量发展，除了要引导大规模企业合理发展以外，必须大力规范中小规模养殖户的发展，不断完善兔养殖的相关标准，加大对养殖户的技能培训力度，提升其标准化水平与专业化水平。

**（五）坚持市场为导向、立足国内面向国际的原则**

要充分发挥市场在资源配置中的决定性作用，更好发挥政府政策引导和市场调控等作用，消除限制兔产业发展的不合理壁垒，增强兔产业发展活力。我国需要承担起用占世界不足 10% 的耕地和 6% 的淡水资源养活全世界近 20% 的人口的重任，而随着我国水土资源和饲草资源日益消耗，保障充足有效的粮食和食品供给面临着更大的压力。除粮食以外，畜产品的供给也面临着诸多挑战，因此要统筹好国内国际两个市场，利用好两种资源，充分考虑国内和国际的市场需求。一方面，兔产业的发展要以满足国内需求为出发点，进一步开拓国内兔产品市场，强化需求对产业的带动作用，加快供给侧结构性改革，满足多元化的市场需求；另一方面，要密切关注国际市场变化，增强兔产业的国际竞争力，积极调整贸易结构，强化技术出口、淡化产品出口，强化资源进口、淡化低端兔产品进口，最终实现全球范围内的资源配置和产品流通。

**（六）坚持防疫优先、保障生产安全的原则**

首先，要做到预防为主、全面覆盖，将疫病防控作为防范兔产业风险的第一道防线，加强家兔防疫体系能力建设，落实家兔养殖主体责任，形成防控合力，保障生产安全。其次，要坚持人病兽防、关口前移，从源头阻断兔热病、李斯特菌病等人畜共患病传播，保障公共卫生安全。最后，要充分利用各类媒体，加大对国家动物防疫政策的宣传力度，提升家兔养殖者的自主免疫意识，提高其科学养殖和防疫水平。

**（七）坚持绿色引领、实现可持续发展的原则**

以资源的过度消耗、环境的严重破坏为代价的发展模式是不可取的，资源与环境是实现产业可持续发展的根基。兔产业的发展要遵循绿色发展理念，统筹资源环境承载能力、兔产品供给保障能力和养殖废弃物资源化利用能力，合理开发运用资源，并提升资源的利用效率；畅通种养结合循环链，将无害化处理后的兔粪作为优质有机肥，再还田利用，从而协同推进家兔养殖和环境保护，促进可持续发展。

## 三、发展目标

### (一) 近期目标（2021—2025 年）

兔产业发展基础更加牢固，兔产业标准化、规模化水平进一步提升，兔产业综合生产能力显著增强；产业区域布局进一步优化，产业分工进一步细化，产业链各环节紧密衔接；关键技术攻关有所突破，良种化水平不断提升，标准化饲养技术逐步推广普及；非粮型饲料资源开发利用水平持续提高，节粮增产效果显著增强，养殖效益逐步提高，形成优质高效的兔产业发展格局。

具体任务：到 2025 年兔肉产量达到 64 万吨，年均增速达 5%；家兔存栏量稳定在 1.25 亿只以上，出栏量达到 4.05 亿只（表 16 - 1）。

### (二) 中长期目标（2026—2030 年）

兔产业现代化建设取得重大进展，兔产业质量效益和竞争力大大提升，综合生产能力和供应保障能力大幅提升。家兔产品供应能力大幅提升，家兔产品结构不断优化，优质、特色差异化兔产品供给持续增加；疫病防控体系更加健全，饲料、兽药监管能力持续增强，为维护兔产业安全提供可靠支撑；现代加工流通体系基本形成，养殖、屠宰、加工、冷链物流全产业链生产经营集约化、标准化、自动化、智能化水平大大提高；绿色发展成效逐步显现，生产发展与资源环境承载力匹配度提高，养殖废弃物资源化利用持续推进，形成种养结合、农牧循环的绿色循环发展新方式，最终基本实现兔产业现代化。

具体任务：到 2030 年兔肉产量达到 84 万吨，年均增速达 5.5%；家兔存栏量稳定在 1.51 亿只以上，出栏量达到 5.36 亿只（表 16 - 1）。

### 表 16 - 1 家兔产业发展目标

| 年份 | 兔肉（万吨） | 存栏量（亿只） | 出栏量（亿只） |
| --- | --- | --- | --- |
| 2020 | 48.8 | 1.09 | 3.32 |
| 2025 | 64 | 1.25 | 4.05 |
| 2030 | 84 | 1.51 | 5.36 |

# 第三节　重点任务

## 一、加快优良品种研发与推广、加强对现有遗传资源的保护

坚持"以我为主、自主创新、引育结合",构建以市场为导向、以企业为主体、产学研深度融合的现代兔种创新体系。深入实施家兔遗传改良计划,开展良种联合攻关,健全种兔资源交流共享、产学研联合育种机制,加强家兔核心育种场的遴选和管理工作,规范生产性能测定,逐步建立基于全产业链的新型育种体系,从而提升自主育种能力,逐步提高核心种源自给率。积极引进国外优良的家兔品种和遗传资源,加强对引进品种的选育。强化家兔遗传资源保护,加快抢救性收集保护,确保重要资源不丢失、种质特性不改变、经济性能不降低。统筹布局国家级和省级兔产业保种场、保护区、基因库建设,推动地方品种资源应保尽保、有序开发。结合各地资源条件和养殖基础,明确优势区域主推品种,健全家兔良种推广体系。打造一批国家级育繁推一体化种业企业,引导种业企业与规模养殖场建立紧密的利益联结机制,加大新品种扩繁应用推广补贴力度。完善冷链运输体系,提高人工授精等服务站点社会化服务水平,打通良种推广的"最后一公里"。严格种兔市场监管,开展种兔质量监督抽查,严查以次充好、假冒伪劣等违法行为。

## 二、全面推进兔产业标准化建设,提升市场专业化水平

坚持良种良法配套、设施工艺结合、生产生态协调,按照轻重缓急程度排列顺序,分次分批制定实施家兔不同品种、不同地区、不同规模、不同模式的标准化饲养管理规程,建立健全兔产业标准化生产体系,大力推进已有标准的推广和普及。借鉴其他畜种标准化体系建设中"典型引路、示范带动"的模式,深入开展标准化兔养殖示范场创建,创建一批生产高效、环境友好、产品安全、管理先进的家兔养殖标准化示范场,推动部省联创,增强示范带动效应。鼓励兔产业龙头企业建设标准化生产基地,采取"公司＋农户"等形式发展标准化生产。充分发挥兔业合作经济组织和兔产业协会在技术推广、行业发展、市场开拓等方面的作用,实现规模化养殖场与兔产业市场的有效对接。提升兔产业市场专业化水平,推进传统家兔交易市场改造升级,优化家兔交易市场的规划布局,提升市场功能,提高服务管理水平,突出区域和产品特色,大力提升兔产业集聚发展水平,促进和规范发展电子交易市场。

### 三、大力发展适度规模养殖

适度规模经营是现代兔产业的发展方向，是高质量发展的必由之路。因此，要因地制宜发展规模化养殖，引导家兔养殖场改造提升基础设施条件，扩大养殖规模，提升标准化养殖水平。加强典型示范引领，组织开展家兔养殖标准化示范场创建，以家兔良种化、养殖设施化、生产规范化、防疫制度化、粪污无害化为重点，以点带面辐射带动全国兔产业适度规模养殖发展。强化技术指导服务，发挥家兔兽医技术推广机构、国家兔产业技术体系和行业协会的技术优势，建立健全家兔的标准化生产体系，总结推广适度规模养殖的典型模式。大力培育兔产业龙头企业、家兔养殖专业合作社等新型经营主体，鼓励引导龙头企业"以大带小"，坚持抓大不放小，支持龙头企业通过"公司＋农户"、托管、入股加盟等多种形式，完善利益联结机制，促进中小家兔养殖户融入现代生产体系，加强对中小养殖户的指导帮扶，从而带动中小养殖户提高饲养管理水平和生物安全防护水平，提升市场竞争力，实现增产增收。

### 四、加强动物疫病防控、建立健全动物防疫体系

全面提高家兔疫病风险控制能力，建立健全家兔疫病防控长效机制，科学防范、有效控制家兔疫病风险，保障兔产业生产安全和公共卫生安全。提升防疫主体责任意识，指导养殖户改善家兔防疫条件，健全防疫制度，落实强制免疫、清洗消毒、疫情报告等措施，鼓励规模养殖场开展家兔疫病自检。落实重大疫病防控措施，落实全国强制免疫计划，做到应免尽免，强化防疫应急制度、技术、物资储备，完善应急预案体系，提升应急处置能力。防治人畜共患病，坚持人病兽防、关口前移，完善免疫、检测、扑杀、风险评估、宣传干预、区域化防控、流通调运监管等综合防控策略，因地制宜采取针对性措施。强化疫情监测预警，建立健全家兔疫情监测和报告制度，完善监测信息和疫情报告要求，强化预警分析。加强家兔检疫监督制度建设，完善家兔检疫、家兔卫生监督证章标志管理制度，制定修订检疫规程，制定检疫设施设备和保障条件标准，实施家兔检疫规范化建设，严格执行家兔检疫制度。

### 五、大力推进机械化、自动化、智能化建设，发展"智慧兔业"

制定发布规模化养殖设施装备配套技术规范，推进种兔、养殖工艺、设施装备集成配套，加强家兔养殖全过程机械化技术指导，大力推进家兔养殖全程

机械化、自动化、智能化。聚焦兔产业主产区规模养殖场，巩固提高饲草料生产与加工、饲草料投喂、环境控制等环节机械化水平，加快解决疫病防控、兔产品采集加工、粪污收集处理与利用等薄弱环节机械装备应用难题，构建区域化、规模化、标准化、信息化的全程机械化生产模式。组织遴选推介一批率先基本实现养殖全程机械化的规模化养殖场和示范基地，加强典型示范引导。以信息化培育新动能，利用数字技术全方位、全角度、全链条赋能兔产业，提升全要素生产率。加快现代信息技术与兔产业深度融合步伐，大力支持智能传感器研发、智能化养殖装备和机器人研发制造，提高兔舍环境调控、精准饲喂、动物行为分析、疫病监测、兔产品质量追溯等自动化、信息化水平，建设一批高度智能化的数字兔场。继续推进信息系统整合，推动兔产业大数据平台的建设与应用，推动各地平台与国家平台有效对接，引导养殖户建立健全电子养殖档案，全面推行信息直联直报，实现兔产业生产情况、价格情况实时监测，为兔产业市场建设、社会化服务以及养殖户生产决策提供支持。

## 六、强化技术出口、淡化产品出口，调整优化贸易结构

近年来，国家兔产业技术体系及相关科研机构经过不懈努力，推动我国兔产业技术实现了快速发展，从种兔到饲料、喂养、兽药等各个环节的技术日臻成熟，但仍需加强各个环节技术的连接、组装和集成配套。要统筹利用好国际国内两个市场、两种资源，深化对外交流，跟踪监测国外兔产品生产和市场变化，加强技术交流与磋商，支持家兔品种资源、良种繁育、疫病防治、饲料、兔产品加工与质量安全等领域的国际交流合作，积极参与国际标准制定修订；稳步推进对外投资合作，开拓多元海外市场，并以龙头企业为骨干，在"一带一路"建设背景下，抓住"走出去"的机遇，不断优化贸易结构，淡化低附加值兔产品的出口，强化兔产业技术的出口，逐步走向"技术立业"的道路。

## 七、保障家兔养殖投入品供应高效安全

做强现代饲料工业，构建现代饲草产业体系，夯实兔产业发展基础。系统开展家兔饲料资源调查，科学评价家兔常用饲料原料的有效营养成分，完善饲料原料营养价值数据库。推广饲料精准配制技术、高效低蛋白日粮配置技术、绿色新型饲料添加剂应用技术和非粮饲料资源高效利用技术，引导饲料配方多元化，推动精准配料、精准用料，加快生物饲料、安全高效饲料添加剂等研发应用，提升饲料产品品质和利用效率。强化饲草生产加工利用的产前、产中、

产后技术推广和服务指导，普及先进适用技术。加快种养一体化发展，支持种养结合的龙头企业、规模养殖场和合作社发展，加强饲草料加工、流通、配送体系建设。严把兽药生产和使用关口，保障兔产品质量安全。推动兽药产业转型升级，提升兽药产业技术水平，优化生产技术结构，加快中兽药产业发展，加强中兽药饲料添加剂研发。完善兽药质量标准体系和兽药质量检验体系，加强兽药检验机构检测能力建设。继续推进养殖环节兽用抗菌药使用减量化行动，严格落实药物饲料添加剂退出计划，加快研发推广抗生素替代品。

## 八、推动兔产业绿色循环发展

加快推进家兔粪污资源化利用，着力构建种养结合发展机制，促进家兔粪肥还田利用，提高家兔绿色发展水平。建立兔产业全链条管理体系，按照"谁产生、谁负责"的原则，严格落实家兔养殖场主体责任。探索实施规模养殖场粪污处理设施分类管理，确保粪污处理达到无害化要求，满足肥料化利用的基本条件。健全覆盖各环节的全链条管理体系，开展粪污资源化利用风险评估和风险监测，科学指导兔粪还田利用。畅通种养结合路径，贯彻实施《"十四五"全国畜禽粪肥利用种养结合建设规划》，畅通内部资源循环，培育兔粪还田社会化服务组织，开展试点示范，因地制宜推广推动家兔粪肥低成本还田利用，提高家兔粪肥还田效率。统筹考虑种养布局和规模，降低家兔粪肥加工、运输成本。全面提升绿色养殖水平，科学布局家兔养殖，充分发挥家兔养殖低耗水的特点，可重点在缺水地区布局养殖，从而促进养殖规模与资源环境相匹配。

# 第四节　产业布局

提升主产地饲养专门化生产水平和综合生产能力，引导中等发达地区因地制宜地扩大养殖和精深加工，促进缺水地区发展兔产业养殖，进一步优化区域布局，强化产业发展动力，延伸产业链条，促进养殖规模与资源环境相匹配。

## 一、Ⅰ类地区（主产区）

兔产业发展水平高的Ⅰ类地区，包括山东、四川和新疆3个省（自治区），山东、四川是传统的兔养殖高发展水平地区，而新疆的兔产业则是近几年通过发展特色产业扶贫快速发展起来的。对于Ⅰ类地区而言，要着重完善品种遗传资源保护体系，扩大优质种兔规模，加大家兔品种商业化培育和地方品种产业化开发力度，增强制种供种能力；不断提升家兔养殖标准化、规模化发展水平，提高生产效率和资源利用效率，延伸兔产业链条，强化兔产业品牌创建，提升兔产业经济效益，增强市场竞争力；促进兔产品加工集群发展，推进兔产品加工向产地下沉、与销区对接、向园区集中，形成生产与加工、产品与市场、企业与养殖户协调发展的格局，打造特色优势产区和优势家兔生产基地，充分发挥其示范作用。此外，新疆地区要在现有的支持政策的基础上，进一步加大对兔产业的扶持保障力度，确保实现兔产业的可持续发展，从而发挥出家兔养殖在巩固拓展脱贫攻坚成果同乡村振兴有效衔接过程中的重要作用。

## 二、Ⅱ类地区（中等发达地区）

兔产业中等发达水平的Ⅱ类地区，包括河北、山西等 19 个省（自治区、直辖市）。这些地区的养殖户的家兔养殖规模较小，当地相关的加工企业也相对较少，因此兔产业发展重心应该放在生产的组织化建设上，积极推动兔产业合作社的发展，加强对中小养殖户的指导帮扶，强化信息服务、技术服务等社会化服务体系的建设，引导小规模养殖户科学决策，避免市场出现大起大落，降低兔产业的波动。此外，要加强对兔产品的宣传推广，提升消费者对兔产品优势的认知水平，充分发掘消费市场潜力；在此基础上，根据各地区城乡居民不同消费层次和市场需求，大力发展兔产品加工，优化产品结构，支持发展兔肉产品、兔毛产品精深加工，加强脏器等副产品综合利用。

## 三、Ⅲ类地区（不发达地区）

兔产业不发达地区包括北京、浙江等省（自治区、直辖市）。从这些地区的比较优势来看，兔产业可能不会成为其主要产业，但是各地区可以充分发挥自己的资源优势。北京、上海、浙江等省（直辖市）具有比较强的资金和技术优势，而且这些地区居民收入与消费水平相对较高，优质兔肉等产品有着较大的消费潜力；西北地区的青海、宁夏地区则拥有着较强的牧草资源优势，可以为兔养殖提供优质饲料。各地要积极参与兔产业的分工，为兔产业的发展提供力所能及的支持。兔产业区域布局及分类发展策略见表 16 - 2。

表 16-2　兔产业区域布局及分类发展策略

| 分类 | 名称 | 主要省（自治区、直辖市） | 发展重点 |
|---|---|---|---|
| Ⅰ类地区 | 主产区<br>（3省、自治区） | 山东、四川、新疆 | 优良种兔培育，养殖标准化、规模化，品牌建设 |
| Ⅱ类地区 | 中等发达地区<br>（19省、自治区、直辖市） | 河北、山西、内蒙古、吉林、黑龙江、江苏、安徽、福建、江西、河南、湖北、湖南、广东、广西、重庆、贵州、云南、陕西、甘肃 | 加强对中小规模养殖户的扶持和社会化服务建设，发展兔产品精深加工 |
| Ⅲ类地区 | 不发达地区<br>（6省、自治区、直辖市） | 北京、天津、浙江、海南、青海、宁夏 | 高收入、高消费水平地区充分发掘市场潜力；西北地区提供优质饲草资源 |

　　注：按照兔业发展水平将各省、自治区、直辖市分为主产区、中等发达地区、不发达地区，其中西藏、辽宁、上海相关数据缺失，故未参与分类。

# 第五节　政策措施

　　家兔养殖具有节水节土、节约粮食等优点，还可以增加优质肉类供给，因此有利于保障国家粮食安全。同时，家兔养殖具有门槛低、养殖周期短等特点，可以提供很多灵活的就业岗位，具有重要的社会效益；此外，家兔养殖也有较好的经济效益，对于提高农民收入具有重要的作用，有助于推动实现共同富裕。但是，兔产业的发展还存在着产业波动大、良种繁育体系建设不足、产业标准化程度不高以及疫病防范措施不完善等问题，需要坚持问题导向，不断完善现有的政策支持机制，从而加快兔产业现代化、推动兔产业实现高质量发展。

## 一、因地制宜制定差异化政策，推动兔产业持续健康发展

　　受资源禀赋、历史传统等因素的影响，兔产业的发展水平在我国不同地区间存在着较大的差异。因此，要根据各地区的资源与优势，因地制宜地制定差异化的兔产业支持政策，杜绝一刀切的情况。要加大对四川、山东、新疆等兔产业重点发展地区的政策倾斜与财政支持，除当地政府提供政策支持外，中央也要加大对这些地区的资金、技术等的支持；进一步加大对龙头企业、合作社发展的支持力度，推动建立家兔养殖户与企业的利益联结机制；依托国家兔产业技术体系和科研机构，健全种兔资源交流共享、产学研联合育种机制，提升

自主育种能力，逐步提高核心种源自给率。而对于其他地区：一方面，要充分发挥各地区的资源优势，通过政策激励引导技术资金优势明显的地区发展兔产品精深加工行业，提升兔产品产业链的附加价值；另一方面，要联合企业加大对兔产品的宣传，充分发掘消费潜力，助力兔产业发展。

## 二、加强兔产业大数据平台建设，建立健全预测预警体系

各级农业部门要加强信息服务供给，依托国家兔产业技术体系和中国畜牧业协会，加强兔产业大数据平台建设，做好兔产业信息的采集和发布。进一步健全兔产业生产、加工、销售等统计工作，建立科学完善的产业基础数据库。建立健全产业监测预警系统，完善监测预警网络，提高预警、预报能力。健全监测工作各项管理制度，逐步实现监测预警的制度化、规范化。加强市场调控，做好产品市场动态跟踪监测，积极探索研究兔产品市场调控预案。加强产业发展形势研判和公共信息服务，及时发布兔行情和产业相关信息。同时要建立透明化的行业信息发布公共平台，通过微信等手段搭建信息共享平台，发布的信息应该包括各地市场实时行情、饲料原料价格、兽药疫苗价格、市场交易信息、存出栏情况、疫情、养殖技术等行业信息。为兔产业从业人员提供及时、准确的产业基础信息和科技发展信息，让养殖户能充分了解兔产品和兔饲料市场价格的波动情况，从而形成科学有效的决策，降低市场风险，减少兔产业波动，促进兔产业稳定发展。

## 三、加强政府财政投入、引导社会资本投入，为产业发展提供资金支撑

加强财政保障，继续实施家兔良种、优质高产苜蓿、粮改饲等兔产业发展支持项目。支持开展家兔粪污资源化利用，对兔疫病强制免疫、强制扑杀和养殖环节无害化处理给予补助，鼓励通过政府购买服务方式支持家兔防疫社会化服务发展。加大农机购置补贴对家兔养殖机械装备的支持力度，重点向规模养殖场倾斜，实行应补尽补。加大家兔新品种扩繁应用推广补贴力度。落实家兔规模养殖、兔产品初加工等环节用水、用电优惠政策。探索建立重大家兔疫情应急处置基金，构建以财政投入为主、社会捐赠为辅的资金投入机制。加大对兔领域科技创新的资金投入，通过人才培养、技术平台建设和科技项目设立等多种方式加大对兔产业技术研发的投入，引导行业科技创新和新产品开发。同时，引导社会资本进入专业性兔饲料加工工艺研发领域，加大研发费用投入；设立专项资金支持、鼓励大型企业建立兔饲料营养加工实验室、兔肉加工企业

建立技术中心或研发中心，促进兔饲料加工技术与兔业新产品研发。

## 四、创新兔产业金融支持，增强产业应对风险的能力

积极推行活兔、养殖兔舍、大型机械设备抵押贷款试点。对符合兔产业发展政策的养殖主体给予贷款担保和贴息，鼓励地方政府产业基金及金融、担保机构加强与家兔养殖主体对接，满足其生产发展资金需求。继续开展并扩大农业大灾保险试点，指导地方探索开展优势家兔产品保险，并支持纳入中央财政对地方优势兔产品保险以奖代补试点。鼓励有条件的地方自主开展家兔养殖收益险、兔产品价格险试点，探索建立适合不同地区、不同养殖模式的政策性保险制度，提升家兔养殖户等生产经营主体规避市场风险的能力。鼓励社会资本设立兔产业投资基金和兔产业科技创业投资基金。

## 五、健全社会化服务体系，提高养殖户专业素质

发展多样化的社会服务组织，形成科技推广站（中心）、专业技术协会和专业合作社相结合的服务网络，重点抓好良种繁育推广、防疫灭病、产品加工、科技培训与技术推广等体系建设，为养殖场（户）提供全程服务，逐步形成"良种供应—畜禽饲养—产品收购—屠宰加工—贮运销售"一体化的产业体系，完善服务功能、强化服务手段、规范服务行为、提高服务质量。积极为社员搭建资金和技术互助、信息和经验交流的平台，从而解决养殖户技术经济需求方面的困难，增强养殖散户抵御风险的能力。此外，要充分发挥行业协会和其他社会组织在种业提升、健康生产、加工流通、品牌培育、信息交流以及行业自律、维护从业者合法权益等方面的作用，通过会议、培训、赛事、表彰示范、科研成果转化等方式，提高兔养殖户的专业素质和技能。鼓励行业协会等社会组织在产业振兴、兔产业国际贸易、种兔引进培育等领域，配合行业管理部门，做好组织、协调、服务工作。

## 六、稳定扶贫成果，推动兔产业可持续发展

兔产业作为扶贫特色产业，在我国山东蒙阴、新疆和田等地区实现脱贫的进程中发挥了十分重要的作用。但是在这些地区，兔产业作为新兴产业，面临着更多的问题和挑战，因此要在现有的支持政策的基础上，进一步加大对兔产业的扶持保障力度。政府应该加大财政、金融、保险的支持力度，加大对龙头企业的支持力度、强化培育品牌意识，创新贷款模式，提升信贷额度，降低贷款成本，保障发展用地（鼓励拓荒建设养兔场、积极划拨相应的草料种植地

等）。此外，要根据地区实际情况做好兔产业的发展规划，进一步巩固产业扶贫成果，继续强化产业的辐射带动作用，保证兔产业的可持续发展和农民收入的稳定增长。

## 七、加强市场监管与法制保障，为兔产业发展"保驾护航"

推进"放管服"改革。加快畜牧兽医相关法律法规规章制定修订，提高兔产业法制化水平。简化家兔养殖用地取得程序以及环境影响评价、家兔防疫条件审查、种兔进出口等审批程序，缩短审批时间，推进"一窗受理"，强化事中事后监管。强化家兔防疫检疫、种兔生产及饲料、兽药、兔产品质量安全监管力度，落实执法经费、提高执法装备水平和检测能力，强化日常监督，创新执法体制机制，提高基层执法水平，严厉打击种兔市场以次充好、假冒伪劣等违法犯罪行为，为兔产业营造良好的发展环境。开展法治宣传教育，增强各类兔产业生产经营主体遵法学法守法用法意识。

（本章执笔：武拉平　刘强德　颉国忠　胡永浩）

# 参 考 文 献

陈伟，苗海民，朱俊峰，2018. 肉兔养殖规模效率及其区域差性研究——基于全国 959 份
　　养殖户问卷实证分析 [J]. 中国养兔 (5)：20-22.

谷子林，2020. 家兔呼吸道疾病病因及其防控技术 [J]. 中国养兔 (2)：33-36.

谷子林，2020. 我国獭兔产业面临的形势与对策 [J]. 经济动物学报，24 (4)：187-190.

谷子林，陈宝江，刘亚娟，等，2018. 母兔和仔兔饲养管理主要环节和关键技术 [J]. 中
　　国养兔 (4)：29-33.

郭焱，陈伟，苗海民，等，2018. 2017 年中国兔业生产要素变化研究 [C]. 中国畜牧兽医
　　学会养兔学分会第二届学术交流大会论文集：96.

郭艺璇，郑志浩，武拉平，2019. 2018 年我国城镇居民兔肉及其制品消费特点分析及对策
　　建议 [C]. 第九届 (2019) 中国兔业发展大会论文集：52-57.

郭艺璇，郑志浩，武拉平，2021. 2011—2020 年我国城镇居民兔肉产品消费需求研究 [J].
　　中国养兔杂志 (5)：27-31.

郭艺璇，郑志浩，武拉平，2021. 2020 年中国城镇居民兔肉产品消费需求研究 [J]. 中国
　　养兔杂志 (4)：23-27.

黄东，朱俊峰，武拉平，2017. 四川省兔场经营模式研究——适度规模和小规模模式 [C].
　　第七届 (2017) 中国兔业发展大会论文集：65-72.

李丛艳，余志菊，郭志强，等，2022. 自贡市肉兔产业发展状况调研报告 [J]. 中国养兔
　　杂志 (4)：27-29.

刘汉中，谢晓红，赖松家，等，2022. "十三五" 四川兔业发展回顾与展望 [J]. 中国养兔
　　杂志 (4)：21-22，26.

刘天媛，鞠荣华，武拉平，2019. 养殖户种兔选用的生产效率和成本收益分析 [J]. 中国
　　养兔 (2)：28-30，37.

刘香雨，吕之望，朱俊峰，等，2020. 西北地区兔产业扶贫状况：以陕西、青海两省为例
　　[J]. 中国养兔 (5)：22-24.

吕之望，武拉平，2020. 中国近现代兔业的发展 [J]. 中国养兔 (3)：22-24.

麻剑雄，2020. 毛兔产业精准扶贫实践 [J]. 中国养兔 (2)：47-48.

苗海民，郭焱，占鹏，等，2019. 陕西兔产业发展与转型 [C]. 第九届 (2019) 中国兔业
　　发展大会论文集：132-135.

潘雨来，朱慈根，2022. 优化产业结构，创新发展思路，江苏谱写现代畜牧业高质量发展
　　新篇章 [J]. 中国畜牧业 (3)：36-38.

秦应和，2019. 家兔育种技术及种业发展［J］. 饲料与畜牧（2）：53-57.

邱树磊，2020. 新冠疫情下对兔业发展的思考［J］. 中国养兔（5）：45-46.

饶蝶，鞠荣华，武拉平，2019. 家庭农场式养殖獭兔的适宜配套模式［J］. 中国养兔（3）：13-16.

任克良，曹亮，李燕平，等，2021. 新冠疫情对山西兔产业影响及应对策略［J］. 中国养兔杂志（3）：37-39.

沙敏，宋雨河，2017. 养殖户种兔需求及其影响因素分析［J］. 中国畜牧杂志，53（7）：138-141.

史磊，郑志浩，武拉平，2019. 2018 年我国城市居民兔肉及兔产品消费研究［C］. 第九届（2019）中国兔业发展大会论文集：94-104.

吴庆君，朱俊峰，2022. 疫情影响下我国兔产业成本收益变化比较分析［J］. 中国养兔杂志（1）：30-33.

武拉平，2017. 2016—2025 中国兔产业发展战略思考［J］. 中国养兔（1）：20-25.

武拉平，秦应和，2019. 2018 年我国兔业发展状况及 2019 年展望［J］. 中国畜牧杂志，55（3）：152-156.

武拉平，秦应和，2020. 2019 年我国兔业发展概况及 2020 年发展形势展望［J］. 中国畜牧杂志，56（3）：151-155.

武拉平，秦应和，2021. 2020 年我国兔业生产概况及 2021 年发展形势展望［J］. 中国畜牧杂志，57（3）：258-262.

武拉平，秦应和，刘强德，等，2016. 促进兔产业升级实现产业现代化［J］. 中国养兔（3）：37-39.

武拉平，王建勋，秦应和，2022. 2021 年兔产业生产概况、2022 年发展趋势及政策建议［J］. 中国畜牧杂志，58（3）：280-284.

武拉平，秦应和，颉国忠，2016. 充分利用国际市场和资源促进我国兔产业发展［J］. 中国养兔（2）：26-29.

武拉平，颉国忠，秦应和，等，2020. "十三五"以来中国兔产业发展报告（一）（2016 年—2019 年）［J］. 中国养兔杂志（6）：17-23，27.

武拉平，颉国忠，秦应和，等，2021. "十三五"以来中国兔产业发展报告（二）（2016 年—2019 年）［J］. 中国养兔杂志（1）：20-26.

颉国忠，武拉平，2020. 2020 年第一季度我国家兔业生产形势及趋势展望［J］. 畜牧产业（6）：35-39.

颉国忠，武拉平，李丹阳，等，2022. 2021 年中国兔业发展报告及 2022 年建议［J］. 中国养兔杂志（2）：21-25.

谢喜平，陈岩锋，孙世坤，等，2017. 福建省兔产业发展面临问题及对策建议［J］. 中国养兔（4）：15-18.

杨智玲，鞠荣华，武拉平，2018. 兔场设备的生产效率和效益分析［J］. 中国养兔（4）：

24－27.

占鹏，朱俊峰，2018. 不同养殖规模兔场经营模式研究 ［C］. 中国畜牧兽医学会养兔学分
会第二届学术交流大会论文集：98.

占鹏，朱俊峰，2018. 各品种不同规模兔场经营模式研究 ［C］. 第八届（2018）兔业发展
大会论文集：80－83.

占鹏，朱俊峰，武拉平，2017. 兔饲料企业添加剂使用及饲料生产的成本收益分析 ［C］.
第七届（2017）中国兔业发展大会论文集：62－64.

张晶，谭宏伟，王永康，等，2020. 新冠疫情对重庆市肉兔产业的影响及建议 ［J］. 中国
养兔（3）：28－29.

张顺莉，苗海民，潘晓佳，等，2021. 兔产业精准扶贫实践——基于和田调研资料的分析
［J］. 中国养兔杂志（5）：42－44.

朱俊峰，郭焱，2017. 普安：长毛兔养殖合作模式多 ［J］. 农产品市场周刊（48）：34－35.

朱俊峰，武拉平，2017. 山东省兔场经营模式研究——适度规模和小规模模式 ［C］. 第七
届（2017）中国兔业发展大会论文集：73－78.

# 附　　录

# 附录 1　中国畜牧业协会兔业分会（第五届）

## 1. 名誉会长

唐良美　名誉会长
四川省畜牧科学研究院研究员

## 2. 会长

秦应和　会长
中国农业大学动物科技学院教授

## 3. 副会长

李明勇　副会长
青岛康大兔业发展有限公司总经理

杜军　副会长
新疆昆仑绿源农业科技发展（集团）
有限责任公司董事长

段天奎　副会长
济源市阳光兔业科技有限公司董事长

韩守岭　副会长
山东嘉实牧业股份有限公司董事长

刘英　副会长
重庆阿兴记食品股份有限公司总经理

叶红霞　副会长
宁波绿兴农业科技有限公司董事长

钱庆祥　副会长
浙江白中王绒业股份有限公司董事长

汤海江　副会长
邳州东方养殖有限公司总经理

## 4. 兔业专家组轮值主席

秦应和　轮值主席
中国农业大学动物科技学院教授

谷子林　轮值主席
河北农业大学教授

刘汉中　轮值主席
四川省草原科学研究院党委书记

朱满兴　轮值主席
江苏省畜牧总站推广研究员

## 5. 秘书长

颉国忠　秘书长
中国畜牧业协会兔业分会主任

## 6. 副秘书长

潘雨来　副秘书长
江苏省畜牧总站站长

罗凤英　副秘书长
四川金博恒邦农业科技有限公司总经理

王娟　副秘书长
《现代兔业报》编辑

阎英凯　副秘书长
青岛兔爱动物科技有限公司执行董事

# 附录 2　国家兔产业技术体系

国家兔产业技术体系于 2009 年由农业部和财政部共同设立，主要依托现有中央和地方兔产业科研力量和科技资源，围绕我国兔业发展的产业技术需求，建设从养殖基地到消费市场、从研发到示范应用，各个环节紧密衔接、环环相扣，为我国兔业现代化服务的技术体系，形成一支服务于国家目标的基本研发队伍。

国家兔产业技术体系由国家兔产业技术研发中心和综合试验站两个层级构成，国家兔产业技术研发中心的主要职能是：开展兔产业技术发展需要的基础性工作；开展兔产业发展关键和共性技术攻关与集成，解决国家和区域的兔产业技术发展的重要问题；开展兔产业技术人员培训；收集、监测和分析兔产业发展动态与信息；开展兔产业政策的研究与咨询；组织相关学术活动；监管功能研究室和综合试验站的运行。研发中心下设不同的功能研究室，各功能研究室由数量不等、研究方向相近的岗位科学家组成，根据研发中心的统一部署，每个岗位科学家按照各自的任务安排，开展兔产业所需的具体试验研究和技术、产品开发。综合试验站主要职能是：开展兔产业综合集成技术的试验、示范；培训技术推广人员和科技示范户，开展技术服务；调查、收集生产实际问题与技术需求信息，监测分析疫情、灾情等动态变化并协助处理相关问题。

自国家兔产业技术体系建立以来，根据兔产业发展的技术研发需要和兔业养殖区域动态变化，研发中心下属各研究室的具体岗位科学家数量和综合试验站布局也随之小幅度变化或调整，以更加符合兔产业发展的需要。"十三五"期间（2016—2020 年），国家兔产业技术体系由 1 个产业技术研发中心、6 个功能研究室、11 个综合试验站组成，聘用了 1 名首席科学家、6 名功能研究室主任、18 名岗位科学家、11 名综合试验站站长。"十三五"期间国家兔产业技术体系研发中心、功能研究室及岗位和综合试验站相关信息如下：

## 1. 国家兔产业技术体系研发中心

| 研发中心名称 | 建设依托单位 | 首席科学家 |
| --- | --- | --- |
| 国家兔产业技术研发中心 | 中国农业大学 | 秦应和 |

## 2. 国家兔产业技术体系功能研究室及岗位

| 隶属功能研究室 | 岗位名称 | 建设依托单位 |
|---|---|---|
| 遗传改良研究室 | 种质资源评价 | 扬州大学 |
| | 肉兔品种改良 | 四川农业大学 |
| | 獭兔品种改良 | 四川省草原科学研究院 |
| | 毛兔品种改良 | 安徽省农业科学院 |
| | 良种扩繁与生产技术 | 中国农业大学 |
| 营养与饲料研究室 | 营养需求与饲养标准 | 山东农业大学 |
| | 饲料原料营养价值评定 | 河北农业大学 |
| | 饲料资源开发 | 山西省农业科学院 |
| | 饲料加工工艺 | 沈阳农业大学 |
| 疾病防控研究室 | 病毒病防控 | 江苏省农业科学院 |
| | 细菌病防控 | 浙江省农业科学院 |
| | 寄生虫病防控 | 中国农业大学 |
| 生产与环境控制研究室 | 饲养管理 | 四川省畜牧科学研究院 |
| | 兔场设计与环境调控 | 中国农业大学 |
| | 养殖设施与设备 | 中国农业大学 |
| 加工研究室 | 毛加工与综合利用 | 天津工业大学 |
| | 肉加工与综合利用 | 西南大学 |
| 产业经济研究室 | 产业经济 | 中国农业大学 |

## 3. 国家兔产业技术体系综合试验站

| 试验站名称 | 建设依托单位 |
|---|---|
| 长春综合试验站 | 吉林农业大学 |
| 南京综合试验站 | 江苏省农业科学院 |
| 绍兴综合试验站 | 浙江白中王绒业股份有限公司 |
| 宁波综合试验站 | 余姚市欣农兔业有限公司 |
| 福州综合试验站 | 福建省农业科学院 |
| 青岛综合试验站 | 青岛康大兔业发展有限公司 |
| 淄博综合实验站 | 山东海达食品有限公司 |
| 济源综合试验站 | 济源市阳光兔业科技有限公司 |
| 乐山综合试验站 | 四川金博恒邦农业科技有限公司 |
| 渭南综合试验站 | 陕西同腾生物科技有限公司 |
| 海东综合试验站 | 民和绿之源兔业有限公司 |

# 附录 3　中国兔产业主要活动

## 一、中国兔业发展大会

### 1. 第八届（2018）中国兔业发展大会

2018 年 11 月 2—4 日，第八届（2018）中国兔业发展大会在湖南省宁远县召开，此次会议以"健康养殖、精准扶贫、助推产业升级"为主题。为期 2 天的会议，采取主题报告、行业论坛互动和现场参观相结合的方式，兔产业发展专题报告及主题论坛共邀请了 32 位国内外在兔行业领域有影响力或经验丰富的专家、教授、企业代表作专题报告，互动论坛环节重点讨论兔业无抗养殖、兔肉产品加工、家兔地方品种保护与开发利用等行业热点问题，与会代表参观了九嶷山兔核心示范场和宁远县九疑兔业开发有限公司养殖基地。来自全国各地的养兔行业专家、学者、企业家、业内知名人士及相关行业的企业家、有关部门领导与相关行业组织负责人等代表近 300 人参加本次大会。

大会现场

分会场

基地参观

签约仪式

## 2. 第九届（2019）中国兔业发展大会

2019 年 10 月 11—12 日，第九届（2019）中国兔业发展大会在新疆和田市召开。此次会议以"绿色养殖、科技创新、脱贫攻坚、乡村振兴"为主题。大会内容丰富，精彩纷呈，会议有专题报告会、主题论坛、互动论坛、产业对接会、专家委员会议、兔肉美食品尝会、兔产品博览会、地方兔业发展恳谈会、参观考察九大板块。共邀请 27 位国内外在兔行业领域有影响力和经验丰富的专家、教授、企业代表作专题报告。重点探讨我国兔业发展中的产业扶贫、健康养殖、产业结构等热点问题。与会代表参观了以新疆昆仑绿源农业科技发展（集团）有限责任公司为代表的肉兔养殖发展和产业扶贫典型，通过参观、交流、研讨，获得当前我国兔产业发展新思路的启迪，对我国兔业乃至整个畜牧行业发展和脱贫攻坚具有借鉴意义。本次大会有 800 余人参加，创历届兔业发展大会人数之最。

大会开幕式

大会论坛

美食评选

企业参观

### 3. 第十届（2020）中国兔业发展大会

2020年11月25日，第十届（2020）中国兔业发展大会在线上召开，本次大会以"重安全、减兽药、强科技、兴消费"为主题，设置开幕式、主题报告、专题报告、产品发布、线上兔场展示等版块，共有16个报告，内容涵盖毛兔、肉兔、獭兔的育种、疾病防治、无抗养殖、饲养管理与兔肉加工及食品安全等，线上浏览人次高达41.37万，得到行业观众普遍好评。

第十届（2020）中国兔业发展大会线上报告

### 4. 第十一届（2022）中国兔业发展大会

2022年8月25—26日，第十一届（2022）中国兔业发展大会暨兔业分会第五次会员代表大会在山东济南隆重召开，本次大会以"绿色健康、科技创新、提质增效、乡村振兴"为主题。大会选举产生了中国畜牧业协会兔业分会第五届理事会及领导班子，召开了中国畜牧业协会兔业分会五届一次理事会，选举产生了理事140名、常务理事5名、副会长8名、会长1名、秘书长1名。大会邀请了21位行业专家及企业家做了精彩报告，主题论坛有8位企业家与参会代表进行互动。会议的组织筹备历经千辛，延期一年，在新冠感染疫情防控的关键时期，兔业同仁克服疫情影响，共聚美丽的泉城——济南，共商产业发展大计。虽仍受疫情所限，但仍有来自全国各地的400余名代表参加了本次大会。

大会开幕式

互动论坛

展览展示

投票选举

企业签约

颁发聘书

## 二、第三届（2018）中国毛兔产业发展大会暨山东省第四届长毛兔赛兔会

2018年4月13—15日，由中国畜牧业协会、国家兔产业技术体系、蒙阴县人民政府联合主办的第三届（2018）中国毛兔产业发展大会暨山东省第四届长毛兔赛兔会在山东省蒙阴县召开，会议内容有长毛兔剪毛比赛、产业对接、

长毛兔落户蒙阴 60 周年成果展，展示了长毛兔养殖及兔毛纺织新技术、新经验、新成果。针对蒙阴县长毛兔发展的新形势、新理念，按"推标准、促合作、求创新、促发展"的思路，深入探讨交流长毛兔产业的重点、热点、难点问题，增强行业自律意识，共商长毛兔产业合作与发展。同时为推动山东省长毛兔的选育工作，提高整体质量和发展水平，进一步提升蒙阴"中国长毛兔之乡"的品牌效应做出积极的贡献。

大会开幕式　　　　　　　　　　　　　赛兔会现场

## 三、中国兔肉节

为了推广兔肉美食文化，不断拓宽国内兔肉等产品消费市场，积极改善民众的膳食结构，培养科学理性消费理念和习惯，进而推动兔业生产、加工、消费快速发展，中国畜牧业协会兔业分会将每年 6 月 6 日定为中国兔肉节。2018—2022 年，兔业分会先后在北京房山，吉林长春，宁夏银川，河南济源、开封、汝阳、洛阳，四川成都、自贡，河北高碑店，宁波慈溪，新疆和田，陕西渭南，甘肃庆阳，福建龙岩，北京海淀（中国农业大学），江西上栗，重庆等 25 个地区举办了第十六至第二十届中国兔肉美食文化节。

从 2018 年开始，协会秘书处根据理事会提案和实际情况，动员整个行业充分参与，不设主会场，"遍地开花"，确定当年活动主题，承办地以地名或单位名称冠名中国兔肉节会场，每年有近 10 个分会场活动，充分发挥企业主体的积极性、能动性和创造性。由于新冠感染疫情的原因，第 18 至第 20 届中国兔肉节宣传活动均采取线上结合线下的方式举行，通过网络直播平台宣传科普，充分利用中畜兴牧直播平台的各种技术和资源。线下有近 20 个分会场活动，活动内容也丰富多彩，有兔肉美食推介、兔肉品尝、兔文化展示、美食烹饪比赛、现场科普、趣味性活动、名厨直播、直播带货等。同时邀请国宴大师们献技献艺，线上推出精美绝伦的兔肉美食菜品，助力兔肉美食活动。线上直播活动有抖音、快手平台等新媒体加入支持，宣传面广，极大地推动了我国兔产品消费。

第十六届中国兔肉节　　　　　　　　第十七届中国兔肉节

第十八届中国兔肉节　　　　　　　　第十九届中国兔肉节

第二十届中国兔肉节

兔肉菜品 1　　　　　　　　　　　　　　　　兔肉菜品 2

## 四、专家委员会会议

中国畜牧业协会兔业分会组织召开了兔业分会四届三次、四次，五届一次专家委员会会议。专家委员会就兔业养殖过程中违规使用药品、增加部分添加剂和药品将兔作为靶动物、家兔无抗养殖解决方案、兔场规模统计标准等行业热点问题进行了深入探讨，形成指导性意见或者建议材料上报到主管部门。完成了《毛用兔饲养管理技术规程》等 10 项团体标准和 1 项行业标准的预审和修改工作，推动团体标准的颁布和实施。

四届三次专家委员会会议（2018 年）　　　　四届四次专家委员会会议（2019 年）

五届一次专家委员会会议（2022 年）

# 附录 4    兔业产值核算方法说明

由于国家在统计中没有核算兔产业产值，因此国家兔产业技术体系产业经济团队运用两种常用的产值核算方法分别进行核算，然后再求两种方法的平均值，从而得到兔产业产值。

方法 1，将产业的主副产品细分进行计算，包括以下四步：

首先，分别估计家兔主产品产量，包括獭兔皮产量、肉兔皮产量、兔毛产量和兔肉产量，然后再根据体系研发中心监测的价格求得这些主产品产值；

其次，根据产业经济岗位每年的成本收益调研，得到肉兔、獭兔和毛兔的主副产品比例，分别求得其副产品产值；

再次，假设宠物兔和实验兔等占总产值的 3%，得到宠物兔和实验兔等的产值；

最后，将上述各项加总得到兔产业产值。

方法 2，在比较粗的口径上进行计算，包括以下四步：

首先，估计肉兔活兔和獭兔活兔的数量，然后根据体系监测的历年活兔价格，分别计算肉兔和獭兔的产值；

其次，计算毛兔主产品（即兔毛）数量，主要是根据毛兔的存栏数量和每只毛兔的年出毛量计算（计算时，假设每只毛兔的产毛量为 1 千克/年）；

再次，同样按照方法 1 的办法计算三种兔的产品产值，并仍然假设宠物兔和实验兔等占总产值的 3%，得到宠物兔和实验兔等的产值；

最后，将上述各项加总得到兔产业产值。

# 附录 5    兔产业主要统计数据

## 附表 1    中国 2016—2020 年畜牧生产情况比较

| 项目 | 单位 | 2016 年 | 2017 年 | 2018 年 | 2019 年 | 2020 年 | 2020 年比 2019 年增减 | |
|---|---|---|---|---|---|---|---|---|
| | | | | | | | 绝对数 | 百分比（%） |
| 当年畜禽出栏数 | | | | | | | | |
| 牛 | 万头 | 4 265.0 | 4 340.3 | 4 397.5 | 4 533.9 | 4 565.5 | 31.6 | 0.7 |
| 马 | 万匹 | 98.1 | 92.9 | 92.1 | 100.0 | 106.4 | 6.4 | 6.4 |
| 驴 | 万头 | 102.3 | 106.6 | 105.7 | 113.9 | 116.6 | 2.7 | 2.4 |
| 骡 | 万匹 | 15.1 | 15.8 | 15.0 | 13.0 | 12.2 | −0.8 | −6.3 |
| 骆驼 | 万头 | 7.9 | 7.6 | 10.1 | 12.9 | 13.9 | 1.0 | 7.9 |
| 猪 | 万头 | 70 073.9 | 70 202.1 | 69 382.4 | 54 419.2 | 52 704.1 | −1 715.1 | −3.2 |
| 羊 | 万只 | 30 005.3 | 30 797.7 | 31 010.5 | 31 698.9 | 31 941.3 | 242.4 | 0.8 |
| 家禽 | 亿只 | 1 302 190.6 | 1 302 190.6 | 1 308 936.0 | 1 464 062.2 | 1 557 008.0 | 92 945.8 | 6.3 |
| 兔 | 万只 | 35 056.7 | 31 955.3 | 31 670.9 | 31 323.1 | 33 231.4 | 1 908.3 | 6.1 |
| 畜禽年末存栏数 | | | | | | | | |
| 大牲畜头数 | 万头 | 9 560.0 | 9 763.6 | 9 625.5 | 9 877.4 | 10 265.1 | 387.7 | 3.9 |
| 牛 | 万头 | 8 834.5 | 9 038.7 | 8 915.3 | 9 138.3 | 9 562.1 | 423.8 | 4.6 |
| 肉牛 | 万头 | 6 181.0 | 6 617.9 | 6 618.4 | 6 998.0 | 7 685.1 | 687.1 | 9.8 |
| 奶牛 | 万头 | 1 037.0 | 1 079.8 | 1 037.7 | 1 044.7 | 1 043.3 | −1.4 | −0.1 |
| 马 | 万匹 | 351.2 | 343.6 | 347.3 | 367.1 | 367.2 | 0.1 | 0.0 |
| 驴 | 万头 | 259.3 | 267.8 | 253.3 | 260.1 | 232.4 | −27.7 | −10.6 |
| 骡 | 万匹 | 84.5 | 81.1 | 75.8 | 71.4 | 62.3 | −9.2 | −12.8 |
| 骆驼 | 万头 | 30.5 | 32.3 | 33.8 | 40.5 | 41.1 | 0.6 | 1.5 |
| 猪 | 万头 | 44 209.2 | 44 158.9 | 42 817.1 | 31 040.7 | 40 650.4 | 9 609.7 | 31.0 |
| 羊 | 万只 | 29 930.5 | 30 231.7 | 29 713.5 | 30 072.1 | 30 654.8 | 582.7 | 1.9 |
| 山羊 | 万只 | 13 691.8 | 13 823.8 | 13 574.7 | 13 723.2 | 13 345.2 | −378.0 | −2.8 |
| 绵羊 | 万只 | 16 238.8 | 16 407.9 | 16 138.8 | 16 349.0 | 17 309.5 | 960.5 | 5.9 |
| 家禽 | 亿只 | 617 319.8 | 605 302.2 | 603 738.7 | 652 203.3 | 678 428.3 | 26 225.0 | 4.0 |
| 兔 | 万只 | 13 225.7 | 12 114.0 | 12 033.9 | 11 937.7 | 10 917.1 | −1 020.6 | −8.5 |

数据来源：《中国畜牧兽医年鉴》。

## 附表 2　中国 2016—2020 年畜产品产量比较

| 项目 | 单位 | 2016 年 | 2017 年 | 2018 年 | 2019 年 | 2020 年 | 2020 年比 2019 年增减 | |
| --- | --- | --- | --- | --- | --- | --- | --- | --- |
| | | | | | | | 绝对数 | 百分比（%） |
| 畜产品产量 | | | | | | | | |
| 肉类总产量 | 万吨 | 8 628.3 | 8 654.4 | 8 624.6 | 7 758.8 | 7 748.4 | −10.4 | −0.1 |
| 猪牛羊肉 | 万吨 | 6 502.7 | 6 557.5 | 6 522.9 | 5 410.1 | 5 278.0 | −132.1 | −2.4 |
| 牛肉 | 万吨 | 616.9 | 634.6 | 644.1 | 667.3 | 672.4 | 5.1 | 0.8 |
| 猪肉 | 万吨 | 5 425.5 | 5 451.8 | 5 403.7 | 4 255.3 | 4 113.3 | −142.0 | −3.3 |
| 羊肉 | 万吨 | 460.3 | 471.1 | 475.1 | 487.5 | 492.3 | 4.8 | 1.0 |
| 禽肉 | 万吨 | 2 001.7 | 1 981.7 | 1 993.7 | 2 238.6 | 2 361.1 | 122.5 | 5.5 |
| 兔肉 | 万吨 | 53.5 | 46.9 | 46.6 | 45.8 | 48.8 | 3.0 | 6.6 |
| 其他畜产品产量 | | | | | | | | |
| 奶类 | 万吨 | 3 173.9 | 3 148.6 | 3 176.8 | 3 297.6 | 3 529.6 | 232.0 | 7.0 |
| 牛奶 | 万吨 | 3 064.0 | 3 038.6 | 3 074.6 | 3 201.2 | 3 440.1 | 238.9 | 7.5 |
| 山羊毛 | 吨 | 35 785.3 | 50 715.0 | 42 402.7 | 39 839.7 | 39 277.2 | −562.5 | −1.4 |
| 绵羊毛 | 吨 | 411 642.4 | 410 522.5 | 356 607.6 | 341 120.2 | 333 624.7 | −7 495.5 | −2.2 |
| 细羊毛 | 吨 | 129 164.2 | 127 920.7 | 117 891.3 | 108 972.8 | 106 109.3 | −2 863.6 | −2.6 |
| 半细羊毛 | 吨 | 137 972.7 | 133 458.5 | 120 429.9 | 113 283.8 | 116 848.5 | 3 564.7 | 3.1 |
| 羊绒 | 吨 | 18 844.2 | 17 852.3 | 15 437.8 | 14 964.4 | 15 243.6 | 279.2 | 1.9 |
| 蜂蜜 | 万吨 | 55.5 | 54.3 | 44.7 | 44.4 | 45.8 | 1.4 | 3.2 |
| 禽蛋 | 万吨 | 3 160.5 | 3 096.3 | 3 128.3 | 3 309.0 | 3 467.8 | 158.8 | 4.8 |
| 蚕茧 | 万吨 | 80.3 | 81.7 | 83.1 | 83.3 | 78.8 | −4.4 | −5.3 |
| 桑蚕茧 | 万吨 | 73.8 | 75.1 | 76.4 | 77.2 | 73.5 | −3.7 | −4.8 |
| 柞蚕茧 | 万吨 | 6.6 | 6.7 | 6.7 | 6.1 | 5.3 | −0.8 | −12.5 |

数据来源：《中国畜牧兽医年鉴》。

## 附表 3　2016—2020 年中国兔出栏、存栏量和兔肉产量

| 年份 | 出栏量（万只） | 存栏量（万只） | 兔肉产量（万吨） |
| --- | --- | --- | --- |
| 2016 | 35 056.7 | 13 225.7 | 53.5 |
| 2017 | 31 955.3 | 12 114.0 | 46.9 |
| 2018 | 31 670.9 | 12 033.9 | 46.6 |
| 2019 | 31 323.1 | 11 937.7 | 45.8 |
| 2020 | 33 231.4 | 10 917.1 | 48.8 |

数据来源：《中国畜牧兽医年鉴》。

## 附表4　2016—2020 年中国主要肉类和畜产品产量

单位：万吨

| 年份 | 肉类 | ♯猪牛羊肉 | 牛肉 | 猪肉 | 羊肉 | 禽肉 | 兔肉 | 奶类 | 禽蛋 |
|---|---|---|---|---|---|---|---|---|---|
| 2016 | 8 628.3 | 6 502.7 | 616.9 | 5 425.5 | 460.3 | 2 001.7 | 53.5 | 3 173.9 | 3 160.5 |
| 2017 | 8 654.4 | 6 557.5 | 634.6 | 5 451.8 | 471.1 | 1 981.7 | 46.9 | 3 148.6 | 3 096.3 |
| 2018 | 8 624.6 | 6 522.9 | 644.1 | 5 403.7 | 475.1 | 1 993.7 | 46.6 | 3 176.8 | 3 128.3 |
| 2019 | 7 758.8 | 5 410.1 | 667.3 | 4 255.3 | 487.5 | 2 238.6 | 45.8 | 3 297.6 | 3 309.0 |
| 2020 | 7 748.4 | 5 278.0 | 672.4 | 4 113.3 | 492.3 | 2 361.1 | 48.8 | 3 529.6 | 3 467.8 |

数据来源：《中国畜牧兽医年鉴》。

## 附表5　2020 年中国各地兔存栏、出栏量和兔肉产量

| 地区 | 出栏量（万只） | 存栏量（万只） | 兔肉产量（吨） |
|---|---|---|---|
| 全国 | 33 231.4 | 10 917.1 | 48.8（万吨） |
| 北京 | 0.7 | 0.4 | 17.5 |
| 天津 | 2.4 | 1.6 | 60.0 |
| 河北 | 252.0 | 94.3 | 6 300.0 |
| 山西 | 174.8 | 72.5 | 2 800.0 |
| 内蒙古 | 237.0 | 27.8 | 5 925.0 |
| 辽宁 | 24.3 | 16.6 | 500.0 |
| 吉林 | 141.4 | 35.5 | 3 535.0 |
| 黑龙江 | 132.3 | 48.9 | 3 307.5 |
| 上海 | 3.3 | 1.8 | 82.5 |
| 江苏 | 1 270.3 | 339.1 | 24 600.0 |
| 浙江 | 224.9 | 123.4 | 5 622.5 |
| 安徽 | 108.3 | 41.7 | 2 707.5 |
| 福建 | 1 125.9 | 565.2 | 28 147.5 |
| 江西 | 599.0 | 155.8 | 10 060.0 |
| 山东 | 2 594.0 | 818.9 | 64 849.5 |
| 河南 | 1 805.5 | 1 000.1 | 37 700.0 |
| 湖北 | 89.5 | 52.1 | 2 237.5 |
| 湖南 | 586.5 | 256.9 | 8 860.0 |
| 广东 | 325.9 | 139.9 | 7 860.0 |
| 广西 | 517.0 | 158.4 | 7 430.0 |
| 海南 | 5.1 | 4.6 | 127.5 |

（续）

| 地区 | 出栏量（万只） | 存栏量（万只） | 兔肉产量（吨） |
|---|---|---|---|
| 重庆 | 1 892.4 | 666.1 | 26 800.0 |
| 四川 | 16 556.3 | 5 544.1 | 413 907.5 |
| 贵州 | 567.8 | 179.5 | 9 880.0 |
| 云南 | 73.4 | 36.7 | 1 835.0 |
| 西藏 | 0.0 | 0.0 | 0.0 |
| 陕西 | 178.0 | 117.0 | 4 450.0 |
| 甘肃 | 151.6 | 63.7 | 3 790.0 |
| 青海 | 16.4 | 6.0 | 410.0 |
| 宁夏 | 37.9 | 26.9 | 947.5 |
| 新疆 | 3 537.8 | 321.8 | 51 800.0 |

数据来源：出栏量、存栏量数据来自《中国畜牧兽医年鉴 2021》；部分地区（山西、辽宁、江苏、江西、河南、湖南、广东、广西、重庆、贵州、西藏、新疆）兔肉产量数据来自各省统计年鉴，其余地区兔肉产量由出栏量×兔重量（2.5 千克）计算得出。

## 附表 6　2016—2020 年主产地种兔场个数

单位：个

| 地区 | 2016 年 | 2017 年 | 2018 年 | 2019 年 | 2020 年 |
|---|---|---|---|---|---|
| 全国 | 264 | 233 | 79 | 77 | 76 |
| 河北 | 4 | 1 | 1 | 0 | 0 |
| 山西 | 3 | 3 | 0 | 0 | 0 |
| 重庆 | 8 | 5 | 5 | 4 | 5 |
| 江苏 | 4 | 2 | 2 | 2 | 1 |
| 浙江 | 13 | 17 | 8 | 5 | 4 |
| 安徽 | 12 | 10 | 3 | 1 | 2 |
| 福建 | 9 | 7 | 6 | 4 | 5 |
| 山东 | 22 | 12 | 10 | 10 | 11 |
| 河南 | 4 | 3 | 3 | 1 | 2 |
| 四川 | 133 | 127 | 12 | 13 | 14 |
| 新疆 | 0 | 0 | 0 | 14 | 14 |
| 吉林 | 2 | 3 | 2 | 1 | 1 |
| 辽宁 | 4 | 3 | 3 | 1 | 1 |

数据来源：《中国畜牧兽医年鉴》。

## 附表 7　2016—2020 年主产地种兔年末存栏量

单位：只

| 地区 | 2016 年 | 2017 年 | 2018 年 | 2019 年 | 2020 年 |
|---|---|---|---|---|---|
| 全国 | 4 788 511 | 1 374 730 | 767 636 | 1 792 100 | 2 471 980 |
| 河北 | 15 300 | 1 000 | 900 | 0 | 0 |
| 山西 | 41 300 | 37 060 | 0 | 0 | 0 |
| 重庆 | 25 452 | 16 872 | 18 723 | 26 224 | 9 437 |
| 江苏 | 13 500 | 5 185 | 12 900 | 11 900 | 3 000 |
| 浙江 | 199 010 | 201 650 | 63 285 | 41 840 | 8 300 |
| 安徽 | 14 380 | 14 050 | 7 500 | 1 200 | 4 600 |
| 福建 | 67 292 | 87 140 | 86 480 | 45 777 | 26 226 |
| 山东 | 331 840 | 71 522 | 81 129 | 201 457 | 255 597 |
| 河南 | 75 000 | 85 000 | 70 000 | 87 853 | 96 900 |
| 四川 | 519 056 | 440 030 | 97 454 | 88 327 | 164 484 |
| 新疆 | 0 | 0 | 0 | 1 044 661 | 1 639 709 |
| 吉林 | 55 580 | 65 000 | 6 800 | 0 | 3 000 |
| 辽宁 | 7 650 | 2 600 | 2 615 | 762 | 762 |

数据来源：《中国畜牧兽医年鉴》。

## 附表 8　2020 年中国分省种兔场情况

| 地区 | 种兔场存栏（只） | 种兔场（个） |
|---|---|---|
| 全国 | 2 471 980 | 76 |
| 北京 | 0 | 0 |
| 天津 | 0 | 0 |
| 河北 | 0 | 0 |
| 山西 | 0 | 0 |
| 内蒙古 | 50 000 | 1 |
| 辽宁 | 762 | 1 |
| 吉林 | 3 000 | 1 |

（续）

| 地区 | 种兔场存栏（只） | 种兔场（个） |
|---|---|---|
| 黑龙江 | 0 | 0 |
| 上海 | 1 380 | 1 |
| 江苏 | 3 000 | 1 |
| 浙江 | 8 300 | 4 |
| 安徽 | 4 600 | 2 |
| 福建 | 26 226 | 5 |
| 江西 | 3 512 | 1 |
| 山东 | 255 597 | 11 |
| 河南 | 96 900 | 2 |
| 湖北 | 1 200 | 1 |
| 湖南 | 52 932 | 4 |
| 广东 | 2 000 | 1 |
| 广西 | 800 | 1 |
| 海南 | 0 | 0 |
| 重庆 | 9 437 | 5 |
| 四川 | 164 484 | 14 |
| 贵州 | 9 141 | 2 |
| 云南 | 2 500 | 1 |
| 西藏 | 0 | 0 |
| 陕西 | 136 500 | 3 |
| 甘肃 | 0 | 0 |
| 青海 | 0 | 0 |
| 宁夏 | 0 | 0 |
| 新疆 | 1 639 709 | 14 |

数据来源：《中国畜牧兽医年鉴 2021》。

## 附表9 2016—2020 年家兔养殖成本收益情况

| 项目 | 单位 | 2016 年 | 2017 年 | 2018 年 | 2019 年 | 2020 年 | 2020 年比 2016 年增减（%） |
|---|---|---|---|---|---|---|---|
| 每百只 | | | | | | | |
| 主产品产量 | 千克 | 220.41 | 207.55 | 227.68 | 219.91 | 220.36 | −0.02 |
| 产值合计 | 元 | 4 214.37 | 3 993.59 | 3 862.28 | 5 239.08 | 4 323.55 | 2.59 |
| 主产品产值 | 元 | 4 117.50 | 3 870.74 | 3 810.96 | 5 163.94 | 4 209.00 | 2.22 |
| 副产品产值 | 元 | 96.87 | 122.85 | 96.31 | 75.14 | 114.55 | 18.25 |
| 总成本 | 元 | 3 866.06 | 3 845.43 | 3 625.68 | 5 026.51 | 3 934.39 | 1.77 |
| 生产成本 | 元 | 3 843.15 | 3 813.32 | 3 620.03 | 5 001.67 | 3 926.23 | 2.16 |
| 物质费用 | 元 | 2 824.14 | 3 310.75 | 2 860.15 | 3 316.49 | 3 491.78 | 23.64 |
| 人工成本 | 元 | 1 019.00 | 502.57 | 767.31 | 1 685.18 | 434.46 | −57.36 |
| 家庭用工折价 | 元 | 206.01 | 319.07 | 213.56 | 364.81 | 418.64 | 103.21 |
| 雇工费用 | 元 | 812.91 | 183.69 | 575.97 | 1 320.37 | 15.82 | −98.05 |
| 土地成本 | 元 | 22.91 | 32.10 | 41.60 | 24.83 | 8.16 | −64.39 |
| 净利润 | 元 | 348.32 | 148.17 | 236.02 | 212.57 | 389.16 | 11.73 |
| 成本利润率 | % | 9.01 | 3.85 | 6.51 | 4.23 | 9.89 | 9.79 |
| 毛利润 | 元 | 554.33 | 467.23 | 430.45 | 577.38 | 807.80 | 45.73 |
| 毛利润率 | % | 14.34 | 12.15 | 11.87 | 11.49 | 20.53 | 43.19 |
| 每50 千克主产品 | | | | | | | |
| 平均出售价格 | 元 | 2 465.98 | 2 135.89 | 2 469.95 | 2 230.72 | 1 925.47 | −21.92 |
| 总成本 | 元 | 877.01 | 926.39 | 796.21 | 1 142.85 | 892.74 | 1.79 |
| 生产成本 | 元 | 871.82 | 918.65 | 794.97 | 1 137.20 | 890.89 | 2.19 |
| 净利润 | 元 | 79.02 | 35.69 | 51.83 | 48.33 | 88.30 | 11.75 |
| 附： | | | | | | | |
| 每核算单位用工数量 | 天 | 20.42 | 13.71 | 23.93 | 18.99 | 16.48 | −19.28 |
| 平均饲养天数 | 天 | 139.30 | 135.14 | 127.81 | 139.13 | 130.66 | −6.21 |

附表 10  2016—2020 年肉兔养殖成本收益情况（全部样本的平均值）

| 项目 | 单位 | 2016 年 | 2017 年 | 2018 年 | 2019 年 | 2020 年 | 2020 年比 2016 年增减（%） |
|---|---|---|---|---|---|---|---|
| **每百只** | | | | | | | |
| 主产品产量 | 千克 | 227.83 | 226.73 | 223.57 | 224.59 | 225.68 | −0.94 |
| 产值合计 | 元 | 4 036.28 | 3 672.45 | 3 690.06 | 5 036.40 | 4 199.27 | 4.44 |
| 主产品产值 | 元 | 3 958.82 | 3 592.92 | 3 657.27 | 4 983.53 | 4 104.69 | 3.68 |
| 副产品产值 | 元 | 77.46 | 79.53 | 32.79 | 52.87 | 94.59 | 22.11 |
| 总成本 | 元 | 3 688.61 | 3 420.94 | 3 490.84 | 4 786.40 | 3 818.50 | 3.52 |
| 生产成本 | 元 | 3 667.45 | 3 396.77 | 3 486.84 | 4 761.50 | 3 813.43 | 3.98 |
| 物质费用 | 元 | 2 658.25 | 2 964.62 | 2 742.12 | 3 191.88 | 3 408.83 | 28.24 |
| 人工成本 | 元 | 1 009.19 | 432.15 | 744.72 | 1 569.62 | 404.61 | −59.91 |
| 家庭用工折价 | 元 | 155.59 | 284.81 | 163.17 | 359.38 | 392.02 | 151.96 |
| 雇工费用 | 元 | 853.61 | 147.34 | 581.55 | 1 210.24 | 12.59 | −98.53 |
| 土地成本 | 元 | 21.17 | 24.17 | 4.01 | 24.91 | 5.06 | −76.10 |
| 净利润 | 元 | 347.66 | 251.51 | 199.22 | 250.00 | 380.78 | 9.53 |
| 成本利润率 | % | 9.43 | 7.35 | 5.71 | 5.22 | 9.97 | 5.73 |
| 毛利润 | 元 | 503.25 | 536.33 | 362.39 | 609.38 | 772.79 | 53.56 |
| 毛利润率 | % | 13.64 | 15.68 | 10.38 | 12.73 | 20.24 | 48.39 |
| **每 50 千克主产品** | | | | | | | |
| 平均出售价格 | 元 | 914.55 | 811.52 | 847.71 | 1 079.24 | 947.95 | 3.65 |
| 总成本 | 元 | 809.51 | 754.40 | 780.69 | 1 065.58 | 845.99 | 4.51 |
| 生产成本 | 元 | 804.87 | 749.07 | 779.80 | 1 060.03 | 844.87 | 4.97 |
| 净利润 | 元 | 76.30 | 55.46 | 44.55 | 55.66 | 84.36 | 10.56 |
| **附：** | | | | | | | |
| 每核算单位用工数量 | 天 | 2.58 | 1.75 | 2.09 | 2.84 | 2.19 | −15.12 |
| 平均饲养天数 | 天 | 71.91 | 74.76 | 74.52 | 74.32 | 75.07 | 4.39 |

## 附表 11　2016—2020 年肉兔养殖成本收益情况（小规模兔场）

| 项目 | 单位 | 2016 年 | 2017 年 | 2018 年 | 2019 年 | 2020 年 | 2020 年比 2016 年增减（%） |
|---|---|---|---|---|---|---|---|
| 每百只 | | | | | | | |
| 主产品产量 | 千克 | 232.56 | 238.25 | 226.60 | 305.59 | 224.46 | -3.48 |
| 产值合计 | 元 | 4 492.64 | 3 974.18 | 4 168.65 | 4 872.46 | 4 961.37 | 10.43 |
| 主产品产值 | 元 | 4 374.21 | 3 851.36 | 3 927.86 | 4 690.15 | 4 698.25 | 7.41 |
| 副产品产值 | 元 | 118.42 | 122.82 | 240.80 | 182.30 | 263.11 | 122.18 |
| 总成本 | 元 | 4 827.75 | 4 466.30 | 5 143.08 | 4 492.53 | 6 235.91 | 29.17 |
| 生产成本 | 元 | 4 786.56 | 4 442.98 | 5 123.22 | 4 489.41 | 6 188.65 | 29.29 |
| 物质费用 | 元 | 3 211.51 | 3 155.70 | 3 350.85 | 3 527.53 | 5 132.64 | 59.82 |
| 人工成本 | 元 | 1 575.06 | 1 287.28 | 1 772.37 | 961.88 | 1 056.01 | -32.95 |
| 家庭用工折价 | 元 | 1 241.32 | 1 255.13 | 1 443.19 | 864.07 | 1 005.60 | -18.99 |
| 雇工费用 | 元 | 333.73 | 32.16 | 329.18 | 97.81 | 50.41 | -84.89 |
| 土地成本 | 元 | 41.18 | 23.32 | 19.86 | 3.13 | 47.27 | 14.79 |
| 净利润 | 元 | -335.11 | -492.13 | -974.42 | 379.93 | -1 274.55 | 280.34 |
| 成本利润率 | % | -6.94 | -11.02 | -18.95 | 8.46 | -20.44 | 194.52 |
| 毛利润 | 元 | 906.21 | 763.00 | 468.77 | 1 243.99 | -268.95 | -129.68 |
| 毛利润率 | % | 18.77 | 17.08 | 9.11 | 27.69 | -4.31 | -122.96 |
| 每 50 千克主产品 | | | | | | | |
| 平均出售价格 | 元 | 1 051.04 | 808.21 | 873.90 | 1 060.72 | 1 102.55 | 4.90 |
| 总成本 | 元 | 1 037.96 | 937.32 | 1 134.81 | 735.07 | 1 389.12 | 33.83 |
| 生产成本 | 元 | 1 029.10 | 932.43 | 1 130.43 | 734.56 | 1 378.59 | 33.96 |
| 净利润 | 元 | -72.05 | -103.28 | -215.00 | 62.16 | -283.92 | 294.06 |
| 附： | | | | | | | |
| 每核算单位用工数量 | 天 | 4.35 | 4.19 | 4.44 | 3.25 | 3.52 | -19.08 |
| 平均饲养天数 | 天 | 72.75 | 73.53 | 73.53 | 75.65 | 75.07 | 3.19 |

## 附表 12  2016—2020 年肉兔养殖成本收益情况（中规模兔场）

| 项目 | 单位 | 2016 年 | 2017 年 | 2018 年 | 2019 年 | 2020 年 | 2020 年比 2016 年增减（%） |
|---|---|---|---|---|---|---|---|
| 每百只 | | | | | | | |
| 主产品产量 | 千克 | 242.62 | 225.16 | 255.08 | 223.40 | 224.69 | −7.39 |
| 产值合计 | 元 | 4 417.11 | 3 827.91 | 4 223.63 | 4 975.64 | 4 450.34 | 0.75 |
| 主产品产值 | 元 | 4 333.25 | 3 728.53 | 4 157.19 | 4 887.17 | 4 328.55 | −0.11 |
| 副产品产值 | 元 | 83.86 | 99.38 | 66.44 | 88.47 | 121.78 | 45.22 |
| 总成本 | 元 | 4 147.74 | 4 214.91 | 3 315.31 | 4 349.22 | 4 163.52 | 0.38 |
| 生产成本 | 元 | 4 112.34 | 4 185.31 | 3 307.55 | 4 335.55 | 4 154.43 | 1.02 |
| 物质费用 | 元 | 3 194.59 | 3 491.30 | 2 728.20 | 3 281.43 | 3 452.27 | 8.07 |
| 人工成本 | 元 | 917.75 | 694.01 | 579.36 | 1 054.12 | 702.15 | −23.49 |
| 家庭用工折价 | 元 | 472.88 | 527.41 | 437.86 | 533.41 | 691.74 | 46.28 |
| 雇工费用 | 元 | 444.86 | 166.60 | 141.50 | 520.71 | 10.41 | −97.66 |
| 土地成本 | 元 | 35.40 | 29.60 | 7.75 | 13.67 | 9.09 | −74.32 |
| 净利润 | 元 | 269.37 | −387.00 | 908.32 | 626.43 | 286.82 | 6.48 |
| 成本利润率 | % | 6.49 | −9.18 | 27.40 | 14.40 | 6.89 | 6.16 |
| 毛利润 | 元 | 742.25 | 140.40 | 1 346.18 | 1 159.84 | 978.56 | 31.84 |
| 毛利润率 | % | 17.90 | 3.33 | 40.60 | 26.67 | 23.50 | 31.28 |
| 每 50 千克主产品 | | | | | | | |
| 平均出售价格 | 元 | 883.27 | 832.32 | 883.89 | 1 078.23 | 1 017.84 | 15.24 |
| 总成本 | 元 | 854.78 | 935.98 | 649.87 | 973.40 | 926.51 | 8.39 |
| 生产成本 | 元 | 847.49 | 929.41 | 648.35 | 970.34 | 924.49 | 9.09 |
| 净利润 | 元 | 55.51 | −85.94 | 178.05 | 140.20 | 63.83 | 14.99 |
| 附： | | | | | | | |
| 每核算单位用工数量 | 天 | 2.33 | 1.74 | 1.83 | 2.36 | 2.03 | −12.88 |
| 平均饲养天数 | 天 | 73.60 | 77.69 | 85.31 | 74.23 | 81.42 | 10.63 |

## 附表 13　2016—2020 年肉兔养殖成本收益情况（大规模兔场）

| 项目 | 单位 | 2016 年 | 2017 年 | 2018 年 | 2019 年 | 2020 年 | 2020 年比 2016 年增减（%） |
|---|---|---|---|---|---|---|---|
| 每百只 | | | | | | | |
| 主产品产量 | 千克 | 225.75 | 226.96 | 219.83 | 221.52 | 226.05 | 0.13 |
| 产值合计 | 元 | 3 965.20 | 3 604.22 | 3 618.61 | 5 061.63 | 4 113.32 | 3.74 |
| 主产品产值 | 元 | 3 869.30 | 3 533.55 | 3 593.68 | 5 024.96 | 4 041.17 | 4.44 |
| 副产品产值 | 元 | 95.90 | 70.67 | 24.93 | 36.68 | 72.16 | −24.75 |
| 总成本 | 元 | 3 717.95 | 3 088.04 | 3 480.25 | 4 930.47 | 3 645.46 | −1.95 |
| 生产成本 | 元 | 3 698.04 | 3 065.90 | 3 476.99 | 4 901.26 | 3 643.40 | −1.48 |
| 物质费用 | 元 | 2 592.61 | 2 759.59 | 2 732.28 | 3 150.72 | 3 351.95 | 29.29 |
| 人工成本 | 元 | 1 105.43 | 306.31 | 744.71 | 1 750.54 | 291.45 | −73.63 |
| 家庭用工折价 | 元 | 97.07 | 162.63 | 106.91 | 285.63 | 279.90 | 188.35 |
| 雇工费用 | 元 | 1 008.36 | 143.68 | 637.80 | 1 464.91 | 11.55 | −98.85 |
| 土地成本 | 元 | 19.91 | 22.15 | 3.27 | 29.21 | 2.05 | −89.70 |
| 净利润 | 元 | 247.25 | 516.17 | 138.35 | 131.16 | 467.86 | 89.23 |
| 成本利润率 | % | 6.65 | 16.72 | 3.98 | 2.66 | 12.83 | 92.93 |
| 毛利润 | 元 | 344.32 | 678.80 | 245.26 | 416.79 | 747.76 | 117.17 |
| 毛利润率 | % | 9.26 | 21.98 | 7.05 | 8.45 | 20.51 | 121.49 |
| 每 50 千克主产品 | | | | | | | |
| 平均出售价格 | 元 | 870.41 | 788.37 | 890.69 | 1 095.65 | 908.67 | 4.40 |
| 总成本 | 元 | 823.45 | 680.29 | 791.58 | 1 112.86 | 806.33 | −2.08 |
| 生产成本 | 元 | 819.04 | 675.41 | 790.84 | 1 106.26 | 805.88 | −1.61 |
| 净利润 | 元 | 54.76 | 113.71 | 31.47 | 29.61 | 103.48 | 88.97 |
| 附： | | | | | | | |
| 每核算单位用工数量 | 天 | 1.68 | 0.73 | 1.43 | 3.18 | 1.16 | −30.95 |
| 平均饲养天数 | 天 | 69.94 | 71.83 | 74.31 | 73.37 | 76.98 | 10.07 |

## 附表 14  2016—2020 年獭兔养殖成本收益情况（全部样本的平均值）

| 项目 | 单位 | 2016 年 | 2017 年 | 2018 年 | 2019 年 | 2020 年 | 2020 年比 2016 年增减（%） |
|---|---|---|---|---|---|---|---|
| 每百只 | | | | | | | |
| 主产品产量 | 千克 | 100.32 | 107.19 | 119.29 | 134.31 | 101.51 | 1.19 |
| 产值合计 | 元 | 5 025.74 | 4 655.45 | 5 783.20 | 6 339.81 | 5 061.56 | 0.71 |
| 主产品产值 | 元 | 4 754.38 | 4 417.03 | 5 569.48 | 6 001.42 | 4 970.36 | 4.54 |
| 副产品产值 | 元 | 271.36 | 238.42 | 213.71 | 338.39 | 91.20 | −66.39 |
| 总成本 | 元 | 4 285.32 | 5 018.06 | 4 885.65 | 5 697.91 | 4 225.57 | −1.35 |
| 生产成本 | 元 | 4 254.70 | 4 950.94 | 4 868.38 | 5 643.37 | 4 171.37 | −1.96 |
| 物质费用 | 元 | 3 480.98 | 4 324.05 | 4 151.23 | 5 017.55 | 3 725.16 | 7.01 |
| 人工成本 | 元 | 773.73 | 626.90 | 717.16 | 625.82 | 446.21 | −42.33 |
| 家庭用工折价 | 元 | 717.20 | 303.45 | 201.81 | 596.38 | 393.16 | −45.18 |
| 雇工费用 | 元 | 56.53 | 323.45 | 515.34 | 29.45 | 53.04 | −6.17 |
| 土地成本 | 元 | 30.62 | 67.12 | 15.22 | 54.54 | 54.20 | 77.01 |
| 净利润 | 元 | 740.42 | −362.61 | 897.54 | 641.90 | 836.00 | 12.91 |
| 成本利润率 | % | 17.28 | −7.23 | 18.37 | 11.27 | 19.78 | 14.47 |
| 毛利润 | 元 | 1 457.61 | −59.16 | 1 099.36 | 1 238.27 | 1 229.16 | −15.67 |
| 毛利润率 | % | 34.01 | −1.18 | 22.50 | 21.73 | 29.09 | −14.47 |
| 每 50 千克主产品 | | | | | | | |
| 平均出售价格 | 元 | 2 366.73 | 2 175.78 | 2 090.37 | 2 407.99 | 2 527.01 | 6.77 |
| 总成本 | 元 | 2 135.73 | 2 340.72 | 2 047.86 | 2 121.10 | 2 081.45 | −2.54 |
| 生产成本 | 元 | 2 120.47 | 2 309.41 | 2 040.62 | 2 100.80 | 2 054.75 | −3.10 |
| 净利润 | 元 | 369.01 | −169.14 | 376.21 | 238.95 | 411.80 | 11.60 |
| 附： | | | | | | | |
| 每核算单位用工数量 | 天 | 12.46 | 3.77 | 4.13 | 7.63 | 4.86 | −61.00 |
| 平均饲养天数 | 天 | 127.66 | 143.44 | 130.52 | 152.80 | 162.08 | 29.96 |

### 附表 15　2016—2020 年獭兔养殖成本收益情况（小规模兔场）

| 项目 | 单位 | 2016 年 | 2017 年 | 2018 年 | 2019 年 | 2020 年 | 2020 年比 2016 年增减（%） |
|---|---|---|---|---|---|---|---|
| 每百只 | | | | | | | |
| 主产品产量 | 千克 | 118.17 | 95.24 | 118.40 | 142.49 | 94.05 | −20.41 |
| 产值合计 | 元 | 5 301.57 | 4 407.86 | 4 438.98 | 7 151.59 | 4 958.33 | −6.47 |
| 主产品产值 | 元 | 5 112.43 | 4 288.61 | 4 249.57 | 6 820.43 | 4 845.24 | −5.23 |
| 副产品产值 | 元 | 189.14 | 119.25 | 189.41 | 331.16 | 113.10 | −40.20 |
| 总成本 | 元 | 6 005.59 | 5 456.54 | 6 420.40 | 7 349.45 | 5 182.98 | −13.70 |
| 生产成本 | 元 | 5 944.46 | 5 302.71 | 6 413.29 | 7 349.45 | 5 182.98 | −12.81 |
| 物质费用 | 元 | 3 577.19 | 4 259.95 | 4 821.41 | 5 706.05 | 4 265.12 | 19.23 |
| 人工成本 | 元 | 2 367.27 | 1 042.76 | 1 591.89 | 1 643.40 | 917.86 | −61.23 |
| 家庭用工折价 | 元 | 2 349.71 | 741.18 | 952.23 | 1 643.40 | 917.86 | −60.94 |
| 雇工费用 | 元 | 17.56 | 301.58 | 639.66 | 0.00 | 0.00 | −100.00 |
| 土地成本 | 元 | 61.12 | 153.83 | 7.11 | 0.00 | 0.00 | −100.00 |
| 净利润 | 元 | −704.01 | −1 048.67 | −1 981.42 | −197.86 | −224.64 | −68.09 |
| 成本利润率 | % | −11.72 | −19.22 | −30.86 | −2.69 | −4.33 | −63.05 |
| 毛利润 | 元 | 1 645.69 | −307.50 | −1 029.19 | 1 445.54 | 693.21 | −57.88 |
| 毛利润率 | % | 27.40 | −5.64 | −16.03 | 19.67 | 13.37 | −51.20 |
| 每 50 千克主产品 | | | | | | | |
| 平均出售价格 | 元 | 2 387.23 | 2 187.76 | 1 749.55 | 2 586.18 | 2 583.33 | 8.21 |
| 总成本 | 元 | 2 541.08 | 2 864.72 | 2 711.32 | 2 579.02 | 2 755.51 | 8.44 |
| 生产成本 | 元 | 2 515.22 | 2 783.96 | 2 708.32 | 2 579.02 | 2 755.51 | 9.56 |
| 净利润 | 元 | −297.64 | −550.56 | −836.75 | −69.43 | −119.43 | −59.87 |
| 附： | | | | | | | |
| 每核算单位用工数量 | 天 | 14.11 | 5.31 | 6.91 | 10.87 | 4.48 | −68.25 |
| 平均饲养天数 | 天 | 122.81 | 139.71 | 135.50 | 155.00 | 180.00 | 46.57 |

### 附表 16  2016—2020 年獭兔养殖成本收益情况（中规模兔场）

| 项目 | 单位 | 2016 年 | 2017 年 | 2018 年 | 2019 年 | 2020 年 | 2020 年比 2016 年增减（%） |
|---|---|---|---|---|---|---|---|
| 每百只 | | | | | | | |
| 主产品产量 | 千克 | 102.82 | 104.04 | 134.94 | 132.89 | 106.15 | 3.24 |
| 产值合计 | 元 | 4 815.83 | 4 658.37 | 5 395.40 | 6 216.91 | 5 253.11 | 9.08 |
| 主产品产值 | 元 | 4 483.91 | 4 475.90 | 5 312.61 | 5 926.56 | 5 074.18 | 13.16 |
| 副产品产值 | 元 | 331.92 | 182.47 | 82.79 | 290.36 | 178.93 | −46.09 |
| 总成本 | 元 | 4 446.46 | 4 255.40 | 4 071.50 | 6 021.81 | 4 586.77 | 3.16 |
| 生产成本 | 元 | 4 417.38 | 4 168.73 | 4 055.07 | 5 935.76 | 4 497.65 | 1.82 |
| 物质费用 | 元 | 3 810.04 | 3 610.15 | 3 381.59 | 5 331.76 | 3 968.06 | 4.15 |
| 人工成本 | 元 | 607.33 | 558.58 | 673.49 | 604.00 | 529.59 | −12.80 |
| 家庭用工折价 | 元 | 561.11 | 330.48 | 339.98 | 554.72 | 472.27 | −15.83 |
| 雇工费用 | 元 | 46.23 | 228.10 | 333.51 | 49.27 | 57.32 | 23.99 |
| 土地成本 | 元 | 29.08 | 86.67 | 16.43 | 86.05 | 89.11 | 206.43 |
| 净利润 | 元 | 369.37 | 402.96 | 1 323.90 | 195.10 | 666.34 | 80.40 |
| 成本利润率 | % | 8.31 | 9.47 | 32.52 | 3.24 | 14.53 | 74.85 |
| 毛利润 | 元 | 930.47 | 733.44 | 1 663.88 | 749.83 | 1 138.61 | 22.37 |
| 毛利润率 | % | 20.93 | 17.24 | 40.87 | 12.45 | 24.82 | 18.59 |
| 每 50 千克主产品 | | | | | | | |
| 平均出售价格 | 元 | 2 181.09 | 2 206.60 | 2 093.23 | 2 275.14 | 2 510.58 | 15.11 |
| 总成本 | 元 | 2 162.27 | 2 045.01 | 1 508.64 | 2 265.74 | 2 160.41 | −0.09 |
| 生产成本 | 元 | 2 148.13 | 2 003.35 | 1 502.55 | 2 233.37 | 2 118.44 | −1.38 |
| 净利润 | 元 | 179.62 | 193.65 | 490.55 | 73.41 | 313.85 | 74.73 |
| 附： | | | | | | | |
| 每核算单位用工数量 | 天 | 5.98 | 3.17 | 3.09 | 5.81 | 5.10 | −14.72 |
| 平均饲养天数 | 天 | 155.00 | 146.04 | 122.50 | 151.25 | 153.57 | −0.92 |

附表 17　2016—2020 年獭兔养殖成本收益情况（大规模兔场）

| 项目 | 单位 | 2016 年 | 2017 年 | 2018 年 | 2019 年 | 2020 年 | 2020 年比 2016 年增减（%） |
|---|---|---|---|---|---|---|---|
| 每百只 | | | | | | | |
| 主产品产量 | 千克 | 91.98 | 113.35 | 111.58 | 133.33 | 97.56 | 6.07 |
| 产值合计 | 元 | 5 045.40 | 4 715.11 | 6 099.70 | 6 200.00 | 4 878.17 | −3.31 |
| 主产品产值 | 元 | 4 778.70 | 4 390.83 | 5 818.63 | 5 750.00 | 4 878.05 | 2.08 |
| 副产品产值 | 元 | 266.70 | 324.28 | 281.07 | 450.00 | 0.12 | −99.96 |
| 总成本 | 元 | 3 527.98 | 5 667.19 | 5 149.47 | 4 124.07 | 3 761.71 | 6.63 |
| 生产成本 | 元 | 3 508.16 | 5 641.45 | 5 130.84 | 4 112.40 | 3 737.32 | 6.53 |
| 物质费用 | 元 | 3 247.06 | 5 051.55 | 4 472.40 | 3 958.88 | 3 423.88 | 5.45 |
| 人工成本 | 元 | 261.10 | 589.90 | 658.44 | 153.53 | 313.45 | 20.05 |
| 家庭用工折价 | 元 | 183.43 | 165.92 | 64.09 | 153.53 | 259.30 | 41.36 |
| 雇工费用 | 元 | 77.67 | 423.98 | 594.35 | 0.00 | 54.15 | −30.28 |
| 土地成本 | 元 | 19.81 | 25.73 | 15.36 | 11.67 | 24.39 | 23.12 |
| 净利润 | 元 | 1 517.43 | −952.08 | 950.23 | 2 075.93 | 1 116.45 | −26.42 |
| 成本利润率 | % | 43.01 | −16.80 | 18.45 | 50.34 | 29.68 | −30.99 |
| 毛利润 | 元 | 1 700.86 | −786.16 | 1 014.32 | 2 229.46 | 1 375.75 | −19.11 |
| 毛利润率 | % | 48.21 | −13.87 | 19.70 | 54.06 | 36.57 | −24.14 |
| 每 50 千克主产品 | | | | | | | |
| 平均出售价格 | 元 | 2 570.96 | 1 978.38 | 2 572.35 | 2 225.00 | 2 500.00 | −2.76 |
| 总成本 | 元 | 1 917.89 | 2 499.94 | 2 307.46 | 1 546.53 | 1 927.88 | 0.52 |
| 生产成本 | 元 | 1 907.12 | 2 488.59 | 2 299.11 | 1 542.15 | 1 915.38 | 0.43 |
| 净利润 | 元 | 824.91 | −419.99 | 425.80 | 778.48 | 572.18 | −30.64 |
| 附： | | | | | | | |
| 每核算单位用工数量 | 天 | 3.59 | 2.10 | 1.93 | 0.71 | 4.59 | 27.86 |
| 平均饲养天数 | 天 | 129.00 | 141.50 | 137.14 | 150.00 | 165.00 | 27.91 |

### 附表 18　2016—2020 年毛兔养殖成本收益情况（全部样本的平均值）

| 项目 | 单位 | 2016 年 | 2017 年 | 2018 年 | 2019 年 | 2020 年 | 2020 年比 2016 年增减（%） |
|---|---|---|---|---|---|---|---|
| 每百只 | | | | | | | |
| 主产品产量 | 千克 | 140.66 | 134.91 | 141.38 | 157.08 | 157.41 | — |
| 产值合计 | 元 | 24 551.21 | 24 507.26 | 29 552.00 | 25 815.31 | 25 359.25 | 3.29 |
| 主产品产值 | 元 | 23 002.58 | 22 115.43 | 27 349.88 | 23 272.21 | 20 499.86 | −10.88 |
| 副产品产值 | 元 | 1 548.64 | 2 391.83 | 2 202.11 | 2 543.10 | 4 859.39 | 213.78 |
| 总成本 | 元 | 27 576.01 | 25 340.64 | 26 246.59 | 23 708.60 | 27 369.30 | −0.75 |
| 生产成本 | 元 | 27 352.48 | 25 155.87 | 26 020.34 | 23 538.48 | 27 102.73 | −0.91 |
| 物质费用 | 元 | 22 647.57 | 19 737.43 | 20 172.80 | 18 421.06 | 20 024.69 | −11.58 |
| 人工成本 | 元 | 4 704.92 | 5 418.44 | 5 847.54 | 5 117.42 | 7 078.04 | 50.44 |
| 家庭用工折价 | 元 | 3 460.45 | 4 141.13 | 4 305.65 | 5 101.96 | 6 690.26 | 93.34 |
| 雇工费用 | 元 | 1 244.47 | 1 277.31 | 1 541.89 | 15.46 | 387.78 | −68.84 |
| 土地成本 | 元 | 223.52 | 184.77 | 226.24 | 170.12 | 266.57 | 19.26 |
| 净利润 | 元 | −3 024.79 | −833.38 | 3 305.41 | 2 106.71 | −2 010.05 | 33.55 |
| 成本利润率 | % | −10.97 | −3.29 | 12.59 | 8.89 | −7.34 | 33.05 |
| 毛利润 | 元 | 435.66 | 3 307.75 | 7 611.06 | 7 208.67 | 4 680.22 | 974.28 |
| 毛利润率 | % | 1.58 | 13.05 | 29.00 | 30.41 | 17.10 | 982.29 |
| 每 50 千克主产品 | | | | | | | |
| 平均出售价格 | 元 | 7 442.31 | 7 394.26 | 8 700.94 | 6 228.72 | 6 107.69 | −17.93 |
| 总成本 | 元 | 9 802.27 | 9 391.85 | 9 282.13 | 7 546.59 | 8 693.69 | −11.31 |
| 生产成本 | 元 | 9 722.81 | 9 323.37 | 9 202.12 | 7 492.44 | 8 609.02 | −11.46 |
| 净利润 | 元 | −1 075.20 | −308.87 | 1 168.96 | 670.58 | −638.48 | −40.62 |
| 附： | | | | | | | |
| 每核算单位用工数量 | 天 | 86.98 | 76.88 | 80.81 | 83.06 | 86.27 | −0.81 |
| 平均饲养天数 | 天 | 365.00 | 365.00 | 365.00 | 365.00 | 365.00 | — |

说明：毛兔规模的划分是以兔场存栏量为标准：年底存栏小于或等于 200 只的为小规模；年底存栏大于 200 只但小于或等于 1 000 只的为中规模；年底存栏大于 1 000 只的为大规模。

### 附表 19　2016—2020 年毛兔养殖成本收益情况（小规模兔场）

| 项目 | 单位 | 2016 年 | 2017 年 | 2018 年 | 2019 年 | 2020 年 | 2020 年比 2016 年增减（%） |
|---|---|---|---|---|---|---|---|
| 每百只 | | | | | | | |
| 主产品产量 | 千克 | 136.84 | 123.99 | 126.67 | 170.00 | 194.17 | — |
| 产值合计 | 元 | 23 554.21 | 20 652.22 | 23 446.67 | 25 655.00 | 28 325.38 | 20.26 |
| 主产品产值 | 元 | 21 522.11 | 19 799.61 | 21 866.67 | 24 700.00 | 22 057.21 | 2.49 |
| 副产品产值 | 元 | 2 032.11 | 852.60 | 1 580.00 | 955.00 | 6 268.17 | 208.46 |
| 总成本 | 元 | 42 084.94 | 28 308.46 | 26 441.47 | 36 656.50 | 28 329.99 | −32.68 |
| 生产成本 | 元 | 41 857.83 | 28 246.80 | 26 441.47 | 36 246.50 | 28 329.99 | −32.32 |
| 物质费用 | 元 | 33 937.96 | 21 086.40 | 19 241.47 | 26 796.50 | 20 057.17 | −40.90 |
| 人工成本 | 元 | 7 919.87 | 7 160.40 | 7 200.00 | 9 450.00 | 8 272.83 | 4.46 |
| 家庭用工折价 | 元 | 7 919.87 | 7 160.40 | 7 200.00 | 9 450.00 | 8 272.83 | 4.46 |
| 雇工费用 | 元 | 0.00 | 0.00 | 0.00 | 0.00 | 0.00 | 0.00 |
| 土地成本 | 元 | 227.10 | 61.66 | 0.00 | 410.00 | 0.00 | −100.00 |
| 净利润 | 元 | −18 530.73 | −7 656.24 | −2 994.80 | −11 001.50 | −4.61 | 99.98 |
| 成本利润率 | % | −44.03 | −27.05 | −11.33 | −30.01 | −0.02 | 99.96 |
| 毛利润 | 元 | −10 610.86 | −495.84 | 4 205.20 | −1 551.50 | 8 268.21 | 177.92 |
| 毛利润率 | % | −25.21 | −1.75 | 15.90 | −4.23 | 29.19 | 215.77 |
| 每 50 千克主产品 | | | | | | | |
| 平均出售价格 | 元 | 7 183.33 | 8 214.29 | 8 500.00 | 6 500.00 | 5 687.50 | −20.82 |
| 总成本 | 元 | 15 377.19 | 11 415.77 | 10 437.42 | 10 781.32 | 7 295.17 | −52.56 |
| 生产成本 | 元 | 15 294.21 | 11 390.90 | 10 437.42 | 10 660.74 | 7 295.17 | −52.30 |
| 净利润 | 元 | −6 770.84 | −3 087.48 | −1 182.16 | −3 235.74 | −1.19 | −99.98 |
| 附： | | | | | | | |
| 每核算单位用工数量 | 天 | 126.23 | 124.55 | 135.00 | 157.50 | 92.10 | −27.04 |
| 平均饲养天数 | 天 | 365.00 | 365.00 | 365.00 | 365.00 | 365.00 | — |

## 附表 20　2016—2020 年毛兔养殖成本收益情况（中规模兔场）

| 项目 | 单位 | 2016 年 | 2017 年 | 2018 年 | 2019 年 | 2020 年 | 2020 年比 2016 年增减（%） |
|---|---|---|---|---|---|---|---|
| 每百只 | | | | | | | |
| 主产品产量 | 千克 | 129.29 | 145.39 | 140.96 | 151.50 | 157.12 | — |
| 产值合计 | 元 | 22 335.73 | 27 282.28 | 30 061.36 | 25 415.07 | 24 696.03 | 10.57 |
| 主产品产值 | 元 | 20 111.22 | 24 070.06 | 27 666.86 | 21 742.22 | 19 833.46 | −1.38 |
| 副产品产值 | 元 | 2 224.51 | 3 212.22 | 2 394.51 | 3 672.85 | 4 862.57 | 118.59 |
| 总成本 | 元 | 32 312.28 | 26 958.33 | 27 212.73 | 26 476.88 | 27 016.88 | −16.39 |
| 生产成本 | 元 | 32 115.31 | 26 774.63 | 27 078.27 | 26 227.06 | 26 966.12 | −16.03 |
| 物质费用 | 元 | 26 084.11 | 21 164.28 | 20 670.82 | 19 798.04 | 19 906.12 | −23.68 |
| 人工成本 | 元 | 6 031.20 | 5 610.35 | 6 407.45 | 6 429.03 | 7 060.00 | 17.06 |
| 家庭用工折价 | 元 | 4 716.31 | 4 884.44 | 5 559.59 | 6 407.13 | 6 620.88 | 40.38 |
| 雇工费用 | 元 | 1 314.89 | 725.92 | 847.85 | 21.89 | 439.12 | −66.60 |
| 土地成本 | 元 | 196.98 | 183.69 | 134.46 | 249.81 | 50.76 | −74.23 |
| 净利润 | 元 | −9 976.55 | 323.95 | 2 848.63 | −1 061.80 | −2 320.84 | 76.74 |
| 成本利润率 | % | −30.88 | 1.20 | 10.47 | −4.01 | −8.59 | 72.18 |
| 毛利润 | 元 | −5 260.24 | 5 208.39 | 8 408.22 | 5 345.33 | 4 300.04 | 181.75 |
| 毛利润率 | % | −16.28 | 19.32 | 30.90 | 20.19 | 15.92 | 197.76 |
| 每 50 千克主产品 | | | | | | | |
| 平均出售价格 | 元 | 7 255.95 | 7 225.61 | 8 739.74 | 6 218.29 | 6 090.00 | −16.07 |
| 总成本 | 元 | 12 495.61 | 9 271.09 | 9 652.48 | 8 738.50 | 8 597.26 | −31.20 |
| 生产成本 | 元 | 12 419.44 | 9 207.92 | 9 604.78 | 8 656.05 | 8 581.11 | −30.91 |
| 净利润 | 元 | −3 858.07 | 111.41 | 1 010.42 | −350.44 | −738.53 | −80.86 |
| 附： | | | | | | | |
| 每核算单位用工数量 | 天 | 95.67 | 71.17 | 84.23 | 86.19 | 85.35 | −10.79 |
| 平均饲养天数 | 天 | 365.00 | 365.00 | 365.00 | 365.00 | 365.00 | — |

### 附表 21　2016—2020 年毛兔养殖成本收益情况（大规模兔场）

| 项目 | 单位 | 2016 年 | 2017 年 | 2018 年 | 2019 年 | 2020 年 | 2020 年比 2016 年增减（%） |
|---|---|---|---|---|---|---|---|
| **每百只** | | | | | | | |
| 主产品产量 | 千克 | 147.67 | 124.70 | 141.99 | 166.78 | 133.33 | — |
| 产值合计 | 元 | 25 930.04 | 21 844.14 | 29 111.48 | 26 527.93 | 31 916.67 | 23.09 |
| 主产品产值 | 元 | 24 811.39 | 20 222.76 | 27 096.61 | 25 962.64 | 28 166.67 | 13.52 |
| 副产品产值 | 元 | 1 118.66 | 1 621.38 | 2 014.86 | 565.29 | 3 750.00 | 235.22 |
| 总成本 | 元 | 23 983.14 | 23 568.13 | 25 265.18 | 18 583.99 | 31 320.00 | 30.59 |
| 生产成本 | 元 | 23 743.91 | 23 377.07 | 24 943.13 | 18 559.20 | 27 986.67 | 17.87 |
| 物质费用 | 元 | 20 000.88 | 18 227.56 | 19 679.70 | 15 840.02 | 21 574.17 | 7.87 |
| 人工成本 | 元 | 3 743.02 | 5 149.52 | 5 263.44 | 2 719.17 | 6 412.50 | 71.32 |
| 家庭用工折价 | 元 | 2 475.86 | 3 256.83 | 2 999.19 | 2 714.88 | 6 412.50 | 159.00 |
| 雇工费用 | 元 | 1 267.16 | 1 892.68 | 2 264.24 | 4.30 | 0.00 | −100.00 |
| 土地成本 | 元 | 239.23 | 191.06 | 322.05 | 24.79 | 3 333.33 | 1 293.36 |
| 净利润 | 元 | 1 946.90 | −1 723.99 | 3 846.30 | 7 943.94 | 596.67 | −69.35 |
| 成本利润率 | % | 8.12 | −7.31 | 15.22 | 42.75 | 1.91 | −76.54 |
| 毛利润 | 元 | 4 422.76 | 1 532.85 | 6 845.49 | 10 658.82 | 7 009.17 | 58.48 |
| 毛利润率 | % | 18.44 | 6.50 | 27.09 | 57.35 | 22.38 | 21.36 |
| **每 50 千克主产品** | | | | | | | |
| 平均出售价格 | 元 | 7 897.92 | 7 484.62 | 8 608.33 | 6 260.00 | 10 000.00 | 26.62 |
| 总成本 | 元 | 8 120.63 | 9 450.30 | 8 896.81 | 5 571.51 | 11 745.00 | 44.63 |
| 生产成本 | 元 | 8 039.62 | 9 373.69 | 8 783.41 | 5 564.08 | 10 495.00 | 30.54 |
| 净利润 | 元 | 659.22 | −691.28 | 1 354.42 | 2 381.61 | 223.75 | −66.06 |
| **附：** | | | | | | | |
| 每核算单位用工数量 | 天 | 52.17 | 69.25 | 60.66 | 41.23 | 67.50 | 29.38 |
| 平均饲养天数 | 天 | 365.00 | 365.00 | 365.00 | 365.00 | 365.00 | — |

附表22 2016年各地区肉兔养殖成本收益情况

| 项目 | 单位 | 全部样本平均 | 重庆 | 山东 | 福建 | 江苏 | 河南 | 吉林 | 浙江 | 山西 | 四川 |
|---|---|---|---|---|---|---|---|---|---|---|---|
| 每百只 | | | | | | | | | | | |
| 主产品产量 | 千克 | 227.83 | 227.21 | 222.76 | 257.62 | 235.08 | 235.28 | 227.33 | 207.48 | 223.81 | 223.46 |
| 产值合计 | 元 | 4 036.28 | 4 074.30 | 3 934.12 | 5 332.30 | 4 465.89 | 3 944.35 | 4 883.96 | 5 077.97 | 4 023.85 | 4 022.44 |
| 主产品产值 | 元 | 3 958.82 | 4 003.17 | 3 838.73 | 5 106.89 | 4 421.03 | 3 912.52 | 4 299.03 | 4 701.76 | 4 002.47 | 3 972.22 |
| 副产品产值 | 元 | 77.46 | 71.14 | 95.39 | 225.42 | 44.86 | 31.83 | 84.93 | 376.21 | 21.38 | 50.21 |
| 总成本 | 元 | 3 688.61 | 4 372.52 | 3 525.04 | 4 092.26 | 3 853.93 | 3 917.45 | 3 942.11 | 4 762.45 | 3 871.42 | 3 998.52 |
| 生产成本 | 元 | 3 667.45 | 4 329.31 | 3 506.41 | 4 060.99 | 3 825.19 | 3 900.58 | 3 942.11 | 4 726.77 | 3 815.82 | 3 998.52 |
| 物质费用 | 元 | 2 658.25 | 3 731.40 | 2 379.04 | 1 943.58 | 1 874.42 | 2 401.35 | 3 597.02 | 2 961.11 | 3 295.67 | 3 316.33 |
| 人工成本 | 元 | 1 009.19 | 597.91 | 1 127.37 | 2 117.41 | 1 950.77 | 1 499.24 | 345.09 | 1 765.66 | 520.15 | 682.19 |
| 家庭用工折价 | 元 | 155.59 | 317.91 | 108.52 | 472.04 | 88.92 | 155.41 | 280.46 | 168.63 | 259.08 | 109.29 |
| 雇工费用 | 元 | 853.61 | 280.00 | 1 018.85 | 1 645.37 | 1 861.85 | 1 343.83 | 64.63 | 1 597.03 | 261.07 | 572.90 |
| 土地成本 | 元 | 21.17 | 43.21 | 18.63 | 31.27 | 28.74 | 16.86 | 0.00 | 35.68 | 55.61 | 0.00 |
| 净利润 | 元 | 347.66 | -298.21 | 409.08 | 1 240.05 | 611.96 | 26.90 | 441.85 | 315.52 | 152.42 | 23.93 |
| 成本利润率 | % | 9.43 | -6.82 | 11.60 | 30.30 | 15.88 | 0.69 | 11.21 | 6.63 | 3.94 | 0.60 |
| 毛利润 | 元 | 503.25 | 19.69 | 517.60 | 1 712.09 | 700.88 | 182.31 | 722.31 | 484.15 | 411.50 | 133.21 |
| 毛利润率 | % | 13.64 | 0.45 | 14.68 | 41.84 | 18.19 | 4.65 | 18.33 | 10.17 | 10.63 | 3.33 |
| 每50千克主产品 | | | | | | | | | | | |
| 平均出售价格 | 元 | 914.55 | 918.56 | 745.40 | 1 064.34 | 813.97 | 835.04 | 998.67 | 1 532.41 | 922.22 | 864.98 |
| 总成本 | 元 | 809.51 | 962.22 | 773.86 | 794.24 | 819.71 | 832.49 | 867.05 | 1 147.67 | 864.89 | 894.68 |
| 生产成本 | 元 | 804.87 | 952.71 | 769.77 | 788.17 | 813.60 | 828.91 | 867.05 | 1 139.07 | 852.46 | 894.68 |
| 净利润 | 元 | 76.30 | -65.63 | 89.81 | 240.67 | 130.16 | 5.72 | 97.18 | 76.03 | 34.05 | 5.35 |
| 附： | | | | | | | | | | | |
| 每核算单位用工数量 | 天 | 2.58 | 1.84 | 1.55 | 6.76 | 3.34 | 0.77 | 1.43 | 7.05 | 2.79 | 1.84 |
| 平均饲养天数 | 天 | 71.91 | 66.90 | 70.85 | 98.40 | 70.87 | 69.38 | 74.04 | 77.00 | 63.19 | 63.67 |

附表 23　2017 年各地区肉兔养殖成本收益情况

| 项目 | 单位 | 全部样本平均 | 河南 | 吉林 | 福建 | 江苏 | 山东 | 陕西 | 重庆 | 四川 |
|---|---|---|---|---|---|---|---|---|---|---|
| 每百只 | | | | | | | | | | |
| 主产品产量 | 千克 | 226.73 | 221.61 | 225.11 | 227.75 | 226.07 | 225.00 | 224.75 | 233.51 | 225.32 |
| 产值合计 | 元 | 3 672.45 | 3 061.15 | 3 908.76 | 5 337.16 | 3 748.01 | 2 785.88 | 3 424.02 | 3 517.25 | 4 077.61 |
| 主产品产值 | 元 | 3 592.92 | 3 049.07 | 3 846.60 | 5 087.37 | 3 640.38 | 2 742.78 | 3 291.28 | 3 494.62 | 4 005.61 |
| 副产品产值 | 元 | 79.53 | 12.08 | 62.16 | 249.79 | 107.63 | 43.09 | 132.75 | 22.64 | 72.00 |
| 总成本 | 元 | 3 420.94 | 2 942.44 | 3 490.14 | 3 300.25 | 4 073.38 | 2 920.94 | 3 002.13 | 3 384.03 | 4 091.57 |
| 生产成本 | 元 | 3 396.77 | 2 937.80 | 3 445.99 | 3 217.50 | 4 033.00 | 2 904.17 | 2 961.89 | 3 342.60 | 4 091.57 |
| 物质费用 | 元 | 2 964.62 | 2 685.56 | 3 009.60 | 2 180.77 | 2 749.53 | 2 602.95 | 2 190.47 | 2 773.20 | 3 856.39 |
| 人工成本 | 元 | 432.15 | 252.24 | 436.39 | 1 036.73 | 1 283.47 | 301.23 | 771.42 | 569.40 | 235.18 |
| 家庭用工折价 | 元 | 284.81 | 157.20 | 264.42 | 361.22 | 1 100.32 | 236.67 | 764.11 | 435.19 | 129.32 |
| 雇工费用 | 元 | 147.34 | 95.04 | 171.97 | 675.51 | 183.15 | 64.56 | 7.31 | 134.21 | 105.87 |
| 土地成本 | 元 | 24.17 | 4.64 | 44.15 | 82.76 | 40.38 | 16.77 | 40.24 | 41.43 | 0.00 |
| 净利润 | 元 | 251.51 | 118.71 | 418.62 | 2 036.90 | −325.37 | −135.07 | 421.89 | 133.22 | −13.95 |
| 成本利润率 | % | 7.35 | 4.03 | 11.99 | 61.72 | −7.99 | −4.62 | 14.05 | 3.94 | −0.34 |
| 毛利润 | 元 | 536.33 | 275.91 | 683.04 | 2 398.12 | 774.95 | 101.60 | 1 186.01 | 568.42 | 115.36 |
| 毛利润率 | % | 15.68 | 9.38 | 19.57 | 72.66 | 19.02 | 3.48 | 39.51 | 16.80 | 2.82 |
| 每 50 千克主产品 | | | | | | | | | | |
| 平均出售价格 | 元 | 811.52 | 717.46 | 894.33 | 1 222.87 | 849.57 | 586.39 | 736.93 | 768.35 | 888.89 |
| 总成本 | 元 | 754.40 | 663.88 | 775.23 | 724.52 | 900.90 | 649.10 | 667.89 | 724.59 | 907.96 |
| 生产成本 | 元 | 749.07 | 662.83 | 765.42 | 706.35 | 891.97 | 645.37 | 658.94 | 715.72 | 907.96 |
| 净利润 | 元 | 55.46 | 26.78 | 92.98 | 447.17 | −71.96 | −30.01 | 93.86 | 28.53 | −3.10 |
| 附: | | | | | | | | | | |
| 每核算单位用工数量 | 天 | 1.75 | 1.14 | 1.39 | 3.21 | 2.91 | 0.77 | 2.54 | 2.58 | 0.49 |
| 平均饲养天数 | 天 | 74.76 | 73.57 | 68.42 | 101.10 | 62.31 | 71.20 | 86.82 | 65.19 | 70.65 |

附表 24 2018 年各地区肉兔养殖成本收益情况

| 项目 | 单位 | 全部样本平均 | 福建 | 河南 | 吉林 | 山东 | 陕西 | 四川 | 江苏 |
|---|---|---|---|---|---|---|---|---|---|
| 每百只 | | | | | | | | | |
| 主产品产量 | 千克 | 223.57 | 341.55 | 222.99 | 196.82 | 217.90 | 200.93 | 224.71 | 196.66 |
| 产值合计 | 元 | 3 690.06 | 5 250.40 | 4 117.74 | 3 759.04 | 3 456.02 | 3 570.06 | 4 016.34 | 5 095.60 |
| 主产品产值 | 元 | 3 657.27 | 5 105.23 | 4 091.38 | 3 710.32 | 3 430.51 | 3 566.33 | 3 994.77 | 4 834.16 |
| 副产品产值 | 元 | 32.79 | 145.17 | 26.36 | 48.72 | 25.51 | 3.73 | 21.57 | 261.43 |
| 总成本 | 元 | 3 490.84 | 4 447.89 | 3 965.71 | 3 988.52 | 3 078.08 | 2 978.11 | 3 699.93 | 5 053.84 |
| 生产成本 | 元 | 3 486.84 | 4 445.30 | 3 957.89 | 3 988.52 | 3 075.99 | 2 956.48 | 3 699.93 | 5 015.49 |
| 物质费用 | 元 | 2 742.12 | 2 513.48 | 2 817.80 | 3 245.05 | 2 309.72 | 2 445.70 | 3 607.54 | 2 964.75 |
| 人工成本 | 元 | 744.72 | 1 931.82 | 1 140.09 | 743.47 | 766.26 | 510.79 | 92.39 | 2 050.74 |
| 家庭用工折价 | 元 | 163.17 | 569.28 | 265.83 | 329.21 | 172.99 | 181.15 | 77.26 | 259.76 |
| 雇工费用 | 元 | 581.55 | 1 362.54 | 874.26 | 414.26 | 593.27 | 329.63 | 15.13 | 1 790.98 |
| 土地成本 | 元 | 4.01 | 2.58 | 7.82 | 0.00 | 2.10 | 21.63 | 0.00 | 38.35 |
| 净利润 | 元 | 199.22 | 802.51 | 152.03 | −229.49 | 377.94 | 591.95 | 316.41 | 41.76 |
| 成本利润率 | % | 5.71 | 18.04 | 3.83 | −5.75 | 12.28 | 19.88 | 8.55 | 0.83 |
| 毛利润 | 元 | 362.39 | 1 371.79 | 417.86 | 99.72 | 550.93 | 773.11 | 393.67 | 301.52 |
| 毛利润率 | % | 10.38 | 30.84 | 10.54 | 2.50 | 17.90 | 25.96 | 10.64 | 5.97 |
| 每 50 千克主产品 | | | | | | | | | |
| 平均出售价格 | 元 | 847.71 | 901.95 | 919.44 | 1 075.02 | 707.10 | 811.11 | 888.89 | 1 156.23 |
| 总成本 | 元 | 780.69 | 651.13 | 889.22 | 1 013.26 | 706.29 | 741.09 | 823.28 | 1 284.95 |
| 生产成本 | 元 | 779.80 | 650.75 | 887.46 | 1 013.26 | 705.81 | 735.71 | 823.28 | 1 275.20 |
| 净利润 | 元 | 44.55 | 117.48 | 34.09 | −58.30 | 86.72 | 147.31 | 70.40 | 10.62 |
| 附： | | | | | | | | | |
| 每核算单位用工数量 | 天 | 2.09 | 4.14 | 1.81 | 2.91 | 2.05 | 1.51 | 0.24 | 4.95 |
| 平均饲养天数 | 天 | 74.52 | 113.00 | 74.17 | 84.52 | 61.22 | 69.91 | 70.00 | 97.19 |

## 附表 25　2019 年各地区肉兔养殖成本收益情况

| 项目 | 单位 | 全部样本平均 | 山东 | 吉林 | 贵州 | 江苏 | 山西 |
|---|---|---|---|---|---|---|---|
| 每百只 | | | | | | | |
| 主产品产量 | 千克 | 224.59 | 225.00 | 217.57 | 225.00 | 207.50 | 249.11 |
| 产值合计 | 元 | 5 036.40 | 4 830.82 | 4 685.52 | 5 506.93 | 5 860.08 | 5 491.76 |
| 主产品产值 | 元 | 4 983.53 | 4 792.24 | 4 617.70 | 5 506.93 | 5 728.73 | 5 491.76 |
| 副产品产值 | 元 | 52.87 | 38.58 | 67.82 | 0.00 | 131.35 | 0.00 |
| 总成本 | 元 | 4 786.40 | 4 711.93 | 4 622.62 | 4 721.06 | 5 790.08 | 5 241.33 |
| 生产成本 | 元 | 4 761.50 | 4 682.34 | 4 622.62 | 4 721.06 | 5 761.59 | 5 241.33 |
| 物质费用 | 元 | 3 191.88 | 3 224.02 | 3 127.71 | 2 807.69 | 3 458.56 | 2 163.63 |
| 人工成本 | 元 | 1 569.62 | 1 458.32 | 1 494.91 | 1 913.38 | 2 302.03 | 3 077.70 |
| 家庭用工折价 | 元 | 359.38 | 252.30 | 407.09 | 860.59 | 346.61 | 160.12 |
| 雇工费用 | 元 | 1 210.24 | 1 206.02 | 1 087.82 | 1 052.79 | 1 956.43 | 2 917.58 |
| 土地成本 | 元 | 24.91 | 29.59 | 0.00 | 0.00 | 28.49 | 0.00 |
| 净利润 | 元 | 250.00 | 118.89 | 62.91 | 785.87 | 70.00 | 250.43 |
| 成本利润率 | % | 5.22 | 2.52 | 1.36 | 16.65 | 1.21 | 4.78 |
| 毛利润 | 元 | 609.38 | 371.19 | 469.99 | 1 646.46 | 416.61 | 410.55 |
| 毛利润率 | % | 12.73 | 7.88 | 10.17 | 34.87 | 7.20 | 7.83 |
| 每 50 千克主产品 | | | | | | | |
| 平均出售价格 | 元 | 1 079.24 | 984.33 | 1 059.72 | 1 236.11 | 1 301.71 | 1 070.55 |
| 总成本 | 元 | 1 065.58 | 1 047.10 | 1 062.31 | 1 049.13 | 1 395.22 | 1 052.02 |
| 生产成本 | 元 | 1 060.03 | 1 040.52 | 1 062.31 | 1 049.13 | 1 388.35 | 1 052.02 |
| 净利润 | 元 | 55.66 | 26.42 | 14.46 | 174.64 | 16.87 | 50.27 |
| 附: | | | | | | | |
| 每核算单位用工数量 | 天 | 2.84 | 1.38 | 2.57 | 4.63 | 5.71 | 0.000 9 |
| 平均饲养天数 | 天 | 74.32 | 70.44 | 74.00 | 75.00 | 85.56 | 75.22 |

## 附表 26　2020 年各地区肉兔养殖成本收益情况

| 项目 | 单位 | 全部样本平均 | 福建 | 河南 | 东北三省 | 江苏 | 山东 | 陕西 | 四川 |
|---|---|---|---|---|---|---|---|---|---|
| 每百只 | | | | | | | | | |
| 主产品产量 | 千克 | 225.68 | 233.43 | 225.00 | 224.96 | 213.00 | 225.40 | 232.55 | 224.91 |
| 产值合计 | 元 | 4 199.27 | 4 737.28 | 3 594.15 | 4 152.18 | 6 125.87 | 3 990.94 | 4 179.58 | 4 155.75 |
| 主产品产值 | 元 | 4 104.69 | 4 716.67 | 3 585.46 | 4 113.01 | 6 046.19 | 3 990.94 | 3 729.67 | 4 039.78 |
| 副产品产值 | 元 | 94.59 | 20.61 | 8.69 | 39.17 | 79.68 | 0.00 | 449.91 | 115.97 |
| 总成本 | 元 | 3 818.50 | 4 200.97 | 3 740.29 | 3 392.79 | 4 817.08 | 3 512.87 | 3 973.69 | 4 002.85 |
| 生产成本 | 元 | 3 813.43 | 4 199.85 | 3 740.29 | 3 392.79 | 4 801.47 | 3 512.15 | 3 926.89 | 4 002.85 |
| 物质费用 | 元 | 3 408.83 | 3 236.55 | 3 274.94 | 3 050.68 | 4 344.54 | 3 148.65 | 3 693.83 | 3 596.83 |
| 人工成本 | 元 | 404.61 | 963.30 | 465.35 | 342.11 | 456.93 | 363.50 | 233.07 | 406.01 |
| 家庭用工折价 | 元 | 392.02 | 946.41 | 459.51 | 323.59 | 449.27 | 363.50 | 158.60 | 398.74 |
| 雇工费用 | 元 | 12.59 | 16.89 | 5.84 | 18.51 | 7.67 | 0.00 | 74.46 | 7.27 |
| 土地成本 | 元 | 5.06 | 1.12 | 0.00 | 0.00 | 15.61 | 0.72 | 46.79 | 0.00 |
| 净利润 | 元 | 380.78 | 536.30 | −146.14 | 759.39 | 1 308.79 | 478.07 | 205.89 | 152.90 |
| 成本利润率 | % | 9.97 | 12.77 | −3.91 | 22.38 | 27.17 | 13.61 | 5.18 | 3.82 |
| 毛利润 | 元 | 772.79 | 1 482.71 | 313.37 | 1 082.99 | 1 758.06 | 841.57 | 364.50 | 551.64 |
| 毛利润率 | % | 20.24 | 35.29 | 8.38 | 31.92 | 36.50 | 23.96 | 9.17 | 13.78 |
| 每 50 千克主产品 | | | | | | | | | |
| 平均出售价格 | 元 | 947.95 | 1 073.15 | 835.32 | 1 020.67 | 1 986.14 | 882.35 | 847.69 | 906.81 |
| 总成本 | 元 | 845.99 | 899.85 | 831.18 | 754.08 | 1 130.79 | 779.24 | 854.36 | 889.87 |
| 生产成本 | 元 | 844.87 | 899.61 | 831.18 | 754.08 | 1 127.13 | 779.08 | 844.30 | 889.87 |
| 净利润 | 元 | 84.36 | 114.88 | −32.47 | 168.78 | 307.23 | 106.05 | 44.27 | 33.99 |
| 附： | | | | | | | | | |
| 每核算单位用工数量 | 天 | 2.19 | 3.90 | 2.03 | 1.67 | 4.19 | 0.89 | 2.66 | 2.22 |
| 平均饲养天数 | 天 | 75.07 | 130.42 | 78.13 | 74.00 | 68.33 | 70.00 | 75.17 | 79.90 |

## 附表 27　2016 年各地区獭兔养殖成本收益情况

| 项目 | 单位 | 全部样本平均 | 浙江 | 内蒙古 | 东北三省 | 江苏 | 河北 | 北京 |
|---|---|---|---|---|---|---|---|---|
| 每百只 | | | | | | | | |
| 主产品产量 | 千克 | 100.32 | 93.07 | 164.44 | 101.44 | 101.18 | 99.46 | 106.06 |
| 产值合计 | 元 | 5 025.74 | 5 065.48 | 4 724.12 | 5 448.97 | 4 526.66 | 5 322.35 | 4 521.51 |
| 主产品产值 | 元 | 4 754.38 | 4 698.69 | 4 685.56 | 5 262.52 | 4 278.61 | 5 039.64 | 4 483.48 |
| 副产品产值 | 元 | 271.36 | 366.79 | 38.56 | 186.45 | 248.06 | 282.72 | 38.03 |
| 总成本 | 元 | 4 285.32 | 3 897.71 | 4 320.54 | 4 307.36 | 4 730.39 | 7 479.79 | 4 399.50 |
| 生产成本 | 元 | 4 254.70 | 3 874.24 | 4 320.54 | 4 307.36 | 4 587.35 | 7 479.79 | 4 306.37 |
| 物质费用 | 元 | 3 480.98 | 3 428.53 | 3 939.46 | 3 731.29 | 2 693.59 | 3 786.62 | 3 311.10 |
| 人工成本 | 元 | 773.73 | 445.71 | 381.08 | 576.08 | 1 893.76 | 3 693.17 | 995.27 |
| 家庭用工折价 | 元 | 717.20 | 363.68 | 358.38 | 564.64 | 1 876.85 | 3 690.08 | 957.55 |
| 雇工费用 | 元 | 56.53 | 82.03 | 22.70 | 11.43 | 16.91 | 3.09 | 37.72 |
| 土地成本 | 元 | 30.62 | 23.47 | 0.00 | 0.00 | 143.04 | 0.00 | 93.13 |
| 净利润 | 元 | 740.42 | 1 167.77 | 403.57 | 1 141.60 | -203.73 | -2 157.44 | 122.00 |
| 成本利润率 | % | 17.28 | 29.96 | 9.34 | 26.50 | -4.31 | -28.84 | 2.77 |
| 毛利润 | 元 | 1 457.61 | 1 531.46 | 761.95 | 1 706.25 | 1 673.12 | 1 534.64 | 1 079.56 |
| 毛利润率 | % | 34.01 | 39.29 | 17.64 | 39.61 | 35.37 | 20.49 | 24.54 |
| 每 50 千克主产品 | | | | | | | | |
| 平均出售价格 | 元 | 2 366.73 | 2 307.49 | 1 560.68 | 2 432.92 | 2 241.33 | 2 721.35 | 2 138.28 |
| 总成本 | 元 | 2 135.73 | 2 093.89 | 1 313.71 | 2 123.09 | 2 337.67 | 3 760.16 | 2 074.11 |
| 生产成本 | 元 | 2 120.47 | 2 081.28 | 1 313.71 | 2 123.09 | 2 266.98 | 3 760.16 | 2 030.20 |
| 净利润 | 元 | 369.01 | 627.34 | 122.71 | 562.69 | -100.68 | -1 083.63 | 57.52 |
| 附: | | | | | | | | |
| 每核算单位用工数量 | 天 | 12.46 | 7.27 | 7.86 | 7.20 | 6.83 | 18.54 | 12.53 |
| 平均饲养天数 | 天 | 127.66 | 146.07 | 143.93 | 161.54 | 119.30 | 106.51 | 133.25 |

## 附表 28　2017 年各地区獭兔养殖成本收益情况

| 项目 | 单位 | 全部样本平均 | 江苏 | 青海 | 吉林 | 浙江 | 陕西 | 山东 |
|---|---|---|---|---|---|---|---|---|
| 每百只 | | | | | | | | |
| 主产品产量 | 千克 | 107.19 | 100.00 | 94.26 | 104.93 | 123.76 | 99.79 | 100.00 |
| 产值合计 | 元 | 4 655.45 | 3 390.74 | 4 774.01 | 4 624.13 | 5 397.54 | 3 666.87 | 3 958.33 |
| 主产品产值 | 元 | 4 417.03 | 3 356.48 | 4 713.06 | 4 548.55 | 4 870.50 | 3 504.21 | 3 848.48 |
| 副产品产值 | 元 | 238.42 | 34.26 | 60.95 | 75.58 | 527.04 | 162.66 | 109.85 |
| 总成本 | 元 | 5 018.06 | 4 394.51 | 4 160.24 | 3 701.29 | 7 147.61 | 4 116.44 | 3 815.04 |
| 生产成本 | 元 | 4 950.94 | 4 394.51 | 3 984.25 | 3 701.29 | 7 109.29 | 4 012.81 | 3 815.04 |
| 物质费用 | 元 | 4 324.05 | 2 694.51 | 3 416.64 | 3 109.34 | 6 316.21 | 3 525.71 | 3 371.86 |
| 人工成本 | 元 | 626.90 | 1 700.00 | 567.61 | 591.96 | 793.07 | 487.11 | 443.18 |
| 家庭用工折价 | 元 | 303.45 | 1 700.00 | 285.08 | 355.43 | 182.46 | 487.11 | 238.64 |
| 雇工费用 | 元 | 323.45 | 0.00 | 282.53 | 236.52 | 610.61 | 0.00 | 204.55 |
| 土地成本 | 元 | 67.12 | 0.00 | 175.99 | 0.00 | 38.33 | 103.63 | 0.00 |
| 净利润 | 元 | −362.61 | −1 003.77 | 613.77 | 922.84 | −1 750.07 | −449.57 | 143.30 |
| 成本利润率 | % | −7.23 | −22.84 | 14.75 | 24.93 | −24.48 | −10.92 | 3.76 |
| 毛利润 | 元 | −59.16 | 696.23 | 898.85 | 1 278.27 | −1 567.61 | 37.54 | 381.93 |
| 毛利润率 | % | −1.18 | 15.84 | 21.61 | 34.54 | −21.93 | 0.91 | 10.01 |
| 每 50 千克主产品 | | | | | | | | |
| 平均出售价格 | 元 | 2 175.78 | 1 660.71 | 2 500.00 | 2 141.77 | 2 106.68 | 1 733.33 | 1 937.50 |
| 总成本 | 元 | 2 340.72 | 2 197.26 | 2 206.77 | 1 763.74 | 2 887.76 | 2 062.60 | 1 907.52 |
| 生产成本 | 元 | 2 309.41 | 2 197.26 | 2 113.41 | 1 763.74 | 2 872.28 | 2 010.67 | 1 907.52 |
| 净利润 | 元 | −169.14 | −501.89 | 325.57 | 439.75 | −707.06 | −225.26 | 71.65 |
| 附: | | | | | | | | |
| 每核算单位用工数量 | 天 | 3.73 | 5.43 | 3.84 | 4.77 | 3.89 | 2.09 | 2.19 |
| 平均简养天数 | 天 | 143.44 | 136.14 | 135.00 | 171.76 | 138.18 | 135.80 | 150.00 |

## 附表 29　2018 年各地区獭兔养殖成本收益情况

| 项目 | 单位 | 全部样本平均 | 江苏 | 吉林 | 浙江 | 山东 |
|---|---|---|---|---|---|---|
| 每百只 | | | | | | |
| 主产品产量 | 千克 | 119.29 | 100.00 | 151.46 | 101.30 | 100.00 |
| 产值合计 | 元 | 5 783.20 | 3 454.74 | 5 188.17 | 6 041.28 | 7 244.19 |
| 主产品产值 | 元 | 5 669.48 | 3 357.02 | 5 101.14 | 5 700.39 | 7 244.19 |
| 副产品产值 | 元 | 213.71 | 97.72 | 87.03 | 340.89 | 0.00 |
| 总成本 | 元 | 4 885.65 | 4 515.15 | 3 375.09 | 5 747.46 | 6 001.45 |
| 生产成本 | 元 | 4 868.38 | 4 515.15 | 3 375.09 | 5 718.66 | 5 978.20 |
| 物质费用 | 元 | 4 151.23 | 2 488.70 | 2 897.55 | 4 899.21 | 5 213.72 |
| 人工成本 | 元 | 717.16 | 2 026.45 | 477.54 | 819.46 | 764.48 |
| 家庭用工折价 | 元 | 201.81 | 660.23 | 266.62 | 134.47 | 226.99 |
| 雇工费用 | 元 | 515.34 | 1 366.22 | 210.92 | 684.98 | 537.49 |
| 土地成本 | 元 | 15.22 | 0.00 | 0.00 | 28.79 | 0.00 |
| 净利润 | 元 | 897.54 | −1 060.41 | 1 813.08 | 293.82 | 1 242.73 |
| 成本利润率 | % | 18.37 | −23.49 | 53.72 | 5.11 | 20.71 |
| 毛利润 | 元 | 1 099.36 | −400.18 | 2 079.69 | 428.30 | 1 469.72 |
| 毛利润率 | % | 22.50 | −8.86 | 61.62 | 7.45 | 24.49 |
| 每 50 千克主产品 | | | | | | |
| 平均出售价格 | 元 | 2 390.37 | 1 650.00 | 1 699.67 | 2 684.38 | 3 575.00 |
| 总成本 | 元 | 2 047.86 | 2 257.58 | 1 114.19 | 2 836.93 | 3 000.73 |
| 生产成本 | 元 | 2 040.62 | 2 257.58 | 1 114.19 | 2 822.72 | 2 989.10 |
| 净利润 | 元 | 376.21 | −530.20 | 598.53 | 145.03 | 621.37 |
| 附： | | | | | | |
| 每核算单位用工数量 | 天 | 4.13 | 7.61 | 2.17 | 4.30 | 5.64 |
| 平均饲养天数 | 天 | 130.52 | 135.00 | 116.15 | 145.63 | 150.00 |

## 附表 30　2019 年各地区獭兔养殖成本收益情况

| 项目 | 单位 | 全部样本平均 | 浙江 | 吉林 |
|---|---|---|---|---|
| **每百只** | | | | |
| 主产品产量 | 千克 | 134.31 | 140.84 | 98.56 |
| 产值合计 | 元 | 6 339.81 | 6 473.26 | 5 608.33 |
| 主产品产值 | 元 | 6 001.42 | 6 096.57 | 5 479.89 |
| 副产品产值 | 元 | 338.39 | 376.69 | 128.45 |
| 总成本 | 元 | 5 697.91 | 5 825.06 | 5 000.97 |
| 生产成本 | 元 | 5 643.37 | 5 760.58 | 5 000.97 |
| 物质费用 | 元 | 5 017.55 | 5 111.48 | 4 502.73 |
| 人工成本 | 元 | 625.82 | 649.10 | 498.24 |
| 家庭用工折价 | 元 | 596.38 | 614.28 | 498.24 |
| 雇工费用 | 元 | 29.45 | 34.82 | 0.00 |
| 土地成本 | 元 | 54.54 | 64.49 | 0.00 |
| 净利润 | 元 | 641.90 | 648.20 | 607.36 |
| 成本利润率 | % | 11.27 | 11.13 | 12.14 |
| 毛利润 | 元 | 1 238.27 | 1 262.48 | 1 105.60 |
| 毛利润率 | % | 21.73 | 21.67 | 22.11 |
| **每 50 千克主产品** | | | | |
| 平均出售价格 | 元 | 2 407.99 | 2 339.46 | 2 625.00 |
| 总成本 | 元 | 2 121.10 | 2 068.01 | 2 536.94 |
| 生产成本 | 元 | 2 100.80 | 2 045.12 | 2 536.94 |
| 净利润 | 元 | 238.95 | 230.12 | 308.11 |
| **附:** | | | | |
| 每核算单位用工数量 | 天 | 7.63 | 6.84 | 10.13 |
| 平均饲养天数 | 天 | 152.80 | 144.21 | 180.00 |

## 附表 31　2020 年獭兔养殖成本收益情况

| 项目 | 单位 | 全部样本平均 |
|---|---|---|
| 每百只 | | |
| 主产品产量 | 千克 | 101.51 |
| 产值合计 | 元 | 5 061.56 |
| 主产品产值 | 元 | 4 970.36 |
| 副产品产值 | 元 | 91.20 |
| 总成本 | 元 | 4 225.57 |
| 生产成本 | 元 | 4 171.37 |
| 物质费用 | 元 | 3 725.16 |
| 人工成本 | 元 | 446.21 |
| 家庭用工折价 | 元 | 393.16 |
| 雇工费用 | 元 | 53.04 |
| 土地成本 | 元 | 54.20 |
| 净利润 | 元 | 836.00 |
| 成本利润率 | % | 19.78 |
| 毛利润 | 元 | 1 229.16 |
| 毛利润率 | % | 29.09 |
| 每 50 千克主产品 | | |
| 平均出售价格 | 元 | 2 527.01 |
| 总成本 | 元 | 2 081.45 |
| 生产成本 | 元 | 2 054.75 |
| 净利润 | 元 | 411.80 |
| 附： | | |
| 每核算单位用工数量 | 天 | 4.86 |
| 平均饲养天数 | 天 | 162.08 |

## 附表 32  2016 年各地区毛兔养殖成本收益情况

| 项目 | 单位 | 全部样本平均 | 浙江 | 江苏 | 河南 | 安徽 |
|---|---|---|---|---|---|---|
| 每百只 | | | | | | |
| 主产品产量 | 千克 | 140.66 | 120.43 | 112.79 | 140.52 | 180.56 |
| 产值合计 | 元 | 24 551.21 | 24 075.51 | 15 426.56 | 30 464.83 | 23 917.37 |
| 主产品产值 | 元 | 23 002.58 | 20 657.06 | 12 981.89 | 30 106.40 | 23 757.02 |
| 副产品产值 | 元 | 1 548.64 | 3 418.45 | 2 444.68 | 358.43 | 160.34 |
| 总成本 | 元 | 27 576.01 | 31 697.35 | 30 833.72 | 24 916.29 | 23 809.70 |
| 生产成本 | 元 | 27 352.48 | 31 070.22 | 30 709.52 | 24 916.29 | 23 752.23 |
| 物质费用 | 元 | 22 647.57 | 24 279.36 | 25 052.05 | 22 825.81 | 19 155.50 |
| 人工成本 | 元 | 4 704.92 | 6 790.86 | 5 657.47 | 2 090.47 | 4 596.74 |
| 家庭用工折价 | 元 | 3 460.45 | 5 207.99 | 3 049.34 | 2 090.47 | 3 172.21 |
| 雇工费用 | 元 | 1 244.47 | 1 582.87 | 2 608.12 | 0.00 | 1 424.52 |
| 土地成本 | 元 | 223.52 | 627.13 | 124.20 | 0.00 | 57.47 |
| 净利润 | 元 | −3 024.79 | −7 621.84 | −15 407.16 | 5 548.54 | 107.66 |
| 成本利润率 | % | −10.97 | −24.05 | −49.97 | 22.27 | 0.45 |
| 毛利润 | 元 | 435.66 | −2 413.85 | −12 357.82 | 7 639.01 | 3 279.88 |
| 毛利润率 | % | 1.58 | −7.62 | −40.08 | 30.66 | 13.78 |
| 每 50 千克主产品 | | | | | | |
| 平均出售价格 | 元 | 7 442.31 | 6 272.73 | 5 700.00 | 10 281.25 | 7 972.73 |
| 总成本 | 元 | 9 802.27 | 13 160.25 | 13 668.87 | 8 865.54 | 6 593.46 |
| 生产成本 | 元 | 9 722.81 | 12 899.88 | 13 613.81 | 8 865.54 | 6 577.54 |
| 净利润 | 元 | −1 075.20 | −3 164.47 | −6 830.13 | 1 974.24 | 29.81 |
| 附： | | | | | | |
| 每核算单位用工数量 | 天 | 86.98 | 89.10 | 111.24 | 46.41 | 94.53 |
| 平均饲养天数 | 天 | 365.00 | 365.00 | 365.00 | 365.00 | 365.00 |

## 附表33　2017年各地区毛兔养殖成本收益情况

| 项目 | 单位 | 全部样本平均 | 浙江 | 江苏 |
|---|---|---|---|---|
| 每百只 | | | | |
| 主产品产量 | 千克 | 134.91 | 145.89 | 114.20 |
| 产值合计 | 元 | 24 507.26 | 26 903.72 | 19 989.35 |
| 主产品产值 | 元 | 22 115.43 | 23 512.23 | 19 482.13 |
| 副产品产值 | 元 | 2 391.83 | 3 391.49 | 507.23 |
| 总成本 | 元 | 25 340.64 | 26 835.99 | 22 521.53 |
| 生产成本 | 元 | 25 155.87 | 26 622.18 | 22 391.52 |
| 物质费用 | 元 | 19 737.43 | 20 582.71 | 18 143.87 |
| 人工成本 | 元 | 5 418.44 | 6 039.47 | 4 247.65 |
| 家庭用工折价 | 元 | 4 141.13 | 4 684.63 | 3 116.50 |
| 雇工费用 | 元 | 1 277.31 | 1 354.84 | 1 131.15 |
| 土地成本 | 元 | 184.77 | 213.81 | 130.01 |
| 净利润 | 元 | −833.38 | 67.72 | −2 532.17 |
| 成本利润率 | % | −3.29 | 0.25 | −11.24 |
| 毛利润 | 元 | 3 307.75 | 4 752.36 | 584.33 |
| 毛利润率 | % | 13.05 | 17.71 | 2.59 |
| 每50千克主产品 | | | | |
| 平均出售价格 | 元 | 7 394.26 | 6 740.79 | 8 473.91 |
| 总成本 | 元 | 9 391.85 | 9 197.10 | 9 860.89 |
| 生产成本 | 元 | 9 323.37 | 9 123.83 | 9 803.96 |
| 净利润 | 元 | −308.87 | 23.21 | −1 108.69 |
| 附： | | | | |
| 每核算单位用工数量 | 天 | 76.88 | 74.56 | 80.72 |
| 平均饲养天数 | 天 | 365.00 | 365.00 | 365.00 |

## 附表 34　2018 年各地区毛兔养殖成本收益情况

| 项目 | 单位 | 全部样本平均 | 浙江 | 江苏 | 河南 |
|---|---|---|---|---|---|
| 每百只 | | | | | |
| 主产品产量 | 千克 | 141.38 | 146.92 | 134.57 | 127.55 |
| 产值合计 | 元 | 29 552.00 | 32 271.22 | 23 839.72 | 24 363.78 |
| 主产品产值 | 元 | 27 349.88 | 29 237.82 | 23 113.69 | 23 930.61 |
| 副产品产值 | 元 | 2 202.11 | 3 033.40 | 726.03 | 433.16 |
| 总成本 | 元 | 26 246.59 | 26 966.44 | 23 833.31 | 25 482.91 |
| 生产成本 | 元 | 26 020.34 | 26 644.65 | 23 833.31 | 25 421.69 |
| 物质费用 | 元 | 20 172.80 | 20 961.66 | 19 015.76 | 18 329.24 |
| 人工成本 | 元 | 5 847.54 | 5 682.99 | 4 817.55 | 7 092.45 |
| 家庭用工折价 | 元 | 4 305.65 | 3 992.77 | 4 817.55 | 5 001.02 |
| 雇工费用 | 元 | 1 541.89 | 1 690.22 | 0.00 | 2 091.43 |
| 土地成本 | 元 | 226.24 | 321.79 | 0.00 | 61.22 |
| 净利润 | 元 | 3 305.41 | 5 304.78 | 6.41 | −1 119.14 |
| 成本利润率 | ％ | 12.59 | 19.67 | 0.03 | −4.39 |
| 毛利润 | 元 | 7 611.06 | 9 297.55 | 4 823.96 | 3 881.89 |
| 毛利润率 | ％ | 29.00 | 34.48 | 20.24 | 15.23 |
| 每 50 千克主产品 | | | | | |
| 平均出售价格 | 元 | 8 700.94 | 8 476.67 | 8 464.29 | 9 386.36 |
| 总成本 | 元 | 9 282.13 | 9 177.25 | 8 855.04 | 9 989.30 |
| 生产成本 | 元 | 9 202.12 | 9 067.74 | 8 855.04 | 9 965.30 |
| 净利润 | 元 | 1 168.96 | 1 805.33 | 2.38 | −438.70 |
| 附： | | | | | |
| 每核算单位用工数量 | 天 | 80.81 | 70.54 | 93.68 | 90.56 |
| 平均饲养天数 | 天 | 365.00 | 365.00 | 365.00 | 365.00 |

## 附表 35　2019 年各地区毛兔养殖成本收益情况

| 项目 | 单位 | 全部样本平均 | 浙江 | 江苏 |
|---|---|---|---|---|
| 每百只 | | | | |
| 主产品产量 | 千克 | 157.08 | 157.44 | 155.67 |
| 产值合计 | 元 | 25 815.31 | 26 796.63 | 21 903.96 |
| 主产品产值 | 元 | 23 272.21 | 23 778.64 | 21 253.69 |
| 副产品产值 | 元 | 2 543.10 | 3 017.99 | 650.27 |
| 总成本 | 元 | 23 708.60 | 24 562.43 | 20 305.38 |
| 生产成本 | 元 | 23 538.48 | 24 355.63 | 20 281.46 |
| 物质费用 | 元 | 18 421.06 | 19 128.00 | 15 603.34 |
| 人工成本 | 元 | 5 117.42 | 5 227.64 | 4 678.12 |
| 家庭用工折价 | 元 | 5 101.96 | 5 214.43 | 4 653.67 |
| 雇工费用 | 元 | 15.46 | 13.20 | 24.45 |
| 土地成本 | 元 | 170.12 | 206.80 | 23.92 |
| 净利润 | 元 | 2 106.71 | 2 234.19 | 1 598.58 |
| 成本利润率 | % | 8.89 | 9.10 | 7.87 |
| 毛利润 | 元 | 7 208.67 | 7 448.63 | 6 252.25 |
| 毛利润率 | % | 30.41 | 30.33 | 30.79 |
| 每 50 千克主产品 | | | | |
| 平均出售价格 | 元 | 6 228.72 | 6 092.86 | 6 625.00 |
| 总成本 | 元 | 7 546.59 | 7 800.79 | 6 521.91 |
| 生产成本 | 元 | 7 492.44 | 7 735.11 | 6 514.23 |
| 净利润 | 元 | 670.58 | 709.56 | 513.45 |
| 附： | | | | |
| 每核算单位用工数量 | 天 | 83.06 | 78.13 | 97.43 |
| 平均饲养天数 | 天 | 365.00 | 365.00 | 365.00 |

## 附表36  2020年各地区毛兔养殖成本收益情况

| 项目 | 单位 | 全部样本平均 | 浙江 | 江苏 |
|---|---|---|---|---|
| 每百只 | | | | |
| 主产品产量 | 千克 | 157.41 | 161.07 | 147.06 |
| 产值合计 | 元 | 25 359.25 | 27 436.05 | 19 480.35 |
| 主产品产值 | 元 | 20 499.86 | 21 371.12 | 18 033.55 |
| 副产品产值 | 元 | 4 859.39 | 6 064.94 | 1 446.80 |
| 总成本 | 元 | 27 369.30 | 28 865.33 | 23 134.42 |
| 生产成本 | 元 | 27 102.73 | 28 504.59 | 23 134.42 |
| 物质费用 | 元 | 20 024.69 | 20 827.52 | 17 752.08 |
| 人工成本 | 元 | 7 078.04 | 7 677.08 | 5 382.33 |
| 家庭用工折价 | 元 | 6 690.26 | 7 503.39 | 4 388.49 |
| 雇工费用 | 元 | 387.78 | 173.68 | 993.84 |
| 土地成本 | 元 | 266.57 | 360.74 | 0.00 |
| 净利润 | 元 | −2 010.05 | −1 429.27 | −3 654.07 |
| 成本利润率 | % | −7.34 | −4.95 | −15.79 |
| 毛利润 | 元 | 4 680.22 | 6 074.12 | 734.42 |
| 毛利润率 | % | 17.10 | 21.04 | 3.17 |
| 每50千克主产品 | | | | |
| 平均出售价格 | 元 | 6 107.69 | 6 173.08 | 5 976.92 |
| 总成本 | 元 | 8 693.69 | 8 960.76 | 7 865.70 |
| 生产成本 | 元 | 8 609.02 | 8 848.77 | 7 865.70 |
| 净利润 | 元 | −638.48 | −443.69 | −1 242.38 |
| 附: | | | | |
| 每核算单位用工数量 | 天 | 86.27 | 94.59 | 69.63 |
| 平均饲养天数 | 天 | 365.00 | 365.00 | 365.00 |

附表37　2016—2020年中国活兔和兔肉价格

| 年月 | 肉兔活兔 (元/千克) | 兔肉 (元/千克) | 獭兔活兔 | | 獭兔皮 (元/张) | | | | 兔毛 (元/千克) | | |
|---|---|---|---|---|---|---|---|---|---|---|---|
| | | | 论重量 (元/千克) | 论只 (元/只) | 特级 | 一级 | 二级 | 三级 | 剪毛统货 | 绒毛 | 粗毛 |
| 201601 | 17.19 | 18.20 | 18.35 | 40.98 | 33.00 | 22.33 | 19.88 | 14.50 | 127.04 | 160.13 | 231.25 |
| 201602 | 22.14 | 18.24 | 19.25 | 45.09 | 41.25 | 26.40 | 27.75 | 18.25 | 122.33 | 192.17 | 221.67 |
| 201603 | 18.03 | 18.95 | 18.52 | 40.96 | 31.90 | 22.02 | 21.30 | 15.20 | 111.75 | 144.44 | 217.00 |
| 201604 | 17.74 | 20.42 | 17.52 | 42.55 | 28.25 | 20.36 | 18.50 | 14.00 | 115.04 | 133.30 | 217.50 |
| 201605 | 18.70 | 21.60 | 16.16 | 41.93 | 28.00 | 22.25 | 28.13 | 17.00 | 127.00 | 132.90 | 215.00 |
| 201606 | 17.88 | 22.31 | 16.11 | 37.80 | 23.40 | 19.30 | 17.80 | 12.00 | 137.47 | 148.38 | 215.00 |
| 201607 | 17.35 | 22.30 | 16.34 | 38.98 | 29.69 | 20.73 | 20.88 | 15.63 | 124.10 | 147.85 | 215.00 |
| 201608 | 19.13 | 23.28 | 15.75 | 37.54 | 32.30 | 18.93 | 18.80 | 11.80 | 127.63 | 146.88 | 213.60 |
| 201609 | 18.79 | 24.84 | 16.92 | 38.49 | 19.63 | 17.65 | 17.25 | 7.38 | 121.25 | 146.18 | 216.25 |
| 201610 | 19.23 | 24.22 | 16.97 | 41.86 | 28.25 | 19.38 | 15.50 | 10.38 | 121.67 | 134.31 | 228.06 |
| 201611 | 18.97 | 24.02 | 20.88 | 45.90 | 31.60 | 23.84 | 17.60 | 13.87 | 118.68 | 127.87 | 231.50 |
| 201612 | 18.67 | 22.08 | 22.00 | 45.94 | 35.50 | 23.82 | 18.00 | 14.75 | 120.63 | 126.88 | 226.88 |
| 201701 | 19.29 | 23.10 | 22.09 | 54.55 | 33.38 | 26.20 | 17.25 | 12.38 | 105.94 | 122.25 | 213.75 |
| 201702 | 17.38 | 22.31 | 23.27 | 56.67 | 35.40 | 28.80 | 19.86 | 14.60 | 115.38 | 137.97 | 216.85 |
| 201703 | 14.94 | 22.20 | 21.26 | 54.88 | 23.07 | 25.80 | 14.72 | 9.06 | 119.25 | 134.18 | 219.38 |
| 201704 | 16.10 | 23.08 | 18.38 | 51.77 | 26.26 | 23.75 | 13.70 | 12.50 | 128.00 | 141.50 | 216.88 |
| 201705 | 13.72 | 23.07 | 16.99 | 42.29 | 25.49 | 23.95 | 20.83 | 12.80 | 123.67 | 137.00 | 211.00 |
| 201706 | 11.81 | 21.44 | 15.42 | 33.21 | 20.49 | 21.88 | 15.86 | 9.04 | 122.75 | 132.50 | 206.25 |
| 201707 | 12.17 | 20.63 | 15.47 | 33.15 | 26.89 | 19.45 | 19.77 | 12.02 | 124.75 | 134.75 | 212.50 |
| 201708 | 13.07 | 20.85 | 14.98 | 38.39 | 29.98 | 18.69 | 16.79 | 9.25 | 122.53 | 133.80 | 214.60 |

（续）

| 年月 | 肉兔活兔 (元/千克) | 兔肉 (元/千克) | 獭兔活兔 | | | 獭兔皮 (元/张) | | | | 兔毛 (元/千克) | | |
| | | | 论重量 (元/千克) | 论只 (元/只) | 特级 | 一级 | 二级 | 三级 | 剪毛统货 | 绒毛 | 粗毛 |
|---|---|---|---|---|---|---|---|---|---|---|---|
| 201709 | 15.12 | 22.40 | 16.14 | 40.70 | 22.39 | 20.43 | 19.69 | 13.00 | 130.67 | 128.00 | 196.67 |
| 201710 | 16.59 | 23.34 | 17.74 | 44.73 | 27.31 | 23.23 | 20.31 | 18.27 | 126.31 | 134.23 | 217.51 |
| 201711 | 16.74 | 22.96 | 17.56 | 42.25 | 23.09 | 22.02 | 17.50 | 14.30 | 132.54 | 146.46 | 218.34 |
| 201712 | 15.39 | 23.40 | 17.75 | 44.38 | 24.79 | 21.92 | 16.00 | 13.11 | 140.54 | 153.63 | 220.00 |
| 201801 | 13.66 | 24.33 | 19.00 | 37.82 | 23.31 | 24.00 | 15.33 | 11.00 | 176.50 | — | 200.00 |
| 201802 | 11.69 | 24.24 | 17.50 | 46.69 | 24.27 | 19.11 | 17.62 | 12.67 | 170.46 | — | 199.77 |
| 201803 | 11.28 | 23.13 | 16.55 | 42.55 | 16.11 | 18.62 | 13.09 | 8.06 | 177.67 | — | 202.50 |
| 201804 | 11.88 | 22.75 | 15.18 | 33.10 | 18.34 | 17.93 | 12.18 | 11.11 | 170.42 | — | 208.06 |
| 201805 | 12.56 | 22.20 | 14.87 | 35.47 | 17.80 | 18.00 | 18.52 | 11.38 | 163.40 | — | 202.00 |
| 201806 | 13.88 | 24.58 | 14.21 | 37.86 | 14.31 | 17.02 | 14.10 | 8.03 | 169.17 | — | 211.25 |
| 201807 | 13.85 | 24.92 | 14.54 | 38.84 | 18.78 | 14.62 | 17.57 | 10.68 | 174.38 | — | 226.25 |
| 201808 | 15.08 | 24.80 | 15.62 | 39.09 | 20.94 | 14.05 | 14.93 | 8.22 | 171.93 | — | 214.00 |
| 201809 | 16.82 | 25.00 | 18.13 | 44.63 | 15.64 | 15.35 | 17.50 | 11.56 | 167.25 | — | 210.50 |
| 201810 | 17.09 | 25.37 | 16.03 | 40.43 | 19.08 | 10.88 | 18.05 | 16.24 | 152.67 | — | 194.00 |
| 201811 | 18.87 | 31.75 | 19.17 | 45.79 | 16.12 | 10.65 | 15.56 | 12.71 | 138.13 | — | 187.50 |
| 201812 | 16.38 | 28.47 | 17.83 | 44.58 | 17.32 | 13.39 | 14.22 | 11.65 | 137.08 | — | 180.00 |
| 201901 | 16.50 | 30.57 | 21.90 | 54.75 | 16.73 | 21.21 | 14.06 | 10.35 | 143.37 | — | 180.00 |
| 201902 | 16.55 | 31.81 | 20.74 | 51.85 | 16.95 | 18.10 | 15.67 | 11.26 | 142.58 | — | 172.86 |
| 201903 | 15.22 | 24.96 | 21.00 | 52.50 | 11.25 | 17.71 | 11.63 | 7.16 | 136.88 | — | 180.00 |
| 201904 | 15.26 | 24.90 | 20.17 | 50.42 | 12.81 | 13.63 | 10.83 | 9.88 | 138.38 | — | 181.25 |

（续）

| 年月 | 肉兔活兔(元/千克) | 兔肉(元/千克) | 獭兔活兔 | | 獭兔皮（元/张） | | | | 兔毛（元/千克） | | |
|---|---|---|---|---|---|---|---|---|---|---|---|
| | | | 论重量(元/千克) | 论只(元/只) | 特级 | 一级 | 二级 | 三级 | 剪毛统货 | 绒毛 | 粗毛 |
| 201905 | 16.62 | 22.61 | 19.47 | 48.68 | 12.58 | 14.18 | 16.46 | 10.56 | 139.50 | — | 166.70 |
| 201906 | 17.25 | 25.25 | 19.50 | 48.75 | 10.61 | 12.62 | 12.53 | 9.14 | 132.50 | — | 170.38 |
| 201907 | 16.88 | 24.92 | 19.15 | 51.13 | 13.93 | 10.83 | 15.62 | 12.16 | 124.96 | — | 170.50 |
| 201908 | 17.88 | 27.50 | 19.04 | 47.60 | 15.53 | 10.41 | 13.27 | 9.35 | 130.50 | — | 181.90 |
| 201909 | 20.29 | 26.89 | 21.66 | 53.91 | 11.60 | 11.38 | 15.56 | 13.15 | 123.75 | — | 172.50 |
| 201910 | 19.84 | 28.22 | 20.22 | 51.17 | 14.15 | 8.06 | 16.05 | 18.48 | 126.20 | — | 175.00 |
| 201911 | 20.00 | 34.06 | 20.85 | 53.38 | 11.96 | 7.89 | 13.83 | 14.46 | 127.25 | — | 170.00 |
| 201912 | 16.32 | 28.22 | 19.95 | 49.88 | 12.84 | 9.92 | 12.64 | 13.26 | 128.00 | — | 180.80 |
| 202001 | 15.13 | 28.11 | 19.30 | 46.02 | 12.41 | 15.72 | 12.50 | 11.78 | 129.25 | — | 182.80 |
| 202002 | 11.30 | 31.02 | 18.85 | 40.22 | 12.57 | 13.42 | 13.93 | 12.81 | 131.25 | — | 187.88 |
| 202003 | 11.80 | 29.38 | 22.11 | 47.17 | 8.35 | 15.35 | 10.34 | 8.15 | 131.88 | — | 190.00 |
| 202004 | 12.46 | 26.80 | 16.88 | 38.79 | 9.92 | 8.93 | 10.51 | 12.05 | 130.00 | — | 191.90 |
| 202005 | 10.23 | 26.50 | 15.78 | 39.44 | 8.76 | 9.75 | 14.78 | 11.19 | 132.00 | — | 192.00 |
| 202006 | 10.97 | 25.00 | 14.39 | 35.98 | 7.87 | 8.41 | 11.14 | 10.40 | 122.89 | — | 186.55 |
| 202007 | 10.25 | 25.10 | 11.65 | 29.13 | 10.70 | 5.43 | 13.50 | 13.19 | 120.70 | — | 190.88 |
| 202008 | 13.20 | 25.13 | 15.15 | 37.88 | 11.35 | 7.37 | 11.75 | 10.64 | 120.20 | — | 199.68 |
| 202009 | 13.95 | 26.69 | 15.55 | 38.87 | 8.60 | 7.38 | 13.83 | 14.96 | 116.05 | — | 194.75 |
| 202010 | 15.65 | 28.96 | 14.61 | 36.52 | 10.49 | 4.62 | 14.27 | 21.02 | 121.66 | — | 198.74 |
| 202011 | 15.11 | 26.56 | 16.07 | 40.17 | 3.01 | 5.56 | 12.29 | 16.45 | 124.39 | — | 205.00 |
| 202012 | 15.48 | 26.42 | 16.10 | 40.25 | 5.24 | 6.38 | 11.24 | 15.09 | 122.88 | — | 208.75 |

数据来源：国家兔产业技术体系在全国12省（自治区、直辖市）采集点收集的数据。

## 附表 38  2016—2020 年兔产品消费调研数据（％）

| 项目 | | 2016 年 | 2017 年 | 2018 年 | 2019 年 | 2020 年 |
|---|---|---|---|---|---|---|
| 兔产品消费水平 | 人均年消费量（千克） | 0.2 | 0.4 | 0.2 | 0.4 | 0.1 |
| | 肉类消费占比 | 1.5 | 3.9 | 2.1 | 3.4 | 0.7 |
| | 兔毛制品消费人数比例 | 36.2 | 20.5 | 23.9 | 25.4 | 14.0 |
| 兔肉消费意愿 | 消费过的比例 | 54.0 | 46.1 | 43.8 | 44.2 | 39.1 |
| | 未来想消费的比例 | 51.9 | 69.0 | 64.3 | 55.0 | 68.5 |
| 兔肉消费频率 | 每周至少 2 次 | 0 | 1.0 | 1.3 | 2.2 | 0 |
| | 约每周 1 次 | 4.0 | 7.7 | 2.8 | 6.9 | 3.3 |
| | 每月 2～3 次 | 16.8 | 16.4 | 9.1 | 11.2 | 6.1 |
| | 每月 1 次 | 18.4 | 24.4 | 12.9 | 24.2 | 12.2 |
| | 每季度 1 次或更少 | 60.8 | 50.5 | 73.9 | 55.6 | 78.3 |
| 兔肉消费品种 | 新鲜兔肉 | 51.3 | 56.0 | 51.6 | 63.7 | 50.0 |
| | 包装兔肉及其加工品 | 14.7 | 36.3 | 16.4 | 26.6 | 30.6 |
| | 散装熟兔肉及其制品 | 29.6 | 45.1 | 27.3 | 38.2 | 53.3 |
| | 其他 | 4.5 | 5.6 | 4.6 | 3.4 | 9.4 |
| 兔肉购买场所 | 超市 | 55.9 | 65.8 | 61.9 | 58.0 | 57.2 |
| | 农贸市场 | 61.4 | 48.3 | 57.5 | 58.4 | 53.3 |
| | 批发市场 | 6.4 | 10.0 | 6.5 | 10.0 | 6.1 |
| | 固定门市部门 | 32.2 | 34.9 | 26.8 | 36.4 | 46.1 |
| | 小商贩 | 7.7 | 9.6 | 15.0 | 19.7 | 19.4 |
| 在外消费兔肉场所 | 熟食店 | 42.3 | 43.2 | 41.5 | 50.0 | 64.0 |
| | 火锅店 | 13.4 | 34.8 | 25.5 | 22.4 | 21.0 |
| | 兔肉特色餐馆 | 43.1 | 53.7 | 40.8 | 49.6 | 39.0 |
| | 其他 | 12.1 | 5.0 | 13.9 | 18.3 | 17.0 |
| 获取兔肉信息的方式 | 电视广播 | 12.7 | 23.2 | 22.9 | 32.7 | 34.1 |
| | 饭店餐馆 | 34.1 | 36.0 | 29.1 | 33.2 | 44.0 |
| | 网络 | 28.8 | 41.0 | 36.2 | 42.0 | 42.9 |
| | 书籍报纸 | 12.0 | 15.5 | 12.9 | 10.8 | 9.7 |
| | 亲友 | 36.9 | 38.3 | 35.9 | 39.6 | 39.2 |
| | 兔肉销售点和销售员 | 25.4 | 23.0 | 20.8 | 19.7 | 19.8 |

（续）

| 项目 | | 2016 年 | 2017 年 | 2018 年 | 2019 年 | 2020 年 |
|---|---|---|---|---|---|---|
| 兔肉消费的影响因素 | 对兔肉及兔产品的了解较少 | 37.9 | 47.2 | 39.4 | 46.8 | 53.8 |
| | 买不到、购买不方便 | 35.4 | 21.5 | 22.2 | 27.8 | 26.7 |
| | 价格太贵 | 2.1 | 2.6 | 3.4 | 7.6 | 2.8 |
| | 不喜欢兔肉口感 | 19.5 | 26.1 | 24.1 | 14.5 | 19.7 |
| | 品种少 | 3.6 | 5.5 | 2.7 | 2.5 | 3.1 |
| | 不会烹饪 | 25.6 | 36.2 | 16.1 | 20.5 | 23.2 |
| | 没有吃兔肉的习惯 | 56.4 | 65.8 | 74.1 | 52.6 | 69.3 |
| | 觉得兔肉没有营养价值 | 2.6 | 5.2 | 1.6 | 1.5 | 1.0 |
| 选择兔毛产品的原因 | 时尚美观 | 51.3 | 37.8 | 40.3 | 48.4 | 44.6 |
| | 质量好 | 26.3 | 26.0 | 30.1 | 31.4 | 32.3 |
| | 保暖 | 61.9 | 48.8 | 63.2 | 55.3 | 72.3 |
| | 价格合理 | 20.6 | 17.3 | 19.7 | 23.9 | 27.6 |
| | 商店推荐 | 20.0 | 26.8 | 14.2 | 22.0 | 9.2 |
| | 亲戚朋友推荐 | 10.0 | 16.5 | 7.9 | 7.5 | 16.9 |
| | 其他 | 5.0 | 2.4 | 6.3 | 3.8 | 9.2 |

## 附表 39　2016—2020 年中国兔产品出口情况

| 产品 | 月份 | 2016 年 | 2017 年 | 2018 年 | 2019 年 | 2020 年 |
|---|---|---|---|---|---|---|
| 整张兔皮（吨） | 1 | 1 520.19 | 1 466.56 | 1 279.33 | 1 179.38 | 1 639.07 |
| | 2 | 1 540.80 | 1 123.24 | 755.78 | 989.14 | 702.57 |
| | 3 | 2 336.97 | 1 263.22 | 1 711.15 | 1 372.83 | 1 580.43 |
| | 4 | 1 794.98 | 2 405.86 | 1 189.83 | 1 318.66 | 1 646.10 |
| | 5 | 2 405.43 | 1 938.03 | 1 510.39 | 1 772.81 | 1 627.00 |
| | 6 | 2 025.78 | 2 085.02 | 1 612.10 | 1 667.96 | 1 569.65 |
| | 7 | 1 828.38 | 1 543.24 | 1 329.76 | 1 522.90 | 1 969.52 |
| | 8 | 1 829.29 | 1 845.72 | 1 291.76 | 1 809.72 | 1 620.65 |
| | 9 | 1 350.22 | 1 448.80 | 877.98 | 1 603.70 | 1 086.93 |
| | 10 | 1 136.68 | 1 671.97 | 754.81 | 1 750.76 | 1 281.59 |
| | 11 | 1 770.52 | 1 208.48 | 1 518.40 | 1 289.37 | 789.44 |
| | 12 | 1 639.06 | 1 154.95 | 1 347.04 | 1 144.09 | 1 964.92 |
| | 合计 | 21 178.30 | 19 155.09 | 15 178.34 | 17 421.30 | 17 477.87 |

(续)

| 产品 | 月份 | 2016 年 | 2017 年 | 2018 年 | 2019 年 | 2020 年 |
|---|---|---|---|---|---|---|
| 未缝制整张兔皮<br>（吨） | 1 | | | 0.02 | 0.12 | 12.78 |
| | 2 | 8.18 | 6.84 | 0.04 | 5.90 | 0.17 |
| | 3 | 13.17 | 0.05 | 7.74 | 5.44 | |
| | 4 | 0.04 | 3.35 | 11.60 | | |
| | 5 | 5.83 | 15.41 | 12.36 | 18.87 | |
| | 6 | 3.41 | 20.72 | 0.01 | 5.46 | 5.60 |
| | 7 | 0.05 | 11.27 | 7.83 | 4.66 | 6.06 |
| | 8 | 0.23 | 7.63 | 23.98 | 47.04 | 0.01 |
| | 9 | 0.04 | 4.06 | 0.09 | 4.02 | |
| | 10 | 0.06 | 0.44 | 2.94 | 20.22 | |
| | 11 | 2.43 | 10.43 | 4.29 | 0.03 | 0.01 |
| | 12 | 2.02 | 2.62 | 2.26 | 0.00 | 0.01 |
| | 合计 | 35.46 | 82.81 | 73.15 | 111.77 | 24.62 |
| 已梳兔毛<br>（千克） | 1 | 800 | | 450 | 5 | |
| | 2 | 700 | 450 | | | |
| | 3 | 500 | 700 | 450 | 2 | |
| | 4 | 300 | 400 | | | |
| | 5 | 800 | 400 | 900 | | 100 |
| | 6 | | 450 | 450 | | 1 000 |
| | 7 | 400 | 450 | 651 | | 360 |
| | 8 | 400 | 450 | 500 | | 10 |
| | 9 | 400 | | 500 | 305 | 1 900 |
| | 10 | 450 | | 100 | | 1 005 |
| | 11 | | 450 | | | 2 734 |
| | 12 | 900 | 450 | | 500 | |
| | 合计 | 5 650 | 4 200 | 4 001 | 812 | 7 109 |

（续）

| 产品 | 月份 | 2016 年 | 2017 年 | 2018 年 | 2019 年 | 2020 年 |
|---|---|---|---|---|---|---|
| 兔毛制针织钩编套头衫、开襟衫、外穿背心等（件） | 1 | 24 | 39 | 18 | 8 | 7 |
| | 2 | 7 | 12 | 1 | 14 | |
| | 3 | 90 | 2 | | 8 | 1 |
| | 4 | 79 | | 13 | 9 | |
| | 5 | 4 | | | 304 | |
| | 6 | 1 | 86 | | 1 | 115 |
| | 7 | 273 | 167 | 664 | 626 | 9 |
| | 8 | 966 | 572 | 283 | 368 | 9 |
| | 9 | 13 | 11 | 83 | 276 | 186 |
| | 10 | 211 | 152 | 80 | 103 | 23 |
| | 11 | 215 | 190 | 5 | 78 | 1 |
| | 12 | 56 | 51 | 3 | 18 | 60 |
| | 合计 | 1 939 | 1 282 | 1 150 | 1 813 | 411 |
| 其他家兔及野兔，改良种用除外（千克） | 1 月 | 7 089 | 2 700 | 3 428 | 3 417 | 1 573 |
| | 2 月 | — | 20 | 4 340 | 524 | 1 806 |
| | 3 月 | 14 178 | 2 784 | 4 038 | 821 | 1 437 |
| | 4 月 | 7 089 | 2 880 | 3 453 | 924 | 1 626 |
| | 5 月 | 7 089 | 2 820 | 3 900 | 1 912 | 1 457 |
| | 6 月 | 7 089 | 28 | 1 019 | 1 913 | 1 831 |
| | 7 月 | — | 2 920 | 1 691 | 1 628 | 1 253 |
| | 8 月 | — | 287 | 1 074 | 2 228 | 1 333 |
| | 9 月 | 2 700 | 3 166 | 1 212 | 2 158 | 886 |
| | 10 月 | 7 089 | 3 332 | 4 275 | 1 835 | 1 530 |
| | 11 月 | 7 089 | 3 847 | 891 | 1 690 | 1 491 |
| | 12 月 | — | 667 | 1 087 | 1 427 | 2 532 |
| | 合计 | 59 412 | 25 451 | 30 408 | 20 477 | 18 755 |

（续）

| 产品 | 月份 | 2016 年 | 2017 年 | 2018 年 | 2019 年 | 2020 年 |
|---|---|---|---|---|---|---|
| 冻兔肉，不包括兔头（千克） | 1 月 | 309 000 | 726 381 | 497 560 | 449 720 | 583 000 |
| | 2 月 | 398 526 | 146 000 | 426 864 | 159 412 | 294 000 |
| | 3 月 | 272 643 | 692 522 | 292 000 | 375 948 | 511 092 |
| | 4 月 | 547 307 | 652 457 | 817 330 | 233 430 | 221 992 |
| | 5 月 | 376 032 | 628 516 | 407 080 | 506 157 | 293 992 |
| | 6 月 | 468 020 | 391 765 | 780 000 | 568 006 | 294 000 |
| | 7 月 | 642 520 | 933 713 | 616 695 | 519 898 | 281 000 |
| | 8 月 | 796 901 | 688 661 | 650 333 | 560 047 | 292 000 |
| | 9 月 | 607 559 | 460 772 | 564 850 | 349 323 | 569 153 |
| | 10 月 | 497 558 | 649 908 | 224 136 | 378 000 | 453 010 |
| | 11 月 | 438 267 | 509 360 | 391 693 | 314 050 | 159 499 |
| | 12 月 | 449 496 | 562 280 | 295 492 | 483 044 | 313 556 |
| | 合计 | 5 803 829 | 7 042 335 | 5 964 033 | 4 897 035 | 4 266 294 |

数据来源：根据中国海关数据整理。

### 附表 40　2016—2020 年中国兔产业发展指数（以 2011 年 1 月为基期）

| 年月 | 肉兔产业发展指数 | 獭兔产业发展指数 | 毛兔产业发展指数 | 兔产业发展指数 |
|---|---|---|---|---|
| 201601 | 112.11 | 83.18 | 100.27 | 107.37 |
| 201602 | 117.76 | 73.63 | 87.07 | 108.38 |
| 201603 | 109.59 | 79.36 | 92.86 | 103.90 |
| 201604 | 116.58 | 81.27 | 93.93 | 109.40 |
| 201605 | 117.90 | 78.98 | 94.57 | 110.27 |
| 201606 | 111.89 | 71.06 | 88.91 | 104.14 |
| 201607 | 110.73 | 70.25 | 89.39 | 103.28 |
| 201608 | 99.30 | 68.10 | 93.41 | 95.36 |
| 201609 | 117.69 | 70.74 | 88.75 | 108.34 |
| 201610 | 119.54 | 67.71 | 78.12 | 107.61 |
| 201611 | 123.87 | 79.47 | 95.50 | 114.86 |

（续）

| 年月 | 肉兔产业发展指数 | 獭兔产业发展指数 | 毛兔产业发展指数 | 兔产业发展指数 |
|---|---|---|---|---|
| 201612 | 113.64 | 75.03 | 86.49 | 105.38 |
| 201701 | 109.40 | 68.70 | 78.45 | 101.51 |
| 201702 | 117.98 | 88.80 | 89.71 | 111.84 |
| 201703 | 113.93 | 85.92 | 86.94 | 108.05 |
| 201704 | 102.04 | 72.74 | 90.55 | 97.21 |
| 201705 | 108.09 | 75.81 | 89.59 | 102.31 |
| 201706 | 102.25 | 61.06 | 84.70 | 95.34 |
| 201707 | 102.75 | 61.85 | 87.29 | 96.05 |
| 201708 | 98.50 | 57.61 | 85.37 | 91.98 |
| 201709 | 104.20 | 71.69 | 86.79 | 98.47 |
| 201710 | 102.87 | 70.25 | 81.11 | 96.79 |
| 201711 | 118.14 | 80.25 | 93.43 | 111.12 |
| 201712 | 112.66 | 72.30 | 91.90 | 105.61 |
| 201801 | 116.11 | 82.31 | 96.84 | 117.12 |
| 201802 | 104.13 | 69.18 | 72.73 | 101.96 |
| 201803 | 105.73 | 72.86 | 79.35 | 104.79 |
| 201804 | 105.87 | 72.62 | 82.42 | 105.47 |
| 201805 | 108.92 | 73.34 | 83.25 | 108.09 |
| 201806 | 106.20 | 59.94 | 77.01 | 103.61 |
| 201807 | 112.19 | 54.90 | 80.00 | 108.47 |
| 201808 | 107.68 | 53.49 | 78.70 | 104.54 |
| 201809 | 110.30 | 59.12 | 76.17 | 106.61 |
| 201810 | 109.37 | 59.64 | 72.43 | 105.21 |
| 201811 | 112.83 | 61.37 | 71.76 | 107.97 |
| 201812 | 121.20 | 56.88 | 69.01 | 113.67 |
| 201901 | 116.51 | 70.86 | 67.60 | 110.90 |
| 201902 | 129.64 | 44.29 | 72.12 | 119.83 |
| 201903 | 107.29 | 65.38 | 66.12 | 102.87 |
| 201904 | 112.51 | 66.92 | 70.06 | 107.87 |
| 201905 | 118.20 | 67.83 | 77.34 | 113.82 |
| 201906 | 108.73 | 58.34 | 66.15 | 103.41 |

（续）

| 年月 | 肉兔产业发展指数 | 獭兔产业发展指数 | 毛兔产业发展指数 | 兔产业发展指数 |
|---|---|---|---|---|
| 201907 | 111.01 | 55.54 | 66.95 | 105.12 |
| 201908 | 113.05 | 54.36 | 68.07 | 106.84 |
| 201909 | 122.19 | 59.98 | 70.48 | 114.99 |
| 201910 | 115.01 | 47.72 | 67.10 | 107.63 |
| 201911 | 122.09 | 52.16 | 64.49 | 113.10 |
| 201912 | 117.92 | 52.53 | 61.34 | 109.25 |
| 202001 | 113.25 | 110.43 | 137.25 | 124.96 |
| 202002 | 111.01 | 94.90 | 119.22 | 118.43 |
| 202003 | 115.77 | 112.42 | 134.72 | 126.64 |
| 202004 | 118.54 | 106.13 | 127.35 | 126.88 |
| 202005 | 108.68 | 95.01 | 115.54 | 115.90 |
| 202006 | 112.77 | 97.03 | 115.50 | 119.30 |
| 202007 | 109.32 | 84.71 | 99.87 | 112.54 |
| 202008 | 106.95 | 79.35 | 95.00 | 109.29 |
| 202009 | 114.28 | 103.20 | 128.63 | 123.52 |
| 202010 | 112.11 | 93.28 | 113.73 | 118.12 |
| 202011 | 120.05 | 104.23 | 133.07 | 129.00 |
| 202012 | 117.25 | 108.81 | 136.11 | 127.77 |

注：兔产业发展指数，由国家兔产业技术体系产业经济岗位于 2011 年设立。本指数以 2011 年为基期，综合肉兔、獭兔和毛兔三种兔，并且考虑玉米和豆粕行情，由兔产品价格指数和兔业专家指数综合而成。兔产业发展指数每周发布，月度指数由每周指数平均而得（周数据来源于兔产业信息采集系统）。

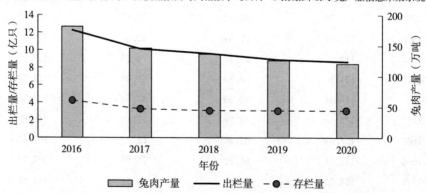

附图 1　2016—2020 年世界兔存栏、出栏量和兔肉产量发展趋势

### 附表 41　2020 年各大洲兔存栏、出栏量和兔肉产量

| 地区 | 存栏 | | 出栏 | | 兔肉产量 | |
|---|---|---|---|---|---|---|
| | 数量（万只） | 占比（%） | 数量（万只） | 占比（%） | 产量（万吨） | 占比（%） |
| 非洲 | 1 770 | 5.68 | 8 350 | 9.62 | 9.99 | 8.28 |
| 美洲 | 947 | 3.04 | 1 287 | 1.48 | 1.52 | 1.26 |
| 亚洲 | 27 052 | 86.89 | 74 015 | 85.24 | 105.91 | 87.78 |
| 欧洲 | 1 365 | 4.38 | 3 180 | 3.66 | 3.23 | 2.68 |
| 全球合计 | 31 134 | 100.00 | 86 832 | 100.00 | 120.65 | 100.00 |

数据来源：FAO 数据库。

### 附表 42　2016—2020 年世界各国和地区兔存栏量

单位：×10³ 只

| 序号 | 国家和地区 | 2016 年 | 2017 年 | 2018 年 | 2019 年 | 2020 年 |
|---|---|---|---|---|---|---|
| 1 | 阿尔及利亚 | 1 641 | 1 682 | 1 698 | 1 711 | 1 723 |
| 2 | 阿根廷 | 1 155 | 1 161 | 1 154 | 1 153 | 1 156 |
| 3 | 亚美尼亚 | 29 | 31 | 28 | 30 | 36 |
| 4 | 奥地利 | 200 | 200 | 0 | 0 | 0 |
| 5 | 白俄罗斯 | 328 | 330 | 301 | 278 | 303 |
| 6 | 比利时 | 183 | 185 | 0 | 0 | 0 |
| 7 | 玻利维亚 | 275 | 280 | 281 | 291 | 295 |
| 8 | 波黑 | 8 | 8 | 8 | 8 | 8 |
| 9 | 博茨瓦纳 | 122 | 123 | 125 | 125 | 126 |
| 10 | 巴西 | 209 | 207 | 200 | 189 | 177 |
| 11 | 保加利亚 | 150 | 150 | 0 | 0 | 0 |
| 12 | 布隆迪 | 463 | 614 | 515 | 552 | 553 |
| 13 | 喀麦隆 | 48 | 48 | 48 | 48 | 48 |
| 14 | 中国 | 168 243 | 121 201 | 120 401 | 119 439 | 118 255 |
| 15 | 哥伦比亚 | 542 | 544 | 544 | 544 | 544 |
| 16 | 塞浦路斯 | 88 | 85 | 0 | 0 | 0 |
| 17 | 捷克 | 6 080 | 6 192 | 0 | 0 | 0 |
| 18 | 朝鲜 | 31 819 | 32 009 | 31 259 | 34 519 | 29 485 |

（续）

| 序号 | 国家和地区 | 2016 年 | 2017 年 | 2018 年 | 2019 年 | 2020 年 |
|---|---|---|---|---|---|---|
| 19 | 厄瓜多尔 | 459 | 454 | 446 | 443 | 440 |
| 20 | 埃及 | 6 165 | 7 105 | 6 984 | 7 000 | 6 167 |
| 21 | 爱沙尼亚 | 41 | 42 | 0 | 0 | 0 |
| 22 | 法国 | 768 | 732 | 714 | 670 | 625 |
| 23 | 法属波利尼西亚 | 0 | 0 | 0 | 0 | 0 |
| 24 | 加蓬 | 334 | 337 | 340 | 342 | 344 |
| 25 | 格鲁吉亚 | 19 | 19 | 19 | 18 | 18 |
| 26 | 德国 | 58 | 58 | 0 | 0 | 0 |
| 27 | 希腊 | 900 | 869 | 816 | 783 | 0 |
| 28 | 瓜德罗普 | 0 | 0 | 0 | 0 | 0 |
| 29 | 匈牙利 | 1 478 | 1 083 | 1 169 | 1 178 | 1 210 |
| 30 | 冰岛 | 0 | 0 | 0 | 0 | 0 |
| 31 | 意大利 | 6 132 | 6 269 | 0 | 0 | 0 |
| 32 | 约旦 | 9 | 10 | 10 | 10 | 9 |
| 33 | 哈萨克斯坦 | 90 | 98 | 103 | 101 | 104 |
| 34 | 肯尼亚 | 825 | 828 | 763 | 737 | 725 |
| 35 | 吉尔吉斯斯坦 | 26 | 25 | 27 | 26 | 22 |
| 36 | 拉脱维亚 | 57 | 35 | 29 | 0 | 0 |
| 37 | 立陶宛 | 125 | 129 | 121 | 0 | 0 |
| 38 | 卢森堡 | 3 | 2 | 3 | 0 | 0 |
| 39 | 马达加斯加 | 124 | 120 | 119 | 119 | 120 |
| 40 | 马耳他 | 231 | 231 | 0 | 0 | 0 |
| 41 | 马提尼克 | 0 | 0 | 0 | 0 | 0 |
| 42 | 毛里求斯 | 5 | 5 | 5 | 5 | 5 |
| 43 | 墨西哥 | 1 383 | 1 391 | 1 394 | 1 398 | 1 403 |
| 44 | 莫桑比克 | 154 | 148 | 141 | 133 | 130 |
| 45 | 荷兰 | 363 | 343 | 0 | 0 | 0 |
| 46 | 尼日利亚 | 4 669 | 4 856 | 4 875 | 4 820 | 4 867 |

（续）

| 序号 | 国家和地区 | 2016 年 | 2017 年 | 2018 年 | 2019 年 | 2020 年 |
|---|---|---|---|---|---|---|
| 47 | 挪威 | 1 | 1 | 1 | 1 | 1 |
| 48 | 秘鲁 | 1 106 | 1 126 | 1 127 | 1 132 | 1 137 |
| 49 | 波兰 | 350 | 350 | 350 | 350 | 0 |
| 50 | 波多黎各 | 34 | 33 | 33 | 32 | 31 |
| 51 | 韩国 | 81 | 104 | 101 | 95 | 100 |
| 52 | 摩尔多瓦 | 350 | 367 | 376 | 351 | 329 |
| 53 | 留尼汪 | 0 | 0 | 0 | 0 | 0 |
| 54 | 罗马尼亚 | 1 823 | 1 820 | 0 | 0 | 0 |
| 55 | 俄罗斯 | 3 750 | 3 626 | 3 745 | 3 562 | 3 588 |
| 56 | 卢旺达 | 1 387 | 1 348 | 1 265 | 1 234 | 1 315 |
| 57 | 塞拉利昂 | 1 557 | 1 572 | 1 566 | 1 571 | 1 575 |
| 58 | 斯洛伐克 | 1 000 | 1 000 | 0 | 0 | 0 |
| 59 | 斯洛文尼亚 | 110 | 110 | 0 | 0 | 0 |
| 60 | 西班牙 | 0 | 0 | 0 | 0 | 0 |
| 61 | 瑞士 | 71 | 63 | 0 | 61 | 54 |
| 62 | 叙利亚 | 119 | 97 | 98 | 95 | 90 |
| 63 | 塔吉克斯坦 | 75 | 72 | 73 | 73 | 72 |
| 64 | 多哥 | 0 | 0 | 0 | 0 | 0 |
| 65 | 特立尼达和多巴哥 | 5 | 5 | 5 | 5 | 5 |
| 66 | 土耳其 | 50 | 50 | 50 | 50 | 50 |
| 67 | 乌克兰 | 5 043 | 4 940 | 4 770 | 4 700 | 4 223 |
| 68 | 阿联酋 | 0 | 0 | 0 | 0 | 0 |
| 69 | 乌拉圭 | 63 | 62 | 62 | 63 | 64 |
| 70 | 乌兹别克斯坦 | 233 | 284 | 507 | 542 | 582 |
| 71 | 委内瑞拉 | 479 | 608 | 663 | 713 | 661 |
| | 合计 | 253 688 | 207 877 | 189 432 | 191 300 | 182 775 |

数据来源：FAO 数据库。

## 附表 43  2016—2020 年世界各国和地区兔屠宰量

单位：×10³ 只

| 序号 | 国家和地区 | 2016 年 | 2017 年 | 2018 年 | 2019 年 | 2020 年 |
|---|---|---|---|---|---|---|
| 1 | 阿尔及利亚 | 8 204 | 8 412 | 8 488 | 8 552 | 8 617 |
| 2 | 阿根廷 | 832 | 583 | 881 | 717 | 727 |
| 3 | 亚美尼亚 | 0 | 0 | 0 | 0 | 0 |
| 4 | 奥地利 | 131 | 130 | 0 | 0 | 0 |
| 5 | 白俄罗斯 | 537 | 541 | 493 | 455 | 496 |
| 6 | 玻利维亚 | 275 | 280 | 274 | 277 | 278 |
| 7 | 波黑 | 0 | 0 | 0 | 0 | 0 |
| 8 | 博茨瓦纳 | 577 | 583 | 586 | 588 | 589 |
| 9 | 巴西 | 1 010 | 993 | 963 | 916 | 864 |
| 10 | 保加利亚 | 2 975 | 2 805 | 0 | 0 | 0 |
| 11 | 布隆迪 | 570 | 540 | 543 | 608 | 545 |
| 12 | 喀麦隆 | 96 | 96 | 96 | 96 | 96 |
| 13 | 中国 | 423 955 | 319 553 | 316 709 | 313 231 | 314 381 |
| 14 | 哥伦比亚 | 2 456 | 2 469 | 2 466 | 2 467 | 2 469 |
| 15 | 塞浦路斯 | 367 | 346 | 0 | 0 | 0 |
| 16 | 捷克 | 12 833 | 12 833 | 0 | 0 | 0 |
| 17 | 朝鲜 | 117 549 | 118 499 | 115 966 | 128 329 | 109 843 |
| 18 | 丹麦 | 0 | 0 | 0 | 0 | 0 |
| 19 | 厄瓜多尔 | 750 | 750 | 743 | 738 | 737 |
| 20 | 埃及 | 54 637 | 55 292 | 59 566 | 60 000 | 58 286 |
| 21 | 爱沙尼亚 | 8 | 8 | 0 | 0 | 0 |
| 22 | 法国 | 33 424 | 31 493 | 30 215 | 0 | 0 |
| 23 | 加蓬 | 1 682 | 1 692 | 1 708 | 1 719 | 1 731 |
| 24 | 格鲁吉亚 | 331 | 324 | 317 | 329 | 314 |
| 25 | 德国 | 20 934 | 20 654 | 0 | 0 | 0 |
| 26 | 希腊 | 1 998 | 1 722 | 1 507 | 1 518 | 0 |
| 27 | 匈牙利 | 4 239 | 3 714 | 3 978 | 4 128 | 0 |
| 28 | 冰岛 | 0 | 0 | 0 | 0 | 0 |
| 29 | 意大利 | 20 881 | 18 983 | 15 858 | 16 573 | 16 501 |
| 30 | 约旦 | 18 | 18 | 19 | 19 | 19 |
| 31 | 哈萨克斯坦 | 47 | 52 | 60 | 46 | 38 |
| 32 | 肯尼亚 | 1 271 | 853 | 310 | 729 | 2 141 |

（续）

| 序号 | 国家和地区 | 2016 年 | 2017 年 | 2018 年 | 2019 年 | 2020 年 |
|---|---|---|---|---|---|---|
| 33 | 吉尔吉斯斯坦 | 214 | 213 | 233 | 99 | 139 |
| 34 | 拉脱维亚 | 55 | 26 | 23 | 0 | 0 |
| 35 | 立陶宛 | 94 | 111 | 155 | 0 | 0 |
| 36 | 卢森堡 | 15 | 14 | 14 | 0 | 0 |
| 37 | 马达加斯加 | 622 | 599 | 596 | 597 | 598 |
| 38 | 马耳他 | 1 324 | 1 325 | 0 | 0 | 0 |
| 39 | 毛里求斯 | 14 | 14 | 14 | 14 | 14 |
| 40 | 墨西哥 | 4 413 | 4 437 | 4 447 | 4 459 | 4 474 |
| 41 | 莫桑比克 | 386 | 380 | 375 | 356 | 345 |
| 42 | 挪威 | 19 | 18 | 16 | 17 | 17 |
| 43 | 秘鲁 | 2 797 | 2 837 | 2 828 | 2 829 | 2 831 |
| 44 | 波兰 | 1 439 | 1 758 | 1 646 | 1 704 | 0 |
| 45 | 波多黎各 | 111 | 107 | 104 | 101 | 98 |
| 46 | 韩国 | 626 | 824 | 801 | 750 | 792 |
| 47 | 摩尔多瓦 | 378 | 332 | 310 | 274 | 237 |
| 48 | 罗马尼亚 | 110 | 89 | 85 | | |
| 49 | 俄罗斯 | 7 687 | 7 867 | 7 557 | 7 395 | 7 680 |
| 50 | 卢旺达 | 2 866 | 2 738 | 2 525 | 2 420 | 2 658 |
| 51 | 塞拉利昂 | 7 786 | 7 858 | 7 830 | 7 853 | 7 875 |
| 52 | 斯洛伐克 | 2 500 | 2 500 | 0 | 0 | 0 |
| 53 | 斯洛文尼亚 | 14 | 11 | 0 | 0 | 0 |
| 54 | 西班牙 | 48 507 | 46 234 | 44 155 | 0 | 0 |
| 55 | 瑞士 | 1 177 | 1 053 | 1 045 | 1 036 | 925 |
| 56 | 叙利亚 | 21 | 17 | 17 | 16 | 15 |
| 57 | 特立尼达和多巴哥 | 1 | 6 | 3 | 5 | 5 |
| 58 | 土耳其 | 35 | 35 | 35 | 35 | 35 |
| 59 | 乌克兰 | 6 179 | 6 675 | 6 516 | 6 173 | 5 909 |
| 60 | 乌拉圭 | 271 | 273 | 271 | 272 | 272 |
| 61 | 乌兹别克斯坦 | 73 | 65 | 128 | 210 | 228 |
| 62 | 委内瑞拉 | 152 | 65 | 103 | 76 | 118 |
| | 合计 | 802 473 | 692 699 | 643 578 | 578 726 | 553 937 |

数据来源：FAO 数据库。

## 附表 44　世界各国和地区兔肉产量

单位：吨

| 序号 | 国家和地区 | 2016 年 | 2017 年 | 2018 年 | 2019 年 | 2020 年 |
|------|-----------|---------|---------|---------|---------|---------|
| 1 | 阿尔及利亚 | 8 204 | 8 412 | 8 488 | 8 552 | 8 617 |
| 2 | 阿根廷 | 1 258 | 1 100 | 1 230 | 1 029 | 1 015 |
| 3 | 亚美尼亚 | 0 | 0 | 0 | 0 | 0 |
| 4 | 奥地利 | 368 | 346 | 377 | 0 | 0 |
| 5 | 白俄罗斯 | 1 359 | 1 367 | 1 247 | 1 152 | 1 256 |
| 6 | 玻利维亚 | 176 | 179 | 176 | 177 | 178 |
| 7 | 博茨瓦纳 | 1 038 | 1 049 | 1 054 | 1 058 | 1 061 |
| 8 | 巴西 | 1 515 | 1 319 | 1 270 | 1 214 | 1 159 |
| 9 | 保加利亚 | 5 050 | 4 747 | 0 | 0 | 0 |
| 10 | 布隆迪 | 684 | 648 | 652 | 726 | 656 |
| 11 | 喀麦隆 | 96 | 96 | 96 | 96 | 96 |
| 12 | 中国 | 627 152 | 468 647 | 465 733 | 457 765 | 456 552 |
| 13 | 哥伦比亚 | 3 171 | 3 199 | 3 207 | 3 207 | 3 211 |
| 14 | 塞浦路斯 | 550 | 519 | 0 | 0 | 0 |
| 15 | 捷克 | 38 500 | 38 500 | 0 | 0 | 0 |
| 16 | 朝鲜 | 152 780 | 154 000 | 150 705 | 166 799 | 142 769 |
| 17 | 丹麦 | 0 | 0 | 0 | 0 | 0 |
| 18 | 厄瓜多尔 | 1 050 | 1 050 | 1 040 | 1 033 | 1 031 |
| 19 | 埃及 | 61 646 | 62 262 | 66 944 | 75 000 | 71 178 |
| 20 | 爱沙尼亚 | 10 | 10 | 0 | 0 | 0 |
| 21 | 法国 | 48 621 | 45 683 | 43 886 | 0 | 0 |
| 22 | 加蓬 | 2 018 | 2 031 | 2 049 | 2 063 | 2 077 |
| 23 | 格鲁吉亚 | 285 | 287 | 274 | 261 | 247 |
| 24 | 德国 | 33 061 | 32 532 | 0 | 0 | 0 |
| 25 | 希腊 | 3 500 | 3 045 | 2 685 | 0 | 0 |
| 26 | 匈牙利 | 5 962 | 5 246 | 5 641 | 0 | 0 |
| 27 | 印度尼西亚 | 524 | 506 | 511 | 703 | 725 |
| 28 | 意大利 | 56 461 | 28 675 | 23 741 | 26 647 | 0 |
| 29 | 约旦 | 18 | 22 | 22 | 23 | 23 |
| 30 | 哈萨克斯坦 | 76 | 81 | 97 | 72 | 62 |
| 31 | 肯尼亚 | 1 525 | 1 024 | 372 | 874 | 2 569 |
| 32 | 吉尔吉斯斯坦 | 316 | 290 | 318 | 147 | 207 |

（续）

| 序号 | 国家和地区 | 2016 年 | 2017 年 | 2018 年 | 2019 年 | 2020 年 |
|---|---|---|---|---|---|---|
| 33 | 拉脱维亚 | 101 | 45 | 46 | 0 | 0 |
| 34 | 立陶宛 | 145 | 172 | 272 | 0 | 0 |
| 35 | 卢森堡 | 31 | 27 | 28 | 0 | 0 |
| 36 | 马达加斯加 | 746 | 719 | 715 | 716 | 717 |
| 37 | 马耳他 | 1 986 | 1 987 | 0 | 0 | 0 |
| 38 | 毛里求斯 | 25 | 25 | 25 | 25 | 25 |
| 39 | 墨西哥 | 4 413 | 4 437 | 4 447 | 4 459 | 4 474 |
| 40 | 莫桑比克 | 408 | 419 | 429 | 413 | 401 |
| 41 | 挪威 | 38 | 35 | 32 | 33 | 32 |
| 42 | 秘鲁 | 3 347 | 3 389 | 3 374 | 3 376 | 3 377 |
| 43 | 波兰 | 2 800 | 2 900 | 3 300 | 0 | 0 |
| 44 | 波多黎各 | 132 | 124 | 128 | 123 | 119 |
| 45 | 韩国 | 1 385 | 1 648 | 1 395 | 1 313 | 1 584 |
| 46 | 摩尔多瓦 | 1 135 | 996 | 929 | 821 | 602 |
| 47 | 罗马尼亚 | 135 | 109 | 104 | 0 | 0 |
| 48 | 俄罗斯 | 18 189 | 18 319 | 18 467 | 17 948 | 18 364 |
| 49 | 卢旺达 | 4 498 | 4 486 | 4 217 | 4 105 | 4 661 |
| 50 | 塞尔维亚 | 0 | 0 | 0 | 0 | 0 |
| 51 | 塞拉利昂 | 7 786 | 7 858 | 7 830 | 7 853 | 7 875 |
| 52 | 斯洛伐克 | 3 998 | 3 997 | 0 | 0 | 0 |
| 53 | 西班牙 | 59 589 | 57 258 | 55 824 | 0 | 0 |
| 54 | 瑞士 | 995 | 844 | 827 | 840 | 755 |
| 55 | 叙利亚 | 41 | 33 | 33 | 32 | 30 |
| 56 | 特立尼达和多巴哥 | 3 | 17 | 6 | 11 | 11 |
| 57 | 土耳其 | 35 | 35 | 35 | 35 | 35 |
| 58 | 乌克兰 | 12 200 | 12 200 | 12 200 | 11 600 | 11 300 |
| 59 | 乌拉圭 | 406 | 410 | 407 | 407 | 408 |
| 60 | 乌兹别克斯坦 | 102 | 104 | 205 | 336 | 365 |
| 61 | 委内瑞拉 | 91 | 39 | 109 | 112 | 174 |
| | 合计 | 1 181 734 | 989 504 | 897 199 | 803 156 | 749 998 |

数据来源：FAO 数据库。

## 附表45  2016—2020 年世界各国和地区兔肉出口量

单位：吨

| 序号 | 国家和地区 | 2016 年 | 2017 年 | 2018 年 | 2019 年 | 2020 年 |
|---|---|---|---|---|---|---|
| 1 | 阿根廷 | 1 108 | 752 | 924 | 769 | 60 |
| 2 | 澳大利亚 | 0 | 18 | 0 | 3 | 0 |
| 3 | 奥地利 | 48 | 45 | 49 | 31 | 51 |
| 4 | 巴林 | 0 | 0 | 0 | 0 | 0 |
| 5 | 白俄罗斯 | 1 | 0 | 0 | 2 | 0 |
| 6 | 比利时 | 2 484 | 2 391 | 2 491 | 2 548 | 2 766 |
| 7 | 巴西 | 0 | 0 | 0 | 0 | 0 |
| 8 | 保加利亚 | 8 | 17 | 14 | 9 | 0 |
| 9 | 佛得角 | 0 | 0 | 0 | 0 | 0 |
| 10 | 加拿大 | 39 | 6 | 152 | 131 | 146 |
| 11 | 智利 | 53 | 45 | 61 | 47 | 0 |
| 12 | 中国 | 4 364 | 7 042 | 5 964 | 4 897 | 4 266 |
| 13 | 哥伦比亚 | 0 | 0 | 0 | 0 | 0 |
| 14 | 克罗地亚 | 2 | 0 | 0 | 0 | 0 |
| 15 | 捷克 | 290 | 478 | 382 | 310 | 222 |
| 16 | 科特迪瓦 | 0 | 0 | 0 | 0 | 0 |
| 17 | 丹麦 | 0 | 1 | 0 | 1 | 1 |
| 18 | 厄瓜多尔 | 0 | 0 | 0 | 0 | 0 |
| 19 | 埃及 | 17 | 21 | 9 | 33 | 25 |
| 20 | 萨尔瓦多 | 0 | 0 | 0 | 0 | 0 |
| 21 | 爱沙尼亚 | 1 | 5 | 3 | 2 | 7 |
| 22 | 芬兰 | 0 | 0 | 0 | 0 | 0 |
| 23 | 法国 | 6 835 | 7 031 | 4 786 | 5 958 | 4 582 |
| 24 | 德国 | 344 | 409 | 444 | 378 | 344 |
| 25 | 希腊 | 106 | 24 | 32 | 12 | 19 |
| 26 | 匈牙利 | 5 213 | 4 637 | 4 406 | 4 731 | 4 787 |
| 27 | 爱尔兰 | 24 | 85 | 1 | 8 | 4 |
| 28 | 意大利 | 1 311 | 2 210 | 2 135 | 1 431 | 1 309 |
| 29 | 哈萨克斯坦 | 0 | 0 | 0 | 0 | 0 |
| 30 | 肯尼亚 | 0 | 0 | 0 | 0 | 0 |
| 31 | 科威特 | 0 | 0 | 12 | 0 | 0 |
| 32 | 拉脱维亚 | 3 | 3 | 4 | 5 | 2 |
| 33 | 美国 | 123 | 65 | 96 | 104 | 40 |

（续）

| 序号 | 国家和地区 | 2016 年 | 2017 年 | 2018 年 | 2019 年 | 2020 年 |
|---|---|---|---|---|---|---|
| 34 | 立陶宛 | 148 | 198 | 158 | 82 | 85 |
| 35 | 卢森堡 | 10 | 8 | 10 | 10 | 9 |
| 36 | 马来西亚 | 0 | 0 | 0 | 0 | 0 |
| 37 | 马耳他 | 0 | 0 | 0 | 0 | 0 |
| 38 | 毛里求斯 | 0 | 0 | 0 | 0 | 0 |
| 39 | 纳米比亚 | 0 | 0 | 0 | 0 | 0 |
| 40 | 荷兰 | 1 464 | 993 | 1 003 | 961 | 657 |
| 41 | 新喀里多尼亚 | 0 | 0 | 0 | 0 | 0 |
| 42 | 挪威 | 0 | 0 | 0 | 0 | 0 |
| 43 | 阿曼 | 0 | 0 | 0 | 0 | 0 |
| 44 | 巴基斯坦 | 0 | 0 | 0 | 0 | 0 |
| 45 | 秘鲁 | 0 | 0 | 0 | 0 | 0 |
| 46 | 波兰 | 534 | 334 | 422 | 469 | 649 |
| 47 | 葡萄牙 | 186 | 208 | 704 | 648 | 356 |
| 48 | 卡塔尔 | 0 | 0 | 0 | 0 | 0 |
| 49 | 罗马尼亚 | 0 | 0 | 1 | 0 | 1 |
| 50 | 俄罗斯 | 75 | 135 | 21 | 45 | 27 |
| 51 | 沙特阿拉伯 | 0 | 0 | 0 | 0 | 0 |
| 52 | 塞尔维亚 | 0 | 0 | 0 | 0 | 0 |
| 53 | 斯洛伐克 | 6 | 0 | 0 | 0 | 0 |
| 54 | 斯洛文尼亚 | 15 | 18 | 14 | 16 | 12 |
| 55 | 南非 | 4 | 5 | 7 | 0 | 28 |
| 56 | 西班牙 | 7 081 | 6 919 | 5 633 | 5 539 | 6 885 |
| 57 | 斯里兰卡 | 0 | 0 | 0 | 0 | 0 |
| 58 | 瑞典 | 1 | 2 | 4 | 0 | 0 |
| 59 | 瑞士 | 12 | 11 | 8 | 6 | 8 |
| 60 | 北马其顿 | 0 | 0 | 0 | 0 | 0 |
| 61 | 泰国 | 0 | 0 | 0 | 0 | 0 |
| 62 | 乌克兰 | 1 | 1 | 1 | 1 | 1 |
| 63 | 阿联酋 | 17 | 0 | 519 | 22 | 46 |
| 64 | 英国 | 475 | 533 | 477 | 495 | 335 |
| 65 | 坦桑尼亚 | 0 | 0 | 0 | 0 | 0 |
| 66 | 乌拉圭 | 86 | 106 | 111 | 99 | 75 |
| | 合计 | 32 489 | 34 756 | 31 058 | 29 803 | 27 805 |

数据来源：UN Comtrade 数据库。

## 附表46  2016—2020 年世界各国和地区兔肉进口量

单位：吨

| 序号 | 国家和各地区 | 2016 年 | 2017 年 | 2018 年 | 2019 年 | 2020 年 |
|---|---|---|---|---|---|---|
| 1 | 阿尔巴尼亚 | 8 | 0 | 0 | 1 | 0 |
| 2 | 安道尔 | 101 | 69 | 145 | 0 | 0 |
| 3 | 安哥拉 | 37 | 29 | 44 | 3 | 0 |
| 4 | 安提瓜和巴布达 | 0 | 0 | 0 | 0 | 0 |
| 5 | 亚美尼亚 | 0 | 0 | 0 | 0 | 0 |
| 6 | 阿鲁巴 | 0 | 0 | 0 | 0 | 0 |
| 7 | 奥地利 | 249 | 237 | 179 | 117 | 199 |
| 8 | 阿塞拜疆 | 0 | 0 | 0 | 0 | 0 |
| 9 | 巴哈马 | 0 | 0 | 0 | 0 | 0 |
| 10 | 巴林 | 13 | 3 | 1 | 2 | 0 |
| 11 | 孟加拉国 | 0 | 0 | 0 | 0 | 0 |
| 12 | 白俄罗斯 | 44 | 57 | 53 | 50 | 25 |
| 13 | 比利时 | 3 427 | 3 270 | 2 764 | 2 705 | 3 529 |
| 14 | 贝宁 | 101 | 44 | 12 | 13 | 18 |
| 15 | 百慕大 | 1 | 0 | 0 | 1 | 2 |
| 16 | 博茨瓦纳 | 0 | 0 | 7 | 0 | 2 |
| 17 | 保加利亚 | 322 | 304 | 310 | 346 | 354 |
| 18 | 佛得角 | 7 | 13 | 9 | 10 | 0 |
| 19 | 喀麦隆 | 2 | 3 | 2 | 0 | 0 |
| 20 | 加拿大 | 79 | 14 | 41 | 158 | 50 |
| 21 | 中国内地 | 0 | 0 | 0 | 0 | 0 |
| 22 | 中国香港 | 54 | 176 | 131 | 4 | 53 |
| 23 | 中国澳门 | 0 | 0 | 0 | 0 | 0 |
| 24 | 克罗地亚 | 58 | 0 | 37 | 34 | 50 |
| 25 | 塞浦路斯 | 29 | 23 | 22 | 26 | 9 |
| 26 | 捷克 | 1 032 | 1 377 | 1 312 | 1 111 | 1 126 |
| 27 | 科特迪瓦 | 4 | 4 | 4 | 3 | 0 |
| 28 | 丹麦 | 42 | 26 | 24 | 19 | 17 |
| 29 | 多米尼加 | 0 | 0 | 0 | 0 | 0 |
| 30 | 爱沙尼亚 | 67 | 68 | 92 | 69 | 51 |
| 31 | 芬兰 | 11 | 13 | 9 | 2 | 1 |

（续）

| 序号 | 国家和各地区 | 2016 年 | 2017 年 | 2018 年 | 2019 年 | 2020 年 |
|---|---|---|---|---|---|---|
| 32 | 法国 | 3 489 | 3 158 | 1 975 | 2 870 | 2 357 |
| 33 | 法属波利尼西亚 | 0 | 0 | 0 | 0 | 0 |
| 34 | 密克罗尼西亚联邦 | 0 | 0 | 0 | 0 | 0 |
| 35 | 冈比亚 | 0 | 0 | 1 | 0 | 0 |
| 36 | 格鲁吉亚 | 23 | 0 | 0 | 0 | 0 |
| 37 | 德国 | 6 284 | 6 394 | 8 105 | 5 485 | 5 208 |
| 38 | 加纳 | 0 | 0 | 0 | 0 | 0 |
| 39 | 希腊 | 608 | 596 | 294 | 330 | 135 |
| 40 | 格林兰 | 0 | 0 | 0 | 0 | 0 |
| 41 | 几内亚 | 0 | 0 | 0 | 0 | 0 |
| 42 | 洪都拉斯 | 0 | 0 | 0 | 0 | 0 |
| 43 | 匈牙利 | 11 | 25 | 14 | 22 | 13 |
| 44 | 爱尔兰 | 54 | 25 | 28 | 3 | 2 |
| 45 | 意大利 | 3 356 | 3 044 | 2 915 | 3 388 | 2 762 |
| 46 | 日本 | 57 | 55 | 36 | 50 | 33 |
| 47 | 哈萨克斯坦 | 2 | 1 | 1 | 0 | 1 |
| 48 | 科威特 | 3 | 57 | 129 | 1 | 33 |
| 49 | 拉脱维亚 | 42 | 48 | 36 | 37 | 52 |
| 50 | 黎巴嫩 | 0 | 3 | 0 | 0 | 0 |
| 51 | 莱索托 | 0 | 0 | 0 | 0 | 0 |
| 52 | 立陶宛 | 270 | 284 | 300 | 215 | 257 |
| 53 | 卢森堡 | 319 | 278 | 289 | 247 | 226 |
| 54 | 马达加斯加 | 0 | 0 | 0 | 0 | 0 |
| 55 | 马来西亚 | 0 | 0 | 0 | 0 | 0 |
| 56 | 马尔代夫 | 1 | 1 | 1 | 2 | 0 |
| 57 | 马耳他 | 264 | 377 | 356 | 326 | 175 |
| 58 | 毛里求斯 | 2 | 2 | 1 | 1 | 0 |
| 59 | 黑山 | 0 | 0 | 0 | 0 | 0 |
| 60 | 摩洛哥 | 0 | 5 | 8 | 19 | 3 |
| 61 | 莫桑比克 | 4 | 1 | 0 | 0 | 0 |
| 62 | 纳米比亚 | 0 | 0 | 0 | 0 | 0 |
| 63 | 荷兰 | 1 538 | 1 165 | 678 | 1 308 | 980 |

（续）

| 序号 | 国家和各地区 | 2016 年 | 2017 年 | 2018 年 | 2019 年 | 2020 年 |
|---|---|---|---|---|---|---|
| 64 | 新喀里多尼亚 | 0 | 0 | 0 | 0 | 0 |
| 65 | 尼日尔 | 0 | 0 | 0 | 0 | 0 |
| 66 | 尼日利亚 | 13 | 0 | 0 | 0 | 0 |
| 67 | 挪威 | 1 | 1 | 10 | 0 | 0 |
| 68 | 阿曼 | 4 | 0 | 3 | 0 | 0 |
| 69 | 帕劳 | 0 | 0 | 0 | 0 | 0 |
| 70 | 波兰 | 1 005 | 766 | 801 | 547 | 692 |
| 71 | 葡萄牙 | 3 683 | 2 846 | 2 881 | 2 046 | 1 906 |
| 72 | 卡塔尔 | 374 | 117 | 55 | 26 | 55 |
| 73 | 韩国 | 0 | 0 | 0 | 0 | 0 |
| 74 | 摩尔多瓦 | 0 | 1 | 15 | 17 | 11 |
| 75 | 罗马尼亚 | 384 | 280 | 360 | 372 | 451 |
| 76 | 俄罗斯 | 1 760 | 1 624 | 700 | 455 | 380 |
| 77 | 卢旺达 | 0 | 0 | 0 | 0 | 0 |
| 78 | 圣文森特和格林纳丁斯 | 0 | 0 | 0 | 0 | 0 |
| 49 | 萨摩亚 | 0 | 1 | 0 | 0 | 0 |
| 80 | 圣多美和普林西比 | 1 | 1 | 1 | 0 | 0 |
| 81 | 沙特阿拉伯 | 0 | 0 | 0 | 0 | 18 |
| 82 | 塞内加尔 | 1 | 1 | 1 | 1 | 1 |
| 83 | 塞尔维亚 | 2 | 1 | 1 | 2 | 2 |
| 84 | 塞舌尔 | 2 | 0 | 0 | 0 | 0 |
| 85 | 斯洛伐克 | 529 | 534 | 457 | 568 | 423 |
| 86 | 斯洛文尼亚 | 82 | 101 | 71 | 86 | 95 |
| 87 | 南非 | 0 | 0 | 0 | 0 | 0 |
| 88 | 西班牙 | 748 | 1 222 | 1 602 | 2 166 | 847 |
| 89 | 瑞典 | 21 | 45 | 75 | 44 | 21 |
| 90 | 瑞士 | 1 234 | 1 126 | 929 | 728 | 716 |
| 91 | 北马其顿 | 0 | 0 | 0 | 0 | 0 |
| 92 | 特立尼达和多巴哥 | 0 | 0 | 0 | 0 | 0 |
| 93 | 突尼斯 | 0 | 0 | 0 | 0 | 0 |
| 94 | 特克斯和凯科斯岛 | 0 | 0 | 0 | 0 | 0 |
| 95 | 乌干达 | 0 | 0 | 0 | 0 | 0 |

（续）

| 序号 | 国家和各地区 | 2016 年 | 2017 年 | 2018 年 | 2019 年 | 2020 年 |
|---|---|---|---|---|---|---|
| 96 | 乌克兰 | 68 | 139 | 19 | 1 | 22 |
| 97 | 阿联酋 | 24 | 26 | 29 | 25 | 73 |
| 98 | 英国 | 1 119 | 912 | 654 | 606 | 228 |
| 99 | 坦桑尼亚 | 0 | 0 | 0 | 1 | 0 |
| 100 | 美国 | 870 | 1 110 | 1 279 | 1 141 | 1 376 |
| 101 | 瓦努阿图 | 0 | 0 | 0 | 0 | 0 |
| 102 | 越南 | 0 | 0 | 0 | 0 | 0 |
| 103 | 也门 | 0 | 0 | 1 | 0 | 0 |
| 104 | 津巴布韦 | 0 | 0 | 0 | 0 | 0 |
| | 合计 | 33 940 | 32 103 | 30 309 | 27 810 | 25 040 |

数据来源：UN Comtrade 数据库。

**图书在版编目（CIP）数据**

中国兔产业发展报告. 2016—2020 年 / 中国畜牧业
协会兔业分会，国家兔产业技术体系编著. —北京：中
国农业出版社，2023.5

ISBN 978-7-109-30707-0

Ⅰ.①中… Ⅱ.①中… ②国… Ⅲ.①兔－畜牧业－
产业发展－研究报告－中国－2016—2020 Ⅳ.①F326.3

中国国家版本馆 CIP 数据核字（2023）第 088333 号

中国农业出版社出版

地址：北京市朝阳区麦子店街 18 号楼
邮编：100125
责任编辑：潘洪洋
版式设计：杨 婧 责任校对：吴丽婷
印刷：三河市国英印务有限公司
版次：2023 年 5 月第 1 版
印次：2023 年 5 月河北第 1 次印刷
发行：新华书店北京发行所
开本：720mm×960mm 1/16
印张：32
字数：570 千字
定价：158.00 元